翼賛・翼壮・翼政

翼賛・翼壮・翼政

——続 近衛新体制と大政翼賛会——

赤木須留喜著

岩 波 書 店

まえがき

千万の民の力をあつめなば
　いかなる業も成らむとぞ思ふ
よもの海みなはらからと思ふ世に
　など波風のたちさわぐらむ

この二首[1]は、明治天皇の御製である。

鳴物入りで発足した大政翼賛会は、約六カ月を経た時点で、どういう状況にあったのか。それは、ほぼ右の御製の示すとおりといってよい。すなわち、「いかなる業も成らむとぞ思ふ」という見通しと期待にもかかわらず、大政翼賛会の運営は、「たちさわぐ」「波風」に翻弄されたために、一六年四月、第一回の大改組をみたのであった。この一カ年を回顧した斎藤隆夫が、新体制とは何かということについては、「日本も近衛にもわからぬ問題」であったのだ、と指摘し、大政翼賛会という「妖怪変化」をつくり出した近衛の政治責任に言及しつつ、その「薄志弱行」を責めて、「嗤うべき未熟者」だと批判した[2]。

そもそも近衛自身の立場が観念右翼のそれであることはよく指摘されるところであったが、その「観念右翼」の代表たる井田磐楠によれば、大政翼賛会が政府と対立することは許されず、「会」という組織すらも許されないのであって、大政翼賛会は、ただ、「国民倫理運動」としてのみ存在しうるのだと規定した。(3) 井田は、「会」への批判からさらに一歩進んで、「中核体」なる語を鋭く批判して、「中核体」は天皇以外にありえないときめつけていたのである。一国一党論を新体制運動の理念としているグループに対して、井田に限らないが、いわゆる「観念右翼」の理論は、総じて抽象的である。しかし、抽象的であればあるほど、観念右翼の攻撃力はかえって一般性・妥当性をもつかのようであって、大政翼賛会の「組織」論と、大政翼賛会の「運動」論とを出口のない隘路へとおいこみ、逆に自らはその隘路をとおりぬける観念論の「巧妙」さゆえに、事態はかえってその「混迷」と「晦渋」を深める状況に陥入していったのであった。(4) 例えば、国民組織にかんしていえば、一党一派の否定論者からすれば、国民組織は「欽定」せらるべしという形にまとまるほかはなく、逆に、「一党一派」の側からみれば、国民組織を論議するには、中核体存在をぬきにしては、一歩も進めないはずであった。「欽定」主義は主体性の放棄につらなり、見方によっては、新党論に向けて最大の打撃を加えるのみか、それを萎縮せしめる。この国民組織論における「二分化」とその「二分化」がもたらす深刻な右翼戦線における亀裂と「矛盾」(5) とが、同じ右翼理論に根ざすものであるがゆえに、構想力の矛盾点は、状況に直面すると解き難いほどの対立を示していく。にもかかわらず、近衛新体制はこの矛盾を止揚しえぬまま、ただバランスを保持するのにせいいっぱいであった。しかも、組織の理論は運動論を生まないが、その逆もまた真であったことは、注目されねばならない。(6)

こうして、大政翼賛運動は立ちすくむ。このおくれは、例えば、その地方組織のあり方をめぐって、また推進員制度の難航に、もっとも顕著であった。だが、それだけではなかったのである。ふり返ってみると、それらは、第七六帝国議会における公事結社宣言と密接に関連していたことは、すでに指摘したとおりである。政事結社か否かの難問は、近衛新体制が大政翼賛会へと結実するさい、すでに当初から存在していた。それにもかかわらず、予知される違憲論議にふれる取り組みを回避して進もうとする姿勢は、半年後の翼賛議会での答弁でもってついに放棄せざるをえなかった。それが、巧妙にしてしかも混迷・晦渋なる組織論の混乱のみか、その試行停止すらも要請されたのであった。

それのみならず、同じ第七六帝国議会は、反面においては、まさに、翼賛議会であった。すなわちこの議会こそ、国家総動員法の改正をはじめとして、国防保安法等の重要法案を、そしてまた昭和一六年度の大政翼賛会予算を含む政府予算案を一気に可決成立せしめた翼賛議会でもあったのだ。つまり第七六帝国議会は、「翼賛」議会の側面と翼賛会の背骨をへし折った明治憲法下の「帝国」議会という二面性をもち、この二面性をそれぞれに機能せしめるというあいまいさをもつ機能領域を画定したのであった。当初予定された重要法案通過の代替措置ともみられた国家総動員法の改正が、いかに容易であったのか。この側面は案外と知られていない。

まず、帝国議会の審議過程において、大政翼賛会予算が、昭和一六年度一般追加予算案中の八〇〇万円として、確定し、その所属についても、大蔵省所管と決定した。それが、何を意味するのか。それは、まず、大政翼賛会の政党化、つまり一国一党論を含む新党への傾斜が阻止されたことを意味し、その反面において、新たに、大政翼賛会の精動化が確認されたことを意味する。こういう形で、政府と大政翼賛会とのいわゆる表裏一体論に決着がついたことは、一見、漠然としている。だが、官界にとっては、この漠然性はまことに歓迎すべきことであった。すなわち党的組織へ一元化された勢力が議会勢力を抑え切った場合には、ナチスの支配したドイツモデルがわが国でも当然に予期されねばならなかったからである。違憲論の勝利と精動化の確定が、既成議会勢力の勝利であることはいうまでもないが、それ以上に、これはじつは、官僚勢力にとってはなによりも歓迎すべきこととして受け止められたこともたしかで、(7) 記憶すべきはむしろこのことであろう。そこには、従来からの国民組織の発展を阻止する要因はなく(8)、とくに「上意下達」、「下意上通」を狙いとした大政翼賛会の組織論と運動論が、その「下意上通」のルートを切断して設定された以上、在来の精動運動と基本的に異なるものは、なんら見出されないからである。上意下達が、「大政翼賛」・「臣道実践」の八文字に示され、また、大政翼賛会の綱領にみられる抽象性・観念性・漠然性に加えて、その主体性・作為性を否定したこの文体は、たんなる文体論ではなかった。つまり、「上意下達」に限定される大政翼賛会の組織と運動は、それ自体新官僚の台頭の象徴ともいうべき企画院側にとっても、また政府各省庁側にとっても、それぞれのイニシアティブを否定するものではなかったのだ。両者の間に「二重組織」、「二重支配」[9]があり、また両者の間にかりに「二律背反」[10]の事例があるとしても、大政翼賛会という国民組織はそのいずれをも否定するものでもなく、総合するものでもなく、まして、それらを統合する方向において設定されたものではなかった。逆にいえば、新国民組織は大政翼賛会の成立によってかえって促進され、刺激されたのではなかったろうか。[11]例えば、国民組織を小林順一郎式に二つの、すなわち、「地域的組織」と「職能的組織」において設定することは、上意下達の国民組織の存在を再確認することではあっても、それ以上のものではない。国民精神総動員運動と国家総動員法体制の骨子は、こうして肯定されたのである。逆にいえば、大政翼賛会における「組織理論の混乱」[12]が改組翼賛会以後たえず組織体につきまとう原因は、ここにある。そればかりではなく、地域・職域組織を基本とすることは、また、逆に大政翼賛会をして、その底辺においては、いわば「無組織体」[13]――「無体系」の体系となることを意味したといってよい。

かりに大政翼賛会固有の組織論・運動論が確定的に存在せず、大政翼賛会が「高度の政治力」どころか漠然たる「政治性」をもつに止まるのがその実態であったとすれば、その抽象性・一般性は、所与の、既成の国民組織にとっては、その再組織の、その運動継承にとってもその自己防衛のためにも、恰好の武器となりえたのである。大政翼賛会組織形成以前から、各省側は、例えば、文部省が大日本青年団関係の団体の統合を企図して、文部大臣を団長とする大日本青少年団を、厚生省は産業報国会を、農林省は農業報国会を、商工省は商業報国会を、そしていうまでもなく陸軍省は在郷軍人会組織をもっていたのであった。内務省はすでに、大政翼賛会支部長問題で強く抵抗しつつついに知事支部長制の実現をたたかいとったばかりでなく、さらに、大政翼賛会下部組織をして市町村までと限定して、その地盤を擁護しつつ、自らの地域組織―細胞組織を守って、それを大政翼賛会の「基本」地盤たらしめることに成功していたのであった。(14) 内務省系列下の地方組織、そして各省庁側系列の職域組織へ接着することは、大政翼賛会側にいかなる地位と役割を提供しえたのであろうか。

それを一言に要約すれば、「臣道実践・大政翼賛」の八文字をもつ大政翼賛会なる存在は、「行政」翼賛的行き方つまり組織底辺においては「行政」翼賛会として機能し、全く、二義的存在に転落する契機にみまわれていたのである。それだけではなく、第二に、大政翼賛会ではもとより、各省庁側においても同様であるが、新国民組織への推進力は、公事結社のラク印を添付された大政翼賛会側にも、また各省庁側にも欠落し、もはやその担い手を見出せないという矛盾と欠陥を伴ったのである。政府と大政翼賛会とは、かくてたてまえ上は表裏一体を称号しつつ、実質上は表裏異体の関係にあり、しかも、表面上の表裏一体説は、行政官僚制側の個別行政権の拡大、外郭団体の氾濫となり、この傾向は、国家総動員法の改正措置がとられてからは、決定的となった。国家総動員法ゆえに、かえって、綜合化・一元化の契機が喪失していく、といわなければならない。(15) 新体制運動はかつて官僚政治の合理化・能率化を企図し、官界新体制としてもフットライトを浴びたのであるが、経済新体制構想の崩壊以降は、官界新体制は、その実現可能制を全く喪失しているにもかかわらず、当の大政翼賛会の存続にとって、行政官僚制はむしろ不可欠の要請となっていた。「行政」翼賛会とさえいわれた大政翼賛会側としては、現に官界新体制の構図をさらに検討せざるをえなかったのであるが、(16) 現実問題としては、二人三脚の形に下肢をしばりつけられたその地方組織のあり方を、将来にわたって再三再四、検討した。この課題検討の追求こそ、改組翼賛会以降、大政翼賛会にとって、まさに難問となったのである。しかし、いったん癒着した既成国民組織からの離脱は、容易ではなかったのである。しかも、この組織底辺に関していえば、各職域組織の側も、もちろん無関心ではなく、極めて積極的であった。例えば、大日本産業報国会では、「産報青年隊準則」(一六年四月二三日)設置の正式決定があり、陸軍は軍需工業指導新方針を指示する等、事例によっては、改組翼賛会の成立以前すなわち大政翼賛会の発足と相前後して、独自の組織工作を展開していた。その背景には、すでに昭和一五年末には、半恐慌状態突入という実態が存在していたことは、指摘すべき要因である。その要因の存在にもかかわらず、「経済新体制確立要綱」は、当初の構想を大幅に譲歩して、寄木細工的な統制機構すなわち統制会への血路を開拓するのがせい一杯というのが実情であった。各省レベルでのさきにあげた系統・系列への強化策があり、またそれが「半恐慌状態[17]」への突入という事態にみあう措置であったことは見落とせない。国民組織のテーマは、かえりみれば、近衛新体制以前、第一次近衛内閣以来の課題であり、その成り立ちからしても、それ自体は各々個々の国民組織と国民運動体をその傘下に抱えこみ、各系列ごとの補助金・助成金交付によって地域・職域ごとに国民「一人一人」を奪い合うしくみであったのだ。

近衛新体制から大政翼賛会の成立過程における新体制像が不透明であったために、国民諸組織の側は、政党をはじめとする組織勢力解体という絶好の好条件にめぐまれて、かえって組織面と運動面での新しい活力を身につけたのであった。大政翼賛会側が、地方組織を中心として国民運動を一本化し、一括しようとしても、自らが地域・職域組織との接着を試みたために、当の大政翼賛会自体も、原組織モデルの軌跡に規定されて、バラバラの形になっていく[18]。すなわち、国民組織が既成国民組織の「再」組織である以上には出られなかったことは、大政翼賛会が第一次改組後、「行政」翼賛会へと転落する強烈な契機にみまわれることになったのだ、といわざるをえない。

よもの海みなはらからと思ふ世に
など波風のたちさわぐらむ

改組された大政翼賛会の前途は、容易ならざる隘路に阻まれていたのである。

本書はさきに発表した『近衛新体制と大政翼賛会』の後篇であり、いわば完結篇にあたる。本書は三章構成をとっている。まず、第一章に、翼賛・翼壮・翼政の三者関係をそれぞれの展開過程を辿って解析し、三者間に介在する主要論点を引き出し、ついで、第二章の大政翼賛会の「機能刷新」の部分では、大政翼賛会がもろもろの「国民組織」とどう対応しようとしたのか。それらを、大政翼賛会の推進員制度、大政翼賛会調査委員会制度、さらには大政翼賛会支部役員ならびに協力会議のあり方と関連させて考察する。こうした一連の大政翼賛会活動のきめ手になったのは、大政翼賛会予算のあり方、とくにその国庫補助金制度への依存である。そしてこれは、たんに大政翼賛会のみならず、翼賛壮年団の組織活動をみる場合にも、重要な、場合によっては決定的な制約条件がここにあった、ということもできようか。第二章の末尾で、この大政翼賛会が「行政」翼賛会へと傾斜・転進する機能原理を指摘することができよう。第三章、内閣制度の脆弱性の論旨は、太平洋戦争末期におけるわが国内閣制度の苦悶の形態を、内閣制度の改革論議を中心として分析するであろう。第三章の後半部分では、本書の主題、「翼賛・翼壮・翼政」の三者がいずれも予期した成果を見届けることなく、決定的段階に決定的に解消・解体にいたる道筋をとりあげる。太平洋戦争の末期段階にあって、一大決戦の呼号にもかかわらず、大政翼賛会組織はもとより、翼壮もそして大日本翼賛政治会も、そしてまたこれら諸組織の基底にあった、もろもろの「地域的」・「職域的」国民組織すらもが、一挙に否定されねばならなかった、総決算の状況を取り扱う。沖縄への米軍上陸と特攻隊攻撃のさなか、本土決戦の危機迫る段階に及んで、近衛新体制以来の念願であり課題であった「国民組織」は、国民的基盤をもつ国民組織であるがゆえに、国民的基盤で自己解体を余儀なくされたのであった。

本書の執筆にさいして、私は、国立国会図書館、国立公文書館、東京都立大学図書館、都立大学法学部書庫、法政大学図書館、アジア経済研究所、滋賀大学図書館、憲政記念館、山形県立図書館臨雲文庫、さらに、キャリフォルニア大学バークレー本校のアジア図書館(The Asiatic Library)、スタンフォード大学フーバー・インスティテューションの East Asia Collection 等、各方面の図書館で資料の閲覧と研究調査にさいし多大の便宜を与えていただいた。

また、私個人もその同人であった、内政史研究会の談話聴き取りが、本書の準備にすくなからぬ示唆をうる機会となったし、そのヒアリングを契機に、狭間茂氏、後藤隆之助氏、横山正一氏、古谷敬二氏はじめ、小西理三郎氏の夫人、さらには牧達夫氏からの書簡を含め、すくなからざるかたがたから、個人的に体験をお聞きし、かずかずの御教示を与えていただいたのであった。また資・史料については、横溝光暉、新居善太郎、岩倉規夫、磯野昌蔵、伊藤光一、西川伍朔、佐野廣、堀真清、小黒義夫の諸氏等、御好意あるかたがたとの出会いによって、手探り作業の準備過程に、しばしば貴重な示唆を与えられた。あらためてここで、心から感謝の意を表したい。

本書を書き上げてから、前後二回、全文をワープロ原稿にうちこんでもらい、推敲と整序の作業を行なった。これは福岡允子さんの協力によったものであり、初校にさいしては、前著に引きつづき、福岡峻治君の熱心な協力をえた。なお、研究の仕上げの段階にさいして、昭和五五・五六の両年度にわたって、文部省科学研究費補助金(試験研究2)の配分枠を与えられた。このことをもここで特記しておきたい。

年来の企画をともかくもそのままの形で完結にまでとり運ぶことができたことは、著者として望外のさいわいであった。岩波書店編集部の寛容と忍耐に感謝するとともに、前著に引きつづき本書の編集を担当された、宮本勝史氏に対して謝辞を呈したい。

一九八九年八月三一日

富士見町原の茶屋にて

赤木須留喜

(1) 国策研究会編『戦時政治経済資料　第一巻』一九八二年、原書房、三三八ページ。
(2) 川見禎一編、斎藤隆夫『斎藤隆夫政治論集』一九六一年、斎藤隆夫先生顕彰会、五六、一五二ページ。
(3) 『戦時政治経済資料　第一巻』三三九ページ。
(4) 河野密『新体制　その後に来るもの』一九四一年、万里閣、一二二ページ。河野は当時は、大政翼賛会議会局審査部の副部長であった。
(5) 『解剖時代』一〇巻四号、一九四〇年、七六―七七ページ。
(6) 矢次一夫述「政治新体制再編成試論　上」『国策研究会週報』第五巻第一九号、一九四三年五月八日、二―七ページ。矢次は、この「組織論の混乱」の結果、「各種の新体制」が「累積」され、それが新体制組織の「混乱」をもたらし、「各種の新体制」はその相互間に「連絡性」「統一性」を欠如したままで併存しているといっている(七―八ページ)。
(7) 国策研究会編『戦時政治経済資料　第二巻』一九八二年、六三ページ。
(8) 従来の国民組織が各官庁の縦割れに対応してそれぞれ「テリトリ」をつくり、そのため真の国民組織の結成はかえってはばまれたのであるが、とくに企画院発足以来この傾向はむしろ助長されたのである。
(9) 『国策研究会週報』第四巻第三五号、二三ページ。
(10) 『国策研究会週報』第六巻第三五号、一三―一四ページ。
(11) 国策研究会編『戦時政治経済資料　第三巻』一九八二年、三六〇―三六一ページ。
(12) 『国策研究会週報』第五巻第一九号、七ページ。同第四四号、一―二ページ。
(13) 同右、第四号、一八ページ。
(14) 協力会議のあり方についても、内務省は警戒的で、町会・部落会組織を単位とする上層への積み上げ方式なら賛成という態度であった。『解剖時代』一一巻五号、四八—四九ページ参照。

(15) 河野密『新体制　その後に来るもの』二〇、二八、四八ページ。この論文の末尾で河野は、「職能的な国民組織」に期待を寄せ、これを大政翼賛運動の「根源的な、基底的な組織だと言っていい」といい、「然しながら、翼賛運動の基本となり得る国民組織は、あるがままのものではない。現に国民組織は無数にあるが、そのままでは役に立たない。それを新しい理念に従って再組織し、再編成しなければならぬ。これは極めて至難にして重要な仕事であるが、何人が担当するのであらうか。ただ行政府の力と、官僚の努力に依ってのみ可能であらうか」と論じている(二〇三ページ)。雑誌『解剖』は、行政機構と表裏一体化した大政翼賛会の現実を評して、議会主流の「攻撃」が「奏功」したとみるわけにはいかないほど深刻だとみた。国民組織が国民再組織に終わったからである。「新官僚」の「名付け親」はわれわれだったとその昔を回想した『解剖』は、ここで改題して『政治』と題し、しばらくして休刊したのであった(『解剖時代』一一巻五号、四九ページ、一一巻七号、四ページ、一一巻八号、八ページ)。

(16) 拙著『近衛新体制と大政翼賛会』一九八四年、岩波書店、第四章参照。

(17) 『現代政治体制の再組織論』(『現代日本政治講座　第五巻』一九四一年、昭和書房所収)、一一四、一八〇ページ。帆足は、「戦時経済の進行に伴ふ必要に応じて各行政官庁が弥縫的に次々と経済統制法制を発することに終始し、今日みるごとき、いはゆる上からの、従って公式的な、また分立せる、従って寄木細工的な統制機構のできあがるにいたったこと」を指摘しつつ、反面、「職能代表をもって国民的政治力を代行せしめることは絶対に不可であり且つ不可能である」「総じて民間経済団体其の他民間職能団体のなし得る役割は、一国政治力の指示する限度内に限られてゐるのである」(一〇〇、一一五ページ)と述べている。河野の見解(注15)との相違は注目に値する。

(18) 藤井崇治「翼賛会・翼壮の改組と今後の国民運動　一」『国策研究会週報』第五巻第四四号、二ページ。藤井の指摘は、従来の国民運動の目標、その展開は、国民運動が国民運動団体によって担われるので、団体個人主義に堕する結果、政府との連絡の一層の緊密化が要請されるのであるが、政府部内の統一、国民運動団体の統一が困難なため、団体各個の団体個人主義の枠を打破・打開することは容易ではないと、課題の解決難を指摘していた(一—二ページ)。彼の肩書きは、大政翼賛会国民運動局長兼団体局長、翼壮団本部長であった。

目次

目次

第一章　翼賛・翼壮・翼政の鼎立

一　はしがき

大政翼賛会の第一次改組の時点は、あたかも内閣改造の時期と一致していた。近衛内閣の再出発にさいして、記者団との会見で、近衛首相は、一、改組翼賛会の運動方針の重点が、従来どおり、国民組織の確立にあること、二、対外方面では、重慶政府が国民政府へ合体する日の速かなるを期待する外交原則を維持し、三、わが国の南方発展の真義はあくまで経済的目的を超えるものではないこと、この三点を強調した。しかし、首相と記者団とのこの一問一答を紹介した一六年四月一二日の『朝日新聞』の記事の見出しが、「米の参戦阻止が真義　三国同盟の精神強調」という題名になっていることに注目したい。そして四月一七日の『朝日新聞』が、翼賛会の地方組織の整備をとりあげて、「表裏一体」がえてして「表裏反撥になる危惧」は解消された、と述べて、知事則地方支部長制の整備によって、「官民一体をば原子のところから築き上げる効果をもつものではなからうか[1]」と期待していたことは、見落としてはなるまい。このとおりの実効が果たして期待されてしかるべきであったろうか。改組翼賛会が期待どおり国民組織確立の道程を辿ったのか。

まず改組翼賛会をめぐる状況にふれてみよう。その第一の条件は、経済新体制をめぐる当初の政府原案の修正・放棄にともなって、第七六帝国議会の会期に予定された一連の戦時緊急態勢諸法案の提出が見送られ、それに代わるものとして、国家総動員法の改正措置があらたに全面的に起用されたことをあげなければならない。すなわち、一六年一月末の重要産業統制団体懇談会の設定に象徴される動きはなんであったか。それは、経済新体制案の流産という事態に対して、包括的な経済統制の定式化と枠付け、一般的基準の明示と方向設定という方法をひっこめて、適宜、適当な官僚統制の形での統制強化がそれぞれに進められる方向を設定した。それは、いわば、物別に統制会を設置するか、特殊法人を創設する手続をともなったのであった。いずれにしても、経済新体制案の中心であった産業団体法に代わるものを模索する試行錯誤の道程にあって、あるいは産業団体の統制とか、あるいは農村諸団体の統合等、あるべき最高経済機関——たとえば全国産業統制令——の設置は、これを推進する企画院の意向はともあれ、「物別」統制を可とする商工省はじめ各省の反対のまえに頓挫したため、単行法によらずに、国家総動員法の発動によって適宜に統制するしくみと道筋が選ばれたのである。この方式は、統制経済をしてその全体的統制力行使において限界があり、したがって、根本的対策を欠如した対応であるが、しかし、「物別」官僚統制の強化方向は、行政官僚制と財界・産業界の自治統制との妥協ないしは縫合のうちに個々別々に進められ、暗中模索のうちに課題とのとりくみを続けることになったのであった。

いまひとつの問題点としては、改組翼賛会をめぐる政治状況そのものが取り上げられなくてはならない。政府発行の『週報』が改組案の大綱決定を報じたさいに、改組を「再出発」と規定し、そして、「ローマは一日にして成らず」と述べ、「新体制の基本精神はあくまでも日本精神でなければならない」、「今日最大の急務は、革新であるとか、現状維持であるとかの論議を一日も早く切り上げて、如何なる体制が今日日本の当面する難局を打開するに最も適当な体制であるかといふこと、私心を離れ、行掛りを捨て、真剣に考へ、そしてこれを速かに実現することであると思ふ」と記している。そしてこの『週報』(2)は、元寇をひきあいに出して、「現在、わが国の国歩は当時に幾倍する艱難の中にある」とし、つづいて、「数年以前の一般の常識から考へるならば、政事結社といへば政友会、民政党等の政党であり、公事結社といへば、衛生組合であり、産業組合であり、農事実行組合等であった。……大政翼賛会の性格を規定して、政府の補助機関であり高度の政治性をもつ公事結社であるといふことも、嘗ての常識からいふならば奇異なことともいひ得るであらう」と述べていた。元寇以上の国歩艱難の政治状況に直面して、大政翼賛会が「再出発」のスタート台に立ち、しかもその存在が公事結社レベルにまで還元されたという事実は、『週報』の筆者にしてからが「奇異なこと」といわざるをえなかったのであろうか。(3)

かくて国内体制がほぼ完全に静止状況に停滞しているのに対し、ヒトラー・ドイツは長期戦を覚悟せざるをえぬ戦局状況を迎え、ために、ドイツからは、日本が、何らかの形で、アジアないし太平洋上での新機軸を求めよという働きかけがあり、他方日米関係では、武器貸与法案の通過によって、事実上アメリカは対独交戦状態に突入したといってもいい事態へと突き進もうとしつつあった。その結果、日米の国際関係は、悪化の一途を辿る方向にあった。こうして米英自由主義国家連合対枢軸国家群という形で、その両勢力の対決戦状態へと刻々推移する方向にあるなかにあって、わが国の国内事情は、「国民一般の情勢理解の不透明と政治指導部の日米衝突回避のひたぶるの念願との極に国内情勢の完全なる停滞、無気力が各方面を行きつまらせて居ると見るべきである(4)」という状態にあった。現状維持と革新、革新勢力と現状維持勢力とはにらみあいながらも、いわば、ジグザグの形で進む国際情勢の展開、事態深刻化をまえにして、「妥協」の過程を選択する道を模索していったのである。

この「停滞」と「無気力」の支配は、大政翼賛会改組にさいして、なによりも、旧議会政党勢力が、自らを中心とする翼賛会乗っ取りの企図に失敗して、「美事にうっちゃりを喰った(5)」ということに原因がある。このために、改造内閣・改造翼賛会はもとより、他方、組織的右翼ないしは革新右翼・団体右翼、陸軍省軍務局、東建連といった親独派の諸勢力すらも、三国同盟締結時点でその頂点に達した力を回復することができず、ヨーロッパにおけるナチス・ドイツの軍事進撃の停頓状況と見合う形で、観念右翼すなわち精神右翼、皇道派とか、純正日本主義が、かえって勢力をもりかえしつつあった。その結果、どの勢力も、どのグループも決定的推進力をもつともいえぬ、足ぶみの状態が支配していた。

したがってここではっきりいえることは、軍を含む決定的な推進力が一時的にではあれ衰退するという状況にあって、国際的緊張はますます激化していくために、前途まことに逆睹すべからざる状況にたちいたった、ということである。この時点にのぞんでは、制度・機構・装置、そしてイデオロギーのすべてにわたっての再検討と再編成が不可避であるにもかかわらず、あえてそれを推進し軌道へ乗せようとする推進力が見当たらない事態といってもよかろうか。かりに推進力の喪失という用語が強ければ、推進力の失速といいかえてもよかろう。独ソ不可侵条約、日ソ中立条約が、それぞれの相手国ドイツとソ連の思惑と、わが国の対応との所産であることはいうまでもないが、独ソ開戦、そしてその戦線の膠着状態という事態にたちいたると、国際政治の激変にどういう対応策をとるべきか。膠着の事態はさらに対応の選定を困難にする。のちにふれる、右翼陣営にみられる南進論と北進論との激化を含めて急進する国際政局の展望が困難となるとともに、日本資本主義の存在もまた危機的状況に直面することとなった。たとえば、ある政治・経済雑誌は、独ソ開戦と岐路に立つ国内政治を診断して、「恐慌的事態は前号に述べた如く潜在的乃至なし崩し的ではあるが勃発しつつあると見られるのである。事態の深刻さは正に想像以上である」[6]と述べていた。それでは、事態に対応する措置がなんであったか。それはなによりもこの事態に対する、当面の官僚統制の強化であり、推進であった。

この国の官僚統制の展開を分析する場合に、まず注意しておくべきことは、すでに一言した如く、経済新体制構想挫折後の官僚統制が、もはや、統一的・斉一的展開の条件を見出せなかったことである。しかも、統一的・斉一的な構想がないだけに、官僚統制は、機会主義的になり、折衷的・妥協的そして限定的性格を帯びてくる。そしてこの色彩は、官界新体制がもはや具象のイメージをもたないだけに、一層、現実的となり具体的となる。

以下この問題についての問題点を拾い上げると、まず国家総動員法の改正をとりあげなければならない。第七六帝国議会に予定されていた主要法案の提出を見合わせた直後、国家総動員法は、その第五条、第六条、第八条、第一〇条、第一一条、第一三条、第一四条、第一五条、第一六条の二・三、第一七条、第一八条、第一八条の二、第一八条の三、第一九条、第三一条の二、第四五、四六条と、合計二五カ条が改正された。[7] 国家総動員法体制の生誕それ自体が、関係各省庁の担当分野をそれぞれ画定した、総がかり体制の設定であったから、国家総動員法の改正が、ただちに、各省庁の縄張り強化につらなることはいうまでもない。第二に、この国家総動員法体制とは直接の関係はないが、各省が、それぞれに、その傘下にかかえもつ諸組織の態勢強化策に積極的に取り組んでいたことを指摘しなければならない。たとえば、商業報国運動であるが、これは昭和一五年五月に大阪で開催された全国商業組合大会の決議と、翌六月の「商業報国運動指導方針」の策定後、一五年一一月に、「商業報国会中央本部」の結成をみ、綱領三箇条の制定をみて制度化された。この商業報国会は、それぞれの道府県商業報国本部レベルでは、地方長官自らが本部長で、副部長のうち一名は道府県経済部長が就任し、他の一名の副部長は業界代表の適任者が就任したが、中央の商業報国会中央本部の組織をみると、総裁には商工大臣が就任し、以下副総裁一、本部長一、副本部長一名の役職が予定され、さらに、中央本部の組織の中には、関係各官庁の代表が加入するだけではなく、大政翼賛会、商業報国会、商業組合中央会、日本商工会議所、日本実業組合連合会など幾多の関係民間団体をも網羅しており、いわば綜合的中央組織であった。[8] また大蔵省の統括する貯蓄組合法に基づく貯蓄組合は、地域組合、職域組合、産業的組合、ならびに命令で定められた貯蓄組合をも含んでいる。そしてこの命令で定められた団体、例えば青年団、愛国婦人会、国防婦人会等の団体または会員、学生、生徒、その他宗教団体の信徒、教徒、檀家で組織されたものもまた、この貯蓄網のうちに含まれる。国民貯蓄組合では、従来も一定期間引き出さないという申し合わせが行なわれていたが、大蔵大臣が必要ありと認めたときは、貯蓄組合法第六条により、貯蓄組合を組織することを命令できることとなっていた。巨額の軍事費調達は、この国民貯蓄組合法によって調達され、負担されたのであった(9)。

このように、大政翼賛会の成立にもかかわらず、いな大政翼賛会の成立過程以前にも、そして大政翼賛会の成立過程を通して、一貫して促進され、整備された職域諸組織が、改組翼賛会の前に大きく成長して立ちはだかったのであった。例えば大日本産業報国会、農業報国会、商業報国会、大日本労務報国会、日本海運報国団等の報国会(団)の諸組織のほかに、大日本青少年団、大日本婦人会、機械化国防協会等がそれである。そして改組翼賛会の成立前から課題となっていた大日本興亜同盟の処遇も、これらと結果的には複雑にからみあう存在であった。とくに、改組翼賛会の運営途上にやがて登場してくる大日本翼賛壮年団と大日本翼賛政治会の成立は、一元的な政治新体制の形成を阻み、それを抑制する決定的な勢力群団の登場であった。これは第二節で詳しく取り上げることになろう。いずれにしても、政治新体制が、経済新体制とか官界新体制構想と有機的対応関係をもち、またもたされたものとして登場したことはすでにふれたとおりであるが、一六年四月以降の政治過程では、もはや「政治は生きものだ(10)」という勢も力も条件も与えられてはいない。官製の、そして半官製の組織化が進行していくとき、群団、群居、共存の態勢は重層化、複雑化の一途を辿った。だが、裏返していえば、大政翼賛会が政治的に「無力」化し、「権力の一元的集約による行政との表裏一体組織(11)」という初期の構想が崩壊してしまった以上、大政翼賛会は「政治的去勢どころか寧ろ無用の存在」に転落しかねない。他方において、国際的政治情勢の展開はどうなのか。そこでは、日ソ中立条約の調印、その二カ月後に到来した独ソ開戦という決定的な衝撃、七月二日の御前会議による「国策要綱」の決定、七月二八日の南部仏印進駐という形で、自らを破局へと追いやる、第二次・第三次近衛内閣の運命をも規定する道程が進行しつつあった。(12) だが、このことはもとより、より一層重要かつ重大なことは、もはやそこには政治新体制とか経済新体制とか官界新体制云々という巨大な構想をめぐる課題が政治日程に登場する余地がなかったということを指摘しなければならない。しかも、反面では、その後のわが国の政治過程は、まさに、これら大政翼賛会、翼賛政治会、大日本翼賛壮年団、とくに、翼賛・翼壮・翼政の三つどもえの共生関係を中心としつつ、改造と刷新を求めてたえず変動と変容を迫られていたのであった。以下、まず、第一回改組後の大政翼賛会の機構改正から、この問題をみてみよう。

（1）『朝日新聞』昭和一六年四月一七日。
（2）『週報』二三六号、昭和一六年四月一六日。
（3）さきに引用した『第二次第三次近衛内閣政治経済報告』下は、この事態を指して、いまや近衛内閣の「推進力は一応の限界に達した観がある」と診断し、この状態を打開しうるものは、軍部の積極的な動きであろうとみているが、他方では、陸軍軍務局長武藤章の更迭の噂も流れていたといわれる(前掲書、三月二四日)。
（4）同右、下、第二一号、三月二四日。
（5）同右、下、第二一号、四月二四日。
（6）同右、下、第二三号、六月二九日。
（7）『週報』二三二号、二月一九日号。近衛新体制の当初の構想のうち政治新体制のみが大政翼賛会として具体化したが、経済新体制と官界新体制は第七六帝国議会開幕前に挫折・後退し、さらに、当の大政翼賛会自体も、改組によって大きく変質した。改組直後、「翼賛会ソノモノハ既ニ政治的圏外ニオカレ完全ニ精神総動員中央連盟的生存ヲ続ケルコトトナルデアラウ」(前掲『報告』下、四月二四日)といわれる存在になったとすれば、国民組織、国民運動による政治新体制確立の企画は、大政翼賛会の生きた「経験」によっても否定されたというほかない。これに代位すべき存在は、もはや官僚機構以外にはなかった。そして、これを「唯一の基礎」とするかぎり、国家総動員体制の強化・促進が、事態対応策として、推進されるのもやむをえないというべきであろうか。

(8)『週報』二三一号、三月一二日。
(9) 同右、二二四号、一月二四日。同二三三号、三月二六日。
(10)『朝日新聞』昭和一六年一月五日。
(11)『牧達夫手記』後篇、四六ページ。
(12) 同右、六七ページ。

二　改組翼賛会をめぐる諸問題

(一)　改組翼賛会の組織

昭和一六年四月七日に改正された大政翼賛会運動規約全文二三カ条、ならびに、同日付改正となった、大政翼賛会事務局及調査委員会職制全文三一カ条は左のとおりであるが、すこし遅れて、大政翼賛会支部規定も四月一八日と五月二七日にそれぞれ改正・決定をみた。これらを改組大政翼賛会組織図一覧表とともに提示しておこう。

大政翼賛会運動規約（昭和十六年四月七日改正）

第一条　本運動ハ全国民ノ運動ニシテ之ヲ大政翼賛運動ト称ス
第二条　本運動ハ万民翼賛、一億一心、職分奉公ノ国民組織ヲ確立シ其ノ運用ヲ円滑ナラシメ以テ臣道実践体制

ノ実現ヲ期スルヲ以テ目的トス
第三条　本運動ヲ推進スル機関トシテ大政翼賛会ヲ置ク
第四条　本会ノ構成員ハ本運動ノ精神ヲ体得シ挺身之ガ実践ニ当ル者ノ中ヨリ総裁之ヲ指名ス
第五条　本会ニ左ノ役員ヲ置ク
　総　裁　一名
　副総裁　一名
　顧　問　若干名
　総　務　若干名
総裁ハ内閣総理大臣ノ職ニ在ル者之ニ当ル
副総裁、顧問及総務ハ総裁之ヲ指名ス
総務ノ任期ハ一年トス但シ再指名ヲ妨ゲズ
第六条　総裁ハ本会ヲ統率シ本運動ヲ総理ス
第七条　副総裁ハ総裁ヲ輔佐シ総裁事故アルトキハ其ノ職務ヲ代理ス
第八条　顧問ハ総裁ノ諮問ニ応ズ
第九条　総務ハ本会ノ運営ニ参画ス
第十条　本会ノ中央本部ヲ東京ニ置ク
第十一条　中央本部ニ事務局及調査委員会ヲ置ク
第十二条　事務局ニ事務総長一名ヲ置ク中央本部ニ於ケル事務ヲ統理ス

第十三条　事務局ニ参与若干名ヲ置ク
参与ハ局務ニ参画ス
第十四条　事務局ノ事務ヲ分掌セシムル為局所ヲ置ク
局所ニハ各局長又ハ所長ヲ置ク
第十五条　事務総長、参与、局長及所長ハ総裁之ヲ指名ス
参与ノ任期ハ一年トス但シ再指名ヲ妨ゲズ
第十六条　調査委員会ハ中央本部ニ於ケル本運動ニ関スル重要事項ヲ調査審議ス
調査委員会ニ委員及幹事ヲ置ク
委員及幹事ハ総裁之ヲ指名ス
第十七条　本規約ニ定ムルモノノ外局所ノ構成、所掌事項、職員其ノ他事務局ニ関シ必要ナル事項並ニ調査委員会ノ構成、所掌事項其ノ他調査委員会ニ関シ必要ナル事項ハ別ニ之ヲ定ム
第十八条　中央本部ニ中央協力会議ヲ附置ス
中央協力会議ニ議長ヲ置ク議長ハ総裁之ヲ指名ス其ノ任期ハ一年トス但シ再指名ヲ妨ゲズ
中央協力会議員ハ総裁之ヲ指名ス
第十九条　総裁、副総裁、事務総長及中央協力会議議長ニ秘書ヲ置ク
第二十条　道府県、郡、市区町村其ノ他適当ナル地域ニ本会ノ支部ヲ置キ各協力会議ヲ附置ス
協力会議ニ議長ヲ置ク
支部ノ構成ハ別ニ之ヲ定ム

支部ノ役員ハ総裁之ヲ指名ス
第二十一条　中央協力会議員及地方協力会議員ノ任期ハ一年トス但シ再指名ヲ妨ゲズ
第二十二条　本会ノ経費ハ会費、政府補助金其ノ他ヲ以テ之ニ充ツ
第二十三条　本運動ニ関スル規程ノ制定及変更ハ総テ総裁之ヲ決ス

大政翼賛会事務局及調査委員会職制（昭和十六年四月七日改正）

第一条　事務総長ハ総裁及副総裁ノ監督ノ下ニ於テ中央本部ニ於ケル事務ヲ統理シ局所ノ事務ヲ監督ス
第二条　事務局ニ左ノ三局及一所ヲ置ク
　総務局　　組織局　　東亜局　　中央訓練所
第三条　総務局ニ於テハ左ノ事務ヲ掌ル
一　人事及会計ニ関スル事項
二　調査委員会其ノ他本会各機関ノ連絡等本会ノ庶務ニ関スル事項
第四条　組織局ニ於テハ左ノ事務ヲ掌ル
一　大政翼賛運動ノ趣旨ノ普及徹底及上意下達一般ニ関スル事項
二　国民ノ地域的組織ノ強化ニ関スル事項
三　中央協力会議及地方協力会議ニ関スル事項
四　文化機構ノ整備強化ニ関スル事項
五　経済機構ノ整備強化ニ関スル事項

六　其ノ他国民ノ職域的組織ノ確立及其ノ運用ノ円滑化ニ関スル事項

第五条　東亜局ニ於テハ左ノ事務ヲ掌ル

一　東亜関係国策ノ遂行ニ関スル協力事項

二　興亜諸団体ノ連絡ニ関スル事項

第六条　中央訓練所ニ於テハ本会構成員ノ錬成其ノ他各種ノ訓練ニ関スル事務ヲ掌ル

第七条　局所ニ局所長ヲ置ク

局所長ハ総裁、副総裁及事務総長ノ命ヲ承ケ所掌事項ヲ掌理ス

第八条　事務局ニ参与ヲ置ク

参与ハ事務総長ノ要請ニ応ジ重要局務ニ参画ス

参与ハ総裁之ヲ指名ス

第九条　総務局ニ左ノ三部ヲ置ク

庶務部

人事部

会計部

第十条　庶務部ハ文書、調査委員会其ノ他本会各機関ノ連絡等本会ノ庶務ニ関スル事務ヲ掌ル

第十一条　人事部ハ人事ニ関スル事務ヲ掌ル

第十二条　会計部ハ会計ニ関スル事務ヲ掌ル

第十三条　組織局ニ左ノ四部ヲ置ク

宣伝部　地方部　経済部　文化部

第十四条　宣伝部ハ大政翼賛運動ノ趣旨ノ普及徹底及上意下達一般ニ関スル事務ヲ掌ル

第十五条　地方部ハ国民ノ地域的組織ノ整備強化並ニ中央協力会議及地方協力会議ニ関スル事務ヲ掌ル

第十六条　経済部ハ経済機構ノ整備強化並ニ職域的組織ノ確立及其ノ運用ノ円滑化ニ関スル事務ヲ掌ル

第十七条　文化部ハ文化機構ノ整備強化並ニ職域的組織ノ確立及其ノ運用ノ円滑化ニ関スル事務ヲ掌ル

第十八条　東亜局ニ左ノ二部ヲ置ク

庶務部　連絡部

第十九条　庶務部ハ東亜関係国策ノ遂行ニ関スル協力事務及庶務ニ関スル事務ヲ掌ル

第二十条　連絡部ハ興亜諸団体ノ連絡ニ関スル事務ヲ掌ル

第二十一条　中央訓練所ニ左ノ二部ヲ置ク

庶務部　錬成部

第二十二条　庶務部ハ庶務ニ関スル事務ヲ掌ル

第二十三条　錬成部ハ本会構成員ノ錬成其ノ他国民ノ各種訓練ニ関スル事務ヲ掌ル

第二十四条　部ニ部長、副部長及部員ヲ置ク

部長ハ事務総長及局所長ノ命ヲ承ケ事務ヲ統括ス

副部長ハ部長ヲ佐ケ部務ヲ整理ス

部員ハ部長ノ命ヲ承ケ部務ヲ分掌ス

部長、副部長及部員ハ総裁之ヲ命ズ

第二十五条　局所又ハ部ニ書記ヲ置ク
書記ハ上長ノ命ヲ承ケ事務ニ従事ス
書記ハ事務総長之ヲ命ズ
第二十六条　局所又ハ部ニ嘱託ヲ置クコトヲ得
嘱託ハ特定ノ事務ニ従事ス
嘱託ハ事務総長之ヲ委嘱ス
第二十七条　部ニ班ヲ置クコトヲ得
第二十八条　班ノ各所掌事項其ノ他班ニ関シ必要ナル事項ハ総裁ノ定ムル所ニ依ル
第二十九条　調査委員会ハ総裁及副総裁ノ監督ノ下ニ於テ其ノ要請ニ依リ大政翼賛運動ノ企画其ノ他臣道実践体制ノ実現ノ目的達成上必要ナル事項ヲ調査審議ス
第三十条　総裁ハ必要ニ応ジ各種ノ調査委員会ヲ設ケ之ニ委員及幹事ヲ分属セシメ調査審議ヲナサシム
各調査委員会ノ名称、所掌事項、所属委員及幹事ノ数其ノ他調査委員会ニ関シ必要ナル事項ハ総裁ノ定ムル所ニ依ル
第三十一条　調査委員会ハ何時ニテモ事務総長ニ対シ調査資料ノ提供其ノ他事務局ノ協力ヲ求ムルコトヲ得
事務総長ハ必要ニ応ジ副総裁ヲ経由シ調査委員会ニ諸般ノ調査ヲ求ムルコトヲ得

大政翼賛会支部規程（昭和十六年四月十八日改正、五月二十七日改正）

第一条　道府県、郡（市長庁管轄区域ニ在リテハ其ノ区域以下同ジ）市町村及六大都市ノ区（以下単ニ区ト称ス）ニ

大政翼賛会支部ヲ置ク但シ町村数寡少ナル郡ニ在リテハ二郡以上ノ区域ニ一支部ヲ置クコトヲ得
第二条　支部ニ左ノ役員ヲ置ク、但シ都市（六大都市ヲ除ク）区町村ノ支部ニ、顧問、参与ヲ置ク場合ハ道府県支部長ノ承認ヲ得ルヲ要ス
支部長　一名
常務委員　若干名
顧　問　若干名
参　与　若干名
第三条　支部ノ役員ハ道府県支部長ニ在リテハ総裁之ヲ指名又ハ委嘱シ其ノ他ノ役員ニ在リテハ道府県支部長ノ推薦ニ依リ総裁之ヲ指名又ハ委嘱ス
役員ノ任期ハ一年トス但シ再指名又ハ再委嘱ヲ妨ゲズ
第四条　支部長ハ総裁及上級支部長ノ指揮ヲ受ケ支部ヲ統理ス
常務委員ハ支部長ヲ輔ケ支部ノ運営ニ参画ス
顧問ハ支部長ノ諮問ニ応ズ
参与ハ支部ノ企画及活動ニ参与ス
第五条　支部ニ其ノ事務ヲ処理スル為事務局ヲ置ク
第六条　道府県支部ノ事務局ニ庶務部及組織部ヲ置ク
庶務部ハ支部ノ庶務及協力会議並ビニ国民生活ノ指導宣伝等ニ関スル事項ヲ掌ル
組織部ハ国民ノ地域的及職域的組織、国民ニ対スル各種訓練及指導、各種団体トノ連絡ニ関スル事項ヲ掌ル

部ニ部長ヲ置キ総裁ノ名ニ於テ支部長之ヲ指名ス
第七条　六大都市ノ支部ノ事務局ニハ前条ニ準ジ部ヲ置クコトヲ得
第八条　事務局ニ必要ナル職員ヲ置クコトヲ得
第九条　支部ニ協力会議ヲ附置ス但シ市(六大都市ヲ除ク)区町村ノ協力会議ハ市区町村常会ヲ以テ之ニ充ツ
第十条　協力会議ノ議員ハ其ノ区分ニ従ヒ左ニ掲グル者ノ中ヨリ道府県支部長ノ推薦ニ依リ総裁之ヲ指名又ハ委嘱ス

一　道府県協力会議ニ在リテハ
イ、郡市協力会議員但シ各郡市ヨリ少クトモ一名ヲ指名スルコトヲ要ス
ロ、各種団体代表者
ハ、道府県会議員
ニ、其他適当ナル者
一　六大都市ノ市協力会議ニ在リテハ
イ、区協力会議員但シ各区ヨリ少クトモ一名ヲ指名スルコトヲ要ス
ロ、各種団体代表者
ハ、市会議員
ニ、其他適当ナル者
一　郡市協力会議ニ在リテハ
イ、町村協力会議員但シ各町村ヨリ少クトモ一名ヲ指名スルコトヲ要ス

ロ、各種団体代表者

ハ、其他適当ナル者

第十一条　協力会議員ノ定数ハ道府県及六大都市ニ在リテハ三十名乃至七十名トシ郡ニ在リテハ二十名乃至六十名トス但シ町村数五十以上ノ郡ニ在リテハ七十名迄コレヲ増スコトヲ得

第十二条　協力会議ノ議長ハ道府県支部長ノ推薦ニ依リ総裁之ヲ指名ス

第十三条　協力会議ハ支部長之ヲ招集ス

協力会議ハ年二回以上之ヲ開会ス

協力会議ノ会期ハ道府県協力会議ニ在リテハ三日以内トシ其ノ他ノ協力会議ニ在リテハ二日以内トス

但シ必要ニ応ジ延長スルコトヲ妨ゲズ

第十四条　支部ノ経費ハ本部補助金其ノ他ノ収入ヲ以テ之ニ充ツ

新居善太郎文書におさまっている、「新体制確立要綱」に示された近衛内閣の準備体制は、三点である。その「一、中核体ノ具備スヘキ基本条件ハ概ネ次ノ如シ」はその七項目を掲げ、つづいて、「二、中核体ト政府トノ関係」に関して六項目を、さらに、第三に、「国民組織一般ノ構成」として、「中核体ノ結成ト共ニ具体的ニ逐次実現ヲ図ルコト」と述べている。(1)この資料は「大政翼賛運動誕生に至る迄の政府側の記録要領」とあり、昭和一五年六月二四日から一〇月九日までの概略で、内閣官房総務課長稲田周一より「必親展」の形で鹿児島県知事新居善太郎に送られたものである。この親展が各府県知事宛に送られたかそれとも、新居知事に限られたものかは確認できないが、おそらく、官房総務課長から知事宛の親展だとみたい。一〇月一二日が大政翼賛会の発会式だから、その直前までのとりまとめ

改組大政翼賛会組織図

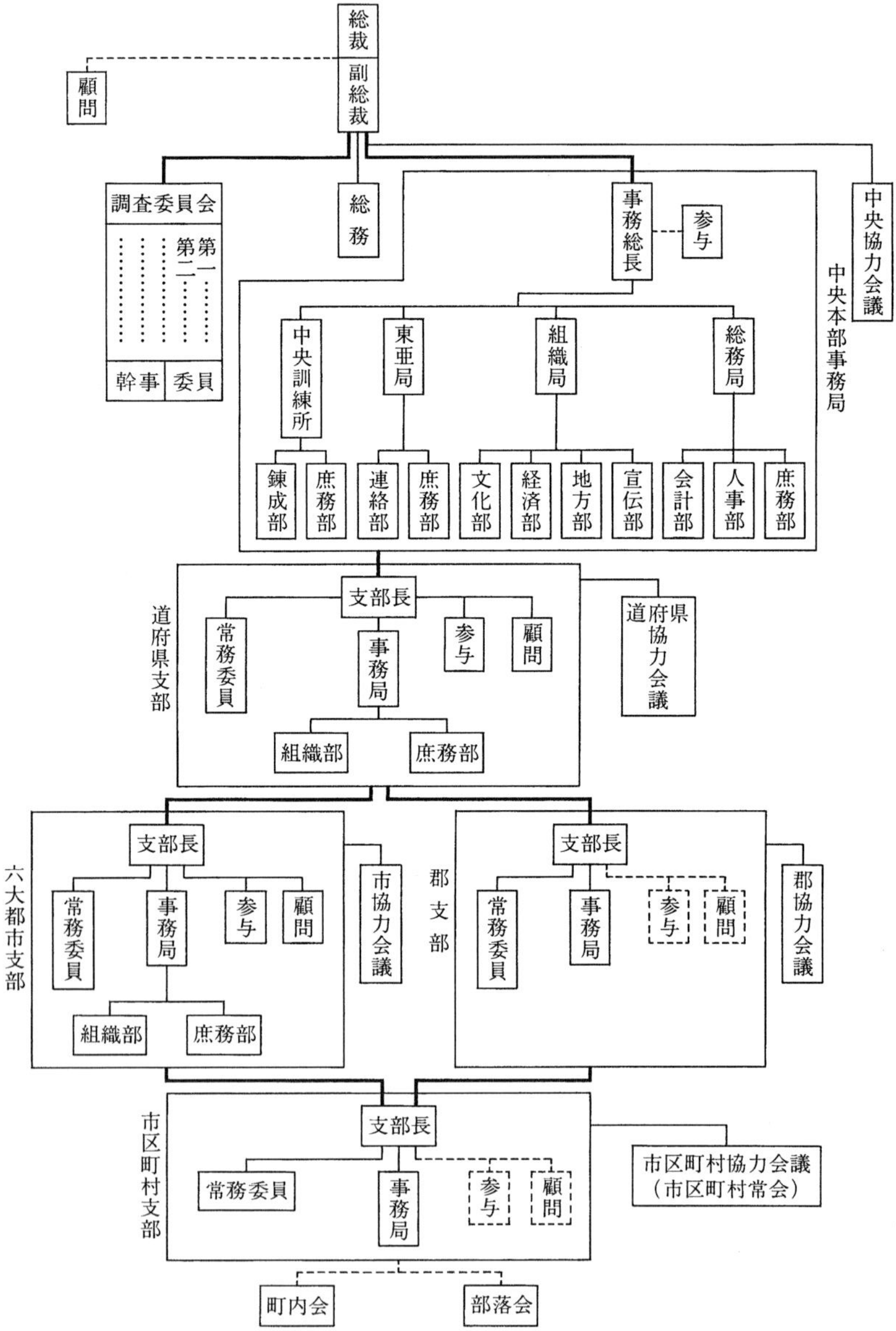
総裁
副総裁
顧問
調査委員会
第一
第二
幹事
委員
総務
事務総長
参与
中央協力会議
中央本部事務局
中央訓練所
東亜局
組織局
総務局
錬成部
庶務部
連絡部
庶務部
文化部
経済部
地方部
宣伝部
会計部
人事部
庶務部
道府県支部
支部長
常務委員
事務局
参与
顧問
組織部
庶務部
道府県協力会議
六大都市支部
支部長
常務委員
事務局
参与
顧問
組織部
庶務部
市協力会議
郡支部
支部長
常務委員
事務局
参与
顧問
郡協力会議
市区町村支部
支部長
常務委員
事務局
参与
顧問
市区町村協力会議
(市区町村常会)
町内会
部落会

として貴重な史料といえよう。

この資料によれば、「国民組織一般ノ構成」が、大政翼賛会の発足にもかかわらず、依然手つかずのままで、それは、「中核体ノ結成ト共ニ」、「具体的」に、「逐次実現ヲ図ル」のだという未来形で予定された大課題であったことが理解されよう。じじつ、大政翼賛会の発会式にさいしては、大政翼賛会の綱領もなく、宣言もなく、大政翼賛運動綱領案の三項目も、案としては策定されてはいたが、(2) それも運動綱領案にとどまり、大政翼賛会それ自体の綱領策定をみたのは、発足後二カ月の日時を経た時点のことであった。しかも、この「綱領」が抽象的であることから、制定直後から、いちゃもんがつき、「綱領」に解説が必要だということになり、ただちに、その作業が開始されるという有様であった。つまり、国民組織の「構成」は中核体の「結成」とともに「逐次実現ヲ図ル」とあるように、その実現のためには中核体とは何かをめぐる論議がつきまとい、そしてこの場合、逆もまた真であった。新体制準備会以降も、大政翼賛会の発足後になると、論議はますます激しくなっていた。すなわち、観念右翼側からは、中核体はわが国では天皇あるのみという極論をはじめとして、中核体のみか、そもそも組織一般をも否定する精神論からする反抗がすさまじく、かつて、「会」であるか「党」であるかをめぐってとことんのところまで争われた例の争点は、打ち切られたはずのものがかえって再燃し、政党政派の解消後という事態にもかかわらず、右翼の陣営内の対立・抗争は潜在化し、内訌化したのである。しかも、大政翼賛会という「会」組織にまとめられた段階つまり発会式以降は、官庁諸外廓団体を除き、治安警察法に規定された政事結社の諸組織すべてを解散・解体に誘導したために、中核体を組織する政治力なるものはなかった。したがって、「高度の政治性」という用語の使用頻度にもかかわらず、およそこの大争点を整序すべき政治力は欠落していた。これは出発直後の大政翼賛会の直面した、ジレンマというべきであろう。

「大政翼賛会運動綱領案」の

一、肇国ノ精神ニ基キ大東亜ノ新秩序ヲ建設シ進デ世界ノ新秩序ヲ確立センコトヲ期ス
二、国体ノ本義ヲ顕揚シ庶政ヲ一新シ国家ノ総力ヲ発揮シ以テ国防国家体制ノ完成ヲ期ス
三、万民各々其ノ職分ニ奉公シ協心戮力以テ大政翼賛ノ臣道ヲ全ウセンコトヲ期ス

の三項目は、何れも何々を「期ス」という形になっている。だが、このさい、主体すなわち中核体は、どこに求めるべきか、中核体なくして組織と運動はどうあるべきか。事態は、翼賛会発足後、ハウ・ツーの問題はかえって切迫した形をとってあらわれる。

さきにふれた「新体制確立要綱」の「方針」にうたわれた、「一、中核体ノ具備スベキ基本条件概ネ左ノ如シ」をみてみよう。それには、

1、指導者組織タルコト
2、政治推進力ノ母体タルコト
3、最高指導者ハ総理大臣ヲ以テ之ヲ充ツルコト
4、構成員ハ最高指導者ノ指名ニ依ルコト
5、政府及議会ト緊密不可分ノ関係ニ立ツモノタルコト
6、上意下達、下意上達ノ機能組織タルコト
7、戒律的機能ヲ具備スルコト

とある。「要綱」の「二、中核体ト政府トノ関係」では、次の六項目が掲げられている。

1、政府ノ政策ノ立案及実施ニ関シ緊密不可分的ニ協力スルコト
2、官吏モ構成員タルコト

3、帝国議会等ニ於テハ構成員タル議員ヲ以テ指導的地位ヲ確保スルコト
4、軍ハ中核体ニ対シ積極的ニ協力スルコト
5、軍及政府ト中核体トノ連繋ヲ緊密ナラシムル為必要ニ応シ適当ナル連絡方法ヲ講ズルコト
6、中核体ハ民間団体ノ再編成ヲ指導促進スルコト

すなわち、大政翼賛会が「党」組織を回避して「会」組織の組織体としてしたてあげられたことは、「要綱」にもられた、「基本条件」と称する諸条件の共存、混在に反映し、また、「中核体ト政府等トノ関係」六項目から推定しうるように、「中核体」構想の核心は、曖昧模糊たる状態であった。したがって、中核体の具備すべき基本条件もまた多面的・多角的で、とくに、「中核体ト政府等トノ関係」となると、その1、その2、その3に象徴されるように、整序されないままであるばかりか、およそ組織と運動との関係でのツメを欠いた多元論に終始したのであった。したがって、「国民組織一般ノ構成ハ中核体ノ結成ト共ニ具体的ニ逐次実現ヲ図ルコト」という確立要綱の第三の段階では、すでに中核体とはいえない大政翼賛会という「会」の中央組織がまず先発・先行しているだけに、国民組織一般のありようは、大政翼賛会地方組織をどうするかという課題をめぐって、この段階で、一挙に表面化したわけであった。

「極秘」と欄外に記入された、「新体制ニ対スル内務省ノ根本方針」は長文であるが、引用したい。まず第一に、

新体制ニ対スル内務省ノ根本方針

新体制確立ノ急務ナルコトヲ痛感シ其ノ運動ノ展開組織ノ確立ニ全面的ニ協力スル、今後ハ行政ノ運用モ治安維持ノ要諦モ懸ツテ新体制確立ノ如何ニ拘ツテ居ルト言フモ過言デナイ併シ乍ラ新体制確立ノ成否ハ政府並ニ中

核体ノ活動並ニ地方ニ於テハ府県庁並ニ地方支部ノ活動ノ良否ニ在ルノデアッテ内務省トシテハ政府ノ一機関トシテ之ガ達成上最善ノ努力ヲ払フト共ニ中核体ニ対シテハ其ノ方向運用ヲ誤ラザル様極力内面協力ヲシテ居ル次第デアルガ地方ニ於テ之ガ実際的運動展開ニ内面的ニ一大努力ヲ払ハレンコトヲ期待スル。

と述べている。ついで、「新体制ニ対スル警察ノ態度」と題して、まず、「一、一般的態度」、「二、旧議会政党員ニ対スル態度」、「三、革新団体ニ対スル措置」の三点にふれている。その一の「**一般的態度**」は、左のようである。

皇国ノ新体制整備確立ノ成否ハ一ニ正当ナル政治勢力ノ結果如何ニ懸ル従而警察トシテハ之ノ方向ニ向ッテ積極的協力ヲ為スハ当然デアリ其ノ有スル情報網ヲ活用シテ所謂中核体ニ国体観念ニ透徹シ人物識見徳望ノ秀デタルモノヲ発見シ極力之ヲ推薦シテ道義的政治勢力ノ結成ニ協力スルヲ第一トシ次ニ警察本来ノ責務タル之ヲ阻害スル者ニ対シテ之ガ排除制圧ニ力ヲ致シ積極的ニ気運ヲ醸成宣伝其ノ他表面的活動ノ分野ニ付テハ他ノ部門ニ之ヲ委ネ警察ハ飽ク迄前記人物ノ発見推薦モ情報ノ提供モ裏面的活動即チ椽ノ下ノ力持的任務ヲ果スト云フ限界ハ厳守スル新体制ニ対シテ其ノ妨害者ヲ排除スル場合モ道義的政治勢力ノ裏付ケトシテ之ヲ行フモノデアリ又権力的色彩ヲ持タシメザルヤウ留意スルコトガ必要デアル

その二、**旧議会政党員ニ対スル態度**は以下のイロハニである。

(イ) 旧議会政党員ガ新体制ニ名ヲ藉リ選挙運動又ハ所謂地盤開拓ノ運動ヲ為ス向ニ対シテハ之ヲ制圧スルコト

（ロ）　県会議員等ハ之ヲ中央ニ準ジ県会議員倶楽部ヲ造ラシメ大政翼賛運動ノ一翼トシテ活動セシムルコト
（ハ）　旧既成政党解党後倶楽部名儀等ニテ存続セルモノハ悉ク之ヲ解消セシムルヤウ指導スルコト
（ニ）　其ノ他新体制研究会其ノ他ノ名ヲ以テ大政翼賛会トハ別箇ニ行動スル団体ニ対シテハ翼賛会員タル適格者ヲ可及的多数入会セシムルト共ニ之等団体ヘ之ヲ解消スルヤウ指導スルコト

その三、**革新団体ニ対スル措置**は、

（イ）　政党的政治団体（例大日本青年党）ニ対スル措置
原則トシテ其ノ主要分子ハ大政翼賛会ニ参加セシムル如ク之ヲ指導スルコト
参加者ハ可及的多数之ヲ包含スルト共ニ之等団体ハ即時之ヲ解散スルヤウ政府並ニ中核体ニ於テ指導スルコト
叙上ノ措置ヲ尽シテ尚解散ヲ肯ンゼザル場合ニ警察トシテ協力シテ之ヲ慫慂スルヤ否ヤハ大政翼賛会ノ道義的政治力ノ有無ニヨル大政翼賛運動ガ道義ニヨリ覇道ヲサケ権力的結成体タルヲ忌避スル本質ナルニ鑑ミ飽ク迄其ノ根元ノ政治力結集ヲ希求協力スルヲ以テ原則トス
（ロ）　非政党的政治結社（思想団体ヲ含ム）ニ対スル措置
非政党的政治結社（明倫会時局協議会）ニ対シテハ前記政治結社ニ準ズ

とある。地方中核体ノ構成如何と題した部分は以下のとおりである。

地方中核体ノ構成如何

一、人物ノ標準

人物、思想、識見、徳望、閲歴等衆ニ秀レ一般人ヲシテ首肯セシムルニ足ルベキモノ殊ニ思想ニ関シテハ国体観念ニ明徴シ苟クモ社会主義的乃至自由主義的色彩アリト見ラレザルモノ

二、中核体ノ役員

其ノ人物ノ才能過去ノ経歴等ヨリ斟酌シテ適材適所主義ヲ採用シ肯テ地域的旧勢力的構成ニ拘泥《(ママ)》ハラザルコト可及的多数革新的新人材ノ網羅ニ工夫スルコト

三、革新団体員ヲ参加セシムベキ程度

革新団体員ニシテ前記標準ニ合致セルモノハ悉ク参加セシムルヤウ工夫スルモ単ニ革新団体員タルノ故ヲ以テ参加セシムルノ態度ハ之ヲ採ラザルコト

四、転向者ヲ如何ニスベキカ

転向者ニシテ真ニ其ノ後ノ精進ニヨリ国体観ニ徹シ人物、言論、見識其ノ他ヨリ見テ所謂転向者的臭味ヲ有セザルモノハ例外トスルモ原則トシテ一般転向者ハ今ノ処中核体ニハ参加セシメズ尚一層過去ノ誤謬ヲ痛感シ各自職域奉公ニ精進セシムル如ク之ヲ指導スルコト

五、旧既成政党ハ如何ニスベキカ

旧既成政党中ニ於テ前記人物詮衡標準ニ照シ適格者ハ中核体ニ参加セシムベシ

此場合旧政党ノ分野ニ対シテハ顧慮スルコトナキヲ要ス

六、官吏ハ如何

地方支部ニ在リテハ官吏ハ直接ニハ入ラシムルコトナク参与等トシテ連絡機関内ニ於テ連絡ニ当ラシムルコト

会員ノ範囲

一、詮衡ノ標準

翼賛会ノ会員ハ可及的広範囲ニ之ヲ包含スルヲ要ス即チ破廉恥的前科者素行不良者其ノ他特別ノ欠陥アル者ヲ除キ進ンデ会員トナリテ大政翼賛ニ力ヲ致サントスル者ハ皆之ヲ包含スルコトヲ要ス従而解消セル革新団体員ハ勿論既成政党員、警防団員、青年団員、在郷軍人会員等其ノ参加ヲ希望スル者ハ皆之ヲ包含スルコト

協力会議ノ構成如何

一、協力会議員ノ詮衡方法

（イ）県協力会議ハ郡市協力会議ノ推薦シタルモノ半数、支部長指名ノモノ半数ヲ以テ構成ス

（ロ）都及六大都市協力会議ハ支部長ノ指名シタルモノ半数ト区及町村協力会議ニ於テ推薦シタルモノ半数トヲ以テ構成ス

（ハ）其ノ他ノ市区町村協力会議ハ其ノ市区町村ノ常会ヲ以テ之ニ充ツ

二、協力会議ト中核体トノ関係

協力会議ハ中核体ニ附着セル機関ニシテ中核体ニ対シ常時所謂上意下達ト下意上達ノ機関ナルコト

三、協力会議ト地方議会トノ関係

協力会議ハ大政翼賛会ニ附着セル機関デアリ地方議会ハ地方公共団体ニ附着スル機関デアル

尚地方議員ハ地方協力会議員ヲ兼ヌルコトヲ得

さきに言及した「新体制確立要綱」においても、また「新体制ニ対スル内務省ノ根本方針」においても、「中核体」、「地方中核体」の構成方針は必ずしも明瞭とはいえない。ましてや大政翼賛会の「会員」の範囲となると「可及的広範囲ニ之ヲ包含スルヲ要ス」とし、さらに、「皆之ヲ包含スルコトヲ要ス」とある。つまり、大政翼賛会という「会」が「国民」の「組織」であり、その「運動」が「国民」の運動であらねばならぬとすれば、「会」はもはや「党」ではなく、「組織」と「運動」における特定主義は許されてはならない。すでに出来上がった大政翼賛会の中央組織が「網羅主義」であったから、地方組織もまた、これを反映して「網羅主義」になり、ひいては、大政翼賛会「会員」詮衡の標準は「皆之ヲ包含スルヲ要ス」、「参加ヲ希望スル者ハ皆之ヲ包含スルコト」、つまり全員「網羅主義」であらねばならぬ。しかも、国民「組織」と国民「運動」が国民一般を対象とする「網羅主義」であらねばならぬとなると、特定主義は、もはやいかなる目的のものであろうと、成り立たない。国民を会員と非会員とに区別することは、「党」であっても、「会」であっても、許されない。

こうなると、政治新体制の胎動期に準備体制を整えていた内務省側にとって、中核体、地方中核体なるものは、その用語・用例はどうあろうとも、それらは必ずしも珍奇なものではない。「政府ト中核体」というとらえ方ひとつ取り出しても、政府は儼然として存在しており、中核体は、政府あっての中核体で、第二次的存在に過ぎないのである。したがって、内務省にとっては、大政翼賛会の「組織」と「運動」は、歓迎さるべきものではないとしても、否定さるべきものではなかった。さきに引用した、「之ガ達成上最善ノ努力ヲ払フト共ニ中核体ニ対シテハ其ノ方向運用ヲ誤ラザル様極力内面協力シテ居ル次第デアルガ地方ニ於テ之ガ実際的運動展開ニ内面的ニ一大努力ヲ払ハレンコトヲ期待スル」というくだりは、重要視すべきである。すなわち、大政翼賛会組織において、官選知事以下の内務省系列をどう位置づけるか。中央組織レベルではともかく、国民組織の底辺ともいうべき地域国民組織レベルにおいては、かねてからこの課題に取り組んできた内務省にとっても、また職域国民組織つまり各省庁外廓団体の育成、管理・運営に配慮してきた各省庁側にとっても、新「党」ならぬ政治新体制すなわち大政翼賛会という「会」とその「運動」の発進は、むしろ歓迎すべきことであった。けだし、地域・職域網羅型国民「組織」とその「運動」を推進することに反対すべき理由がなく、じじつ、国民精神総動員運動の経緯のなかで、すでに、「国民組織」という用語が使用されていたからである。(3)

しかし、反面からいえば、問題は、複雑であった。すなわち、ここで引用してきた「中核体」なる概念が、右の国民「組織」、国民「運動」の網羅型体質と対応して、微妙な影響をうけるからである。その底辺部の組織化の契機を迎えようとする大政翼賛会地方組織の推進にかんしていえば、「中核体」とはいったいなんであるのか。地域の国民組織―国民細胞がすでに出来上がっているのに、あえて細胞の核とは別箇の核がなければならないのかどうか。(4)

昭和一五年末から一六年にかけておこなわれようとする大政翼賛会地方支部の組織過程にさいしては、「中核体」、「地方中核体」という用語は、漸次、その使用頻度が減退する。この間の経緯、とくに地方支部の組織過程は、前著で詳細に辿ったので、(5)ここでは再説しない。「大政翼賛会地方支部ニ関スル事項」には、「秘」で、未定稿と記入され、「内相」と記された書き込みがある。日時は確定できないが、比較的早い段階での内務省側の準備体制―逆攻勢を示すものだ、といえようか。(6)

大政翼賛会地方支部ニ関スル事項

道府県、郡、市町村及六大都市ノ区ニ夫々支部ヲ置ク

一、道府県支部

1、支部長ハ総裁之ヲ委嘱ス但シ差シ当リ地方長官ニ委嘱ス

2、支部ニハ顧問、参与及理事若干名ヲ置キ支部長ノ推薦ニ依リ総裁之ヲ指名又ハ委嘱ス

3、支部ノ事務組織ハ左ノ如クトス

イ、庶務部

ロ、組織部

4、協力会議

イ、郡市協力会議ニ於テ互選シタル者各一名宛及各種団体代表者、道府県会議員、官公吏其ノ他適当ナル者ノ中ヨリ支部長ノ推薦ニ依リ総裁ノ指名セラレタル議員(互選議員ト同数以下ノ数)ヲ以テ構成ス

ロ、地方庁ト支部トノ関係

両者ハ表裏一体ノ関係ニ立ツモノトス

二、郡 支 部

1、各郡ニ郡支部ヲ置クヲ例トス但シ市長庁管轄区域ニ在リテハ其ノ区域毎ニ之ヲ置ク

2、支部長ハ道府県支部長ノ推薦ニ依リ総裁之ヲ委嘱ス

3、協力会議

イ、町村常会ニ於テ互選シタル者各一名及道府県支部長ノ推薦ニ依リ総裁ノ委嘱シタル議員ヲ以テ構成ス

ロ、議長ハ支部長ヲ以テ之ニ充ツ

三、市区町村支部

1、支部長ハ総裁之ヲ委嘱ス但シ差シ当リ市町村長ニ委嘱ス
2、協力会議
市区町村常会ヲ以テ之ニ充ツ但シ六大都市ニ在リテハ府県協力会議ニ準ジタル協力会議ヲ設ク
3、東京市ニ支部ヲ置クヤ否ヤニ付別ニ考究ス
四、部落会町内会ハ市区町村支部ノ下部組織トス
五、地方支部ノ経費
中央本部ノ補助及其ノ他ノ収入
六、精動地方本部ノ処置及地方ニ於ケル精動ノ取扱方
精動地方本部ハ道府県支部ノ結成ニ伴ヒ自発的ニ解体スルモノトス
地方ニ於ケル精動運動ハ地方支部ニ於テ其ノ実体ヲ継承スルモノトス

「大政翼賛会地方支部ニ関スル事項」と「大政翼賛会地方支部設置要綱」とは、内容的には酷似しているが、「要綱」が、基本線を画き、「事項」が、内務省案の骨子を引き継ぐ形で取りまとめられたであろうことは一読して明白である。しかも、「要綱」がさらに「支部規程」へと取りまとめられる過程を辿ると、そこには、大政翼賛会への配慮の跡が明瞭で、例えば、支部長には誰がなるのかについては、ついに「規程」本文からは確認できない。附則第一六条が、かろうじて妥協的措置を講じており、この形でもって妥協が成立した形跡を辿ることができる。(7) また市区町村支部にかんしては、「事項」の「支部長ハ総裁之ヲ委嘱ス但シ差シ当リ市町村長ニ委嘱ス」が、「要綱」では、「市区町村支部長ハ道府県支部長ノ推薦ニ依リ総裁之ヲ指名ス」と双方を生かす形となり、さらに、「規程」第二条では、

「支部ノ役員ハ道府県支部長ニ在リテハ総裁之ヲ指名又ハ委嘱シ其ノ他ノ役員ニ在リテハ道府県支部長ノ推薦ニ依リ総裁之ヲ指名又ハ委嘱ス」というさらに混沌とした表現となっている。また、「事項」では、「部落会町内会ハ市区町村支部ノ下部組織トス」とあるが、「要綱」では、「市区町村支部下ニ分区ヲ設ケ町内会長又ハ部落会長ヲ以テ分区長ニ充ツルコト」となっており、「規程」では、第一四条に、「市(六大都市ヲ除ク)区町村ノ部落会又ハ町内会ノ区域ニ当該支部ノ分区ヲ設クルコトヲ得」、という一歩後退した規定に取りまとめられている。「事項」の表現が一番直截な表現であったのに比して、「要綱」を経て「規程」になると、「大政翼賛会地方支部ニ関スル事項」の表現よりもはるかに後退した、曖昧な、漠然とした形になっている。すなわち、地方庁と支部との関係では、「両者ハ表裏一体ノ関係ニ立ツモノトス」というのは、内務省の積極的な姿勢――攻勢を示してあやまらない。しかし、この「表裏一体」の表現は、「事項」には、分区長は、町内会長・部落会長とすると、はっきりうたわれていたのが、「支部規程」にはこの主旨はもはや見当たらない。したがって、「規程」には分区は設けてもよろしいというだけで、分区長に誰がなるかはもちろん書かれてはいない。「町内会部落会ハ市区町村支部ノ下部組織トス」(「事項」)との規定こそ、まさに、地方庁と大政翼賛会地方支部との一体化を象徴する規定であるが、この「表裏一体」化の表現を大政翼賛会側が回避したのか、あるいは内務省側が敬遠したのか。双方にとってマイナスとみたのではないであろうか。しかし、「事項」が、地方支部の経費に関して、「中央本部ノ補助及其ノ他ノ収入」と規定した一点に関しては、支部規程第一五条では、「支部ノ経費ハ本部補助金其ノ他ノ収入ヲ以テ之ニ充ツ」という形で、完結形態でまとめられている。すなわち、大政翼賛会地方支部の経費の調達は、中央本部からの補助金を主とし、これに「其の他の収入」が加算されうるというもので、「会費」という表現はない。「会員」とやれば、ただちに、会員・非会員問題が発生するであろうし、全国民の国民運動、全国民の国民組織に「会費」が必要かという疑問を提起するであろう。それゆえ、中央本部の補助によると規定すれば、一見無難であるが、それではただちに、翼賛会がどこからこの補助金、助成金を調達するか、治安警察法にいう政事団体にはその適用は認められないとすれば、この問題が、大政翼賛会の性格規定の基本問題につらなり、かりにそれが公事結社だということになれば、かえって政府予算の支給対象たりうるが、反面、政治活動はこれを為すことはできないということにもなる。あれやこれやで、まことに微妙な展開を予期しなければならないのであった。(8)

第一回の改組翼賛会の主要な特長は、(一)国務大臣たる副総裁制の採用、(二)企画局、政策局および議会局の三局の廃止と東亜局の新設、(三)調査委員会制の採用の三点であって、その他のめぼしい点では、(四)協力会議は存置され、(五)地方支部組織も存置と決定した。地方支部次元に問題を絞ってみれば、この第一回翼賛会改組には、重要な諸問題を内包していたのである。まずこの点からみてみよう。

すなわち、大政翼賛会の新支部規程と当初の大政翼賛会地方支部設置要綱とを比較してみると、当初の支部規程附則第一六条には、「当分ノ間支部長ヲ置カズ総裁ノ指名スル支部常務委員(内一名ヲ地方長官トス)」による運営方針が妥協的に取りきめられていた。これは、大政翼賛会支部設置要綱第一条の「支部長ハ総裁之ヲ指名又ハ委嘱ス　但シ当分ノ間総裁ハ支部常務委員若干名ヲ指名又ハ委嘱シ支部長ノ職務ヲ代行セシム」という措置と対応し、支部長の地位と職務を委員会制という妥協的存在形態によって運営することを定めたものであった。(9)しかしこの委員会―支部常務委員会では、地方長官たる常務委員にそれを主宰させることとしたほか、常務委員の選定にさいしては、

一、厳正公平にして革新的意識に燃え、実行力ある人物なること

二、道府県内に常住し、常時本運動の実践に当り得るものにして、政治犯を除く前科等がないこと

三、政治団体に所属しないこと

四、階級対立的団体に属しないこと

この四条件を満たす常務委員一〇名以上を地方長官から推薦させて、そのうち、五名ないし一〇名を委嘱することになっていた。(10) また、六大都市の支部長、郡の支部長、市区町村の支部長の決定は、いずれも、「道府県支部長ノ推薦ニ依リ総裁之ヲ指名ス」と定められ、これら支部長の選定には、道府県支部長が推薦することとなっていた。この点はことに注視すべきである。また当初の支部規程には、その第一四条に、「市(六大都市ヲ除ク)区町村ノ部落会又ハ町内会ノ区域ニ当該支部ノ分区ヲ設クルコトヲ得」という規定が設けられていたが、これは、大政翼賛会地方支部設置要綱の「市区町村支部下ニ分区ヲ設ケ町内会長又ハ部落会長ヲ以テ分区長ニ充ツルコト」という規程に対応する。ただし厳密に読めば、設置要綱では、「町内会長又ハ部落会長ヲ以テ分区長ニ充ツルコト」と特定する方式であるのに対し、支部規程の規定方式は、一般的・抽象的であって、特定的ではないという差異がある。ところが、四月一八日ならびに五月二七日改正の大政翼賛会の新支部規程には、右に取り上げた二点は見当たらない。「分区」の規程もなく、また附則も見当たらない。新支部規程では、旧規程と同様に、「支部ノ役員ハ道府県支部長ニ在リテハ総裁之ヲ指名シ又ハ委嘱シ其ノ他ノ役員ニ在リテハ道府県支部長ノ推薦ニ依リ総裁之ヲ指名シ又ハ委嘱ス」という規程一本が残されただけである。ここでは「分区」の問題は、積極的には取り上げられてはいない。のみならず、「総裁之ヲ指名シ又ハ委嘱ス」というさい、「指名」と「委嘱」という二つの手続にかんしても曖昧さが残るものの、単独制支部長制度が確定したことは明瞭であった。このことは、内務行政系統の系列組織に大政翼賛会組織を重なり合わせることを拒否しただけではなく、旧規程による「道府県支部ニ在リテハ当分ノ間支部長ヲ置カズ」云々と定められた附則第一六条による妥協策を排除して、「指名」方式ないしは「委嘱」方式をとってでも支部長を置くと定め、その結果、道府県支部長には官選知事が就任し、その官選知事が大政翼賛会の支部役員を掌握することが明瞭になったのであった。この点は重要である。一五年一二月、全国の道府県支部に結成をみた支部組織と常務委員制の整備、ならびに、郡区市町村支部組織の整備態勢の進捗のために、大政翼賛会の中央本部は、通達によって、地方支部組織については、「当分の間、分区を設けること」を要請していた。それは、具体的には、

イ、各種の既存団体、なかんづく国民組織的性格を有する各職能的団体(例へば、産業報国会、農会、産業組合、在郷軍人会、警防団、壮年団、青年団、教育会、愛国婦人会、国防婦人会等)の役職員中、適当なるものを各級支部事務局の委員または嘱託として運動に参加させること

ロ、各部落会、町内会等の地域または職域において、真摯なる職域奉公を実践しつつある士にして、本運動に挺身邁進せんとするものを簡抜し、これを推進員として銓衡委嘱し、各職分職域において先達者として本運動に挺身させること、その銓衡に当りては、前項に準拠して厳選主義をとるとともに、ひろく人材を求め、なるべくその員数の増加を期すること。この銓衡委嘱は当分の間、各市区町村支部の内申と併行して、各道府県支部自ら銓衡により厳密なる調査を行ひ、道府県支部長において事務総長に報告、承認を得たる上、総裁の名により推進員たる委嘱をなすこと。なお、推進員たる身分およびその活動規律指導等に関しては、市区町村長支部長これが責に任ずること。

ハ、関係各団体にたいしては一面において、その役職員および関係員より適当なるものを各級支部の常務委員、理事、顧問、参与等の役員または委員、嘱託ないし推進員として活動せしめるとともに、他面において支部事務局との間に密接なる団体的連絡をとること。(11)

を要求していた。この通達は、区市町村支部に「分区」を設定すべきこと、そしてさらに具体的に、「各種既存団体」のうち、「国民的性格を有する各職能団体」から委員・嘱託への参加を求めること、地域組織としての町内会・部落

会や職域組織から、「推進員」の銓衡・委嘱によって、「先達者」を調達すること等を要求したものであって、大政翼賛会の組織化にさいし、既存・先発の地域組織・職域組織との調整をはかろうとするものであった。逆にいえば、大政翼賛会の組織化は、既成の行政機構の末端組織や職能諸組織との妥協とこれらの協力なくしては不可能であったとすらいえようか。とくに(ロ)に示されている、地域・職域組織のメンバーを簡抜し、これを大政翼賛会の「推進員」として「銓衡委嘱」するという組織論の決定は重要であろう。そこには、「内申」、「銓衡」を経た「委嘱」のルールがとりきめられている。下部からの「内申」、「銓衡」、「委嘱」の手続に加えて、(ロ)においてさらに、「なお推進員たる身分およびその活動、規律、指導等に関しては、市区町村長支部長これが責に任ずること」という重大な指示がなされている。(ハ)の内容もこの(ロ)と関連して重要な説示といえよう。一六年三月一七日の常任総務会の手によって正式に決定をみた「推進の誓」[12]には、その末尾に、

一、われ等は、皇国に生き皇国に死す。
一、われ等は、正しく自らを律し、進んで統制に服す。
一、われ等は、道義を重んじ、科学を愛す。
一、われ等は、勤労を尊び、職域に奉公す。
一、われ等は、必勝の信念を堅持し、新体制の確立に邁進す。

と記されている。大政翼賛会の改組が迫った一六年三月二一日、一府二四県の各支部の組織・庶務両部長ら四〇名が参加して「全国地方支部有志協議会」を結成し、大政翼賛会改組反対の宣言および決議を行ない、「大政翼賛会地方支部両部長会議」の名において、近衛総裁に五箇条の決議[13]を提示したが、これには、右の組織化の進展が背景にあったことはいうまでもなかろう。

右に紹介した、新たな大政翼賛会運動規約、ならびに、事務局および調査委員会職制が発表されたのは、地方長官会議の開催時と一致し、四月一一日であった。そして翌一二日には、事務総長以下全職員が指名され、改組翼賛会が発足した。[14]

その後、六月一一日、一二日の両日にわたって、改組後第一回の地方支部組織・庶務両部長会議が開催され、支部組織の強化を目的として協議が行なわれた。協議事項は二九項目にわたるが、最も熱心に検討が行なわれたのは推進員制度の問題であった。推進員について規定した推進員規程には、次の五項目が見出される。[15]

一、推進員は大政翼賛運動を普く全国民に徹底せしめるものであること
二、推進員は実践要綱を体得し、率先躬行するとともに各地域職域において本運動に挺身すること
三、推進員は本会の構成員であること
四、推進員は総裁の名において道府県支部が指名すること
五、推進員の監督指揮は総裁および各支部長が行ふこと

推進員制度にかんしては、さらに七月五日にも通牒が出され、推進員制度を市町村内の部落会・町内会および各種職域団体に、「洩れなく配置することを目標とし、市区町村内の全職能を有機的に、いかんなく発揮し得るやう逐次増員をはかること」となり、さしあたり、部落会・町内会の数のほか、農工商、漁、教育、宗教等の各種職域関係を適当に考慮した数を加えて、全国約三〇万の推進員獲得をメドとしたのであった。[16]この方式で注目すべき点は、推進員規程によっても明らかなように、(一)推進員を地域・職域のメンバーのなかから調達すること、(二)推進員は大政翼賛会のメンバーとすること、(三)推進員は総裁の名において道府県支部が指名し、推進員の監督者は総裁および各支部長だと定められたこと等である。その結果、地域・職域組織メンバーが大政翼賛会の組織メンバーとして起用さ

れるだけでなく、とくに道府県支部長すなわち知事の「指名」権、「監督」権が極めて明瞭に規定された。『翼賛国民運動史』によれば、推進員の銓衡方法は、「まず市区町村支部役員による銓衡会議で推薦者をきめ、年齢、学歴、職歴、各種団体との関係および推薦理由をつけて、その名簿を道府県支部に提出する。道府県支部の銓衡会議がその名簿を基礎として、最後の調整をして候補者を決定し、講習を経た後、宣誓式においてはじめて総裁の名で指名する(17)」というものであった。

さて一六年六月一六日から三日間を予定した第一回中央協力会議を目前に、この中央協力会議に多大の期待をよせた陸軍当局は、「高度の政治性」の内容について、あらためてその見解を表明した。すなわち、大政翼賛会の政治性とは、いわゆる政党的活動を意味するものではなく、「国防国家完成のための国民的実践」のみが高度の政治性であり、それは「不断の国民的な努力の総称」である、というのである。さらに具体的にいえば、「各省、各政治機関のみの活動のみでは十分でなく、これに国民の民間の活動を以て十分ならしめんとするもので、バラバラであり隙間だらけでしかない各機関の間に、翼賛会の政治性を通じて隙間をふさぐセメントならしめ、これによって強靭な国防国家を完成せしめんとする努力こそその本来の努力である(18)」と説明されている。陸軍の「高度の政治性」にかんする新しい解釈が、公事結社としての大政翼賛会の存在に見合っており、大政翼賛会にはもはや「政治性なし」とする、無色透明な存在を批判する見解を否定する意図に出たものであったことはいうまでもない。だが、この「国民的実践のみが高度の政治性」であるという解釈が、具体的な新鮮味を打ち出したものだとはいえない。そこには、各省庁・各政治機関の組織活動を当然の前提として、それらの補完物として、セメントとして「民間の活動」を活用するという発想がみられる。目的である「国防国家」の完成には、政府各省、各政治機関の「活動」プラス大政翼賛会なる「民間の活動」を起用せんとするもので、そこに「本来の努力」目標が設定されねばならぬというのである。ここで、

「行政機構の根本的改革、政府側は消極的態度、事務再編成で応急措置」[19]という官界新体制に対する政府の消極的態度を引き合いに出すまでもなく、「不断の国民的な努力の総称」が大政翼賛会の「高度の政治性」の新解釈だとするとき、それは、底辺レベルでの推進員規程の内容ともほぼ対応していることに気付く。そこには、新鮮味はもはや感じ取ることはできないが、それが、知事を支部長とした全国道府県支部組織のあり方とは密接に関連していることは否定すべくもない。これと関連して、第一回中央協力会議を批判した『朝日新聞』[20]が、「政府の発言不足、積極的に政策闡明せよ」と題して、注文をつけた記事がある。それは、中央協力会議の論議が、

一、推進員の横断的連繫を結成せよ

一、町内会・部落会を実質的に翼賛会の下部組織として活用せよ

一、道府県支部に副支部長を置きこれを民間から簡抜して官僚化を避けよ

一、大日本興亜同盟の地方支部は翼賛会支部を以てせよ

等の問題に集中したことを報じて、このほかにも青壮年組織の結成強化、翼賛議員団結成、各種団体の統合要望等にわたる議論もあったが、問題を今後に残した、と述べている。中央協力会議の性格もさることながら、ここで指摘された四つの問題点は、この段階での大政翼賛会の支部組織論の盲点を突いた指摘といわねばならない。中央協力会議の開催と相前後して、六月一一日の『朝日新聞』は「婦人団体統合、けふ閣議で要綱決定」と知らせ、また同日付で「興亜に挺身の団体統合、『大日本興亜同盟』設立、七月六日結成、要綱、閣議で決定」と記して、もろもろの組織問題がもろもろの方法・手続で処理されてゆく経過を報じている。このようにして、大政翼賛会をめぐる動きと諸問題は必ずしも明解ではない。不透明、曖昧、いや朦朧としている。しかし、右の中央協力会議提出議案にふれた一六年六月六日の『朝日新聞』記事が、「切実な問題ばかり」だと規定しながら、「総数二百二一件、性格論議僅か一件」と

報じ、また数日後、六月九日付の記事が、第一回中央協力会議の性格と題して、「一貫した『下情上通』、広く国民再組織問題」とも述べている。性格論議が激減どころか、もはや問題にすらならないで、僅か一件ということは注目に値する事実である。だが、他方では、「広く国民再組織問題」が存在するという点には、とくに注目したい。そのことは、同じ『朝日新聞』の「透視板」がとりあげている「翼賛会推進員の変質」という問題と深くかかわりあっているのである。すなわち、第一回の改組前の推進員には、積極的な規程はなく、推進員は総裁直属の、率先職分に奉公する第一線指導分子とされたが、新規程では、道府県知事に直属し、この上級機関を通じて総裁につながる存在、とされた。その結果、行政機構の線に沿った指揮監督の系統はようやく一貫した形だが、反面、推進員相互間には恒久的に「横断的連繫」はない。これがなければ、強い政治力は生まれない。そこで、町内会・部落会組織を大政翼賛会の下部組織とする方針が浮かび上がり、また、その官製化すなわち内務省主導に反撥するためには、民間人を副支部長として、「官僚化」を防がなければならない。こうして推進員の性格が曖昧となり、変貌し、変質する。また、青壮年組織との関係でいえば、「産報青年隊準則」が正式決定をみ、全国に示達とあるのを一例としてみても、産報五〇万の職域組織との連繫ないしは関係づけなくしては、推進員の問題は解決しないのである。広く国民再組織問題が論議され、推進員制度が地域・職域組織との接着点を求めて推進されればされるほど、大政翼賛会の性格論議が減退するのはなんとも奇異な現象というべきであろうか。地域組織・職域組織との接合点を模索する国民組織への作動が、国民組織運動への視点を与えるのかどうか。この問題に触れたものとして、第一回中央協力会議をとりあげた『週報』が、この協力会議では従来会議体に見られた一問一答式の質疑応答の形式をとらず、協議が対立論争に傾くのを避けたと述べて、協力会議の目的は「単なる意見の発表ではなく、議長によって統裁された協議内容を具体化して、これを実践に移すことによって達成される」と規定したのは、注目に値する。質疑応答形式ではなく衆議統裁により、その「協議内容を具体化して実践に移す」しくみが、「実践」への担保力をもちうるのかどうか。

この段階にあって、大政翼賛会はその実践要綱解説起草委員を任命し、六項目にわたって「戦陣訓」のような実践要綱の解説を作成しようとしていた。(23) 起草委員には、後藤文夫、堀切善次郎、桜井兵五郎、山崎達之輔、伍堂卓雄、古野伊之輔、小林順一郎、黒田長和が任命された。綱領も宣言もない大政翼賛会としては、その実践要綱が唯一の行動基準であるのであるが、それに解説が必要であるという理由は、すでに発表ずみの実践要綱を「無視」し、あるいは「軽視」するものさえ出るという事態にたちいたったからであって、翼賛会としては、新しく「解説」を打ち出すことによって、「翼賛運動の本質を一層明確ならしめて世間の疑惑に答へ一切の不安を一掃すること」を狙ったのであった。(24) そのために、大政翼賛総務会は小委員会を設けて七月二六日に原案を作成し、八月七日に総務会に附議し、それを「大政翼賛会実践要綱の基本解説」と題して発表した。それは第一、「大政翼賛運動の目的と本質」、第二、「大政翼賛会の目的と本質」、第三、「実践要綱」の三部より成っている。

第一については、

一、各職域、部落、町内、家庭等において、日常それぞれの持場においていそしみつつある人々が大政翼賛運動の第一線部隊である。大政翼賛会の構成員が独り第一線に立つて国民の支持をうけ、国民を代表して運動するといふのではない。

二、皇国は皇室を尊き核心と仰ぎ生成発展してきたる全一生命体であつて、皇国民はこの全一生命体の各部構成員としてのみ存在する。大政翼賛運動はこの信念に立脚して、民主主義思想、自我功利主義思想の弊をこの際明らかに認識してこれが芟除に務め、世界最高の徳と力とを兼備する一体国家の真姿を如実に顕現せんとする。

三、本運動は諸外国における全体主義運動等とは本質的に異り、全人類のために道義的指導の本然的地位を確立せんとする大国民運動である。
四、本運動は独自の政策を掲げ、衆を背景として当局と抗争するが如きものであつてはならない。
五、一億一心とは、全臣民が常に一心一体となり、皇国の全一生命体たる本質を顕現することである。翼賛会の全構成員は、進んでこの一億一心の範を示さなければならぬ。
六、軍官民の間にいささかたりとも隙を生じ、ために国家の対外的威信を損するが如き行動は厳にこれを慎まなければならない。とくに軍統帥に関しては、軍の作戦状況の如何に拘らず、一般国民が与論その他をもつて作戦に容喙し、あるひはこれを批判し、皇軍の威信を傷つけるが如き行動は、絶対に許されない。軍の体制は、戦時下国民のもつて範とすべきものである。
七、本運動は単に宣伝に止まるものではなく、修錬と実践の挺身運動である。

第二については、「本会は全国民運動の助成推進機関であつて、政府を指導鞭撻するを任とするが如き機関でないことは規約からも明らかである」として、つぎのごとく説かれている。

一、会内にいかなる機関を設けても、その行動はことごとく軌道にしたがつて運営されねばならぬ。例へば協力会議のごときも帝国議会などとは全くその任を異にし、もつぱら本運動の推進を眼目としてゐる。
二、会内においてはいやしくも総裁の意思を拘束すべきいかなる会議も存在しない。会内のすべての機関は総裁にたいする輔佐協力の機関たると同時に、総裁の意思にしたがつて、会の任務の達成に精進すべきである。

三、本会の総裁および支部長が総理大臣および地方長官となり、政府との表裏一体関係を持続するのは、政府の施策と臣道実践に邁進する国民の具体的努力とが、完全に相照応するにおいて、はじめて最高度の国力を発揮し得るからである。

四、本運動は臣道を離れた政治性、政治力、経済性、経済力の存在を考へることを許さないといふ信念に立つて、民主主義的および共産主義的政治理念を一掃し、皇道翼賛体制の確立に奉仕せんとするものである。大政翼賛会は以上の如き理念に立つ本運動の推進機関として高度の政治性をもつ。

五、官民を通じて国内全般にわたり、割拠主義の考へ方を清算せしめ、翼賛会としては民間方面の組織、または団体を形式的に整理統合するをもつて主目的とせず、実質的にこれらをことごとく各分野における本運動の一翼として、その全能力を発揮させ、すべての運動を綜合して全一体制を現実に発揮させるにある。

六、翼賛会を通じての上意下達、下情上通は、会運営の目的ではなくて手段であること。下情上通は民間意思を決定して、これを国家意思形成の要素として強要し、責任当局の意思と対立するの意ではない。

第三については、以下の六項目がとくに目立つた強調点であった。

一、要綱が示すところの思想の普及統一なくしては、高度国防国家体制の実現は不可能であること

二、皇国は明かに高き徳と力によつて、興亜の使命を遂行する雄大なる国家であることを深く自覚し、全国民は興亜の魂を全行動を通じて一貫すべきこと

三、多年誤つて浸潤し来たつた民主、共産、功利主義的政治思想を一掃し、この誤れる思想を基調とした諸弊害

を一切の事象より徹底的に芟除すること
四、功利主義思想を一掃し国力を重点に集中するため、全経済力の周到なる綜合的運用計画を樹立し、全国民の翼賛経済活動はこの計画に積極的に服従して挺身奉公の誠を致すこと
五、今次の事変は決して武力のみをもつて解決することはできない。教学、文化にたいする功利的態度は根本的に是正し、各々が皇国の偉大性の縮図として恥ぢない人格を把持し、もつて他国民に接し世界にのぞむこと
六、わが国民性が感情に高く理性を重視せざる傾向を反省し、生活新体制の重大使命を理解し、自己を積極的に自ら営まんとする至誠と熱とをもつて基調とすべきこと。最悪の場合にも不抜の精神と最強の体力とを、常時培養準備し得る剛健簡素の合理的生活様式を自発的に定めて、これを実践し、各々が自己を急速に鍛錬すること

この大政翼賛会実践要綱の基本解説によれば、「皇国」は「全一生命体」・「一体国家」であって、「皇国民がこの全一生命体の各部構成員」として位置づけられる、と規定されている。その結果、たとえ大政翼賛会の構成員であっても、かれらが第一線に立って「国民の支持をうけ、国民を代表して運動する」という発想はありえず、各職域、部落、町内、家庭等、それぞれ「日常の持場」において「いそしみつつある人々」が、大政翼賛運動の「第一線部隊である」のである。その点で大政翼賛運動は、諸外国における全体主義運動とは本質的に異なり、「独自の政策を掲げ、衆を背景として当局と抗争する」ものであってはならず、「一億一心」、「一心一体」、「修錬」と「実践」の挺身部隊であらねばならない。第二に、大政翼賛会は「全国民運動の助成推進機関」であって、政府を指導鞭撻する機関ではない。この第二の点については、すでにその六項目を摘記してあるので、ここでの解説は省略しよう。

（1）　国立国会図書館憲政史料室所蔵『新居善太郎文書』所収、「新体制確立要綱」三。
（2）　三項目は、「大政翼賛運動綱領案」として、『新居善太郎文書』に所収されている。
（3）　「内務次官未定稿」とある「大政翼賛会地方支部ニ関スル事項」は地方支部と地方協力会議の組織方針を指示した重要文書と推定できるが、その末尾に、「地方支部ノ経費」という項目で、「中央本部ノ補助及其ノ他ノ収入」と明記し、さらに、「精動地方支部ノ処置及地方ニ於ケル精動運動ノ取扱方」と題して、「自発的ニ解体スルモノトス」としつつ、他方、「地方ニ於ケル精動運動ハ地方支部ニ於テ其ノ実体ヲ継承スルモノトス」と述べている。
（4）　拙著『東京都政の研究』一九七七年、未来社、五九三ページ。なお同書、三一三―六五三ページの「国民細胞網」の組織化過程を参照。
（5）　拙著『近衛新体制と大政翼賛会』一九八四年、岩波書店。
（6）　拙著、前掲書、二六四ページ以下の「大政翼賛会地方支部設置要綱」は、「大政翼賛会支部規程」（二六六―二六九ページ）の前提になった基準であろうと推定されるが、ここに引用した「大政翼賛会地方支部ニ関スル事項」は、右の要綱に先立って内務省側の原則を示したものではないかと推定できようか。しかも、「要綱」や「規程」にみられる大政翼賛会側への譲歩が少なく、その意味で内務省の狙いの本旨をうかがうことのできる資料とみたい。
（7）　拙著、前掲書、二六九ページ。
（8）　前掲書、五〇〇―五〇七ページ、大阪府翼賛壮年団本部「翼賛壮年団指導要綱草案」（昭和一九年、七〇―七一ページ）、参照。つまり補助金の支給をうける場合、支給をうける側が全員網羅型組織であればあるほど、補助金支給は交付しやすく、逆に「同志精鋭」型であればあるほど、助成金支給は厄介であり、むつかしいのである。
（9）　大政翼賛会地方支部設置要綱の「道府県支部に関する規定」参照。
（10）　『大政翼賛運動史』一五四―一五五ページ。
（11）　同右、一五七―一五八ページ。
（12）　同右、一六一―一六三ページ。
（13）　同右、二〇七ページ。
（14）　同右、二一七―二一八ページ。しかしこの改革は必ずしも直線的ではなかった。たとえば、「本年六月九日総庶企第四一号稟大政翼賛会支部規程改正ノ件承認ス　昭和一六年六月九日　内閣総理大臣」には、「第六条第四項中『支部長之ヲ指名ス』トアルヲ『総裁ノ名ニ於テ支部長之ヲ指名ス』ニ改ム」とあり、その改正理由を次のように述べている。「大政翼賛運動規約中第四条本会ノ構成員ハ本運動ノ精神ヲ体得シ挺身之ガ実践ニ当ル者ノ中ヨリ総裁之ヲ指名ス、トアルニ鑑ミ道府県支部ノ主要職員タル庶務組織両部長ヲ支部長ノ指名ニ一任スルヨリモ本文ノ如ク改正スルヲ適当ト認ムルニ因ル」と。支部長指名制では官選知事の一〇〇パーセント・コントロールということになるであろうことを配慮して、「総裁ノ名ニ於テ」という文言を付記したというのであるが、実際上は「総裁」の側からする干与がどの程度ありえたのか、あるいは、それは、無視すべき程度のものであったのであろうか。ともかくこの支部規程改正の措置は六月九日に承認されている(国立公文書館『大政翼賛会関係書類綴』2A　40　資13の30)。

(15)『翼賛国民運動史』二一八―二一九ページ。国立公文書館所蔵の『大政翼賛会関係書類綴』(2A　40　資13の31)には、「本年六月九日総庶企第四〇号稟請大政翼賛会推進員規程制定ノ件承認ス」という昭和一六年六月一一日付の内閣総理大臣名の文書がある。これによると規定(案)は七カ条であり、六月一〇日承認とある。本文引用の五個条とはほぼ同旨だが、規定(案)は、

第一条　大政翼賛運動ヲ普ク全国民ニ徹底セシメンガタメ本会ニ推進員ヲ置ク
第二条　推進員ハ本会ノ実践要綱ヲ体得シ率先之ヲ躬行スルト共ニ各地域及職域ニ於テ大政翼賛運動ノ進展ニ挺身ス
第三条　推進員ハ本会ノ構成員トス
第四条　推進員ハ総裁ノ名ニ於テ道府県支部長之ヲ指名ス
第五条　推進員ハ之ヲ更新スルコトヲ得但シ再指名ヲ妨ゲズ
第六条　推進員ハ総裁及各級支部長之ヲ指揮監督ス
第七条　道府県支部長推進員中不適当ト認メタルモノアルトキハ之ヲ解嘱ス

となっている。第四条が支部長に推進員の指名権を与える案に対し、本文に引用した『翼賛国民運動史』では支部とあり、これと関連して規程(案)第五条は『翼賛国民運動史』には見当たらず、この点は第七条規程(案)についても同様である。支部と支部長の相異、支部長に指名権・解嘱権を与えるか否かは、大政翼賛会改組後もなお引きつがれた論点だったといえる。支部規程の第六条四項の改正についても同じである。なおこの規定(案)が、かりに『翼賛国民運動史』から本文に引用した五項目

に整序されたのだとしても、六月一〇日段階では、「推進員の銓衡範囲」と追記があって、「銓衡範囲ハ未ダ詳細ニ決定シタルモノナキモ、地方ノ適当ナル者大体一町村五人乃至十人位ノ割合ニ考ヘ居ル由、従ッテ人員モ全国的ニハ未ダ正確ナル予定数ナシ」とある(前掲「大政翼賛会推進員規程制定ノ件」)。

(16)『翼賛国民運動史』二一九ページ。

(17) 同右、二一九ページ。この点について『運動史』は、「発会当初、厳選主義をとり、量より質に重点をおいたが、新方針は形式主義により、単に無難な人物を求める方針となり、推進員に質的変化をもたらすこととなった」と述べている(二一九ページ)。これは、大政翼賛会の地方支部組織の細胞ともいうべき区市町村の「分区」にかかわる組織規程がなかったことと密接に関係している。大政翼賛会大阪府支部の『大政翼賛会大阪府各市、郡、区、町村支部組織要覧』(昭和一六年七月改訂)には「大阪府支部組織要綱」があり、その第七番目の項目に「推進員ニ関スル事項」が指示されている(二四―二五ページ)。大阪府支部の場合、推進員は「(ハ)府支部ニ於テハ更ニ詮衡会議ニ於テ調査シ一定ノ訓練ヲ行ヒタル後宣誓式ニ於テ支部長正式ニ之ヲ指名ス」とあって、総裁指名が、現実では支部長指名になっていることがわかる。

(18)『朝日新聞』昭和一六年六月六日。

(19) 同右、六月二日。

(20) 同右、六月一八日。

(21) 同右、四月二四日。

(22)『週報』第二四四号、昭和一六年六月一一日。

(23)『朝日新聞』六月七日。

(24)『翼賛国民運動史』二二二―二二三ページ。

(二)　第一回中央協力会議

1　大政翼賛会協力会議

「新体制ニ対スル内務省ノ根本方針」には、「協力会議ノ構成如何」という一項目があり、これをうけて、(一)協力会議員ノ詮衡方法、(二)協力会議ト中核体トノ関係、(三)協力会議ト地方議会トノ関係、の三点にわたる基本路線の設計図が記されている。(1) 時期的には、その後になるのであろうが、「大政翼賛会地方支部ニ関スル事項」(内務次官、未定稿)には、一歩すすめて、やや具体化した協力会議の規定(2)がみられる。ここでは、協力会議を正面から見据えて、「中核体ニ附着セル機関ニシテ中核体ニ対シ常時所謂上意下達ト下意上達ノ機関ナルコト」と規定されている。そうだとすれば、協力会議の比重はまことに大きい。絶大であるといってよい。しかし、内務省は、他方では、右の規定の直後に、「協力会議ハ大政翼賛会ニ附着セル機関デアリ地方議会ハ地方公共団体ニ附着セル機関デアル」と認定しているから、その基本姿勢がいずれにあるのか、はっきりしない。そこで、さきの「新体制ニ対スル内務省ノ根本方針」をくっていくと、そのなかに、「協力会議員の詮衡方針」がすでに予め示されているのである。すなわち、「大政翼賛会地方支部ニ関スル事項」のところでは、地方レベルの協力会議員の選出母胎をどこに求めるのか。この選出母胎への割当人員はこれこれと概略を示し、さらに、協力会議の議長職には支部長が就任することとし、さいごに、市区町村協力会議は「市区町村常会ヲ以テ之ニ充ツ(3)」と、パンチのきいたしめくくりが見られる。

かくて、「大政翼賛会地方支部設置要綱」の策定となり、さらに、「大政翼賛会支部規程」の形に整備(4)された段階で、「大政翼賛運動規約」の第一二—一五条、さらに、「事務局職制」の第三条、九条が協力会議を規定し、そして、第一四条には、総務局所管の協力会議部のあり方についても、「協力会議部ハ協力会議ニ関スル事項ヲ掌ル」と規定したのであった。(5)

しかしながら、中核体の具備すべき基本条件、とくに、中核体と政府との関係が、整序された形では確認されえない以上、「推進力」とか「推進機関」のあり方はもとより、協力会議の構想それ自体、出発当初から、鮮明さに欠けていた。例えば、「新体制ニ対スル内務省ノ根本方針」では、(一)「協力会議ノ構成如何」、(二)「協力会議ト中核体トノ関係」、（三）「協力会議ト地方議会トノ関係」について、具体的にふれている。だが、（二）のところでは、「協力会議ハ中核体ニ附着セル機関」にして、「中核体ニ対シ常時上意下達ト下意上達ノ機関ナルコト」と規定しつつ、（三）では、「協力会議ハ大政翼賛会ニ附着セル機関デアリ地方議会ハ地方公共団体ニ附着セル機関デアル」と述べている。「附着」というだけでは、中核体が明確さを欠くとすれば、協力会議もまた、当然に明確さを欠く。協力会議が大政翼賛会に「附着」し、一方、地方議会が地方公共団体ニ「附着」するという規定では、いずれの場合も積極的内容をもたされていないからである。さらに、（一）協力会議員の詮衡方法に関しても、（イ）・（ロ）・（ハ）とあるだけだが、「内務省の根本方針」は、協力会議の構成内容に積極的にふれている。とくに、（ハ）では、「其ノ他ノ市区町村協力会議ハ其ノ市区町村ノ常会ヲ以テ之ニ充ツ」として、協力会議の最下層の基盤を市町村常会すなわち内務省系列の地方国民組織と重なり合わせてつくり上げる方針がとられたことに注目すべきである。そして、この方向は、「大政翼賛会地方支部設置要綱」においても、「大政翼賛会地方支部規程」でも、ほぼ一貫してつらぬかれている点では、共通であった。「中核体」と「推進力」ないし「推進員」構想の場合とおなじく、中核体と協力会議の場合にも、肝心の「中核体」がなんであるかが確定されず、中核体を大政翼賛会だとすれば、それが「会」という組織体であるとしても、全国民の国民「組織」が国民を会員と非会員に区分する差別が許されうるか否かという論理矛盾がついて廻る。「協力会議」の場合もこの例外ではない。大政翼賛会の総務局所管の協力会議部について、「協力会議部ハ協力会議ニ関スル事項ヲ掌ル」と規定したとしても、なんのことかまるで分からないのである。

大政翼賛会の中核体がなんであるのか。この設問はさておくとしても、大政翼賛会側からのアプローチでは、はっきりしない。しかし、内務省側が、協力会議の実体を具体化していったことは見落とせないであろう。ともあれ、協力会議を「中核体に附着せる機関」と位置づけ、「中核体ニ対シ」て、中核体は「常時」「上意下達」と「下意上達ノ機関」であると規定すれば、協力会議の比重にはおもしがくっつく。しかし他方では、協力会議は大政翼賛会に「附着セル機関」だとあり、また、地方議会は地方公共団体に「附着セル機関」である、とも規定されているのだ。これでは軽い。こうなるとどっちがどうなのかも分からない。しかしながら、内務省筋が「新体制ニ対スル内務省ノ根本方針」のなかで、いち早く、県レベル以下の県・郡および六大都市、その他の市区町村協力会議員の詮衡方法を具体的に打ち出していたことは見落とすわけにはいかない。この曖昧な規定が、内務省の解釈によって打ち破られたからである。つまり、大政翼賛会中核体構想にまつわる協力会議とは何か、この大課題をめぐって甲論乙駁があったのではない。内務省側は、いち早く、内務省系列下に地方協力会議を位置づけようと企画していたことを指摘すればたりる。それは、なによりも、なになにに「附着セル機関」という発想にむきだしの形であらわれている、といってよい。

中原謹司は発足直後の大政翼賛会協力会議部副部長の職についた人物である。その彼は、昭和一五年一一月二七日付の「中央協力会議についての草稿」のなかで、翌月一二月一六日に予定される中央協力会議の開催を目前にひかえた時点で、「政府は中央協力会議を積極的に援助するか、さもなくば廃止しろ」、という二者択一の選択を要求し、右に関して速やかな「御統裁を仰ぐ」としたためている。(6) 内務省筋からの先手に対する焦燥感の表明か、傷愴の意思表明であろう。

中原謹司文書におさめられている「大政翼賛会地方支部設置要綱」(昭和一五年一〇月二八日)(7)、ならびに、「大政翼賛会地方支部組織方針ノ件」(昭和一五年一一月一六日)(8)、さらに、「地方支部ノ組織ニ関スル件及支部規程」(昭和一五年一一月二九日)を順次比較すると、「要綱」では、支部長(主宰者)の選任について、「総裁之ヲ指名又ハ委嘱ス」とあるにもかかわらず、これに対しては「但シ当分ノ間」云々の除外例が設けられている。だが、有馬頼寧名の地方長官宛の「組織方針ノ件」では、支部規程のできたことを通達しつつ(9)、地方長官は「常務委員」会の「主宰者としてがんばってほしい」という助力方を要請し、さらに、区町村の各支部役員に関して、「今回ニ限リ便宜上」、ここで、「規約第三条ノ適用除外例」を設けるよう指示している。道府県支部長のみならず区町村の支部役員の銓衡にさいしても、有馬が、内務省側へと大きく譲歩していたことが明瞭にうかがえる。さらにこの中原文書では、「各支部活動ニ充テルベキ人件費及ソノ他ノ費用ハ本部ニ於テ支弁スル予定ノ下ニ目下研究中ナリ」とある。一一月二九日発の大政翼賛会総務局組織部発「組織第五三号」では、地方支部の組織、地方協力会議、大政翼賛会支部規程第一四条等の主要点にふれているが、協力会議議員には、貴衆両院議員、地方議会の議員もこれを兼ねることはさしつかえないこととし、とくに、大政翼賛会支部規程第一四条は、大政翼賛会支部末端の「分区」は、規程上には存在するが、「当分ノ間之ヲ設ケサルコト」とした。ここでも大きくよろめいて、譲歩したのであった。これら大政翼賛会の地方支部長、大政翼賛会の組織の末端の「分区」問題、地方支部の経費問題等の問題は、要するに、知事を支部長とし、この系列外に中核体、協力会議を位置づけようとする構想といえるから、「中核体」―「地方中核体」構想、上意下達、下意上達の構図は、その作図の段階でもって、あやうく消失しつつあったのである。とくに、中核体、協力会議といっても、分区つまり地域ごとの細胞組織なしというのでは、手足もなく、空論に等しい存在だからである。中原謹司が「中央協力会議についての草稿」で提起した問題は、まさに「中核体」構想がしりつぼみの形で収縮していくこの事態における、せいいっぱいの提訴ともいえるであろう。(10)この間において他方では、大政翼賛会協力会議部の「実行予算」(11)ならびに昭和一六年度通年度の予算案明細書(12)が提示されている。そしてこのことによって、中央地方の協力会議の活動とその運営の大綱が定着する。これとともに、いち早く一五年末の臨時中央協力会議の開催となり、また、昭和一六年の第一回中央協力会議の召集という形で、現実に中央レベルのみか地方レベルでの協力会議も正式に活動を開始するにいたったのであった。(13)第一回中央協力会議議題処理概要報告によると、(14)政府側処理概要が一―八に、本部側処理概要が一―八に、そして附録として第一回道府県六大都市協力会議処理報告(地方部)が添付されている。協力会議の性格が右のような性格規定の下にうまれようとしていた以上、その議題処理内容には、見るべきものは見当たらないのである。

大政翼賛会発足後まもなく召集された臨時中央協力会議が初回であるが、昭和一六年四月の第一次改組直後、改めて第一回中央協力会議が開かれ、それ以降、協力会議は数回開催されている。その構成、メンバー、審議の内容とその処理のしかたは、各協力会議によってまちまちで、まとめて要約することは容易ではない。また中央レベルの協力会議のほかにも、道・府・県・六大都市・郡市町村レベルの地方協力会議も開催されている。

まず、この地方協力会議の資料から拾い出してみると、[15]当初の協力会議は、「沈黙者五割五分の『国民家族会議』」とあり、「会議上提議案項目」、「会議上提議案処理事項」、「全国的関心事と共通問題(一―六)」にまとめられた全体的な紹介――報告――がその概要を報道している。昭和一六年一〇月、第二回協力会議が開催された「静岡県家族会議」では、[16]冒頭に「誓」の形で宣誓が行なわれ、開催にさいして注意事項が示されている。注意事項の一は、意見開陳のみに止めるべきこと、その二は、懇談的に結論を求めることとある。「家族会議」という性格に加えて、決議とか議決、質疑応答の形がとられていない点に注目すべきである。にもかかわらず、静岡県のこの「家族会議」の場合、「大政翼賛会運動強化ニ関スル事項」をみてみると、その一号から一四号までの内容には、翼賛会支部における組織と運動に関するジレンマがうかがえる。

また大政翼賛会大阪市支部の「第二回協力会議会議録」(一六年九月二六・二七日)によれば、[17]協力会議の運営はともかく、大政翼賛会大阪市支部のかかえていた問題として、翼賛会と翼壮の関係、大阪市の組織問題、推進員組織化にかかわる諸問題が協力会議で問題となっている。

こうした地方協力会議での若干例と比較すると、中央における協力会議の類型は、若干の試行錯誤を経た後であったためか[18]、整理された姿をとってあらわれている。例えば昭和一八年二万部を印刷した『協力会議読本』によれば、一　会議の特色、二　会議の性格、三　運営委員会、四　協議、五　処理、六　進行の順序、七　協力会議の将来、八　余録、九　関係資料並に規定、という順序に解説があり、「読本」は副題として「指導者たちのために」とある。またその種類の解説のたぐいとみられるものに、一年前の一七年九月には、『協力会議に就て』(改訂増補版)という説明書が出ていて[19]、昭和一五年一二月の臨時中央協力会議の後、この段階までに、型が出来上がったことが分かる。

『臨時中央協力会議報告書』は昭和一六年末に開催された中央協力会議の報告書であって、正式の標題は『国民家族会議』と銘打たれている[20]。以後「国民家族会議」という名称は定着するが、協力会議の「協力」という用語の用例についていえば、その起源は必ずしも明確ではない。しかし新体制準備会の構想のなかでは、この協力会議をどこにどう位置づけるかは深刻な問題であった。根本的にいえば、帝国議会および地方議会の選挙規程をどうするかにかんする政策決定がなく、とくに一五年末の衆議院議員選挙法改正問題の経緯に明示されたように、この案件を見送ったことが、協力会議のあり方、その存在を不明確のままにしてしまったのであった。しかもこの段階で、臨時中央協力会議が召集され、翌年に第一回中央協力会議が召集された。当初この二回の協力会議では、いずれにおいても、大政翼賛会の実践要綱をめぐるやりとりで混乱があった。だが、衆議院議員選挙法の改正を予定していた段階における協力会議の存在と、それを断念した、第七六帝国議会すなわち選挙法の改正を見送り、現議員の任期がそのまま一カ年延長された改組翼賛会とでは、同じ協力会議であってもその条件が根本的に異なってしまったのである。したがって、昭和一六年の第一回中央協力会議では、課題をつきつめて考えようというエネルギーは、もはや見当たらないのである。すなわち、大政翼賛会が諸国民組織の再組織という形をとった国民組織として定着するかぎり、内務省系の地域国民組織も楯の半面であれば、生産・消費、精神・文化の各職域組織もまた国民組織の楯の半面を構成していた。すなわち、各々それぞれが国民組織であって、しかもこれら諸国民組織が組織網羅主義の体質をもつものである以上、その総和は、統合ではありえても、統一ではありえない。統一体たりえない以上、大政翼賛会は、作為の主体たるべくして、これら諸勢力の「均衡」つまり「暗礁」に乗り上げるたびに「均衡」の維持に努める存在にすぎないのだ。つまり大政翼賛会は、「あえて政治の力学的法則の無視」のうえに居直って、諸勢力の調和と「均衡」のバランスの上に存立しうる政治態なのであった。[21] 大政翼賛会組織局のオルグ、角田藤三郎が、当時、「総和は必ずしも統合を意味しない」、「妥協はまた統一を意味しない」[22] と述べた所以である。大政翼賛会が公事結社と確定してから以降は、その綱領、実践要綱、そしてその実践要綱解説をめぐる果てしなき論議は、大政翼賛会の基本にかかわる課題である以上、中央協力会議ではとうていつめられなかった。このことは指摘するまでもない。綱領よりも実践要綱へと傾斜すれば、何が実践なのかが問われなければならない。そして大政翼賛会が実質上、「行政」翼賛会的存在であるとすれば、実践とは何であるのか。何を実践すべきか。そもそも、それを問うことが許されるかどうか。そこで協力会議では、すべてが「所与」に「協力」するということになるであろう。中央協力会議は、「上意下達・下意上達」の八文字の下半分を「下情上通」にとりかえた形、つまり、それぞれのレベルから、各種各様の国民組織からの不特定多数の「下情上通」の形をかろうじて残しえた存在に止まらざるをえない。「上意下達」に対する「下情上通」の機関としてその存在意義を見出したといってもよい。したがって、「国民家族会議」とか「国民総常会」と称された協力会議の別称にはそれだけに意義があり、それが、すべての協力会議体における「衆議統裁」というキャッチワードで総括されねばならない。しかし、「上意下達」と「下情上通」とが空間領域をうめあわせる機能をもたされねばならぬとすれば、会議体の構成なり手段を回避するのみならず、協力会議の組織構成は、末端の町内会・部落会組織の基底組織から積み上げられなくてはならない。だが、その組織・構成の比重にかんして職域組織、各界代表の側の比重が増大すればするほど、協力会議の内容はかえって形式化せざるをえない。

協力会議は、かくて、大政翼賛会推進員制度と同様に、積極的機能を担当すべくして、かえってその機能停止を予定される存在となっていったのであった。

(1)(2) 国立国会図書館憲政史料室『新居善太郎文書』所収。
(3) この点は、さきの「内務省の根本方針」以来、内務省側としては、一貫した方針を貫徹していた。
(4) 拙著『近衛新体制と大政翼賛会』二六四—二六九ページ。
(5) 前掲書、二五七—二六四ページ。昭和一六年一月一二日の事務局職制については、二五九—二六四ページ参照。
(6) 『中原謹司文書』(国立国会図書館憲政史料室所蔵)、一五八—一二〇一—一六。ただしこの草稿が公の討議の場に提出されたのかどうかは確認できない。
(7) 前掲文書、一四八—一二八八。この文書の発信者は分からない。
(8)(9) 前掲文書、一四〇—一七九三。これは有馬頼寧より各道府県長官殿宛のものである。
(10) 『中原謹司文書』一五八—一二〇一—六。なお、中原は一九三—二二九一で、「中央協力会議とは何ぞや」と題して、いろいろ質問をうけても、「返答に窮する次第」、「是非とも中央協力会議長の『議長挨拶中』に明示するを要す」と記している。政府『週報』の「新体制早わかり」を引用して、中原は、「一体国民組織運動とは何を指すのか具体的説明を要す」としめくくっている。
(11) 『中原謹司文書』一六一—一〇九二は、昭和一六年一—三月末までの実行予算である。
(12) 前掲文書、一六四—二五四八は、昭和一六年通年の予算案明細書である。
(13) 前掲文書、一六二—一二〇一—八、第一回中央協力会議上通事項、ならびに一六三—七一一、第一回中央協力議題処理概要報告(昭和一六年一一月)、参照。このさい、組地第一八三号には、中央協力会議員殿あて石渡荘太郎事務総長名で「議題中更ニ上通ヲ要ス可キモノニツイテハ数次ノ中央協力会議運営委員会並ニ総務会等ノ議ヲ経テ総裁ノ統裁ヲ了シ」て「上通」すると述べ、「御一覧相成度此段及御通知候也」と結んでいる(一六年一〇月一七日)。
(14)『中原謹司文書』一六二―一二〇一―八。一九三―二二九一参照。
(15)大政翼賛会組織局地方支部編『道・府・県・六大都市・郡支庁　地方協力会議実施概要』昭和一六年六月。なお、中原謹司文書「大政翼賛会地方協力会議関係」三三一―三四一参照。
(16)大政翼賛会静岡県支部『静岡県家族会議』昭和一六年、三ページ。
(17)大政翼賛会大阪市支部『第二回協力会議録』昭和一六年九月、二二三、二二五ページ、二三〇、二三九―二四二ページ。
(18)大政翼賛会協力会議部編『協力会議読本』昭和一八年、八―一二三ページ。
(19)大政翼賛会協力会議部編『協力会議に就て(改訂増補版)』昭和一七年九月。
(20)「家族会議」という名称は、大政翼賛会組織局地方部編『協力会議に就て(改訂版)』昭和一六年六月、三ページに出ており、「全国民の家族会議」は、「統裁」の下にあったのである(同書五ページ)。なお、大政翼賛会『国民会議――臨時中央協力会議報告書――』昭和一六年参照。
(21)安達巌「大政翼賛運動当面の問題」『解剖時代』五五―六一ページ。
(22)角田藤三郎「国民再組織の方法論」『現代政治体制の再組織論』(『現代日本政治講座　第五巻』)、昭和一六年、五一―五二ページ。小山貞知は、『第三文化の時代』昭和一五年のなかで、満洲国の協和会秩序が日本の「新体制の魁」であったと確認し、「満場一致制」を理論的に打ち破った「衆議統裁制度」を高く評価しているが、しかし、第一次近衛内閣時代の国民組織論が「国民再組織」論という形で手掛けられたために、内閣の「命取り」ともなった経緯にふれている。したがって第二次近衛内閣では、「再組織」という用語は使われていないと述べている。「再組織」という用語を回避しようとしても、国民組織論それ自体からは組織の理論は生まれない。なぜなら、「衆議統裁」を打ち破るものであればあるほど、組織論と運動論はそこからは生まれないからである。ここに国民組織論から再度、国民再組織論が擡頭する所以がある、といえよう(前掲書、一四九、二三一、三一二、三一六ページ参照)。

昭和一六年六月一六日に召集された第一回中央協力会議は[1]、会期の第三日目に六つの小委員会に分かれた。第一委員会は、国体観念の徹底、大政翼賛運動の強化に関するもの、第二委員会は国民組織に関する事項、第三委員会は行政機構の刷新運用に関する事項、第四委員会は経済に関する事項、第五委員会は食糧増産に関する事項、第六委員会は教育・文化に関する事項を担当し、そして最後の第七委員会は国民精神に関する事項を分担した。このうち第一・第二・第三委員会では、鋭い諸問題が提起された。

すなわち、第一委員会では、岩本信行が大政翼賛会の官僚化傾向を指摘し、従来どおりの常務委員会制の精神でいくことを要望し、満州国の協和会では「立案決定を見たものは必ず実行させるという返事であった」が、この「大政翼賛会には、協和会のやうな考へ方はさらにないのであります[2]」と批判し、さきの臨時中央協力会議以来の経過にかんがみて、「私共が真に通して貰ひたかった、政策に現はして貰ひたかった事柄が一つも実行に移されて居らんのを見受けることを遺憾に思ひます」と発言した。これに対して、挟間組織局長が、大政翼賛会地方支部長を官選道府県知事が兼任する制度について、「これは本日の情勢に於て、且つ本運動の性格から見て、最適当でもあると考へて、斯様に決定致したのでありますが」と答え、また、町内会・部落会、隣組については、「昨年七月、新体制準備委員会が出来ます時に、如何にこの大政翼賛運動の機構を作るべきかといふ際に考へられた思想でありまして」と答弁した。しかし大政翼賛会の下部組織を町内会・部落会にまで延長する方向は、賛成論が極めて強く、その極端な主張は法制化論があった[3]。しかし反面において、これでもって国民組織が整備されうるのかどうかという疑問も提起された。例えば、高野孫左ェ門(山梨県)の発言がそれである。「これこそ翼賛運動の本家だと云って居るやうな政治結社団体があるのでありまして、さういふものに対して吾々はどういふ行動をとってよいのか、一般は非常な疑惑に陥って居る訳でありまして、……」という事実認識があり、かりに、この立場での国民組織を可と判定すれば、「末端に行くと一致して居るにも拘らず、上の方に行くとまちまちだ」(4)という状況になる。またこの課題は、それを会員・非会員問題として受け止めてみれば、これまた極めて深刻であった。埼玉の岩田三史は、「翼賛会が出来たてのころは国民全体が会員であるといふことを誰も考へて、非常に翼賛の熱意に燃えて居ったのでありますが、只今のお話にありましたやうに、部落常会とか或は町内会とかいふものは翼賛会の下部組織ではないといふことになりましたが、——それが全然切離されてさういったものは下部組織ではないのだといふことになりますと、一体誰が会員になるのだといふ風に考へて来はしないかと私は思ふのであります。(中略)これをどうかはっきりと、一般が、国民全般が会員なんだ、お前たちの会なんだといふことをはっきりと示して戴きたいと思ひます」と要望した。大政翼賛会側の小泉地方部長も、また大蔵第二委員会委員長も、この問題の重大さを十二分に認識していた。岩田と同趣旨の発言は、川上清によってもなされている。「町内会長とか或は部落会長とかいふものが、その推進団体といふか、指導団体といふものに関係がないのだといふことから熱意を失ひつゝあると思ふのであります。これは一番国民に接触する部分の人ですから、その部分の人が熱意を失ふといふことになりますと、つまり国民が熱意を失ふといふことになる。……」という憂慮がそれである。

第二委員会においても、第一委員会におけると同様の問題点が提出されている。大蔵委員長は二一にわたる議題を、一 下部組織の確立強化、二 常会の運営、三 産業団体の統合運営の問題、四 青壮年団の組織、の四部門に整理した。最初の第一議題については、答弁に立った留岡地方局長が法制化する考えをもっておりますと答え、(5)これと関連して、大政翼賛会の実践要綱が曖昧であって、第二項以下第六項に亙る五項目が抽象的であるから具体的にはっきりさせてほしいという要望が出た。(6)とくに論議が白熱したのは、青壮年団の組織問題であった。陸軍省軍務局の牧陸軍中佐は、大政翼賛会の下部組織については、在郷軍人の優秀分子の動員を「夙にその筋に指令致し」、とくに翼賛壮年団の問題にかんしては「軍としてはこれに多大の関心と好意を持って居るところのものでございます」と発言した。ただ問題の扱い方によっては在郷軍人会との関係が微妙になるおそれがあるので、彼はその積極的態度を保留しなければならなかった。

「略目的を同一にし、而も同様の年齢層を打って一丸とする網羅的組織といふものが二つ出来るといふことは如何かといふ観点」(7)の提示がそれで、具体的には、産業報国隊内に産業報国隊青年隊組織が整備されており、一方文部省は、昭和一三年に、すでに青年団運動の新方向を示唆していた(8)。一六年一月には、省令によって大日本青少年団が設置されている。したがって、青壮年の組織化問題は、既成の縦割り行政の下部組織ないしはその外廓団体の手足を切るかどうかの問題である。とくに、在郷軍人会組織を直接掌握する陸海軍とくに陸軍省の存在はまことに巨大であった(9)。しかも、壮年団問題の処遇にさいしては地方ごとの事情をも考慮しなければならず、事態は複雑であった。例えば北海道代表の小谷義雄は、北海道では、すでに産報・農報・漁報という職域組織が「すでに出来上ってゐる」と述べ、他方これら縦割り組織の先行性を指摘しつつ、こうした組織内に青壮年部組織をつくることは不可能ではないかと述べたのに対して、埼玉の岩田三史は、「出来上ったお団子をお皿に盛るといふやうな形」でなら考えられうるが、そのさいは二一歳以上の地域的組織でありたい、と要請した。ところが、日本の青壮年団運動の開拓者というべき田沢義鋪は、問題の性格上、たしかに大政翼賛会自体の問題ではあるが、同時に、これは、各地青壮年組織にからむ重大問題だという立場から、「画一的につくること」は「間違ひ」だと強く消極的見解を表明した(10)。しかし、群馬県では約六万人の大政翼賛群馬壮年隊がすでに結成されており(11)、また福島県の小松茂藤治も「もう組織してしまった」と報告し、長野県でも十数万人もの組織がすでに存在しているという事実報告が出された(12)。そこで留岡内務省地方局長が「内務省はまだはっきりした考へに到達して居らないのであります」が、「大体動機が消極的な動機ではなかったか」とひかえ目に見解を述べたが、[13]組織化が先行した事例に則して、あらためて対処することは避けられない事態であった。こうして、既成事実の存否を確認することが必要な反面、そもそも青壮年か壮年かを問わず、およそ青壮年組織なるものを網羅した組織とするか、否か、これが大問題になった。先発・既成組織の存廃と、この新課題とは密接にからむ問題であったことは、いうまでもない。すなわち、網羅的組織を採用すれば「組織しない場合と実戦力においてさう違ひがない」し、かといって町村とか県といったものと離れた存在となると、大政翼賛会の場合と同じく、「表裏一体」か相剋「摩擦」を生むという形の「事故」が起こりやすい。[14]そこで大蔵委員長はやむなくこの青壮年組織問題の論議を打ち切ったのであった。

国民組織の問題はこのほかにも農業団体の統合、[15]商業団体の問題、[16]さらには政府補助金の問題にも論点が波及した。[17]厚生省北村労政課長は、産報擁護の立場に立って、一五年一一月の勤労新体制確立要綱の設定が、厚生省側のイニシアティブによって「国民の勤労組織としての性格を与へたわけです」から、大政翼賛会がそれらをその組織にするということは「まあ余程の大きい問題だらうと思ひます」と否定的に断定した。彼はまた、産報の会長・理事長が現在大政翼賛会の総務等の役員に就任している事実をも引き合いに出したのであった。[18]さらに、北村は、産報がすでに「組」という「統制組織」をもっていることを紹介して、「これが崩れると事業所の組織は崩れる」と切りかえし、しかもこの問題では、改組前の組織局との間に「諒解」をとりつけていることをほのめかした。

支部からばらばらに下位の産報組織に働き掛けたってこれはなかなか動きもしないし、実情にも合はないことがある。随って支部で指導する場合にはこの県及び地区、それから下位産報の指導は縦の線を通じて指導して戴きたい。[19]

また北村は、大政翼賛会推進員の推薦にさいしては、「産報の職域の長から推薦して申告して戴く」、「産報の組織を通じて推薦さすといふ方法を是非採って戴きたい」とつっぱねて、「これは吾々の組織としては非常に大きな問題と考へております[20]」と警告した。ことここにいたっては、国民組織の問題は、先発・既成組織の存否問題とからむばかりか、まずそれらの指導者の養成機関の一元化、指導目標の一元化の提唱が必要不可欠となるであろう[21]。

第三委員会の中心議題であった官界新体制の問題は、松井春生委員長の司会でとりあげられることとなっていた。富田加久三(徳島県)は自らの八年五カ月の町長歴を披露して、その間知事の更迭四回、総務部長の更迭三回、警察部長・経済部長のそれはそれぞれ三回、町レベルでは警察署長は八人目、警部補の更迭九人目という事実をもち出し[22]、また三橋信三は、「私は色々の問題の中でいはゆる行政機構を根本的に変へなければ何をやっても駄目だと思って居ります[23]」といい、山崎請純も、「肇国以来の重大時局に、こんなに国民のエネルギを消費してゐる時代はなからうと思ふ位、政治の能率は上って居ないのであります」と発言し、内閣のあり方と下剋上についてふれて、「今日下剋上がいけないの何のと云ひますけれども、下剋上にならざるを得ない形に既になって居るのであります[24]」と述べた。また高橋雄豺は、一　ブレーン・トラストの欠如、二　政党政治の凋落にともなう行政官僚制組織の擡頭と陳情行政の展開、三　各種審議会等の氾濫を指摘したが、とくに審議会等の氾濫が「責任分散」、「責任転嫁」、「無駄話の集積」になると批判している点は痛烈で、「人民に対する関係は、閣議の決定でも出来ればどんどんやらせる。併し役人に関することは、閣議の決定であってもうやむやになるといふことは、行政刷新といふ題目でいくら作文を作りましても現実行なはれるものではない」という実情を披露した[25]。官界新体制については上述の諸論議があったが、とくに司会役の松井春生委員長から、大政翼賛会本部でも「官界新体制確立要綱」(一六年一月二三日)が発表されていることを報告し、これに関して意見を求めた。また藤沼庄平からも、この際内閣は官界新体制確立要綱を決定して発表する責任があるという同調発言があったのである[26]。ちなみに右の「官界新体制確立要綱」は、その発表後、具体化のメドもなく、死文の形で横たわっていたのである。

経済新体制の問題をとりあつかった第四委員会の討議が、官界新体制をとりあげた第三委員会のそれとある程度内容的には類似することは当然であった。しかしここではより切実な経済統制関係の諸法令への批判が見られた。たとえば、統制法令が「法令雨下の状態」にあり[27]、しかも、これらの法律・命令を貫ぬく一貫した指導原理がないために、すべてがその時々の、「必要主義、御都合主義、もっと悪く言へば泥縄主義とでも称していいやうなもの」である。その結果、従来の「信条」、経済観念は「全然ぶち壊はれてしまった」のであり、ここに、「闇取引」、「経済事犯」の氾濫・横行となった。こう述べた今井嘉幸の発言は痛烈だが[28]、ほぼ同様な発言が小畑源之助、郷古潔、石田礼助と相ついだ。郷古の発言が統制経済に関する機構法令の「濫発」と「氾濫」を衝くのに対して[29]、石田発言は、ドイツのナチスの統制経済の効率とわが国のそれとを比較し、ゲーリング経済相の地位・力量に比較して、わが国の統制経済の欠点は、統制経済に向けての綜合力の欠如にある、と指摘した。この点は、わが国の場合、企画院の組織と権限、なかんずくその政治力に関連することがらであろう。軍部の要求が過大であればあるほど、そして企画院が弱体であればあるほど、企画院は諸要求に「引摺られて十の力しかないところに十二の計画を立てさせるといふことになる」[30]。ここに中央計画ないし生産拡充計画それ自体の破綻原因を求めた石田発言はさすがに鋭い。そして経済統制の矛盾は、物資配給と物資交流面で具体化する。それが例えば府県の「壁」による阻害作用を伴う点にふれて、和歌山県の事例を出して、加藤清が、政府が全国に隣保班をつくった上で隣保互助の精神を宣伝するが、主要食糧をはじめとする府県による「差等」・「不公平」・「不均衡」の配給ならびに消費のシステムは、代用食糧における「府県割拠制」現象ともいうべき事態を生んでいる、と批判したのであった[31]。

食糧増産問題をとりあげた第五委員会では、当時著名であった農学者加藤完治がまず立って、米価の問題を大政翼賛会の運動としてとりあげることに「私は賛成出来ません。何といってもこれは出来ません」と強く主張した。これに対し田村稔が、「如何に加藤先生の旺盛なる精神力、確固不抜の信念を以てしても、今の儘ではこの帝都の人心を一億一心の形に引摺って行くことは私は出来ぬと思ふ[32]」と述べ、また吉植庄亮が「目覚めたる所の農民は、申すまでもなく加藤先生の言はれる通りでありますが、併し全農村を見渡しましてこの旧態依然たる所のものが大多数であるのであります。左様でありますから、どうしても米価といふものを度外視して増産といふものは期待することは到底出来ないと私は確信して居る一人でございます[33]」と論駁した。

さて、第一回中央協力会議の第四日は、総会と全員懇談会が予定されており、三時一〇分の閉会式には、近衛総裁に代わった柳川副総裁が、「近衛総裁が拠ろないお差支への為めおいでになれませんので」と代わりに挨拶して終幕となった。この日、青壮年団の組織問題をとりあげて委員会報告に立った大蔵委員長が、「非常に難かしい問題らしいので、まだ内務省に於きましても、また翼賛会に於きましても、または政府の他の部面に於きましても殆どこの問題を決し兼ねて居る」と述べ、ついで、大政翼賛会側幹部の答弁も、また「頗る曖昧模糊たる御返事」だと批判した。他方、陸軍側の回答も、「政府の方針決定をみる迄、在郷軍人会は態度を保留」中で、「お互ひに支障のないやうに十分に検討をして居るのだといふ御答弁でありました[34]」と報告した。

また全員懇談会では、熊本県代表の脇山真一が、大政翼賛会の将来に「一抹の不安」があるから、大政翼賛会の「基準となるべき法規」の必要性にふれて、その具体化――「法制化」を訴えた。すなわち、脇山は、大政翼賛会の現状を前提とすれば、「何等これらの性格と行動の範囲に対する所の基準がないといふことは、大政翼賛会の将来を安定せしむるものでないと私は考へて居るのであります」と憂慮していた。マキシマムな程度においてもミニマムの程度においても、大政翼賛会が何をなすべきかがはっきりしないという批判と憂慮の発言に注目したい。その一例として、この中央協力会議の席上で「財産奉還」・「産業奉還」を信念とする見解が吐露される一方で、[35]そういう主張なり要求が「日本古来の家族制度を破壊する」コミンテルンの主張と同質であり、げんに「国法が私有財産を認めてゐる」[36]という反対論も出るという状況ひとつとっても、組織と運動をめぐる混迷は根強く、討議を重ね議論が深まるにつれて、そこに鋭い深い亀裂が見出され、それを論議をつくして飛び越えることは至難であったのであった。そのことは、大政翼賛会それ自体の運動論とか組織論といった巨大な課題の討議にとどまらない。例えば、小泉六一が、「大学生にも脚絆をはかせる」ことを要求し、ラジオが「精神訓話のあとにすぐベートーベンとか何とか」では「矛盾」する、「これでは丁度熱い湯へ入ってから、直ぐ隣りの水風呂に入るやうなものである」。六大学野球は、「一体あれが今日の時局に何の関係があるか。棒で球を叩いても国家の盛衰に何等《ママ》はないと私は考へます(笑声)」と大真面目に発言した。他方、重岡信次郎のごときは、「玄米食によって自ら国民の緊張を促す」ことを推賞して精神力の昂揚を説き、政府が搗精停止をしろと発言した。さきに加藤完治の発言を引いたけれども、加藤発言にかぎらず、大政翼賛運動についてのファナティックな観念論議は氾濫し、横溢して止まるところを知らずの状態であったのである。

逆にいえば、それだけになお一層、「大政翼賛会運動要綱の基本解説」が要請され、そして、地域・地区組織、職域組織との共存・競合論から、青壮年組織問題——翼賛壮年団運動が、やがて大きく擡頭するのである。

右の第一回中央協力会議での統裁事項は、大政翼賛会総裁公爵近衛文麿から内閣総理大臣公爵近衛文麿殿宛に一六年九月四日に提出された。それには、「上程ノ議題中別紙ノ通リ統裁致候間可然御高配相煩度此段上通候也」と記されていた。上通項目は左の六項目であった。

一、国民精神昂揚に関する件

一、大政翼賛運動の強化に関する件

一、官界新体制に関する件
一、生産力拡充に関する件
一、文化に関する件
一、生活科学体系の樹立に関する件

とくに第二の「大政翼賛運動の強化に関する件」、第三の「官界新体制に関する件」、第四の「生産力拡充に関する件」は注目に値しよう。とりわけ、「政府、議会、翼賛会の一体化」・「翼賛会の法制化」を要請した大政翼賛会の強化策、官吏を「呪詛せんとする事態を憂えた官界新体制」の断行の要請、「生産力拡充に関する件」では関係官庁の連絡とその「統制強化」を訴えた諸論点等は極めて注目すべきであろう。その統裁事項上通の内容は左のとおりになっていた。

内閣閣甲第三二一号
昭和十六年九月八日

内閣書記官長　富　田　健　治

法制局長官
企画院総裁　宛（各通）

第一回中央協力会議統裁事項上通ノ件

標記ノ件大政翼賛会総裁ヨリ別紙ノ通申越有之候条貴関係ノ事項ニ付可然御配意相成度依命及回付候

地第一六〇号

昭和十六年九月四日

内閣総理大臣公爵　近衛文麿殿

大政翼賛会総裁　公爵　近衛文麿　印

第一回中央協力会議統裁事項上通ノ件

第一回中央協力会議上程ノ議題中別紙ノ通リ統裁致候間可然御高配相煩度此段及上通候也

追而「第一回中央協力会議会議録」添附致置候間御参照相成度

一、国民精神の昂揚に関する件

非常時局下に於て国民精神の昂揚されざるは時局の真相が国民に把握されざる反面各種の恣意的言動が民心を攪乱し、ひいては政府に対する国民の信頼を弱めつつあるを以てなり。

仍て国民の自発的協力を求めるため政府は能ふ限り時局の真相を迅速に周知せしめデマ横行の余地なからしめ、民心攪乱の虞ある言動に対しては峻厳なる取締をなすと共に言論の極端なる圧迫を戒め、輿論指導に当りては言論機関を動員して国論を統一し以て政府に対する国民の信頼を昂められたし。

一、大政翼賛運動の強化に関する件

大政翼賛運動強化のため次の二点を要望す。

（一）　政府、議会、翼賛会の一体化

翼賛会は政府と表裏一体であると同時に帝国議会と併せ三位一体たることに依り初めて強力なる存在たり得、現在一部には徒らなる議会排撃を称ふるものゝある一方議会内に於ても大政翼賛会の弱体化を策するものなしとせず、かくては一億一心の翼賛体制確立の重大なる支障たるは論を俟たず。
政府、議会、翼賛会はよろしく三位一体となり、翼賛体制確立の中核体に任ずべきなり。

（二）　翼賛会の法制化

先般の議会に於ける議論を通じ翼賛会の性格の明かとなれる以上これに法的根拠を与へ、苟くも政府の外廓団体政府に於ける各種委員会はすべて翼賛会を中心として一元的に統合せしむるを要す。

一、官界新体制に関する件

曩に政府は経済新体制の確立要綱を発表したるがその促進を期せんが為には、先づ官界新体制の確立要綱を決定せざるべからず。

現下の非常時局に際し官界は旧態依然たる為め、民間は徒らに官吏の独善を指摘し、或は進んで官吏を呪詛せんとする事態すらあり、今にして官界の現体制に全面的刷新を講ぜざれば、官民遂に背反するに至るやも知れず、これが是正は焦眉の急務なり、尠くとも当面政府の断を要望する事項次の如し。

（一）　官庁事務の簡易、迅速化

官庁各部の職務分掌を単一化し階段制を少くし、手続を簡明にし、簡易迅速第一主義に徹すること。

(1)　参政官の設置

各省内部に民間に対応する特別選任の機関を置いて、民間に対し直ちに明白な回答を与へ以て事務の促進を図られたし。

(2)　各省連繫事項の処理

各省に跨る問題は主務省に於て他省と協議し一週間以内に纏らぬ場合に於てはその案件は必ず閣議

にかけて之を解決されたし。

(二)　官庁事務の団体委譲

官庁事務の膨脹を整理して出来得る限り各種の団体にその事務を委譲し、同時に官吏の人員を減少するの要あり、蓋し事務増加に伴ひ官吏の数が無暗に激増することは却て官吏の質の低下を来す虞あればなり。官庁は出来得る限り統括の任に当り民間の自律を伸暢し法令執行に関する事務の如きもこれをなるべく各種団体に委譲されたし。

(三)　官吏の頻繁なる更迭

(1)　適年制の実施

一般官吏の頻々たる更迭を停止し、特に責任の地位にある者に対しては一年或は三年の適任期を設けられたし。

(2)　停年制の実施

官吏の適年制と共に一方官吏の停年制を設け且つ勤続年数に依る昇給を一般に認むることが妥当なり。

(四)　官吏の待遇改善

(五)　官吏の責任

官吏の責任については官吏服務規律に規定しある所なるも、特に積極的責任を一層明確にせざるべからず。今日の重大時局に当面し、官吏は宜しく官吏としての臣道実践を身を以て行ふの責任感とその実践が第一義なりと思料す。

（六）　綜合国策の立案調整機関の設置

総理大臣の補助機関として少数の有力職員を以て構成する強力なる綜合国策立案調整機関を設置し、以て政治中枢の一元化を企図されたし。

（七）　統制経済計画運営に関する綜合調整機関の設置

綜合国策立案調整機関設置に伴ひ統制経済の計画運営に責任ある強力な綜合調整機関を設置することを併せて考慮されたし。

（八）　監察制度の制定

中央地方を通じ官吏の責任を監察する機関を常置されたし。而してこの制度は個人を批判糺弾するを旨とするものに非ず、政治行政の内面的批判を行ひ、政府の施策が齎す結果を査察し、その間更に新しき方向を見出さんとするものたるを要す。尚右に関連して経済行政の実績調査のための専門的監察官をも設置されたし。

（九）　官吏の錬成、再教育

(1)　警察官の教養、強化

現在地方の実情より見て国民を直接に又実際的に指導する者は教員及巡査なり、随って地方の実情に照し此際巡査の教養をたかめる事は延いて国民の生活を方向づける意味に於いて非常に重大且つ緊要の問題なりと思料す。

(2)　官吏の再教育

官吏は直接に陛下の御意思をその儘奉体し以て国民に実践垂範し、自ら行じ、自らの責任を以て行政に当らずんば其の成果を挙け得ざることは論を俟たざる所なり。之が為めには軍に陸海軍大学校があると同様臣道を自ら行ずる人間を再教育する機関を設置することを要す。

一、生産力拡充に関する件

（一）　関係官庁の連絡とその統制強化

生産力拡充に関しては徒らに厖大化を避け、実情に即したる計画を樹立されたし。尚出来得る限り既存団体を活用し重点主義によると共に、産業経済に関する限り企画院を各省の上に置いてその権限を強化し、尠くとも産業の性質より見て各省所管事項を調整し、各省、局、部、課間の割拠主義を打破して生産拡充を統一すること緊要なり。

生産に対する資材の配給を並行的に円滑化し、資材休眠を防ぐため各官庁間の横の連絡を強化されたし。

（二）　産業振興策

産業従業者の士気を鼓吹するため大臣その他政府首脳者が積極的に産業の現地指導奨励をすると共に、功労顕著なる産業人を国家的に表彰するため産業勲章、産業報国神社を設置されたし。

尚一定の標準に基き企業成績を審査し、成績に応ずる待遇、報賞等を実施されたし。

（三）　労務者の自由移動防止

現下の労力不足を救ひ生産拡充を可能ならしめるためには労務者の移動防止を必要とするも現行の移動防止令及び任意登録制の労働手帖制のみにては不充分なるを以て、これを強制的な国民登録手帖制に改められたし。

尚之と共に勤続者、成績優良の個人、団体に対する表彰等をも考慮されたし。

（四）　単能工業への転換

我国の工業は大部分多能式なるため工場の大部分は試作工場の如き奇観を呈し、ために大量生産の大支障となりつつあり。生産拡充はこれを専門化して単能式となす以外には根本的な方途なしと思料す。

一、文化に関する件

（一）　新日本史の編纂

従来の日本史は儒教、仏教或は其他の外来思想の影響を受け、日本固有の雄渾無比なる姿を失ひつつあるを以て此際古典研究の風尚を盛んならしめて皇道日本の新文化創造の意慾を強調し、日本の世界史的使命を達成せしめんが為に皇国民たるの自覚に徹し日本本来の姿を明確に把握せしむるに足る一大修史事業を起されたし。

（二）　芸術による国威宣揚

従来日本より海外に紹介されたる芸術品は極めて低調にして卑俗なるもの多く所謂ガイド式紹介の域を脱し得ざるの憾あるは甚だ遺憾なり。

斯かる弊害を是正せんが為には宜しく雄大高雅なる芸術品或はそれを複製したるものを積極的に外国に紹介頒布し世界に共通性を有する芸術に□（ママ）りて国威宣揚を図るの方策を講ぜられたし。

一、生活科学体系の樹立に関する件

国民生活新体制の強調せらるるにかかはらず未だ実生活の中に伸展せざるは国民生活の考察に科学性乏しく生活実態に即する指導の欠くるがためなり。仍つて内閣直属の生活科学の研究調査並に教育を司る機関を設置されたし。

生活科学学会の発展と研究所産の普及を助成されたし。

また改組大政翼賛会に新たに設けられた調査委員会の審議でも、第三委員会が七月二一日に翼賛会の弱体化に対処すべき対策案を検討していた。その重点は、大政翼賛会に法的根拠を与えること、国民下部組織を翼賛会下部組織たらしめること等一一項目にわたるが、これらの諸点は、大政翼賛会の行く手を阻む懸案の打開策を示唆したものとして注目しなければならない。以下に紹介すれば、それは左のとおりである。[37]

一、帝国議会、道府県会、市町村会の翼賛体制化と翼賛理念の具体化をはかるため、政府部内における翼賛体制を確立し、選挙に関する法令を改正すること

一、官界新体制を確立すること

一、翼賛会に法的根拠を賦与すること

一、各省から翼賛会に多数の参与を送り、翼賛会から各省に翼賛官を送ること

一、翼賛意識徹底のために翼賛会機関紙を整備強化すること

一、国民下部組織を翼賛会下部組織たらしめること

一、下部組織の円滑なる運営を期するため翼賛会にたいし速に法的根拠を確立すること

一、部落会、町内会、隣組を翼賛会の下部組織とし、専ら翼賛会の運営下において地方共同の任務を遂行せしめること

一、常会を翼賛常会と改称すること

一、国内の諸団体は、政治、思想、職域の如何に拘らず、ひとしく大政翼賛運動に帰一すべきものであり、翼賛

会は、これら諸団体の実践を推進すべきである。したがって、これら諸団体を翼賛会の傘下に抱擁することが必要である

一、既成の諸団体を統合し、強力なる大政翼賛運動を展開し、これが指導の重任を担当する翼賛会は、それ自体高度の政治性と組織力と権能とをもたねばならない。それはとうてい既存の諸法令によって律せらるべきものでなく、未曾有の劃期的なる全国民運動推進機関たる以上、新しい法的性格を賦与して、最も強力なる推進力をもたしめなければならぬ

(1) 第一回中央協力会議の開催にさいしては、事前にその要旨が制定されていた。その第一点は、この会議を「国民家族会議の趣旨によって運営する」こと、第二点は、第一から第六の重点事項を掲げて、それを会議の主要課題とすることであった。そしてそれらは、一 国民精神の昂揚、二 翼賛国民体制の確立、三 興亜国民運動の展開、四 経済新体制の確立、五 国民文化新体制の確立、六 国民生活新体制の確立、であった。なお、中央協力会議の運営についても、配慮がなされていた。まず、その構成については、「総裁の指名したる者を以て構成す」とし、その会議員は「各界代表及び地方代表の二者とす」と定めた。また、会議の運営については、議長が予め議案を調整し、議事の進行にさいしては、「会議は議長之を統裁す」と指示し、さらに、「議事は議決の形式に依らず」と明記されていた(大政翼賛会『第一回中央協力会議会議録』九一七〜九一九ページ)。
(2) 同右、二二〇ページ。
(3) 同右、二二七ページ。
(4) 同右、二二八、二二九ページ。
(5) 同右、二七一ページ。
(6) 同右、二七八ページ。
(7) 厚生省「産業報国運動に就いて」『週報』一〇一号、昭和一三年九月一日。
(8) 文部省「青年団運動の新動向」『週報』一一〇号、一一月二三日。

(9) 大政翼賛会実践要綱の基本解説には、「軍官民の間にいささかたりとも隙を生じ、ために国家の対外的威信を損するが如き行動は厳にこれを慎まなければならない。とくに軍統帥に関しては、軍の作戦情況の如何に拘らず、一般国民が輿論その他をもって作戦に容喙し、あるいはこれを批判し、皇軍の威信を傷つけるが如き行動は、絶対に許されない。軍の体制は、戦時下国民のもって範とすべきものである。」

(10) 田沢の見解は前掲、第一回中央協力会議会議録の三一五—三一八ページ参照。

(11) 群馬県の事情は同県の野村仁一が説明している(前掲書、三二〇—三二一ページ)。

(12)(13)(14) 前掲書、三二五ページ。

(15) 同右、三三四ページ。

(16)(17) 同右、三三六ページ。

(18) 同右、三三七ページ。こうした見解は、北村労政課長にとどまらず、岡本農林省団体課長や内務省の岡本地方局振興課長の発言にも共通していた(前掲書、三三四、三三八—三三九ページ)。

(19) 同右、三四四ページ。

(20) 同右、三四五ページ。

(21) 高田元三郎は、この点を指摘して、ドイツの politische Hochschule という組織は、元来は官吏の再教育機関であったものが、一九三三年来宣伝省の所轄になったことを述べ、指導者教育の要請とその一元化措置が講じられておれば、これがやがては組織の実質的一元化の前提になりうるものであると考える、と発言している(前掲書、三四七ページ)。

(22) 同右、三六九ページ。

(23) 同右、三五七ページ。

(24) 同右、三六三ページ。

(25) 同右、三七二—三七三ページ。戸苅隆始もこの点をついて、原因を人事の不安定に求めて、役人にその適任期を設定しなければならないと発言した。「さうでないと余程気魄のある人間でもつい勇往邁進の気象が鈍りまして、自分の考へてをることが断行できない、常に会議をやる、委員会を設ける、調査会を設ける、さうしてみな責任をなする。斯ういふ傾向は即ち人事の不安定から来る所が極めて大きい」と述べている(前掲書、三七三—三七四ページ)。

(26) 同右、三六七、三六八ページ。
(27) 同右、四三五―四三六ページ、今井嘉幸の発言。
(28) 同右、四三七ページ。
(29) 同右、四五七ページ。
(30) 同右、四七〇ページ。石田はナチス・ドイツの経済使節ウォルタートの説明を引用しつつ、ドイツでは産業経済に関することは、総て経済省に集中し、陸海軍もまたこれに従うこと、第二に経済省の地位は機構的にも他省の上に位置すること、そして第三に、それを動かす政治力にふれて、「ウォルタート氏の話に依りますと、そこにゲーリング氏が居って、各省の上に超越した一つの政治力を持って居って、これが総てを決裁するのである。故に割拠主義もなければ、分割主義もない、全く巧に統制されて居るといふことを申されました……」と発言している(前掲書、四七〇ページ)。
(31) 同右、四九六ページ。
(32) 同右、五六八ページ。
(33) 同右、五七九ページ。
(34) 同右、七九〇―七九一ページ。
(35) 池田弘、今井新造の発言を参照。二三二、二三三ページ。
(36) 高野孫左ェ門の発言、三二九ページ。
(37) 『翼賛国民運動史』二二六―二二七ページ。

(三)　興亜諸団体の統合

興亜諸団体の統合を目的とする、興亜運動の統一と強化は、昭和一六年初頭に閣議決定をみたものの、具体化は遅々としておくれていた。すなわち、問題のとりまとめが第一次大政翼賛会改組後に持ち越されたために、興亜諸団体の統合は大政翼賛会改組後の政治状況におのずから影響されて、微妙な成り行きとなったからである。(1) 一六年六月七日の「興亜運動の強化統一要綱案」は、大政翼賛会で準備され、また同日付の、大政翼賛会の「大日本興亜同盟結成要領案」、ならびに、これまた同日付の「大日本興亜同盟(仮称)綱領(案)」は、それぞれ次の内容でとりまとめられたのである。

興亜運動ノ強化統一要綱案　昭和一六、六、七

大政翼賛会

一、皇国内ニ於ケル興亜運動ハ一月十四日閣議決定ノ趣旨ニ基キ興亜諸団体及興亜有識者ヲ以テ大日本興亜同盟(仮称)ヲ結成シ強力ニ展開スルモノトス
本同盟ニ加盟セルモノハ過去ニ泥マズ個々ノ立場ニ囚ハレズ本同盟ノ綱領ニ帰一シ興亜運動ニ関スル限リ本同盟ノ統制ニ服スルモノトス
二、前項以外ノ団体ニシテ興亜運動ニ特殊ノ関係アルモノニ対シテハ別ニ之ガ対策ヲ講ズルモノトス
三、皇国外ノ地域ニ於ケル興亜運動ニ就テハ別ニ之ヲ研究スルモノトス

大日本興亜同盟結成要領案　昭和一六、六、七

大政翼賛会

大日本興亜同盟結成要領左ノ如シ
(一)　構成分子
大日本興亜同盟ハ次ニ掲グル綱領ニ賛同シタル興亜諸団体及興亜有識者ヲ以テ組織ス

(二)　綱　領(別紙第一)

(三)　組織大綱

1、本部ヲ東京ニ置キ必要ノ地ニ支部又ハ連絡部ヲ設ク

2、本同盟ニ総裁其ノ他ノ役員ヲ置ク

総裁ハ大政翼賛会総裁ノ職ニ在ル者ヲ以テ之ニ充ツ、其ノ役員ハ大政翼賛会ノ役職員及本同盟ニ加盟セルモノノ中ヨリ同総裁之ヲ指名ス

3、本同盟ノ意思決定ハ総裁ノ統裁ニヨル

4、本同盟ノ運営ニ必要ナル機構ハ総裁之ヲ定ム

5、本同盟ノ経費ハ加盟セルモノノ醵金、寄附金及補助金等ヲ以テ之ヲ支弁ス

(四)　結成要領

1、本同盟結成ノタメ準備委員会ヲ設ク

2、準備委員会ハ大政翼賛会総裁ノ推薦シタル委員長一名、委員若干名ヲ以テ構成ス(別紙第二)

(五)　同盟ノ運営

同盟ハ結成後更ニ特別委員ヲ挙ケ其ノ運営特ニ其ノ行動力ヲ強化スルガタメ、同盟内部ノ機構其ノ他ノ諸要素ヲ整備統合スルモノトス

(六)　同盟ト大政翼賛会トノ関係

1、同盟ハ大政翼賛会ノ外廓団体トシテ之ト緊密ナル連繫ヲ保持スルモノトス

2、大政翼賛会ハ政府ト表裏一体ノ関係ニ於テ本同盟ノ指導ニ当ルモノトス

大日本興亜同盟（仮称）綱領（案）　一六、六、七

一、本同盟は、肇国の精神に則り、八紘を掩ひて一宇と為し、万邦をして各々其の所を得しめ、兆民をして悉く其の堵に安んぜしむるの大理想の下、世界の新秩序を建設して恒久平和の確立と人類文化の興隆とに寄与せんことを期す

二、本同盟は、日満華三国共同宣言の趣旨に基き、主権の尊重、国防の協力、経済の提携、文化の創設を以て東亜維新の道標と為し、全民族力を凝集して大東亜共栄の大業に邁進せんことを期す

三、本同盟は、興亜国民運動の前衛を以て任ずる同志の結合にして、興亜の国策に協力し、之が実現を推進せんがため、堅忍持久、挺身躬行、国民の総力を結集し、以て東亜積年の禍根を断ち、今次聖戦の目的を貫徹せんことを期す

覚　書　昭和一六、六、七

大政翼賛会

第一、同盟結成ノ時期ニ関スル件

大日本興亜同盟ノ結成ハ六月末日ヲ以テ完了シ之ガ結成式ヲ七月七日ニ挙行スルモノトス

第二、同盟ト政府トノ関係

大日本興亜同盟ニ加盟セル興亜事業団体並ニ興亜学術調査団体ハ各々其ノ関係事項ニ於テ所轄官庁ノ指令監督ニ服スベキコト従来ト異ルトコロナシ

第三、興亜運動及興亜団体ノ意義ニ関スル件

(一)　興亜運動トハ大東亜新秩序建設ニ対スル興亜理念ノ昂揚徹底ト推進実践ニ関スル諸運動ヲ謂フ

(二)　興亜団体トハ興亜運動ヲ主タル目的トスル政治思想団体及興亜ニ直接関係アル経済団体、文化団体、学術研究調査団体ヲ謂フ

別紙　第二

大日本興亜同盟結成準備委員会委員

委員ハ大政翼賛会総裁ニ於テ左ノ者ヨリ選定スルモノトス

1、関係各庁官吏

2、大政翼賛会役職員

3、既存興亜団体役員

4、興亜有識者

六月二一日の第一回創立発起人会においては、これらの「興亜運動ノ強化統一要綱案」、「大日本興亜同盟綱領案」(六月一〇日閣議諒解)は、ほぼそのままの形で満場一致をもって可決され、「大日本興亜同盟」の名称の下、「我等ハ茲ニ大日本興亜同盟ヲ結成シ過去ニ泥マズ個々ノ立場ニ囚ハレズ本同盟ノ綱領ニ帰一シ総力ヲ結集シテ強力ナル興亜運動ヲ展開センコトヲ誓フ」と「申合」わせたのであった。(2) 同日、経過報告に立った永井東亜局長は、一月一四日の閣議決定以来、「統合を如何にやるか」について三案を検討したが、「種々研究の結果各団体はそのままとするも、そ

の団体全部を挙げて大きな同盟を作り一体となって之の組織の中に入り実践活動に対して互に協議協力を行ふ」同盟の形をとることになった、と説明した。(3)

大日本興亜同盟の構想は、諸団体は存続しつつ、それらの「加盟」によってつくられる統合体を予定して、興亜運動に関するかぎり、この「同盟」の「統制」に服するという発想を根拠にしていた。ここに掲げた「綱領」に「賛同シタル興亜諸団体及興亜有識者ヲ以テ組織ス」とうたわれている以上、一面では、組織体は「興亜国民運動の前衛を以て任ずる同志の結合」体であるが、しかし同時に、綱領に賛同した興亜諸団体、興亜有識者を以て組織するという組織方針からしても、当然のことながら、「構成分子」の必然的な意思合致はありえない。したがって、その「意思決定ハ総裁ノ統裁ニヨル」との規定を設けなければならなかったのである。(4) これと関連して、「本同盟ノ経費ハ加盟セルモノノ醵金、寄附金等ヲ以テ之ヲ支弁ス」とあり、また、「同盟ノ運営」にかんしても、「同盟ノ結成後更ニ特別委員ヲ挙ゲ其ノ運営特ニ其ノ行動力ヲ強化スルガタメ、同盟内部ノ機構其ノ他ノ諸要素ヲ整備統合スルモノトス」と、問題のツメを先送りする形で出発することとなったのであった。したがって、大政翼賛会が政府と表裏一体の関係において興亜同盟を「指導」することとし、「同盟ハ大政翼賛会ノ外廓団体トシテ之ト緊密ナル連繋ヲ保持スルモノトス」という規定が存在するとしても、また、別紙第二に示された「大日本興亜同盟結成準備委員会委員」の構成ひとつをとってみても、先に掲げた大政翼賛会の「覚書」が、あるべき興亜同盟の性格・機能を事前に確定していたといえる。「覚書」は、「大日本興亜同盟ニ加盟セル興亜事業団体並ニ興亜学術調査団体ハ各々其ノ関係事項ニ於テ所轄官庁ノ指令ニ服スベキコト従来ト異ルトコロナシ」というのである。「従来ト異ルトコロナシ」とはこの興亜団体の統一が「統合」に終わり、「本同盟ノ意思決定ハ総裁ノ統裁ニヨル」という統裁規定を必要とする所以とも密接に関連している。昭和一六年四月七日改正の大政翼賛会事務局及調査委員会職制改正が、その第五条に二を設け、「興亜諸団体ノ連絡ニ関スル事項」を盛り、また、第一八条に東亜局に庶務部・連絡部の二部をおくと定め、第一九条が、「庶務部ハ興亜関係国策ノ遂行ニ関スル協力事務及庶務ニ関スル事務ヲ掌ル」とし、また第二〇条が、「連絡部ハ興亜諸団体ノ連絡ニ関スル事務ヲ掌ル」と規定したことは、以上の解説からみて、興亜団体の性格と内容を判定すべき恰好の資料というべきであろう。そして興亜団体統合にかかわる第三次の閣議決定は一六年六月一〇日に行なわれている。そこで、「興亜運動の強化統一組織要綱」が練られて、六月三〇日、大政翼賛会本部会議室で結成準備会総会が開催されたのであった。ここで、結成大会に附議せらるべき宣言、誓、規約等は起草委員一任となり、日中戦争突入四周年記念日の前日、七月六日、日比谷公会堂で結成大会が開催された。会場では、「我等は大日本興亜同盟の綱領に帰一し、国民の総力を結集して、挺身躬行、大東亜積年の禍根を断ち、以て共栄圏確立の天業に翼賛し奉らんことを誓ふ」という「誓」のもと、大日本興亜同盟が正式にその結成大会を終了し、自らの綱領を確定したのであった。(5)

結成大会で行なわれた永井局長の経過説明は、さきの発起人会にのぞんで行なった経過説明の主旨を、再度簡略に、次のように説明している。「統合の方法に関しては、興亜諸団体が、各々独特の歴史、独特の性格、独特の人的関係及び資金関係等を有するに鑑み、一挙に之を解消せしめて、却て其の精神の結合を阻害するが如き方法は之を避くると同時に、又単なる代表者を以て興亜諸団体間の連絡を計るが如き薄弱なる連合体も適当ならずと信じ、先づ興亜諸団体を団体のままで包容する一大組織団体は、凡て本同盟の綱領による基本理念に帰一すると共に、興亜運動に関する限りは本同盟の統制に服して、恰かも一個の団体の如く行動するを以て最も事宜に適した処置と信じたのでありま(6)す」。大日本興亜同盟が既成組織の「加盟」団体であり、「事実に於て渾然たる一体となる」ことを期する限り、同盟の規約、宣言、誓はその条件を保障する規定ももたなくてはならない。大日本興亜同盟の規約は左のとおりであった。

規約

第一条　本同盟ハ大日本興亜同盟ト称ス
第二条　本同盟ハ団体タルト個人タルトヲ問ハズ興亜国民運動ノ前衛ヲ以テ任ズル同志ヲ以テ組織ス
第三条　本同盟ハ本同盟ノ綱領ノ実現ヲ期スルヲ以テ目的トス
第四条　本同盟ニ左ノ役員ヲ置ク

一、総　裁
二、顧　問　若干名
三、総務委員　若干名
四、協議会議員　若干名
五、理　事　若干名
六、参　与　若干名

第五条　総裁ハ大政翼賛会総裁ノ職ニ在ル者之ニ当ル
総裁ハ本同盟ヲ統裁ス
第六条　顧問ハ総裁之ヲ委嘱ス
顧問ハ本同盟ノ運営ニ関シ総裁ノ諮問ニ応ズ
第七条　総務委員、協議会議員及理事ハ総裁之ヲ指名ス
第八条　総務委員ハ総裁ヲ輔佐シ本同盟ノ運営ヲ総括ス
第九条　総務委員ノ中一名ヲ総務委員長トシ総裁之ヲ指名ス

総務委員長ハ総裁ヲ輔佐シ総裁事故アルトキハ其ノ職務ヲ代行ス
第十条　協議会議員ハ本同盟ノ運営ニ関シ総務委員長ノ諮問ニ応ズ
第十一条　理事ハ総務委員長ノ指揮ヲ承ケ本同盟ノ運営ニ当ル
第十二条　理事中一名ヲ理事長トシ一名ヲ副理事長トス
理事長ハ大政翼賛会東亜局長ノ職ニ在ル者ヲ以テ之ニ充テ副理事長ハ総裁之ヲ指名ス理事長ハ総務委員長ノ指揮ヲ承ケ本同盟ノ運営ヲ掌理ス
副理事長ハ理事長ヲ輔佐シ理事長事故アルトキハ其ノ職務ヲ代理ス
理事長及副理事長ハ総務会ニ出席シ其ノ議事ニ参画スルコトヲ得
第十三条　理事中若干名ヲ常務理事トシ総裁之ヲ指名ス
常務理事ハ理事長ノ指揮ヲ承ケテ本同盟ノ運営ニ従事ス
第十四条　参与ハ関係各官庁官吏ニツキ総裁之ヲ委嘱ス
参与ハ同盟ノ運営ニ関シ理事長ノ諮問ニ応ズ
第十五条　本同盟ニ調査、企画及審議ヲ為スタメ各種ノ委員会ヲ置ク
委員会委員及委員長ハ総裁之ヲ指名ス
第十六条　本同盟ノ総務委員、協議会議員、理事及委員会委員ノ任期ハ一年トス　但シ再指名ヲ妨ゲズ
第十七条　本同盟ノ本部ハ東京ニ置キ必要ノ地ニ支部又ハ連絡部ヲ置ク
第十八条　本同盟ノ経費ハ醵金、寄附金、補助金其ノ他ノ収入ヲ以テ之ニ充ツ
第十九条　本同盟ノ綱領中申合ニ違反シ統制ニ服セザルモノハ総裁之ヲ除名ス

第二十条　本規約ノ施行ニ関シ必要ナル規程ハ別ニ之ヲ定ム

第二十一条　本規約ノ変更及本同盟ニ関スル規程ノ制定及変更ハ総テ総裁之ヲ決ス

大日本興亜同盟の成立は、改組翼賛会が最初に手がけた事業のひとつであった。しかし、「統合」は、いうまでもなく「統一」ではない。「統合」によってつくりあげられた興亜同盟が第二条に、「興亜国民運動ノ前衛ヲ以テ任ズル同志ヲ以テ組織ス」と規定しているが、同志の組織が興亜諸団体の「統合」形態によって形成されうるのかどうか。とくに、自らそれぞれ「前衛ヲ以テ任ズル」組織体が同志組織たりうるのかどうか。この問題は、興亜同盟の「綱領」が抽象的であることとも関連している。したがって、規約第五条に、「総裁ハ本同盟ヲ統裁ス」という「統裁」の規定を設けたことも、興亜同盟が連合体の組織体であることと関係づけて解釈しなければならない。いずれにしても、大日本興亜同盟が現実に発足しようとする時点では、第二次近衛内閣は松岡外務大臣の一連の動きによって強く牽制されており、七月二日には、御前会議によって、「情勢の推移に伴ふ帝国国策要綱」を決定しようとしていた。近衛内閣の総辞職は七月一六日のことであったが、それは、国務に対する軍部の圧力がますます強化される段階で、数カ月の試行錯誤のすえ大日本興亜同盟がつくり上げられた直後のことであったことは、皮肉というよりも、大政翼賛会の力がこれによって赤裸々に露呈されたのだ、といえるのではなかろうか。

大政翼賛会の提唱で結成された、興亜同盟のその後の成り行きはどうであったか。興亜同盟は昭和一六年一月一四日の閣議決定で設置ときまり、同年六月一〇日、閣議決定で設置されたが、その機構は複雑膨大であった。例えば、総務委員長一名、総務委員一四名、理事長一名(永井柳太郎)の下、理事会、常務理事会が設置され、その他にも顧問一五名、そしてまた総務委員に協議会が付置せられるというややこしさ、複雑さであった。

その後の経緯はともかく、約二カ年経過した時点で、大政翼賛会興亜局は廃止となり、興亜同盟も解消することとなった。昭和一八年五月二二日のことである。このとりきめを行なった閣議決定を前にして、翼壮団の機関誌『翼賛壮年運動』は、左のように論評している。「これによって興亜運動は名実ともに翼賛会の下に一元化され、一本の強力な運動として展開されることとなった訳である」と。(7) つまり、閣議決定をもって設置された興亜同盟は予期した成果をあげられなかったばかりではなく、そのあべこべで、ついに解体、解消しなければならなかったのであった。政治新体制が大政翼賛会として結実したさい、翼賛会の最初の仕事すなわち第一着手ともいうべき興亜同盟の設置が、実績なく幕を閉じることは、なんとも印象的だというべきであろうか。興亜同盟がそれ自体興亜諸団体すべてをとりこんだ網羅主義を原理とする連合体であったために、大政翼賛会にまつわる網羅主義の原理がもっとも典型的に作用した事例だともいえようか。

(1)『大政翼賛会・第一原稿、大政翼賛運動ニ関スル特輯参考資料抄録』〇九九二七―〇九九三二ページ参照。
(2)『興亜』(興亜同盟結成特輯)、第二巻、八月号、昭和一六年八月、六六―七三ページ。
(3) 同右、七一―七二ページ。発起人会散会後、永井は、談話発表の形で、この統合をめざす同盟の組織にさいしても、政事結社である組織体は同盟に参加しないものがあることを予測して、「本同盟の結成後特別の措置を講ずる心算である」と語っている(七四ページ)。
(4)『興亜』第二巻、八月号、七二ページ。永井東亜局長の経過報告参照。
(5)『大政翼賛会・第一原稿、大政翼賛運動ニ関スル特輯参考資料抄録』〇九九四一、〇九九四三ページ、〇九九四七―〇九九七七ページ。なお、『翼賛国民運動史』九三三―九三五ページ参照。
(6)『興亜』第二巻、八月号、八〇ページ。
(7)『翼賛壮年運動』第四九号、昭和一八年五月二三日。

三　翼賛壮年団

(一)　はしがき

壮年団の全国組織を作り上げるべきか否か。これは、昭和一六年四月の地方長官会議以来、中央レベルでは検討事項であったといわれる。内務省総務部長会議、振興課長会議、文部省学務部長会議では、この課題が再三とりあげられてはいたが、結局はいずれも結論持ち越しであった。(1)その一方で、地方の道府県レベルでは、青壮年組織をどうすべきかをめぐって百花撩乱の観ありと評される状態になろうとしていた。その背景には、文部省主導の青少年団組織化が全国レベルで着々と進行する事態が現実に展開しつつあった。雑誌『壮年団』の記事によれば、壮年団の組織は、大きな転期に直面していた。それはすなわち、「壮年団」のあたまに「翼賛」の二字をいただくことに、「一抹の不安」をぬぐいきれないという感覚でもある。しかしこの点では一致するとしても、組織化の成り行きについての観測では、意見が分かれていた。ひとつは、旧政党の御用組合的存在になってしまうかもしれないという警戒心がそれであり、ひとつは、これとは逆に、あたまに行政官庁をもってくることは官製化を意味し、組織は「官製的無能化」を脱しきれないのではないかという危惧の念があり、もうひとつは、「職域毎」の「階級的抗争」の母胎になるかもしれぬ、といった推測があった。(2)

三つの懸念からする「壮年団」幹部の焦慮と躊躇は、なにに由来するのか。それは、在来の民間レベルの壮年団運動が、本来、自発的組織であり、自主的組織を守ってきたという伝統、その伝統精神を示す、「郷土の魂」、「社会の良心」、「縁の下の力持ち」、「地下水」、「白鳥蘆花に入る(3)」等々のシンボル・タームを想起する必要がある。これらのタームに示される、政治と一線を画する態度が壮年団の伝統であった。これを守ることが困難ではないかというところから出たのが慎重論であって、事態は深刻であった。そのことは、これらの懸念をのりこえて、大日本翼賛壮年団という全国組織が結成された後、この翼壮それ自体もまた、結局、この三方向のせめぎあう隘路に阻まれ、その主体性を守るべく苦闘しなければならなかったことを想起すれば、十分であろう。

しかしながら、大政翼賛会第一次大改組の衝撃は絶大であった。大政翼賛会はその成立以来数次の改組を経験するのであるが、そのうちでも、第一次改組がその後の大政翼賛会の基本体質を形作ったことはいうまでもない。「公事結社」として再出発することにともない、大政翼賛会はどうなるのか。この懸念は、まことに大きかったのである。とくに、大日本産業報国会が全国的組織としてすでに発足しており、全国的青少年組織とその運動母胎もまた出生へ向けての胎動期にあったことを指摘しなければならない。大政翼賛会は発足直後に、先発の地域的・職域的国民「組織」へ依拠する姿勢を明らかにしたのであるが、産報、大日本青少年団という新組織の創設は、国民「組織」、国民「運動」の母胎たらんとする大政翼賛会にとって、刺激的なライバルが生まれることを意味する。

いまひとつとり上げるべき要件は、帝国在郷軍人会の態度変更にかかわる問題である。在郷軍人会が、当初の昭和一六年二月一四日の通牒(会指第五五号)では、在郷軍人会としては、その組織を堅持し、網羅型の新組織への参加には反対である旨を明らかにしていた。三月二七日の「会指第一四八号」も、同様であった。しかし、軍とりわけ陸軍軍務局は、大政翼賛会の改組前後に積極的に関与してその存続に尽力して重大なかかわり合いをもったこともあって、改組大政翼賛会の運営にかんしては、従来以上の強い関心を寄せていた。その結果、翼賛会支持の姿勢から大きくふみ出して、ついに、在郷軍人が個人として壮年団運動へ参加することには反対しないといい、それだけではなく、参加は積極的に推賞さるべきである、という態度へと軌道を修正したのであった。この意思表示[4]は、大改組によって翼賛会が弱体化したことと見合っているのみか、新国民組織の登場にさいして、大政翼賛会をバックアップしようという意図を明確にしたものというべきであろう。

その頃、『朝日新聞』は次のような認識に立っていた。すなわち、大政翼賛会という国民組織が国民再組織を企図するとしても、それが、地域・職域の国民組織にのっかる場合には、当の大政翼賛会は、これらの国民組織によって逆にその「お株をとられてしまうわけで」ある、と診断した。いうところの「挙国政治の地盤育成」はどうなるのか、これをどうするかの課題は、勿論、大政翼賛会の大課題であるが、同時に、「地盤育成」問題は、翼賛会を支援している翼賛議員団との関係もあり、微妙である。そこで『朝日新聞』は、これは、進退両難の隘路というべきか、という分析を行なっている[5]。他方で、『読売新聞』は、やや異なって、翼壮団組織がその出生の段階に入ったことは、地方における翼賛組織の根本問題を解決するものだ[6]、と肯定的態度をとったのであった。両社の事実認識は明らかに異なっている。

しかし、大政翼賛会の推進員組織、その協力会議はもとより、大政翼賛会の地方における中核体組織が国民精神総動員運動以来の地域「実践網[7]」との取り組みを余儀なくされたように、生まれ出る翼壮もまた、このしがらみとの取り組みを免れることはできなかったのである。それは、大政翼賛会が公事結社とされたことと見合っていた。ひとつには大政翼賛会の存在を前提とし、その外廓団体だという翼壮団の設定となり、またもうひとつの組織条件としては、右の公事結社の拘束にもかかわらず、いや翼壮こそは「同志精鋭」だと旗幟を鮮明に掲げなければならなかった点にあらわれている。これは、「高度の政治性」のコロラリーといえようか。ある意味では、改組されるまでの、いや第一次改組後も依然としてつきまとう、大政翼賛会の二つの魂の葛藤は、大日本翼賛壮年団の組織にもまつわりついて離れない与件となったのであった。

（1）壮年団中央協会『壮年団』第七巻、昭和一六年七月号。
（2）同右、第七巻一一月号、後記参照。
（3）同右、第七巻一一月号、一一―一二ページ。
（4）拙著『近衛新体制と大政翼賛会』三二九―三三二ページ参照。
（5）『朝日新聞』昭和一六年九月六日。
（6）『読売新聞』昭和一六年九月四日。
（7）国民精神総動員運動の展開過程にその地域的実践網がどう形成されたかについては、拙稿「選挙粛正運動――公民細胞＝実践網の形成過程――」『現代行政と官僚制　下』一九七四年、東大出版会所収、二〇三―二五七ページ、「国民細胞網の組織化過程」拙著『東京都政の研究』三一三―六五二ページ所収、『近衛新体制と大政翼賛会』六一―七一ページ参照。公民(国民)細胞が地域組織としてかつ実践網の基礎単位であったことは、まさに、この細胞が「ダイヤモンド」であり、この細胞からなるダイヤモンドの集合組織もまたダイヤモンドであった(『東京都政の研究』四〇九ページ)。

(二)　壮年団運動

昭和九年一二月に発行された雑誌『壮年団』の第一輯のなかで、田沢義鋪は、壮年団の恒久的意義と当面の任務として、「郷土更生の実現」、「地方自治の完成」、「選挙浄化の徹底」の三点を指摘して、壮年団が「青年団終了者の修養運動」であって、その「協同生活体の持続」を要請していた。(1) だが壮年団の前途は、二・二六事件以後、とくに、昭和一二年に入ってからは容易ならぬ状況を迎えつつあった。そのひとつの原因としては、選挙粛正運動の展開によって部落ないし部落懇談会の重要性が認識され、「評価」されるにつれて、「組織」・「運動」の両面において、壮年団はおのずから政治とのかかわり合いをもつようになっていったことがあげられよう。(2) 田沢義鋪は『壮年団』六月号の巻頭評論で「脚下を固めよ」[3]と題して、「政治の争は、暫く政治家に任せて傍観者になってゐてほしい」と訴えたが、この雑誌の編集発行人であった市川清敏は、同じ六月号で、「現実に、正しからざる政治と唾棄すべき政治を眼前に控へ乍ら、之が是正改革について何等実践的努力を試むることなく、徒らに袖手傍観的態度を持し、然かも説くに理想の政治を以てするだけでは、真に政治教育の効果を挙ぐることは到底覚束ないのである」[4]と主張していた。「抜かずの名刀」[5]としての自己の存在を誇りつつ、「団体が村を破壊する」[6]と憂慮しつつも、冷静に身構えてきた壮年団運動の創始者の態度は、第一次近衛内閣の国民精神総動員運動、国家総動員法、そして、「新国民組織論」の胎動につれて、その使命感ないし価値観を大きくゆさぶられようとしていたのであった。[7]かつて下村虎太郎が「国家の正統的細胞としての地方自治体」[8]とさえ評価した存在は、一三年から一四年にかけての国民再組織問題の展開につれて、それとの取り組みが必要になっていたのである。[9]

しかし田沢の憂慮は、第一次近衛内閣の突然の終局にともなう平沼内閣の成立によって、回避された。田沢が「時事一瞥」で、一国一党論、ファッショ論議には反対だとの態度を明らかにしたのは流石であるが、平沼が組閣したからといって、事態が平穏に解決に向かうというわけのものではなかった。『壮年団』の記事内容を辿ってみよう。一三年『壮年団』三月号では、阿部真之助が、近衛内閣を「稀に見る実行力の欠けた内閣」だと評し、その「未熟なる革新論議」を揶揄したが、さりとて「総親和」ではどうなるものなのか。曰く「総親和の勘定の中に入れて置いたら、一切の変化が避けられねばならず、総親和即現状維持といふ、平沼首相の弁明にも拘らず、誠に苦しい結論に到達して了ひさうである」[10]と事態の行き詰まりを見通した。しかし四月号には、田沢義鋪の、「後藤理事長を迎ふ」の記事がのった。そして、下村が政治運動を「物騒視」したにもかかわらず、地方自治体と壮年団の関係はより切実なものになりつつあった。「協同体精神の所有者」[11]をと叫ばれ、反面「抽象的な日本主義を誰しもい、ふけれども」、日本精神は「忠君愛国の四字に止まって、何等具体的な内容を言はない」[12]という、「土に叫ぶ」の松田甚次郎の嘆きは深かった。下村虎太郎は、再度「集団的行動」を「絶対に避けるといふ態度」が賢明だと力説しつつも、彼は、「台所つき合ひによってこそ真に輿論を喚起することが出来、それ以外の方法を以てしては、多くの場合却って村生活を分裂に導く恐れがある」と述べて、「組織化されたもの」すなわち、「今日の部落常会」の存在に注目していた。下村は、かくて、「壮年団は何をなすにも先づこの部落常会に喰入ることが大切であります」[13]と結んだのであった。

下村の真底の意向はともかく、内務省地方局振興課長の地位にあった今松次郎は、市町村の下に実践網を完備する必要が「痛感」されている今日、組織化は今日すでに三分の二まで整備されているので、「実践網」とともにいまひとつ「中堅人物」すなわち「人」の存在こそが重要だと強調した[14]。ここで松原一彦を引用しよう。彼は部落を法制化した改正町村制が実施されれば、「部落が選挙区として公認せられ、部落一致の推薦があれば投票を省くことの出来ることにまで進むことになったら、町村は著しく平静の間に進歩を見るに相違ないと思ふ」[15]と述べた。松原が選挙粛正運動のもっとも積極的なオルグであったことは有名であるが、それはともあれ、このような「実践網」組織の整備という公権力の浸透力の下、下村は、「国家の構図と壮年団の実践」[16]において、「壮年団の行き方」を模索して、壮年団は「論理的に打立てられた構図がなければ、何を実践していいのかわからない」という代わりに「何はともあれ実践して見よう。そして構図の材料として吾々の実践の成果を提供しよう」と建言した。この「論理でなく体験」をという訴えかけは重要である。やがて一五年五月になって、「事変下壮年団の意義と任務」が発表され[17]、そのなかで壮年団に対して、精動実践網に対する協力が強く訴えられ、同年九月、角田藤三郎が、「新体制下に於ける壮年団の任務」[18]を発表した。その直後、九月一五日に「全国代表者協議会」が召集された。あたかもこの時点が大政翼賛会の発足直前の揺籃期に合致したこともあって、雑誌『壮年団』紙上にこの協議会の、きびしいやりとりが掲載された[19]。

すなわち、青森県代表の佐々木義満は、角田の「新体制下に於ける壮年団の任務」を批判して、「中央協会の腹はどうか?」と質問し、「私自身の考を述べますならば、壮年団の理念こそは今日明日だけの目前のためのものではない、これこそは他の普通の団体と異る点だと信じます。若し普通の団体と同様のものとなり、波の上に躍り上るならば、これはもはや意味がないものにならうと思ひます」と詰め寄った。近衛新体制にどう対処するか。これにかんする消極論である。これに対して、近衛内閣の新体制準備委員のポストを受諾していた後藤文夫理事長は、壮年団全国代表者協議会へ向けた理事長挨拶のなかで、

郷土郷土に於てその持場を守り、国家を最も健全なものとしておかうとした壮年団の働こそ新体制の目標であり、この働こそは新体制の先駆である。

と前向きの姿勢を示したのであった。二日目の日程に入ったところで、佐々木は、さらに、「新体制の必要は当然だが、これは批判や疑問を許さぬものではあるまいか」と前提し、「強力な体制が出来上ったならばそれは実は民主主義となるのではないか」、「これは所謂幕府的なものになりはしないかと云ふことと、やゝ意味は違ふが結局同じ性質のものとなると思ふ」が、と再度質問した。この質問を記事にした雑誌『壮年団』は、「これは当然の疑問だと思ふ」と記している。ところが、この切実な問いに対して、後藤文夫は、

私はこのお訊ねの適当な答弁者ではありません。私が整理統合するわけではないのです。このことは誰にもわからないと申上げるより外はない、(中略)今これに対して責任のある答をなし得る者は政府にも何処にもない。

と返答した。後藤理事長のこの回答が回答になっているかどうかの判断はともかく、新官僚のチャンピオンといわれるだけに、それにふさわしく、思いつめた佐々木の質問を後藤は、かわしたようである。壮年団拡充の方策如何という形で、全国連合壮年団とか大日本壮年団の構想が提起され、その反面において、官庁の力によることの是非論も出

たが、つきつめた結論は、回避されたかのようである。だが、「郷土団体」としての壮年団、「唯一の普遍的国家的性格をもつ団体[20]」という自己規定をあえて誇示する一方で、後藤隆之助は、「郷土人としての立場の外に『中堅国民』としての立場が強く要請」される時点に立つ壮年団の地位を認識していた。そして「このことは恐らく何人にも考へられて居たことであらうが、明瞭にかう言はれたことは恐らく初めてではなからうか」と問題を要約した。そこで彼は、「二元的に見るべきか統一するとすれば如何に統一するか」としぼりつつ壮年団のおかれた状況を説明した[21]。

しかし、大政翼賛会発足後の一六年一月号では、雑誌『壮年団』はその表紙に「全国連合体待望号」と銘打っており、新事態へと急遽事態が進展したことがうかがえる。すなわち、大政翼賛会は、その青壮年組織要綱を一六年一月二七日に発表し、それをめぐって、二月八日には、壮年団中央協会主催の第一回青壮年組織に関する懇談会がもたれ、またこれに先立って、一月二五・二六両日、全国地方委員会会議が召集されるなど、壮年団組織と壮年団運動を官庁ならびに大政翼賛会とどう関係づけるか、これが当面の重要な課題となっていったのであった[22]。

これらの動きに先立って、一五年一二月一五日には、予定された翌日からの臨時中央協力会議に備えて、大政翼賛会の地方支部代表者会議が召集されていた。その会議に出席していた有馬事務総長は、大政翼賛会をめぐるデマの一掃を訴え、また、清水組織部長は、この日ここで、大政翼賛会の地方支部組織についての具体的組織方法を初めて「闡明[23]」したのであった。その概要は、以下のとおりである。

一、略

二、地方支部の役職員は極めて少数なるを以て之のみを以て活発に運動を展開するを得ず、今後は左の如き方法に依り組織を進展せんとす、

イ、各種の既存団体就中国民組織的性格を有する各種職能的団体(たとへば産業報国会、農会、産業組合、壮

年団、青年団、教育会、婦人会の如し）の役職中に適当なる者を地方支部事務局の委員又は嘱託として運動に参加せしめること、

ロ、各町内会、部落会等の地域又は職域において真摯なる職域奉公を実践しつつある士にして本運動に挺身邁進せんとする者を簡抜して之を推進員として委嘱し、各職分職域に於て先達者として挺身せしめること、

ハ、関係各団体に対しては一面に於てその役職員及び団体員中より適当なる者を地方各級支部の常務委員、理事、顧問、参与等の役員又は委員、嘱託乃至は推進員として活動せしめると共に他面に於て支部事務局との間に密接なる団体的連絡をとること（以下略）、

「椽の下の力持、遂にその真価を発揮、嘱望諸方面より注がる」[24]というべきか。それはともかく、大政翼賛会側からの働きかけは、その地方支部組織化への着手をひかえて、一挙に、急展開することになった。

例えば、広島県知事相川勝六は、一六年一月一七日、「壮年団結成に関する件依命通牒」を出し、また長野県では、青壮年組織要綱が出されており[25]、県別に組織化が急進する傾向がみられるなど、壮年団組織をあげて全県・全国レベルの連合体組織の結成へと走り出した。この勢力はさらに加速され、「宣言」、「壮年団綱領」、「規約」は『壮年団』四月号に、「昭和一六年度大日本壮年団連盟事業計画書」は五月号に掲載されるにいたった。しかし、壮年団組織と大政翼賛会とを具体的にどう位置づけるかの問題は、なお未解決であった[26]。そこに壮年団組織への漠然たる必要論が提唱される一方において、それが具象化すべくして具象化しえない状態にあればあるほど、壮年団組織をめぐる各府県側の「県独自の方針」が「百花撩乱の観」[27]を呈する形となった。ちょうどその頃、橘撲が、「随って新しい政治力の創造に対する国民の要望は正に沸騰点に達してゐるが、それにも拘らず創造の方法が見当らない、それが今日われわれの苦悶の淵である」[28]と述べたといわれる。国際情勢とくにヨーロッパ戦局の緊迫につれて、わが国の側にも、具

体的実践指針が要望されていた。しかし、その見透しと展望は、容易ではなかった。その背景の事情としては、ひとつには、すでに二月中旬、帝国在郷軍人会から各支部長あての通牒で、網羅型の青壮年組織化には反対だという意思表示があったことは見落とせないであろう。その後、六月二五日、壮年団側から小野理事、鈴木幹事が軍人会を訪問した後、ようやく了解が成立し、かろうじて一六年七月一四日付の通牒が出されることになったという経緯があった。こうして、一六年九月になって、ついに「翼賛壮年団結成基本要綱」が制定された。なお一六年一二月八日の大東亜戦争の勃発に伴い、翌年の一七年一月一五日、大日本翼賛壮年団という全国的系統組織と、この指導機関としての大日本翼賛壮年団本部の結成をみるにいたったのである。

一六年九月の「翼賛壮年団結成基本要綱」が、団は「自発的意志による同志組織たること」、団員は「二一歳以上の有志青壮年とす」と規定し、編成を「大政翼賛会地方組織に合致せしめ、道府県、郡、市区町村に夫々団を設けそれ等を系統団体たらしむること」とし、団幹部については、「大政翼賛会道府県支部長は道府県名誉団長とす」と定めた。また各種団体との関係については、「本団と目的を同じうする既設団体には積極的参加協力を求むること」と述べている。長野県モデルが、網羅型翼賛壮年団の結成の先駆であり、全国各地にも波及効果をもっているにもかかわらず、中央においてはこの問題の処理については積極的態度が見られなかったのはなぜか。それは、大政翼賛会との関係をどうつけるか、また既存諸団体との関係をどう整序すべきかという対策についての処方箋が欠落していたからである。つまり、中央では、文部省も内務省もなんら積極的方針を明らかにせず、事態を静観する態度に出たので、網羅型長野方式の系ともいうべき、既存壮年団、産青連、大地連盟、商報隊、郷軍同志会、赤誠会、東方会等を一挙に解消せしめ、それらを統合する決断と具体的措置をとれなかったからであろう。(29)

雑誌『壮年団』は、その第七巻一一月号において声明を発し、後藤文夫理事長の、「合流に際し団員諸子に与ふ」

を掲載した。それには「翼賛」の用語については「一抹の不安」を感ずると記述しながらも、一〇月四日付、「合流に関する全国各団への通牒」で、

今回大政翼賛会に於て正式決定せる『翼賛壮年団結成基本要綱』は殆ど全国的に我が大日本壮年団連盟の方針とその軌を一にする結果と相成り候事誠に感慨無量のもの有之候。

と、複雑な事情をちょっぴり披露したのであった。[30] 雑誌『壮年団』の終刊にさいしては、残された今後に注意すべき問題点の第一点に、「運動の性格から来る旧政党との類似、若しくはその御用組合となること」、第二点として、「結成及び運営から来る官製的無能化」、第三点としては、「組織の性格から来る、職域及び階級的抗争の母胎となること」の三点が指摘されている。[31] 生まれ出る大日本翼賛壮年団の進路は、これらの諸問題にはばまれた隘路を進むことになっていたといってよかろうか。

(1) 『壮年団』第一輯、壮年団中央協会、昭和九年一二月(一〇年一月一日)発行、編集発行人、市川清敏。
(2) 市川清敏「壮年団運動の諸問題について」『壮年団』一二年五月号参照。
(3) 田沢義鋪、巻頭評論「脚下を固めよ」同右、六月号。
(4) 市川清敏「壮年団の陣容から」同右六月号。市川は一一月号の本部だより欄記事によると「一身上の都合」により退職している。
(5)(6) 同右、一二年六月号、二一ページ。
(7) 同右、一三年新年号、一五九ページの田沢発言は、「政治運動をやってはならない」とある一方、その前年の一二年第三巻六月号『壮年団』で市川は、「何がわからないと云って、今日我々の生きてゐる日本と云ふ国の実情ほどわからないものはあるまい」「従って我々は不本意乍ら、認識不可能による認識不足の立場に置かれてゐるのである。甚だ不愉快であり、憂鬱である」と述べて、本文に引用したように「現実に、正しからざる政治と唾棄すべき政治を眼前に控へ乍ら、之が是正改革について何等実践的努力を試むることなく、徒らに袖手傍観的態度を持し、然かも説くに理想の政治を以てするだけで

は、真に政治教育の効果を挙ぐることは到底覚束ないのである」と激しく訴えていったのであった。他方、元内務官僚の前田多門は『壮年団』第二巻(昭和一一年)一〇月号で、「自治を護れ」と題して、「流行の『国家統制』の穿き違ひから、さらぬだに未熟のわれらの自治精神を枯死せしめ、自発的な公共心発露の途を壅塞するなからん事を切望して已まない」「その危険は然し寧ろ刻々増加しつつある。尤もらしい理由をかざして簒奪者は自治の牙城に迫りつつある」と警告していた。

(8)　同右、昭和一三年五月号、五ページ。一二年六月号、二一ページ。

(9)　同右、昭和一四年新年号、田沢義鋪「時事一瞥」では、田沢は「国民再組織の問題」にふれ、「これくらい、人騒がせの問題はなかったといってよい」と語り、国民再組織、再編成の用語の使用形態を辿りつつ、「国民を何う組織し編成しようと云ふのか、この語の持つ意味は如何にも茫漠として捕捉しがたい」と慨嘆していた。

(10)　同右、一四年三月号「議会を透して見た平沼内閣」一六―一七ページ。阿部はさらに一転して平沼内閣の「総親和」を批判して、「抽象的観念論として説かれる場合は、楯をつくことの出来ない威力を持つ総親和も、実際問題となると、かくも無力で見すぼらしい姿を曝らさねばならないのだ。これは我国の政治家の、常習的宿弊なのであって、……」と断定していた。

(11)　蠟山政道「協同体精神の所有者」前掲雑誌、一四年七月号。

(12)　同右、三月号。

(13)　同右、八月号、下村虎太郎「選挙と部落常会と壮年団」四―七ページ。

(14)　同右、一〇月号、今松治郎「地方自治の振興に就て」四三ページ。

(15)　同右、九月号、松原一彦「選挙界の進歩」三六ページ。

(16)　同右、一二月号、下村虎太郎「国家の構図と壮年団の実践」八ページ。

(17)　同右、昭和一五年五月号。

(18)　同右、九月号、八―一五ページ。角田は、後藤隆之助の推薦で調査部に就職し、幹事のポストにあった。

(19)　同右、一〇月号、全国代表者協議会特輯記事参照。

(20)　同右、一〇月号、高橋済「我々は如何に歩んで居るか」三五―三六ページ。

(21)　同右、一〇月号。

(22) 当時、激動の壮年団の将来を論じたものとして、高橋「壮年団とその理念」、宮崎「翼賛運動と壮年団の任務――現段階に於ける壮年団の実践方策――」が発表されている(『壮年団』第七巻、一六年二月号、一六―二五、二六―三六ページ)。他方、全国地方委員会会議要録によると、日本青年館にて開催された地方委員会会議の討論の第一項目が、全国地方委員会協議項目並ニ案、第二項目が組織拡充方策に関する件であり、また府県連準則なるものが一月二五日の全国地方委員会で討議されている。つまり「全国連合を如何に具体化するか」の課題は、「官庁および翼賛会との関係如何」にしぼられることになったのであった(前掲書、二月号参照)。

(23) 同右、昭和一六年二月号、五九―六〇ページ。

(24) 一月二五日の三輪連絡部長、角田組織部班長が出席した二五日夜の委員会会議の席上で、かつて壮年団にいた角田は、本文に引用した「発言」を行ない、まず大政翼賛会の「推進員」の「獲得」が目的だといいながら、「とくにどの団体といふことは私どもとしては言へないのであります。要するに人物本位でありまして、団体関係ではないのでありますが、……推進員の選び方は質本位でありまして、全く壮年団と同じ方法でありますが、言はず語らずの間に翼賛会と壮年団は一致して行くものと考へてをります」というラブコールを行なった(同右、五八―五九ページ)。

(25) 長野県翼賛壮年団の結成式は、昭和一六年五月四日であって、そこで、

一、我等は忠誠絶対の信念に徹し、以て臣道を実践す
二、我等は大東亜共栄圏の確立を期し、身を以て国策の遂行に捧ぐ
三、我等は世界の指導民族たるを自覚し、大国民的性格の錬成に努む
四、我等は高度国防国家建設の為め、新体制の確立に挺身す
五、我等は健全なる郷土を建設し、国力の増強に努む
六、我等は名利を求めず、固く結んで翼賛の道に邁進す

の六項目を決議した。同年九月四日の全国レベルでの中央翼壮団結成に先立つこと四カ月、文字通り先進組織であった。

『長野県史』第二巻(昭和四七年三月三一日)は、その前年すなわち昭和一五年一二月九日の「長野県青壮年組織要綱」が八項目を決定し、それを、「町村からの組織固めを基盤とする国民総ぐるみをめざした」ものと規定し、その経緯を紹介している(五〇四―五〇七ページ参照)。詳細は県史の叙述に譲るが、「組織要項」八項目の第一に、「名称は翼賛壮年団とす」

るとし、第四に、「市町村組織は区、部落会、町内会毎に支部・班を設け、市町村下部組織と一体にすること」とうたい、さいごの第八項目には、「団長以下幹部は団員中より選定せしめ、団員外よりは適当なるものが顧問として参与し、関係方面との連絡を密にしつつ青壮年の自発的活動を促すこと」とある。この組織方針が下部からの網羅型の翼壮を狙って立ち上がろうとしたことは、明らかであるが、とくに、団長以下幹部は「団員中より選定」するという自主組織をめざすものであったことは刮目に値する。しかも、この組織要綱の選定にさいしては、長野県翼賛会支部が軍や連隊区司令部と「協議」して取り決めたとあるが(五〇五ページ)、その頂点すなわち県翼壮団長職には、松本連隊区司令官青野重雄大佐の就任が予定され、本人の「確約」を得たにもかかわらず、郷軍本部がこれに反対、一六年四月一四日、ついに、翼賛会県支部理事会で翼賛会支部長すなわち県知事が就任することとなったのであった。県史には、「議論沸騰やうやく止むを得ないといふことになつた」とある(五〇六ページ)。国立国会図書館憲政史料室所蔵、中原謹司文書の「翼賛会地区連絡班情報移動調査班報告書」三四四は、特報とあり、その「長野県における翼賛壮年団運動他」の綴に、「大政翼賛会長野支部では市町村に配置する推進員に依るよりも之等翼賛壮年団員をして翼賛運動を推進せしめる事がより強力にして効果ある実績を挙げるものとして居り、推進員簡抜方針の如きは手緩しとする意向が頗る有力に行はれて居る」とある(北陸班西班員寄、一六年三月五日)。こう報告した西は、従来の県連合青年団七万、産青連一万、壮年団一万、大地連盟一万五千等、総計一五万人の組織数を挙げて、「翼賛壮年団の如き単一強力なる大政翼賛会の全県的な外廓団体を先づ以て結成する方法も頗る効果的なりと思料さる」と賛意を示している。

しかし、大政翼賛会長野県支部、県当局、連隊区司令部の「三位一体」の協力にもかかわらず、翼壮団長のポストについたのは、結局、官選の県知事であった。このことは翼壮組織運動の前途に大きく影響したことであろうことはうたがいない。そもそも、県翼壮組織化の契機が、西班員報告にあるように、文部省案による青少年組織結成案の発表であったとすれば、各省庁側は大政翼賛会なる国民組織・国民運動を逆用して、自らの外廓団体を組織しようとしていたのである。しかし、翼壮団結成の先進県長野県にあって、官選知事・翼賛会支部長の統率する新国民組織が生誕しようとしていたといってよかろうか。それを軍とくに陸軍当局の消極的態度の表明とみるか、在郷軍人組織を新網羅型組織から防衛しようとする態度によるものとみるべきか、一概には断定できない。いずれにしても、翼壮組織の二元主義すなわち団長と名誉団長の併存はこの長野方式によって生み出されたといってよかろうか。

(26)『壮年団』一六年七月号、鈴木徳一「壮年組織の方向」二―三ページ。四月の地方長官会議以来、総務部長会議、振興課長会議、労務部長会議と相ついだが、この課題は依然持ち越しとなり、また、第一回中央協力会議を機会としてなんらかの結論をという期待もまた裏切られたのであった。
(27) 同右、同号、三ページ。
(28) 橘撲「国体論序説」『中央公論』一六年七月号。
(29)『壮年団』一六年九月号所収の宮崎新一「翼賛壮年団の発足に寄せて」二―六ページ。先行した長野方式が大きな網羅型モデルであったことからして、それが全国各地に波及効果をもつ反面において、そこでの壮年団以下既成組織の一斉解消による統合という方向には、諸組織はもとより、その親団体すなわち中央省庁側も「積極的指導方針」を明示できない条件に制約されていた。しかし、軍が全国大組織として翼壮の生誕を強く希望し、それを推進したために、翼壮はかろうじて発足することになったのであった。
(30) 同右、一一月号、五二―五三ページ。
(31) 同右、一一月号、一一月一日付の後記参照。

(三) 翼賛壮年団

わが国の青年団ならびに壮年団組織は、過去の歴史をそれぞれの背景に持った、厖大な組織である。その由来ならびに経緯を辿ることはここではさておき、(1) 大政翼賛会の成立に見合って、これらの組織体をどうするのか、この問題を内務省・文部省そして厚生省それに陸海軍省側の態度と関心に焦点をおいて、翼賛壮年団の形成過程に絞って解析してみよう。

文部省を親組織とする大日本青少年団の結成の由来はどうなのか。その背景には、昭和一四年に出発した大日本青年団の存在が前提となっている。大日本青少年団の成立は、従来の大日本連合青年団から全国大の組織を対象とする、統制と指導をその任務とする組織体の成立にその特色があった。これは、大規模な組織の変動・組み替えであって、この新組織が結成されたのは、一六年一月のことである。この大日本青少年団組織ができる経緯をふりかえると、すでに一五年八月以来青年団組織のあり方を検討中であった文部省は、大政翼賛会の発足に先立つ九月一六日、その「大日本青年団組織試案」を発表していたのであった。以来同年の一二月にかけて、この試案をめぐっての日本連合青年団との交渉があり、その結果、大日本青少年団則案がまとまり、これがのちの団則の基本となり、また、大日本青少年団地方団則の確立を経て、一六年一月一六日に、ついに結成式が挙行されたのであった(2)。

他方、大政翼賛会側がどう受け止めていたのであろうか。大政翼賛会組織局青年部が発表した別掲「青少年組織方針」のイによれば、「青少年組織ハ国民組織ノ独自ナル一翼トシテ一元的ニ之ヲ統合スル目標ノ下ニ其ノ属スル地域、職域ノ如何ヲ問ハズ、本会組織局ヲ中心トスル一元的指導系統ニ整備シ行カントス」とある。そして組織局は、全国青少年組織方針のハにおいて、さらに現実的に、「既存青少年組織ノ統合強化ハ最モ実質的ナラシムルヲ要ス」という立場に立とうとしていた。そもそも、政治新体制が胎動しつつあるさ中にあって、文部当局がいち早く「大日本青年団組織試案」を発表し、大政翼賛会組織とは別個に、独自に全国大の青年団組織を作り上げようとしたこと自体、大政翼賛会組織にとってはかなりの衝撃であったのではなかろうか。しかも、この組織局青年部長の地位は、四月の翼賛会改組とともに、やがては消滅する運命にあったのである。それはともかく、右の組織局青年部の「青少年組織方針」が、どの程度の一般性・妥当性をもっていたのか、その実現性はどうであったのか。何時起案決定となったかは確認できないが、大政翼賛会が「一元的指導系統」への「整備」を構想の中心にすえていたことは否定すべくもない(3)。しかし、青少年教育と青年運動が文部省の組織系統下に直轄されるタイミングは、じつは、昭和一五年の年末から一六年の年始にかけてであった。昭和一五年一一月二三日には、大日本産業報国会が誕生していた。それと相前後して、青年団組織の連合組織が統一組織へと切り替えられることは、大政翼賛会にとっては巨大な挑戦であった。このことは、見逃せない。さきに「青少年組織方針」のハを紹介したが、それは、具体的には「各種青年団体ノ指導系統中に逐次本会推進員ヲ獲得錬成」すること、「職域内ニ於ケル青少年ニ対シテハ」、「其ノ中ノ指導分子ヲ推進員トシテ獲得」することとある。そして、現時点では、「行ク行ク『イ』及次項『ニ』ニ掲ゲタル如キ本会本来ノ青少年組織ヲ枢軸トスル国民青少年組織ノ誕生ガ必要トナル如ク指導シ工作ス」と述べて、目標を明らかにしたのであった。ついで「本会本来ノ青少年組織方針」が別に掲げられている。それには、「本会ノ青年組織ハ国民組織トシテノ青年組織ト混同スベキニ非ズ、青年指導者組織ナリ、従ッテ青年中期及ビ後期ニ組織ノ重点ヲ置ク」と明示している。つまり地域・職域における、「青年推進員」の「獲得」と「之ヲ組織ス」るのが目的であった。ここに大政翼賛会組織局の企画する青年組織が「国民組織トシテノ青年組織ト混同スベキニ非ズ」と前提され、それとの共存やむなし、共存して当然という方針が明示されている。つまり青少年組織、青少年組織問題が大政翼賛会組織とは別個にありうるということを前提して、既存の青年革新団体の「ソノ幹部ヲ本会ノ推進員トシテ獲得、組織スルト共ニ逐次該団体ヲ本会ノ指導下ニ導ク」という態度である。ここでとりあげようとする翼賛壮年団の組織化は、大政翼賛会の生誕と相前後する各官庁外廓諸組織の組織化に触発されたことは明らかで、このことはここに指摘した青少年組織方針の消極性、受動性からも明瞭だが、さらに、組織に向けてのより直接的契機を挙げておかなければならない。いうまでもなく、それは、大政翼賛会が第七六帝国議会の審議の結果、公事結社と規定されてしまった事実と、これを受けた大政翼賛会の改組とが、なによりも強く影響している。

もとより、いわゆる翼賛壮年団の胎動というこの課題への取り組みは、全国一律・均一の組織化への動きとして進行したわけではない。のみならず、既存の壮年団組織が道府県単位の連合体という形をとっていただけに、壮年団組織の組織化の動きは、むしろ個別的で、自然発生的だったといわなければならない。しかし、壮年団組織への刺激というか、ふみ切りの契機となったのは、第一回の中央協力会議においてであった。ここでは、この問題が大きな比重を占めたのであるが、それに先立って、地方局長名の地発乙第二二八号を以て、五月九日、内務省は、壮年層の組織状況について各道府県知事あてに照会を行なった。

内務省地方局は、留岡幸男地方局長名で道府県知事あてに、照会状「壮年団結成ニ関スル件」を発送し、道府県側の回答を待った。内務省地方局からの問い合わせは、一―八の八項目であった。昭和一六年五月九日付の、この照会状が地方局限りの措置であるか否かは、確認できない。しかし、胎動期にあった翼賛壮年団運動に対する道府県側の態度は、五月末から六月上旬にかけて地方局に寄せられた回答によって、はじめて認識できるのである。(4)

いまその概略を示せば、第一の類型は、壮年団結成の動きがない、「具体的計画無之」と回答した府県の類型がそれである。それらは、北から順番に見てみると、北海道、岩手県、宮城県、山形県、埼玉県、東京府、岐阜県、三重県、京都府、大阪府、兵庫県、岡山県、山口県、高知県、長崎県、熊本県、大分県、鹿児島県、沖縄県の諸府県である。他方、なんらかの形で、組織結成に向けて具体的に動いているとの回答を寄せたのが、福島県、新潟県、福井県、長野県、山梨県、奈良県、和歌山県、広島県、愛媛県、福岡県、佐賀県等である。これら二つの型の中間にあるものは、青森県、秋田県、茨城県、群馬県、千葉県、山梨県、静岡県、愛知県、滋賀県、鳥取県、香川県等であって、これらの諸県は「該当無之」ではなく、ニュアンスの程度はあっても、進捗中ないしは推進過程にあると回答している。これが中間型といえよう。

中間型にはかなりのばらつきがあるが、それはともかく、「該当無之」と単純に回答した事例の反対すなわち、積極型から見ていくと、例えば積極型の典型ともいうべき福島県の場合はこうである。(5)福島県は、「大政翼賛会青壮年隊結成ニ関スル趣旨並ニ経過」と題する藁半紙二四ページの報告書を提出している。この報告書の「趣旨」のところには、福島県では、県総務部長、学務部長、経済部長、警察部長ならびに大政翼賛会福島県支部組織部長の連名で、市町村長、大政翼賛会市町村支部長、市町村青少年団長殿あてに、「大政翼賛会市町村青壮年隊結成ニ関スル件通牒」(昭和一六年四月一七日)を発送したと説明し、さらに、「大政翼賛会福島県青壮年隊組織要綱」、「大政翼賛会福島県青壮年隊結成要項」、「大政翼賛会何々市町村青壮年隊規程準則」をも添付し、昭和一六年六月二〇日付で知事名で回答している。県が直接に「具体的計画」を立てたのではないが、「積極的に援助」する方針だと記されている。新潟県も「新潟県翼賛青壮年団則」を添えて、在郷軍人会との関係が解決すれば、「直に全面的に事態解決の見込」と報告している。軍の比重、その動向は大きい要素であったのである。

ところで長野県はどうか。長野県は「長野県翼賛壮年団ニ就テ」という回答書で翼賛壮年団結成の動機について詳細に報告し、あわせて、県翼賛壮年団長には、県翼賛支部長を当てることとなった経緯が説明されている。(6) また回答書には、「長野県青壮年組織要綱」、「市町村翼賛壮年団準則」、「郡単位翼賛壮年団組織方針」、「長野県翼賛壮年団団則」をもつけ加え、さらに、長野県学務部長、大政翼賛会長野支部組織部長名で、市町村長、青年学校長、軍人会分会長、青年団長に宛てた「翼賛壮年団結成ニ関スル件」も添付されている。照会状に対する回答のうち、この長野県の報告書がもっとも詳細かつ具体的である。

奈良県の場合は、昭和一五年一〇月に「奈良県壮年団連盟」が結成されていた。しかも、それが県当局とか軍の直接の働きかけによらずに、網羅型組織が出来上がったと報告している点ではユニークである。回答書はその原因を五項目に分けて説明し、「奈良県壮年団連盟規約」、「△△町村壮年団則(準則)」、「奈良県壮年団連盟役員名」を添付しており、さらに、奈良県壮年団連盟「大政翼賛運動と壮年団勃興の気運」(昭和一六年三月)も、回答文書中には見出される。しかも奈良県の報告書には、「将来ノ見込」として、この運動は「澎湃トシテ」盛り上がる見込みだと展望しているのが印象的である。さいごに広島県の場合をとりあげよう。相川勝六知事は、正面から知事のイニシアティブによることを示唆して、「本団ノ組織ヲ勧奨スルニ至レリ」と述べ、広島県総務部長、警察部長、学務部長名の「壮年団結成ニ関スル件依命通牒」(昭和一六年一月一七日)を添付している。そのなかで、大政翼賛会との関係では「表裏一体」でいくこと、軍との関係では、二月一四日・三月二七日の在郷軍人会の通牒をどう解釈するかについても言及し、さらに、他団体との関係は「ヨシ」と断定するなど、県翼壮組織の結成については、きわめて楽観的である。じじつ、昭和一六年五月三〇日現在、一六三団、組織人員一万二六四名が広島県壮年団組織に参加していると実数をあげた報告がある。

さて、「壮年団結成ニ関スル件」の回答中、中間派というか、県レベルでの翼壮組織は仕上がってはいないが、なんらかの形での準備体制なり組織化が進捗中と回答した類型をどうみるか。例えば秋田県の場合、一五年一一月一三日に県連合壮年団結成式があり、「秋田県連合壮年団団則」(一一月一九日)もできていたが、県が指導しなければ「大きな期待はもてない」こと、「翼賛会支部の組織に吸収せしむる様指導」と、県当局の態度をも示した点で、ユニークで、その他でも、茨城では県連合体が結成(一五年一二月二三日)され、栃木でも地域的壮年団結成がみられ、さらに群馬でも、「群馬県壮年隊則」が条文化されていた。千葉も千葉県青壮年団(一六年二月二九日)ができており、他方、山梨県では県連合壮年団則が存在するとの報告があり、静岡県も、またその例外ではなかった。また、滋賀県では、既設団を網羅した壮年団協議会が出来上がってはいるものの、県当局は、「計画中ナルモ未ダ之ガ具体化ヲ見ルニ至ラザルモノニ有之」と、静観の姿勢を伝えている。鳥取、島根の両県からは、ともに「状況報告」という形で、内容のある報告書が提出されている。例えば鳥取県の場合、翼賛会支部との関係、軍部との関係にふれており、島根県の回答書は、まず組織率は全町村の三分の一に及んでいることに言及した後、大政翼賛会の推進員だけでは力不足の現状で、このまま放置すれば各種の壮年団運動が出てくる見込みと判断、県独自の綜合企画委員会を設置して対策を検討中である、とある。この中間型グループに区分けした香川県の場合も、壮年団結成の気配濃厚で、それが香川県壮年団(一五年一〇月)になったとある。

積極型グループ集団のなかで、福島県、長野県、奈良県、広島県はすでに取り上げたが、取り上げなかった新潟県、福井県、山梨県、和歌山県、愛媛県、福岡県、佐賀県のうち、すでに団則が出来ていることを報告している県は、新潟、福井、山梨、和歌山、愛媛、福岡、佐賀の諸県であり、このうちでも、和歌山、愛媛、福岡、佐賀の諸県の回答内容は、福島、長野、奈良、広島の諸県のそれとほぼ同一水準にまで組織化が進捗していることが認定できる。例えば、最後にあげた佐賀県では、「県下各市町村殆ド結成完了」とあり、添付資料も、「佐賀県翼賛青壮年団団則」(一六年三月一三日)、「佐賀県翼賛青壮年団編成方針並指導方針」、「佐賀県翼賛青壮年団」(機構図)、「大政翼賛会佐賀県支部のガリ版印刷物」(「大政翼賛会ノ理念ト其実践」、「世界人類ヲ慈育スル大紘之神木」(大政翼賛会佐賀県支部翼賛青壮年団))等がそえられ、また愛媛県と和歌山県では、両県とも、県側のイニシアティブ(和歌山)か、県と翼賛会支部のイニシアティブ(愛媛県)をうけ入れて組織化が進行したことが明瞭に説明されている。

このように、第一類型は「該当無之候」型回答であるから、全然その気配がなかったわけである。だが、第三類型ではもとよりのこと、第二類型でも、かなりの県では、分類すれば明らかに、組織化は進捗していたとみなければならない。全体的にみれば、過半数を上廻る道府県で、それぞれに県レベルでの翼壮団組織がすでに結成されているか、あるいは結成中であったのである。

かえりみれば、内務省は、「新体制に対する内務省の根本方針[(7)]」のなかで、新体制に「全面的ニ協力スル」と述べていた。「根本方針」に出てくる「新体制ニ対スル警察ノ態度」をみてみても「積極的ニ協力」するとの支持態度を明示していた。このことを想起すれば、「壮年団結成ニ関スル件」に対する道府県側の回答が、地方における大政翼賛会推進という姿勢なり、地方の実態を反映したものといえようか。(8) ただし、右の「根本方針」は、内務省の当初の方針を示したものであって、それが直線的に翼壮団組織の結成賛成とはならないところに問題がある。けだし、大政翼賛会の地方支部組織を網羅型とし、既成の国民諸組織との接着をめざして進発したために、大政翼賛会―中央地方の「中核体」とは何か、これと関連して、推進員制度や、協力会議はどうなるのか。この課題が残されたままであった。これらの組織と「網羅型」既成国民組織とをどう調整すべきなのか、中核体構想を推進する発想とその制度化とは相矛盾して、その展開は難航をきわめた。(9) そこにいまひとつ、ここで、既成の「壮年団」組織をふまえた全県レベル、全国レベルの翼賛壮年団組織が構想されようとしていたのであった。しかし、大政翼賛会が公事結社だという限界を確認せしめられて以降、その外廓団体に大日本翼賛壮年団を位置づけなければならないという要請と、他方で、生まれ出る翼壮団は、あくまで「同志精鋭」を貫ぬくのだという主張とは、背反関係に立つといわざるをえない。とくに翼壮団と、先発の推進員制度とをどう調整すべきかは、翼壮全国組織網ができ上がるにつれて、厄介かつ複雑微妙な課題となっていく。それのみならず、大政翼賛会と翼賛壮年団との関係は、右の甲と乙との二者関係だけではない。なぜなら、大政翼賛会がその傘下に膨大な地域的・職域的国民組織を包摂するようになると、課題はさらに加重された状態を生み出すのである。例えば、長野県が、独自に翼壮団一五万人組織を先発せしめたのかどうか。かなりの程度までそうだとしても、他方では、さきの拒否型、例えば北海道庁が、道の特殊性をたてまえとして推進員制度に反対だという態度を独自に表明したのか。北海道庁が推進員制度推進という中央指示には反対だと断定した態度は注目される。しかし、北海道庁が打ち出した「具体的計画無之」というのと、長野県、福島県、さらには奈良県、広島県等の積極歓迎型とは、必ずしも、正反対の意思表示ではないかもしれない。大政翼賛会の当面する与件を前提として、この状況に対処する処方箋——翼賛壮年団制度が可か否かの態度の微妙な差異あるのみと見るべきかもしれない。在郷軍人会側の態度変更を与件として、内務省側が、全国レベルでの翼賛壮年団組織化に向けて前進する姿勢をとったさい、急速に、その組織化が成功したことは、この視角からいえば、当然であろうか。大政翼賛会推進員制度が、当初の「中核体」構想ぬきで低迷する一方、網羅型対特定主義の原理論の対立状態がつづくという事態にあって、生まれ出る翼賛壮年団組織が、改革とか革新の契機をもつものだとは必ずしもいえないのである。内務省地方局からの問い合わせは、

一、組織の性格及目的
二、結成の動機及経過
三、組織の内容
四、翼賛会支部との関係
五、軍との関係
六、既成類似団体との関係
七、将来の見透
八、其の他参考となるべき事項

の八項目であった。

ところで、七月二九日、大政翼賛会本部で内務・文部、陸海両軍部代表と挾間翼賛会組織局長、小泉地方部長らが出席のうえ、かねて注目されていた壮年団・既組織地方と未組織地方との関係と、職域団体との関係について協議が

行なわれた。その結果、既組織地方に対しては、直ちに改組の要求は行なわないが、なるべく本部の方針に従うよう指導すること、未組織地方に対しては、官製化を避け、地方事情を考慮しつつ組織化し、速かに全国に普及すること、団員は精鋭主義をとり、既存の職域団体とは別個の組織とし、産報・商報とは緊密に連絡をとり、政治団体加盟者をも加入せしめることとなったといわれる。[10] この方向決定は、産報が「政治団体に関係を禁止」し、防衛対策をとったこととも関係があろうか。[11] かくて、一六年一月大政翼賛会組織局が概括的な編成方針を打ち出して以来七カ月を経て、大政翼賛会は、陸軍・内務省ならびに産報、農建同盟、商報連盟などの各職域団体との交渉の末、[12] ようやく、翼賛壮年団結成基本要綱は決定された。

翼賛壮年団の組織方針を示すものとして、「翼賛壮年団組織方針」、「翼賛壮年団結成基本要綱」、ならびにそれらの結実ともいうべき「大日本翼賛壮年団々則」を掲げておこう。これらの資料のうち、例えば、翼賛壮年団組織方針は、

一、「基本ニ関スル事項」に、

一　同心団結をうたひ、しかも地域職域における臣道実践に挺身する組織たること

二　青壮年層の自発的翼賛意志によって結集する、同志、精鋭組織たること

三　大政翼賛会の外廓団体たること

と注文を出している。一と二と三は、それぞれ論理的には整合関係にはない。例えば二と三は背反関係にあり、一の同心団結と、地域職域における云々の注文とは背反関係にある。また、団員銓衡の基準に掲げられた(イ)(ロ)(ハ)(ニ)のうち、(ニ)「政治団体ニ加入セザルモノ」という注文は、同志・精鋭組織たれとの注文とは背反関係にある。また三、「編成ニ関スル事項」のところで、道府県団、郡団、市区町村団の綜合的系統組織たらしむることという要求と同志精鋭とは相互に背反関係にあるし、また、この三の2にある、「市区町村団を単位団としそれ以下は分団、

班団を設けざること」という要望は、これまた同志精鋭主義の組織論とは矛盾するのである。四の役員に関するところは実に問題が多い。大政翼賛会道府県支部長を道府県団名誉団長とする一方において、道府県団団長を別に設け、これには団員中から「適格者」を以て「之に充つ」ということは全くの妥協である。また、3、4に示された「適格者」とはなにをさすか、曖昧である。五、結成手続に関する事項中、結成手続の(イ)は、名誉団長たるべき官選知事すなわち、大政翼賛会道府県支部のイニシアティブを要請している。

その他、「各種団体トノ関係」についての二箇条の注意事項に注目するとともに、八 経費については、「本団ノ経費ハ団費ヲ主トシ補助金ソノ他ノ収入ヲ以テ之ニ充ツルコト」と、団費中心主義を唱えていたことは見逃すべきではない。これが充足されたか否かは後述に譲るとしよう。

さて右の「翼賛壮年団組織方針」の諸矛盾を前提とすれば、それらが「翼賛壮年団結成基本要綱」にどう反映しているのか。これを読み取ることが必要である。例えば、三の「性格」の1と2との矛盾、例えばその一の「目的」のところでいえば、ひとつは、同心団結の要請と、地域職域における臣道実践との関係とは、必ずしも整合しない。また五の「編成」に関していえば、団の編成を大政翼賛会地方組織に合致せしめること、したがって中央組織については別途に考究することとした妥協と譲歩の姿勢がそれである。矛盾の最たるものは、六「団幹部」にかんする基本要綱の説明文にあらわれている。すなわち、大政翼賛会道府県支部長をもって団の道府県名誉団長に当て、この名誉団長が、団員中の「適格者」を道府県の団長・副団長その他の役員として「指名」するというしくみは、同志精鋭主義とは背反関係にある手続というほかはない。しかも、道府県団長が団を「統率す」とあるのである。このほか「本団と目的を同じうする既設団体には積極的参加協力を求むること」という既設団体への要請が、同志精鋭と矛盾する。

「大日本翼賛壮年団々則」にかんしていえば、第二条と第三条とが背反関係にあることは一目瞭然であるが、とくに、「大政翼賛会総裁ノ統理ノ下ニ」とおさえて、あくまでも、大政翼賛会の外廓団体としての存在だという自己規定を重視すべきであろう。そしてそれは第六条、「団長ハ大政翼賛会総裁之ヲ指名ス」という一カ条でその活動をぴたりと抑えられるのだというしくみにつらなる。これが、出発の時点に規定の上で厳然と存在したことを忘れてはなるまい。

翼賛壮年団組織方針

一、基本ニ関スル事項
①　同心団結各々其ノ地域組織ニ於テ臣道実践ニ挺身スル組織タルコト
②　青壮年層ノ自発的翼賛意志ニ依ッテ結集スル同志、精鋭組織タルコト
③　大政翼賛会ノ指導下ニアル外廓組織タルコト

二、団員ニ関スル事項
1、二十一歳以上ノ男子青壮年トスルコト
大日本青少年団ノ団員タル二十一歳乃至二十五歳ノ者モ加入スルコトヲ得
団ノ性質上年齢ノ上限ハ特ニ設ケザルモ概ネ実践力アル気鋭ノ中堅青壮年ヲ以テ主体トスルコト
2、団員銓衡ノ基準ハ左ノ如キモノトスルコト
(イ)　思想信念ニ於テ国体ノ本義ニ徹シ苟モ衆人ノ疑惑ヲ受クルコトナキモノ
(ロ)　個人的職業的団体的利害ニ因ハレルコトナク国家目的ノ達成ニ率先躬行スルモノ
(ハ)　口舌ノ徒ニ非ズシテ日常地域職域ニ於ケル実践ヲ通ジテ他ニ垂範シ郷土ノ信望篤キモノ

（ニ）　政治団体ニ加入セザルモノ

三、編成ニ関スル事項

1、道府県団、郡団、市区町村団ノ綜合的系統組織タラシムルコト

2、市区町村団ヲ単位団トシソレ以下ハ分団、班団ヲ設ケザルコト

但大都市其ノ他特殊ノ事由アルモノニ付テハ特例ヲ設クルコトヲ得

3、中央組織ハ別途ニ考究スルコトトシ、差当リ大政翼賛会ニ於テ全国的統制ヲ図ルモノトス

四、役員ニ関スル事項

道府県団以下各級団ノ役員ハ真ニ実質的指導力ヲ有スル者ヲ以テ充テ徒ラニ勢力均衡主義ノ弊ニ陥ラザルコト

1、大政翼賛会道府県支部長ハ道府県団名誉団長トスルコト

2、道府県団長ハ団員中ノ適格者ヲ以テ之ニ充テ道府県団名誉団長之ヲ指名スルコト

3、道府県団ニ於ケル副団長以下ノ役員(職員ヲ除ク)ハ前2項ニ準ズルコト

4、都市団長以下ノ各級団ノ役員ハ団員中ノ適格者ヲ以テ之ニ充テ道府県団長之ヲ指名スルコト

五、結成手続ニ関スル事項

1、根本方針

（イ）　力メテ官製的傾向ニ陥ルコトヲ避ケ専ラ青壮年ノ間ヨリ自発的ニ盛リ上リタルモノタラシムルコト

（ロ）　為ニセントスル悪質分子ノ暗躍ヲ封ジ真ニ翼賛運動ニ挺身セントスル正純ナル中堅青壮年ノ団結タラシムルコト

2、結成手続

（イ）必要ニ応ジ道府県団名誉団長タルベキ道府県支部長ハ翼賛壮年団結成準備委員会ノ如キモノヲ設ケ道府県内ニ於ケル組織ノ企画指導ニ当ラシムルコト
（ロ）団結成ノ順序ハ先ヅ単位団ノ組織ヨリ着手シ、ソレ等ノ整備ヲ俟ッテ上級団ノ結成ヲナスコト
（ハ）団員銓衡ニ当リテハ市町村内ニ於テ最モ信望アルモノ数名ヲ以テ団員銓衡委員ヲ委嘱シ銓衡ノ厳正ヲ期スルコト
（ニ）単位団ノ結成式ニ於テハ団員各自自署連判同志結合ヲ誓ハシムルコト

六、活動ニ関スル事項
1、国民精神ノ昂揚
2、時局認識ノ徹底
3、興亜運動ノ推進
4、国策遂行ヘノ挺身
5、地域的職域的翼賛体制ノ促進強化
6、戦時生活体制ノ建設
7、国防思想ノ普及、銃後奉公活動ノ強化
8、其ノ他翼賛奉公ノ実践ニ必要ナル事項

七、各種団体トノ関係
1、本団ト目的性格ヲ同ジウスル既設団体（例ヘバ大日本壮年団連盟参加ノ壮年団ノ如キモノ）ニシテ本団結成ノ基盤タルニフサハシキ実体ト活力トヲ有スルモノニ対シテハ積極的ニ参加ヲ求ムルコト

2、既存団体ニシテ本団トノ提携ヲ必要ト認ムルモノハ緊密ナル連結ノ下ニソレラノ団体ノ優秀分子ノ参加ヲ求ムルコト

八、経　費

本団ノ経費ハ団費ヲ主トシ補助金ソノ他ノ収入ヲ以テ之ニ充ツルコト

翼賛壮年団結成基本要綱

一、目　的

熾烈なる翼賛態勢下にある青壮年層を組織し、同心団結各々其の地域職域に於て率先臣道実践に挺身せしむるを以て目的とす

二、名　称

翼賛壮年団と称す

三、性　格

1、翼賛壮年団は大政翼賛会の指導下に其の一翼として大政翼賛運動に邁進する組織たること

2、翼賛壮年団は団員の自発的意志に依る同志組織たること

四、団　員

二十一歳以上の有志青壮年とす

五、編　成

1、団の編成は大政翼賛会地方組織に合致せしめ道府県、郡、市区町村に夫々団を設けそれ等を系統団体たら

しむること
2、中央組織に就いては別途に考究すること
六、団幹部
1、大政翼賛会道府県支部長は道府県団名誉団長とす
2、道府県団名誉団長は団員中の適格者より道府県団の団長副団長其の他の役員を指名し重要団務に就いては之を指示す
3、道府県団の団長は団を統率す
4、郡団長以下の各級団役員は団員中の適格者を以て之に充て道府県団長之を指名す
七、各種団体との関係
本団と目的を同じうする既設団体には積極的参加協力を求むること

大日本翼賛壮年団々則

第一条　本団ハ大日本翼賛壮年団ト称ス
本団ハ本部ヲ東京ニ置ク
第二条　本団ハ大政翼賛会総裁ノ統理ノ下ニ大政翼賛運動ニ率先挺身スルヲ目的トス
第三条　本団ハ二十一歳以上ノ大日本帝国男子青壮年ニシテ第二条ノ目的ニ挺身スル同志ヲ以テ組織ス
第四条　本団ハ道府県、郡(支庁)、市(区)町村ニ各団ヲ設ク
地方団ニ関スル事項ハ別ニ之ヲ定ム

第五条　本団ニ左ノ役員ヲ置ク

団　長

副団長　　若干名

総　務　　若干名

顧　問　　若干名

第六条　団長ハ大政翼賛会総裁之ヲ指名ス

副団長、総務及顧問ハ団長之ヲ指名又ハ委嘱ス

第七条　団長ハ本団ヲ統率ス

団長事故アルトキハ其ノ指定セル副団長之ヲ代理ス

副団長ハ団長ヲ補佐ス

総務ハ団長副団長ヲ補佐シ本団ノ運営ニ参画ス

顧問ハ団長ノ諮問ニ応ズ

第八条　役員ノ任期ハ二ケ年トス　但シ再指名ヲ妨ゲズ

第九条　本団ノ経費ハ団費ニ依ルノ外補助金、其ノ他ノ収入ヲ以テ之ニ充ツ

第十条　本団ノ会計年度ハ毎年四月一日ニ始リ翌年三月三十一日ニ終ル

大日本翼賛壮年団中央本部職制

第一条　中央本部ニ本部長ヲ置ク

本部長ハ団長之ヲ命ス
本部長ハ団長ノ統督ノ下ニ団務ヲ総理ス
第二条　中央本部ニ左ノ三部ヲ置ク
総務部　　指導部　　報道部
第三条　総務部ニ於テハ左ノ事務ヲ掌ル
一、庶務・人事及文書ニ関スル事項　　二、会計、経理ニ関スル事項　　三、団員ノ訓練ニ関スル事項　　四、各部所属事務ノ連絡調整ニ関スル事項　　五、大政翼賛会並ニ其ノ所属団体トノ連絡ニ関スル事項　　六、他部ノ所管ニ属セザル事項
第四条　指導部ニ於テハ左ノ事務ヲ掌ル
一、団ノ組織ニ関スル事項　　二、団活動ノ企画ニ関スル事項　　三、地方各級団ノ連絡指導ニ関スル事項
第五条　報道部ニ於テハ左ノ事務ヲ掌ル
一、調査ニ関スル事項　　二、周知、宣伝ニ関スル事項
第六条　部ニ部長、次長、部員及書記ヲ置ク
部長ハ上長ノ命ヲ承ケ部務ヲ掌理ス
次長ハ部長ヲ佐ケ部務ヲ分掌ス
部員ハ上長ノ命ヲ承ケ部務ヲ処理ス
書記ハ上長ノ指揮ヲ承ケ事務ニ従事ス
部長、次長及部員ハ団長之ヲ命ス

書記ハ本部長之ヲ命ス
第七条　団長ニ秘書ヲ置ク
第八条　中央本部ニ参与ヲ置ク
参与ハ団長之ヲ委嘱ス
参与ハ本部長ノ要請ニ応シ重要ナル団務ニ参画ス
第九条　中央本部ニ嘱託ヲ置クコトヲ得
嘱託ハ団長之ヲ委嘱ス
嘱託ハ特定ノ事務ニ従事ス
第十条　部ニ班ヲ置ク
班ニ関スル事項ハ別ニ之ヲ定ム
第十一条　中央本部ニ中央道場ヲ置ク
中央道場ニ関スル事項ハ別ニ之ヲ定ム
第十二条　中央本部ニ審議室ヲ置ク
審議室ニ関スル事項ハ別ニ之ヲ定ム
第十三条　必要ニ応シ中央本部ニ各種委員会又ハ臨時機関ヲ設クルヲ得

附　則

本職制ハ昭和十八年十月二十一日ヨリ之ヲ施行ス
従来ノ本部職制ハ之ヲ廃止ス

産報が職域団体の代表的存在であることはいうまでもないことであるが、同じく職網羅型で、しかも、政治団体から自らをシャットアウトする産報とは異なって、翼賛壮年団が後発組織としてそのねらいを精鋭主義に求める以上、職域とどうかかわるか、また政治団体と翼壮はどういう関係になるかという二点での難問をかかえての発足であったことは、注目されねばならない。昭和一六年九月四日にいたって、政府ならびに大政翼賛会は態度を決定して組織化にふみ切るとともに、大政翼賛会は、事務総長名の組地第一六九号をもって九月二〇日道府県支部長あての「翼賛会結成ニ関スル件」の通牒を発し、それに「翼賛壮年団結成基本要綱」と「翼賛壮年団組織方針」をそえ、ただちに全国の大政翼賛会道府県支部長あてに指令したのであった。

右の「翼賛壮年団結成基本要綱」は、壮年団組織化に直面していた各道府県庁側の受け入れ態勢を著しく刺激した。ただし翼賛壮年団の結成方針および指導の体制はなお整備されてはおらず、団の性格、編成、幹部、各団体との関係等にも問題があった。『朝日新聞』は、「本団と目的を同じうする既存団体すなはち大日本壮年団中央連盟、農村協同体建設連盟、産業報国会、商業挺身隊等については各団体の積極的参加を求めその方法について目下協議中であるが、団内外の情勢に鑑み軍が特に本団の結成に重大なる関心を寄せ、その育成強化に熱意を有してゐることを表明してをり、従って郷軍としても全面的な協力の方針であることは注目される[13]」と記している。九月二六日の全国翼賛会支部組織部長会議に臨席した陸軍省軍務課長佐藤賢了大佐は、翼賛壮年団が「同志的組織」であるところに重点があることを力説して、「陸海軍の関係者および在郷軍人会関係よりも応分の支援をみることと信ずる[14]」と挨拶した。同日、帝国在郷軍人会は翼賛壮年団に積極的に協力する旨の声明を発表している。

> 帝国在郷軍人会は大政翼賛会の結成以来翼賛運動に対してその本来の使命に背馳せざる限り積極的にこれと協力する方針を以て進み来たれり、其後某々数県において翼賛壮年団結成の企図があり、本会々員に対してその入

団方懇請ありたるところ、その内容性格等極めて区々にして、中に本会と全くその所見を異にするものありしをもって、これら団体に本会会員の加入せしむることは一時これを保留せしむることとせり、しかるに今回大政翼賛会本部において全国的に翼賛壮年団を結成することとなりしが、その目的、性格、構成内容殊に本団の組織方針に示すごとく精鋭なる同志組織たる点において、本会の意図するところと一致するものなるにつき、この翼賛壮年団に関する限り従来の参加保留の態度を解消し、積極的にこれに協力することとせり。[15]

一六年九月二七日の『朝日新聞』は、「翼賛壮年団の礎石成る」と題した社説を掲げ、「市町村の単位団二千五百、総員二十余万人が、過去の努力と経験の結晶として、そのまま国家的規模の新所帯に持ち込まれるのは、無駄がなくて効果の多い処置と認められる」とし、新たに在郷軍人会の「積極協力」、二一歳以上二五歳までの青少年幹部団員も文部省の承諾により加入可能となったため、団の将来は「刮目に値すといふも過言ではあるまい」と展望した。それだけではなく、壮年者の多数を抱擁する職域奉公団体たる商報、農建同盟、農報、産報、商士隊等も外部からとはいえ、積極支持の態度をとるのであるから、「新団体が尨大なる青壮年組織となることは、容易に想像し得るところである」と推定した。つづいて積極的に注文をつけて、「たゞ、翼賛会地方組織乃至右に掲げた職域報国諸運動との関係は、すでに述べたやうに、機能上のけじめを十分につけておかないと、なにもかも一緒くたにしたわけの判らぬものとなってしまふ危険あることを、留意して欲しいと思ふ」と述べたのであった。[16] この「けじめ」のつけ方はしかし容易な問題ではなかったことを示す証拠が残されている。それは、大日本翼賛壮年団本部から出された「翼賛壮年団資料第二輯」に示された「各種団体トノ協力関係」という記事がそれである。大日本翼賛壮年団本部の『翼賛壮年団の組織及び活動』(翼賛壮年団資料第二輯)、四九―六五ページを左に引用しておこう。

各種団体トノ協力関係

一、組織方針通達ニ当リ郷軍ヘノ連絡

組地第一七〇号
昭和十六年九月二十日
大政翼賛会事務総長　石渡荘太郎
帝国在郷軍人会々長殿
翼賛壮年団結成ニ関スル件
標記ノ件ニ関シ予而関係各方面ト連絡シ之ガ結成ニ関シ研究、協議ヲ進メ参リ候処今般別紙ノ通リ基本要綱、組織方針ノ決定ヲミルニ至リ愈々之ガ結成ヲ指導助成スルコトニ相成候、就而ハ九月二十日附別紙寫ノ通牒ヲ以テ道府県支部長ニ対シ結成方指令致シ候条御了知ノ上可然御配慮相願度此段及通知候也
(九月二十日附組地第一六九号通牒ヲ添付ス)

二、協力方ニ関スル郷軍ヨリノ通牒

会指第四九九号
翼賛壮年団ニ対スル協力方ノ件
昭和十六年九月二十五日
帝国在郷軍人会　小泉六一 印
大政翼賛会事務総長殿
九月二十日附組地第一七〇号ヲ以テ翼賛壮年団結成ニ関スル通牒ノ件拝承本会ハ翼賛運動ニ対シテ積極的ニ協力

設置状況調

市団(六大都市ヲ除ク)				郡 団				六大都市団				計	
結団完了		結団未了		結団完了		結団未了		結団完了		結団未了			
団数	団員数	団数	団員数	団数	団員数	団数	団員数	団数	団員数	団数	団員数	団数	団員数
8	4,725											272	22,542
3	1,999			8								182	11,914
3	1,135			13								239	13,345
3	1,800			16									15,000
2	750			9									13,295
4	1,235			11									15,381
4				17									32,587
3	2,282			14								284	24,468
3	1,564			8								185	21,231
												209	40,000
5	4,859			7									37,267
5	2,522			12								333	24,122
2	2,625			4		2		1				153	103,574
6	5,063			8				1				133	18,278
5	3,000			16								415	64,500
2	2,621			8								223	15,800
3	6,835			8									23,299
2	742			11									6,829
1	2,049			9								205	18,309
6	19,425			16									108,933
4	3,600			18	31,400							336	35,000
1	16,290												61,862
4	4,012			18	16,809			1	10,000				36,821
6	4,239			15	18,448							325	22,622
2	782			12								192	8,500
3	508			15				1					20,802
7	1,872			3		11		1				146	41,150
8	9,132			25				1					58,179
1	630			10								153	10,833
4	1,508			7									7,953
2	1,852			6								160	1 ,60
3	970			13								263	13,4
4	3,286			19								390	26,760
5	4,640			16								374	520,879
9	6,949			11								201	25,245
1	1,254			10	12,115							134	13,973
3	1,404			7								173	10,354
6	1,423			12								261	13,841
1	1,879			7								181	8,911
													100,000
													3,000
5	13,354			8								168	32,9
4	5,253			12								321	20,907
5	2,658			12									23,5
3	2,183			8									18,
3				12									25, 9
2	600			5								12	
													1,343,494

大日本翼賛壮年団

	村団				町団				區団			
	結団完了		結団未了		結団完了		結団未了		結団完了		結団未了	
	団数	団員数	団数	団員数	団数	団員数	団数	団員数	団数	団員数	団数	団員数
北海道	207	11,869	6	300	51	5,652						
青　森	134	7,614	1	50	27	2,171	1	80				
岩　手	191	9,634			32	2,516						
宮　城	152	9,833			42	3,367						
秋　田	191	9,066	4	220	47	3,260						
山　形	194	13,177			29	2,780						
福　島	305				58							
茨　城	316	17,899	2	150	49	4,097						
栃　木	134	13,913			40	5,754						
群　馬												
埼　玉	282	25,739	2	100	50	6,669						
千　葉	234	14,137			82	1,363						
東　京	57	6,081	16	1,000	18	1,753			35	87,115		
神奈川	76	5,298	2	150	3 3	6,167			7	1,000,		
新　潟	342	51,000			51	10,500						
富　山	134	8,607			29	4,572						
石　川	148	12,172	1	50	32	4,222						
福　井	132	4,987			14	1,095						
山　梨	179	14,389			16	1,962						
長　野	348	73,334			29	16,174						
岐　阜	263	32,900			51	8,500						
静　岡	245	35,520			51	12,552						
愛　知	143	9,480			79	7,329			10	16,000		
三　重	267	14,838			37	3,605						
滋　賀	154	6,126			24	1,592						
京　都	190	11,101			24	1,448			7	9,945		
大　阪	115	5,549	15	750	28	2,879	1	100	15	30,000		
兵　庫	306	27,573	2	150	71	9,509			8	9,965		
奈　良	113	7,694			29	3,605						
和歌山	147	5,340	26	790	27	1,505						
鳥　取	149	6,872			18	2,109						
島　根	221	11,047			26	1,959						
岡　山	306	17,387	61	687								
広　島	264	11,583	34	1,500	52	2,906	3	250				
山　口	151	12,259			30	6,037						
徳　島	91	8,494			42	4,222						
香　川	141	7,060	1	70	21	1,820						
愛　媛	209	9,749			35	2,469						
高　知	138	4,390	4	120	29	2,652	1	25				
福　岡												
佐　賀												
長　崎	120	13,327			35	6,229						
熊　本	265	14,472			40	4,236						
大　分	183	14,824			35	6,036						
宮　崎	63	10,296			23	6,115						
鹿児島	84				51							
沖　縄	50	6,072			5	1,062						
合　計												

スル従来ノ方針ニ基キ本団結成相成候翼賛壮年団ニ対シテモ十分協力方下部団体ニ対シ夫レ夫レ指示致シ候ニ付御承知相成度

追テ本会会員ハ本会本来ノ性格上左記条件ノ下ニ入団セシムル次第ニ付右周知方配慮相成度

記

一、翼賛壮年団ガ本会ノ使命ヲ逸脱スル政治運動ヲナス場合ハ其ノ行事ニ限リ本会々員タル団員ヲ参加セシメザルコト

二、翼賛壮年団ニ入団セシメタルモノニ対シテハ特ニ在郷軍人会員タル身分ニ対スル信念ヲ把握セシメ軍人会ノ行事ニハ必ズ之ニ参加セシムルコト

三、国内ニ非常事態ノ発生ニ際シテハ軍人会ノ団結内ニ入リ活動セシムルコト

三、各種団体ニ対スル協力方依頼

組地第一七一号

昭和十六年九月二十四日

大政翼賛会事務総長　石渡荘太郎

農村協同体建設同盟理事長　横尾三郎　大日本壮年団中央連盟理事長　小野武夫

商業報告会中央本部長　山口龍夫　大日本青少年団団長　橋田邦彦

農業報国連盟会長　井野碩哉　大日本産業報国会理事長　湯沢三千男

翼賛壮年団結成ニ関スル件

標記ノ件ニ関シ予而各方面ノ協力ヲ得テ之ガ結成ニ関シ調査研究ヲ進メ参リ候処時局ノ緊迫化ト青壮年層ノ熾烈ナル翼賛意欲トニ鑑ミ之ヲ一元的ニ結集シテ翼賛運動ノ飛躍的昂揚ヲ図ルハ刻下喫緊ノ要務ト被存別紙基本要綱並組織方針ヲ決定シ愈々全国的結成ヲ指導助成スルコトニ相成候、就而コレニ対シ積極的御協力ヲ相願度此段及依頼候也

追而本会ニ於テハ本月二十日附ヲ以テ道府県支部長ニ対シ別紙寫ノ通リ指令致シ候条御了承願度申添候

（九月二十日附組地第一六九号通牒ヲ添付ス）

四、大壮連ヨリノ協力方申入

壮連総第八五号

昭和十六年九月二十九日

大日本壮年団連盟理事長　後　藤　文　夫

大政翼賛会事務総長

石渡荘太郎殿

翼賛壮年団ノ結成ニ対スル参加協力ノ件

今回大政翼賛会指導ノ下ニ翼賛壮年団ヲ結成セラルルコトト相成候ニ付テハ先般貴会ヨリ本連盟ニ対シ右翼賛壮年団ノ結成ニ関シ参加協力方正式申入有之候ニツキ当連盟ニ在テハ去ル九月二十五日全国評議員会ヲ開催シテ其ノ協力方法ニ関シ協議致候結果貴会代表小泉地方部長ト本連盟代表小野常任理事トノ協議ノ結果決定セル別紙大日本壮年団連盟並同参加団体ノ取扱ニ関スル申合セ事項ニ基キ万場《ママ》一致、本連盟ノ全機能ヲ挙ゲテ新生翼賛壮年

団ニ参加合流致スコトニ決定致候間報告申上候

尚当連盟ニ於テハ参加団体ニ対シ右申合事項ニ従ッテ翼賛壮年団結成ニ対スル積極的参加協力方示達致ス可ク候間貴会ニ於テモ本申合事項ノ実施方ニ関シ格別ノ御配慮相煩度此段御願申上候

先ハ右迄御報告旁々得貴意候

追而当日ノ声明書御参考マデニ御送付申上候

声　明

本春来種々ニ論議サレ来ッタ翼賛壮年団問題モ、今回政府各省当局ノ全面的支援ノ下ニ漸クソノ大綱ノ決定ヲ見、大政翼賛会ノ強力ナル外廓団体トシテ近ク全国一斉ニ之ガ発足ノ運ビニ至ッタ事ハ、皇国ノ為メ真ニ心強キ次第ト云ハネバナラヌ。

顧ルニ我ガ国ノ壮年団運動ハ既ニ十余年ノ歴史ヲ閲シ、草莽ノ間ヨリ自発的ニ盛上レル愛国愛郷ノ壮年同志トシテ、ソレゾレノ郷土ニ於ケル総力体制ノ確立ニ一意挺身シ来ッタ。而シテ今回決定セル「翼賛壮年団結成基本要綱」ニ於テ、ソノ性格、組織等全ク従来ノ壮年団運動ノソレトソノ軌ヲ一ニセル結果トナッタコトハ本連盟ノ極メテ本懐トスル所デアル。タヾ本来飽ク迄モ民間ノ自主的団体トシテヒタスラ蹇々匪躬ノ誠ヲ致ス可キヲ本領トシ、「椽ノ下ノ力持」ヲ以テ行動ノ基準トセル壮年団ガ大政翼賛会ノ下ニ晴ガマシキ「翼賛」ノ文字ヲ冠セラルル事ニ対シテハソコニ一抹ノ不安ナキニ非ルモ、当局ノ周到ナル指導ト中堅壮年層ノ純真ナル熱意トハ必ズヤ斯カル不安ヲ一片ノ杞憂ト化シ去ルベキヲ信ジ、本連盟ハ決然ソノ全国ニ亘ル組織ヲ挙ゲテ新生翼賛壮年団ニ参力シ、連盟ノ全機能ヲ以テコレニ合流スル事ヲ決意シタ。

本連盟ハ過去十余年ノ苦難ニ充テル運動ノ過程ニ於テ鍛ヘラレタ全国壮年団員ノ貴トキ経験ト逞マシキ実践力ト

ハ、必ズヤ翼賛壮年団ノ中ニ大キナ力トナツテ発揮サルヽデアラウ事ヲ信ズルモノデアル。

聯盟ガコヽニ全面的合流ヲナサントスルニ際シ敢ヘテ声明スル。

昭和十六年九月二十五日

大日本壮年団連盟

五、産報ヨリノ協力方申入

産組発第一〇九号

昭和十六年　月　日

大日本産業報国会

理事長　湯沢三千男

大政翼賛会事務総長

石渡荘太郎殿

翼賛壮年団結成協力方ニ関スル件

客月二十四日附組地発第一七一号ヲ以テ御申越相成候首題ノ件ニ関シ別紙寫ノ通リ道府県産業報国会長及地方鉱山部会長宛申進置候条右御諒承被下度尚貴会ヨリモ地方支部長ニ本趣旨ノ御伝達方御配意相煩度此段得貴意申候

追テ地方支部長ヘ御伝達ノ場合ハ其ノ寫御回示相煩度候

産組発第一〇七号

昭和十六年十月十日

大日本産業報国会
理事長　湯沢三千男

道府県産業報国会長　殿
地方鉱山部会長　殿

翼賛壮年団結成協力方ニ関スル件

今般大政翼賛会ニ於テハ熾烈ナル翼賛態勢下ニアル青壮年層ヲ一元的ニ結集シテ翼賛運動ノ飛躍的昂揚ヲ図ル目的ノ下ニ翼賛壮年団結成ヲ指導助成スルコトトナリ別紙ノ通リ之ガ基本要綱並組織方針ヲ決定シ既ニ地方支部長ニ通牒シテ結成方慫慂中ナル趣ヲ以テ協力方依頼申越ノ次第モ有之候条貴道府県産業報国会ニ有リテハ左記ノ諸点ニ御留意ノ上之ガ結成ニ協力相成様被致度此段及御依頼候也

一、翼賛壮年団組織ハ「青壮年ノ自発的意志ニヨル同志的結合」ト規定シ居レルモ産業報国会員ノ参加ニ関シテハ個人的直接交渉ハ厳ニ之ヲ避ケ翼賛壮年団結成関係者ト当該産業報国会長ト緊密ナル連絡協議ノ上参加者ノ銓衡及決定ヲ為スコト

二、参加者数ニ関シテハ之ガ限度ヲ規制セズト雖モ各事業場ノ実情ヲ考慮シ当該産業報国会ノ活動、運営等ニ支障ヲ及ボサザル様留意スルコト

尚参加者銓衡ニ際リ（ママ）対象ガ中堅層ニ集注シテ当該事業場ノ作業能率ニ至大ノ影響ヲ及ボス虞アル場合又ハ其ノ他ノ事由ニ依リ其ノ数ヲ少数ニ止ムルノ已ムナキ事情アル場合ハ代表的且ツ両者間ノ連絡上効果的人物ヲ参加セシムル様考慮スルコト

三、産業報国青年隊ハ特殊ノ訓練組織トシテ設置セラレタルモノナル趣旨ニ鑑ミ本隊ノ活動ニ支障ヲ来サザル場合ニ限リ本隊員ノ翼賛壮年団ヘノ参加ヲ認ムルモ差支ヘナキコト
四、翼賛壮年団結成準備委員会ニ参加方交渉アリタルトキハ道府県産業報国会ヨリモ可成委員ヲ参加セシメ両者間ノ連絡調整等ニツキ善処スルコト
右ハ大政翼賛会トモ打合セ済ミニ付申添候

六、農村協同体建設同盟ヨリ同地方本部ヘノ協力方指令

一、農建同盟ノ態度
1、翼賛壮年団ハ地域職域ヲ包括シテ更ニ高イ立場ニ立ツモノデアルコトハ吾等ノ職域組織ヲ抱擁スル建前デアル。故ニ農建同盟ノ之ニ対シテ参加協力スル方法ハ、同盟会員ガ壮年団員トシテ個別的ニ参加スルノミデハ不充分デ、夫レト共ニ農建同盟ノ組織トシテ積極的ニ参加スル態制ガ採ラレナケレバナラヌ。斯ル参加ノ仕方ニ依ツテ始メテ翼賛壮年団ノ正常ナル発展ガ期待サレ、軍、官並ニ翼賛会本部ノ企図スル同志精鋭組織トシテノ確立ガ実現サレルモノデアル。
2、本同盟ハ農職域ニアツテ農業ヲシテ高度国防国家体制ニ即応シ得ル様再編成シテ行ク処ニ主要ナ使命ヲ有スル推進組織デアル。此ノ使命ヲ貫徹スルガ為ニハ全国農村ニ遍ク吾等ノ組織ガ存在セネバナラヌ。翼賛壮年団ノ結成ト共ニ同盟支部ノ結成、会員ノ獲得ガ全農村ニ亘ツテ実施サレナケレバナラヌ。斯クノ如キ同志ノ一体組織ヲ全国的ニ整備スルコトニ依ツテ始メテ農職域推進組織トシテノ使命ヲ完ウスルコトガ出来ルト共ニソノ事自体ガ翼賛壮年団ヲ強化スルモノタル関係ヲ銘記スベキデアル。

3、農村ニ於ケル職域推進組織ハ未ダ整理統合セラレタリトハ云ヒ難ク本同盟ノ実践活動ヲ通ジテ推進団体ヲ統合シ国民組織ノ中核トシテノ青壮年運動ノ統一ニ邁進セネバナラヌ。特ニ農報連ノ改組ト云フ形ノ下ニ増産挺身隊ノ全国的結成ガ農林省ヲ中心ニ目論マレテ居ルトキ此ノ事ハ重要ナル農村青壮年団運動ノ課題ナリトイハナケレバナラヌ。

二、翼賛壮年団ノ設立ノ意図ト基本要項並組織方針トノ間ニ誤解ヲ生ジ易キ点ノ実践的解決

1、同志組織ト連合体

翼賛会本部ニ於テハ壮年団ノ性格ヲ基本方針ニ於テハ同志組織ノ建前ヲ採ツテ居リナガラ、結成手続ノ項デハ単位組織ノミノ町村ヨリ郡、県団ノ設立ヲ図ルヤウナ指示ヲシテヰル。

同志組織トハ一体組織デアル、指導者原理モ一体組織ノ中ニノミ実現スル。町村ヨリ組織シ県団ニ及ブ組織ハ連合体デアツテ民主的組織デアルト云ヒ得ル。同志組織デアル以上、全国一体組織トシテ翼賛壮年団ハ結成サレナケレバナラナイノニ、今日マデ指示サレタ方針ノ中ニハ以上ノ様ニ矛盾シタ内容ヲ暴露シテヰルノデアル。我々ハ敢テ言葉ノ端々ニ拘泥シヨウトスルモノデハナイガ、右ノ矛盾ハ何レニシテモ、今後ノ組織活動ノ実践過程デ克服シナケレバナラナイ。ソノ為ニハ次ノ点ニ特ニ重点ヲ置イテ是非コレダケハ実際ノ上デ貫徹シナケレバナラナイ。即チ

イ、翼賛壮年団結成準備委員会ヲ実質的県団タラシムルヤウナ構成トスルコト。

ロ、青壮年ノ自治的性格ヲ発揮セシムルガ為ニハ結成準備委員会ノ構成ヲ青壮年ノ魅力ト信頼ヲ結集シ得ルモノタラシメルコト。翼賛会本部ハ組織方針ニ於テ翼賛壮年団ノ結成ニ当リテハ「必要ニ応ジ準備会ヲ設置スル」ト云ツテ居ルガ、寧ロ「絶対ニ」ココカラ組織活動ガ始メラレナケレバナラナイモノデアル。準

備委員ノ構成ハ小泉部長ノ説明ニアル如ク翼賛会、官庁、郷軍、既設青壮年団団体、民間有識者トアルガ、コノ人選ニハ特ニ慎重ナル態度ヲ必要トスル。農建同盟ハ優秀ナル指導的人物ヲ準備委員会ニ、責任ヲ以テ送リ込マネバナラナイ。「既ニ地域職域ニアツテ自ラ実践他ニ垂範スル」モノハ単ナル街頭的有名人士デハナク諸既存ノ団体ニアツテ其ノ組織活動ニ挺身シテヰルモノデアル。準備委員会ヲカクノ如キモノトシテ確立スルコトニ努力ヲ致サネバナラナイ。

2、職域推進奉公組織ノ協力体制

職域推進組織ト翼賛壮年団ハ綜合一体ノ組織デナケレバナラヌ、ダカラソノ関係ハ、

(一)　単ニ個々ノ分子が両者ノ夫々ニ関係シテヰルトイフ形ノミデハ不十分デ、

(二)　農建同盟ト云ツタ職域推進団体ガソノ組織全体トシテ翼賛壮年団ノ機関ノ中ニ入ツテ居ル形ノ採レルコトガ絶対必要トナル。

コノ点ヲ解決スルモノトシテ翼賛会ヨリ示サレタ方針中ニ「協力会」ヲ組織スルコトニナツテヰルガ、ソレガ翼賛壮年団執行機関ノドコニツクカトイフコトニヨツテ非常ニ異ツタモノトナツテ来ル。協力会ハ作ツタガ執行機関トハ全然別ノトコロニタダ形式的ニ並ベタニスギナイヤウナ結果ニ陥ラヌヤウ、十分ナル注意ヲスル必要ガアル。前掲本部案トシテ提示シタ「組織方針」コソ最モ正シイ翼賛壮年団ノ組織形体ト考ヘル故、各県ニ於テハソノ実現ノタメニ積極的ニ努力サレタイ。

3、中央組織ト下級組織編成方針

翼賛会本部ニ於テハ指導者原理ヲ翼賛壮年団ノ組織原則トセラレテヰルガ、其ノ具体的姿ハ県支部長ヲ名誉団長トシ団長、役員ノ指名及重要事項ノ指示ニ止メテヰルガ、コレハ単ニ翼賛会ト壮年団ノ監督関係ノ事務

組織ニ過ギナイ。

真ニ青壮年ヲ翼賛運動ニ裸デ飛込マシメ其ノ方向ヲ一点ニ集結セシメソレガ為ニハ地方組織ノ整備、役員、団員ノ簡抜ニ迄中央ノ指導力ガ及バネバナラヌ。

翼賛会ニ於テハカカルモノトシテノ中央団ハ近ク出来ルデアラウトシテヰルガ、コレハ急速ニ其ノ実現ヲ図ラネバナラヌ。然シ当分代行的ニ「中央指導本部」ヲ翼賛会ノ中ニ作ツテソレニヨツテ斯ル活動ヲ積極的ニ展開シヨウトシテヰル。同盟本部ハコレニ対シテ積極的ニ協力ノ態勢ヲ採リツツアルガ、コノコトハ同時ニ県ニ於ケル準備委員会ノ構成及活動ニ対スル県本部ノ態度モ同様デアル。

三、県団並下級団ノ規約、事業等ニ対シ具体的計画ヲ提示シテ翼賛壮年団ノ正常ナル発達ニ協力スルコト

四、下級組織ノ整備ニ対スル組織活動ニ対シテハ壮年団等ト協力翼賛会ト一体トナリ活動ヲ展開スルハ勿論デアルガ、単ナル組織ノ簡易化ニ応ゼントスル傾向ニ対シテ職域組織ノ重要性ヲ徹底セシムルコト。

五、翼賛壮年団、事務局、協力会、審議室等ニ参加スベキ同志ノ人選ハ単ナル個人ノ優秀性ニヨツテ為スベキデナク組織ノ一員トシテ責任ヲ有スルモノヲ選ビ名簿ノ準備ヲ為シ置クコト。

以上ノ諸活動ニヨリ翼賛壮年団発足ノ歴史的使命ヲ十全ニ生カス道デアルト共ニ翼賛壮年団ガ現実ニ置カレテヰル悪条件ヲ克服シ真ニ軍官民ノ期待ニ副ヒ得ル翼賛壮年団タラシムル道デアリ、同時ニソハ吾等ノ協力援助ノ積極的態度デアル。

七、商報ヨリノ協力申入

組地第二二五号

昭和十六年十二月五日

大政翼賛会組織局長
挟　間　茂

大政翼賛会
六大都市支部長　殿

翼賛壮年団トノ協力ニ関スル件

標記ノ件ニ関シ商業報国会中央本部ヨリ別紙写ノ通リ通知越候条御了知相成度
尚商業報国会中央本部ヨリ夫々同会地方本部ニ対シ右ノ趣旨ニ関シ指示相成タル趣ニツキ左様御承知ノ上同会地方本部ト連絡相成度為念

十六商報発第一七一七号
昭和十六年十一月二十五日

商業報国会中央本部長　椎名悦三郎　印

大政翼賛会事務総長　殿

翼賛壮年団トノ協力ニ関スル件

標記ノ件に関シ商業報国会ニ於テハ今後別紙ノ通リ協力致スコトニ相成候条此段及御通知候也

翼賛壮年団トノ協力ニ関スル要綱

(一)　基本方針
一、大政翼賛会ニ於テ別紙翼賛壮年団基本要項ノ如ク青壮年層ノ一元的翼賛運動ガ展開セラルヽニ当リ本会ハ

ソノ目的ヲ貫徹スベクコレニ協力スルモノトス

二、翼賛壮年団ノ運動目標ハ全国青壮年中ヨリ精鋭的分子ヲ同志的結合ノ下ニ組織シ地域ト職域ヲ通ジテ天業ヲ翼賛セントスルモノデアル従ツテ其ノ職場ニ於ケル運動ハ商業報国会、産業報国会、農村協同体建設同盟等ノ職域報国運動ノ目標ト根本ニ於テ相通ズルモノナリ

故ニ翼賛壮年団ハ国民トシテノ立場に於ケル運動ヲ展開スルト共ニ各職域報国運動ヲ地域的ニ有機的連繋ヲ持タセントスル実践運動ニ外ナラナイ

三、本会ハ推進隊員ヲ以テ翼賛壮年団員タラシメ本運動展開ニ当リ翼賛運動ノ一環タル商業報国運動ノ地域協同体的役割ヲ具体的ニ発揮セシメ常ニ翼賛壮年運動ノ性格タル地域的綜合性ニヨル実践ヲ徹底セシムルモノトス

四、翼賛壮年団員タル推進隊員ノ実践運動ノ展開ヲ完遂セシムル為ニ本会中央本部ト翼賛壮年団ノ各系統組織ニ於テ連絡協議会ヲ開催スルコト

(二)　加盟方針

一、翼賛壮年団員タル商業者ハ総テ本会推進隊員トシ単位報国会長ハ推進隊長ト協議ノ上推進隊員中ヨリ適当ト認メタル者ヲ推薦シ道府県本部長之ヲ選定ス

但シ特別ノ事情アル者ハ翼賛壮年団員加盟ノ上本会推進隊員トシテノ手続ヲトルモノトス

青少年組織方針　　組織局青年部

大政翼賛運動ニ於ケル青少年層ノ組織、訓練、動員ノ重大性ニ鑑ミ本会ノ企図スル国民組織トシテノ全国青少年

組織方針並ニ本会本来ノ組織トシテノ青少年組織方針ヲ次ノ如ク定ム

全国青少年組織方針

イ、青少年組織ハ国民組織ノ独自ナル一翼トシテ一元的ニ之ヲ統合スル目標ノ下ニ其ノ属スル地域、職域ノ如何ヲ問ハズ、本会組織局ヲ中心トスル一元的指導系統ニ整備シ行カントス

ロ、青少年ノ年齢段階ト其組織

廿歳以下ヲ青年初期、廿一歳以上廿五歳迄ヲ青年中期、廿六歳以上三十五歳前後迄ヲ青年後期トス

初期ハ専ラ国防訓練組織トスルモ其ノ訓練ハ本会ノ推進セントスル新体制建設ノ線ニ則セシムルヲ要ス、中期ハ訓練ト国策推進トヲ並進スル如キ組織トス、後期ハ専ラ国策遂行ノ政治的組織トス

ハ、既存青少年組織ノ統合強化ハ最モ実質的ナラシムルヲ要ス之ガ為

(一)　各種青年団体ノ指導系統中ニ逐次本会推進員ヲ獲得錬成、配置シ以テ学生ト一般青年トノ有機的連絡提携ヲ計ルト共ニ

(二)　職域内ニ於ケル青少年ニ対シテハ、之ガ職域中ニ本会ノ組織ノ成ルニ相呼応シテ、其ノ中ノ指導分子ヲ推進員トシテ獲得、之ヲ中心トシテ職域ニ於ケル一元的青少年組織ヲ確立シ行ク行ク「イ」及次項「ニ」ニ掲ゲタル如キ「本会本来ノ青少年組織」ヲ枢軸トスル国民青少年組織ノ誕生ガ必至トナル如ク指導シ工作ス

ニ、青少年ノ指導ハ青年タルヲ原則トス

即チ国民運動ノ一翼トシテノ青年運動及ビ組織ノ指導力ハ深ク青年運動ノ中ヨリ盛リ上ルモノタルヲ要ス但シ青年ノ指導者ハ青年ナリト言フモ必ズシモ年齢ニ限定セラルルモノニ非ズ

二　本会本来ノ青少年組織方針

イ、本会ノ青年組織ハ国民組織トシテノ青年組織ト混同スベキニ非ズ、青年指導者組織ナリ、従ツテ青年中期及ビ後期ニ組織ノ重点ヲ置ク

ロ、地域及ビ職域に於ケル青年中、指導力アルモノヲ青年推進員トシテ獲得之ヲ組織ス

ハ、各種ノ既存青年革新団体中、其ノ内容ヲ検討シ正シキモノヲ選ビ、ソノ幹部ヲ本会ノ推進員トシテ獲得、組織スルト共ニ逐次該団体ヲ本会ノ指導下ニ導ク

ニ、特ニ東京ニ青年推進隊を設ク、漸次地域、職域ニ於ケル青年中、行動力アルモノヲ選ビテ、全国青年推進隊ノ特別組織ヲ設ケントス

このようにして、翼賛壮年団の全国組織化の契機が与えられたのであるが、大政翼賛会側の状況はどうであったろうか。とくにその財政ないし予算措置の面においては、深刻な問題が内在していたことは否めない。

例えば、「昭和十七年度政府予算編成ニ関スル件申請書」に示されているとおり、政府との表裏一体はいうべくしてその実績は必ずしも生産的ではなかった。それには、例えば、「従来政府ニ於テ施行シ又ハ将来施行セントスル施策ニシテ左記ノ如キ国民運動並ニ国民錬成等ニ関スル事項ハ事業ノ性質上本会運動ト密接ナル連繋ヲ有スルモノニシテ広汎ナル下部運動組織網ヲ有スル本会ヲシテ之ヲ施行セシムル方有効適切ト被思料ト共ニ戦時物資活用協会、大日本青少年団、大日本海運報国団、農報、商報、産報等ノ事業ハ本運動ノ一翼トシテ本会ヲ中心ニ其ノ運営ヲ図リ一層強力ナル運動ノ展開ヲ期スル要アリト被認候ニ就テハ昭和十七年度政府予算編成ニ際シテハ十分御検討ノ上速カニ本会ニ委譲相成様致度此段及上申候也」とある。つまり、これは翌昭和一七年度予算編成に関して、地域・職域諸組織

の機能分担原理の貫徹を承認し、それらの親組織―中央省庁の縄張りを前提として、あわせて予算編成のさいには、翼賛会の存在に御注意下さい、「御検討」を願う、という内容の申請書である。大政翼賛会の実力を認定する客観的資料ともいえようか。その詳細は、左の引用からうかがうことにしよう。

昭和十六年八月二十日

大政翼賛会総裁
公爵　近　衛　文　麿　印

内閣総理大臣　公爵　近　衛　文　麿　殿
大蔵大臣　小　倉　正　恒　殿

昭和十七年度政府予算編成ニ関スル件申請書

本会ハ大政翼賛運動推進ノ中核体トシテ設立以来其ノ使命ニ鑑ミ国家国民生活ノアラユル部門ニ亘リ翼賛体制ヲ整備シ高度国防国家建設ノ速ナル実現ヲ期スル為鋭意努力シ著々所期ノ効果ヲ収メ居候処更ニ時局ノ緊迫ニ伴ヒ益々之カ強化ノ要切ナルモノ有之仍テ従来政府ニ於テ施行シ又ハ将来施行セントスル施策ニシテ左記ノ如キ国民運動並ニ国民錬成等ニ関スル事項ハ事業ノ性質上本会運動ト密接ナル連繫ヲ有スルモノニシテ広汎ナル下部運動組織網ヲ有スル本会ヲシテ之ヲ施行セシムル方有効適切ト被思料ト共ニ戦時物資活用協会、大日本青少年団、大日本海運報国団、農報、商報、産報等ノ事業ハ本運動ノ一翼トシテ本会ヲ中心ニ其ノ運営ヲ図リ一層強力ナル運動ノ展開ヲ期スル要アリト被認候ニ就テハ昭和十七年度政府予算編成ニ際シテハ十分御検討ノ上速カニ本会ニ委譲相成様致度此段及上申候也

記

一、敬神思想普及ニ関スル講演会其ノ他奨励ニ関スル事項（内務省）
一、防空思想普及宣伝ニ関スル事項（内務省）
一、地方ニ於ケル貯蓄奨励ニ関スル事項（内務省）
一、物価調整ニ関スル講演会其ノ他宣伝ニ関スル事項（内務省）
一、部落強化団体奨励及部落会町内会運営中堅人物養成ニ関スル事項（内務省）
一、各種議会議員選挙粛正ニ関スル事項（内務省）
一、情報局ニ於ケル国民生活ニ関スル啓発宣伝ニ関スル事項（内閣）
一、興亜文化事業タル講演会等ニ関スル事項（内閣）
一、金集中ニ関スル事項（大蔵省）
一、貯蓄奨励運動ニ関スル事項（大蔵省）
一、国民錬成施設ニ関スル事項（文部省）
一、農村中堅人物養成ニ関スル事項（農林省）
一、大日本農業報国会ニ関スル事項（農林省）
一、肥料配給統制施設普及宣伝ニ関スル事項（農林省）
一、漁業用材合理的使用消費普及宣伝ニ関スル事項（農林省）
一、食料増産運動ニ関スル事項（農林省）
一、戦時経済ニ関スル国民強化指導並ニ物価調整ノ宣伝及講演ニ関スル事項（商工省）

一、国民優生思想並ニ児童保護思想啓発ニ関スル事項（厚生省）
一、乳幼児体力向上指導ニ関スル事項（厚生省）
一、体操制定普及ニ関スル事項（厚生省）
一、結核予防生活指導奨励ニ関スル事項（厚生省）
一、地方改善融和促進運動ニ関スル事項（厚生省）
一、明治神宮国民体育大会開催ニ関スル事項（厚生省）
一、大日本海運報国団ニ関スル事項（逓信省）
一、大日本青少年団ニ関スル事項（文部省）
一、戦時物資活用協会ニ関スル事項（大蔵省）
一、大日本産業報国会ニ関スル事項（厚生省）
一、大日本商業報国会ニ関スル事項（商工省）

大政翼賛会総裁　近衛文麿　印

内閣総理大臣　公爵　近衛文麿殿

また産報組織との協力関係を示す一事例として、産報と同時代の翼賛会との関係を示す文書を紹介しよう。

石炭並ニ重要鉱産物増産ニ関スル上申ノ件

総庶企第二四九号　昭和一六年九月四日

大政翼賛会ニ於テ実施スベキ事項

大政翼賛会ニ於テハ上記政府ニ上通スベキ事項ノ実現ニ一段ト努力ヲ払フト共ニ産業報国会其ノ他諸機関ト提携シ凡ソ左記事項ヲ運動目標トシテ一大推進運動ヲ展開セラレンコトヲ望ム

一、大政翼賛精神ノ昂揚
1、勤労精神(産業報国精神)ノ作与
2、鉱礦山労務者ニ関スル社会ノ認識是正
3、パンフレットノ発行慰問激励員並ニ講師派遣等ニ依ル時局認識ノ徹底
二、指導者ノ訓練
三、戦時生活体制ノ確立
1、青少年、婦人労務者並ニ従業者家庭ノ生活指導
2、婦人団体ノ動員ニ依ル家庭ト職域ノ連繫化
四、勤労報国隊ノ推進
五、労力ノ供出
六、盆会時期(新盆、盂蘭盆、一月遅レ盆)ノ統一運動

右の文書がかわされたのは、昭和一六年九月のことであったが、ちょうどそのころ新聞紙上では「対日包囲陣とわが臨戦態勢」(『朝日新聞』八月四・九・一〇日)がとりあげられ、国内改革刷新が叫ばれるにつけ、まず産報の臨戦体制として、単位組織再編制がとりあげられ(『朝日新聞』「産報の臨戦体制成る」八月一二日)[17]、五人組組織が職域中心

の隣組として完成した（『朝日新聞』一三日、透視板「産報の五人組制」）。この優先・先行に対しては、翼賛会組織は事実を追認するほかなかったのであった[18]。また、他方では、第七六帝国議会をともかく乗り切ったこの段階では、再び衆議院議員選挙の問題が否応なく具体化する日程に入っていた。とくに大政翼賛会本部側が、「翼賛選挙運動はむしろ慫慂」、「個人的政治運動は不可」との態度を闡明したのは注目に値しよう。ことに次年度の衆議院議員総選挙の実施を展望した衆議院側では、地方選挙を中心に「推薦制度の擡頭」論がにわかに関心を集めつつあり、この間、第三次近衛内閣の総辞職の後に生まれた東条内閣の下で、議会側も、翼賛会も、そしてまた生まれ出ようとしつつあった翼壮も、それぞれに、新しい段階に直面することとなった。「翼賛会再出発の気構へ、強き育成への熱、無気力状態を払拭せん[19]」、「日本新政治体制　原理・機構の確立へ、翼同、特別委員会設置」といった『朝日新聞』記事[20]は、その間の情勢を伝えたものといえよう。それは、大政翼賛会の側にも、反応というか、鋭い反撥を示す一事件をともなった。

昭和一六年一一月一〇日、大政翼賛会改組にかねてから不満をもっていた地方支部少壮幹部の呼びかけに応じて、全国支部の庶務・組織両部長三〇余名が、宇治山田市に会合し、「この緊急会議の標榜するところ」と題して以下の三点を高く掲げたのである。それは、

この緊急会議の標榜するところ

一、翼賛会が公事結社と規定されて以来、半歳の経験に鑑み、このまゝでは到底強力な運動展開は不可能である、中央本部は各種政治力との関係上、容易に性格の転換を期し難い事情もあらうから、われわれが地方各支部の連絡を緊密化することによって、盛り上る新たな政治力を生み出したい

一、地方会員は失はれた政治力確立の最後の足がゝりを翼賛壮年団の結成に求めて起ち上らうとして居るが、翼賛会の性格がこのまゝでは壮年団の前途にも危惧なしとせぬ

一、時艱突破の国民的要望が熾烈となりつゝある今、翼賛運動第一線の責任者たる我々は、国内の急速整備の為、翼賛会性格の臨戦的更生を図り、断乎これを中外に標榜するため、こゝに同志相集り協議ののち神宮の大御前に誓ふ

とあり、ついで、左記の誓詞を申し合わせ、決議を行なった。

誓　詞

皇国未曾有の難局を突破して肇国の大理想を顕現すべき神機は到来せり、一億国民の陣頭に立ち大政翼賛運動に挺身する我等全国道府県及び六大都市支部庶務部長、組織部長はこゝ五十鈴の清流に禊して神宮の大前に集ひ誓詞を奏して不退転の決意を表す、神明冀くは照覧あれ

一、聖旨を奉戴し、盟邦との誼を厚うし、我が大東亜より米国及びこれに繋る諸勢力を撃攘し、以て積年の禍根を断乎一掃せんことを期す

一、戦場精神を堅持し、精鋭なる同志組織を以て革新政治力の中核となり、以て国策推進に積極的に寄与せんことを期す

決　議

一、大政翼賛会の政治的性格を明瞭ならしむるやう法的根拠を与ふべきこと

二、翼賛壮年団を翼賛会の内部組織たらしむること
三、産業報国会、商業報国会、農業報国会等の職域団体及び大日本婦人会、大日本青少年団等の如き地域団体を翼賛会の内部に包含すること
四、部落会、町内会等の如き下部組織を翼賛会の下部組織たらしむること
五、地方長官を名誉支部長とし、別に民間より支部長を簡抜すること
六、中央本部の人的構成に当りては、地方の人材を簡抜してその枢機に参画せしむること(21)

この決議は、その第一項目に、大政翼賛会の政治的性格を明瞭ならしめるために、それに法的根拠を与えよ、とうたい、また大政翼賛会の道府県支部長は官選知事ではなく民間から簡抜せよと要求し、翼賛壮年団を翼賛会の内部組織とすること、職域組織を翼賛会の下部組織とし、さらに町内会・部落会を翼賛会の下部組織たらしめよと述べた、注目さるべき提言であった(22)。あたかも一〇月一八日、第三次近衛内閣に代わって東条内閣が成立し、大政翼賛会の総裁も更迭し、この時点にあって、大政翼賛会の第二回目の改組が行なわれた。その改組直後に、大政翼賛会は、左記二問を各地方支部の組織部長あてに問い、その回答を求めたのであった(一六年一一月)。

一、翼賛会本来の性格並に基本的動向について如何に考へるか
二、翼賛壮年団を右性格並に動向に照合して如何に運営すべきか

さきの宇治山田会議の発起人の一人であった長野県支部の宮下周は、この設問にこたえて、次のように回答している。

長野県支部　宮下　周

高度の政治性を

（一）　大政翼賛会は高度国防国家建設の為、政治、経済、文化の全領域に亘る新体制の確立を促進せしむべき国民運動の中核体である、従ってそれは高度の政治性を有するものでありその構成員は志向を同じうするものでなければならぬ

大政翼賛会の各派勢力の雑然たる寄合世帯である限り、そこに強力なる政治力を期待することが出来ないのみならず、官僚支配によって漸次行政機構化されつゝあることは、此の際最も反省されねばならぬことである

そこで大政翼賛会の基本的動向は

1、強力なる政治力の結集（全国民中より優秀なる人材を簡抜し、これを結集することが大切で、更に積極的人材の養成が行はれねばならない）

2、国民的組織の再編成とその綜合的運営指導（産報、商報、農報等の職域組織と更に青壮年組織、婦人組織及び各種文化団体等を翼賛会の指導下に置くこと、その為には大政翼賛会を内閣の所管とし、各種組織との人的紐帯を緊密ならしめること）

3、政策樹立の積極的参与（協力会議の強化と政府の各種委員会を廃して大政翼賛会が之に代ること）

以上の三項目が内閣制度改制（ママ）と併行して行はれるべきである

（二）　翼賛壮年団は翼賛運動の活力の源泉である、これを給源地として人材の養成簡抜も行はれるべきで、更に各種の組織との紐帯にもすべきである、壮年団の運営上、幹部の人的構成は中央、地方を通じて壮年であり而も民間人であることを必要とする、中央団及県団は人材の養成、団員の志向の統一指導に重点を置き、夫々具

体的な建設計画を樹立して之が邁《(ママ)》進すべきである

これは右の大政翼賛会本部からの質問(十一月)に対する回答の一例であるが、[23]この回答をさきの宇治山田会議の決議と照合するまでもなく、翼賛会改組以降の大政翼賛会をめぐる諸問題の所在を反映した急進派の不満を示したものとして、注目すべきであろう。[24]しかし、こうした課題を抱えこんだ大政翼賛会は、公事結社の判決をくつがえさぬ限りは、その「高度の政治性」を問い、それを求めることは不可能であった。翼賛会のこの実態が消極的・否定的であればあるほど、事態の転換のエネルギーは、この時点では、生まれ出るべき翼賛壮年団の組織とその運動に求められていったことは、不自然ではない。しかし、大政翼賛会の前途にたちはだかったものは、対米英宣戦布告という歴史的決定であったのである。

昭和一六年一二月八日、第二回中央協力会議が、大政翼賛会本部会議室において開催された。だが、この日早暁、米英と交戦状態に入り、フィリピン、ハワイ、マレー沖での緒戦の勝報が協力会議の議場にももたらされたのである。挨拶に立った後藤文夫議長は、「本日畏くも宣戦の大詔を拝しまして、誠に感激にたへませぬ」と述べ、第二回中央協力会議は五日間の予定であったが、「戦時即応の態勢」をとるために、日程をとりやめて本日一日をもって「終了する」と宣言し、中央協力会議は、

畏くもここに宣戦の大詔を拝す。臣等は大御心を奉体し総力をあげて暴戻なる敵国を降伏せしめ、もって宸襟を安んじ奉らんことを期す。

という決議をもって会議を終え、そのあと全議員はうち揃って宮城前へ行進し、宮城遙拝を行なったのち散会した。翌一七年一月二日には、大詔奉戴日が設定され、実施要項が閣議決定として定められたのであった。

大詔奉戴日設定ニ関する件（昭和一七・一・二　閣議決定）

一、趣　旨

皇国ノ隆替ト東亜ノ興廃トヲ決スヘキ大東亜戦争ノ展開ニ伴ヒ国民運動ノ方途画期的ナル一大新展《ママ》ヲ要請セラルルヲ以テ茲ニ宣戦ノ大詔ヲ渙発アラセラレタル日ヲ挙国戦争完遂ノ源泉タラシムル日ト定メ曠古ノ大業ヲ翼賛スルニ遺算ナカランコトヲ期セシメントス

二、名　称

大詔奉戴日

三、日

八日

四、実施項目

趣旨ニ基キ大政翼賛会ニ於テ政府ト密接ナル連絡ノ下ニ設定スルモノトス

五、実　施

昭和十七年一月ヨリ大東亜戦争中継続実施シ大政翼賛会之ガ運用ノ中心トナルモノトス

六、昭和十四年八月八日閣議ノ決定ニ依リ設定セラレタル興亜奉公日ハ之ヲ廃止シ其ノ趣旨トスル所ハ大詔奉戴日ニ発展帰一セシムルモノトス

つぎに、大詔奉戴日実施要項の方針、実施項目をみると、それは左のとおりであった。

大詔奉戴日実施要項

一、方　針
大東亜戦争完遂ノ為必勝ノ国民士気昂揚ニ重点ヲ指向スルト共ニ健全明朗ナル積極面ヲ発揮スルコト
一、実施項目
（一）　詔書奉読
官公衙・学校・会社・工場等ニ於テハ詔書奉読式ヲ行フコト
詔書奉読式ノ時刻ハ業態、交通等ヲ考慮シ適宜定ムルコト
（二）　必勝祈願
神社・寺院・教会等ニ於テハ必勝祈願ノ行事ヲ行フコト
但シ一般ノ氏子信徒ニ対シテハ其ノ職場ニ於テ祈願セシムルモノトシ殊更ニ祭式ニ参列ヲ強制セザルコト
（三）　国旗掲揚
各戸ニ於テハ国旗ヲ掲揚スルコト
（四）　職域奉公
各自職域ノ奉公ニ励精シ殊更ニ当日ヲ休業トスル如キハ採ラザルコト
（五）　其ノ他ノ国民運動
其ノ他ノ国民運動ノ項目ハ大政翼賛会ニ於テ本方針ニ基キ随時決定スルコト

（1）　日本青年館『大日本青少年団史』昭和四五年、五九―六九ページ。なお大日本青年団については、日本青年館『大日本青

年団史』がもっとも詳しい。

（2）『大日本青少年団史』一三六ページ。大日本青少年団則、大日本青少年団地方団則は、いずれも一月一六日より施行となった。『週報』二二四号、一六年一月二四日記事参照。

（3）大政翼賛会組織局青年部長の地位に就任した栗原美能留は、それまでは大日本青年団常任理事であった。

（4）内務省地方局「壮年団結成ニ関スル件」。

（5）福島県は総務部長名で地方局長宛「市町村青壮年隊結成ニ関スル調査ノ件」と題して詳細な報告を行なっている。大政翼賛会福島県支部編『大政翼賛会市町村青壮年隊結成ニ関スル調査』所収のガリ版二四ページは、具体的経過を丹念に綴った報告書である。

（6）長野県の情勢についていえば、左のとおりである。長野では、翼賛壮年団組織化が全県レベルで全面的に進捗しつつあった。したがって、「全県下翼賛壮年団一五万が悉く推進員たるべき性質」をもつ以上は、推進員「簡抜」の問題にとりくむことには消極的で、「当分は簡抜せざる方針」とある。すなわち、長野県では、既存団体も県翼賛壮年団に「吸収」されつつあり、「一切の既存団体の余地なきまでに強化されている。」（『地区連絡班情報』中原謹司文書所収、三四三―四―八五六（国立国会図書館憲政史料室）、六二号）とある。この長野方式は、「長野県青壮年組織要項」、「長野県市町村翼賛壮年団準則」、「長野県郡単位翼賛壮年団準則」、「地区連絡班情報特報」（三四四―八七二）とともに、全国大にＰＲされていた。「短期間に最大の効果を挙げんとする場合は長野県の翼賛壮年団運動とその組織方針は最も効果あるものと思料され、現に北陸地区新潟県支部の如きもこの方法に依らんとして組織方針を変更しつつある」とある（中原文書三四四―八七二）。この情報にはまた、この「長野方式」がこれほどまでに進展していくその「刺戟」剤となったのは、他ならぬ文部省主導の青少年組織結成のこころみであって、これが、「多大の衝撃」となったと記されている。すなわち、文部省主導下の新型国民組織の創設の企図が、長野県そしてまた長野型の翼賛壮年団組織結成の刺戟剤となったのであって、その逆ではない。内務省が翼壮団組織の県レベルでの、また全国レベルでの結成に意欲と関心をよせたことは、ある意味では、新型国民組織の出発に対する対抗措置、防衛機能として当然だといえようか（三四四―八七二）。

（7）国立国会図書館憲政史料室所蔵『新居善太郎文書』所収。

（8）「従って之等錯綜せる情勢の中から各団体と提携之を統合に導きつゝ真に有能な人材を簡抜する事は可成の困難性を伴ひ

今回の企ての最難関は寧ろかかる事情の中に伏在して居る」というのが実情であろうか(「地区連絡情報」第一五号、昭和一六年二月三日、中原謹司文書所収)。

(9)「支部長は道長官、市庁長、町村長と一貫され而も下部組織の長たる町村長は殆ど官選である故に組織の運用には別に推進員の如きは必要を認めず」とあるのは、推進員制度に対する北海道支部の反対意見の論拠を示したものとして、注目に値する(「地区連絡情報」第三二号)。これは必ずしも北海道支部に限られない現象だといわなければならぬ。むしろ三つの類型の区別よりも、北海道型の消極論が逆に積極論に転化する契機をはらんでいるとみるのが自然といえよう。

(10)『朝日新聞』昭和一六年七月三〇日。

(11)同右、七月二八日。これは、石川島芝浦タービン産報会青年団員中の東方会青年隊加盟の従業員処遇問題を契機として、会社側が除名ならびに解雇措置をとったことに関連している。

(12)同右、八月二七日。この記事によれば、一、府県の翼賛壮年団は支部長の指揮下にある外廓団体にする、議長には民間人を簡抜し運動の官僚化を防ぐ、二、翼賛壮年団は網羅主義ではなく各府県の推進員を団の幹部として地域ならびに各職域団体の人材を包括した同志組織とする、従って網羅主義としてすでに結成された長野ほか各地の組織は順を追って再編成せしめる、というものであった。

(13)同右、九月五日。

(14)同右、九月二七日記事。

(15)同右、九月二七日記事「郷軍支持を声明」より引用。

(16)同右、九月二七日。すでに九月五日の記事には、基本要綱策定中、内務省当局から、団長は道府県支部長が兼摂する方針であるという意思表示があったとある。

(17)同右、八月一二日。

(18)同右、八月一三日。

(19)同右、一〇月三一日「翼賛会再出発の気構へ、強き育成への熱、無気力状態を払拭せん」。

(20)同右、一一月一二日「日本新政治体制　原理・機構の確立へ、翼同、特別委員会設置」参照。

(21)「全国支部庶務、組織両部長会議、この緊急会議の標榜するところ」大政翼賛会総務局庶務部編『大政翼賛運動ニ関スル参考資料抄録』昭和一七年四月、八七―八八ページ。『翼賛国民運動史』は、「しかし、これは、参集者一同の忌憚なき希望を表明したものであり、翼賛運動にたいする抑えるにはよしなき、熾烈な熱意の発露であるとも見られたのであった」と述べている(二三〇ページ)。

(22) 「本部に結集した国民の真剣なる要望」(一六年一一月)『大政翼賛運動ニ関スル参考資料抄録』九〇―九二ページ。

(23) 同右、九〇―九二ページ。

(24) 同右、九二―九八ページ。

(四) 大日本翼賛壮年団の発足

昭和一七年一月一五日、各地の翼賛壮年団をうって一丸とした、全国系統組織をもつ大日本翼賛壮年団と、この指導機関としての大日本翼賛壮年団本部の結成をみた。以下まず、大日本翼賛壮年団々則、同地方団々則、大日本翼賛壮年団役員を順次に紹介してみよう。

大日本翼賛壮年団々則

第一条　本団ハ大日本翼賛壮年団ト称ス

本団ハ本部ヲ東京ニ置ク

第二条　本団ハ大政翼賛会総裁ノ統理ノ下ニ大政翼賛運動ニ率先挺身スルヲ目的トス

第三条　本団ハ二十一歳以上ノ大日本帝国男子青壮年ニシテ第二条ノ目的ニ挺身スル同志ヲ以テ組織ス

第四条　本団ハ道府県、郡(支庁)、市(区)町村ニ各団ヲ設ク

地方団ニ関スル事項ハ別ニ之ヲ定ム

第五条　本団ニ左ノ役員ヲ置ク
団　長
副団長　若干名
総　務　若干名
顧　問　若干名
第六条　団長ハ大政翼賛会総裁之ヲ指名ス
副団長、総務及顧問ハ団長之ヲ指名又ハ委嘱ス
第七条　団長ハ本団ヲ統率ス
団長事故アルトキハ其ノ指定セル副団長之ヲ代理ス
副団長ハ団長ヲ補佐ス
総務ハ団長副団長ヲ補佐シ本団ノ運営ニ参画ス
顧問ハ団長ノ諮問ニ応ズ
第八条　役員ノ任期ハ二ケ年トス、但シ再指名ヲ妨ゲズ
第九条　本団ノ経費ハ国費ニ依ルノ外補助金、其ノ他ノ収入ヲ以テ之ニ充ツ
第十条　本団ノ会計年度ハ毎年四月一日ニ始リ翌年三月三十一日ニ終ル
第十一条　本則施行ニ必要ナル規程ハ別ニ之ヲ定ム

大日本翼賛壮年団地方団々則

大日本翼賛壮年団々則第四条ノ規定ニ依リ道府県団以下各級地方団準則ヲ左ノ如ク定ム

一、道府県翼賛壮年団準則

第一条　本団ハ〇〇道府県翼賛壮年団ト称ス

本団ハ本部ヲ〇〇ニ置ク

第二条　本団ハ大日本翼賛壮年団〇〇道府県支団トシテ大政翼賛運動ニ率先挺身スルヲ以テ目的トス

第三条　本団ハ大日本翼賛壮年団員ニシテ道府県内ニ居住スル者ヲ以テ組織ス

第四条　本団ハ左ノ役員ヲ置ク

名誉団長

団　長

副団長　一名又ハ二名

総　務　若干名

顧　問　若干名

第五条　名誉団長ハ大政翼賛会〇〇道府県支部長之ニ当ル

団長及副団長ハ名誉団長ノ申請ニ基キ本団員中ヨリ大日本翼賛壮年団長之ヲ指名ス、総務ハ団長ノ申請ニ基キ本団員中ヨリ大日本翼賛壮年団長之ヲ指名ス

顧問ハ団長ノ申請ニ基キ大日本翼賛壮年団長之ヲ委嘱ス

第六条　名誉団長ハ大日本翼賛壮年団長ノ旨ヲ承ケ重要団務ヲ指示ス、団長ハ大日本翼賛壮年団長ノ指揮ヲ承ケ

本団ヲ統率ス、団長事故アルトキハソノ指定セル副団長之ヲ代理ス
副団長ハ団長ヲ補佐ス
総務ハ団長、副団長ヲ補佐シ本団ノ運営ニ参画ス
顧問ハ団長ノ諮問ニ応ズ
第七条　役員ノ任期ハ二ケ年トス、但シ再指名ヲ妨ゲズ
第八条　本団ノ経費ハ国費ニ依ルノ外補助金、其ノ他ノ収入ヲ以テ之ニ充ツ
第九条　本団ノ会計年度ハ毎年四月一日ニ始リ翌年三月三十一日ニ終ル
第十条　本則施行ニ必要ナル規程ハ別ニ之ヲ定ム

附　則

本団則ハ昭和十七年四月一日ヨリ之ヲ施行ス
本団結成当初ノ役員ノ任期ハ昭和十八年三月三十一日ヲ以テ満了スルモノトス

二、郡(支庁)市翼賛壮年団準則

第一条　本団ハ○○郡(支庁)市翼賛壮年団ト称ス
本団ハ本部ヲ○○ニ置ク
第二条　本団ハ大日本翼賛壮年団ノ○○道府県○○郡(支庁)市支団トシテ大政翼賛運動ニ率先挺身スルヲ以テ目的トス
第三条　本団ハ大日本翼賛壮年団員ニシテ郡(支庁)市内ニ居住スル者ヲ以テ之ヲ組織ス

第四条　本団ハ左ノ役員ヲ置ク

団　長

副団長　　一名又ハ二名

総　務　　若干名

顧　問　　若干名

第五条　団長及副団長ハ道府県団長ノ申請ニ基キ本団員中ヨリ大日本翼賛壮年団長之ヲ指名ス

総務ハ団長ノ申請ニ基キ本団員中ヨリ道府県団長之ヲ指名ス

顧問ハ団長ノ申請ニ基キ道府県団長之ヲ委嘱ス

第六条　団長ハ道府県翼賛壮年団長ノ指揮ヲ承ケ本団ヲ統率ス、団長事故アルトキハソノ指定セル副団長之ヲ代理ス

副団長ハ団長ヲ補佐ス

総務ハ団長、副団長ヲ補佐シ本団ノ運営ニ参画ス

顧問ハ団長ノ諮問ニ応ズ

第七条　役員ノ任期ハ二ケ年トス、但シ再指名ヲ妨ゲズ

第八条　本団ノ経費ハ国費ニ依ルノ外補助金、其ノ他ノ収入ヲ以テ之ニ充ツ

第九条　本団ノ会計年度ハ毎年四月一日ニ始リ翌年三月三十一日ニ終ル

第十条　本則施行ニ必要ナル規程ハ別ニ之ヲ定ム

附　　則

本団則ハ昭和十七年四月一日ヨリ之ヲ施行ス
本団結成当初ノ役員ノ任期ハ昭和十八年四月三十日ヲ以テ満了スルモノトス
○名誉団長ヲ設置スル場合
第四条　本団ハ左ノ役員ヲ置ク
名誉団長
団　長
副団長　一名又ハ二名
総　務　若干名
顧　問　若干名
第五条　名誉団長ハ大政翼賛会郡（支庁）市支部長之ニ当ル
団長及副団長ハ道府県団長ノ申請ニ基キ本団員中ヨリ大日本翼賛壮年団長之ヲ指名ス
総務ハ団長ノ申請ニ基キ本団員中ヨリ道府県団長之ヲ指名ス
顧問ハ団長ノ申請ニ基キ道府県団長之ヲ委嘱ス
第六条　団長ハ道府県翼賛壮年団長ノ指揮ヲ承ケ本団ヲ統率ス、重要団務ニ付テハ名誉団長ニ諮リ之ヲ行フ
団長事故アルトキハソノ指定セル副団長之ヲ代理ス
副団長ハ団長ヲ補佐ス
総務ハ団長、副団長ヲ補佐シ本団ノ運営ニ参画ス
顧問ハ団長ノ諮問ニ応ズ

三、町村翼賛壮年団準則

第一条　本団ハ〇〇町村翼賛壮年団ト称ス

本団ハ本部ヲ〇〇ニ置ク

第二条　本団ハ大日本翼賛壮年団ノ〇〇道府県〇〇郡(支庁)〇〇町村支団トシテ大政翼賛運動ニ率先挺身スルヲ以テ目的トス

第三条　本団ハ大日本翼賛壮年団員ニシテ町村内ニ居住スル者ヲ以テ之ヲ組織ス

第四条　本団ニ左ノ役員ヲ置ク

団　長

副団長　　一名又ハ二名

総　務　　若干名

第五条　団長及副団長ハ道府県団長ノ申請ニ基キ本団員中ヨリ大日本翼賛壮年団長之ヲ指名ス

総務ハ団長ノ申請ニ基キ本団員中ヨリ道府県団長之ヲ指名ス

第六条　団長ハ郡(支庁)団長ノ指揮ヲ承ケ本団ヲ統率ス、団長事故アルトキハソノ指定セル副団長之ヲ代理ス

副団長ハ団長ヲ補佐ス

総務ハ団長、副団長ヲ補佐シ本団ノ運営ニ参画ス

第七条　役員ノ任期ハ二ケ年トス、但シ再指名ヲ妨ゲズ

第八条　本団ノ経費ハ国費ニ依ルノ外補助金、其ノ他ノ収入ヲ以テ之ニ充ツ

第九条　本団ノ会計年度ハ毎年四月一日ニ始マリ翌年三月三十一日ニ終ル
第十条　本則施行ニ必要ナル規程ハ別ニ之ヲ定ム
附　則
本団則ハ昭和十七年四月一日ヨリ之ヲ施行ス
本団結成当初ノ役員ノ任期ハ昭和十八年五月三十一日ヲ以テ満了スルモノトス
○名誉団長ヲ設置スル場合
第四条　本団ニ左ノ役員ヲ置ク
名誉団長
団　長
副団長　一名又ハ若干名
総　務　若干名
第五条　名誉団長ハ大政翼賛会町村支部長之ニ当ル
団長及副団長ハ道府県団長ノ申請ニ基キ大日本翼賛壮年団長之ヲ指名ス
総務ハ団長ノ申請ニ基キ本団員中ヨリ道府県団長之ヲ指名ス
第六条　団長ハ郡(支庁)団長ノ指揮ヲ承ケ本団ヲ統率ス
重要事項ニ付テハ名誉団長ニ諮リ之ヲ行フ
団長事故アルトキハソノ指定セル副団長之ヲ代理ス
副団長ハ団長ヲ補佐ス

総務ハ団長、副団長ヲ補佐シ本団ノ運営ニ参画ス

四、六大都市翼賛壮年団準則

第一条　本団ハ〇〇市翼賛壮年団ト称ス
本団ハ本部ヲ〇〇ニ置ク
第二条　本団ハ大日本翼賛壮年団〇〇府県〇〇市支団トシテ大政翼賛運動ニ率先挺身スルヲ以テ目的トス
第三条　本団ハ大日本翼賛壮年団員ニシテ〇〇市内ニ居住スル者ヲ以テ之ヲ組織ス
第四条　本団ニ左ノ役員ヲ置ク

名誉団長

団長	
副団長	一名又ハ若干名
総務	若干名
顧問	若干名

第五条　名誉団長ハ大政翼賛会〇〇市支部長之ニ当ル
団長及副団長ハ名誉団長及府県団長ノ申請ニ基キ本団員中ヨリ大日本翼賛壮年団之ヲ指名ス
総務ハ団長及道府県団長ノ申請ニ基キ本団員中ヨリ大日本翼賛壮年団長之ヲ指名ス顧問ハ団長及府県団長ノ申請ニ基キ大日本翼賛壮年団長之ヲ指名ス
第六条　団長ハ府県翼賛壮年団長ノ指揮ヲ承ケ本団ヲ統率ス、重要団務ニ付テハ名誉団長ニ図リ之ヲ行フ

団長事故アルトキハソノ指定セル副団長之ヲ代理ス
副団長ハ団長ヲ補佐ス
総務ハ団長、副団長ヲ補佐シ本団ノ運営ニ参画ス
顧問ハ団長ノ諮問ニ応ズ
第七条　役員ノ任期ハ二ケ年トス、但シ再指名ヲ妨ゲズ
第八条　本団ノ経費ハ国費ニ依ルノ外補助金其ノ他ノ収入ヲ以テ之ニ充ツ
第九条　本団ノ会計年度ハ毎年四月一日ニ始マリ翌年三月三十一日ニ終ル
第十条　本則施行ニ必要ナル規程ハ別ニ之ヲ定ム

附　則

本団則ハ昭和十七年四月一日ヨリ之ヲ施行ス
本団結成当初ノ役員ノ任期ハ昭和十八年四月三十日ヲ以テ満了スルモノトス

五、区翼賛壮年団準則

第一条　本団ハ〇〇区翼賛壮年団ト称ス
本団ハ本部ヲ〇〇ニ置ク
第二条　本団ハ大日本翼賛壮年団ノ〇〇府県〇〇市〇〇区支団トシテ大政翼賛運動ニ率先挺身スルヲ以テ目的トス
第三条　本団ハ大日本翼賛壮年団員ニシテ区内ニ居住スル者ヲ以テ組織ス

第四条　本団ニ左ノ役員ヲ置ク
団　長
副団長　一名又ハ若干名
総　務　若干名
第五条　団長及副団長ハ市団長及府県団長ノ申請ニ基キ本団員中ヨリ大日本翼賛壮年団之ヲ指名ス
総務ハ団長ノ申請ニ基キ市団長之ヲ指名ス
第六条　団長ハ市団長ノ指揮ヲ承ケ本団ヲ統率ス
団長事故アルトキハソノ指定セル副団長之ヲ代理ス
副団長ハ団長ヲ補佐ス
総務ハ団長、副団長ヲ補佐シ本団ノ運営ニ参画ス
第七条　役員ノ任期ハ二ケ年トス、但シ再指名ヲ妨ゲズ
第八条　本団ノ経費ハ国費ニ依ルノ外補助金其ノ他ノ収入ヲ以テ之ニ充ツ
第九条　本団ノ会計年度ハ毎年四月一日ニ始マリ翌年三月三十一日ニ終ル
第十条　本則施行ニ必要ナル規程ハ別ニ之ヲ定ム
附　則
本団則ハ昭和十七年四月一日ヨリ之ヲ施行ス
本団結成当初ノ役員ノ任期ハ昭和十八年五月三十一日ヲ以テ満了スルモノトス
○名誉団長ヲ設置スル場合

第四条　本団ニ左ノ役員ヲ置ク
　名誉団長
　団　長
　副団長　一名又ハ若干名
　総　務　若干名
第五条　名誉団長ハ大政翼賛会区支部長之ニ当ル
団長及副団長ハ市団長及府県団長ノ申請ニ基キ本団員中ヨリ大日本翼賛壮年団長之ヲ指名ス
総務ハ団長ノ申請ニ基キ市団長之ヲ指名ス
第六条　団長ハ市団長ノ指揮ヲ承ケ本団ヲ統率ス
重要事項ニ付テハ名誉団長ニ諮リ之ヲ行フ
団長事故アルトキハソノ指定セル副団長之ヲ代理ス
副団長ハ団長ヲ補佐ス
総務ハ団長、副団長ヲ補佐シ本団ノ運営ニ参画ス

大日本翼賛壮年団本部職制

第一条　本部ニ左ノ職員ヲ置ク
　本部長　一名
　理　事　若干名

幹　事　若干名
部　員　若干名
第二条　本部長ハ団長ノ指名スル副団長ヲ以テ之ニ充ツ
本部長ハ団長ノ統督ノ下ニ部務ヲ総理ス
第三条　理事ハ団長ノ指名スル総務ヲ以テ之ニ充ツ
理事ハ本部長ヲ補佐シ部務ヲ掌理ス
第四条　幹事及部員ハ本部長之ヲ命ズ
幹事ハ本部長ノ命ヲ承ケ理事ヲ佐ケ部務ヲ分掌ス
部員ハ上長ノ命ヲ承ケ事務ニ従事ス
第五条　本部ニ参与及参事各々若干名ヲ置ク
参与ハ関係官庁及団体ノ関係者並民間ノ有志中ヨリ団長之ヲ委嘱ス
参与ハ本部長ノ要請ニ応ジ重要ナル部務ニ参画ス
参事ハ官民ノ有志中ヨリ本部長之ヲ委嘱ス
参事ハ理事ノ要請ニ応ジ部務ニ参画ス
第六条　本部に嘱託ヲ置ク
嘱託ハ特定ノ事務ニ従事ス
第七条　部務ノ分担ハ本部長之ヲ定ム

大日本翼賛壮年団役員同本部幹部

顧問　末次信正
同　後藤文夫
同　吉田茂
団長　安藤紀三郎
副団長　相川勝六
同兼本部長　是松準一
総務兼本部理事　栗原美能留
同　菅太郎
同　市川清敏
総務　秋葉保広

大政翼賛会総裁東条英機の大日本翼賛壮年団成立式(一七年一月一六日)における告示によれば、翼賛壮年団を、大政翼賛会総裁の「統理の下にある団体」と規定(団則第二条)し、そしてこのことは、「大日本翼賛壮年団が大政翼賛運動の最も有力なる実践部隊であるといふことを意味するものであります」と述べている。翼賛会総裁は、そこで、「従って、本団の正しき育成は、大政翼賛会との提携と協力なしには到底望むことは出来ないのであります」としめくくったのである。一七年二月二七日の第一回全国団長会議における団長訓示ならびに同日の本部長指示は[1]、「国内必勝体制の確立強化」のためには、さきの九月二〇日の基本要綱第五条第二項の「中央組織に就いては別途に考究すること」という懸案事項を急遽とりあげる必要がある、と示唆した。すなわち、一月八日の通牒では、さきの一六年九月の「翼賛壮年団組織方針」第五条第二項の「団結成の順序は先づ単位団の組織より着手し、それ等の整備を俟って上級団の結成をなすこと」を改めて、道府県団の未結成のところでは、単位団の整備をまつことなく、一挙に、道府県団を結成することになったと説明し、その結果、三四道府県団の結団式となったと報告されている。当初の組織方針に「根本的な変更[2]」を加えた結果は、「大日本翼賛壮年団々則」、「道府県以下地方各級団準則」規程にも現われている。

その一つは、下からの組織方針を固守するのではなく、「現実の必要性」に基づき、一挙に道府県団の組織化に乗り出す方針をとったことがあげられよう。第二点は、大政翼賛会と翼賛壮年団の関係にまつわる重要な変更である。すなわち、従来は、団は会の指導下に会の一翼をなすという規定であった。この「基本関係」を修正[3]し、団は大政翼賛会総裁の「統理」の下に在る組織だと規定された。このことは注目しなければならないであろう。すなわち、この「統理」についての本部長指示によれば、「茲に謂ふ『統理』とは総裁自ら直接団を統率することなく、別に団長たる統率者のある団に対し、大綱的に之を把握する、即ち団長を指名し、団運動の最高方針を授け、極く重大なる団務を決裁する等の外は、挙げて団長に団務の処理、団の統率を委せるといふ意味であります」と解説されている[4]。第三点は、会と団とのこの基本関係の修正に伴って、かつては地方団の編成については翼賛会の地方組織に合致せしめる方針を採ったのに対して、新組織方針では、会と団との地方組織相互間の間柄には組織上の関係は規定されない。したがって、ここではじめて、地方団が全国団の一支団として位置づけられたのである。第四点は、統制・指揮命令の系統に関して、本団から支団へ向けての指揮系列が明確になったことである。本部長指示によれば、この点は、「道府県名誉団長が重要国務を指示するの制は将来も変更はありませんが、名誉団長が此の指示を行ふに就ては、全国団長の旨を承けて之をなす建前を採って居ります為、固より個々の指示に就ては一々全国団長の意を伺ふ必要はありませんが、少くとも全国団の方針に反して指示をなすことは出来ないのであります。――（中略）――之によって団本来の指揮命令の系統が阻害されるといふことはないのであります」という説明がなされている。(5) 第五は、地方団役員の指名または委嘱手続にかんする変更である。すなわち、従来は道府県団役員の指名は名誉団長が行なったが、全国団結成により、指名権は全国団の手に移されることになった。(6) 第六は、団員の構成にかんする変更である。すなわち、従来は単位団たる市区町村団に入団して壮年団員となり、その資格においてそれぞれの上級団の団員となっていたのであるが、新組織では、全国団たる大日本翼賛壮年団に入団し、その資格において、各地域の各級地方団の団員となることとなった。(7)

なお、大日本翼賛壮年団々則にも、また地方団々則にも実践事項は明記されてはいない。この点は旧地方団準則とはっきり区別された特色である。再度本部長指示をみてみると、指示は、大政翼賛運動規約第二条にふれつつ、大政翼賛会実践要綱を引き合いに出して、この「実践要綱の示す所は、即ち本団活動の実践要綱と考へねばなりません。この点に就て新に制定されました全国団則及び今回改正されました地方団準則には、旧地方団準則に於ける如く団の実践事項を掲げなかったのでありますが、之は以上の意味で当然自明の理として省略致したに外なりません」と述べている。(8) この点も注目さるべきである。最後に本部長指示は、その最後の部分において、「全国統一せる目標方針をもって各地方団一斉に活動すべき全国的運動」について説明し、この事項に関してはその都度中央よりその「大綱を指令致します」と語っている。そして、統一目標が設定される全国的団活動に向けての「最初の指令」には、「本団成立第一回の全国的運動」として、「翼賛選挙貫徹運動実施の方策」がとりあげられたのであった。(9)

ここで東条内閣の総選挙対策を一瞥しておこう。

衆議院議員総選挙対策と銘打った「翼賛選挙貫徹運動基本要綱」は、一七年二月一八日に閣議決定をみ、これをうけて、内務省は「大東亜戦争完遂翼賛選挙貫徹運動実施要領」を、そして大日本翼賛壮年団は、「翼賛選挙貫徹運動壮年団実施要領」を策定したのであった(10)。なお、この運動に大政翼賛会がきわめて積極的態度で臨んでいたことは、一六年一一月一五日付の大政翼賛会総務局庶務部作成にかかる「大政翼賛会関係議会質問予想主要事項答弁資料(案)」から読み取ることができる(11)。この資料は、第七七帝国議会にそなえられた準備作業であるが、一問一答形式をとり、来るべき総選挙の意義を問い正したものとして注目に値する。以下にそれを引用しよう。

大政翼賛会関係議会質問予想主要事項答弁資料(案)

1 (問) 大政翼賛会及翼賛壮年団ノ選挙ニ対スル態度ニツイテ総理大臣ニ其ノ所信ヲ問フ。

(答) 大政翼賛運動ハ万民翼賛ノ実ヲ挙グルヲ以テ目的トシ、一億国民ヲシテ臣道実践ノ精神ニ帰一セシメントスル超党派的ノ国民運動デアリマス。而シテ大政翼賛会ハソノ中核体トシテ本運動展開ノ力強イ推進力タルコトヲ本来ノ使命トシテヲルノデアリマスカラ、部分的、対立的抗争ヲ本質トスル政党デナイコトハ論ヲ俟タナイ所デアリマス。従ツテ大政翼賛会ガ会自体トシテ公認候補者ノ為メニ選挙運動ヲ為スガ如キハ翼賛会本来ノ使命ニ悖ルモノデアリマス。

コレハ翼賛壮年団ノ場合ニ於テモ同様デアリマシテ翼賛壮年団ガ大政翼賛会ノ指導下ニソノ一翼トシテ翼賛運動ニ邁進スル組織体デアル以上、翼賛壮年団自体トシテ選挙運動ヲ為スガ如キハ避ケナケレバナラナイト思ヒマス。

然シ乍ラ大政翼賛会ガ高度ノ政治性ヲ持チ、且ツ「翼賛政治体制ノ確立」ヲ指導精神トシテヲル以上ソノ運動目標ヲ翼賛議会建設ニ置クコトハ当然デアリマス。従ツテ大政翼賛会又ハ翼賛壮年団ガ部分的、対立的ナ狭義ノ政治運動ヲ為スコトハ妥当デナイニ致シマシテモ、翼賛政治体制確立ヲ指標トスル国民運動ヲ展開スルコトハ毫モ翼賛会ノ性格ニ悖ルモノデハナイト思フノデアリマス。巷間往々ニシテ大政翼賛会ガ公事結社タルノ故ヲ以チマシテ大政翼賛会ノ活動ヲ極メテ狭ク解スル者ガアルヤウデアリマスガ第七十六議会ニ於ケル「政事結社ニ非ズ」トノ答弁ハ翼賛会ガソノ本質上対立的政治運動ヲ為スモノデモナク、又政府ト別個ニ独自ノ政治的主張ト目的トヲ以テ行動スルモノデナイトノ見解ニ基キ治安警察法ノ政事結社ニ関スル規定ノ適用ヲ受ケナイト言明シタニ過キナイノデアリマシテ、勿論翼賛会ノ政治性ヲ否定スルモノデハナイノデアリマス。従ツテ選挙ニ当リ大政翼賛会及翼賛壮年団ト致シマシテハ勿論部分的、対立的ナ狭義ノ政治運動ニ参画スルコトハ其ノ性格上避ケナケレバナラナイト思ヒマスガ、高度国防国家体制確立ニ即応セル翼賛議会建設ノタメノ国民運動ヲ展開致シタイト存ジマス。

2

(問)　大政翼賛会ノ構成員ガ選挙ニ際シ立候補又ハ選挙運動ヲ為スノ可否ニ付キ総理大臣ノ所信ヲ問フ。

(答)　一、立候補ノ可否ニツイテ

便宜上立候補ト選挙運動トヲ区別シテ御答ヘ申上ゲタイト思ヒマスガ、一概ニ構成員ト申シマシテモ、本部支部ニ於ケル役職員、及ビ推進員、調査委員会委員、中央・地方協力会議員等ガアルノデアリマス。

此等ノ構成員ガ選挙ニ当リ或ハ衆議院議員候補者トシテ或ハ道府県・市町村会議員候補トシテ立候補スルコトハ当然予想サレルノデアリマスカラ、選挙法ノ建前カラ申シマスト立候補ヲ阻止スルコトノ出来ナイコトハ当然デアリマスカラ、選挙法上何等ノ疑義ヲ挟ム余地ハナイノデアリマス。只此ノ場合道府県支部ノ常務委員及ビ庶務、組織両部長ノ如キハ其ノ職務上辞職スベキデハナイカトノ議論ガアルノデアリマシテ、其ノ根拠ハ恐ラク之等ノ者ガ其ノ地位ヲ利用シテ選挙ヲ有利ニ展開スルノ虞ガアルカラダラウト思フノデアリマスガ、此ノ場合ニハ道府県支部長ニ於テ充分取締ガ出来ルノミナラズ、現ニ道府県支部ノ役職員ノ中ニハ多数ノ道府県会議員、市会議員等ガ選任サレテヲル事実ニ徴シマシテモ之ヲ肯定スル訳ニハ参ラナイノデアリマス。

従ツテ役職員タルト其他ノ構成員タルトヲ問ハズ何レモ其ノ資格ニ於テ現職ノママ立候補シテモ差支ナイト思フノデアリマス。

二、選挙運動ノ可否ニツイテ

大政翼賛運動ガ全国民ノ運動デアリ、超党派的ノ運動デアル限リ大政翼賛会ガ或ル特定ノ候補者ノ為メニ選挙運動ヲ為スコトハ妥当デナイト思ヒマス。然シ乍ラ翼賛会ガ高度ノ政治性ヲ持チ、且ツ政治新体制ノ確立ガ其ノ実践目標デアル以上、議会ノ質的刷新ヲ企図スルコトハ当然デアリマス。従ツテ翼賛会ガ精神運動トシテ選挙粛正ノ部面ヲ担当スルト同時ニ実践運動トシテ其ノ構成員ガ立候補シテ選挙運動ヲ為スコトハ翼賛政治上望マシイコトデアツテ、決シテ翼賛運動ト矛盾スルモノデハナイト思ヒマス。

翼賛会ノ構成員ノ選挙運動可否ノ問題モ、其ノ選挙運動ガ本部又ハ支部自体ノ運動デアル場合、若クハ尠クトモ翼賛会自体ノ運動ト見ラルヽ虞アル場合ニ限リ否定スベキデアリマシテ、全面的ニ之ヲ否定スルコトハ必ズシモ当ラナイト思フノデアリマス。

個々ノ場合ニツイテ之ヲ申上ゲマスレバ

(一) 職員以外ノ選挙運動

職員以外ノ構成員ノ選挙運動ニ付キマシテ

(1)　自ラ立候補シテ選挙運動ヲナス場合
(2)　選挙事務長又ハ選挙委員トシテ選挙運動ヲ為ス場合
(3)　演説又ハ推薦状ニ依リ選挙運動ヲ為ス場合

以上三ツノ場合ガ予想サレルノデアリマスガ第一ノ場合、即チ自ラ立候補シタ場合ニ於キマシテハ既ニ其ノ資格ニ於テ立候補シテヲルノデアリマスカラ候補者ガ翼賛会ノ構成員デアルコトハ自明ノ理デアルバカリデナク、立候補シタ以上選挙運動ヲ為スコトハ当然デアリマスカラ其ノ資格ニ於テ選挙運動ヲシテモ差支ナイト思フノデアリマス。

次ニ選挙事務長又ハ選挙委員トシテ選挙運動ヲ為ス場合ハ個人ノ資格ニ於テ為スノデアリマスカラ差支ナイト思フノデアリマス。

最後ニ演説又ハ推薦状ニ依ル場合デアリマスガ、総裁、道府県支部長、市町村支部長及ビ事実上翼賛会ノ代表者ト見ラルヽ副総裁、事務総長等ガ演説又ハ推薦状ニ依リ選挙運動ヲ為ス場合ハ動モスレバ翼賛会自体ノ選挙運動ト見ラルヽ虞ガアルバカリデナク、道府県支部長及ビ市町村支部長ハ選挙法上其ノ関係区域内ニ於テハ選挙運動ヲ禁止サレテヲルノデアリマスカラ当然避クベキデアルト思ヒマスガ、其他ノ構成員ガ其ノ資格ニ於テ選挙運動ヲシテモ必ズシモ翼賛会ノ運動トハ見ラレマセンノデ差支ナイト思ヒマス。尤モ此ノ場合ニ於キマシテモ総裁、道府県常務委員等全員ガ連名ヲ以テ特定ノ候補者ヲ推薦スルガ如キハ妥当デナイト思ヒマス。

㈡　職員ノ選挙運動

職員ノ選挙運動ニツイテモ職員以外ノ場合ト同様ニ三ツノ場合ガ予想サレルノデアルガ、職員ノ選挙運動ハ役員其他ノ構成員ノ場合ト異リ其ノ職務上ノ立場カラ考慮スル必要ガアリマスノデ、自ラ立候補シテ選挙運動ヲ為ス場合及ビ演説又ハ推薦状ニ依リ選挙運動ヲ為ス場合ハ職務上支障ノナイ限リ現職ノマヽ選挙運動ヲシテモ差支ナイト思ヒマスガ、他人ノ選挙事務長又ハ選挙委員トシテ選挙運動ヲ為スガ如キハ職務上ノ立場カラ見テ妥当デナイト思ヒマスノデコノ場合ハ解職スベキデアラウト思ヒマス。

なお、下記の翼壮の「翼賛選挙貫徹運動壮年団実施要領」は、この総選挙ととりくむ組織の基本姿勢をもっともよく示すものである。

翼賛選挙貫徹運動壮年団実施要領

第一、方　針

今次衆議院議員総選挙ニ際シ政府及大政翼賛会ノ一致協力シテ行フ大東亜戦争完遂翼賛選挙貫徹運動ノ一翼トシテ政府ノ定ムル基本要綱並ニ政府及大政翼賛会ノ定ムル之ガ実施要領ニ基キ且ツ団ノ性格及組織ノ特質ニ則リ組織的積極的ニ本運動ノ実践徹底ニ任ジ以テ大イニ其ノ成果ヲ挙ゲンコトヲ期ス

第二、目　標

団ノ行フ本運動実施ノ目標ハ政府ノ定ムル実施要領ニ依ルノ外左ノ諸目標ニ重点ヲ置ク

（一）　選挙ヲ通ジテ大東亜戦争完遂、大東亜共栄圏建設ノ意義ヲ周知徹底セシメ、進ンデ皇国ノ世界史的使命ニ関スル国民大衆ノ自覚ヲ深ムルト共ニ愈々必勝ノ信念ヲ固クシテ挙国戦争完遂ニ邁進スルノ態勢ヲ確定スルニ努メ、苟クモ之等ノ問題ニ関シ疑義ヲ挟ムガ如キ思想傾向ニ対シテハ仮借ナキ排撃ヲ加フ

(二)　大東亜戦争ヲ完遂シ内ニ維新日本ヲ建設シ外ニ大東亜共栄圏ヲ確立スル為ニハ政治ノ革新、国防体制ノ強化ヲ断行スルノ必要アリ、其ノ重要部門トシテ衆議員ノ陣容ヲ刷新シ議会ノ機能ヲ醇化シテ真ニ皇国翼賛議会ヲ確立スルノ必須ナル所以ヲ闡明シ以テ今次選挙ノ時局的背景ヲ明示シ其ノ歴史的意義ヲ徹底セシム

(三)　国体ノ本義ニ照シテ翼賛議会ノ本質ヲ闡明シ翼賛選挙ノ真義ヲ明示シ以テ西洋流ノ個人主義、自由主義乃至民主主義的議会観又ハ選挙観ヲ一掃シ選挙ニ於ケル臣道ノ実践ヲ徹底スル為強力ナル啓蒙運動ヲ展開ス

(四)　情実、因縁、金権、利益提供等ノ誘惑ニ依リ不適格候補者ニ応援シ又ハ投票スルノ行為ハ単ニ今次選挙ノ意義ヲ没却スルノミナラズ選挙ニ於ケル臣道ノ実践ニ悖リ奉公ノ大義ニ背クノ譏ヲ免レザルト共ニ前線ニ一命ヲ捧ゲテ勇戦奮闘シツヽアル将兵諸士ノ信頼ヲ裏切リ銃後ノ責務ヲ尽サヾル恥ヅベキ行為ナルコトヲ力説徹底セシム

(五)　過去ニ於ケル通弊ト認メラルヽ

1、旧弊依然タル選挙地盤ニ拘ハリ従来特定議員ヲ選出シ来レル因習ニ捉ハルヽ結果情勢的ニ従前ノ応援又ハ投票ヲ反覆スルヲ以テ当然乃至無難ト考ヘ甚シキハ之ヲ以テ郷党ノ伝統ヲ重ンズル朴訥着実ナル美風ナリト誤解スル如キ退嬰固陋ナル傾向

2、徒ラニ郷党ノ結束融和ニ拘泥シ又ハ地元ノ利益掩護ニ汲々タルノ結果地方利害ノ代弁ニ没頭スル不適格候補者ヲ選出シ甚シキハ斯ル行為ヲ以テ愛郷的ナリト錯覚スル偏狭ナル傾向

3、個人的恩顧情義ニ報ヒ先輩後輩ノ礼儀ヲ尽シ又ハ親分乾分ノ仁義ヲ立ツルコトノミニ捉ハルヽノ結果

不適格者ヲ選出シ甚シキハ斯ル行為ヲ以テ恰モ「淳風美俗」ナルカノ如ク誤解スル公私混同ノ傾向等ノ諸弊風ヲ一掃シ地元ノ伝統、郷党ノ利害、個人的情義等ヲ超エテ国家的奉公ニ帰一セントスル選挙臣道ノ本義ヲ高唱徹底セシム

(六) 本運動ハ単ニ選挙ノ倫理化ヲ主眼トスル消極的粛正運動タルニ止ラズ寧ロ議会陣容ノ刷新ニ依ル翼賛議会ノ確立ヲ主目的トスル積極的建設運動ナルニ鑑ミ新進有為ノ人材ヲ議会ニ選出スベク適格候補者ノ推薦、不適格候補者ノ排撃ノ気運ヲ大規模且強力ニ醸成シ特ニ別項ニ掲グル如キ適格標準ノ周知徹底ヲ図ル

(七) 情実、因縁、金権等ニ依リ培養サレタル旧態依然タル所謂選挙地盤ガ選挙腐敗、政界堕落ノ根源トナリ新進人材ノ選出ヲ阻ム障碍トナルノ弊風ヲ一掃スルニ努ム

(八) 本運動ハ団最初ノ全国的大運動ナルニ鑑ミ其ノ企画ヲ慎重適正ナラシムルト共ニ団ノ全組織ヲ動員シ幹部ノミナラズ団員各個ヲ活潑ニ活躍セシメ以テ団ノ行動力ヲ最高度ニ発揮シテ之ヲ展開ス此ノ際大政翼賛会及官庁側トノ連携ヲ確保スルト共ニ職域奉公組織其ノ他関係団体トノ協力ヲ緊密ニシ将来ニ於ケル之等諸団体トノ提携合作ノ素地ヲ固ム

(九) 本運動ハ団ノ活潑果敢ナル活動アリテ始メテ克ク其ノ成果ヲ収メ得ベキモノナルヲ以テ団員ニ対シ本運動ニ於ケル自己ノ責務ノ重大性ヲ深ク認識セシメテ熱誠之ニ精進スルノ気運ヲ醸成スルト共ニ(一)乃至(五)ニ掲グル事項ヲ中心トシテ団員自ラノ啓発訓練意識昂揚ニ先ヅ十分ノ努力ヲ傾注シ以テ本運動ヲシテ団員ニ対スル政治教育ノ好機タラシム

(一〇) 本運動ハ団当面活動ノ重点トシテ之ガ完遂ニ主力ヲ注グト雖モ、団ノ使命及活動分野ヲ大観シテ団

活動全般トノ調整ヲ図リ以テ本運動ニ没入スルノ余リ、団運動全般ノ発展ヲ歪曲スルガ如キコトナキ様留意スルト共ニ本運動ガ特定候補者ノ為ニスル選挙運動ト混淆シ、特ニ既成勢力間ノ得票争奪ニ捲込マレテ団勢ノ健全ナル伸張ヲ阻害スルガ如キ弊ニ陥ラザル様戒心ヲ加フ

（一一）団確立ノ日尚浅キニ鑑ミ本運動ヲ通ジテ団組織ノ確立、団員訓練ノ徹底及団行動力ノ強化ヲ図リ団勢ノ伸張成立ニ資スルヲ重視ス

第三、具体的方策

団ノ行フ本運動実施ノ具体的方策ハ政府及大政翼賛会ノ定ムル実施要領ニ依ルノ外左ノ諸方策ニ重点ヲ置ク

（一）大政翼賛会ノ行フ宣伝啓発ニ積極的ニ参加シ其ノ徹底的実施ニ任ズ

（二）団ハ其ノ組織ノ市町村ニ浸透シ其ノ実践力ノ強大ナル特質ニ則リ政府及大政翼賛会ノ行フ宣伝啓発ニ即応シテ左ノ如キ独自ノ方策ヲ講ズ

1、団員ニ対スル啓発訓練ニ付テハ

（イ）中央及地方団本部主催ノ各級講習会ノ開催

（ロ）団報及指導叢書ノ発行

（ハ）受講者ヲ中心トスル市町村団々員会議及町内会部落会内ノ団員常会開催等ニ依リ其ノ徹底ヲ期ス

2、一般人ニ対スル啓発宣伝ニ付テハ

（イ）町内会、部落会、隣組等ノ常会特ニ本運動ノ徹底ヲ主目的トスル特別常会ヲ利用シ団員必ズ之ニ出席シテ啓発宣伝ニ努ム

（ロ）市町村団主催ヲ以テ一般人ヲ参加セシムル講習会、座談会等ヲ開催シ成可ク座談会式ニ膝ヲ交ヘ

胸襟ヲ開キテ懇談シ啓発宣伝ニ努ム

（ハ）各職域ニ於テモ団員中心トナリ成ル可ク当該職場ノ指導組織ヲ通ジテ前号ニ準ズル方策ヲ講ズ

（ニ）前記各号ノ会合ニ於テハ成ル可ク結論トシテ本運動ノ実践ヲ申合ハセ又ハ誓約スルノ方法ヲ採ル

（三）適格候補者選出気運ノ醸成ノ為、団ハ凡ユル啓発宣伝ノ機会ヲ通ジテ清新溌剌タル有為ノ士ニシテ真ニ翼賛議会ヲ確立スルニ適ハシキ候補者選出ノ気運ヲ昂メ左ノ各号ニ該当スル如キ候補者ハ不適格トシテ其ノ選出ヲ見ザル様特ニ重点ヲ置キテ其ノ趣旨ヲ徹底ス

（イ）国体ノ本義ニ徹セズ其ノ思想信念ニ於テ十分ノ信頼ヲ受クルニ足ラザル者

（ロ）日本民族ノ使命ヲ体セズ皇国外交ノ基調タル大東亜戦争ノ完遂並大東亜共栄圏ノ確立ニ関スル明確不動ノ信念決意ニ欠クル者

（ハ）戦争目的ノ貫徹国防体制ノ強化総力戦態勢ノ確立ニ必須ナル諸国策遂行ヲ傍観冷笑シ又ハ誹謗妨害スルガ如キ傾向アル者

（ニ）翼賛体制ノ確立翼賛運動ノ発展ヲ陰ニ陽ニ阻止セントスルガ如キ者

（ホ）人物識見ニ於テ又至誠奉公ノ信念熱意ニ於テ真ニ国民ヲ代表シ翼賛議会ノ一員トシテ国事ニ奔走シ国政ノ重責ニ参与スル資格ナキ者

（ヘ）破廉恥ノ罪ヲ犯シ又ハ不徳ノ行アリテ郷党ノ指弾ヲ受クルガ如キ者、殊ニ選挙犯罪、瀆職罪ニ触レタル等公人トシテノ節操徳義ニ欠クル者

（ト）地域、職域ノ立場ニ偏シ又ハ派閥閥党ノ利害ニ拘リテ大局的ナル判断又ハ進退ヲ誤ル虞アル者

（チ）情実、因縁、金力等ニ依リ所謂選挙地盤ノ培養強化ニ没頭シテ国事ヲ疎ンジ奉公ノ職責ヲ怠リ又

ハ議員其他ノ公職ヲ自己ノ売名、漁利、勢力拡張、猟官等ニ利用スル傾癖アル者

尚本項ノ運動ヲ行フニ付テハ選挙法ノ適用上所謂選挙運動又ハ選挙妨害トナラザル様注意ス、特定人ヲ特ニ指スコトナク抽象的ニ適格者ノ選出不適格者ノ拒斥ヲ主張スル場合(就中適格不適格ノ条件ヲ示ス場合)ニモ具体的状況特ニ其ノ言辞表現ノ方法ニ依リ、或ハ立候補者ノ状況ニヨリ特定候補者ノ当選斡旋又ハ妨害ト認メラルヽコトアルニ付十分留意スルヲ要ス

(四)　別ニ設ケラルヽ中央、地方ノ推薦母体ノ行フ推薦ニ付テハ、団ハ直接之ニ関与スル限リニ非ザルモ極力啓発宣伝ニ努メ適格候補者選出ノ気運醸成ヲ図ル

(五)　有権者タル団員ガ候補者ノ何レニ応援シ投票スルヤニ付テハ団ハ関与スル限リニ非ズ、団員ハ前記啓発訓練ニ依リ体得セル精神ニ則リ特ニ前記標準ヲ体シ各個ニ善処ス、推薦母体ノ推薦セル候補者ハ一応適格者ト認メ得ベキモ団員ノ自由意志ヲ拘束スルニ非ザルヲ以テ右ノ趣旨ニ則リ各自ニ於テ各候補者ヲ批判検討シタル上善処スベキモノトス

(六)　選挙ノ倫理化ニ付テハ団ハ其ノ組織ト実践力トヲ活用シテ犯罪ノ予防ニ主力ヲ注ギ有効ナル啓発宣伝ニ努ムルノ外

1、選挙運動関係者ニ対シ強ク自粛自戒ヲ促シ、要スレバ之ヲ一堂ニ集メテ団ノ主張ヲ通達徹底シ違反根絶ノ申合又ハ誓約ヲナサシム

2、団員特ニ選挙運動ニ関係スル団員ハ率先自粛自戒シ苟モ違反ニ陥ルガ如キコトナカラシム、之ガ為団員ニ対スル啓発訓練ニ際シテハ選挙法ノ解説及選挙心得ニ関スル項目ヲ設ク

第四、指導組織

団ノ行フ本運動ト翼賛会ノ行フ本運動トヲ一元的ニ指導スル為中央、道府県、市郡、区町村ニ夫々臨時ニ会、団連合ノ指導組織ヲ設ク

地方各級組織ハ本運動実施要領ニ基キ当該地方ノ政治情勢及会、団ノ実情特ニ団員ノ同志精鋭ノ濃度ニ鑑ミ之ニ適応スル詳細適確ナル具体方策ヲ樹立実施ス

指導組織ノ構成ニ付テハ別ニ之ヲ指示ス

大政翼賛会組織にとって最も困難な課題は、いうまでもなく地方組織すなわち「下部組織」の問題であった。この点についてはすでに指摘したが、この問題は、じつは、大政翼賛会の下部組織問題としてはもとよりのこと、翼壮の組織としてもまた、難問をかかえこむ形になっていた。この点についての詳細は後述するとして、この問題を来るべき総選挙対策とからめてみると、きわめて微妙な問題が生じてくるのである。まず、さきの「大政翼賛会関係議会質問予想主要事項答弁資料(案)」によれば、以下の問と答が見出される。

一、下部組織ニ関スル問題

(問) 大政翼賛会ト部落会、町内会、隣組トノ関係如何

(答) 翼賛運動ヲ展開シマス上ニ考ヘナケレバナラヌ事ハ翼賛会ソレ自体ノ組織ト翼賛会ノ目的トスル国民組織トヲ混同シテハナラヌト云フコトデアリマス。部落会、町内会、隣組ハ一面ニ於テ行政機構ノ下部組織デアルト同時ニ基本的ナル国民組織デアリマス

翼賛会ハ国民組織ヲ確立スル為ニ生レタモノデアリマスカラ此ノ国民組織タル部落会、町内会、隣組ヲ活用

シテ真ノ翼賛体制ヲ確立スルコトハ翼賛運動ノ第一ノ目的ト云ハネバナリマセン
即チ部落会、町内会、隣組ハ翼賛運動ノ面カラ看レバ之ガ実践組織デアルト云ハナケレバナリマセン

ここでは、部落会、町内会、隣組が、一面においては行政機構の下部組織であることを明確に認識しながらも、同時に、それが基本的な国民組織であることを確認して、論点が展開せしめられている。すなわち、国民組織を確立する運動――大政翼賛会も翼賛壮年団も――は、いわばこの「国民組織」を国民組織だと認識することによって、その国民再組織運動の軌跡を探し当てたのである。しかし、この事実認識には、国民組織を確立するための大政翼賛会が、結果的に内務省中心の行政機構の下部組織を国民組織として認証し、大政翼賛会は国民組織を確立するために生まれたものであるから、国民組織である部落会、町内会、隣組を「活用」して、「真ノ翼賛体制」を確立することが、翼賛運動の「第一の目的」だといわなければならない、ということにもなる。部落会、町内会、隣組が翼賛運動の「実践組織デアル」という事実認識がここに生ずるのである。大政翼賛会が、その存在を内務省中心の各省庁行政組織の下部組織に重ね合わせていくことは、逆にいえば、この国民組織の「実践組織」の「活用」なくしては、大政翼賛会は「国民組織」としては機能しえず、翼賛体制は「確立」できないといわなければならない。それゆえ、部落会、町内会、隣組は、翼賛運動の「実践組織」にほかならないのである、という認識に到達するとき、彼我の距離は消滅し、手段と目的とは自同化する。ここに、大政翼賛会と大政翼賛会の運動規約も、そして、大政翼賛会の実践要綱に規定される大日本翼賛壮年団も、かりに大政翼賛会とは別個のものであり、翼賛壮年団は「団」だとしても、それらはともに、この「国民組織」と、この「実践組織」に密着した存在で、それ以外の何物でもありえない。したがって、この発生学的拘束を受けなければならない以上、いわゆる翼賛選挙のための運動と手続も、右の規定をうけてはじめて

その効率を発揮しうるのであり、逆に、その運動の限界は、ここにあったのである。その評価は、のちの叙述に譲ることにしよう。

なお、大日本翼賛壮年団の財源についての説明は、後出の大政翼賛会の財源にかんする叙述のさいにふれる予定である。

これらの諸論点が実際にどう適用され、推進されたのか。その経過は、例えば、東京「府団一ケ年の回顧」(12)に詳しい。そして、「東京府翼賛壮年団団則」、および「各級別団準則」(13)は、中央の組織方針を忠実に反映している。結成直後の「東京府翼賛壮年団実践要綱」(14)(昭和一七年四月)には、「大東亜戦争完遂の人柱たらんことを期す」とあり、それを、

一、大東亜共栄圏の建設に邁進す
二、政治新体制の建設に邁進す
三、経済新体制の建設に邁進す
四、文化新体制の建設に邁進す
五、生活新体制の建設に邁進す

の五項目にとりまとめている。しかし、「要綱」所収の「昭和一七年度努力事項」には、ぐっとくだけたかたちで、

一、能率の増進
二、優良品の増産
三、配給消費の合理化
四、貯蓄の増強

五、闇取引の根絶
六、交通道徳の確立
七、翼賛選挙の貫徹
八、常会の振作

の八項目が見出される。「努力事標」八項目を前記の五つの「実践要綱」と比較すれば、こちらが具体的だといえばそれまでであるが、大政翼賛会が「行政」翼賛会化するのに比例して、翼壮側の運動努力目標が著しく日常化し、日常問題をとらえて取り組む姿勢が強いことが理解できる。

昭和一七年末になって、東京府翼賛壮年団本部が発行した「錬成の栞」(15)をみると、翼壮運動がこの段階で著しく観念偏重・精神主義へと急激に傾斜していったことが分かる。この「錬成の栞」の配列は、

第一、神勅、詔書
第二、錬成要綱
一、実践要綱
二、訓練基本要綱
三、訓練講習会指導要領
四、団礼式
第三、謹詠、朗唱

という順番である。三の謹詠、朗唱は、一 御製、二 大祓詞、三 祓詞、四 万葉歌、五 勤皇歌、六 遺文とあり、遺文は聖徳太子、北畠親房、西郷隆盛、吉田松陰、摩訶般若波羅密多心経、行持報恩、三大誓願、とつづき、最後に

「皇国民の信念」が掲げられている。それは左の通りである。

大日本は神の国なり
天皇陛下は現人神なり
われは日本臣民なり
我等は天業翼賛の為に生き
我等は天業翼賛の為に働き
我等は天業翼賛の為に死せん

さきに掲げた昭和一七年三月三〇日結成時の「実践要綱」と比較すると、この「錬成の栞」の「皇国民の信念」などは著しく精神主義的・観念的であることが分かる。昭和一七年八月の東京府の翼壮実勢力を、区名、世帯数、町会数、分団数、一町村平均戸数、隣組数、班数、団員数等にわたって調査した資料によれば、[16]その実勢力の概略は左のとおりである。

同年一一月一九日付の資料によれば、[17]府翼壮は、単位団数一二七、団員数は一〇万人を上回っていた。なお、東京府翼壮団の実態の詳細については、本書三〇七ページ注(7)とくに三〇八―三一二ページを参照されたい。

太平洋戦争一周年にさいしてまとめられた、「大東亜戦争一周年大政翼賛運動強化ニ関スル東京府翼賛壮年団実施要綱」[18]は、「戦場精神ノ昂揚」、「生産増強ノ決行」、「戦争生活実践ノ徹底」の三点を掲げていたが、その第一着手として、まず、「勤皇護国ノ烈士先覚者顕彰運動」、「国民皆働運動」、「重点輸送協力運動」、「配給適正化運動」、「必勝貯蓄運動」をとりあげている。精神主義と現実主義の両極へのブレは著しいといってよかろう。

翼壮団が大政翼賛会の外廓団体として等しく公事結社の適用を受ける団体であることから、戦局の激化にともない、いきおい精神運動へと強く傾斜する傾向は、ある意味では必然であった。そしてそれは大政翼賛会が「世話役世話人規程」、「世話役世話人規程実施要綱」を準備するに及んで、東京府翼賛壮年団も団長吉田茂名の「分団、班ノ整備ト世話役世話人委嘱ニ関スル件」名の通達を各級団長あてに発送した。[19] 詳細な経緯はともあれ、分団、班の細胞組織は当初翼壮には許容されなかったという既成事実があったのであるが、世話役、世話人の委嘱と同時にそれが許容されたのである。このことは、翼壮にとってはもとより歓迎すべき措置であった。しかし同時に、「実施要綱」によって、「今般全国ヲ通ジ現ニ地域組織ノ第一線ニ在リテ、献身指導的役割ヲ果シツツアル町会長、町内会長、部落会長(是等ノ連合会長ヲ含ム)隣組長ヲ新ニ本会構成員トシテ結集シ」と、その意図を明らかにした。ついで、大政翼賛会支部規程第四条ノ二に、「町内会、町内会連合会、部落会及隣保班ニ世話役世話人ヲ置キ本会ノ行フ指導ノ徹底ニ当ラシム」と規定したが、規程第三条はさらにこれを東京府の実際に即応させて、「町会長、町内会長、部落会長(是等ノ連合会長ヲ含ム)ノ職ニアルモノヲ世話役、隣組長ノ職ニアルモノヲ世話人ニ委嘱スルモノトス」と規定し、町内会長、部落会長が「新ニ本会構成員タル身分ヲ有スルニ至リタルコトヲ明確ニシタリ」と、ことわっている。この世話役および世話人は、「所謂上意下達ノ重要ナル連絡機関」であるばかりではない。それはまた、「下情上通」の機関でもある。「此ノ上意下達ノ普遍妥当性ハ下情上通ニ依ツテノミ始メテ期シ得ラルルモノニシテ、規程第九条ハ官民一体ヲ理念トスル協力態勢確立ノ構想ノ下ニ特ニ規定セラレタルモノニシテ、画期的意義ヲ有スル新条項トシテ将来之ガ活用ヲ期待サルルモノナリ」。また世話役、世話人の「活動」は、「直接ハ市区町村支部長ノ指揮監督ヲ受ケ漸次上級支部長ヲ経テ窮極ハ総裁ノ監督ニ服スルモノナリ即チ世話役及世話人ハ大政翼賛運動推進ノ第一線部隊トシテ、其ノ属スル地域職域ヲ掲ゲテ直接ニハ市町村支部長ニ結集シ更ニ郡ヘ(支庁)、府ヘ総裁ヘト結集シ一億一体タルベキ一元的統制ノ許ニ、運営セラルベキモノナリ」と述べている。

しかし、市区町村支部長の「指揮監督」を受け、その市区町村支部長は漸次上級支部長からの指揮監督をうけるという方向は、じつは行政官庁の縦系列すなわち命令―服従関係の支配の系列である。これを「窮極ハ総裁ノ監督ニ服スルモノナリ」といえるのかどうか。また、「直接ニハ市区町村支部長ニ『結集』シ更ニ郡へ(支庁)、府へ総裁ヘト『結集』シ一億一体タルベキ一元的統制ノ許ニ、運営セラルベキモノナリ」というが、そもそもこうした「結集」、「一元的統制」がなされうるのかどうか。各省庁縦の分立すなわち割拠性は、内務省の力量をもってしても、これを統轄し、これを制御することはできない。げんに内務省系列と各省庁系列ともどもに、地域組織・職域組織をめぐって、熾烈に争ってきたことを想起すべきである。この事実を前提とすれば、このしくみの最頂点に大政翼賛会総裁をぽつんと据えても、「一億一体タルベキ一元的統制」がそもそも成り立つことなのであろうか。「大政翼賛会会報」が、かつて発足直後の大政翼賛会の直面した状況を分析して、「一は旧体制の骨組をそのままで強力に指導統制するのでなければ急迫した事態に応じ得ない、(中略)もう一つは旧体制の骨組をそのままにして置いての指導統制は、今や限界に達した機構の改新なくしては実効を挙げ得ないといふに在る(20)」と展望していたことがあった。これはきびしい二律背反の中に立ちすくむ翼賛会の前途をいい当てたものであろう。そしてそこに、大政翼賛会という国民運動の「組織」論と国民組織「運動」論の限界があったのである(21)。政府と大政翼賛会とは「表裏一体」だと呼称すればするほど、政府レベルでの統合のしくみへとすり寄る姿勢を生む。旧体制の骨組を解体・解消すべくして、それへの寄生、癒着を生み、限界に達した機構の改新ではなくて、その温存にとどまる。大政翼賛運動のディレンマを認識すべきであろう。大政翼賛会は、「今や限界に達した機構」すなわち行政機構の「指揮監督」を受ける「地域国民組織」との接合に止まるのではなく、その論理、組織、機能をあえて受認、受容しようというのである。果たして、大政翼賛会総裁が、「一元的統制」をなしうる職能をもちうるのか、どうか。

「東京府翼賛壮年団更生予算」[22]をみると、歳入歳出ともに、拾弐万七千六百弐拾円であるが、歳入之部、歳出之部の一覧表の詳細は別表(三四五―三五二ページ所載)のとおりである。歳入之部をみると、寄附金、団費も僅少の額であって、補助金、交付金等の配分額が歳入をささえ、歳出之部では、人件費、事務費、事業費の三部門中、人件費が歳出額の半額を占め、この人件費と事業費を合わせたものがほぼ歳出額を形成しているといってよい。「本団ノ経費ハ団費ヲ主トシ補助金ソノ他ノ収入ヲ以テ之ニ充ツルコト」といった翼壮の組織方針の指向線とは異なっている。これは、翼壮の機能が凋落しつつあることを示すものというべきであろう。

「世話役並ニ世話人規程」を策定後、翼壮団独自の分団、班の形成がこころみられたのは、昭和一七年末のことであるが、地域国民組織の組織に大政翼賛会組織を二重写しの形で写し出すことが、翼壮にとってどれほどの効能をもちえたのか。一例をあげてみよう。それを、昭和一八年二月四日付の「大日本産業報国会トノ連絡懇談会設置ニ関スル件」(翼壮本第七八号)、「東京翼壮産報連絡懇談会設置要項(案)」、「生産増強援護運動ノ展開ニ関スル件」(翼壮本第七九号)等[23]によって、翼壮側の実力をはかることができよう。すなわち、翼壮はたしかに生産増強運動に精力を傾注したが、それは、「援護」運動、すなわち、「職場外の生産増強」運動という限界内にとどまり、しょせんは、「第二義的範囲ヲ出デザルモノ」[24]であった。例えば大日本産業報国会との「懇談協議」の場の設定の如く、「職場外」での「生産増強」の要請にとどめられたことがそれを証明している。[25]「翼賛壮年団生産増強援護運動要綱」[26]も、「先ヅ職場外ニ於ケル運動ニ重点ヲ置キ」として、援護運動たるその性格、自らの限界を明らかにしている。そしてその運動の実施要領としては、一「一般国民ノ生産増強ニ対スル認識徹底」、二「勤労者ノ援護運動」、三「勤労者ノ慰問、激励並指導」が挙げられているにすぎない。ナチス・ドイツの「ドイツ労働戦線」の機動力、動員力に比較すると、産報と労働戦線の彼我の相異点はあまりにも大きい。それはともかく、この翼壮団の全盛期は、戦時生産の増強が絶対的に希求された段階であったが、翼賛会も翼壮団も、産報の存在に敬意を表して、それと「懇談協議」を行なう「連絡懇談会」をもつにとどまったのであった。地域国民組織における世話役、世話人の委嘱が限定的効果をもつにとどまることは容易に想像しうるのであるが、職域国民組織との対応でも、翼壮の力は、職場の外部から、職域国民組織への援護運動を斡旋する程度のものであった。

(1) 「大政翼賛壮年団成立式に於ける大政翼賛会総裁告辞」(一七年一月一七日)ならびに「第一回全国団長会議に於ける団長訓示」(一七年二月二七日)、「第一回全国団長会議に於ける本部長指示」(同日)、大日本翼賛壮年団本部「翼賛壮年団の組織及び活動」については、『翼賛壮年団資料第二輯』七〇—八八ページ参照。

(2) 『翼賛壮年団資料第二輯』七八ページ。

(3)(4) 同右、八〇ページ。

(5)(6) 同右、八二ページ。

(7) 同右、八二—八三ページ。

(8) 同右、八六ページ。

(9) 同右、八七—八八ページ。この本部長指示と同日に行なわれた「第一回全国団長会議に於ける団長訓示」でも、「翼賛選挙貫徹運動を積極果敢に展開すると共に、成立早々の団としては、本運動を通じて団組織の確立、団員訓練の徹底、団活動の錬成に努め、団運動の発展の素地を固むる方針であります」という挨拶がなされている(前掲書、七四ページ)。

(10) 『内務厚生時報』(昭和一七年)、三号、四号、『翼賛壮年団資料第二輯』九六—一〇四ページ。これらをうけた地方自治体ならびに地方団の活動については、拙著『東京都政の研究』未来社、一九七七年、六六九—六九三ページ参照。

(11) 国立公文書館『大政翼賛会関係書類綴』2A　40　資30　五八「大政翼賛運動ト選挙ニ関スル問題及下部組織ニ関スル問題」。なお大政翼賛会は宣伝部作成の『翼賛選挙訓』(一七年三月二九日、二一ページ)と『大東亜戦争と翼賛選挙』(三月一七日、三〇ページ)を広く国民に配布した。

(12) 東京府翼賛壮年団本部発行『本日本翼賛壮年団中央本部資料・東京府翼賛壮年団関係資料他』(仮題)、東京都立大学法学部研究室書庫所蔵、所収。

(13) 注(12)前掲書は、各級団概況のところに団員数、団長、副団長の顔触れを紹介し、さらに、府団本部職制(五五ページ)、各級団役職員(七二ページ以下)を掲載している。これによれば、東京府翼壮の傘下組織、メンバーの顔触れと、区レベルでは世田谷区翼賛会の組織は、町内会レベルまで確認できる。

(14) 前掲書所収。

(15) 「翼壮資料第一輯」(昭和一七年一一月)、前掲書所収。

(16) 東京府翼賛壮年団本部「東京市各区翼賛壮年団組織ニ関スル調査」(昭和一七年八月現在)、前掲書所収。

(17) 東京府翼賛壮年団本部「東京府各区翼賛壮年団施設概況口述要領」前掲書所収。この時、東京府の人口一六一万戸、七二八万人であった。

(18) 東京府翼賛壮年団本部「大東亜戦争一周年大政翼賛運動強化ニ関スル東京府翼賛壮年団実施要綱」前掲書所収。

(19) 大政翼賛会東京府支部長名の「世話役世話人委嘱ニ関スル件」前掲書所収。

(20) 拙稿『大政翼賛運動資料集成』解説、一九八八年、柏書房、五ページ。

(21) 同右、六ページ。

(22) 『大日本翼賛壮年団中央本部資料・東京府翼賛壮年団関係資料他』所収。

(23) 前掲書所収。

(24) 翼壮第七九号、前掲書所収。

(25) 同右、第七八号、前掲書所収。

(26) 前掲書所収。

四　翼賛政治会

(一) 翼政会

昭和一七年度の衆議院議員総選挙にさいし、その推進母胎は「翼賛政治体制協議会」であった。選挙のしくみとその結果はどうであったか。「翼賛政治体制協議会」の構成が多元的に網羅的に構成されていたために、推薦候補者の選定にさいして、前議員がかなり多く含まれていた。だが、これは推薦者側が「当選を期するため」の選択であるともみられたが、(1) 反面では、この翼賛選挙では、翼賛壮年団関係者の活躍がきわめて顕著であった。そしてこの翼壮団の活躍にかんがみて、翼壮団に対する批判と論難の声が旧政党政治家の側からは強く、翼壮は公事結社のままに差し留める一方で、新生の大日本翼賛政治会が新しく政事結社だと規定された。しかし翼政会は、それ自らは「寄合世帯」(2) の構成体であって、「自主的統制力」(3) はもちろんもてない体質にしたて上げられていた。とくに、地方組織つまり支部結成を禁止されたことは、翼政は政事結社たるべしという規定と鋭く対立する。こういう奇妙な経緯を辿って生まれたのが翼政会であった。したがって、翼政会の設置後には、翼壮団と翼賛会の関係も、問題によってはかなり微妙ななりゆきを示すこととなった。(4)

すなわち、翼壮団規約第五条と第六条には、翼壮団組織はいわゆる「同志精鋭主義」で組織するとうたわれているのに対し、翼壮団を大政翼賛会とは別箇の組織体にしてしまうことには、極めて警戒的な配慮がなされていた。そこで、両者ともども公事結社の拘束の下にある団体たらしめるとともに、翼壮団の組織には「同志精鋭」を、一方、大政翼賛会支部長には官選知事を当てるという措置は、明らかに矛盾する措置であり、さらには、翼壮団の道府県団長に官選知事を当てるかどうかについても、微妙な妥協的措置が講ぜられた。さきの「同志精鋭」主義とこの措置とは符合しない。

このように翼政会の出生とともに、翼政会と翼賛会、翼賛会と翼壮団、翼壮団と翼政会とが共存することによって、一層の緊張関係が作り出されたのであった。こうした問題は、翼賛会傘下諸団体をとってみると、一層顕著であった。例えば、翼壮と職能団体の関係では、職能団体が先行組織であっただけに、それと後発の翼壮とは一概に共存という協調関係が成り立つはずはなく、とくに先発の職能組織にはそれぞれに官庁組織がうしろにひかえていて、それをバックアップする体制にあった。したがって、両者の関係には複雑な緊張関係があったとしても不思議ではない。また、衆議院議員選挙後の昭和一七年後半以降に限ってみるとき、結局、地方組織つまり町内会・部落会・隣組を国民組織として認定しつつ、どこがそれを握るかという課題がつめられず、それを統御している内務省をはじめとする中央省庁の行政セクショナリズムが圧倒的に強力なために、翼賛会、翼政会、翼壮団のいずれもが、それぞれの存在意義を発揮できぬまま「三位三体」のまま立ちすくむ、というのが実態であった。三者の分立・割拠を利用しつつ、官僚勢力がこれらを寄せつけなかったといってよい(5)。政党勢力ないし議会すなわち立法府による行政府統制が行使される場合にみられるはずの民主的統制のルートは、新体制運動にともなって組織政党が解体・解消していったために、大政翼賛会ができ上がった段階には、これを支援すべき組織体ではなく、逆に、立法府からの抑制を解き放たれた行政官僚制は強くなっていた。皮肉とはこういう現象のことをいうのであろうか。こういう効果を伴ったことはたしかであった。翼賛・翼壮・翼政、そしてこれらが「三位三体」でそれぞれ地域・職域組織に脱帽するとき、団体相互間の均衡と抑制が政治責任を「所在不明」のものとしたといわれるゆえんである(6)。『日本国民運動年誌(7)』が昭和一七年度の大政翼賛会の運動を総括して、「実質に於て見るべきものは殆んど無かった」と断定し、その理由にふれて、「組織論に時間をつぶした事」だといいきっているのは印象的である。国民組織がし上がって三位一体の機能を担うべくして、それが「三位三体」の三すくみとなるとすれば、国民組織ができ上がったこの段階でまたしてもまた、国民「組織」論とか国民「運動」論が取り上げられねばならなくなったのである。

(1) 日本国民運動研究所編『日本国民運動年誌』第一輯、昭和一八年度、研究書院、一〇二ページ。翼賛政治体制協議会は翼賛議員同盟の「傀儡なりとなすものすらあった」(同書、一〇一ページ)といわれるほど、翼賛議会の翼賛議員同盟の力は強かったのである。
(2) 前掲書、一〇七ページ。
(3) 朝日新聞社中央調査会編『朝日東亜年報』昭和一八年第一輯、一八三ページ。
(4) 『日本国民運動年誌』一二一―一二三ページ。
(5) 矢次一夫「所謂行政簡素化に期待す(二)」『国策研究会週報』第四巻三四号、一六ページ、同「行政簡素化に期待す(三)」『国策研究会週報』第四巻三五号、二三ページ。古沢磯二郎「協力会議の発展過程と機能の刷新」前掲『週報』第四巻四〇号、七ページ、F・I・氏「国民運動諸団体の動向」前掲『週報』第五巻一四号、一七―二三ページ。T・O・氏「国民運動刻下の課題」前掲『週報』第五巻二三号、六―一一ページ。
(6) 既存・所与の組織が、すでにそれぞれ法令にその根拠をもっていることからみて、新国民組織がそれに接合・接着する姿勢をとろうとすれば、新国民組織なり新国民運動も既存・所与の組織なり運動の軌道にのっかるであろうし、またのっからねばならぬという妥協・癒着の論理が当然に発生する。その結果、地域・職域国民組織とその国民運動に新国民運動なり国民組織が適応することはナチュラルであった。こうして、新国民組織は国民再組織による国民組織だという判定が下されるであろう。とすれば、既成・所与の国民組織にまつわりついた「団体個人主義」といわれた特性が、新国民組織・新国民運動にもまつわりつくことは必然的であった。国民組織・国民運動はこうして「特定主義・帰属主義」の軌道にのるとともに、やがて「各団体に法的根拠を与えよ」という主張が生まれ出る。この傾向は、大政翼賛会自体の場合、いや大政翼賛会の場合こそもっとも切実であったのだ。それは、ナチュラルだといってもよかろうか(船田中「各団体に法的根拠を与へよ」『戦時政治経済資料　3』原書房、第三巻第三五号、一八五ページ)。
(7)　日本国民運動研究所編『日本国民運動年誌』第一輯、昭和一八年度、研究書院、五一ページ。

(二)　翼賛政治会の生誕

一、国体の本義に基き、挙国的政治力を結集し、以て大東亜戦争完遂に邁進せんことを期す
一、憲法の条章に恪遵し翼賛議会の確立を期す
一、大政翼賛会と緊密なる連繫を保ち、相協力して大政翼賛運動の徹底を期す
一、大東亜共栄圏を確立して、世界新秩序の建設を期す

この四項目を綱領とする翼賛政治会の結成は、昭和一七年五月二〇日のことであった。

これに先立つ四月総選挙にそなえ、東条内閣は二月一八日の臨時閣議で政府の所信を表明する首相談話ならびに「翼賛選挙貫徹運動基本要綱」を発表し、この談話に関連して、湯沢内相が「大東亜戦争完遂翼賛選挙貫徹運動実施要領」を発表した(1)。これにもとづいて、大政翼賛会は「翼賛選挙貫徹運動委員会」を組織して、この運動を一元的・総合的に企画・指導すべく立ち上がったのであった。すなわち、委員会は翼賛会と翼壮の本部職員をもって構成され、大政翼賛会副総裁を委員長、翼賛会組織局長と翼壮本部長とを副委員長とし、委員は関係部長および理事から六名、ほかに関係副部長から六名の幹事がおかれた。この委員には、翼賛会から市来庶務部長、永野地方部長、八並宣伝部長が、翼壮からは栗原、留岡の各総務が選ばれたのである(2)。この組織を背景として、まず、翼賛会関係では臨時中央協力会議(一七年二月二五・二六日)につづいて道府県支部の組織・庶務部長会議が召集され、翼壮では、第一回全国

団長会議が召集された。

第七六帝国議会で選挙法改正案が提出されなかったために、衆議院議員総選挙は、既成の選挙法で施行されることになっていることと、大政翼賛会には公事結社という認定が下された以上、翼賛・翼壮の二組織ともども、いわゆる選挙運動に従事することができない制約のもとにあった。そこで、政府は、翼賛選挙貫徹運動基本要綱を発表する一方において、二月二三日、各界代表三三名の参集を求めてその積極的協力を要請した。その結果、「翼賛政治体制協議会」の結成をみ、会長に陸軍大将、阿部信行が推挙されたのであった(3)。この会はまず、「大東亜戦争終極の目的を完遂するために、来るべき総選挙に際し強力な翼賛議会体制の確立を期し、これが適切な方途を講ずること」を申し合わせ、二七日の第二回協議会で、自ら候補者の推薦を行なうべく、政事結社の届出を行なうことを含めて、具体的に左記の四点を決定した。

一、本協議会は来るべき総選挙に際して適正な推薦を行ふ。

二、このために東京に中央本部を、道府県に支部を置き、中央と地方は一体となって緊密な連絡のもとにこれを統制強化す。

三、本協議会は選挙終了の直後に解散するが、適当なる時期すなわち選挙告示前に政事結社の届出をなす。

四、この協議会の経費は三三委員の負担または寄附金をもって充当す。

かくて翼賛政治体制協議会はその会則を決定し、政事結社の届出を行なって、特定候補者の推薦とその推薦候補者の当選を目的とする政治活動に入り、まず道府県支部の結成に着手し、三月二二日には道府県支部長ならびに支部会員の顔触れの決定をみた。そして、この二二日を期して総会を開催し、会長の指名による二二名の推薦候補者銓衡委員会が組織されたが、この委員会では、道府県支部の内申を検討して、四月九日までに全選挙区にわたって合計四六

六名の推薦を行なったのである。(4)

推薦候補をみると、新人二一三名、現議員二三五名、元議員一八名の合計四六六名であって、(5)必ずしも新人が多いということはいえず、むしろ、元議員を加えた当選経験者の数が新人をはるかに凌いでいたことは興味深い。一方、この四六六名の推薦候補者に対して、合計五五一名の無所属候補が立候補していた。この無所属候補には、東方会四一、国粋大衆党五、大日本党三、建国会一、赤誠会一二名、計六二名のほか、旧政党員で推薦にもれた者や推薦を拒否した者がふくまれていた。

さて、衆議院議員総選挙の結果は、推薦制の圧倒的勝利に終わった。(6)すなわち当選者は翼協推薦者が三八一名、これに対して無所属七四名、その他は東方会七名、その他各党が計四名という勢力分野になったからである。前議会の勢力分野が、翼同三三四名、同交会三五名、興亜議員同盟二六名、同人倶楽部八名、議員倶楽部一一名、無所属一九名であったのと比較すれば、この総選挙の意義は重大であった。四月三〇日の推薦選挙の終わった五月二日の夜、東条首相が「選挙を終りて」と題して、「今回の総選挙が大東亜戦争完遂と翼賛議会確立という二大目標を完全に達成し、国内態勢の動揺に一縷の希望をかけていた敵国にたいして寸毫の隙も与えなかった国民の協力に感謝する」とラジオで放送したが、首相はその直後五月七日、首相官邸に各界代表七〇名の参集を求め、政府の希望を伝えて各界一致の協力を要請した。これに対し被招請者側では全幅の賛意を表し、全員を委員とする「翼賛政治結集準備会」を組織することに決定したのであった。(7)そして小倉正恒座長のもとに協議の末、

吾等は大東亜戦争完遂のため、翼賛政治体制の確立を期し、挙国的政治力結集の方途を講ぜんとす。

という申し合わせを行なった。その結果、規約その他の具体的成案を作成するため特別委員会が設置され、後藤文夫以下三三名がさらに小委員会を設けて規約・綱領・宣言について協議の結果、五月一四日、第二回総会に後藤特別委

員長から、

特別委員会は過般政府の要請に基いて国内政治力結集の方途について、種々研究を重ねた結果、今回、国体の本義に基き挙国的政治力を結集するため、新たに政事結社を組織し、翼賛政治体制の確立を期すこととなった。従って今回新たに結成される政事結社は大政翼賛、臣道実践を根本理念とするもので、従来政党の通弊とされてゐた派閥抗争的性格は、一切払拭されねばならぬ。この趣旨に基いて規約・綱領・宣言を決定し、会名は『翼賛政治会』とすることに意見の一致を見た。

と報告があり、規約、綱領、宣言、会名を満場一致で可決したのであった(8)。

翼賛政治会の創立総会は一七年五月二〇日大東亜会館にて約一千名の参集を求めて開催された。規約、綱領、宣言を決定したのち、小倉座長より、「貴族院議員陸軍大将阿部信行閣下を総裁に御推薦申し上げます」と諮った結果、翼賛政治会総裁が正式決定となり、阿部信行が総裁挨拶に立った。そのなかで、

抑も本会の使命とするところは、一億国民が渾然一体となり、肇国の大理想を世界に発揚し、皇国の真姿顕現のために、翼賛の大道を全うせんことを期するにあります。而して、この国家的重大使命を遂行致しますには、国民の総力を凝集し、これを政治的に動員する仕組を必要とするのであります。そこに皇国独自の一大国民的政治力の結集が要請されるのであります。本会が、過去における政党と異り、また一国一党的存在とも異る真に皇国独自の政治的組織たるを要する所以も茲にあります。(中略)ここに私は、本会創立の意義を見出すのでありま す。言葉を換へていへば、本会は国民各界に亘り、政治翼賛の総力を凝集し、帝国憲法を恪遵し、協賛の誠を効す翼賛議会の確立を図ると共に、国政の運行に協力し以て大東亜戦争の完遂と大東亜共栄圏建設の方途を促進せしめ、進んで世界新秩序に対する我が指導性を確立せんとするに他ならぬものであります。

而して、政治翼賛の大業を完成するためには、国民の各職域を通ずる組織的協力に俟たねばなりませぬ。従って翼賛政治会は大政翼賛会と緊密なる連繋を保ち、政治実践と国民運動推進の実践と、渾然一体大政翼賛の誠を竭し依て以て皇国興隆の基礎愈々固きを加ふるものと信ずるのであります。(9)

と挨拶したのであった。そこで規約第五条にもとづき阿部総裁より総務二九名が指名され、ただちに阿部総裁名により内務大臣あてに政事結社の許可を求めて申請書を提示、即日許可を与えられた。翌二一日に常任総務一三名ならびに事務局長として橋本清之助を指名した。かくて、宣言、綱領、規約は五月二〇日、事務局規程が五月二六日、政務調査会規程が六月九日に決定となって、諸役員の顔触れもそれぞれきまったのである。(10)なお、発足当初における会員数は、貴族院関係三二六名、衆議院関係四五八名、各層関係者二〇二名、合計九八六名であったが、昭和一八年三月三一日現在の会員総数は、貴族院関係三五三名、衆議院関係四六一名、各層関係二八五名、計一〇九九名である。

翼賛政治会の成立をみてまもない五月二五日、第八〇臨時帝国議会が会期を五日間と限定して召集された。これより先の五月二二日、総選挙後の最初の代議士会が開かれ、その席上、阿部総裁より院内役員の指名が行なわれ、院内総務二〇名、院内幹事三〇名、議案審査部に部長一名、理事七名がきまり、(11)そのほか、衆議院関係においては、総裁の指名によって院内諸役員――院内総務、院内幹事、議事進行係、議場内交渉係、委員及庶務係、議案審査部が設けられた。注目すべきは、政府が翼政会以外の政事結社はこれを認めないという意向を表明したこともあって、第八〇議会の前後にかけて衆議院の各派はいずれも解散したことである。すなわち、総選挙の直後に興亜議員同盟と議員倶楽部が解散し、旧政友会中島派の社交団体である芝園倶楽部が五月一二日に、同交会は一四日に、そして旧議会の主流であった翼賛議員同盟が一九日に解散し、最後まで静観的態度をとりつづけていた東方会も五月二三日解散して思想団体として存続することになった。その結果、衆議院の全会派はすべて翼賛政治会の傘下に集まることになったのであって、翼政会と特殊な事情にある八名を除き全議員が翼政会に包括されることとなったのである。これに関連して注目すべきは、左の「議案取扱規定」である。これは、

一、本会々員ニシテ議案ヲ提出セントスルトキハ議案審査部ノ承認ヲ経ベシ
質問書ヲ提出スルトキ亦同ジ
二、本会員外ノ議員ヨリ提出スル議案ニ賛成者トシテ署名セントスル者ハ議案審査部ノ同意ヲ求メラルベシ
三、委員会(請願委員会ヲ除ク)ニ於テ議案ヲ決定セントスル場合ニハ其前ニ議案審査部ノ議ヲ経ベシ(12)

この議案取扱規定の存在をふくめて、『朝日新聞』が翼賛政治会の成立を「日本的政治へ新発足」と認定し、「我々は日本独特の挙国的政府支援の翼賛議会を確立する時の近いことを誇りたい(13)」と述べたが、果たしてどうであったか。翼政の将来をいますこし丹念に観察する必要があるといえよう。

なお、選挙粛正中央連盟は、翼政会の生誕と相前後して、六月一日、五月一五日の「大政翼賛会の機能刷新」にかんする閣議決定をうけ、「政府の方針に従って」「発展的解消」を行なうことを決定し、七月三一日、解散声明を発表した(14)。

(1) 内務省地方局の「翼賛選挙貫徹運動基本要綱」ならびに「大東亜戦争完遂翼賛選挙貫徹運動実施要領」、「大東亜戦争完遂翼賛選挙貫徹運動宣伝要領」については、選挙粛正中央連盟『昭和一六・一七年度選挙粛正中央連盟事業概要』八―一七ページ参照。なお、閣議決定の「大東亜戦争完遂翼賛選挙貫徹運動」に対する内務省側の解説記事は同概要、一八―二一ページ参照。なお選挙粛正中央連盟自体の解説は同概要の「翼賛選挙貫徹運動基本要綱解説」(二五―三二ページ)、警保局のそれは「啓蒙選挙の実施上注意を要する事項」同概要の二一―二五ページ参照。なお、大政翼賛会の「翼賛選挙貫徹運動実施要綱」ならびに総選挙を目前にした臨時中央協力会議、とくに、後藤文夫議長の「統裁」は、推薦選挙に対する翼賛会の姿勢を示す。これらは、大政翼賛会総務局庶務部編『大政翼賛運動ニ関スル参考資料抄録』一〇三―一三〇ページ参照。とく

に「全国道府県支部両部長会議(一七・二・二八日)における安藤副総裁、横山事務総長の挨拶」(前掲『抄録』一三六—一四三ページ)と『翼賛選挙』の全国一齊臨時常会」、「翼賛選挙貫徹運動委員会」関係資料ならびに「選挙期日公布後に於ける翼賛選挙貫徹運動実施要領」、「翼賛選挙訓」等の資料と内容については、前掲『抄録』一四四—一六七ページ参照。

(2)『翼賛国民運動史』四三五—四三六ページ。「翼賛選挙貫徹運動委員会設置要綱」、「同委員会規定」、「同強化班設置要領」、「同督励班編成要領」については、前掲『抄録』一五一—一六二ページ。

(3) 翼賛政治体制協議会の生誕の経緯、銓衡委員の指名、推薦協議会、支部長会議の状況と本部指示事項、ならびに推薦候補者の決定については、選挙粛正中央連盟『昭和一六・一七年度選挙粛正中央連盟事業概要』一八三—二一六ページ。

(4) 道府県支部の内申に対し、本部と地方との判断のくいちがいがあり、翼賛会と翼賛政治体制協議会との関係について疑義も出たといわれ、また推薦制それ自体にも一部に賛否両論があり、とくに、鳩山一郎らの同交会は四項目にわたる疑義を提出しており、尾崎行雄はまたその選挙演説において推薦制度に反対し、それは、衆議院を官選議員で構成する措置だと激しくきびしく批判したといわれる(『翼賛国民運動史』四三九—四四〇ページ)。なお、選挙粛正中央連盟は上記の『概要』で「翼賛選挙の特徴」と題した総括をこころみている。推薦制度が当時の現行選挙法の自由立候補制の原則に対して「例外」であるにもかかわらず、これをあえて採択したことを評して、それを「飛躍的なむしろ冒険でさへあった」が、そこに「画期的な新味」をみ、「将来に大きな示唆を投げかけた」とし、そしてその背景をさぐって、「昨年の地方選挙で実施されたこの推薦制度が予想以上に好成績であったのに勢ひを得、一つには将来の選挙法改正の試金石として、同時にまた推薦気運の醸成によって潑剌清新の適材を議会に動員せんとする積極的な意図によるもので」ある、とみていたのであった(前掲書、一二六ページ)。

(5) もっとも、当初は定員数ぴったりの推薦を目標としていたのであったが、人選に難航してそうならなかったのである(『翼賛国民運動史』四四七ページ)。なお選挙粛正中央連盟『昭和一六・一七年度選挙粛正中央連盟事業概要』によると、立候補総数一一七七名、新人六五〇名、現議員三六六名、元議員六七名で、翼協推薦は四六六名であった(一二五ページ)。

(6) 総選挙の成果について、「方面別道府県幹部協議会ニ於ケル団長訓示」(昭和一七年五月五日)は、「多大ノ成功ヲ収メタルモノ」と評価し、「壮年団各位並翼賛会地方支部ノ協力援助ノ功亦実ニ没スヘカラサルモノアリ」、「実ニ欣快ニ堪ヘサル所」と挨拶している。それだけではなく、この「推薦制ノ成功」が「将来選挙法ノ改正、翼賛政治体制ノ確立上有力ナル示唆ヲ与ヘタルモノニシテ特筆スヘキ収獲ト称スヘシ」との展望を得ていた。したがって、来るべき市町村会議員の選挙が、「地方翼賛議会確立ニ巨歩ヲ進メ得ルノ公算一層大ナルモノアルヘシト信ス」る以上、「候補者ノ銓衡推薦トトモニ推薦候補者ノ選出即翼選ノ貫徹ト云フ態勢ヲ確立スルコト」に「最善ノ努力」を傾注するよう要望した(「方面別道府県団幹部協議会ニ於ケル団長訓示」(一七年五月五日)、大日本翼賛壮年団本部『大日本翼賛壮年団の組織及活動』翼賛壮年団資料第六輯、昭和一七年九月、六三―六八ページ)。なお内務省、翼賛会・翼壮連名通牒、翼壮団実施要綱については、前掲資料第六輯、七九―九六ページおよび、拙著『東京都政の研究』六五七―六九三ページ参照。

(7) 翼賛政治会『翼賛政治会の結成まで』昭和一七年六月、翼賛政治会、一三ページ。

(8) 同右、一六―一七ページ。

(9) 同右、二一―二二ページ。

(10) 同右、三七、四八ページ。

(11) 翼賛政治会『昭和一七年度　翼賛政治会の概況』翼賛政治会、昭和一八年、一四―一五ページ。

(12) 同右、一六ページ。この議案取扱規定は、第八一帝国議会においては「議案審査部」が「議案審査会」となっているほかは、全く同様である(前掲書、二六ページ)。

(13)『朝日新聞』昭和一五年五月一五日。

(14) 選挙粛正中央連盟『昭和一六・一七年度選挙粛正中央連盟事業概要』昭和一七年、二一八―二二二ページ。

(三)　翼政会の構造

この段階における唯一の政事結社であった翼賛政治会は、その出発の時点から、地方支部の存置問題では否定的な態度をとっていた(1)。他方、翼賛政治会の「政調会」つまり政務調査会は六月初旬、山崎達之輔を会長として発足していた。六月二三日の第一回政務調査会役員会の席上、挨拶に立った阿部総裁は、「従て本会の政務調査会の運営は従来と全く異った新たなる構想の上に立つものである」と述べて、「政務調査の結果は、是れを決議として国民に訴へ是れを旗印として政府に迫ると云ふものではないのであります」と断定した。彼は、翼政会政調会が「貴衆両院議員並に国民各界の権威ある人材を以て構成」され、したがって、「之れに依り官民協力の実を挙げ、調査の完璧を期せんとするものであります」と述べたに止まったのである。(2) ついで政調会長山崎は、政調会の組織にふれて、会長、副会長、理事のほか各省別委員会を設け、それぞれ委員長ならびに幹事をおくこと、調査会は大政翼賛会調査会との連絡調整に努めるほか、(3) 内閣および各省委員には会員の参加を期待する、と挨拶した。(4)

ところで、『朝日新聞』は、この時点で「総力政治体制の躍進」と題し上中下三回の解説記事を掲げている。六月一二日付の記事は、「議会再建の礎成る」として「近衛新体制以来の宿題」が「画期的な推薦制度」と「議会新党の形を避」けた翼賛政治会となって結実したことを高く評価し、それを四点にわたって説明している。その第一点は、「翼賛政治会を議会人のみの政治団体たらしめず、翼賛会その他各界の士千余名を網羅する挙国的組織としたこと」である。翼政会はしたがって当然に「同志的な結合」体ではありえないし、またそれによって、「一部の旧套的行動を封ずる一方、翼賛会とのつながりに特別の工夫を払った」存在なのだと評価した。第二点は、総務ならびに常任総務会の運営についてふれてみると、そのいずれもが「合議制」を採用し、事務局をしてたんなる「事務機関たらしめたこと」を挙げなければならない。「これは勢力均衡主義を考慮した会員銓衡方針から生ずる当然の帰結」でもあり、(5) 事務局は総裁の下にあって、もはや会務の決定機関ではなく、事務局長も、従来の政党における幹事長のような役割をもたず、また政策の立案調査の仕事は政務調査会へ委譲し、事務局は単なる「事務的機関」だと『朝日新聞』の解説記事は指摘している。第三点としては、地方支部をさしあたり設置しないという方針についての説明がなされなければならない。『朝日新聞』の解説記事は、ズバリと「政党支部に還元のおそれのある支部設置は敢へて急がぬことにした」と判定し、さいごに、第四点に、政府と翼賛会との有機的な関連を機構面・人事面の両面で強く盛った組織

体であることを力説している。(6)

ところで、翼賛政治会の結成が、「近衛新体制以来の宿題」に対する解答であったのか。また反面において、この新組織体の発足をもって、議会再建の礎成ると評価できるのかどうか。あるいはまた大政翼賛会を窮地に追いやった一部旧政党勢力の「反噬」を阻止することに成功したのかどうか。また、「支部」組織を欠落した政治勢力の新発足をもってあえて「議会再建の礎成る」と評価し、したがって、旧政党勢力の「反噬」を「阻止」しうるとみることができるのかどうか。

たしかに第七六帝国議会の直後には、大政翼賛会議会局の機能はもはや停止しており、やがて、衆議院議員倶楽部の結成となり、一六年の九月には、議員倶楽部は大政翼賛議員同盟になったわけであるが、これらのいずれをとっても、それらはかつての解党各派の合従連衡であって、動揺と分裂とそして不断の不安定さは、これらの組織体につきまとって離れない。したがって、翼賛政治会という新しい存在を議会勢力再編成の終着駅だとみる立場に立てば、大政翼賛会を強化する措置であって、議会勢力の反噬的態度を打破していけるという観測があっても、これは当然であろう。(7)六月一三日の『朝日新聞』解説記事は、大政翼賛会と翼賛政治会との「併存」策をとったところにポイントをおいて力説し、両者は当然に「一元化」へ向かって進むもの、とさえ予測している。(8)しかし、「一元化」への契機は、容易には見出すことはできなかったのであった。

（1） 例えば、五月三〇日の『朝日新聞』が、「翼政の支部設置、けふ有志代議士討議」と掲げた一週後、六月五日付記事には、「阿部総裁京都で語る　地方支部問題　今のところ一切考へてゐない」とある。
（2） 翼賛政治会『翼賛政治会の概況』三三—三四ページ。
（3） 同右、三六ページ。もっともこの時点では、双方の事務当局が協議中であった。

（4）各省別委員会調査項目については、前掲『翼賛政治会の概況』三七―四三ページ参照。また政務調査会の成果の概略については、前掲書、四三―五八ページ。『朝日新聞』一七年六月一三日「大局的見地に立ち政務事務の運営へ　内閣・各省委員職務規程基準決る」参照。

（5）その結果について『朝日新聞』はつぎのように予測している。これは、ひとつには総裁の統率力には影響があるが、反面では、挙国的組織としての翼政会としては、このしくみは最もふさわしい方法だ、と述べて、まさにこれは「日本的な行き方でもあらう」と判定している。

（6）例えば、政務調査会と内閣各委員会および翼賛会調査会との関係において、双方の人材の相乗りをはかり、また、人事においては、総務会へ陸海相をのぞく全閣僚の出席を求め、また阿部翼政会総裁の翼賛会顧問就任、翼政会総務と翼賛会総務ならびに首脳陣との人事交流等が、新しい工夫であり、組織体の特色といえよう。

（7）東条内閣の成立直後に、大政翼賛会の総裁として首相が、翼賛会再出発の必要を説きつつ、さしあたり当面は、ごく部分的改組にとどめたことを想起すべきである。その意味では、大政翼賛会の改組はこの内閣の組閣以来の懸案であり、翼政会の発足はそれを部分的になしとげたものともいえよう。『朝日新聞』一七年六月一一日「総力政治体制の躍進　上」参照。

（8）『朝日新聞』六月一三日「総力政治体制の躍進　下」。幹部間人事交流や翼政・翼賛両組織の調査会の交流人事は、両組織間の調整に役立つ半面、かえってその統合を阻む要因にもなりかねないから、「一元化」への指向それ自体は歓迎さるべきであった。しかし、「一元化」へ向かうエネルギーがあるか、となると、これはまた別問題となろう。

第二章　大政翼賛会の「機能刷新」

一　はしがき

改組された大政翼賛会の運営は、翼賛会の成立前後八ヵ月間にわたる激動に比較すれば、低調というか、停滞的、静止的であった。だが、反面においては、大政翼賛会の組織と運動、そしてその資金面において、帰趨を決する重要な局面が展開したことは、見落とせない。そして、この動向を規定する要因は、改組前の大政翼賛会におけると同じく、組織面では大政翼賛会の地方支部組織のあり方に集約され、また運動面では、網羅型組織か同志精鋭型組織かという選択をめぐる問題であった。これらは大政翼賛会の改組前後を通じてほぼ一貫する問題であった。したがって、本章の課題となっている大政翼賛会の「機能刷新」は、じつは、近衛新体制から大政翼賛会が発足するさいの課題が、辿りついた軌跡を、さらに拡大する結果になるというべきであろうか。つまり生い立ちの過程で身につけた習性が、成人となった大政翼賛会の「機能刷新」という選択によって、内部革新を可能ならしめたのかどうか。いったんつくり上げられた組織と構造は、悪くすると組織論理の否定という結果を生み出すであろう。大政翼賛会の「機能刷新」論は、その意味で、組織の存続をかけた課題であったのである。

二　大政翼賛会の「機能刷新」

挙国的政治力を結集した「日本的政治へ新発足」を予約するものだという翼賛政治会の発足と相前後して、総選挙の直後から東条内閣が手がけてきたのが、大政翼賛会の機能刷新という野心的な構図の具体化であった。すなわち、衆議院議員総選挙戦後まもなく、一七年五月一五日の閣議で、「大政翼賛会機能刷新に関する件」と題して、東条首相から詳細な説明があり、閣議ではこれを承認した。情報局は、

一、その方針
二、大政翼賛会の事業
三、大政翼賛会の整備拡充に関する措置

と三つに分類して、新聞を通して大きく声明の形で発表したのであった。(1) この狙いは何か。それは各省主宰の国民運動を大政翼賛会へと「吸収」し、大政翼賛会の強化と、翼賛政治会との緊密なる連絡をはかろうとするものであって、いわば、国民運動を推進する諸団体に対して、「統制会」の地位を大政翼賛会へ与えようとするところに狙いがあった。五月一六日の『朝日新聞』の社説には、(2)「かくの如く、各種報国運動、青年団等の業務を翼賛会に移すことは、実に思ひ切った処置であって、会成立以来の懸案は、こゝに一挙に解決したといっても決して過言ではなからう」と展望し、「これで会も漸く落着くところに落着くとともに、その内容を附与され、真に活気を呈して来るに相違ないと推測される」と評釈した。一七年五月一五日発表の「国民運動統合に関する情報局発表」ならびに「情報局総裁談」は左記のとおりである。

国民運動統合ニ関スル情報局発表　一七、五、一五

一、方　針

大政翼賛会ハ其ノ本来ノ使命タル万民翼賛臣道実践ノ国民組織確立ノ推進中核体タルノ実ヲ一層発揮セシムル之ガ為現存ノ各種国民運動ヲ大政翼賛会ノ傘下ニ収メ、逐次之ガ調整充実ヲ図リ国民ガ万民翼賛臣道実践ノ生活ヲ営ムコトヲ活潑ナラシムル組織ノ確立ヲ推進ス

二、大政翼賛会ノ事業

(一)　大政翼賛運動ノ基底ト為ルベキ国民組織ノ確立

(二)　国民思想ノ統一、職域奉公ノ徹底、国防生活ノ確立、戦時経済ノ確保等ノ為ニスル大政翼賛運動ノ推進

(三)　国民ノ錬成

(イ)　一般的錬成

(ロ)　国防技術ノ錬成

尚右ニ関連シテ左ノ事業ヲ行フ

(一)　上意浸透状況及民情ノ査察

(二)　国民生活ノ指導相談

三、大政翼賛会ノ整備拡充ニ関スル措置

(一)　行政各庁ノ主宰スル各種国民組織確立ノ運動(産業報国、農業報国、商業報国、海運報国等)ニ関スル事務及之ニ伴フ国民組織ノ編成及指導ノ事務ヲ大政翼賛会ニ委譲ス

(二) 選挙刷新、貯蓄奨励、物資節約及回収、健民国策国民運動ノ事務及推進ヲ大政翼賛会ヲシテ実施セシム
(三) 行政各庁ノ主管スル国民錬成機構ヲ大政翼賛会ニ委譲ス
(四) 右各号ニ関連スル行政各部ノ予算ハ将来大政翼賛会ニ対スル補助金ニ統一ス
(五) 大政翼賛会ニ対スル監督ハ内閣総理大臣之ニ当リ、尚各種ノ組織及運動ニ対シテハ関係主管大臣ニ於テ之ヲ指導ス
(六) 大政翼賛会ノ機構ニ必要ナル改組ヲ行フ
(七) 大政翼賛会ノ経費ハ国庫補助及寄附金トス
(八) 部落会、町内会等ハ其ノ自治的機能ヲ強化スルト共ニ他面大政翼賛会ノ指導スル組織トシ其ノ間必要ナル調整ヲ考慮ス

四、大政翼賛会ト新政治結社トノ関係
(一) 大政翼賛会ト新政治結社トハ相互ニ緊密ナル連繫ヲ保タシム
(二) 右ノ為新政治結社ノ構成員ハ適宜大政翼賛会ノ役職員ニ就キ、大政翼賛会ノ機能発揮ニ尽力スルモノトス

説　明

今回ノ総選挙ヲ契機トシテ強力ナル政治力結集ガ出来ルコトト相成リマシタコトハ諸君既ニ御承知ノ通リデアリマス。

新政治力結集ハ一面ニ於テ衷心ヨリ政府ト協力スルト共ニ、国民運動ノ中核体トシテノ大政翼賛会ト同一精神ニ立チ、其ノ事業ノ育成強化ヲ目標トシテ居ルノデアリマス。

而シテ今ヤ大政翼賛会ハ茲ニ万民翼賛臣道実践ノ国民運動ノ為ノ組織ヲ確立スル事業ニ徹シ、其ノ本来ノ使命ヲ全ウシナケレバナラナイ時機デアリマス。

而シテ大政翼賛会ノ今後ノ発展ヲ定ムル為ニハ先ヅ大政翼賛会ノ現実ニ行フベキ事業ノ範囲従テ政府ト大政翼賛会トノ間ニ於テ事業ノ分野ヲ明確ニスル必要ガアルト思フノデアリマス。而シテ此事ハ政府ノ定ムベキモノデアリマス。

此ノ大本及新タニ生誕スル政治団体トノ関係ヲ基礎トシテ、大政翼賛会ハ内部的ニ其事業運営ノ方法ニ就イテ構想ヲ廻ラスベキデアルト考ヘマス。

政府、大政翼賛会ノ今後ニ於ケル事業ノ分野及大政翼賛会ノ事業ノ大綱ヲ定ムルニ当ツテノ根本ノ考ヘハ、今日ノ時局ニ於テ政府ハ戦争遂行ノ為ニ直接関係アル事務ハ強力ニ之ヲ実行シテ行クト共ニ、国民運動ニ属スルモノト考ヘラレル事務並ニ運動ノ直接指導ハ出来ル限リ之ヲ全国民ノモリアガル力ニ依テ之ヲ強力ニ行フコトヲ期シ、而シテ此等ノ運動ハ悉ク大政翼賛会ニ集大成セントスルモノデアリマス。

即チ一面ニ於テハ大政翼賛会ノ国民組織確立ニ関スル事業ノ拡充デアリ、一面政府ノ仕事ヲ出来得ル限リ簡素ニシテ強力ナラシメントスルコトヲ眼目トスルモノデアリマス。此趣旨ニ依リ只今御手許ニ配付致シマシタ案ハ出来テ居ル次第デアリマス。即チ現在行政各庁ノ主宰スル各種国民組織確立ノ運動、例ヘバ産業報国運動、農業報国運動、商業報国運動、海運報国運動並ニ青年団、婦人会等ノ運動ニ関スル仕事ハ之ヲ大政翼賛会ヲシテ行ハシムルモノデアリマス。又選挙刷新、国民貯蓄奨励、物資節約回収、健民運動ノ国民運動ハ之亦大政翼賛会ヲシテ行ハシメントスルモノデアリマス。又部落会、町内会等ハ其ノ自治的機能ヲ強化スルト共ニ他面其運営及指導ヲ大政翼賛会ヲシテ活潑ニ行ハシメントスルモノデアリマス。此等ノ事業ハ従来政府各部ニ於テ親シク之ガ指導ニ関与シ、其効ヲ挙ゲテ居ルモノデアルガ、此際新タニ政治力ノ結集サレ、政府ニ対スル協力ノ気運澎湃タル秋ニ当リ之ヲ国民ノ自発的運動ニ移シ、政府各部ハ之ニ対シテ必要ナル指導監督ニ止メ、其運営ハ之ヲ大政翼賛会ニ集中セシメントスルノデアリマス。素ヨリ現在ヨリ云ヘバ大政翼賛会ノ力ガ不充分デアルコトハ事実デアリマス。然シ政府ガ之ニ対シ権限、業務ヲ与ヘ、而シテ之ヲ育成強化シテ行クト云フコトニアラズンバ何時ノ日カ遂ニ大政翼賛会ハ強力ニナリ得ルノ秋ハナイト思ハレルノデアリマス。

而シテ一時ノ不便ヲ忍ビ大乗的心持ヲ以テ思ヒ切ツテ国民運動ノ健全ナル発展ノ為ニ乗出スニハ今日ノ如キハ正ニ絶好ノ時機デアルト確信スルモノデアリマス。

従テ茲ニ敢テ之ヲ断行セントスルモノデアリマス。

最後ニ此等ノ仕事ニ就イテハ各官庁ニ於テ、多年非常ナル苦労ヲ重ネラレテ参ツタノデアリマス。従テ之ヲ大政翼賛会ニ委譲スルコトニ就イテハ直接之ニ関与シテ居タ官吏トシテハ一抹ノ不安ノ念ヲ懐クコトモアラウカト存ジマス。

従テ此委譲ニ関シテハ相当ノ摩擦ノアルコトモ予期セラルルノデアリマス。然シ之ハ全国民一丸トナツテ此ノ大戦争ヲ戦ヒ抜ク為ニ絶対必要ナル措置デアリマス。故ニ方針ノ決定シタル以上ハ各位ニ於カレマシテモ其ノ趣旨ヲヨク関係官吏ニ伝ヘ一糸紊レザル如ク潤滑ニ委譲ノ措置ガ行ハルルヤウ充分ナル御配慮ヲ特ニ御願ヒ致ス次第デアリマス。素ヨリ之ガ実施ニ当ツテハ大政翼賛会ノ機構整備ト相俟ツテ順序ヨク之ヲ行ヒ、以テ万遺憾ナキ措置ヲ講ズベキコトハ勿論デアリマス。

尚此際特ニ申上ゲテ置キ度イコトハ今日、内外ノ情勢ニ鑑ミ官吏ノ人員ヲ出来ル丈減少シ、以テ大東亜全般ニ亘ツテ活動スル我国ノ人士ノ充実ヲ図ルコトガ焦眉ノ問題デアルト云フコトデアリマス。

之ガ為ニハ、官庁ノ事務ヲ能フ限リ簡素ナラシムルコトガ絶対必要デアリマス。而シテ又此点ハ国民全般ノ澎湃タル期待デアリ要望デモアルト思フノデアリマス。

大政翼賛会ニ国民運動ノ全部ヲ集大成スル斯クノ如キ機会ニ於テ之ト関連シテ官庁事務ノ簡素化ヲ図ルコトハ実ニ重大ナル意味ガアルト思フノデアリマス。

何卒各位ニ於カレマシテモ此点ニ関シ充分ノ御配慮ヲ煩ハシ度イト存ズル次第デアリマス。

簡単乍ラ、之ヲ以テ私ノ説明ヲ終リマス。

ところで国民運動の統合へ向けて走り出した東条内閣は、その第一着手として、六月一六日、六団体を対象として「国民運動協議会」を組織し、ただちに、打合会をもった。(3) そこでは、五項目にわたる申し合わせが行なわれた。一方、これに先立って六月一〇日の新聞記事は、安藤翼賛会副総裁の入閣を報じて、政府が大政翼賛会との連絡を緊密化し、国民運動を翼賛会統制下におこうという企図を指して、「会創設以来の宿題を一挙に解決せんとする」、「実に思ひ切った革新と申すべき」措置であると評価した。(4) この評価は『朝日新聞』のそれである。すなわち、政府側主導の下に、一 国民運動協議会を設置し、二 大政翼賛会の協力会議の拡充強化に手をつけるほか、(5) 三 翼賛会の事務局機構・人事の刷新、さらには、四 調査委員会の機能変更を通じて新機軸を求めるさい、中心となる課題は、おのずから、第一の国民運動の統合をどういう形で組み立てるかにあった。

『朝日新聞』の記事によれば、「傘下に入ることを予定された」大日本産業報国会の小畑理事長談と大日本青少年団の朝日奈理事長談等が掲載されている。小畑は、「当然落ちつくべきところに落ちついたのだと考へる、従って今更我々がやって来た産報運動の方向を、ここに改めて変へる必要もなく、機構人事なども従来通りである」と述べ、そして厚生省との関係にふれて、「厚生省との関係は全然縁が切れたといふわけではなく、例へば産報が翼賛会といふ相思の許嫁と晴れて結婚したが、里親の厚生省とは相変らず親子の仲で今後といへども世話になるわけ」だ、と説明している。また、大日本青少年団の朝日奈理事長談は、「たゞ繰り返し強調したいことは今回の転換のためにこの青少年運動が二元化せざるやう」に望む、という主旨であった。[6]

東条内閣が総力政治体制のしあげとして狙ったもうひとつの焦点はなにか。それは、大政翼賛会と翼賛政治会とが、それぞれに新しく陣容を整備しようとする構想に出たものであった。すなわち、第一に、翼賛会と翼政会との「両者併存」という事実があり、それにもかかわらず第二に、両者の「一元化」志向の要請[7]があり、とくに、翼政会が地方組織を持たぬ政事結社として発足するというユニークさをもつために、「両者併存」と「一元化」志向の関係は相互に背反的であるものの、反面では、現実問題としては相互補完関係にあり、きわめて微妙であった。大政翼賛会が、各省主宰の国民運動部門を「吸収」[8]する立場をとるとすれば、これが翼政会側からの反撥を防ぐことはともかく、かといって、積極的な協力体制がこの措置によって得られるかというと、それが得られないことはたしかであり、さきの引用にもあるとおり、各省すなわち「里親」をもった国民運動諸団体からは、「里親」ぐるみの拒否反応を引き出す可能性すらあったのである。

よほど具体的に周到慎重に取扱はないと、形式は集大成で見事であっても、実質は混雑を来して、かえって能率を低下する惧れが絶無とはいへないのである。したがって、大政翼賛会の内部機構として採り入れるといっても、いきなり部局として呑みこむのがいいのか、或いは興亜同盟乃至壮年団のやうに、一応外廓団体に存置するのがいいかは、大いに考究を要するところではあるまいか。[9]

この引用からも明らかなように、「会成立以来の懸案は、ここに一挙に解決したといっても決して過言ではなからう」との一応の展望もさることながら、その具体化、現実化は容易なことではなかったといえよう。

　さて東条内閣は、六月二三日の閣議決定によって、「国民運動団体の統合に関する件」を決定し、いよいよ国民運動の強化措置に乗り出すことになった。その大要は、
一、大政翼賛会傘下の指導に関しては各省大臣が翼賛会を通じて行ふこと
一、各団体に対する補助金は明年度以降翼賛会の予算として計上すること
一、翼賛会と参加団体との間の役職員を兼任せしめて連絡を緊密にすること
一、産報青年隊、農報増産推進隊、商報推進隊等の組織は翼賛壮年団との調整を図ると共に機能充実を期すること
という内容であった。[10]この措置は大政翼賛会改組後、自らの役割を諸団体の「統制会」と規定し、国民運動は「直接指導」するのだと規定した約一ヵ月前の方針を一歩具体化した内容であろう。しかし、「各種国民運動の統合を一挙に断行して不必要な摩擦を生ぜしめるが如きは極力これを避ける」ために、この措置は大政翼賛会の「機能刷新」と称され、公事結社としての翼賛会の法的性格にはもとより変化はない。また、新たに規準法を設けることはせず、「逐次実行」することとされていた。その「逐次実行」の具体案は、以下のように報ぜられている。[11]
一、産報、農報、商報、海報、青年団、婦人会等の団体は、あたかも重要産業における統制会のやうに翼賛会がその傘下に纏めて各団体相互に一貫した運動の展開を指導せんとするもので、各団体が解体し翼賛会の中に溶け込むものではない。しかし各団体の人事、予算等の権限は翼賛会総裁の手に移り、各官庁は翼賛会を通じてのみ指導監督することとなったのであるから各団体の規約や一部機能の変化は行はれる。
二、選挙刷新、国民貯蓄奨励、物資節約及び回収、健民運動等の国民運動は翼賛会をして直接これを行はしめる。

三、部落会、町内会等は翼賛会の指導する組織たらしめるが、行政補助機関としての町内会、部落会の機能を奪ふわけではない、行政官庁の補助機関としての機能はこれを一層強化すると同時に翼賛会をして指導せしめ、翼賛会と行政各庁の調整をさらに密にせんとするものである。

この一、二、三をみれば、一と三の場合は、それぞれ微妙な論旨が明瞭に共存している。すなわち一の場合の翼賛会を「重要産業における統制会」と位置づける反面において、この統制会は各団体を統制しうる立場には立たない。三の場合もしかりであって、大政翼賛会が町内会・部落会を「指導する組織」となれというかと思うと、それは「行政補助機関としての町内会・部落会の機能を奪ふわけではない」、むしろ「一層強化する」のだとある。

ともかく、六月二三日の定例閣議で、大政翼賛会の機能刷新にかんして各種国民運動団体を「吸収」して国民運動の強化を図る方針の「具体的措置」が明確になった。この「国民運動団体の統合に関する件」は、さきの一五日の閣議決定に基づき、「取り敢ず左の事項を決定実行するものとす」とあり、それは、さらに一 各団体の組織、二 指導監督、三 予算、四 人事、五 統制委員会、と分かれていた。

国民運動団体の統合に関する件

一、各団体の組織

(一) 中央機構　中央機構には変更を加へず各省大臣が各団体の総裁又は団長たることはこの際取り止むること

(二) 推進組織　産業報国青年隊、農業報国連盟増産報国推進隊、商業報国推進隊等の組織に附ては大政翼賛会推進員及び大日本翼賛壮年団等との調整を図ると共にその機能を充実するの要あるを以て之等に附ては

別途考究すること（備考　地方機構の調整に附ては別途考究すること）

二、指導監督

（一）　監督　大政翼賛会に対する監督は内閣総理大臣之に当ること

（二）　指導　大政翼賛会の傘下に加入する各団体の指導に関しては関係主管大臣は大政翼賛会を通じてこれを指導すること、但しその運営に当りては関係各省並に各官庁と大政翼賛会との間に適切なる連繋を保持し各団体の機能発揮に支障なからしむるやう考慮すること

三、予　算

（一）　予算の編成及交付　各団体に対する補助金は昭和一八年度以降大政翼賛会の予算として一括計上し各団体に対しては大政翼賛会よりこれを交付すること、なお昭和一七年度予算に関しても大政翼賛会を通ずるやう適宜の措置を講ずること

（二）　各省予算の執行　各省予算中各団体をして実施せしむる事業費は大政翼賛会を通じ従来通りこれを交付すること

（三）　地方費予算　前各号に準じて取扱ふこと

四、人　事

（一）　各団体首脳部役職員の委嘱、解嘱、任免は、特別の事情あるものを除き、各団体の会長（団長）、副総裁、副会長（副団長）、理事長、理事、地方支部長の委嘱、解雇、任免は、大政翼賛会之を行ふものとすること

（二）　役職員の相互兼任

大政翼賛会と参加団体との間に役職員を兼任せしめ常時交流を図ること

(三)　人事交流　大政翼賛会と傘下団体との連繫を一層緊密ならしむるため必要に応じ人事の交流を行ふこと

五、統制委員会

(一)　大政翼賛会の統制委員会は内閣並に関係各省官吏、大政翼賛会各局長、大日本翼賛壮年団本部長、大日本興亜同盟理事長及び参加各団体の理事長またはこれに相当する者を以て組織す

(二)　統制委員会は関係諸団体の統制運営に関する事項を審議す

(三)　統制委員会の委員長は大政翼賛会事務総長之に当る

(四)　統制委員会に幹事を置く

幹事は内閣並に関係各省官吏、大政翼賛会関係局部長および各団体関係職員をもってこれに充つ、幹事長は大政翼賛会総務局長をもってこれに充つ

(五)　幹事は統制委員会に附議すべき事項を調査立案す

団体統合に関するこの実施方針が閣議決定をとりつけるところまで見届けて、国民運動協議会は、二五日、第二回総会を翼賛会本部で開催し、その任務終了をもって解散した。(12)その際三点について申し合わせが行なわれている。(13)その一は、「国民運動団体協議会参加団体は、(中略)国民運動の目的達成に邁進し以て臣道実践体制を実施せむことを期す」、その二は、「閣議決定の実施上各団体毎に協議する必要ある事項については、それぞれ大政翼賛会との間に協議を遂ぐるものとす」、その三は、「地方機構および推進組織等については今後大政翼賛会等において考究するものとす」というのであった。

この申し合わせによっても明らかなように、各種国民運動組織がそれぞれ主管官庁をもっているから、それらと大政翼賛会との「協議」にさいしては、どちらの側にどういう判定を下すべきか、その極め手がないことに注意すべきである。かりに大政翼賛会が総理大臣すなわち大政翼賛会総裁の所管――「監督」――の下にあるとしても、総理大臣もまた国務大臣であり、各省庁長官である国務大臣とは国務大臣平等の原則に規定される存在である。前掲二の指導監督の(二)、「指導」に関する規定が、(一)の「監督」をただちに打ち消す形の意味をもっていることは争えない。それは、予算の「一括計上」においても、つらぬかれている。また、これと密接に関連するのが、申し合わせの第三の地方機構および推進組織等のあり方をきめるさいに、「今後大政翼賛会等において考究するものとす」とあるが、この程度の規定でもって、どの程度の実効性ないし拘束力をもちうるのであろうか。右に掲げた五の統制委員会に関する解説の(五)の根拠ともいうべき論点をとりあげよう。左記の文書は、大政翼賛会から内閣総理大臣あてに提出された、大政翼賛会統制委員会規程制定の件に関する「稟議書」である。ここで、直接その規定を引用しておこう。(14)

内閣閣甲第二八八号　　昭和十七年七月六日起案

内閣書記官　〇〇

内閣総理大臣花押　　内閣書記官長花押

案

大政翼賛会総裁ヨリ別紙ノ通大政翼賛会統制委員会規程制定ノ件承認方稟請有之候ニ付左案ニ依リ承認相成然ルベシ

大政翼賛会総裁　　東　条　英　機

本年七月四日附稟請(総庶企第四七号)大政翼賛会統制委員会規程制定ノ件承認ス

昭和十七年七月六日

内閣総理大臣

昭和十七年七月四日

大政翼賛会総裁　東条英機

内閣総理大臣　東条英機殿

大政翼賛会統制委員会規程ニ関スル件

標記ノ件大政翼賛会事務局職制第八号ニ依リ別紙ノ通決定シ御承認ノ日ヨリ実施致度候条御承認相成度此段稟請候也

大政翼賛会統制委員会規程

第一条　統制委員会ハ関係諸団体ノ統制運営ニ関スル事項ヲ審議ス

第二条　統制委員会ノ委員ハ内閣及関係各省官吏、大政翼賛会各局長並ニ大政翼賛会興亜総本部各局長、別表ニ掲グル関係諸団体ノ理事長又ハ之ニ相当スル者ニ付総裁之ヲ委嘱又ハ命ス

第三条　統制委員会ノ委員長ハ大政翼賛会事務総長ヲ以テ之ニ充ツ

第四条　統制委員会ニ幹事ヲ置キ内閣及関係各省官吏、大政翼賛会関係局部長並ニ大政翼賛会興亜総本部局部長、関係諸団体ノ関係職員中ヨリ総裁之ヲ委嘱又ハ命ス

幹事長ハ大政翼賛会総務局長ヲ以テ之ニ充ツ

幹事ハ統制委員会ニ附議スベキ事項ヲ調査立案ス

第五条　統制委員会ニ書記若干名ヲ置ク
書記ハ事務局職員中ヨリ総裁之ヲ命ス
書記ハ統制委員会ノ庶務ニ従事ス
第六条　本規程ニ定ムルモノノ外統制委員会ニ関シ必要ナル事項ハ総裁之ヲ定ム

別　表

一、大日本翼賛壮年団
二、大日本婦人会
三、大日本産業報国会
四、大日本労務報国会
五、農業報国会
六、商業報国会
七、日本海運報国団
八、大日本青少年団

別表は、大政翼賛会統制委員会規程にある「関係諸団体」(第二・四条参照)八者を網羅しているが、これら「関係諸団体」と大政翼賛会との力関係がどうなっていたのか。これを左記の新聞記事から追ってみよう。「団長以下重要人事翼賛会総裁が委嘱」という見出しをつけた七月二六日の『朝日新聞』記事は、「大日本青少年団則の改正決る」と報道して、文部大臣の認可を要請している団則の改正点を二つ紹介している。その一つは、団則に「大政翼賛会の統制に従ふ」という条項を挿入することであり、他の一つは、「文部大臣の職に在るもの」という団長の地位規定を削除して、たんに「翼賛会総裁これを委嘱す」とし、これと関連して副団長、顧問、審議員等重要人事も翼賛会総裁が「委嘱」する、と改正した点が特色である、とある。もっとも、副団長三名のうち一名は従来通り文部次官職にある者を翼賛会総裁が委嘱し、地方団長には地方長官の職にあるものを委嘱するものであるから、現職の文部次官なり地方長官を職責上当然に委嘱する点では、大きな妥協的措置であったことは見落とされてはならない。しかも、大日本青年団の指導は、文部当局が大政翼賛会を通して指導するたてまえをとり、形式と内容とは矛盾する。これに加えて、大日本青少年団が自主的機構であり、その青年訓練団体としてもっている性格にはなんらの変化もなかったのである。(15)

とくに留意すべきは、こうして大政翼賛会の傘下に収められることとなった各団体の道府県組織の問題である。地方機構改組の内容と各団体の道府県組織との関係は、密接であった。すなわち、大政翼賛会は、その地方機構拡充案として、事務局長という新設のポストをつくり、支部事務系統の一元化を図ったが、支部長の知事兼任制はそのままであり、この事務局長が、支部の事務系統を実際上掌握する立場にあった。だが、その任命は、翼賛会総裁の指名によるものでありながら、事務局長は道府県支部長の推薦によって委嘱され、支部長の命をうけて事務を掌理する、と位置づけられたのであった。(16)したがって、支部運用の「実権」は依然として地方長官たる支部長にあり、地方長官による支部掌握のたてまえが貫かれた。(17)他方、八月七日付『朝日新聞』の報道によれば、大政翼賛会の傘下に入った産報等の六団体支部ならびに既存の翼壮支部と翼賛会支部との地方機構の調整は、産報等各団体の道府県組織が、組織としてそのまま温存されたままの形で大政翼賛会道府県支部傘下に入る、という形で処理されたのであった。ただし、新設の地方統制委員会が支部長に「直属」し、大政翼賛会支部長が地方統制委員会委員長であるとしても、地方統制委員会がそもそも道府県関係部長、翼賛会支部首脳役員、道府県翼壮団本部長、関係各団体の民間側首脳者その他をもって構成されることと、統制委員会におかれる幹事が統制委員会の構成員同様に、道府県関係課長、道府県翼賛会支部関係職員および各団体関係職員をもって構成されることを考慮に入れると、地方統制委員会と統制委員会の幹事が「附議スベキ事項ヲ調査立案」すべき具体的事案を果たして現実的に処理する能力をもつかどうか。これはかなり問題ではなかろうか。かりに、幹事長が道府県支部事務局部長の一人であるとしても、「幹事ハ統制委員会ニ附議スベキ事項ヲ調査立案ス」という課題の処理にさいし、政策立案の能力があるかどうか。とくにここで想起すべきは、各団体の地方組織がその「存続」を認められ、その事務局も「存置」され、さらに、各団体に対する中央部からの「補助金」は「従前通リトス」とある。要するに、こういう所与の機構を存置したままでは、「統制運営ニ関スル事項」を調整する組織と権限が、「大政翼賛会地方統制委員会規程」(一七年八月二四日)によってつくり出されるとはいえないのではなかろうか。ちなみにいえば、「大政翼賛会及関係諸団体ノ地方機構ノ調整ニ関スル件」は左のとおりに規定されていた。(18)

大政翼賛会及関係諸団体ノ地方機構ノ調整ニ関スル件

一、概　要

(一)　大政翼賛会ノ傘下ニ収メラレタル各団体ノ道府県組織ハ其ノ組織ヲ存続シツツ大政翼賛会道府県支部ノ傘下ニ入ルモノトス

(二)　各団体ノ事務局ハ之ヲ存置スルモ大政翼賛会道府県支部事務局ヲ中枢トシテ緊密ナル連絡統制ヲ図ルモノトス

(三) 海報ニ就テハ別途考慮ス

二、予　算

(一) 各団体ニ対スル道府県ノ補助金並ニ道府県予算中各団体ヲシテ実施セシムル事業費ニ関シテハ六月二十三日閣議決定ニ依ル

(二) 各団体ニ対スル当該団体中央部ノ補助金ニ対シテハ従前通リトス

三、人　事

(一) 各団体ノ幹部ノ委嘱、解嘱、任免ハ大政翼賛会総裁ノ行フモノヲ除キ大政翼賛会道府県支部長之ヲ行フ、但シ特別ノ事情アル団体ニ就テハ此ノ限リニ非ズ

(二) 大政翼賛会道府県支部ト傘下各団体トノ間ニ人事ノ兼務並ニ交流ヲ行ヒ常時連絡ヲ緊密ナラシムルモノトス

四、地方統制委員会

(一) 大政翼賛会道府県支部ニ地方統制委員会ヲ設ク

(二) 地方統制委員会ハ大政翼賛会道府県支部長ニ直属シ支部関係諸団体ノ統制運営ニ関スル事項ヲ審議ス

(三) 地方統制委員会ハ道府県関係部長、大政翼賛会支部首脳役員、道府県翼賛壮年団本部長、関係各団体ノ民間側首脳者其ノ他大政翼賛会道府県支部長ニ於テ必要ト認ムル者ヲ以テ組織ス

(四) 地方統制委員会ノ委員長ハ大政翼賛会道府県支部長之ニ当ル

(五) 統制委員会ニ幹事ヲ設ク
幹事ハ道府県関係課長、大政翼賛会道府県支部関係職員及各団体関係職員ヲ以テ之ニ充ツ

幹事長ハ大政翼賛会道府県支部事務局部長ノ一人ヲ以テ之ニ充ツ
(六)　幹事ハ統制委員会ニ附議スベキ事項ヲ調査立案ス

右の「概要」が示しているように、(一)各団体が、その「道府県組織」を「存続」しつつ、大政翼賛会道府県支部の傘下に入れられる結果、大政翼賛会が、その傘下の各団体の事務局との調整に如何に対処するのか。その点はさらに、(二)予算、(三)人事の点に視点をこらすとき、この「調整」は複雑かつ困難となることが当然予想されるであろう。当該団体中央部からの補助金ルートが「従前通リ」であることが確認されているばかりではなく、新人事においては、「大政翼賛会総裁ノ行フモノヲ除キテハ大政翼賛会道府県支部長之ヲ行フ」とある以上は、官選知事が任免権をもつことは、内務省の行政組織とその命令系統に、大政翼賛会の新地方組織がとりこまれることを意味するのであるが、それだけではない。例えば、これには、「但シ特別ノ事情アル団体ニ就テハ此ノ限リニ非ズ」という例外規定すらもが設けられている。事態は厄介になりそうである。それゆえに、さらに、大政翼賛会道府県支部には、新たに「地方統制委員会」が設置されねばならないとある。だが、果たして地方統制委員会が支部関係諸団体の統制運営面でのイニシアティブをとることができるのか、どうか。統制委員会の職能の中心の要が、「幹事」に集約されるとして、幹事の構成が果たして、「統制委員会ニ附議スベキ事項ヲ調査立案ス」る能力主体たりうるのか、どうか。新しく生まれ出るべき大政翼賛会道府県支部組織をめぐる設問は、尽きないであろう。

大政翼賛会と関係諸団体の地方機構の調整を保障する措置につづいて、八月一四日には、さらに、町内会、町内会連合会、部落会および隣保班に世話役および世話人を置くことにかんし、「部落会町内会等ノ指導ニ関スル件」が、閣議決定をみて発表された。この措置は、じつに五月一五日の閣議決定以来、内閣、内務省、そして大政翼賛会の三者間でかねて具体案を研究中の成果といわれたものである。『朝日新聞』の記事は、この措置によって町内会長を世話役に、隣組長を世話人に委嘱することになろうと述べ、従来、互選、輪番ないし抽籤等によった隣組長も、辞令によって委嘱されるとき、一三三万の隣組に一人づつ世話人をおき、二〇万の町内会・部落会に一人づつの世話役をおくとして合計一五〇万、それに大政翼賛会員(推進員を含めて)約三〇万人、総計二〇〇万に近い翼賛運動の「尖兵」ができるわけであると評価した。それは、まさに、「躍る二百万の世話人、今月中にも逞しい再出発」、と記述されている。(19) この措置をうけて、大政翼賛会支部規程も、一七年八月二八日に改正され、その第四条の次に第四条の二を設けて世話人・世話役に関する規定を盛りこみ、また、道府県支部事務局関係の組織と局部制については、第六条の次に、あらたに第六条の二を設けて、地方統制委員会関係の規定を設けたのであった。大政翼賛会地方統制委員会規程改正とその改正条文とくに第六条の二をうける大政翼賛会支部規程の四カ条は次のとおりであった。(20)

大政翼賛会地方統制委員会規程(昭和十七年八月二十八日)

第一条　地方統制委員会ハ大政翼賛会道府県支部長ニ直属シ支部関係諸団体ノ統制運営ニ関スル事項ヲ審議ス

第二条　地方統制委員会ノ委員ハ道府県其ノ他関係官庁官吏、大政翼賛会道府県支部役職員、道府県翼賛壮年団本部長並ニ別ニ定ムル関係諸団体ノ役員其他大政翼賛会道府県支部長ニ於テ必要ト認ムル者ニ付道府県支部長之ヲ委嘱又ハ命ズ

第三条　地方統制委員会ノ委員長ハ大政翼賛会道府県支部長ヲ以テ之ニ充ツ

第四条　地方統制委員会ニ幹事ヲ置キ道府県其ノ他関係官庁官吏、大政翼賛会道府県支部職員並ニ関係諸団体ノ関係職員中ヨリ道府県支部長之ヲ委嘱又ハ命ズ

幹事長は大政翼賛会道府県支部事務局長ヲ以テ之ニ充ツ
幹事ハ地方統制委員会ニ附議スベキ事項ヲ調査立案ス
第五条　地方統制委員会ニ書記若干名ヲ置ク
書記ハ事務局職員中ヨリ大政翼賛会道府県支部長之ヲ命ズ
書記ハ地方統制委員会ノ庶務ニ従事ス
第六条　本規定ニ定ムルモノノ外地方統制委員会ニ関シ必要ナル事項ハ道府県支部長之ヲ定ム

大政翼賛会支部規程改正（昭和十七年八月二十八日）

一、第四条ノ次ニ左ノ一条ヲ加フ
第四条ノ二　町内会、町内会連合会、部落会及隣保班ニ世話役及世話人ヲ置キ本会ノ行フ指導ノ徹底ニ当ラシム
世話役及世話人ハ市（六大都市ヲ除ク）区町村支部長ノ推薦ニ依リ道府県支部長総裁ノ名ニ於テ之ヲ委嘱ス
第三条第二項ノ規定ハ世話役及世話人ニ付之ヲ適用セズ
本条ニ定ムルモノノ外町内会、町内会連合会、部落会及隣保班ノ指導ニ関シ必要ナル事項ハ別ニ之ヲ定ム
二、第六条ヲ左ノ如ク改ム
道府県支部事務局ニ局長ヲ置キ道府県支部長ノ推薦ニ依リ大政翼賛会総裁之ヲ指名ス
事務局長ハ支部長ノ命ヲ承ケ支部ノ事務ヲ掌理ス
道府県支部ノ事務局ニ庶務部及実践部ヲ置ク

庶務部ハ支部ノ庶務、協力会議、宣伝其ノ他他部ニ属セザル事項ヲ掌ル
実践部ハ国民ノ地域組織及職域組織ノ整備、文化厚生等国民生活ノ指導、錬成、並ニ各種団体ノ連絡統制ニ関スル事項ヲ掌ル
支部長必要アリト認ムルトキハ錬成部ヲ置クコトヲ得
錬成部ハ錬成ニ関スル事項ヲ掌ル
部ニ部長ヲ置キ総裁ノ名ニ於テ支部長之ヲ指名ス
部長ハ上司ノ命ヲ承ケ部務ヲ管掌ス
三、第六条ノ次ニ左ノ一条ヲ加フ
第六条ノ二　道府県支部ニ地方統制委員会ヲ置ク
地方統制委員会ハ道府県支部関係諸団体ノ統制運営ニ関スル事項ヲ審議ス
地方統制委員会ノ構成、所掌事項其ノ他地方統制委員会ニ関シ必要ナル事項ハ別ニ之ヲ定ム
四、第七条ヲ左ノ如ク改ム
第六条ノ規定ハ六大都市ノ支部ノ事務局ニ之ヲ準用ス

さて大政翼賛会は事務総長後藤文夫の名により、道府県支部長殿あてに「地方支部機能ノ刷新並ニ支部規程改正ニ関スル件」について通牒を発した。(21) これは、一七年八月二八日のことである。その内容は、一 部落会・町内会の指導に関する事項、二 事務局に関する事項、三 諸団体の統制に関する事項、四 経費の四つに分かれている。一については、「部落会　町内会等ハ其ノ自治的機能ヲ強化スルト共ニ他面本会ノ指導スル組織トナリタルヲ以テ左記ノ事項

ニ依ルト共ニ地方ノ実情ニ応ジ諸般ノ施策ヲ講ジ以テ之ガ指導ノ徹底ヲ図ルコト」とし、
（一）　世話役及世話人
（イ）　世話役及世話人ハ部落会町内会ノ常会ヲ指導シテ大政翼賛運動ノ徹底ヲ図ルト共ニ部落会町内会隣組等ニ於ケル本運動ノ推進ニ当ルコト
（ロ）　世話役及世話人ノ辞令ハ別紙様式ニ依ルコト
（ハ）　部落会町内会隣保班等ヲ指導スルニ当リテハ関係官庁ト密接ナル連繋ヲ保持スルコト

と規定し、第二の「事務局に関する事項」は、大政翼賛会があらたに事務局長のポストを地方支部に新設し、場合によっては、錬成部を設けようとする場合の注意事項を規定したものであった。

（一）　事務局長ノ人選ノ良否ハ本会ノ機能刷新ノ成否ニ極メテ重大ナル関係アルヲ以テ之ガ人選に就テハ万全ヲ期スルコト
（イ）　事務局長ハ民間人ニシテ人格高潔、識見卓越ニシテ徳望アリ然モ本会運動ニ理解ヲ有シ積極的ニ支部活動ノ中核タルニ足ル活力ヲ有スルモノタルコト
（ロ）　事務局長ハ支部長ノ命ヲ承ケ支部ノ事務ヲ掌理シ事務局ガ真ニ支部運動ノ中核体トシテ積極的ニ活動スル様指導シ得ル人物タルコト
（ハ）　事務局長ハ常時勤務シ得ル者タルコト
（ニ）　事務局長ノ選任ハ速ニ之ヲ行フコト
（ホ）　事務局長ハ常務委員トスルコト此ノ場合常務委員定員ヲ一名増員スルコト
（二）　錬成部ヲ設ケントスル場合ハ予メ本部ニ協議スルコト

錬成部長ハ庶務、実践両部長ト共ニ之ヲ常勤委員トスルコト此ノ場合ハ常務委員定員ヲ更ニ一名増員スルコト

（三）　六大都市ノ支部事務局ニ就テハ道府県ノ支部事務局ニ準ジテ取扱フコト

「諸団体の統制に関する事項」についての通牒内容は、今回の国民運動諸団体を大政翼賛会の傘下に収めることと関連して定められた、注目すべき内容である。それは、一 概要、二 予算、三 人事、四 地方統制委員会、五 其の他と分かれており、その冒頭に、

国民ノ万民翼賛臣道実践ノ生活ヲ営ムコトヲ活潑ナラシムル組織ノ確立ヲ推進スル為大政翼賛会ガ大日本産業報国会、商業報国会、農業報国会、農業報国連盟、日本海運報国団、大日本青少年団及大日本婦人会ヲ其ノ傘下ニ収メ之等ノ統制運営ニ関スル事項ヲ審議セシムル為本部ニ大政翼賛会統制委員会ヲ組織シタルニ呼応シテ今回右諸団体（日本海運報国団ニ関シテハ別途通牒）ノ道府県組織ヲ本会ノ道府県支部ノ傘下ニ収メ之等ノ統制運営ニ関スル事項ヲ審議セシムル為中央ニ準ジ道府県支部ニ地方統制委員会ヲ設クルコトトシ之ガ構成、所掌事項等ニ関シ別紙（二）「大政翼賛会地方統制委員会規程」ヲ制定セルヲ以テ右諸団体ノ統制運営ニ就テハ本規程ヲ活用スルト共ニ左記ニ依リ遺憾ナキヲ期スルコト

と述べ、以下に、中央統制委員会、地方統制委員会が設置され、それぞれが中央・地方の諸団体の「統制運営」の主管体として認知されたことを説明している。通牒はこれに関連して以下に、

（一）　概　要

（イ）　大政翼賛会ノ傘下ニ収メラレタル各団体ノ道府県組織ハ其ノ組織ヲ存続シツツ大政翼賛会道府県支部ノ傘下ニ入ルモノトスルコト

（ロ）　各団体ノ事務局ハ之ヲ存置スルモ大政翼賛会道府県支部事務局ヲ中枢トシテ緊密ナル連絡統制ヲ図ルモ

ノトスルコト
（二）予　算
（イ）各団体ニ対スル道府県ノ補助金ハ昭和一八年度以降大政翼賛会道府県支部ニ交付シ支部予算トシテ一括シテ計上シ各団体ニ対シテハ支部ヨリ之ヲ交付スルコト　尚昭和一七年度予算ニ関シテモ支部ヲ通ズル様適宜ノ措置ヲ講ズルコト
（ロ）道府県予算中各団体ヲシテ実施セシムル事業費ハ支部ヲ通ジ従前通リ之ヲ交付スルコト
（ハ）各団体ニ対スル当該団体中央部ノ補助金ニ関シテハ従前通リ中央部ヨリ当該団体道府県組織ニ対シ直接交付セシムルコトトナリタルコト
（三）人　事
（イ）各団体ノ幹部ノ委嘱、解嘱、任免ハ大政翼賛会総裁ノ行フモノヲ除キ大政翼賛会道府県支部長別紙（三）「道府県支部関係諸団体ノ幹部ノ委嘱、解嘱、任免ニ関スル件」ニ依リ之ヲ行フコト
（ロ）大政翼賛会道府県支部ト傘下各団体トノ間ニ人事ノ兼務並ニ交流ヲ行ヒ常時連絡ヲ緊密ナラシムルモノトスルコト
（四）地方統制委員会
（イ）地方統制委員会ノ委員、幹事及書記ハ概ネ別紙（四）「地方統制委員会委員、幹事及書記ノ人選ニ関スル件」ニ依ルコト
（ロ）地方統制委員会ノ運営ニ関シテハ本部ノ第一回統制委員会ニ於ケル申合要領別紙（五）「統制委員会ノ運営並ニ議事ニ関スル申合要領」ヲ参考ニ資スルト共ニ各団体ガ有機的綜合的ニ国民運動ヲ展開スル様之ガ運営

ニ付遺憾ナキヲ期スルコト

（五）其ノ他

其ノ他関係諸団体ノ統制ニ関シテハ地方ノ実情ニ応ジ適切ナル方途ヲ講ジ以テ各団体ノ活動ヲ一層活潑ナラシムルト共ニ支部内国民運動ノ有機的統制強化ノ実ヲ挙グルニ努ムルコト

なおこの通牒の末尾の「四、経費」に関する項目には、

事務局長ノ俸給旅費及地方統制委員会ノ運営並ニ部落会町内会等ノ指導ニ要スル経費ニ関シテハ別途通牒ノ筈

とある。すなわちこの通牒は、地方統制委員会の運営にまつわる費用と、部落会町内会の指導に要する経費の二点については、今後に留保したのであった。

ここで大政翼賛会の中央・地方組織がそれぞれの統制委員会を設置し、その「統制運営」の下に「傘下」諸団体を統制するしくみが終局的にでき上がったのであった。

しかし、右の通牒からも明らかなように、例えば、（一）概要の（イ）にあるとおり、各団体の道府県諸組織は大政翼賛会組織の「傘下」に収まったものの、「其ノ組織ヲ存続」すること、したがって、（ロ）にあるとおり、各団体それぞれの「事務局」もまた「存置」されるだけではなく、これに対応して、（二）予算のところでは、各団体に対する道府県の補助金は「支部予算トシテ一括シテ計上シ」大政翼賛会道府県支部から各団体に交付することとしながら、各団体に実施せしむる「事業費」は、「支部ヲ通ジ従前通リ之ヲ交付スルコト」とある。これは、予算の一括計上をうたいながらも、交付の実態が「従前通リ」であることを裏書きしたものである。とくに（ハ）に規定されているとおり、国民運動諸組織に対する主管省ないし当該団体中央部からその道府県諸組織に対して交付する資金の径路は、まさに「直接交付セシムルコト」とある。この点では大政翼賛会地方支部の存在は無視されているといってもいいすぎでは

ない。したがってまた、人事についても、道府県支部と傘下各団体との間の「兼務並ニ交流」の奨励に言及するにとどめられ、せいぜい双方の間の「常時連絡」が要請される程度にとどめられた。それぞれが別の組織、別の系統組織であることが当然の前提で、統一、統制は不可能であったのである。なお、大政翼賛会地方統制委員会についていえば、さきに紹介した規程では、そのさいごに、経費について、

事務局長ノ俸給旅費及地方統制委員会ノ運営並ニ部落会町内会等ノ指導ニ要スル経費ニ関シテハ別途通牒ノ筈として、この段階では明瞭には規定できなかったのであった。別紙一、二、三は、大政翼賛会本部が通牒の形で示した、地方統制委員会委員、幹事および書記の人選、および、道府県支部関係諸団体の幹部の委嘱、解嘱、任免に関するとりきめと、統制委員会の運営ならびに議事に関する申合要領と世話役、世話人に関する規程である。これらを一瞥すれば、別紙三に示されているように、統制委員会には規程がなく、「申合」であり、しかも申合「要領」が示されただけであることに注意すべきであろう。重大事項が「協議」に附されるということは、協議・相談のうえまとまらないものは申合にならないといえよう。ここに統制委員会の特色―限界が典型的にあらわれているといえる。[22]

（別紙一）

地方統制委員会委員、幹事及書記ノ人選ニ関スル件

地方統制委員会ノ委員、幹事及書記ノ人選ハ左記者ニ付之ヲ行フ

但シ地方ノ実情ニ依リ支部長ニ於テ必要アリト認ムルトキハ多少変更スルコトヲ得

一、委　員

イ、道府県関係部長

総務部長
学務部長
経済部長
警察部長
ロ、関係官庁官吏
連隊区司令部第二課長
鉱山監督局官吏
ハ、大政翼賛会支部役職員
事務局長
各部長
ニ、翼賛壮年団本部長
ホ、各団体役員（民間）
産報（副会長）
商報（副本部長）
農報（増産報国推進隊幹部一名）
青少年団（副団長中ノ一名）
婦人会（支部長又ハ副支部長一名）
海報（別途通牒）

二、幹事長　　翼賛会道府県支部事務局長

三、幹　事

イ、道府県関係課長

振興課長

特高課長、労政課長

商工課長、経済保安課長

農政課長、農務課長

社会教育課長、学務課長

ロ、関係官庁官吏

連隊区司令部員　一名

鉱山監督局官吏　一名

ハ、翼賛会支部職員　若干名

翼賛壮年団職員　若干名

各団体職員

産報（事務局長、事務局長ナキ場合ハ主事一名）

婦人会（事務総長、事務総長ナキ場合ハ職員一名　但シ支部長ニ於テ必要ト認ムル場合ハ二名）

青少年団（事務局長中ノ一名）
農報（増産報国推進隊幹部一名）
商報（指導部長）
海報（別途通牒）

四、書　記

翼賛会支部職員　　若干名

（別紙二）

道府県支部関係諸団体ノ幹部ノ委嘱、解嘱、任免ニ関スル件

道府県支部ノ傘下ニ収メタル諸団体ノ幹部中左記ノ者ノ委嘱、解嘱、任免ハ道府県支部長之ヲ行フ但シ東京府支部ニ在リテハ東京府産業報国会ニ就テハ従前通リトス

大日本産業報国会ノ道府県組織

副会長
顧　問
理　事
監　事

商業報国会ノ道府県組織

顧　問

副本部長
理　事
農業報国連盟ノ道府県組織
理　事
大日本青少年団ノ道府県組織
追テ通牒ス（当分従来通リトス）
大日本婦人会ノ道府県組織
従来通リトス

（別紙三）

統制委員会の運営並に議事に関する申合要領

一、統制委員会の運営並に議事に関しては別に規程を設けず本申合に依ること
二、統制委員会は協議及報告案件ある場合随時之を開催すること
三、関係諸団体全部又は多数に共通する重大事項は之を本会の協議に附し又は報告すること
一団体のみの事項なるも全体に重大なる影響を及ぼすべきものに付亦同じ
四、協議に附すべき案件は其の内容を成可予め委員幹事に通知し置くこと
五、会議は委員長座長となること委員長事故ある場合は委員協議の上適当なる措置を講ずること
六、委員幹事書記の外座長必要ありと認めたる者を出席せしめ得ること

七、出席者は協議内容に付座長の承認を得たるもの丶外之が秘密を守ること

八、新聞発表に関しては会議の都度之を定むること

大政翼賛会世話役並ニ世話人規程

第一条　世話役及世話人ノ委嘱ニ関シテハ大政翼賛会支部規程第四条ノ二（本書二二九ページ参照）ニ依ルノ外本規程ノ定ムルトコロニ依ル

第二条　世話役及世話人ハ常時其ノ地域ニ於ケル翼賛運動ノ中核体トシ大政翼賛会実践要綱ヲ体得シ有機的統制ノ下ニ町会、町内会部落会及隣組ノ常会ヲ指導シ大政翼賛運動ノ徹底ヲ図ルハ勿論町会、町内会部落会及隣組ニ於ケル大政翼賛運動ノ推進ニ挺身スルモノトス

第三条　町会長、町内会長及部落会長（是等ノ連合会長ヲ含ム）ノ職ニアルモノヲ世話役、隣組長ノ職ニアルモノヲ世話人ニ委嘱スルモノトス

第四条　世話役及世話人ハ東京府支部長、総裁ノ名ニ於テ之ヲ委嘱スルモノトス

第五条　世話役及世話人ノ委嘱ハ東京市支部ニ在リテハ区支部長、八王子市及立川市支部ニ在リテハ同支部長、西多摩、南多摩及北多摩郡内町村支部ニ在リテハ所属郡支部長、小笠原島、八丈島、大島支庁内町村支部ニ在リテハ所属支部長ニ予メ辞令用紙ヲ交付シ置キ委嘱事務ヲ代行セシムルモノトス

第六条　市区町村支部長世話役及世話人ヲ委嘱セムトスルトキハ各級支部長ヲ経由シ第一号様式ニ依リ東京府支部長ニ内申シ其ノ指示ヲ受クルモノトス

第七条　世話役及世話人ノ異動ハ毎月末一括シ第二号様式ニ基キ翌月十日迄ニ内申スルモノトス

第八条　世話役及世話人ノ委嘱ハ第二号様式ニ依ルモノトス

第九条　世話役及世話人ハ大政翼賛運動ノ徹底ニ関シ各級支部長ヲ経由シ上級支部長ニ意見ヲ具申スルコトヲ得

第十条　世話役及世話人ノ翼賛意識ヲ昂揚シ資質ノ向上ヲ図リ運動ノ具体的徹底化ヲ期スルタメ適時錬成講習ヲ行フ

錬成講習ノ実施要目其ノ他ハ別ニ之ヲ定ム

附　則

第十一条　現ニ町会長、町内会長、部落会長及隣組長並ニ是等ノ連合会長ノ委嘱ニ付テハ昭和十七年十一月三十日現在ヲ以テ調査シ第七条ノ規程ニ基キ同年十二月二十日迄ニ内申スルモノトス

前項ノ委嘱ニ付テハ第六条ノ規程ニ基キ委嘱事務ヲ代行スルモノトス

第一号様式　**世話役及世話人内申書**

職名	世話役世話人ノ別	氏名	年齢	住所	備考
何々町会	世話役	何某			
又ハ何々部落会	世話役	〃			
○○隣組	世話人	〃			

年　月　日

市郡区町村支部支部長　印

第二号様式　世話役世話人異動届

	職名	世話役世話人ノ別	氏名	年齢	住所	備考
新						
旧						

右ノ通異動有之候条此段及内申候也

年　月　日　　市郡区町村支部支部長　印

大政翼賛会

東京府支部長　殿

第三号様式　世話役世話人辞令書様式

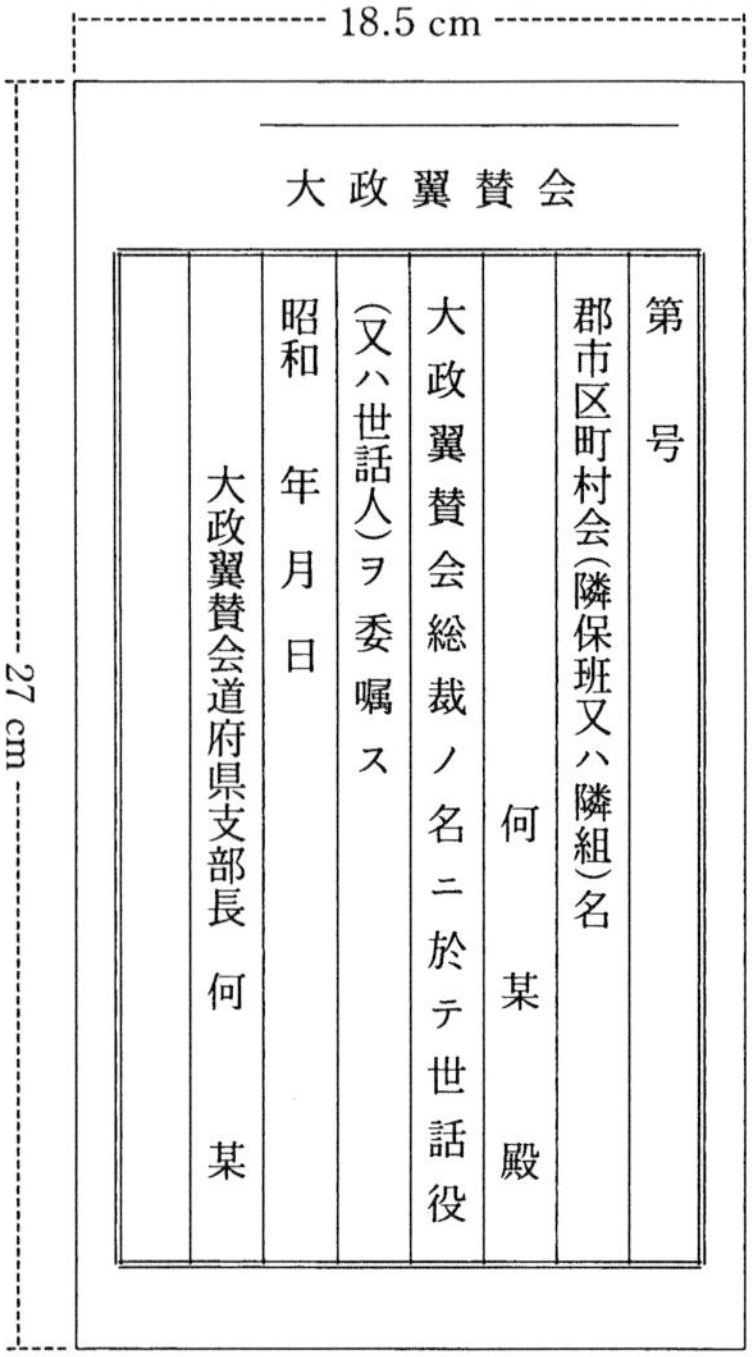
18.5 cm
27 cm
大政翼賛会
第　号
郡市区町村会(隣保班又ハ隣組)名
何　某　殿
大政翼賛会総裁ノ名ニ於テ世話役
(又ハ世話人)ヲ委嘱ス
昭和　年　月　日
大政翼賛会道府県支部長　何　某

備考

一、大キサ縦二七糎
　　横一八・五糎

二、優良紙ヲ用フル必要ナキモ著シク紙質ヲオトサザルコト

三、番号ハ町内会連合会世話役、町内会又ハ部落会世話役、隣保班世話人毎ニ附スルコト

四、郡市区町村会(隣保班又ハ隣組)名ハ其ノ世話役、世話人ノ所属スル町内会連合会、町内会、部落会、隣組名ヲ記入スルコト

五、様式中(　)内ハ其ノ該当者ノミ記入スルコト

六、文字ハ印刷シ墨書ヲ用フルコト

七、用紙ノ一例トシテ別紙添付ス

大政翼賛会世話役並ニ世話人規程実施要綱

一、世話役及世話人制度ノ趣旨

大政翼賛会ハ万民翼賛、職分奉公ノ国民組織ヲ確立シ其ノ運用ヲ円滑ナラシメ、政府ノ施策ト相俟ッテ必勝ノ国内体制ヲ実現スルタメ今般全国ヲ通ジ現ニ地域組織ノ第一線ニ在リテ、献身指導的役割ヲ果シツツアル町会長、部落会長（是等ノ連合会長ヲ含ム）隣組長ヲ新ニ本会構成員トシテ結集シ、其ノ指導力ヲ昂メ之ヲ中軸トシ本運動ヲ愈々広ク愈々深ク、国民生活ノ現実ニ滲透徹底セシムルコトトナレリ。

世話役及世話人ハ、実ニ斯ノ如キ意図ヲ以テ設置セラレタルモノニシテ、大政翼賛会世話役及世話人規程（以下単ニ規程ト称ス）第二条ニ於テ之ガ設置ノ趣旨及目的ヲ明ニシタルガ、大政翼賛運動ノ進展深化ノタメニハ、真ニ重要ナル地位ヲ占ムルモノト言フベキナリ。

二、世話役及世話人ノ身分

世話役及世話人ノ身分ニ関シテハ、大政翼賛会支部規程第四条ノ二ニ「町内会、町内会連合会、部落会及隣保班ニ世話役及世話人ヲ置キ本会ノ行フ指導ノ徹底ニ当ラシム」ト規定シタルガ、規程第三条ハ更ニ之ヲ東京府ノ実際ニ即セシメ「町会長、町内会長、部落会長（是等ノ連合会長ヲ含ム）ノ職ニアルモノヲ世話役、隣組長ノ職ニアルモノヲ世話人ニ委嘱スルモノトス」ト規定シ、新ニ本会構成員タル身分ヲ有スルニ至リタルコトヲ明確ニシタリ。

従テ本会構成員タルノ責任ト矜恃ハ、世話役世話人ニモ適用サレ各地域組織ニ於ケル代表トシテノ責務ハ一段ト加重セラルルニ至リタルモノナリ。

三、世話役及世話人ノ委嘱手続

世話役及世話人ノ委嘱ハ東京府ニ在リテハ其ノ数実ニ十数万ノ多キニ達シ、運動規約第四条ノ二ノ第二項ノ手続ヲ実施スルニ於テハ、極メテ煩且ツ徒ラニ日数ヲ要シ実際ニ適セザルヲ以テ規程第五条ニ於テ東京市ニ在リテハ区支部長、八王子市及立川市ニ在リテハ同支部長、西多摩、南多摩及北多摩郡内町村支部ニ在リテハ所属郡支部長、小笠原島、八丈島及大島支庁内町村支部ニ在リテハ所属支庁支部長ヲシテ委嘱事務ヲ代行セシムルコトトナシタリ。

世話役及世話人ノ更新取扱ニ関シテハ規程第八条ニ定ムル如ク毎月末取纏メ一括シテ内申スルコトトシ、手続ノ簡素化ヲ図リタリ。

四、世話役及世話人ノ下情上通

世話役及世話人ハ大政翼賛運動ヲ愈々広ク愈々深ク国民生活ノ現実ニ滲透徹底セシムル、所謂上意下達ノ重要ナル連絡機関ニシテ、此ノ上意下達ノ普遍妥当性ハ下情上通ニ依ッテノミ始メテ期シ得ラルルモノニシテ、規程第九条ハ官民一体ヲ理念トスル協力態勢確立ノ下ニ特ニ規定セラレタルモノニシテ、画期的意義ヲ有スル新条項トシテ将来之ガ活用ヲ期待サルルモノナリ。

五、世話役及世話人ノ指導監督

世話役及世話人ノ活動ハ大政翼賛運動ノ全国的規模ニ即応シテ市区町村内ノ大政翼賛運動ノ推進ニ挺身スルヲ主眼トスルモノナリ。

従ッテ其ノ活動ニ付テハ直接ハ市区町村支部長ノ指導監督ヲ受ケ漸次上級支部長ヲ経テ窮極ハ総裁ノ監督ニ服スルモノナリ即チ世話役及世話人ハ大政翼賛運動推進ノ第一線部隊トシテ、其ノ属スル地域地域ヲ挙ゲテ直接ニハ市区町村支部長ニ結集シ更ニ郡へ（支庁）、府へ総裁ヘト結集シ一億一体タルベキ一元的統制ノ許ニ、運営セラルベキモノナリ。

六、世話役及世話人ノ錬成講習

世話役及世話人ノ指導力ヲ昂メ、活動ニ関スル連絡協調ヲ図リ、真ニ運動ノ第一線担当者タルノ実効ヲ収ムルタメ、規程第十条ニ於テ世話役及世話人ノ錬成講習ヲ規定シ、人物錬成ト併行シテ適時具体的運動事項ヲ主題トスル特殊錬成講習会ヲ開催シ、運営ノ全キヲ期セントスルモノナリ。

ところで大政翼賛会がちょうどそのころ発行したパンフレットが『世話役世話人手ほどき』である。[23] これには、国民組織とは、人と人との「結び付」であって、それは「理論」だけでできることではなく、結び合う人と人との間に「情義の潤ひ」がなければできるものではない、とある。この「理」と「情」と「熱」によらなければ、国民組織の育成強化は「不可能」であるのである。しかし、「無から有を生ずる」という言葉どおり、部落会・町内会等はその育て方如何によっては、「全く想像も及ばない程の力が出てくることを知らなければならない」[24]。大政翼賛会が部落会・町内会に世話役を、隣保班に世話人をおいた狙いは、「区域内全住民を以て組織された地域的国民組織」[25]は部落会・町内会以外になく、それは「死物でなく一億国民の生きた国民基盤組織」[26]であるからである。だから、「常会の運営」によって、「家の精神」[27]を基としてこれをさらに部落・町内・村・町・市に押しひろげ、やがてそれを「一部落一家・一町内一家・一市町村一家」[28]へと押しひろめ、そこに「国即家」[29]の実践哲学を具体化することこそ、「我が国固有の力強い国民的団結」、「隣保団結の生きた結晶」[30]の成果であるのであり、それは、国民全体を有機的な一体に結び合わせるところの基盤組織であった。

しかも、部落会・町内会等は、「国民基盤組織」であると同時に、それはまた「行政の下部組織」でもある。その意味では、いわば「両方の性格」[31]をもっている。しかも、この「両方の性格」が、甲の領域と乙の領域というふうにはっきりと区別することができればともかくも、そうではないし、そうあってはならないのである。『世話役世話人手ほどき』は、この点にふれて、「部落会・町内会等の末端の組織となると、中央のやうに活動の範囲に依って組織が出来て居るところとは違って、観念的には行政と国民運動とを区別してみても、実際問題になると、これは行政であり、これは国民運動であると謂ふやうにはっきり区別することは到底不可能である。否寧ろ立派な国民基盤組織であるから行政組織の末端としても十分な働きをすることが出来、国民組織として展開する大政翼賛運動が活潑であれば自然に行政の実効が挙がることになるのである[32]」。しかし、この国民組織が自治機能をもつ組織体であることと、それが大政翼賛会に指導される組織であることとは、双方の調整が自然発生的に可能であるとは必ずしもいえない。一七年五月一五日の閣議決定の文言に、「部落会町内会等は其の自治的機能を強化すると共に他面大政翼賛会の指導する組織とし其の間必要なる調整を考慮す[33]」と述べられているが、未分解の区別できない状況にある国民組織体が、行政と国民組織、国民組織と国民運動の相互補完・相互介入をたえず保証する存在だと断定できるかどうか。それは、時と場合によるであろう。国民組織と行政下部組織との関係は、たとえば、さきの「地方支部機能ノ刷新並ニ支部規程改正ニ関スル件」の「諸団体ノ統制ニ関スル事項」をとりあげるまでもなく、各省庁を主管体とする国民諸組織を「統制運営」することは、じつは容易なことではない。人事、予算、そして地方統制委員会のあり方とくにその幹事の役割についても、「調整」のメドは、この規定がついに「申合」によってという結びに到達しているところをみても、一見して明らかに、容易ではないことが分かるのである。

国民再組織がこの国民組織に辿りつき、そこにあるべき国民運動を求めていくとすれば、大政翼賛会も翼賛政治会も、そしてまた翼賛壮年団も、それらがそれぞれに国民組織を求め、三者は、三位一体たるべくして三者三体の複雑かつ微妙な三巴の状況をつくり出していったのであった。

(1)『朝日新聞』昭和一七年五月一六日。
(2) 同右「翼賛会整備の新生面」。
(3) 同右、六月六、七日記事。
(4) 同右、六月一〇日。
(5) 六月五日の『朝日新聞』記事によれば、従来はとかく地方各界の一流人物を網羅し、論議が「政策的な問題の蒸し返しに終ってゐた」ので、「町内会、部落会又は各職域諸団体の単位団体にまで人選の範囲を拡大し、国民生活の生々しい現実を取り上げてゆくことにしたのである」と述べられている。
(6) 同右、六月一三日「総力政治体制の躍進 下」。
(7) 同右。その結果、「幹部の人事交流」とか「翼政会政務調査会」と「翼賛会調査会」との交流、相乗りは当然予期され期待されていたのであった。
(8) 同右、五月一六日。
(9) 同右、社説「安藤副総裁の入閣」六月一〇日。
(10) 同右、六月二四日。
(11) 同右、五月一六日。
(12) 同右、六月二六日。
(13) 出席者は産報小畑理事長、商報喜多本部長、石黒農報理事長、友貞海報常務理事、川西婦人会理事長、朝日奈青少年団長代理、政府側奥村情報局次長ほか関係各省課長等で、翼賛会側からは安藤副総裁、後藤事務総長が出席した(『朝日新聞』六月二六日)。
(14) 国立公文書館『大政翼賛会関係書類綴』2A　40　資一三　五九・一「大政翼賛会統制委員会規程制定ノ件」。
(15)『朝日新聞』七月二六日。なおこの新聞記事によれば、他の「関係諸団体」の場合にふれて、厚生省を主管官庁とする産報はその組織を改正し、厚生省がこれを認可したが、他方、大日本婦人会の場合は、何の改正をも行なわなかったと報道している。

(16) 町村の戦時行政補助的事務は激増の傾向にあり、官民一体化を要請するためにも、未だ草創期を脱しない支部機構が各種の政治勢力に揺るがされぬようにするためにも、知事の兼任は必要であるとの意見が強く、改正にさいして兼任制を廃止する方向はほとんど問題にすらならなかった。

(17) この改革にさいしては、「実権」を支部長＝知事に温存する目的が貫ぬかれたのであるが、改革案としては、このほかに、副支部長を新設し、現在の支部長を事実上の名誉職とする案のほか、地方統制委員会の委員長に民間の大物を起用して支部事務局主宰者たらしめるという別案もあったといわれる。しかし、これらはいずれも採択にならなかったのである(『朝日新聞』八月一六日)。

(18) 国立公文書館『大政翼賛会関係書類綴』2A　40　資一三　六三「大政翼賛会及関係諸団体ノ地方機構ノ調整ニ関スル件」。

(19) 『朝日新聞』八月一五日。

(20) 国立公文書館『大政翼賛会関係書類綴』2A　40　資一三　六五。

(21) 同右、2A　40　資二五四　二「大政翼賛会機能刷新ニ伴フ地方支部規程改正ノ件」実組第一二〇号。

(22) 別紙一、二、三は、国立公文書館『大政翼賛会関係書類綴』2A　40　資二五四　二「地方支部機能刷新並ニ支部規程改正ニ関スル件」。

(23) 大政翼賛会『世話役世話人手ほどき』(世話役世話人必携　第一輯)。

(24) 同右、一六ページ。

(25) 同右、一七ページ。世話役は部落会長・町内会長・町内会連合会長と、世話人は隣保班およびその連合組織の代表者と一致させることになっていた(一八ページ)。

(26) 同右、二一ページ。

(27) 同右、八ページ。

(28) 同右、八ページ。

(29) 同右、八〜九ページ。
(30) 同右、九ページ。
(31) 同右、七ページ。
(32) 同右、七ページ。
(33) 同右、七ページ。

三 大政翼賛会調査委員会

第一次改組にさいして、官界・民間からの事務局参与というポストを設け、官界からも民間からも人材を迎え入れる措置をとった大政翼賛会では、さらに、新たに調査委員制を採択した。この大政翼賛会調査委員の委嘱にさいしても、民間代表に門戸が開放された。いわゆる大政翼賛会調査委員会の構想がそれである。これが、改組前の大政翼賛会組織の中核となっていた総務局、政策局、企画局、そして議会局という事務総長直属の局部構成を廃止し、あらたに四局すなわち総務局、組織局、東亜局、中央訓練所長を設置する制度改革に見合うものとして構想されていたことは、注目に値する。とくに、政策局、企画局の廃止と調査委員会の新設は、中央における議会局の廃止とともに、「人の組織」としての大政翼賛会が議会人をも含む外部勢力の進出を歓迎し、その参加を受容する新しい態勢づくりであったのである。しかし、この門戸開放が、大政翼賛会の組織と活動の活性化となるのかどうか。「機能刷新」の端緒であったのかどうか。回答は、必ずしも肯定的に引き出される性格のものではなさそうである。以下この調査委員会に的を絞ってみてみたい。

第一回改組によって設置された大政翼賛会調査委員会は、その調査活動の成果をとりまとめて総裁あてに報告した。

昭和十七年五月末のことである。報告書の諸項目は、

一、国民精神昂揚の根本義（第一委員会）
二、現下国民の士気昂揚に関する件（同）
三、推進員の銓衡運営に関する件（第二委員会）
四、国策の遂行貫徹に関する件（同）
五、大東亜共栄圏に於ける石油対策（第三委員会）
六、大東亜共栄圏建設に伴ふ文化的対策（同）
七、大東亜共栄圏建設に伴ふ経済的対策（同）
八、大東亜共栄圏建設に伴ふ政治的対策（同）
九、都市の戦時生活体制確立の件（第四委員会）
十、戦時国民生活の安定確保に関する件（同）
十一、国民生活に関する中枢行政機構整備に関する件（同）
十二、農村戦時生活体制確立に関する件（同）

であった[1]。この調査委員会が、第一回改組とともに設けられた新組織であったことと、その審議内容がのちの第三回翼賛会改組にとりこまれた問題点を内包しているから、ここで、主要点の審議実績を取り出してみよう。なお、大政翼賛会調査委員会ならびに再改組後の調査会の活動の大要は、大政翼賛会『調査委員会報告書』（一七年七月）ならびに『調査会報告書』（一八年一〇月）と、『翼賛国民運動史』に譲ることにしたい[2]。

まず、調査委員会第二委員会第五回総会で、その第一小委員会調査項目に定められている五項目にかんする小委員

会原案が栗原幹事から朗読の形で紹介され、ついで委員長の説明があった。質疑応答ならびに意見の開陳という順序での審議は、その後で進められていったのである。第一小委員会の調査項目とは、

第一、翼賛理念ノ具体化ニ関スル所見

第二、政治力ノ強化ニ関スル問題

の二つであった。第一の「翼賛理念ノ具体化ニ関スル問題」は六項目あり、その第四番目に「一億国民ニ翼賛精神ノ昂揚ト臣道実践ヲ迫ル大政翼賛会自体特ニ其ノ首脳部ハ先ヅ実践躬行ノ範ヲ垂レ、ソノ先駆者タルベキコト」とあり、第五項目の「議会、道府県会、市町村会ノ翼賛体制化」については、「翼賛理念ノ具体化ヲ図ルタメニハ政治部門ニ於ケル翼賛体制ヲ確立シ、選挙ニ関スル法令ヲ改正シ議会、道府県会、市町村会等ノ内容ヲ刷新スルコト」と提案されていた。また、第二の大項目、「政治力ノ強化ニ関スル問題」の項目をみると、一「本義」、二「政府ノ態度ニ関スルモノ」、三「国民ノ力ニ関スルモノ」、四「官界新体制ノ確立」、五「翼賛会ニ関スルモノ」と五項目がとりあげられ、その最後の第五「翼賛会ニ関スルモノ」についてみていくと、「(1)、法的根拠ヲ賦与スルコト」、「(2)、各省カラ翼賛会ニ多数ノ参与ヲ送リ、翼賛会カラ各省ニ翼賛官ヲ送ルコト」、「(3)、翼賛意識徹底ノ為ニ翼賛会機関紙ヲ整備強化スルコト」とある。

さて、第一小委員会委員長は、委員会の審議経過の大要を紹介したが、とくに注目すべき点は、「政治力の強化」についての委員長とりまとめである。すなわち、政治力とは何かという点について、そしてとくに、政治力の強化という問題については、小委員会における各委員の見解はまちまちであった。例えば、「政治力トイフ言葉ハ大体ヨクナイ、国民ノ活動力トスベキデアル」という否定論と、「ドウシテモ指導者原理ニ依ツテビシビシ実行シテ行カナケレバ駄目ダトイフ説ト」に二分され、後者の側に立つ見解も、「併シ独伊ノヤウナ指導者原理ニ基イタ一部少数者ノ

体制ヲ我カ国ニ持ツテ来ルトイフコトハ宜シクナイ」という調子で、統一見解を見出すことは困難であった。委員長報告はこうした「一見対立セル如キ意見モアッタ」ことを認めつつ、「併シ翼賛理念ガ本当ニ国民全般ニ沸イテ来テ、ソレガ具体化シテ政治力ニナル時ニ、サウシタ矛盾ノアルベキ筈ハナイ」ととりまとめて、そして、

我ガ国ニ於テハ政治力ノ根元ハ凡テ　天皇ノ大権ニオ帰シ奉ル、ソノ故ニ政治力ヲ強化スルト云ウテモ、オ上ノ御一任アラセラレル宰相ヲ首班トスル政府ノ政治ニ対シテ、国民ハ残ラズ熱意ヲ以テ協力スルトイフ形以外ニハ、考ヘラレナイノデアル。

としめくくった。また、「国民翼賛実践訓」の作成について、委員長は、はじめは「国民翼賛要綱」という命名を考えたが、「実践訓」をとり、「訓ノ方ガモウ一ツピッタリ行クノデハナイカ」と述べたが(3)、これも「政治力」についての右の意見のわかれを背景にしてうけとめるべきであろう。

第二小委員会は、第一小委員会と同じ一六年一一月五日、「国策浸透ヲ完全ナラシムル国民組織ニ関スル件」をとりあげ、別紙の二つの要綱について説明をうけて審議が開始された。第一の「国策浸透ヲ完全ナラシムル国民組織要綱」ノ「趣旨」は、

サレバ今日翼賛会ガ国策浸透ノ重要使命ヲ帯ビテ誕生シタ以上、コノ国民的下部組織ヲ自己ノ下部組織トナスコトニヨッテ初メテ其ノ運用ヲ円滑ニ推進セラレルノデアル。然ルニ現在ノ市町村行政機構ノ補助機関ヲ以テシテハ仮令其ノ組織ハ整フモ、生硬蠟ヲ嚙ムガゴトキ形式ニ堕シ、且ツ翼賛運動ノ性質上内務行政ガカヽル複雑微細ナル組織ニマデ関与スルコトハ、ソレ自体盛リ上ル民意ノ暢達ヲ阻害シ、只一片ノ指令ニヨッテオ役目行動ヲトル空疎ノ存在ニ化スル虞レガ多イ。

又コレト同時ニ翼賛運動ノ推進力ヲ賦与スルタメ、コレガ権能ニ対シテ速ニ翼賛会ニ対スル法的根拠ヲ確立シ、

全国民ニ翼賛会ノ性格ヲ知悉セシムルト共ニ其ノ権能ニヨッテ活潑ナル運動ヲ展開シ、国民ノ道徳的錬成ト精神的団結ヲ図リ、隣保団結ヲシテ国政万般ノ徹底的運用ニ資セシムベキデアル。

とあり、それをまとめて次のようにしめくくっている。

今之ヲ要約スレバ

(一)、国民下部組織ハ翼賛会下部組織タラシムベシ

(二)、下部組織ノ円滑ナル運用ヲ期スルタメ翼賛会ニ対シ速ニ法的根拠ヲ確立スベシ(4)

右の趣旨ならびに要約をさらに具体化すれば左のとおりである(5)。

国策浸透ヲ完全ナラシムル国民組織要綱

(一)　国民組織ノ構成

国民組織中、市町村常会及ビ各協力会議ハ翼賛会ノ協力会議トシテソノ機能ヲ発揮シ下情上通ノ途ヲ拓クベク、部落会、町内会、隣組ハ翼賛会ノ下部組織トナシ、専ラ翼賛会ノ運営下ニ於テ万民翼賛ノ本旨ニ則リ、地方共同ノ任務ヲ遂行セシムルコト。

(二)　翼賛会下部組織ト国民ノ認識

町内会、部落会、隣組ガ翼賛会ノ下部組織タルコトニ就テハ国民ノ認識未ダ徹底セズ、為ニ翼賛意識ノ普及、国策ノ浸透ヲ妨ゲ居ルコト夥シ。依テ当局ハ先ヅ其旨ヲ国民ニ明示シ之ガ認識ヲ明確ナラシムル手段ヲ取ルコト。

(三)　翼賛常会

1、常会ヲ翼賛常会ト改称スルコト
全国的ニ翼賛常会主義ヲ徹底セシメ下情上通ヲ十分ナラシメ其反射的効果トシテ上意下達ノ国策徹底ヲ期スベク本支部ノ協力会議ハ先ヅ名称ヲ中央翼賛常会、道府県郡翼賛常会等ニ改ムルコト。

2、構　成

(イ)　隣組翼賛常会……………隣接ノ数家庭ノ大家族会議
(ロ)　組長ノ連合翼賛常会…………若干ノ隣接セル組長会議
(ハ)　町内会又ハ部落会ノ翼賛常会
(ニ)　町内会、部落会ノ地域ニ於テ左ノ翼賛常会ヲ組織シ家庭ノ延長タル国民下部組織ノ妙味ヲ発揮セシムルコト。

青少年翼賛常会
女子青少年翼賛常会
壮年者翼賛常会
婦人(主婦)翼賛常会
在郷軍人翼賛常会
職域団体翼賛常会

(ホ)　市(区)町村翼賛常会
(ヘ)　郡、六大都市ノ翼賛常会(現協力会議)
(ト)　道府県翼賛常会　　　　(同)

（チ）　中央翼賛常会　　　　　　　　　　　　（同）

（四）　下部組織ノ長

町内会、部落会、隣組等ノ各長ハ各下部組織ノ常会長トシテ常会ノ運営ニ当リテハ衆議統裁ノ方式ニヨルベク、担当住民ニ対シテハ翼賛理念ノ指導者タルベキ者ナレバ有識熱意ノ士ヲ以テ之ニ充テ翼賛会支部ノ構成員タラシムルコト。

（五）　指令ノ統一

翼賛会ノ本部――各支部――下部組織間ノ連絡ヲ密接ニシ上意下達ニ渋滞ナカラシムベキハ勿論、関係各省、地方庁ニ対スル関係モ表裏一体、緊接ナラシメ苟モ指令ノ重複又ハ矛盾等ヲ起サザラシムルコト。

（六）　翼賛道場（仮称）ノ設置

各市区町村支部ニ適当ナル地区ヲ選ビ既存ノ施設ヲ可成利用シテ「翼賛道場」（仮称）ヲ附設シ、指導者ノ再訓練、住民ノ修錬、講演会、講習会乃至各種常会ノ開催等ニ充ツルコト。

右の「国策浸透ヲ完全ナラシムル国民組織要綱」と密接に関係するのが、同じ調査委員会第二委員会の第二小委員会がとりあつかった「大政翼賛会ト政治思想等諸団体トノ関係ニ関スル件」の「意見」である。それは左のとおりであった。(6)

昭和十六年十一月五日　　　　　　　　　　　調査委員会第二委員会第二小委員会

委員長　匝瑳胤次

調査委員会第二委員会
　　委員長　山岡万之助殿

大政翼賛会ト政治思想等諸団体トノ関係ニ関スル件

標記ノ件ニ関シ別紙ノ通本小委員会ノ意見決定候条此段及報告候也

大政翼賛会ト政治思想等諸団体トノ関係ニ関スル件

一、趣　旨

国内諸団体ハ政治、思想、職域ノ如何ヲ論ゼズ等シク大政翼賛運動ニ帰一スベキモノデアル。而モ此ノ運動ヲ推進スル機関トシテ生レ出デタ大政翼賛会ハ亦是等諸団体ノ実践ヲ推進スベキデアル。従テコノ推進ヲ有効適切ナラシムルタメニハ当然是等諸団体ヲ翼賛会ノ傘下ニ包容スルコトガ必要デアル。コレガ為ニハ各省ニ分属スル諸団体ハ翼賛運動ニ関スル限リ翼賛会ノ指導下ニ置キ全国民ノ大政翼賛運動ヲ一層強力ニ展開スベキデアル。

二、要　綱

1、翼賛会ニ確固タル法的根拠ヲ賦与スルコト

苟モ既成ノ諸団体ヲ統合シ強力ナル大政翼賛運動ヲ展開シコレガ指導機関ノ重任ヲ担当スル翼賛会ハ、ソレ自体高度ノ政治性ト組織力ト権能ヲ有シナケレバナラナイ。カヽル翼賛会ノ性格ニ対シテハ到底既存ノ諸法令ニヨッテ律セラルベキモノデナク、未曾有ノ画期的ナル全国民運動推進機関タル以上、新タナル法的性格ヲ賦与シテ最モ強力ナル推進力ヲ持タシメナケレバナラヌ。

2、各省予算中各種団体補助金及ビ各種国民錬成費等ニシテ翼賛運動ニ関スル限リ之ヲ一括翼賛会予算ニ編入シ、翼賛運動費トシテ計上スルコト

各省予算中各種団体補助金及ビ各種国民錬成費ハ相当額ニ上ルベク、且ツソノ運動ニ於テモ翼賛理念ニ徹底スルコトナク各団体バラバラニ執行セラレツヽアル現状ニ鑑ミ、此際コレヲ改廃シテ翼賛会ニ整理統合シテ最モ有効ナル使途ニ当テ、首尾一貫シタル全国民運動タラシムベキデアル。

3、各種団体ハ各々其ノ固有ノ機能ヲ発揮増強セシムルヲ原則トシ、必要ナルモノハ統合シ翼賛会ハコレガ一元的大綱ノ指導ニ当ルベキモノデアル。従ツテ是等団体ニ対スル従来ノ補助金等ハ翼賛会ニ一括シ、重点主義ニヨリ更ニ適当ニ分配スベキモノデアル。

4、右ノ運営ニ即応スルタメ翼賛会ノ機構ヲ拡大シ現行構成以外ニ必要ナル機関ヲ設置シ、成ルベク当該諸団体ノ幹部ヲ之ニ任用シ其ノ機能ヲ発揮セシムベキデアル。

さて匝瑳委員長は趣旨説明にさいして、現在の市町村行政機構の補助機関である部落会・町内会の存在に着目し、それを大政翼賛会の「下部組織」とすることが必要だとし、「ドウシテモコレハ翼賛会ノ下部組織トシテ、翼賛会自ラ指導ノ立場ニ立ツテ充分ニコレヲ運営シテ行クト云フコトガ翼賛会ソレ自身ノ重要ナ任務デアルト考ヘタ次第デアリマス。サウ云フ風ナ訳合デコノ下部組織ヲ斯ウ云フ風ニ連ネタ次第デアリマス」と説明した。論点は、内務行政の下部組織たる部落会・町内会を同時に大政翼賛会の下部組織にすることが必要だというだけではなく、さらに積極的な措置が必要だというのである。すなわち、部落会・町内会組織が内務省の「訓令ハヨク聴クノデアルガ、翼賛会カラノ色々ノ指令ハマア棚ニ束ネテ後廻シニスル、斯ウ云フヤウナ状態ガアルノデアリマス。斯ウ云フ事デアルト、到

底下部組織ヲ翼賛会ガ握ッテ居ルモノトハ言ヘナイノデアリマスカラ、ドウシテモソコニ翼賛会ソレ自身ノ立派ナ法的根拠ヲ確立致シマシテ、サウシテソレノ権能ニ依ッテドンドン下部組織ヲ動カシテ行ク、斯ウ云フ風ニナラナケレバ本当ニ強力ナル運動ハ展開サレナイ、斯ウ云フ風ニ考ヘタノデアリマス。ソレハ各委員ノ一致シタ意見デアリマシタ」。すなわち、小委員会の全員が、下部組織の二層化・二重化だけでは不十分で、それだけでは、「ソノ組織ハ整ッテモ生硬蠟ヲ嚙ムヤウニ」、「形式ニ堕シテ一向魂ガ入ッテ居ラナイ」。だから、全員一致の見解として、「国民下部組織ハ翼賛会下部組織タラシムベシ」、「翼賛会ニ対シ速カニ法的根拠ヲ確立スベシ」を二大「原則」とし、「サウシテ翼賛会ノ再出発ヲオ願ヒシタイ」という結論が得られたのであった。(7)

右の主張が、地方行政機構は「翼賛会ノ下部組織ヂヤナイ」といった見解に対して、そうではないんだという要求を明示的につきつける必要に出た攻勢であったことは明らかである。そのためにはどうしたらよいか。「この際翼賛運動ヲ強力ニ展開スル為ニハ、下部組織ハ翼賛会ノ下部組織デアルト云フコトヲソレゾレ国民ニ分ルヤウニ明示スルコトガ必要デアル」のである。こうして「要領」の具体細目の内容がきまってくる。例えば、「常会」のあり方に注文をつけて、「常会」は「翼賛常会」にしろとか、あるいは、「協力会議」という名前をやめて、これを「翼賛常会」の体系の中に位置づけよとか、あるいはまた、「翼賛道場」を設置しろという要求が生まれる。とくに重要なポイントは、この「大政翼賛会ト政治思想等諸団体トノ関係ニ関スル」課題の設定にある。その趣旨と要綱は前記のとおりであるが、委員長による総括意見には、

ソレ等ノ諸団体ヲ翼賛会ノ傘下ニ包容スル、斯ウ云フコトニナッテ行キマスト、誠ニ運動ノ展開モヤサシクナリ、又非常ニ強力ナ運動ガ展開出来ルト思フノデアリマス。サウシテコレガ為ニハ各省ニ分属スル所ノ諸団体ハ、翼賛運動ニ関スル限リ翼賛会ノ指導下ニ置ク、(中略)斯ウ云フ風ナモノハ一切コノ翼賛会ノ傘下ニ包容シテサウシ

テ翼賛会カラ一言ノ指令ノ下ニ国民ノ大運動ヲ展開スル、斯ウ云フ風ニシテ行クコトガ一番ヨイノヂヤナイカ、斯ウ云フ風ニ考ヘタ訳デアリマス。(8)

とある。それではこの方針を具体化するにはどうすべきであろうか。右の引用がそれを具体的に示しているが、なによりも第一にとりあぐべきは、翼賛会に「確乎タル法的根拠ヲ付与スルコト」である。(9)第二は、各省予算中の各種団体補助金および各種国民錬成費等を「一括翼賛会予算ニ編入シ翼賛運動費トシテ計上スルコト」であった。その狙いについて委員長発言は、「斯ウ云フ風ナコトニシテ行ケバ自然ニ翼賛会ノ傘下ニ包容スルコトガ出来ルト思フノデアリマス」とある。(10)しかしながら、第三に、この「包容」政策は、各省庁中心の行政官僚制組織、とくにそれらの外郭団体との妥協点を模索しなければならない。

併シ斯ウハシマスガ、各種既存ノ団体ハ各々ソノ固有ノ機能ヲ発揮スルト云フコトガ原則デアリマス。即チ子供ハ各々子供ノ機能ヲ発揮シ、サウシテ親ガコレヲ監督シテ、ウマク横道ニ外レナイヤウニコレヲ指導シテ行ク、斯ウ云フ風ナ観念デアリマス。(中略)翼賛会ニ包容スルト云フコトハナカナカ困難デアリマスカラ、ソノ困難ヲ除去スル方法ト致シマシテハ、各サウ云フ団体ヲ翼賛会ノ役員ニ包容致シマシテ、サウシテ翼賛会ノ役員トシテ、又各団体ノ役員トシテ、サウシテ翼賛会ノ指令ノ下ニソレゾレ運動ヲ展開スル、斯ウ云フ風ナコトニナリマスト、余リ困難ナクシテ出来ルト思フノデアリマス。(11)

右の小委員会委員長の趣旨説明に対し、大政翼賛会組織局長に就任していた元内務次官の挟間茂は、内務省側の見解に立った意見を述べている。彼は、地域的国民組織としての部落会、隣組にふれて、「翼賛会ノ立場トシテハ、コレハ最モ大切ナ翼賛運動展開ノ国民組織デアルト思フシ、又コレナクシテハ国民運動ガ各箇ノ細胞ニ至ルマデガッチリ徹底スルコトハ出来ナイト考ヘテ居リマス(12)」。しかし、「コレヲ単ニ国民運動ノ面ニ於ケル一ツノ下部組織デアルト、斯ウ限定スルコトニハ日本ノ行政及ビ国民運動全体ヲ眺メマシテ、足リナイ所ガアルノデハナイカ、コノ点ヲコノ機会ニ申上ゲテ置キタイト思フノデアリマス」[13]と言わざるをえなかった。それではこの矛盾をどう克服し、どう説明するか。行政事務を担当する側面からいえば、「部落会或ハ町内会ト云フ一ツノ下部機構ヲドウシテモ作ラナケレバナラヌト云フ理由」があり、「今日ノ行政組織ノ下ニ於テハドウシテモ行政ノ下部機構ト云フモノヲ棄テルコトガ出来ナイ。併ナガラ行政方面ニ於テ、コレガ行政ノ下部機構ノミデアルト云フコトヲ申シマスレバ、コレハ今日ノ国民運動ト云フモノヲ解シナイ謬見デアリマシテ、国民運動ノ面ニ於テハ、コレコソ大切ナ新シイ国民ノ下部組織トシテ立派ニ育テ上ゲナケレバナラヌ」。これは、二つの課題が一つの共通の対象へ向けられている形だといえよう。そしてその結果、挾間は、「斯ウ云フ両面ノ働ト性質ヲ持ツ」町内会・部落会、隣組であればこそ、「ソコニ私ハ政府ト翼賛会トガ表裏一体トナルト云フ関係ガ、地方ノ下部ニ於テピッタリト文字通リ出来上ルト思フノデアリマス」と述べ、「両々相俟ツテコレヲ育成シテ行クト云フ所ニ新シイ国民組織、国民再編成ノ値打ガ出テ来ルヤウニ考ヘテ居リマス」と集約した。挾間組織局長が、「コレハ色々ナ面ニ於テ問題ニナル」とやや控え目に述べたに止まったが、結局、「懇談」会に入り、委員長ならびに小委員会にその採択の方法および表現のしかたを一任して、委員長報告は了承をとりつけたのであった。[14]この第一・第二小委員会の議題が、大政翼賛会調査委員会の審議事項のうちでも最も重要な部分であった。翌一七年の大政翼賛会強化策の根本発想がここにすでに明示されていたからである。

右の下部組織問題と密接に関連する問題は、第四委員会がとりあげた「戦時国民生活ノ安定確保ニ関スル件」の審議である。ここでは、「時局ノ緊迫ニ伴ヒ国民生活ノ凡ユル部面ニ於ケル臨戦態勢ノ強化確立」のために、一 戦時生活理念ノ確立、二 生活必需品ノ確保、三 国民生活ノ規正、四 住宅対策ノ強化、五 保健厚生施設ノ充実、六 軍人援護ノ徹底、七 要扶掖者ノ保護指導、等の諸項目がとりあげられたが、とくに隣組単位の「生活共同体」の可否にかんして、きわめて鋭い論議がとりかわされたのであった[15]。しかも、この課題にかんしては、この第四委員会の広瀬委員長みずからが、反対の急先鋒に立っていた。

広瀬委員長　私ハドウシテモ家庭ガ日本ノ単位デアルト思フカラ、隣組単位ノ生活共同体ト云フモノハ賛成出来ナイ。コレハ仕様ガナイ。

桂委員　食物ナリ暮シヲ通シテ共同体ガ作ラレネバナラヌ。国家ガ最モ大キナ共同体デ、ソノ下ニ幾ツカノ共同体ガ出来ル、最小ノ共同体ガ隣組デアルト云フ心構ヘデ行カネバ組織ガ出来マセン。

広瀬委員長　ソレニシテモ受用単位《ママ》ニスル必要ハナイ。

桂委員　共同体ヲ作ルナラバ、生活部門ト消費問題ニツイテ単一ノ受用単位《ママ》デナケレバ、人ヲ引張ツテ行ケナイノデス。

広瀬委員長　ソコ迄引張ツテハイケナイ。

桂委員　サウスルト根本ノ意見ガ違ヒマス。

ここで大政翼賛会の八重樫庶務部副部長が調停にのりだして、「先程誰方カノ御シヤルヤウニ、家庭モ共同体デアリ隣組モ共同体デアル。国家モ共同体デアル訳デアリマスカラ、ソノ団体ニ相応シタ機能ハ果シテ行ケルダラウ。サウ云フ程度ニ考ヘルナラバ、或ハコノ言葉ヲ受給単位トスレバヨクハナイカト思ヒマス」ととりなした。しかし広瀬委員長は譲らなかった。彼はこの問題すなわち「協同化運動が共産主義運動力」だという「非難」を招くおそれがあると指摘して、「コレハドコ迄モオ互ニ納得ノ行ク迄ヤル方ガヨイ」とがんばって、結論を次回に持ち越したのであった[16]。

なお、調査委員会第九委員会の速記録によると、審議対象にされた「民防空応急対策要綱」の部門では[17]、一五年末作成された内務省の「地方計画法案」の大要を内示してほしいという調査委員会側の要請に対し、重成内務省国土局計画課長は再度にわたって説明を渋ったことも見届けることができる。[18]

だが、問題はこの種の抵抗にとどまらなかった。大政翼賛会総裁に対する調査委員会の報告の取り扱いをめぐって、重要な批判が出たからである。すなわち、委員会の呼び出しに応じて出席した大政翼賛会の熊谷総務局長は、次田委員長の質問に答えて、「総裁ニ対スル報告ハ此処デ御決定通リ報告ヲ致シ、政府ニ達スル上申ハ陸海軍、内務省等ノ意見、総務会ノ意見ガ加ツタモノガ上申サレタノデアリマス。御手許ニ配付サレタモノガソノ点ニ於キマシテ喰違ヒガアリマシテ、コノ点ハ申訳ナイト、斯様ニ思ツテ居リマス」[19]と釈明した。熊谷総務局長は委員長の説明要求に対応して、すばやく、「報告」と「上申」を区別けして処理したことを説明しつつ、「申訳ナイ」[20]と応答したが、各調査委員からの追及は鋭くて、かわしきれなかった。そこで熊谷は、「主務官庁ノ人ニ大日本防空協会ヲ入レテ呉レト云フ意見ガ出マシテ」それが入ったこと、また「学校報国隊」の部分は「コレハ陸軍デ或種ノコトヲ考ヘテ居ルカラコレヲ加ヘテ戴イタ方ガヨクハナイカト云フコトデ這入ツタノデアリマス」と答え、また、「ソレカラ警防団ノ再編成ノ問題デアリマスガ、コレハ内務省カラノ注文デアリマシテ」云々と説明し、したがって、「政府ニ大政翼賛会トシテ上通ヲ致シマスル場合ニハカウ云フ直シタモノヲ正式ノモノト致シマシテ、ソレニ委員会ノ御決定ニナリマシタモノヲ参考トシテ付ケ加ヘテ上通ヲシタ訳」[21]だと弁明した。しかし青木委員は、この衆議統裁のあり方を痛烈に批判した。「一体衆議統裁ト云フモノハドウ云フ手続ニ依ツテ為サレルノデアルカ」[22]。「英断的ノ原案」に対して「内務省ノ意見ニ従ツテ委員会ノ最モ力ヲ入レル所ノ現状ヲドウシテモ直サナケレバ効果ガ見ラレナイト云フ最モ力ヲ入レタル点ガ内務省ノ意見ニ依ツテ削ラレテシマツタ」[23]。「丸デ小委員会及ビ委員会ノ総会ノ意図シタコトト逆ナ修正加除ガ行ハレテ居ル。而モ何等カウ云フヤウニ直スカラト云フ下相談モナクシテ衆議統裁ナリト総裁ニ責任ヲ課シテ(中略)汗ダクダクノウチニコノ防空ノコトハ急ガヌ《ママ》レバナラヌト云ッテ仕上ゲタモノヲ（中略）趣意ト逆行シタ修正ヲサレルト云フノデハ、コノ翼賛会ノ調査委員会ト云フモノハ一体ロボットデハナイカト云フ感ジヲ我々ハ有タザルヲ得ナイノデアリマス。」[24]

しかし、大政翼賛会総務局長熊谷も、したたかに返答している。[25] たとえば、政府へ上申するさいには、大政翼賛会の総務会なり各省の意見を十分聴取したうえで上申する方法も衆議統裁の一つの方法ではないかとか、さらには、調査委員会の意見が政府のそれと逆になるようなことは「成ルベク差控ヘネバナラヌ」とか、あるいは、調査委員会の決議した事柄は「出来ルダケ実現性ノアルモノデナクチヤナラヌ」といったふうである。したがって、内務省ですぐやるような意思のないようなものは、「避ケタ方ガヨクハナイカ」といったぐあいである。攻防は容易にはおさまらなかったが、しかしさいごに、次田委員長自らは、警防団の再編成を削除し、大日本防空協会は「駄目ダ」という調査委員会の趣意が「衆議統裁という形式で修正」されたことを強く再度攻撃し、将来は少なくとも委員会なり小委員会の意見を聴いたうえでのことにすべきである、と要望した。この次田委員長の発言後青木委員が立って、再び問題を取り上げて発言した。今回の議論は、「下情上通」にかかわるものであると切り出し、下情上通とは、「アリノ儘民間ノ希望、要求、意見等」が「政府ニ響クヤウニスル」のが下情上通ではないか、「成ルベク政府ノ意見ト一致シタモノヲ出サヌ《ママ》ケレバ翼賛会トシテハイカヌト云フヤウナ御考ヘ方デハ本当ノ下情上通ト云フ働キガ消エテシマフト私ハ思フノデス」。これが青木の力説した点である。しかし、熊谷総務局長の最終発言は、「只今委員長ノ申述ベラレタ点ニ付キマシテハ将来十分考ヘタイト思ヒマス。ソレカラ青木委員カラ申サレタコトハ私ハ同感デアリマシテ、出来ルダケソノ儘下情上通スベキモノト考ヘテ居リマス。唯形式ト致シマシテ、調査委員カラ直チニ政府ニ持出スモノヂヤナク、矢張リソレゾレ総務会ナリ何カノ組織ガアリマス以上ハソノ意見ヲ取入レテ、翼賛会ノ意見トナッタ場合ハ多少変ルコトガアルカモ知レナイト存ズルノデアリマス。我々トシマシテハ出来ルダケ将来ニ於キマシテモ下情ガソノ儘上通スルヤウニ努力致シタイト思ヒマス」[26]としめくくったのであった。

大政翼賛会調査委員会の審議内容についていえば、このほかにも多くの委員会があり、それぞれの調査項目をとりあげていた。対象は一四項目にものぼり、それらは、国民精神の昂揚、国民の教養訓練に関する事項、国策の遂行貫徹に関する事項、大東亜共栄圏の建設に関する事項、銃後国民生活の刷新及び安定に関する事項、中小企業に関する事項、食糧問題に関する事項、財政・金融・物資・物価に関する事項、国土計画・防空に関する事項、治山治水に関する事項、交通運輸に関する事項、人口問題に関する事項、労務に関する事項、海外拓殖並に移植民に関する事項等にわたり、討議、現地出張・実情調査、書面による一般国民からの実情報告収集等の手段により、それぞれを第一委員会以下第十委員会が分担した[27]。昭和一七年七月の『調査委員会報告書』の項目ならびに分担を掲示すれば、それは左のとおりであった[28]。

調査委員会報告書

一、国民精神昂揚の根本義(第一委員会)
二、現下国民の士気昂揚に関する件(同)
三、推進員の銓衡運営に関する件(第二委員会)
四、国策の遂行貫徹に関する件(同)
五、大東亜共栄圏に於ける石油対策(第三委員会)
六、大東亜共栄圏建設に伴ふ文化的対策(同)

七、大東亜共栄圏建設に伴ふ経済的対策（同）
八、大東亜共栄圏建設に伴ふ政治的対策（同）
九、都市の戦時生活体制確立の件（第四委員会）
十、戦時国民生活の安定確保に関する件（同）
十一、国民生活に関する中枢行政機構整備に関する件（同）
十二、農村戦時生活体制確立に関する件（同）
十三、科学振興に関する件（第五委員会）
十四、中小企業及配給組織緊急対策要綱（第六委員会）
十五、臨時風水害地方慰問調査報告（第七委員会）
十六、食糧増産優良町村調査報告（同）
十七、主要食糧消費規正要綱（同）
十八、食糧増産並に配給に関する対策（同）
十九、肥料、飼料、資材に関する対策（同）
二十、農業労力（畜力及機械力を含む）に関する対策（同）
二十一、綜合物価対策要綱　第一部（第八委員会）
二十二、同　第二部（同）
二十三、同　第三部（同）
二十四、民防空応急対策要綱（第九委員会）

二十五、第二次軍民防空綜合訓練視察報告（同）
二十六、治山治水対策要綱（第九委員会）
二十七、労力充足に関する緊急対策（第十委員会）
二十八、同大政翼賛会に於て実施すべき事項（同）
二十九、同女子労務供出対策（同）
三十、結核予防対策に関する件（同）

これらの調査委員会の報告内容のうち、なお注目すべき案件を、ここでとりあげておこう。そのひとつは、第二委員会が担当した「推進員の銓衡運営に関する件」である。この報告書は、推進員の「銓衡要領」と推進員の「錬成指導」、推進員の「運営」の三部門からなるが、とくにその銓衡要領では、銓衡は市町村では、支部長、警察署長、国民学校長その他地方有力者よりなる銓衡委員会を組織して、（一）部落会・町内会から推薦された候補者について銓衡の上決定すること、（二）各種団体、会社、工場よりの推薦者については管轄区域内における銓衡委員会に附議して決定すること、（三）一・二の手続によって「決定」した候補者名簿には「定員外約五割」の候補者名を記入し、道府県支部に通達し、支部長が適当と判断した者を本部に進達すること、としている。なお推進員の選出区域は、「地域」と「職域」とし、これらの組織を通して「適宜按分的に選出」することと定め、推進員たるべき候補者の資格要件は、

一、率先躬行模範的人物たること、
二、年齢は二五歳以上三五歳の壮年者たること但し特に適任者たる場合には三五歳以上の者にても差支なきこと、
三、独立の生活を営む者又は生活の安定を得たる者たること、

四、比較的時間の余裕を有する者たること、
五、派閥的行動をなさざる者たること、
六、婦人推進員また同じ、

とある。(29)

なお、第四委員会が担当した「都市の戦時生活体制確立の件」では、さきにとりあげた「生活協同化の促進」の審議の結果がとりまとめられている。(30) これは、「町内会及隣組に於ける生活の有機的一体化を意図する協力的活動は大要左の事項を目標とするものとす」とあり、内容は、一　国民精神昂揚の為めに協力する事項、二　法に遵ふことに協力する事項、三　消費生活の為めに協力する事項、四　体位向上の為めに協力する事項、五　隣保共助の為めに協力する事項、六　勤労に励むことに協力する事項の六つからなっているが、三の消費生活の為めに協力する事項をとりあげてみると、左のとおりであった。

イ、常会をして真に戦時下生活の建設に協力する相互啓発の機会たらしめるやう指導し、(一)、資材の活用、(二)、労力の活用、(三)、時間の活用等に関し懇談し合ふこと、
ロ、町内会及隣組は配給機構の整備に対応しつつ、生活資材の受用《ママ》に協力すること
(一)、老齢者、病者並に妊産婦乳児等の栄養品並に生活必需品の受用《ママ》につきては、隣組は常に其の受用《ママ》に協力し遺憾なきを期すること
(二)、野菜、生魚、肉等の副食物に付ては必要に応じ漸次受用《ママ》に協力する方途を工夫、実施すること(例へば各家庭に伝票を備へ共同買出しをなす等)
(三)、適当なる指導者を得て町内会に共同献立材料配給を実施すること

（四）、異状の場合生活必需物資に関し配給量著しく減少するの虞あることを予想し、当局は町内会及隣組の協力活動を利用し適切なる配給を確保するの方策を樹立すること、町内会、隣組に於ては之に対処して遺憾なきを期すること

（五）、緊急なる場合には町内会又は隣組に共同炊事を実施し得るやう用意を整へること

ハ、附近に休閑地ある場合は関係者協議の上共同の蔬菜園等を持つこと

とある。同じ第四委員会が担当した、「十、戦時国民生活の安定確保に関する件」の報告[31]は、さきの七項目がそのまま採択されているが、広瀬委員長がとことんまで反対していた、「生活共同体」とか「協同化」運動を具体化した規定内容は見当たらない。したがって、すべての規定は、一般的・抽象的なそれであって、例えば「生活必需品の確保」と掲げられたところでは、「これがため国民生活に必需の物資を確保し、その配給を合理化すると共に、低物価政策を徹底せしむる方途として左記事項の実施に遺憾なきを期するを要す」とまとめられ、一、増産に要する肥料、資材の供給を充分にすること、二、中央及び地方に於ける集荷、輸送、配給等の機構を整備すること、三、消費者組織を整備し生活必需品に対する需要供給の関係を円滑ならしむること、特にこれがために国民の下部組織たる部落会、町内会、隣組等の整備強化に務むること、四、生活必需品目の範囲、規格、価格を決定すること、これら四点が掲げられるに止められている。第四委員会はまた「第十一、国民生活に関する中枢行政機構整備に関する件」について、戦時国民生活院を設置して、従来各省各局に分属している国民生活に関係する行政の統合一元化、戦時国民生活各般に関する実情調査ならびに企画に当たることを提案した。その内容は、以下の七項目であった[32]。

一、戦時国民生活に関する規準を定め之に準拠せしむること

二、戦時国民社会生活（冠婚葬祭集会娯楽等）の各種規準を定め之を実行せしむること

三、戦時国民生活必需物資(第一義的なる食糧品及衣服用品等)に関する生産、集荷並に価格等に関する要求を定め関係庁をして之を実行せしむること
四、国民下部組織たる部落会、町内会毎に消費者組織を整備すると共に之に連繫して配給機構を整備し生活必需物資の適正円滑なる配給を期すること
五、国民体力の向上及び人口の増加に必要なる諸物資(妊産婦乳幼児、必需品、栄養食品、薬品等)の需給に就ては特別の方途を講ずること
六、新規準による住宅新築の促進、既存建築物の住宅に転用並に家賃の平準化等につき特別の方途を講ずること
七、国民をして戦時に相応しき生活を営ましめ相互に情誼をつくし協助を行ひ且つ秩序を重んずる風習を助長せしむる様生活指導を行ふこと

さらに第四委員会が担当した、「第十二、農村戦時生活体制確立に関する件」では、報告の骨子は、「農村戦時生活体制の単位を各部落に求むること」とされており、その実施事項の第一番目に、「部落(部落会)の法制化」が提案されている。(33) さきに「九、都市の戦時生活体制の確立の件」がその「町内会及び隣組の運営に関する事項」の中ではその法制化規定をとりあげていないのと比較すれば、農村戦時生活体制確立にかんして第一番目に部落の法制化を要求した点は注目すべきであろう。都市町内会制度に対する場合とは異なり、部落会は、正面から、それが「協同的基本単位」であることを当然の前提としている。農村戦時生活体制に関する第二の重点は、(34) 町村会の構成の刷新とその機能強化、ならびに、農村各種団体の統合の提案である。前者は、町村会を、(一)選出された議員、(二)各部落会長、(三)各種団体長又は代表者で構成すべしという要求であり、後者は、各種団体の「一元化」とそれによって農村における生産と配給の統制目的を達成しようとするものであって、とくに部落における各種団体の組織と運用を部落会と

一体化することをねらったものといえる。また、「生活必需品の確保[35]」については、一 農作業共同化に関する規準、二 農村共同炊事に関する規準、三 農村共同託児所に関する規準、の三規準が具体的に報告されていたのである。

（1） 大政翼賛会『調査委員会報告書』昭和一七年七月。
（2）『翼賛国民運動史』第三章、二七二―三七二ページ。
（3） 大政翼賛会『調査委員会第一委員会速記録』(二一)、昭和一六年一一月五日、三―一六ページ。
（4） 同右、一七ページ。
（5） 同右、一八―一九ページ。
（6） 同右、一九―二〇ページ。
（7） 同右、二二ページ。
（8）（9） 同右、二五ページ。
（10） 同右、二六ページ。
（11） 同右、二六―二七ページ。
（12）（13） 同右、二九ページ。
（14） 同右、三一ページ。
（15） 大政翼賛会『調査委員会第九委員会速記録』(第六回総会)、昭和一六年九月二〇日、とくに「生活刷新」を問題とした一一ページから三八ページ参照。この委員会はこの問題のとりまとめを翌日の二〇日の審議でも持ち越しと決定している。
（16） 同右、三九ページ。
（17） 大政翼賛会『調査委員会第四委員会速記録』(一九・第一〇回総会)、昭和一六年九月一九日。
（18） 同右、七、一九、二〇ページ。
（19） 同右、二二ページ。
（20） 同右、二二―二三、二五―二六ページの田中委員・大橋委員の発言参照。
（21） 同右、二七ページ。

(22)(23)　同右、二八ページ。
(24)　同右、二九ページ。
(25)　同右、三〇ページ。
(26)　同右、三二―三三ページ。
(27)　「調査委員会」の規定七箇条については、『翼賛国民運動史』二七二ページ。
(28)　調査委員会の構成、経過、ならびに十委員会の委員長ならびに小委員会委員長と分担項目については、『翼賛国民運動史』二七三―二七六ページ。大政翼賛会『調査委員会報告書』昭和一七年七月、参照。
(29)　『調査委員会報告書』六―九ページ。この「推進員の銓衡運営に関する件」は、のちに紹介する第二委員会総会速記録（第四回、昭和一六年八月二九日）の「推進員ノ銓衡運営ニ関スル件」とほぼ同一内容である。後者が一の銓衡方法の⑴で「合議決定スル事」とあるのを本文に引用した前者では、「決定する事」とし、⑵で、「官庁、学校、団体、会社、工場等ヨリノ」を、「各種団体、会社、工場よりの」と改め、さらに、「推進員の運営」の七項目の最後に八を起こし、「推進員の誓は推進員の信条たるべき事項を具体的に記述しその要目を示すこと、この中には地位を利用して選挙運動その他の行動をなさざることを包括すること」を追記しただけである。
問題は、推進員の銓衡要領にかんして、既成の国民諸組織の決定をうけて、その名簿リストを支部長を通して本部に「進達」することと、このさい、支部長すなわち知事の判断が顔触れ選定の条件となることが明記されている点である。大政翼賛会調査委員会においてすらも、既成の国民組織の力を無視できず、推薦者の銓衡の上での決定という妥協によって、はじめて推進員を選定することができ、しかも、その推進員は、「地域」・「職域」諸組織を通じて「適宜按分的に選出」されなければならなかったのである。さらにこの推進員は六項目の要求の下に銓衡される存在であるが、その一つに「派閥的行動をなさざる者たる事」（八月二九日のそれは「政党派閥ニ関係ヲ有セザル事」とある）とある。推進員制度の推進にさいしては、ここに、その制度の限界を読みとるべきである。
(30)　『調査委員会報告書』六一―六二ページ。
(31)　同右、六五―六八ページ。
(32)　同右、六八―六九ページ。

(33) 同右、六九―七八ページ。
(34) 同右、七三ページ。
(35) 同右、七四ページ。

四　推進員制度

(一) はしがき

新体制準備会の準備段階では、推進員制度へ寄せられた期待は絶大であった。無の状態にあって、組織をつくる段階にあっては、これはある意味では当然のことといえる。しかし、推進員制度は、出発当初、その構想の具体化をみないうちに放置されてしまったのであった。大政翼賛会の綱領の作成段階において、また大政翼賛会実践要綱の整備段階では、再び推進員制度はフットライトを浴びたが[1]、その後、大政翼賛会が具体的に活動を開始するにさいし、組織局筋の、唯一の、起死回生の策となっていた。たしかに地方組織部結成の時点には、改めて飛躍の契機をつかみえたかの感があった。だが、地方支部組織の支部長に官選知事を据え、地域国民組織と職域国民組織という、先行国民組織体に接点を求めるようになると、この過程において推進員制度への推進力は一挙に退潮期を迎えたのであった[2]。こうして、三回にわたって展開の条件を生かし切れなかったのが、推進員制度なのである。

だが、第一次改組を迎えて大政翼賛会が再出発しようとする段階になると、ふたたび、その展望をつかみうる機会に遭遇したのが推進員制度であった。しかしこのときは、行政補助機構としての大政翼賛会という性格が漸く濃厚になり、さらに大政翼賛会則「行政」翼賛会なりとする体験すらもが定着しかかった段階であった。[3] それゆえ、新体制推進力の原点を何処に求めるべきか、問題はさらに尖鋭化していたのであった。とくに各地に普及し各種の波紋を投げかけていた壮年団組織の再組織論が胎動期から具体論の段階に入るにつれて、翼賛会の推進員制度はどうあるべきか、これが真剣に検討されざるをえなかった。だが「行政」翼賛会的大政翼賛会運営が漸次にパターン化するとともに、推進員制度は、一つの側面では壮年組織をどうするかの組織論によって大きく行く手の展望を阻まれるとともに、他方では、翼賛会の実態が「行政」翼賛会化する傾向線を辿るという複雑な状況にあって、結局のところ、この動きを推進する推進員制度へと大きく切り替わろうとしていたのであった。

中核体理論を欠如したまま、推進員制度は、昭和一六年の一月から三月にかけて、一町村五名を目途に組織化に着手し、以後、難航を重ねたが、地域毎・職域毎の推進員は、昭和一六年六月には三〇万人を数えるまでになっていた。しかし、その後は、どうであったのか。「中核的推進組織確立問題は、依然として未だ解決の方向をすら見てゐない[4]」。これが関係者の認識であり、推進員制度の実態であった。この背景には、職域毎・地域毎国民組織での推進員の任命とその活動が、かえって、国民運動の統一性を損なうという「国民的病弊[5]」を生み落としていたからである。この予期せざる現象をどうみたらよいのか。『翼賛壮年運動』は、「何れにしてもわれわれに於いては機構が運動を制約するのではなく、運動が機構を駆使するのである[6]」と評価していた。つまり大政翼賛会という機構があって、推進員制度による運動が機能するのではない。大政翼賛会があって、その外廓団体に翼壮があり、その翼壮の運動が、大政翼賛会という機構を「駆使」するのであり、その逆であってはならない。しかし、推進員が実践運動へと挺身すればするほど、地域国民組織とりわけ職域国民組織では、これら国民「運動」によって国民諸「組織」が縦系列にそって、縦方向に、機能別に分裂し分離する。とくに国民的職域組織では、「運動」が組織の縦系列つまり分担の区分にそって分立し、その集積の結果、機構の「統一」が損なわれる。推進員「運動」が機構の「統一」を「阻害」するのである。大政翼賛会の「機能刷新」という昭和一六年改組後の新大方針も、この法則の前に立ちすくんだといってもよかろうか。さきに引用した、「中核体推進組織確立問題は、依然として未だ解決の方向をすら見てゐない」といわれるそもその所以は、まさしく、ここにある。

この間の状況は、例えば、左の一連の動きを引き合いに出すと、その背景がやや明瞭となるであろう。すなわち、厚生省主導の大日本産業報国隊では、独自に「産報青年隊準則」(7)を制定し、また文部省は、すでに大日本青年団の組織づくりを終えていた。

かねてから、青壮年組織問題は、関係官庁をふくめ各方面からの関心の的であった。すでに、青年団、警防団、在郷軍人会その他の組織が存在していたが、文部省が、あらたに大日本青少年団組織を手がけるに及んで、青壮年組織の問題に一挙に関心が集中した。産報がその青年隊組織化に立ち上がったことが、その適例である。

産報青年隊は、約二〇〇万人の組織化を目的としていたが、この青年隊組織化をめぐり、たまたま鶴見区所在石川島芝浦タービン株式会社内で、右翼組織の東方会青年隊と産報青年隊との間で紛争が勃発した。すなわち、産報側は、二名の東方会青年隊員に向けて東方会からの脱退を要求し、さもないと産報青年隊を除名するのみならず、会社側も解雇の措置をとる、というもので、脱退、陳謝すれば復職を認める、というのである。

一、政治結社は政府が認可する運動体なる故、政治団体たらざる産報会に於ては合法的政治運動を否認しその会員の産報入会を拒否することは困難である。

二、然し乍ら政治団体の運動方策は多分に思想運動的傾向を持ち、産報運動にはそぐはない。且政治団体の指導理論は産報青年隊の指導理論とは全く対蹠的と云はざるを得ない。

三、以上の理由により政府の産業国策とする産報運動の実践に万全を期する為、速かに該状況の調査を行ひ、産報青年隊組織の関連に於て、単位産報会内に於ける政治運動を禁絶して産報青年隊一本の方針を確立せられんことを要請する。

これは、産報協力委員会からの要請書の骨子である。(8) 産報は、昭和一六年一二月末には、すでに、五四六万五五五八名の組織メンバーをかかえていたのであり、一方、中野正剛指導下の東方会は、右翼の中堅組織で、バリバリの新興勢力であったためか、内務省も厚生省もこの問題解決をめぐって対策に苦慮し、明確な態度を表明し得ず、会社側の処置に「一任」(9) し、傍観せざるをえなかった。かくて一応の解決までには約一ヵ月が経過したが、その間、産報の本部もまた石川島産報をして自主的に解決せしめる態度をとり、これまた静観していたのである。

東方会のいい分は左のようである。(10) すなわち、産報中央本部がその会員に向けて、産業報国に一意専念せよ、職域奉公に徹底せよ、そのためには政治団体に加盟するな、という指導精神を以て強く訴えているが、「帝国臣民は欽定憲法によって天皇陛下の大みまつりごとに翼賛し奉る義務と責任がある。この万民翼賛の政治的責任は一面憲法に明示せられた国民参政の権利である」。また産報のいう「職域奉公」は、もとより産報専売のものでもなく、産業人のみか「一億国民悉く職域奉公ならざるはない」のだと反撃した。しかも、産業報国会内には、かつての無産政党の構成分子多数がふくまれており、その数は数十万に達するが、それが一切無差別に産報会に組織されているのが現実で、「この現実の事実を見忘れては大変である」として、「産報内に政治指導力を及ぼしてこそ産報は始めて誤りなき職域奉公の途を進み得るのだ」「今日の正しき政治運動は」「全国家一単位の国家最高意思に合致した政治運動である」というのである。石川島芝浦タービン株式会社での一事件はささやかといえばささやかな紛争ではあったが、産報本部はもとより、内務省も厚生省も解決へ向けて手を下さなかったことひとつとっても、この事件が、国民組織・国民運動に内在する網羅型か特定型か、さらには党か会組織か、という大課題をめぐる紛争——難問——であったことを物語っている。当然発生してもおかしくはない問題といえようか。かつ争点は、石川島芝浦タービンＫＫに限られず、組織的には、大政翼賛会の組織と運動の二面において、影の形に随うが如くつきまとっていた難問であったのである。

一方陸軍は、軍需工業指導新方針を打ち出し、その他、農林省、商工省もそれぞれにその系列下の国民組織化を推進しようとしていた。また、重要産業統制令—重要産業団体令にみあう、物価対策審議会では、改組原案は企画院で作成されるが、具体的な方針は幹事である関係各省次官に委ねられたといわれる。(11)また「難事中の難事」(12)とされていたのが、興亜団体の統合問題であった。興亜連盟の結成は関係諸団体統合の終着点の成果ではあったが、興亜連盟における参加六二団体は、それぞれその「団体個人主義」的性格を温存したままであった。このように、大政翼賛会をめぐる動きは、一元的であるようであって、じつはそうではなく、多元的、分立的、割拠的であった。

この事態に推進員制度がどう対処すべきか。それは容易には決められないというべきであろう。こういう状況にあっただけに、見方によっては、推進員制度があらためてその構想を描き出す条件は、ありえたのである。例えば、地域＝網羅主義、職域＝網羅主義なる国民「組織」が、抽象的で、それが一般的・全体的であればあるほど、国民「運動」の特定化、個別化を抹消する傾向があったが、新たに推進員制度による運動の特定化、個別化への主張なり傾斜は当然ありえたのである。(13)あたかもこの段階では、壮年団の全国的——地域的再編成問題が大きく浮上しつつあり、それが推進員の制度を上廻る大きな比重をもって提起されていたのであった。(14)しかし、問題の決着は、壮年組織問題の擡頭によって、推進員制度の存在意義は、逆に、せまく限定され、大政翼賛会調査委員会の調査素材とされて、その審議の過程にあってウヤムヤな形でケリがついてしまったのであった。新しい改組大政翼賛会の目玉のひとつであった調査委員会の運営ひとつとってみても、調査委員会の運用に当たって、「政治性を賦与すべからず」という申し入れが次官会議の席上陸軍次官から行なわれたといわれ、[15] また当の翼賛会事務局中枢の総務局、組織局の主要ポストには官僚ＯＢが登場し、調査会メンバーの人選も、「全面的なる分散方式」と称する組織づくりの下に発足する等、推進員制度の検討は、ここでも、全くの逆風の下に立たされていたのであった。新たに発足する調査委員会の調査報告書が、この推進員制度にいかなる態度をとろうとしたのか。それが、推進員制度に実質上の終止符を打つことになったといえる結果となったのは、なんとも奇妙な運命というべきであろうか。[16]

（１）（２）　拙著『近衛新体制と大政翼賛会』八九、一〇六、一〇八、一八九、二〇五―二〇六、二一〇、二一六、二三二、二四四、二九四、二九五―二九六、五〇六、五二七、五三四ページ参照。
（３）　和田珍頼「地方から見た大政翼賛会の改組」『戦時政治経済資料　２』原書房、一九八二年、第二巻三五号、三九五ページ。なお和田「議会新体制・壮年団・選挙其他」『戦時政治経済資料　３』第三巻四三号、三六〇ページ。
（４）『翼賛壮年運動』昭和一八年五月八日。
（５）「行政簡素化と団の使命」『翼賛壮年運動』昭和一七年九月五日。
（６）「本部新機構成る」『翼賛壮年運動』昭和一八年四月一七日。
（７）　昭和一六年三月三日付「産業報国青年隊結成に関する件依命通牒」は、府県庁長官すなわち知事宛に産業報国青年隊結成を要請した「組織要綱」であったが、翌月の四月二三日、大日本産業報国会理事長は、「産業報国青年隊準則並に組織方針」を示し、「追テ『事業細目』ハ両三日中ニ御送付ノ予定ニ有之候」と通達した。しかし、この「組織方針」に関しては、「決定致候間会ニ於カレテハ早速此旨各単位産業報国会ヘ御通達相成度右準則組織方針ハ厚生省、文部省、陸軍省及大日本青少年団ト協議ノ上決定シタルモノナルコト」とことわってあった（『資料　日本現代史　７　産業報国運動』一九八一年、大月書店、資料　99、二四四ページ）。厚生省が産業報国青年隊を組織しようと計画したのは、労務管理調査会の一五年八月二七日の答申に由来する（労働省『労働行政史』Ｉ、八九四―八九六ページ）。
（８）　協調会『労働年鑑』昭和一七年版、二八五ページ。
（９）　同右、二八五ページ。

（10）同右、二八五―二八六ページ。
（11）「重要産業統制会に就て」『戦時政治経済資料　2』原書房、一九八二年、第三巻一五号、三七九―三八一ページ、「物価対策審議会改組要綱」前掲書、第三巻一八号、四四六、四五四ページ。
（12）「興亜団体の統合問題」前掲書、第三巻二二号、五一四―五一五ページ。
（13）朝日新聞社中央調査会編『朝日東亜年報』昭和一七年版、五八五ページ。
（14）石渡荘太郎述「第一回中央協力会議を通じての時代相」昭和一六年八月、日本外交協会、一〇―一五ページ参照。
（15）「第一回中央協力会議を迎へる改組翼賛会」『戦時政治経済資料　2』原書房、一九八二年、五五三―五五四ページ。
（16）「大政翼賛会調査委員会速記録」柏書房『大政翼賛会運動資料集成』第六―一〇巻、一九八八年。拙著『大政翼賛運動資料集成解説』一九八八年、柏書房、一八―二二ページ。なお、当時のものとしては、注（15）『戦時政治経済資料　2』五五二―五五九ページの分析がすぐれている。

（二）大政翼賛会推進員制度

大政翼賛会推進員制度は、翼賛会の成立に先立って、すでに新体制準備会でとりあげられた課題であった。だが、網羅型丸抱え組織をとるべきかそれとも同志精鋭型か、この二律背反の選択を回避するためには、推進員問題はつめるべくしてつめられぬ、容易ならぬ問題であった。その後、改組された大政翼賛会が積極的イメージを回避する機構改革へとふみ切ったために、推進員制度をめぐる展望と状況はいっそう混迷の度を深めた。とくに、既存・既成の網羅型国民組織と大政翼賛会との関係をどう関係づけるべきかの課題をめぐって、推進員制度との取り組みはきわめて複雑な様相をともなったのであった。すなわち、これら国民組織との協調ないし妥協、すなわち、国民組織の存在を前提とする姿勢は、改組大政翼賛会が実践運動体へと傾斜する態度に比例して、強化された。そこで提起される推進員制度は当初の構想のそれではない。推進員二〇万人の動員態勢を国民組織との協調路線の方向で採択するという想定を当然とうけとめるわけにはいかないのである。

しかし、推進員制度を導入するといっても、挟間組織局長発言に示されるように、すでに内務省が先行して組織していた地域国民組織との調整面には大きな障害があった。

それではどうすべきか。どうあればよいのか。推進員制度はもとより、翼壮という国民「運動」が、国民生活の凡ゆる方面に見られる「病弊」(1)を生む以上、翼壮を翼賛会へ「編入」するとか、あるいは、大政翼賛会推進員制度それ自体の「改廃」の処置をとるとか、あるいは、翼賛会推進員制度をこのさい翼壮団へと合併し、一元化しては、という諸提案が出てくるのは当然かつ必然である。しかし、翼壮にとっては、翼壮を翼賛会の内部機構へ「編入」しろとの構想は寝耳に水であった。『翼賛壮年運動』は、
しかし大政翼賛会の一部局とせんとするが如きは、他意あらば兎も角、何故壮年団を結成しなければならなかったかの団結成の歴史的使命を全く無視せんとする暴挙といはざるを得ない。

と反発し、かえす刃で、「かねて懸案たる推進員制度の改廃がいまや日程にのぼりつゝあることを銘記せねばならぬ」と断定し、「推進員組織の紛淆を清算し、これを壮年団に一元化することは焦眉の急務といはねばならない」という方向へ議論をもっていったのであった。(2)しかし、この大課題については、大政翼賛会側も慎重に検討したが、明確には回答できず、(3)廻り廻って問題は、職域の推進組織をどうするか、その、「一元化問題検討」をテーマに、一〇月二日、関係団体の中堅幹部懇談会が開催された。その結果は、関係団体側の意見としては、一元化の方向には圧倒的に反対の空気が強く、一元化問題は「将来の検討事項」とし、具体的結論は留保されたのである。(4)推進員制度は、こうして、国民組織・国民運動の基底にある地域・職域の国民「組織」・国民「運動」のあり方に順応するか、否か、この選択のまえにひきすえられ、大政翼賛会の推進員制度は公事結社宣言と「高度の政治性」の隘路に直面してたち

すくんだのであった。しかも、これは、推進員制度だけではなく、翼壮運動自体も同様で、「解決を見るものと予想される」(5)とはいっても、各職域奉公団体を基盤とする推進組織と翼賛会と翼壮とはいわば三つ巴の三角関係を形成し、複雑にからまりあってどうにも解決のメドがたたない事態となったのであった。

一例をあげよう。例えば、国民運動当面の中心課題は、この推進組織の確立にあると規定したのは翼壮オルグ白根孝之であった。その白根が、大政翼賛会の統制委員会の活動では「必ずしも充実せる活潑な活動を期待し得ない」現段階にあって、「推進員確定の問題は、国民組織再編成の根本問題に対してそれ自身大きな推進力を有するものと言ふことが出来る」と断定していた。しかしながら、さりとて、明瞭な選択肢がありうるのか。白根がここであえて提言したことは、依然として、「職域奉公組織の必要」、そして「全員網羅」型組織の組織化であり、これらに関連して、組織内部に推進組織が必要だというのであった。(6)翼壮中枢急進派オルグを以てしても、その純組織論はこのように空転し、大政翼賛会という「半上落下」の体制にまつわりついた「中核体不在」からは容易には脱出できないのである。他面では、「高度政治性」の概念には執着しつつも、「公事結社」という自己規定の枠に拘束されて、そこから脱け出すことはできなかったのである。かといって、全員網羅型職域奉公組織の欠点は、なにか。例えば、産報は、どうか。『翼壮評論』によれば、(7)勤労新体制、企業新体制などといわれるが、産報は「力を持って居ない」、産報は「無力」なのである、となめられている。その理由は、「産報運動が会員の関心の的となったことは殆んど無かったといってもいいのである」からである。産報五人組制度の設置によっても「成果」がないというのが診断であって、かといって各職域に翼壮が職域班をつくれといっても、石川島芝浦タービンの事例ひとつとっても、翼壮的イニシアティブが各職域組織に自生しうるとは考えられない。かといって、翼賛壮年団に大政翼賛会の推進員制度を吸収するとしても、当の翼壮には、二つの魂の葛藤がしがらみのようにからまりついていた。ひとつは、大政翼賛会の外廓団体だという、主従関係にも似た規制の力であり、いまひとつは、翼壮の魂ともいうべき「同志精鋭」をなんとかして貫徹したいという狙いである。大政翼賛会を批判して、『翼賛壮年運動』が、翼賛会は会員組織ではなく、その運動の推進方式は、「飽く迄上から全体に呼びかける方式以外には出でないのである」とし、これに対して翼壮を「強き実践部隊」、「翼賛運動の中核体」(8)と規定して、「全員を網羅する大衆組織にあらずしてあくまで国民中の精鋭中堅を職域地域を通じて選抜し、これを集結したる中核体たること」(9)を要求した。地域国民組織、職域国民組織とはここが違うというのであろう。しかし、翼壮が「同志精鋭化を貫け」と叫んでも、翼壮自体の翼賛会の外廓団体という存在拘束性に加えて、下から上を選挙して指導者を選定するとか推薦する方式はあってはならず、また「逆に上級団の思いつきや独断による天降り的、官僚的選出に出づることも、許されない」(10)のだ。となると、およそ、その方法なり手続があるのかないのか。

即ち民主主義の弊に陥らず、専制主義の弊に倣はず、飽く迄指導者の責任態勢を堅持しつつ、而も団員の総意を反映するが如き独自の人事方針が、創造されねばならぬ。(11)

となると、課題に答える回答は、「創造」さるべくして、現にそこに存在するわけではないのである。「同志精鋭」と「団員の総意」の反映とは、何処までも翼壮につきまとう難問であったことはたしかであった。(12)

大政翼賛会調査委員会の第一、第二調査委員会の審議経過に如実に示されたように、大政翼賛会が地方組織を模索し、その実践母胎をつくろうとすればするほど、純粋培養の地方組織をもたない大政翼賛会は、結果的には、町内会・部落会組織への寄生、依存は避けられなくなっていた。しかも、組織を町内会・部落会といった下部組織内に求めようとする方向設定は、逆に、町内会・部落会の強化、その「法制化」要求をも引き出すのであった。つまり独自の地方組織と明示的な運動目的をもたぬときは、推進員という制度論一般はありえても、それを既成の地域国民組織の網羅型組織の枠組を破るものに設定すれば、これらの組織体の背景にひかえた行政官僚機構系列からの反撃を予測しなければならなかった。かといって、与件ともいうべき国民組織を前提とすれば、推進員制度論が官僚制機構の下部組織の強化、それへの寄生組織を生み出すおそれが多分にあった。

しかも、この傾向は、たんに推進員制度に限られない。例えば、壮年団組織を例にとってみれば、壮年団組織の必要性をもっとも強く認識していた陸軍の態度には矛盾がみられる。すなわち軍は、壮年団組織の必要性をもとより痛感していた。だが、他方では、在郷軍人会組織がすでに先行的に存在しているという事実認識に立つかぎり、「重複的」組織の共存の可否は真剣に考慮しなければならなかった。[13] それだけではなく、翼賛壮年団がその翼賛壮年団基本要綱を決定するさいには、各省からの参与官の「諒解」[14]を得て決定したといわれている。また、あるべき翼壮モデルが、先行する「長野型」なのか、それとも「北海道型」なのか、どちらを選択すべきかという立場に立たされ、しかも、中央レベルでは、基本要綱に示されたごとく、翼壮はそれ自らの存在を大政翼賛会の外廓団体だと規定しなければならなかったのであった。[15] さらに、新婦人団体の結成にさいしても、各省連絡官が新婦人団体結成のイニシアティブをとり、結成の「誓」の形式が打ち出され、婦人団体の経費のうち、会費とならんで重要な補助金は、親組織すなわち既存の中央官庁からの交付を予定したのであった。かくて、新婦人団体が、中央六省の「共管」[16]と監督の体制を頂点に、地方でのレベルでは地方長官を地方支部責任者とし、全国二〇〇〇万人組織の組織化に成功したのであった。大政翼賛会推進員制度づくりは、それ独自の型をどう打ち出すかという隘路があるばかりか、ここに例示した既成の縦割り組織との調整という困難な課題を解決しなければならなかったのである。

（1）『翼賛壮年運動』昭和一七年九月五日。

（2）「主張　団の独自性に就いて」『翼賛壮年運動』昭和一七年九月一九日。

(3)　この問題処理については、翼賛会支部局部長会議における本部側の意見参照。本部側は三点にわたって答弁しているが、基本的には「推進員制度の問題は、産報、商報等の推進員組織の問題と併せて本部に於て目下研究中である」旨返答した(『翼賛壮年運動』昭和一七年一〇月一〇日)。

(4)　『翼賛壮年運動』昭和一七年一〇月一〇日。大政翼賛会推進員制度は、その後、結局廃止され、翼壮へ事実上吸収される形になったが、この段階では、産報、農報、商報等はこぞって「一元化」構想に反対であったのである。前掲誌主張を参照。

(5)　『翼賛壮年運動』昭和一七年一〇月一〇日号。

(6)　「翼壮評論」(白根孝之筆)『翼賛壮年運動』昭和一七年一〇月一七日。

(7)　宮田新吾論文『翼賛壮年運動』所収、昭和一七年一〇月三一日。

(8)(9)　『翼賛壮年運動』昭和一八年四月三日。

(10)　「同志精鋭を貫け」『翼賛壮年運動』昭和一八年三月二七日号。

(11)　注(8)と同じ。

(12)　これは郡区市町村団長、副団長ならびに分団、班役員改任をひかえ、「団独自の方針を貫き、同志精鋭を顕現せよ」にのせられた主張である。団発生以来一年を回顧して、「当時の人事は翼賛会支部或は行政当局の当てがひ扶持の人事であったといふことを、告白せざるを得ないのであって」、今回の人事は、「初めて団の人事らしい人事を行はんとする建前である」。「四七道府県団の連合体ではなく、全国唯一つの統一的団体であるといふ、この基本原則を人事の上に貫かねばならない」。「全国一体化を強化せよ」と叫び、「名誉団長の申請を必ずしも鵜呑みにせず、一つの色彩で塗りつぶした渾然一体たる人選を行はねばならぬ次第である」と記している(前掲誌、昭和一八年三月二七日)。

(13)　帝国在郷軍人会本部『帝国在郷軍人会業務指針』昭和一六年所収「陸軍軍人ト大政翼賛会等トノ関係ニ関スル件陸軍一般ヘ通牒」(昭和一六年四月二三日)、「翼賛壮年団入団保留解除ノ件通牒」(昭和一六年九月二六日)、「翼賛壮年団ニ対処スヘキ方針等ノ件通牒」(昭和一六年九月二六日)、参照。

(14)　大政翼賛会宣伝部『大政翼賛会会報』第三七号(昭和一六年九月一七日)。

(15)　内務省地方局『壮年団結成ニ関スル件』参照。これは昭和一六年五月九日地発乙第二二八号を以て壮年層の組織に関し地方長官あてに照会した「壮年団結成ニ関スル件」についての回答を一括したものであるが、これによると最も先進的だったのが翼壮一五万人組織をつくった長野型で、最も消極的であったのが北海道であった。県内の既存団体を解消しつつ、翼壮一五万組織をつくり出したという意味で、長野県型は、この段階での翼壮組織化のひとつのパイオニア・ワークであった。

(16)『資料日本現代史 13 太平洋戦争下の国民生活』一九八五年、大月書店、四三四—四三六ページ。

(三) 推進員制度

大政翼賛会が、「大政翼賛会推進員規程制定の件」という形で、懸案であった推進員規程についての成案をえたのは六月九日のことである。これは、六月一一日、内閣総理大臣の「承認ス」という正式認可の手続を経て成立したのである。[1] 推進員規程(案)を示せば次のとおりである。

第一条　大政翼賛運動ヲ普ク全国民ニ徹底セシメンガタメ本会ニ推進員ヲ置ク

第二条　推進員ハ本会ノ実践要綱ヲ体得シ率先之ヲ躬行スルト共ニ各地域及職域ニ於テ大政翼賛運動ノ進展ニ挺身ス

第三条　推進員ハ本会ノ構成員トス

第四条　推進員ハ総裁ノ名ニ於テ道府県支部長之ヲ指名ス

第五条　推進員ハ之ヲ更新スルコトヲ得但シ再指名ヲ妨ゲズ

第六条　推進員ハ総裁及各級支部長之ヲ指揮監督ス

第七条　道府県支部長推進員中不適当ト認メタルモノアルトキハ之ヲ解嘱ス

この七カ条によって設定さるべき推進員の銓衡範囲については、「詮衡範囲ハ未ダ詳細ニ決定シタルモノナキモ、地方ノ適当ナル者、大体一町村五人乃至十人位ノ割合ニ考ヘ居ル由、従ツテ人員モ全国的ニハ未ダ正確ナル予定数ナ

シ」とある。(2)

大政翼賛会側が推進員制度の具体的構想を立てたのは、一六年二月段階であったから、(3)これが具体化に当たって約四ヵ月の月日が経過し、大政翼賛会自体も第一次改組を経験するという試練を経たが、いずれにせよ、大きなタイムラグがあったのである。とくにこの規程第四条にいう「総裁ノ名ニ於テ道府県支部長之ヲ指名ス」、ならびに第六条の「推進員ハ総裁及各級支部長之ヲ指揮監督ス」との規程は、総裁と道府県支部長との任命における意思の合致を必要とするかのようでもあり、またそうでもないようであり、また、推進員に対しては、総裁と各級支部長とが「指揮監督」に当たるとある以上、規程上は「指揮監督」にさいしての意思統一を要請しているかのようでもある。これを大政翼賛会と政府との意思統一、表裏一体の表現形態だと判断することはひとつの形式論であって、じつは、大政翼賛会改組後にあっては、道府県支部長則官選知事の主導という人事のたてまえが貫徹してしまったこと、支部長すなわち知事と、総裁すなわち内閣総理大臣との意思合致を要請する規程の内容は、じつは、改組後の大政翼賛会の運動、組織の両面で、決定的な妥協があったことを物語るものではなかろうか。これは組織論上の一大矛盾といわなければなるまい。すなわち、かりに道府県支部長が推進員を任命し、これを「指揮監督ス」と規程すれば、大政翼賛会の推進員はまさに内務省によって完全に掌握されるであろう。これを回避しようとすれば、「支部長之ヲ指名ス」という規程の貫徹を排除して「総裁ノ名ニ於テ支部長之ヲ指名ス」という表現をとらなければならなかったのではないか。第七条はこの点で意義をもつ。この問題とともに、もうひとつこの推進員規程で注目すべきことは、第二条に、推進員は「各地域及職域ニ於テ大政翼賛運動ノ進展ニ挺身ス」という指向線が明らかに示された点である。とくに推進員の活動領域を「地域」・「職域」と明示したことは画期的であった。これら二点をかみ合わせてみるとどうなるか。第一に、大政翼賛会推進員が、従来からの地域的国民組織と職域的国民組織における「地域」・「職域」とを対象として、

「大政翼賛運動ノ進展ニ挺身ス」ること、そして第二に、そこにおける「挺身」は「本会ノ実践要綱ヲ体得シ」てなされるべきであるとある。これが大政翼賛運動の推進、つまり、第一条にいう「大政翼賛運動ヲ普ク全国民ニ徹底セシメンガタメ本会ニ推進員ヲ置ク」所以であるとすれば、この問題は、ついに、大政翼賛会と地域的・職域的国民組織とをどう関係づけるか。これら網羅型の国民組織体と「地方ノ適当ナル者」—推進員をどういう関係におくか、という問題が発生してくる。さらにそれはまた、第二条にいう「推進員ハ本会ノ実践要綱ヲ体得シ率先之ヲ躬行スル」という要請と、第二条の後段の「各地域及職域ニ於テ」云々の要請と合致するのかどうか。

右の問題点を総括すれば、推進員制度の設定は、その主義としては特定主義である以上、地域・職域組織ないしは国民組織という一般型・網羅型組織とは相互に矛盾するだけではなく、いまひとつ、この推進員制度が官選道府県知事の統制下に立つ点においてもまた、矛盾をはらむ存在である。かえりみれば、大政翼賛会それ自体、上からの組織によって生まれた機構であった。「地方組織なくして翼賛会はなし」といわれただけに、いまや内務省を頂点とする内務省行政機構とその下部組織と、各省庁中心の官庁外廓団体＝職域国民組織とが大政翼賛会に門戸を開くか否かが、大政翼賛会にとってはもとよりのこと、相手方にとっても極めて重要な課題となっていたのである。[4] 第七六帝国議会における翼賛会をめぐる大論議の総括を終えたさい、「大政翼賛会設立当時の雰囲気」が「全く跡を絶ったも同然」[5]との評価があっただけに、翼賛会が「行政機構と一体化する外なき大政翼賛会」[6]だとの自己認識の下に存続するとき、第七六帝国議会での審議は、議会側の反攻が奏功したものだというよりは、むしろ、この反攻によって、じつは、官僚勢力が事実上圧勝したというべきではなかろうか。いずれにしても、大政翼賛会が存在するためには、いまや、外廓団体が翼賛会に門戸を開くことが絶対に必要だったのである。[7] とすれば、この段階での推進員構想の創出は、極めて微妙かつ複雑といわなければならない。

改組大政翼賛会が設置した調査委員会の審議内容から、問題点を整序してみよう。小泉幹事の発言によれば、推進員制度の構想が推進せしめられていたのは、一六年の二月から三月の段階であった。その概略は、全国一万二〇〇〇町村とみて、一町村平均五人の推進員を置くとして、全国大で五万人の推進員組織化が予測されていた。こう述べて小泉は、「ソノ考ハ結局推進員ニ依ツテ団体ヲ或程度引張ツテ行クヤウニナレバ、団体ソノモノハ翼賛会ノ傘下ニ集ツテ来ルトイフ考デアツタ」(8)と要約している。しかし、大日本青少年団の組織化を契機として、「各種ノ団体ガ非常ナ勢デ勢力ノ拡充ヲ図ツタ」ため、「国家トシテハ抛ツテ置ケナイ」ので、四月頃から推進員制度のあり方について、内務・文部両省はじめ軍部、それに大政翼賛会が検討に乗り出し、その結果、やがて本節の冒頭で紹介した基本的な要綱の策定をみたのであった。(9)小泉幹事の説明によれば、たんに推進員制度の推進にとどまらず、これを補完するために、壮年団組織化の構想をたて、「新たな方針」のもとに地域的推進員と職域的推進員の二つの推進員母胎の制度化を企図し、前者には一部落一人として二四～二五万人が、後者には数万人を見込み、合計、三〇万人の新地方組織体の形成を考えたといわれている。(10)これについて、例えば、地域的な推進員の活動に関しては、

大体部落会、町内会ト申シマスカ、国民組織的ノ組織ト密接ナ連絡ヲ採リマシテソノ部落会ナリ町内会ノ運動ノ方針ニ則リ、ソノ運動ヲ側面カラト申シマスカ、或ハ其ノ中ニ入ツテ、ソレト協力シツツ運動ノ展開ヲ図ツテ行クトイフ方向デ進ンデ行ク。

との説明があった。しかし、これに対しては、ただちに、「却ツテ村ノ分裂ヲ招来スル虞ガアルト思ヒマスカラ、サウイフ点ニ付テハ深甚ノ注意ヲ払ツテ戴キタイ」(11)という発言や、「産報、商報、農報、警防団、青年団、在郷軍人会、婦人会等中央地方ノ各種団体ハ翼賛会組織ニ織込マレルノデスカ、織込マレナイノデスカ、ソレガ疑問ナンデス」(12)という鋭い質問が出されたのである。そこで、小泉幹事が、地域的な組織と職域的な組織の二つを国民組織とみて、

「之ヲ翼賛体制ニ整備拡充スルトイフノガ、翼賛会ノ任務ダト思ッテ居リマス」[13]と回答した。小泉幹事の回答は、一見回答になっているが如くであるが、そうではない。微妙な言い廻しが使用されている。すなわち、地域的な組織と職域的組織の二つを国民組織とみて、「之ヲ翼賛体制ニ整備拡充スル」というのであって、肯定とも否定とも、両様にとれる回答である。しかし、推進員の銓衡問題をとりあげていくと、問題はさらに深刻化する。たとえば町会、区会とあまり「連繫ヲ取リ過ギルト旧体制ニ堕スル嫌ヒガナキニシモアラズ」[14]という批判があると同時に、かといって、これに積極的に対応しようとすれば、有名な内務省訓令第一七号と正面から抵触することになる。匝瑳小委員長は問題を要約して、

トコロデ下部組織ニツイテハ内務省ノ訓令ガ出テ居リマス。翼賛会デハ之ヲドウシヨウトイフコトハマダ出来テ居ラナイ。チヨット入リニクイヤウナ点ガアリマス。併シ翼賛運動ヲ徹底サセル為ニハドウシテモ翼賛会ト下部組織トハ表裏一体トカ或ハ緊密ナ提携トイフヤウナコトデハ本当ニウマク行カナイト思フ。コレハ一体ノモノニナッテ進ンデ行カナケレバナラヌト思ッテ居リマス。[15]

と述べたのであった。これは大胆な論点の整理であり、決着といえよう。委員会は、そこで、内務省訓令を検討した後、みずからの「推進員ノ詮衡運営ニ関スル件」を審議する段階へと一歩ふみこむことになった。だが、「同志組織」、「有志組織」たれとの原則は、国民組織モデルの存在が所与であるだけに、その「運動方針ニ則リ」、「ソノ運動ヲ側面カラ」とか「或ハ其ノ中ニ入ッテ」、「ソレト協力シツツ」、「運動ノ展開ヲ図ッテ行クトイフ方向」[16]――これらとの共存はいうべくして行なわるべからざる難問であることが、ますます明確になっていったのであった。

推進員ノ詮衡運営ニ関スル件

推進員ノ詮衡要領

一、詮衡方法

(一)　推進員ノ詮衡ハ市町村ニ在テハ支部長、警察署長、国民学校長其他地方有力者ヨリ成ル詮衡委員会ヲ組織シ部落会町内会ヨリ推薦ノ候補者ニ就キ合議決定スル事

(二)　官庁、学校、団体、会社、工場等ヨリ推薦候補者ハ管轄区域内ニ於ケル詮衡委員会ニ附議決定スル事

(三)　右詮衡委員会ニ依ツテ決定シタル候補者名簿ハ更ニ道府県支部ニ通達シ、同支部長ニ於テ適当ナリト認メタル者ヲ本部ニ進達スル事

(四)　推進員ハ定員外約五割ノ予備員ヲモ詮衡進達スル事コノ場合予備員ノ順位ヲ附スル事

右ハ推進員ノ応召、疾病、移転其他ノ事故ニヨリ直ニ其ノ補充手続ヲ取ルニ便ナラシムル為ナリ

二、推進員ノ選出区域

推進員ハ地域及ビ職域ヲ通ジ適宜按分的ニ選出スル事

例ヘバ官庁、市町村、漁村、山村、学校、団体、会社、工場、鉱山等、但シ会社、工場、鉱山等ニ在テハ千人以上ヲ使用スルモノヲ単位トス

三、推進員ノ資格

(一)　推進員ハ率先躬行模範的人物タル事

(二)　年齢ハ二十五歳以上三十五歳ノ壮年者タル事但シ特ニ適任者タル場合ニハ四十五歳迄ノ特例ヲ設ク

(三)　独立ノ生計ヲ営ム者(生活ノ安定ヲ得ル者)タル事

(四)　比較的時間ノ余裕ヲ有スル者タル事

(五)　婦人推進員マタ同ジ
(六)　政党政派ニ関係ヲ有セザル事
四、推進員ノ錬成指導
推進員ノ錬成指導ハ現ニ本部ニ於テ企画シアルコトヲ実行スルノ外特ニ左ノ如クナスヲ有利トス
(一)　特別推進員ノ養成　地方推進員中又ハ中央本部直接担任ノ推進員中ノ有力者ヲ選定シ特別教育ヲ施シ、此等ヲ推進員ノ中心勢力タラシメ、本部ハ之ヲ確実ニ掌握シ本部ノ意図ノ徹底ヲ容易ナラシムル事
此等特別推進員ハ特ニ綿密ナル教育訓練ヲ施シ真ニ本部ノ要員タラシメ要スレバ地方実情調査ノ報告員タラシムル事
以上ノ如キ特別ノ任務ヲ要求スルモノナルカ故ニ本特別推進員ハ理想案トシテ総裁直属タラシムルヲ可トス
(二)　推進員ハ大政翼賛運動ノ普及徹底ヲ計ル重任ヲ有スルモノナルニヨリ尠クトモ左記事項ノ体得ヲ必要トス
(1)　戦時体制下ノ緊要諸法令ノ徹底的認識
(2)　時局ノ認識
(3)　国防概念ノ把握
(4)　戦時経済ノ咀嚼
(5)　翼賛会ノ企画、運営ニ関スル認識
(三)　推進員ハ毎年一回ノ講習ヲ行フ事
其ノ時機ヲ以テ上意下達、下情上通ニ資スル事

五、推進員ノ運営
（一）詮衡区域乃至職場ニ少クトモ二、三人ヲ配員シ且ツ地方的ニ推進員協議会ヲ組織シ相互ノ連絡ヲ緊密ナラシムルコト
（二）組織内ノ情況報告ハ毎月一回定期ニ行ハシム但シ事件発生ノ場合ニ於テハ臨時ニ之ヲ行ハシムルコト
（三）婦人推進員ハ特ニ母性保育任務、家庭経済等ニ重点ヲ置キ下部組織内ニ配員スルコト
（四）推進員ノ待遇ニ関シテハ物心両面ニ於テ充分ナ考慮ヲ払フ可キコト
マタ　推進員ノ識別トシテ腕章、バッヂ等ノ交付ヲ考慮スベキコト
（五）推進員ノ進退ニ関シテハ信賞必罰ヲ励行スルコト
（六）推進員ト地方官憲トノ密接ナル関係ニ於テ本部ノ斡旋監督ヲ怠ラザルコト
（七）推進員ノ分担任務ニ関シ具体的要目ヲ与フルコト
例ヘバ常会指導、町村内物資配給ノ監視実状具申、地域職域ニ於ケル相談相手タルベキコト等々(17)

同志組織といい、あるいは有志組織というには、当然のことながらそれが部分組織であって、網羅型組織にとっては特定部分の組織、有志の組織に当たる。となるとそこにはただちに所与の、既成の国民組織との関係、関連をどうするかの難問が控えている。「私ハ日本ノ国民組織トイフモノハ……今日迄存在シ又存在シテ居ルト思ヒマス」という確信に対して、永野幹事が「全部ヲ統一シタ一元化シタ国民組織トイフモノハ、翼賛会デハ考ヘテ居ラナイノデアリマス」と答えているが、このやりとりには(18)、大政翼賛「運動」という部分の運動と大政翼賛会「組織」という網羅型組織とのジレンマがうかがえよう。これは、調査委員会では当初からの対立点であった。かといって、他方では、

「表裏一体」主義で事足れりとする態度ではとうてい安住できない現実の悩みは深刻であった。栗原美能留委員の発言を引用しよう。

ソレガ表裏一体ノ関係デウマク行ッテ居ル所ハ問題ハ起ラナカッタノデアリマスガ大体下部組織ナドォ前ノ容喙スル所ヂヤナイトイフヤウナコトデ非常ニ問題ニナッタコトガアリマス。ソンナ馬鹿ナコトヲ云フナラバ……我々ハコレガ臣民ノ道ト思ウテヤッテ居ッタ、トコロガ豈図ランヤ行政組織ヲ完璧ナラシメル為ノ手足ニ使ハレテ居ルノハ叶ハヌ、トイフヤウナコトヲ言ウテ物議ヲ起シタ所モアリマス。[19]

すなわち一方の極には、大政翼賛会は組織をもってはならぬとする主張があるのに対して、他方では、職域・地域組織への組織化を行なうよう働きかけるべきであるとする見解があり、しかも前者が、匝瑳小委員会委員長の見解であるのに対し、後者は、小泉大政翼賛会地方部長の見解であった。小委員長が「翼賛会ハ組織ヲモッテハイケナイト思フ。是非トモ一億一心ニナッテ全国民ガ翼賛運動ニ協力シナケレバナラヌ、ソレデ一方壮年団トイフヤウナモノヲ翼賛会ノ組織ノ中ニ入レルコトニナルト、ソレト対立シテ色々外《ママ》ノ組織ガ生ジテ来テ、……ダカラ組織は有タナイデ推進員一元デ進ンデ行カレル方ガヨイジヤナイカト思フ」[20]と述べたのに対し、小泉は「一方デ職域奉公団体ヲ強化整備シテ行ク、同時ニソレヲ綜合シタモノトシテ翼賛壮年団トイフモノヲ作ルコトトイフ二本建ノ形デ」行くことを要請し[21]、さらに一歩すすんで、「卑俗ナ言葉デ云ヘバ内務省ハ枠ヲ拵ヘルノデ中ニ盛ルノハ翼賛会ダト思ッテ居ルノデス」[22]と言いきった。匝瑳小委員長がそこで、「訓令ノ改訂トイフ所マデ行ケサウデスカ」と質問したのに対し小泉は、一転して、「コレハナカナカデリケートナ問題デスガ」とかわして、正面からは答えなかったのである。[23]「推進員ノ詮衡運営ニ関スル件」の審議が大詰めにさしかかった段階では、匝瑳小委員長は、ともかくもこの局面をとりまとめなければならない。彼は局面の打開を願って、私モ日本ノ国体ニ於テ国民組織トイフ事ハ何ヲ意味スルカトイフコトガ分ラナカツタ。今モ分ラナイノデスガ……マア、ソレハソレトシテ之ヲドウシテ行キマセウカ。

まずこうきり出して、ついで内務省の訓令一七号、それをふまえた整備要領その他を前提として、これらを「先ヅ承認シテ、ソレニ依ツテ翼賛会ガ如何ニ組織ノ上ニ力ヲ滲透サセルカトイフヤウナ問題ニ限定シテ進ムカデスナ。両方アリマスネ。根本的ニヤリマスカ」と委員会にはかった。[24] そこでようやく訓令の検討に進み、やがて、佐々木委員から、「国策ノ浸透ヲ期シタル翼賛国民組織要綱(私論)」が提出された。[25] その後第五回、六回の委員会審議を経て、一六年一一月五日の第二委員会総会で一応の決着をみたのである。推進員規定に関する成案が「大政翼賛会推進員規程制定ノ件」として内閣総理大臣の承認を得たのは約五ヶ月前の六月一一日であった。このことからみても、当の大政翼賛会調査委員会での審議過程でこれほどまでに複雑な屈折した討論があったことからしても、状況が推進員制度の前進にいかに多難であるかということをものがたってあまりある、といえようか。大政翼賛会調査委員会第二委員会総会速記録(第四回)は「推進員ノ詮衡運営ニ関スル件」についての小委員会の構想をとりまとめていたが、[26] これは、八月二九日のことであり、調査第二委員会速記録(二一)、第五回総会(一六年一一月五日)の最終審査にさいしては、この「推進員ノ詮衡運営ニ関スル件」は討議されてはいない。けだし第二小委員会の討議事項が、一、「国策滲透ヲ完全ナラシムル国民組織ハ如何ニアルベキカ」、二、「大政翼賛会ト政治思想諸団体トノ関連ヲ如何ニスベキカ」の二項目であったが、この二項目は組織と運動という新体制構想以来の難問の集約ともいうべく、推進員制度はこの隘路の打開をこころみるべく挑戦して、ついに挫折したとみるべきであろう。しかし、若干の字句訂正を経て大政翼賛会『調査委員会報告書』(昭和一七年七月)、六―九ページには、一二項目の調査審議を経て「総裁宛報告せる事項」の第三として「推進員ノ詮衡運営ニ関スル件」と題して第二委員会総会速記録(第四回)のとりまとめが、ほぼ原型のま

ま再録されている。(27)

(1) 国立公文書館『大政翼賛会関係書類綴』2A 40 資13 三一「大政翼賛会推進員規程制定ノ件」。「大政翼賛会推進員規程」の解説としては、組織局地方部の「大政翼賛会推進員規程の説明」(大政翼賛会大阪府支部「大政翼賛会大阪府各市、郡、区、町村支部組織要覧」所収、三五—四二ページ)、参照。

(2) 同右。

(3) 大政翼賛会『調査委員会第二委員会速記録』五「第一回第二小委員会」(昭和一六年七月二八日)、小泉幹事発言、九ページ。

(4) 大政翼賛会の存在が地方組織を欠如した形で発足したことはすでに指摘したが、地方組織の必要不可欠性は第一次改組前においてはもとより、この改組後はますます必要となった。例えば、「地方組織なくして翼賛体制はないといひ得る程それは重要である」(『中央公論』一六年四月号巻頭言)とか、大政翼賛会の「政治性」概念が「朦朧」としてきたといった認識は、発足八カ月後の小畑忠良の判断(『中央公論』一六年五月号)であるが、それだけに、既成の「細胞組織」すなわち「地域的に普遍的な」地域組織と、職域的・団体的に普遍的な職域組織との関係づけは、翼賛会側にとってはもとよりのこと、相手側にとっても、調整は重要かつ不可能であった。かりに軍を推進力と規定するとしても、軍を背景とする翼賛会の「推進員」制度自体、地域組織、国民組織という存在にとっては「部分」的存在にすぎない、この部分勢力を国民「運動」、国民「組織」という全体との関係でどう位置づけるのか。大政翼賛会勢力の展開と進展は、とどのつまり、頂点レベルでの大政翼賛会がその外部勢力を相手に、中央レベル、支部レベルでどう取り組むか、あるいはそれらを外廓団体化するか否か。ここにかかってくるのである。この点にかんする解析をこころみたものとしては、大政翼賛会組織局地方部「大政翼賛会推進員規程の説明」がある。

(5) 正木明「底流のみ動く政界」『解剖時代』一一巻四号、三一ページ。

(6) 前掲、大政翼賛会組織局地方部「大政翼賛会推進員規程の説明」の四、五、七(三八—四一ページ)参照。この「説明」によれば、推進員の銓衡指名にかんして、『総裁の名に於て』と『総裁の名を以て』或は『総裁の名に依り』とは手続を異にするのであつて、総裁の代行として道府県支部長その責任に於てこれを指名するといふことである」と明示されている。また、推進員の「指揮監督」にかんしては、「直接には市町村支部長の指揮監督を受くるものであり、而して漸次上級支部長の指揮監督に服し窮極に於て総裁の統督に服するのである。即ち推進員は大政翼賛運動推進の第一線部隊として其の属する地域職域を提げて、直接には市町村支部長に結集し、更に郡へ、府県へ、総裁へと結集し、一体となつて一元的統制の許に指揮運営監督されるのである」とある。市町村支部長の指揮監督をうけることは、「窮極において」、総裁の「統督に服する」ことにつらなり、それが、推進員が「一元的統制の許に指揮運営監督される」ことになるのだとあるが、表裏二体の関係にあるものをこの一体の論理でもって説明しきれるとは、考えられない。推進員の銓衡指名の手続ひとつとっても、そのことは明瞭である(高木正則「大政翼賛会の改組」『解剖時代』一一巻五号、四九ページ。斎藤甚一郎「翼賛会に望む」『解剖時代』一一巻一二号、三九ページ)。大政翼賛会組織部副部長の要職を辞任した杉原正己は自らの主宰する『解剖時代』を『政治』と改題し、その冒頭(一一巻八号)で、「我々の新しき出発について」と題して、「要するに我々は一応の退却を余儀なくされた。我々の自己批判はこゝに始まる」と述べ、「国民組織が、実践的には――理論的にはさうではなかったのだが、一つの手段として構想されてゐたのだ。たまたま近衛公を発見したといふことが、益々この点に対する我々の盲点となったのだ」と回顧した。杉原が、尊皇→攘夷→開国といった明治維新をひきあいに出して、出発点が「対外的条件」にあったことをほのめかしつつ、手段としての国民組織の構想は失敗したと述べ(五―八ページ)、「本誌は新官僚の名付け親でもある」が「本誌十年の短かい歴史の転換は、一つのピリオードを打つべき時に当面しつゝある」(一一巻七号、七月号社告、四、六ページ)と反省した。幕府的存在として国民組織論を排撃した観念右翼の攻撃、それに加えて、議会人のみならず右翼からも違憲論が唱えられ、また官僚勢力から「所謂二重政府論」批判が提起されると、それらが日本精神をその「旗印」とするために、大政翼賛会は、かつて掲揚式までやった会旗を引き降ろしただけではすまなかったのである。他方、新党運動が新局面を切り拓くまでの力をもちえたかといえば、そうではない。すなわち新党運動も観念右翼の前に「慴伏」し、これらの革新理論は、「目下の処窒息状態にある」(一一巻六号、川西求馬「改造後の政局」四六ページ)。「だが、その政治はどこにあるのだらう?　依然として政治は冬のやうに寒く、そして夜のやうに暗い」のであった(斯波洋一「政治と政策」『解剖時代』一一巻五号、二八ページ)。『解剖時代』は、その標題を『政治』と改題するにさいし、右の回顧を残している。

(7)　緋田工編集『国民建設』日本国体研究所、第四三号、昭和一七年、八ページ、同旨『国民建設』三四、四一号参照。

(8)　大政翼賛会『第二委員会　第五回　第二小委員会速記録』昭和一六年八月二五日、七ページ。推進員構想は、大政翼賛会の出生にともなって、当初、中核体なり中核組織という用語になってあらわれていたが、新党構想の消失とともに、いったんはほぼ後退した形であった。だが、国民組織とか国民運動という言葉が提唱されるにつれて、それは必ず登場する。しかも、大政翼賛会が中央組織として先行的に生まれた以上、影と形の関係ともいえようか。推進員制度は翼賛会の地方組織のあり方と密接かつ不可分に関連していた。例えば栗原委員の発言はその証拠といえよう。「ソレガ表裏一体ノ関係ガウマク行ツテ居ツタ所ハ問題ハ起ラナカツタノデアリマスガ大体下部組織ナドオ前ノ容喙スル所ヂヤナイトイフヤウナコトデ非常ニ問題ニナツタコトガアリマス」(『調査委員会第二委員会速記録　(五)　第一回第二小委員会』(七月二八日)、六―七ページ)。ここでは、翼賛会下部組織と内務省の系統化にあった地方「行政組織」との衝突が指摘されている。他方では、この地域組織とは別の職域国民組織が急速度に整備されつつあった。推進員制度は大政翼賛会の存在理由を問いただされる課題となったのであった。

(9)『第二委員会第五回第二小委員会速記録』八―九ページ。したがって、大政翼賛会とほぼ平行して組織されていった職域組織に対して、翼壮組織云々の構想が急遽具体化し、「団体」に対する抵抗ないしは対抗措置として、それは当面急速にその整備が必要となった。翼壮組織化は、その意味ではむしろ受動的攻勢とみるべきであろうか。
(10)『調査委員会第二委員会速記録　(五)　第一回第二小委員会』一〇ページ。
(11)同右、一五ページ、佐々木委員の発言。
(12)同右、二八ページ、佐々木委員の発言。
(13)同右、二八ページ、小泉幹事の発言。
(14)『第二委員会第二小委員会速記録　第三回』八月一一日、六ページ、中村委員の発言。而瑳小委員会委員長は、そこで「斯ウ云フコトガアリマスネ。成ルベク常会トカアヽ云フ風ナ下部組織ハ政治的運動ハサセナイヤウニスル、斯ウ云フ風ナ目標ガアルノデス」と答えている。
(15)『第二委員会第二小委員会速記録　第四回』八月一八日、一ページ。
(16)同右、一四ページ。
(17)『第二委員会総会速記録　第四回』八月二九日、一―八ページ。
(18)『調査委員会第二委員会速記録　(三)　第三回総会』七月二一日、一五―一六ページ。
(19)『調査委員会第二委員会速記録　(五)　第一回総会』七月二八日、六―七ページ。

(20)『第二委員会第五回第二小委員会速記録』八月二五日、一五―一六ページ。
(21) 同右、一七ページ。
(22) 同右、二〇ページ。
(23) 同右、二〇―二一ページ。
(24)『第二小委員会速記録　第六回』一六年九月一日、九ページ。
(25) 同右、一四―一七ページ。
(26)『第二委員会総会速記録　第四回』一―二七ページ。この会議でも「出来ルダケ無色透明ノ人間ヲ銓衡シタイ」という匝瑳委員の発言に対し、無党派性は則ち無活動だという現実論から、党派・会派を除くと「何等ソコニ面白味モナク、又運動ノ効果モナイ」、「相剋摩擦ガ簇生スル危険ガアル」との最上委員の反論があった(八―九ページ)。匝瑳小委員長は、「理想案トシテハドウシテモ翼賛会ガ国民組織ヲ総テ握ツテシマフ事ガ一番必要ナノデス」が、現在の翼賛会の実力をもってしてはそれができない。「攻撃ヲ受ケテ失敗シタノデハナイカ」と説明した(二〇―二一ページ)。したがって委員のなかから、「丁度翼賛会調査委員会ニ各種団体ノ主脳者を包括ナサツタト同ジヤウニ、翼賛会各道府県支部並ビニ郡市町村支部ニ対シテ、ソノ道府県郡市町村ノ有力ナ人ヲオ入レニナツテオヤリニナレバウマク行クノデハナイカト思ヒマスノデ、サウイフコトモ一ツ御考究ヲ願ヒタイ」(佐々木委員、同右、二一ページ)と発言があったところで、「推進員ノ詮衡運営ニ関スル件」の説明がなされている。説明後、これでは「地方ニ益々団体ガ多クナリ会合ガ多クナツテ困ル訳デスカラ成ルベク単純化シテ貫ヒタイ」(宮田委員、二三ページ)という発言があった。
(27) 大政翼賛会『調査委員会報告書』昭和一七年七月、六―九ページ。ちなみにこの報告書には、「標記の件に関しては昭和一六年八月二九日付を以て既に答申せり」(一五ページ)と記入されている以上、調査委員会第二委員会速記録(二一)第五回総会(一一月五日)の審議にはとりあげられなかったのである。この間においても、第二委員会第二小委員会速記録(第七回)九月八日付ではとりあげられており、内務省と翼賛会の関係について匝瑳小委員長が、「今ノヤウニ曖昧模糊ナ態度デ……是ハドウモ組織ヲ破壊スル。斯ウ云フコトニナル。ドッチカニ握ルト云フコトニシナケレバ」と発言し、一方、向井委員は、「是ハ委員長ノ御話デスガ、ソレハ斯ウ考ヘラレヤシマセヌカ。概念的ニハ分ル、併シ最下部組織ニ行クト、国策ヲ浸透サス為ニ自然事務的ノ実行的行為ヲヤラナケレバナラナイ、クッ付カナケレバ出来ナイ場合ガアル」と述べている(一三ページ)。結局、この課題を第四回総会で打ち切ってしまって、第二委員会第五回総会でのとりまとめが仕上がった形であり、推進員制度は二つの第二委員会の課題の要であっただけに、これは現実的処理というべきであろう。

(四) 地方支部役員ならびに協力会議員の規程改正

大政翼賛会協力会議員ならびに支部役員について、一七年一月九日、本部からの通牒が「更新」の方針を明示した。(1)

支部役員並協力会議員更新方針

一、基本方針
(一) 過去一ケ年に渉る翼賛運動の経験に徴し、本会の目的を体得し強烈なる熱意を有し常時本運動に挺身する少壮有為の士たる事とし、勢力均衡の弊に堕するが如きは厳に之を避くる事
(二) 其銓衡は既往の経緯に関せず全然白紙の立場に於て之に臨み現構成員に必要なる更新を加ふる事但し一部再指名(協力会議員の場合は三分の一を超えざる事)するを妨げず
(三) 協力会議長は夫々当該支部常務委員会に出席し支部の運営に参画せしむる事
二、候補者の資格
(一) 思想信念に於て国体の本義に徹し衆人の疑惑を受くる事なきものたる事
(二) 其地域又は職域に於て衆人の心服するものたる事
(三) 其地域又は職域に於て率先垂範旺盛なる実践力を有するものたる事
(四) 衆人に対し充分推進力を有するものたる事

(五)　当該道府県内に常住するものたる事
(六)　前科(政治犯を除く)なきものたる事
(七)　政治団体に所属せざるものたる事
(八)　過去及現在に於て治安維持法違反の容疑なきものたる事
三、協力会議員銓衡方針
(一)　道府県並六大都市協力会議員
(1)　道府県協力会議員選任の比率は凡そ左の基準に依る事
(イ)　郡市協力会議中より総数の二分の一
(ロ)　各種団体代表者より　四分の一
(ハ)　道府県会議員中より　八分の一
(ニ)　其他適当なる者の中より　八分の一
郡市数が総数の二分の一を超ゆる道府県にありては(イ)の数のみは之を郡市数とする事
(2)　各種団体代表者中少くとも半数以上は当該地域内の翼賛壮年団の中(未だ結団を見ざる地方にありては推進員)より指名する事
(3)　六大都市協力会議員の選任に就いても道府県協力会議員の選任方針に準ずる事
(二)　郡協力会議員
(1)　郡協力会議員の員数は区域内町村数に十五を加へたるものとして凡そ左の基準により選任するものとす

（イ）　町村協力会議員中より　町村数
（ロ）　各種団体代表者より　加算数の三分の二
（ハ）　其他適当なる者の中より　加算数の三分の一
（2）　町村協力会議員は従来概ね町村常会長を以て充てたるも町村長は町村支部長たると同時に町村常会の議長たるを以て之に専念せしむる事とし、上級協力会議員としては成るべく之を認めざる事
（3）　第一項の中各種団体代表者の選任に当りては道府県協力会議員選任の場合に準ずる事
(三)　中央協力会議員地方代表の指名は道府県並六大都市協力会議中より各二名とする事（註、前記代表を二名とあるも其後一名に変更す、尚協力会議関係以外各級支部役員の更新も同時に行はれたのであるが其更新方針は省略す）

昭和一七年初頭のこの「更新」方針の特色は、その第一項目に「勢力均衡の弊」を避けること、そして、第二項目として、既往の経緯にとらわれず「全然白紙の立場に於て之に臨」むことを基本方針としているが、つづく候補者の資格要件の八条件をみると、二の(一)の「国体の本義に徹し衆人の疑惑を受くる事なきもの」はともかく、つづく(二)、(三)そして(七)の条件についていえば、その内容は従来とほぼ同じ条件が提示されている。(四)の「衆人に対し充分推進力を有するものたる事」は、(二)の「其地域又は職域に於て衆人の心服するものたる事」、(三)の「其地域又は職域に於て率先垂範旺盛なる実践力を有するものたる事」という要件とどう関連するのか、とくに、(七)の「政治団体に所属せざるものたる事」とどうかかわりあうのか。政治団体に所属せず、しかも「衆人に対し充分推進力を有するものたる事」という条件を求めると、ここでは、(二)と(三)の示すように「其地域又は職域」に求めなけ

ればならないかのようである。いうまでもなく、ここでいう「地域」が地域国民組織であり、また「職域」が職域国民組織である以上、来るべき支部役員と協力会議員の「更新」は、更新という内容のものではなく、従来以上銓衡に配慮し、とくに勢力均衡の貫徹を要請した組織方針を明示しただけであって、それ以上の措置ではなかった。「現構成員に必要なる更新を加ふる事」の内容が、一層の勢力均衡に立つ「更新」が求められていたといえようか。この点は、とくに協力会議員の銓衡方針に於ては見事に貫ぬかれている。すなわち、道府県ならびにこれに準ずる六大都市協力会議員の場合も、各種代表者からの銓衡によることになっている。たとえば道府県協力会議の場合には、選任の比率が示され、それによれば、郡市協力会議員から総数の二分の一、各種団体代表者から四分の一、道府県会議員中より八分の一、其の他八分の一とあって、半数は郡市協力会議から調達されるしくみである。これに各種団体代表者から銓衡されるメンバーを加えると、じつに道府県協力会議員の三分の二は、これらのグループで固めることが出来る。これに比較すれば、道府県会議員の八分の一の数では、問題にならないことがわかる。しかも、この道府県ならびに六大都市協力会議員の銓衡にさいしては、各種団体代表者から銓衡される候補者について、少なくとも「半数以上は当該地域内の翼賛壮年団中より指名する事」と規定されている。「未だ結団を見ざる地方にありては推進員」より指名するとの但書がつけられているが、いずれにしても、かりに翼壮系が半数ないし半数以上とすると、各種団体代表者はその全体に占める比率が四分の一とある以上、四分の一の二分の一は八分の一であって、これを翼壮ないし推進員中より指名するという提案も、各種団体における翼壮ないし推進員の勢力の限界を示したものととれよう。

郡市協力会議員からは、道府県協力会議員の総数の二分の一が、銓衡されるとあるので、その郡協力会議員についてみると、町村代表は町村協力会議員から銓衡され、これには従来どおり町村常会長からの銓衡が基準となるであろうが、各種団体代表には、(二)の(３)の但書によって、翼壮ないし推進員から銓衡される者が各種団体代表者の半数以上との注意書を考慮すべきではあるが、各種団体代表者の数は「加算数の三分の二」で、壮年団・推進員からはその半分というところで止められている点に注意したい。

なお、(三)に、中央協力会議員の地方代表にかんする規定があり、それは、道府県ならびに六大都市協力会議から各二名と定められたのであった。

昭和一七年四月二〇日現在の「任期更新に依る道府県支部役員(常務委員、顧問、参与)の委嘱状況調査表」、「任期更新に依る協力会議委嘱状況、全国支部、支部長、庶務、組織部長、ならびに協力会議長名一覧」は、大政翼賛会の「大政翼賛運動ニ関スル参考資料抄録」(2)に詳しいが、さらに地方協力会議長ならびに会議員の氏名、年齢、主なる職業を各府県別に記載したものとしては、「協力会議読本」(3)がある。

この地方協力会議員のさきの銓衡方針をうけて、それをさらに具体化したのが、「地方協力会議構成方針」(4)である。

地方協力会議構成方針

一、道府県並に六大都市協力会議

一、各道府県協力会議員は左の標準に依ること(支部長より推薦)

イ、三十名宛

青森県、岩手県、秋田県、山形県、栃木県、群馬県、富山県、石川県、福井県、山梨県、滋賀県、奈良県、和歌山県、鳥取県、島根県、徳島県、香川県、高知県、佐賀県、長崎県、熊本県、大分県、宮崎県、沖縄県

ロ、四十名以内

宮城県、福島県、茨城県、埼玉県、千葉県、新潟県、長野県、岐阜県、静岡県、三重県、岡山県、広島県、山口県、愛媛県、鹿児島県
ハ、六十名以内
北海道、東京府、神奈川県、愛知県、京都府、大阪府、兵庫県、福岡県
二、六大都市協力会議員数は左の標準に依ること(支部長より府県支部長を経由推薦)
イ、四十名以内
京都市、神戸市、横浜市、名古屋市
ロ、五十名以内
大阪市
ハ、七十名以内
東京市
三、道府県並に六大都市協力会議員選任の基準
(1)　道府県協力会議員の選任は凡そ左の基準に拠ること。
イ、郡市協力会議員中より
1　郡市数の二倍以上を総数と定めたる場合は総数の二分の一。
2　郡市数の二倍に充たざる数を総数と定めたる場合は郡市数とす。
ロ、翼賛壮年団その他本会関係諸団体及び各諸団体の幹部中より　若干名
ハ、道府県会議員中より　若干名

ニ、其他適当なる者の中より　若干名

（2）六大都市協力会議員の選任については道府県協力会議員の選任方針に準ずること。

四、協力会議議長は会議員の定数に含まず、議長は夫々当該支部常務委員会に出席し、支部の運営に参画せしむること。

二、郡協力会議

一、郡協力会議員の員数は区域内町村数に十五を加へたるものとし其の選任は凡そ左記に拠ること。

イ、町村協力会議員中より　若干名

ロ、翼賛壮年団及び各種団体の幹部中より　若干名

ハ、其他適当なる者の中より　若干名

二、郡協力会議員として選任すべき町村協力会議員は真に翼賛運動に挺身し得る基盤組織中の適材を以てする様留意すること。

大政翼賛会が一七年八月二八日に行なった大政翼賛会支部規程改正、大政翼賛会地方統制委員会規程、これに関係する大政翼賛会道府県支部関係諸団体の委嘱・解嘱・任免に関する件、地方統制委員会委員、幹事及書記の人選に関する件、統制委員会の運営並に議事に関する申合要領、世話役世話人辞令書様式は、八月五日、第一回統制委員会の審議事項であった。それは、「大政翼賛会及関係諸団体の地方機構の調整に関する件」と一括審議されたが、月末になって決定をみたのである。(5)

大政翼賛会本部からの「地方支部機能の刷新並に支部規程改正に関する件依命通牒」（一七年八月二八日）の要点を

抜萃すれば、部落会町内会等の指導、事務局に関する事項、ならびに諸団体の統制に関する事項の三点になる。それは大要以下のとおりであった(6)が、大政翼賛会の機能刷新を狙った意向が、ここで地方支部の機能刷新を目的としつつ、極めて直接的な形で表現されていることがうかがえる。

地方支部機能の刷新並に支部規程改正に関する件

依命通牒抜萃（昭和十七年八月二十八日）

記

一、部落会町内会等の指導に関する事項

部落会町内会等は其の自治的機能を強化すると共に他面本会の指導する組織となりたるを以て左記事項に依ると共に地方の実情に応じ諸般の施策を講じ以て之が指導の徹底を図ること

一、世話役及世話人

イ　世話役及世話人は部落会町内会等の常会を指導して大政翼賛運動の徹底を図ると共に部落会町内会隣保班等に於ける本運動の推進に当ること

ロ　世話役世話人の辞令は別紙様式に依ること

二、部落会町内会隣保班等を指導するに当りては関係官庁と密接なる連繋を保持すること

二、事務局に関する事項

一、事務局長の人選の良否は本会の機能刷新の成否に極めて重大なる関係あるを以て之が人選に就ては万全を期すること

イ　事務局長は民間人にして人格高潔、識見卓越にして徳望あり然も本会運動に理解を有し積極的に支部活動の中核たるに足る活力を有するものたること

ロ　事務局長は支部長の命を承け支部の事務を掌理し事務局が真に支部運動の中核体として積極的に活動する様指導し得る人物たること

ハ　事務局長は常時勤務し得る者たること

ニ　事務局長は常務委員とすること

二、錬成部を設けんとする場合は予め本部に協議すること

錬成部長は庶務、実践両部長と共に之を常務委員とすること

三、六大都市の支部事務局に就ては道府県の支部事務局に準じて取扱ふこと

三、諸団体の統制に関する事項

国民の万民翼賛臣道実践の生活を営むことを活溌ならしむる組織の確立を推進する為大政翼賛会が大日本産業報国会、商業報国会、農業報国連盟、日本海運報国団、大日本青少年団及大日本婦人会を其の傘下に収め之等の統制運営に関する事項を審議せしむる為本部に大政翼賛会統制委員会を組織したるに呼応して今回右諸団体（日本海運報国団に関しては別途通牒）の道府県組織を本会の道府県支部の傘下に収め之等の統制運営に関する事項を審議せしむる為中央に準じ道府県支部に地方統制委員会を設くることとし之が構成、所掌事項等に関し「大政翼賛会地方統制委員会規程」を制定せるを以て右諸団体の統制運営に就ては本規程を活用すると共に左記に依り遺憾なきを期すること。

一、概　要

イ、大政翼賛会の傘下に収められたる各団体の道府県組織はその組織を存続しつゝ大政翼賛会道府県支部の傘下に入るものとすること。
ロ、各団体の事務局は之を存置するも大政翼賛会道府県支部事務局を中枢として緊密なる連絡統制を図るものとすること。
二、予　算
イ、各団体に対する道府県の補助金は昭和十八年度以降大政翼賛会道府県支部に交付し支部予算として一括して計上し各団体に対しては支部より之を交付すること。
ロ、道府県予算中各団体をして実施せしむる事業費は支部を通じて従前通り之を交付すること。
ハ、各団体に対する当該団体中央部の補助金に関しては従前通中央部より当該団体道府県組織に対し直接交付せしむることとなりたること。
三、人　事
イ、各団体の幹部の委嘱、解嘱、任免は大政翼賛会総裁の行ふものを除き大政翼賛会道府県支部長「道府県支部関係諸団体の幹部の委嘱、解嘱、任免に関する件」に依り之を行ふこと。
ロ、大政翼賛会道府県支部と傘下各団体との間に人事の兼務並に交流を行ひ常時連絡を緊密ならしむるものとすること。

なお「地方支部機能の刷新並に支部規程改正に関する件依命通牒」にある「道府県支部関係諸団体の幹部の委嘱、解嘱、任免に関する件」ならびに、「地方統制委員会委員、幹事及書記の人選」にかんする東京府翼賛壮年団の通牒ならびに、この改正によって大政翼賛会と大日本翼賛壮年団の関係図を示せば[7]、右のとおりである。その内容は、二二五ページ以下に紹介済みであるが、とくに「統制委員会の運営並に議事に関する申合要領」は、新設の統制委員会の人選と関連するが、その内容は「規程」の形をとらずに「申合」によることとされており、それは「関係諸団体全部又は多数に共通する重大事項」にかんしては、すべて、「協議」と「報告」を要請している点にとくに注目しなければならない。このさい、「協議」をとりまとめる枠組の役割を果たすべきものの存在については、「要領」にはなん

大政翼賛会と大日本翼賛壮年団

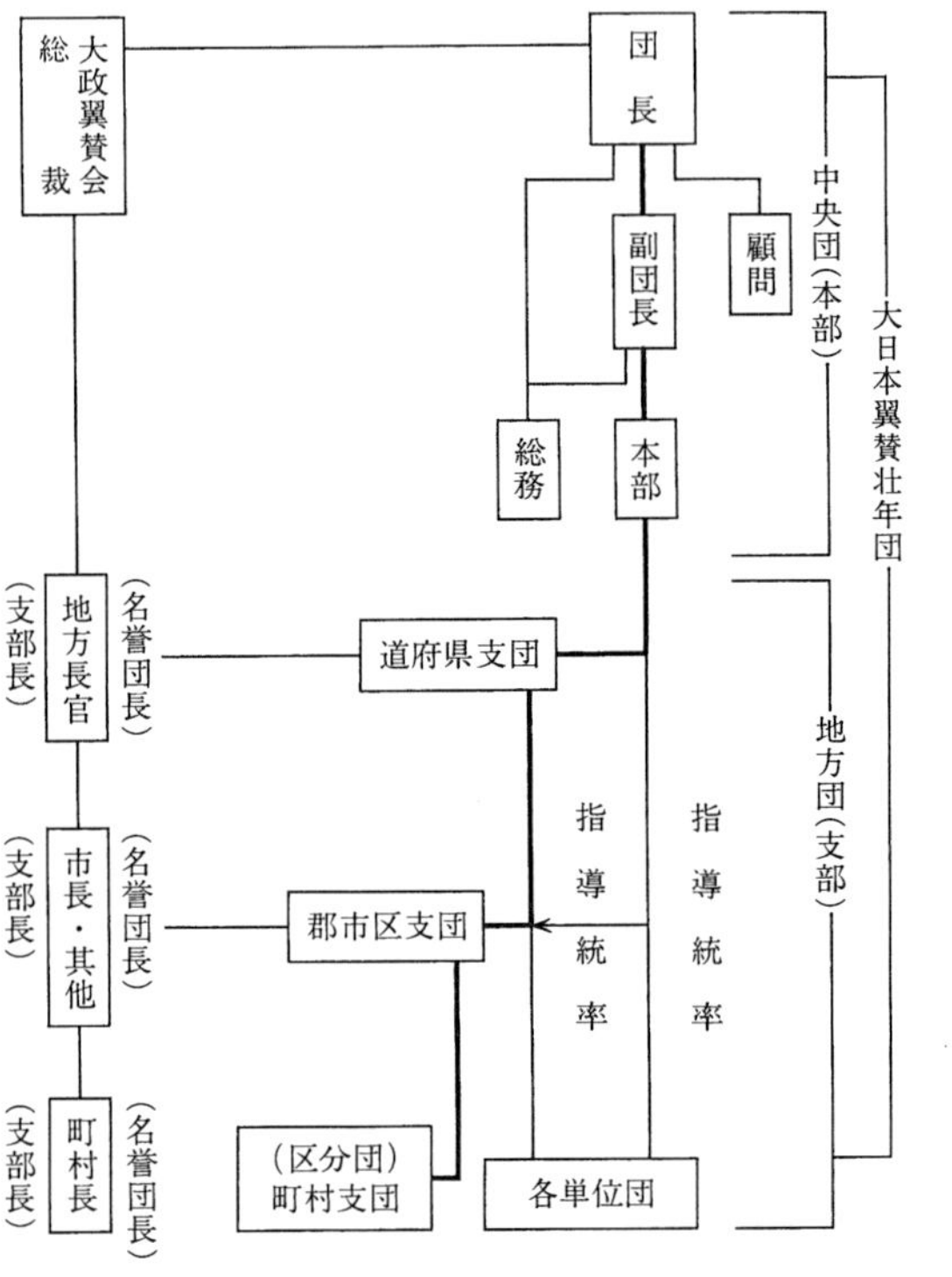

資料：東京府翼賛壮年団本部『東京府翼賛壮年団提要』39ページ，昭和18年．

の言及もなされてはいない。以下に、再度、地方支部にかんする重要な取り決めを紹介しておこう。

第一点の「部落会町内会等指導に関する事項」では、「世話役」「世話人」を辞令の発行で公定し、地方支部強化の手段として「常会」を活用する目的で、内務省をはじめ関係官庁との密接な連繋をはかったこと、したがって、部落会町内会は、自治的機能をもつ組織であると同時に、大政翼賛会の「指導する組織」だと規定された。第二点の事務局整備の要となる事務局長の人選には、新機軸を打ち出している。すなわち、事務局長は民間人であるべきことを前提としつつ、他方では「支部長」つまり官選知事の「命を承け」る存在と規定された。これは、妥当というよりは、妥協の所産以外の何物でもない。第三点は「諸団体の統制に関する」地方統制委員会の設置である。地方統制委員会規程の整備とともに、大日本産業報国会、商業報国会、農業報国連盟、日本海運報国団、大日本青少年団及び大日本婦人会の「統制運営」にさいしては、(一)、これら諸組織の道府県組織は「存続」されること、(二)、したがって各団体の事務局も「存置」されること、(三)、各団体に対する道府県の補助金は大政翼賛会道府県支部に一括交付するが、各団体が実施する事業費は「従前通り」に交付し、また、各団体に対する当該団体中央部補助金は「従前通」り中央部より当該団体道府県組織に対して「直接交付」すること、となった。第四に、人事については大政翼賛会道府県支部と傘下各団体との「兼務」・「交流」と「常時連絡」をはかるとともに、「各団体幹部の委嘱、解嘱、任免」は大政翼賛会総裁が行なうとし、それ以外は、道府県支部長が道府県支部関係諸団体の幹部の人事を「道府県支部関係諸団体の幹部の委嘱、解嘱、任免に関する件」によって行なう、と定めている。

例えば東京府の実態はどうであったか。

大日本翼賛壮年団組織の分団、班の設置ならびに運営については、一七年九月一〇日付の、「市区町村団ニ分団、班ヲ設置スルノ件」(道府県団長宛本部通牒)をうけて、一〇月一〇日に各級団長宛に通牒が発せられて、「市区町村団の分団、班設置要領[8]」を示し、あわせて「分団、班の運営要領[9]」を明らかにした。大政翼賛会が国民的地域組織へと接点を求めて進行すれば、ただちに大日本翼賛壮年団もまた、この動きと併行して進まねばならない。その必要性、必然性は、例えば、

今般大政翼賛会が町会・部落会・町内会及隣組に世話役・世話人を設けて、積極的指導に手を染めた機に於て、本団に於ても従来より更に一層町会・部落会・町内会及隣組等の強化に力を竭すため、新たに市区町村の単位団に、国民下部組織と密接不可分の関係を以て、各団の実践単位並に動員組織として、普ねく班を設け、必要に応じ更に分団を置き大政翼賛会の世話役・世話人と緊密なる連絡をとらしめることとなったのである。[10]

としたためられている。右の「運営要領」のほかに、さらに「分団、班の運営要領[11]」もまた通牒で示された。これを別表で示すと次ページのとおりである。[12]

さらに分団、班の整備工作は、大政翼賛会の「世話役並ニ世話人規程[13]」の制定にそえて、第一号様式で「世話役及世話人内申書」、第二号、「世話役世話人異動届」、第三号、「世話役世話人辞令書様式」を示し、そのうえに、さらに「大政翼賛会世話役並ニ世話人規程実施要綱[14]」を通達した。それらは本書二三〇―二三五ページに掲載した。

他方、「分団、班の運営要領」では、翼壮団の分団、班活動を翼賛会の世話役・世話人と「緊密なる連絡」をとるようにし、このため、翼壮分団長、班長および班常会の開催は、必ず市区町村常会・町部落常会・隣組常会開催の時期と「睨み合せて万遺漏なきを期す」よう指導している。[15]

例えば市区町村常会の開催に先立って先づ団の総務会を開き市区町村常会に提出すべき議題の決定を行ひ、其他常会運営に関する対策の打合せをなすと共に市区町村常会の直後町部落常会の開催に先立って分団長会議を開き市区町村常会に於て決定せる事項を充分研究してその周知徹底方及具体化につき協議し町部落常会に於ける団員

別表　翼賛壮年団ト地域及ビ職域組織トノ連絡（数字ハ昭和十七年九月現在）

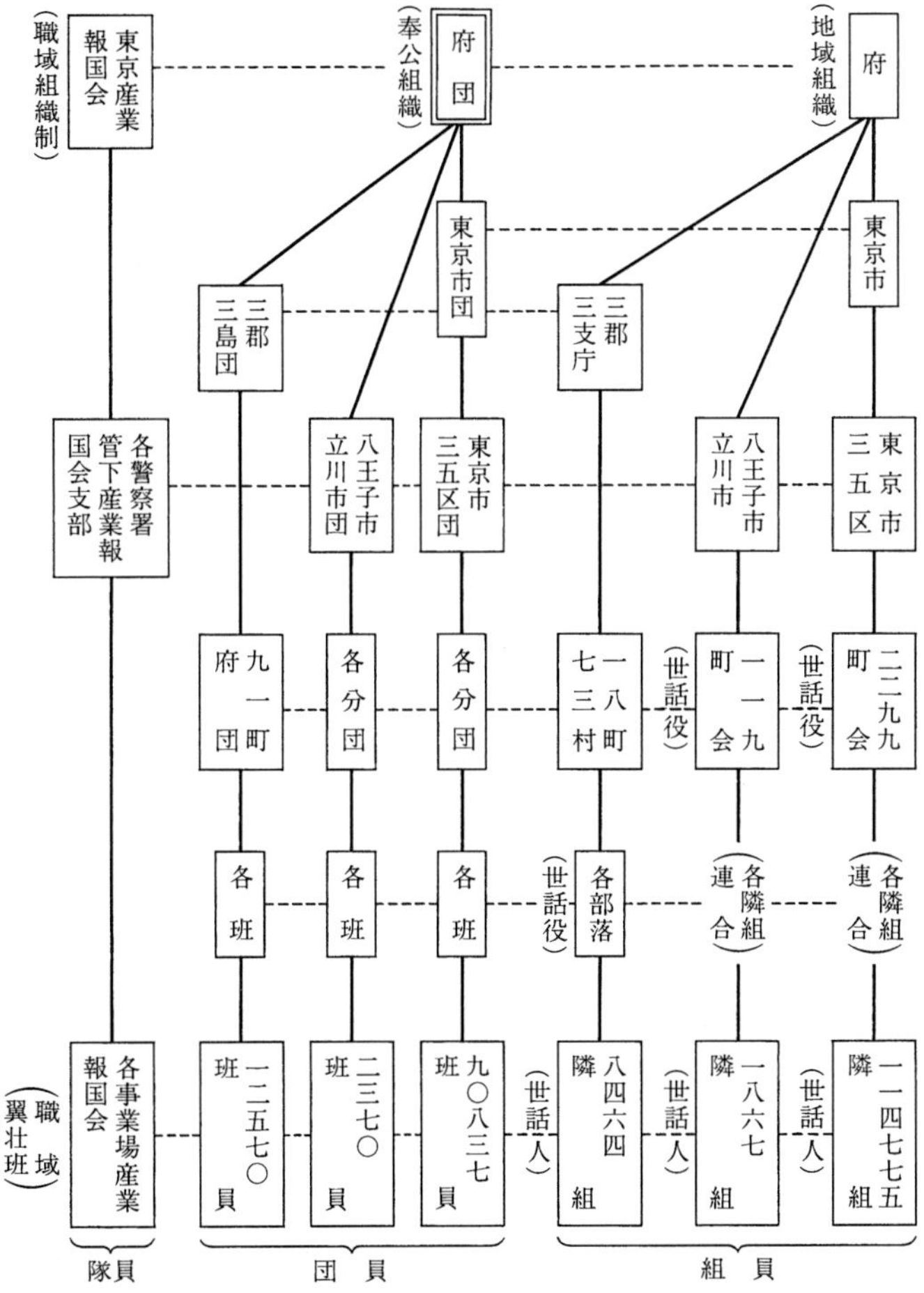

の活動方策につき具体策を錬ること。特に隣組常会には全戸より出席するにつき隣組常会に於ける団員の言動は非常に重大であるが故に、町部落常会の直後隣組常会の前には必ず班常会を開催し、分団長、班長常会に於て決定せる団の方針を班所属団員に充分納得せしめ、団員をして常会に於ける実質的指導力たらしむるやう運営すること。

これは町部落常会――全員参加組織――と分団、班のオルグ組織とをどうかみ合わすか、見方によっては一種の「細胞」活動の指針を示したものといえよう。逆にいえば、「世話役・世話人」方式も「分団、班」組織化工作も、一五年九月一二日の内務省の訓令以降一貫して強化整備された方向線への接着工作以外の何物でもないのである。しかも、そこに見出される所与の地域的国民組織は、少なくとも選挙粛正運動にその起点をもち、国民精神総動員運動における「実践網」として定礎された存在で、その先行性、所与性はもはや否定できないのが実態であった。配給消費にかんする翼賛体制化運動も、農村責任協力体制確立運動も、そして生活翼賛体制確立要綱にさいしても、問題の要は所与の組織との連絡調整にあった。例えば、農村の責任協力体制にさいしては、「従つてわれわれの任務は団としては農業団体並に部落農業団体のかゝる運動に積極的に協力することであり、団員としては最も活動的な部落農業団体の一員として、団体の活潑な活動を促がし、その活動を推進することである」とある。そしてそれを事項として羅列すれば左のとおりであった。

（A）　町村団員
（イ）　有志座談会、常会等に於いて常に政策の徹底に努力すること
（ロ）　共同作業等実施の気運を作ることに努力すること
（ハ）　部落農業団体長を補佐し、団体の活潑な活動展開に努力すること
（ニ）　常に部落活動に率先すること

（B）町村団
（イ）協力態勢の障碍除去に努力すること
（ロ）各部落の歩調を揃へ、全村一体の態勢確立に努力すること
（ハ）村内各団体の連絡協力に努力すること

（C）郡団並県団
（イ）町村団による運動の指導促進
（ロ）官庁並団体との連絡

昭和一七年八月一五日翼壮本七〇三号通牒に示された「生活翼賛体制確立要綱[19]」の「団員の心構」の（ハ）と（ニ）には、

（ハ）団員自ら率先躬行するは素よりなるも、壮年団としては常に本運動の中核的推進力として、隣組、町内会、部落会、医師会、社会事業団体、農会、産業組合等各地域、職域の各種団体を連絡斡旋し、本運動の目的達成に動員せしむること。但し其の際各団体を表に立てるべきところは之を立てる謙虚さを失はぬこと。

（ニ）従来此の種運動が成果を挙げ得なかつたのは、之を推進実行すべき組織的実践部隊がなかつた事に因るもので、今回国民組織の中核として、組織を持てる実践部隊たる翼賛壮年団が本運動に乗出した以上、其の取り上げた問題に付ては必ず之が実効を収めねばやまぬといふ決意が必要である。

とある。網羅的地域国民組織の先行とこれらとは別系列の各種職域国民組織の先行性に対し、「連絡斡旋」し、かつみずからを「実践部隊」だと規定するのはともかく、部分「組織」たる翼壮組織の独自性がいかに困難であったかを翼壮みずからが追認したものといえる。

もうひとつ同じ一七年七月一九日付の「中央協力会議刷新要綱[20]」をとりあげよう。これは、中央協力会議メンバーの構成を「職域・地域」を通ずる「各界各層より」選定するという新要項を示したもので、その点で注目すべき妥協

の措置であり、大きく譲歩した形であった。ちなみに「中央協力会議運営委員会規程並に委員氏名」[21]をあげておけば、別表のとおりである。

中央協力会議刷新要項（昭和十七年七月十九日）

一、趣　旨

中央協力会議は国民総常会たるの趣旨を強調し、万民翼賛、臣道実践の基本精神に基き上意下達下情上通を図り、以て大政翼賛運動の徹底に協力するものとす。

二、構　成

中央協力会議員は右の趣旨に則り職域地域を通ずる各界各層より選定するものとす。

三、運　営

イ、中央協力会議は総常会及部門別会の二種とす。

ロ、総常会及部門別会の議事は議長之を統裁す。

ハ、総常会の開催は年二回を原則とし、必要に応じ臨時総常会を開催す。

ニ、部門別会は必要に応じ之を開催し、会議員中より特に指名したる者を以て構成す。別に中央協力会議員にあらざるものを出席せしむることを得。

ホ、総常会及部門別会は総会及委員会に分つ。
委員会は附託せられたる議題につき協議す。
委員長及委員は議長之を指名す。

委員長は議長の指揮を承け委員会を掌理す。

へ、中央協力会議運営委員会は従前の通りとす。

中央協力会議運営委員会規程並に委員氏名（昭和十七年七月二十日）

第一条　中央協力会議運営委員ハ中央協力会議ノ組織運営並ニ中央協力会議上提案ノ整理及ビ中央協力会議ニ於テ議長ノ統裁セル議題ノ処理促進ニ関スル事項ヲ掌ル

第二条　本委員会ノ委員長ハ中央協力会議議長トシ、副委員長ハ総務局長ヲ以テ之ニ充ツ

委員ハ各局長及ビ中央協力会議員若干名ヲ以テ之ニ充ツ

第三条　本委員会ニ幹事ヲ置ク

幹事ハ各部長及副部長若干名ヲ以テ之ニ充ツ

幹事ハ本委員会運営ニ必要ナル諸調査原案作製等ニ当ル

第四条　本委員会ニ連絡員ヲ置ク

連絡員ハ関係部局職員中ヨリ選任シ常時本委員会ノ事務ニ従事セシム

運営委員氏名（昭和十七年九月現在）

委員長　（議　長）安藤紀三郎

副委員長　（総務局長）小平権一

委　員

本部側

（錬成局長）石黒英彦
（実践局長）相川勝六
（興亜局長）永井柳太郎
（調査局長）鹿島守之助
（総裁秘書）草間時光

会議員側

大日本青少年団副団長　朝比奈策太郎
貴族院議員　子爵　織田信恒
大日本産業報国会理事長　小畑忠良
日本文学報国会事務局長　久米正雄
三菱重工業株式会社々長　郷古潔
大日本興亜同盟常務理事　下中彌三郎
日本団体生命保険株式会社々長　膳桂之助
農業報国連盟常務理事　田中長茂
大政翼賛会前組織局長　挟間茂
貴族院議員　広瀬久忠
衆議院議員　船田中
中央物価統制協力会理事　本位田祥男

工業組合中央会副会長　松井春生
衆議院議員　八角三郎

（1）大政翼賛会協力会議部編『協力会議読本』昭和一八年、九三―九四ページ。
（2）大政翼賛会総務局庶務部編『大政翼賛運動ニ関スル参考資料抄録』昭和一七年四月、一九四―一九六ページ。
（3）大政翼賛会協力会議部編『協力会議読本』昭和一八年。
（4）同右、一一六―一一八ページ。
（5）国立公文書館「大政翼賛会関係書類」2A　40　資254　一、「大政翼賛会機能刷新ニ伴フ地方支部規程改正ノ件」、二、「地方支部機能刷新並ニ支部規程改正ニ関スル件」。
（6）大政翼賛会協力会議部編『協力会議読本』昭和一八年、一一二―一一五ページ。
（7）東京府翼賛壮年団本部『東京府翼賛壮年団提要』昭和一八年、三九ページ。なお、東京府翼賛壮年団の活動はその創立の経緯、結成後の行事、各級団運営の概況、各級団職員一覧ならびに東京府・市団廃止に伴う帝都団発足（一八年五月一八日）等は、東京府翼賛壮年団本部『府団一ケ年の回顧』一八年五月に詳しい。府翼賛壮年団の実践要項五項目、昭和一七年度努力事項七項目は東京府翼賛壮年団本部『東京府翼壮資料第一輯　錬成の栞』昭和一七年一一月に、また東京府翼壮資料第二輯『東京府翼賛壮年団提要』（一八年四月）は、組織・団則・運営の大要をまとめている。とくに「大東亜戦争一周年大政翼賛運動強化ニ関スル東京府翼賛壮年団実施要項」が、(一)戦場精神ノ昂揚、(二)生産増強ノ決行、(三)戦争生活実践ノ徹底、を主眼とする「一大国民運動」を展開するに際し、その実施要領の五「関係団体ニ対スル役割」は、左のように示されている。
「本運動ハ綜合的一大国民運動トシテ展開セラレルモノナルガ故ニ、諸団体ノ精鋭中堅層ヲ結集シテ国民運動ノ中核的実践推進組織ヲ成ス壮年団トシテハ、本運動ヲ分担スル各団体ノ中ニ在ツテ左ノ如キ独自ノ役割ヲ演ズベキナリ」
（イ）、住民挙ツテ総立トナリ、運動完遂ニ邁進スル雰囲気ヲ醸成スルト共ニ又之等ノ運動ヲ一貫スル精神的筋金ヲ入レ、思想的背景ヲ確立スルコト
（ロ）、町会、部落会、及隣組等ノ基礎国民組織内ニ迄運動ヲ透徹セシムル為、特ニ分団及班ノ積極的ナル活躍ヲ期スルコト

（ハ）、職域報国団体ガ、翼賛会統制ノ下ニ行フ諸運動ニ付テハ、各団体ト緊密ニ連携ヲ保チ、其ノ背後ヨリ働キカケテ其ノ機能ヲ十分発揮セシムルト共ニ団体相互間ヲ連絡調整シテ他団体ト対抗シテ功ヲ競フガ如キコトヲ厳ニ戒メ、他団体ノ所期ノ活動アル限リ、努メテ之ヲ表面ニ立テ、功ヲ之ニ譲ル襟度ヲ忘レザルコト

（ニ）、他団体ノ引受ケカネル困難ナ運動部面ハ進ンデ之ヲ引受ケ、他団体ニ委セ切リニテハ弱体不徹底ナル部面は十分応援ヲ与ヘルト共ニ特ニ重点ヲ置キ強行スベキ要所ニ対シテハ、関係団体ト連携協調シ、団ノ主力ヲ動員シ、其ノ貫徹ヲ図ルコト

（ホ）、産報ノ行フ産業能率増進、生産力飛躍的増強運動ニ対スル援助ニ付テハ、必要ニ応ジ追テ指示スル予定ナルガ、差当リ現地ニ於テ産報側ト連携シ、主トシテ職場外ニ於テ、本運動促進ニ必要ナル事項ヲ採リ上ゲ従事員特ニ徴用工ノ慰問激励、労力供給ノ斡旋、勤労報国隊ノ派遣、従業員ノ生活安定、厚生ニ関スル諸措置、職場所在地一帯住民ノ勤労尊重、職域援護ノ気風ノ醸成及青少年工ノ指導保護等ニ協力スルコト

（ヘ）、農報増産挺身隊ノ行フ増産運動ニ対シテハ、農村責任協力体制確立運動及増産部落計画樹立徹底運動ヲ基調トシ、又商報ノ行フ転業促進配給業整備運動ニ対シテ、配給適正化運動ヲ基調トシテ夫々別途基本要綱ニ示ス「生産増強ノ決定」ノ大方針ノ下ニ現地ニ於テ連携ヲ密ニシテ所要ノ支援協力ヲ惜マザルコト

すなわち団独自の役割は、関係諸団体との役割分担、「連絡調整」、「連携協調」にあって、関係団体の存在を前提しその運動の補完体として団を位置づけたのである。これは、三市、三郡、三島嶼にあまねく支部組織を結成し、単位団一二七、団員数十万と呼号する偉容を整えた翼壮の力の限界だとみなければならない。他方大日本翼賛壮年団東京府支部長が各支部長殿に宛てた「世話役世話人委嘱ニ関スル件」によれば（翼東第八一六号　昭和一七年一二月二日）、「追而本年内ニ任期満了等ニヨリ更新ノ予定ノモノニ就テハ新任者ヲ委嘱致度候条御含ミ相成度尚自今改選等ニアタリテハ翼賛壮年団ト緊密ナル協力ノ下ニ左記ニヨリ適任者ヲ選出セシムル様御指導相成度併而申添候」として、

記

一、人格高潔、識見卓抜、公平無私ニシテ苟モ衆人ノ疑惑ヲ受クルコトナク、円滑ナル指導者トシテノ素質ヲ有スル者タルコト

二、時局ヲ認識シ、常時率先垂範、翼賛運動ニ挺身スルモノタルコト

三、口舌ノ徒ニアラズシテ実践躬行者タルコト
四、従来月番的ニ交替セル隣組長等モアルヤニ聞及ブモ此ノ如キハ一種ノ隣組当番ト思料セラルルヲ以テ此ノ際国民運動ノ指導者タル重要性ニ鑑ミ適正ナル隣組長ヲ内申セラレタキコト

そして右の記にはさらに附記があって、「町内会、町内会連合会、部落会及隣保班ニ世話役及世話人ヲ置キ本会ノ行フ指導ノ徹底ニ当ラシム」「世話役及世話人ハ市区町村支部長ノ推薦ニ依リ道府県支部長総裁ノ名ニ於テ之ヲ委嘱ス」とある。大政翼賛会の行なう「指導」の「徹底」はそのまま受けとめよう。だが、区町村支部長すなわち区町村長の「推薦」により、道府県支部長すなわち知事が「総裁」の名において行なう「委嘱」とあるが、こうした手続によって選ばれる世話人・世話役にどれほどの積極性が期待できるのか。知事――市区町村長という内務省行政組織の命令系統を基線として大政翼賛会総裁名による世話人・世話役を委嘱することは、官民一体とか表裏一体を意味することはありえても、それが何を意味するのであろうか。どちらの系列化・組織化も、その純粋型においては貫徹していない。これは決定的な妥協というより、大政翼賛会側の譲歩、歩み寄りとみるほかはない。それだけではなく、会・団関係よりして、翼壮が分団・班組織をもつことによって、会も団も、ともどもに既成地域国民組織にへばりついてのみ存続する、と言いきってもいいのではなかろうか。「東京市各区翼賛壮年団組織ニ関スル調査」(昭和一七年八月現在)は区名、世帯数、町会数、分団数、一町会平均戸数、隣組数、班数、団員数、一隣組平均戸数の項目で、市翼壮団九万八三七名の分布一覧を示し、世田谷区翼賛壮年団団則、同区北・西・南・東地区分団役員編成表、区団本部編成表、世田谷区町会名簿等は、いずれも「大日本翼賛壮年団中央本部資料・東京府翼賛壮年団関係資料・他」(仮題、東京都立大学法学部書庫所蔵)から読みとることができる。

東京市各区翼賛壮年団組織ニ関スル調査(昭和十七年八月現在)

区名	世帯数	町会数	分団数	一町会平均戸数	隣組数	班数	団員数	一隣組平均戸数
麹町	一一、三三一	三〇	二九	三八四・一	八四七		五二七	一三・六
神田	二四、〇〇三	六三	七	三六〇・〇	一、七八八	六三	一、三二九	一二・七

区名	世帯数	町会数	分団数	一町会平均戸数	隣組数	班数	団員数	一隣組平均戸数
日本橋	一八、〇一三	九五	七	二〇〇・二	一、七〇〇	五五	一、二六二	一一・二
京橋	二八、五一五	七〇	九	四三六・四	一、八六四	七八	二、〇〇〇	一六・四
芝	三八、三四〇	一一七	一一一	三二二・三	二、九二一	四〇〇	二、三八八	一二・九
麻布	一九、四一一	五〇	四〇	三八三・八	一、四八九		一、五〇〇	一二・九
赤坂	一一、八九五	三七	三〇	三〇七・三	一、〇二四	九五	六七〇	一一・一
四谷	一七、三七八	四三	二二	三九三・六	一、四一九	一七八	一、九六四	一一・九
牛込	二八、五四五	八一	八一	三四四・七	二、一八四		一、三六四	一二・八
小石川	三三、三三一	五九	五六	五六七・九	二、五八七		一、一〇〇	一三・〇
本郷	三〇、四九一	六五	三四	四六五・八	二、二六〇	一七九	二、一三八	一三・四
下谷	四二、五五〇	七六	七六	五五五・八	二、五八七		二、三三五	一六・三
浅草	五八、〇七四	八五	八五	七三五・五	四、六五三	六〇〇	四、四八一	一三・四
本所	五六、九〇六	七八	八〇	七四九・七	三、七六六	四〇七	四、六二四	一五・五
深川	四九、二三七	七五	七三	六二六・九	三、二〇二	四四三	二、一六九	一四・七
品川	五〇、六一〇	八六	一〇	五九八・四	三、六九八	八四	四、五〇〇	三・九
目黒	四六、〇五六	五七	四六	七七〇・三	三、五五八	三五四	四、一三一	一二・三
荏原	四二、六五五	五八	五八	七二一・五	三、一六二	四二〇	一、六〇九	一三・二

区名	世帯数	町会数	分団数	一町会平均戸数	隣組数	班数	団員数	一隣組平均戸数
大森	六五、六五三	八三	八四	七二二・二	四、四一四	五六五	三、三〇〇	一三・六
蒲田	六〇、四九二	七〇	六八	七九九・六	四、二七四	三一〇	三、二八〇	一三・一
世田谷	六六、二三四	八〇	八八	七七六・〇	五、一七二	五〇〇	二、七九一	一二・〇
渋谷	五七、六四七	三六	三六	一、五六七・三	四、三九六	一〇〇	三、〇八四	一六・六
淀橋	四三、七四七	三〇	二一	一、四四八・三	三、四二六	四三〇	二、四七三	一二・七
中野	五一、二八七	七三	七一	六九九・二	三、九九八	三〇八	二、七二四	一二・二
杉並	五八、一六〇	六七	五九	八一八・五	四、八二六	三六一	三、二九七	一一・四
豊島	七二、二一二	九八	九八	七三七・二	五、七四一	六八〇	四、九二四	一二・六
滝野川	三〇、〇〇五	四一	三八	七二八・五	二、六五〇	二七八	二、一四二	一一・三
荒川	七八、〇〇三	四五	四五	一、七四五・〇	五、五七四	八九九	四、七一二	一四・一
王子	四九、八四四	六五	六四	七二五・六	四、一七五	四五八	三、三三四	一一・八
板橋	五七、〇二六	一〇八	七五	四八六・五	四、四八〇	三九四	三、二六二	一一・四
足立	五六、〇二六	七四	六二	七〇八・〇	四、一三五	四四七	二、五九七	一二・七
向島	四四、七六三	三八	三八	一、一八一・六	三、七五五	三三五	二、六一〇	一二・〇
城東	四〇、七六三	三四	三〇	一、二二三・六	三、三七七		三、一七五	一二・三
葛飾	三九、八四一	五三	三九	六六一・九	二、七四八	二八九	二、〇六〇	一二・五

江戸川	四二、四一六	八三	一〇	四六四・四	二、九二五	八四	二、三五〇	一三・二
合　計	一五二四、八四六	二、三〇三	一、七九〇	六四四・四	一一四、七七五	九、七九四	九〇、八三七	一二・九

（備考）　東京市人口六九一万二二〇〇人｛男　三四三万四八五九人／女　三四七万七二四一人｝

（8）　東京府翼賛壮年団本部『東京府翼賛壮年団提要』昭和一八年、七七―七八ページ。
（9）　同右、八一―八三ページ。
（10）　同右、八三ページ、同旨、八一ページ。
（11）　同右、八六ページ。
（12）　同右、九一―九四ページ。
（13）　同右、八六ページ。
（14）　同右、九五―九七ページ。
（15）　同右、八四―八五ページ。
（16）　昭和一五年一〇月一五日の府訓令第二七号「町会・部落会及隣組整備運営要領」、「東京市町会規準」（一六年五月二七日）、「東京市町会規約準則」（一六年五月二七日）については、拙著『東京都政の研究』五六七、六三六―六四四ページ参照。
（17）（18）　東京府翼賛壮年団本部『東京府翼賛壮年団提要』二四四ページ。
（19）　同右、二四八―二五五ページ。「団員の心構」にはイロハニの四項目が掲げられている。
（20）　大政翼賛会協力会議部編『協力会議に就て』昭和一七年、一一八―一一九ページ。
（21）　右同、一二〇―一二二ページ。

（五）　大政翼賛会の予算

1　はじめに

大政翼賛会の地方組織を検討するさい、見逃せないのは地方支部経費の問題であろう。いうまでもなく、地方支部活動の源泉が地方支部費である。この点に関して、『大政翼賛会会報』が、翼賛会地方支部費は四八〇万円と報じ、さらに、「内務省から不足分を支給することになったこと」と、「地方支部費は支部長の自由裁量に一任」されると記述している。[1] すなわち、改組大政翼賛会では、地方支部長には官選の道府県知事が就任し、その官選知事が、大政翼賛会地方支部長として、地方支部費配分に自由裁量権をもつとすれば、事態は、内務行政組織への大政翼賛会の依存というよりは、むしろ、それへの従属を意味する。そしてこのことと関連して指摘すべきは、大日本翼賛壮年団も、大政翼賛会の外廓団体として規定されていたという一点である。すなわち、大政翼賛会の地方支部組織は、大政翼賛会推進員はもとより、さらに当の翼賛会の性格を規定しただけではなく、中央行政官庁を頂点とする各職域組織・地域国民組織の大政翼賛会に対する優位は、ひいては、行政官僚制勢力の大政翼賛会に対する優位をも保証していたのであった。すなわち産報、商報、農報、大日本海運報国団、大日本婦人会、大日本青少年団等々の各種国民運動体は、それぞれの縦割り組織体であるがゆえに、横方向すなわち相互の間ではもちろん、縦方向へ向けても、統合の機軸がない。これら縦方向で分立する運動体は、官選知事の職位を地方組織の共通単位としているけれども、横軸レベルではもとより、縦軸でも収斂化のメドを見出すことができない。職域国民組織のみならず、地域組織の行政官僚制への依存は、大政翼賛会組織をふくむ一切の組織を間接的に「地域」・「職域」組織に寄生せしめることになった。国民組織が、既成・所与の国民組織の再組織化に成功したとしても、一億国民全体を包含する単一の組織と単一の運動はついに成立しえなかったのである。そしてそれゆえに、大政翼賛会の「機能刷新」が行なわれなければならなかったのであるが、公事結社と規定された大政翼賛会には、その制度の枠を打ち破った新しい国民組織ないしは国民再組織論を展開する条件は、すでに、なかった。大政翼賛会はすでに整備された地域・職域国民組織を与件としていたために、鳴物入りで宣伝された翼賛会の機能刷新論も、各種の「地域」・「職域」組織――諸国民組織――を「統合」・「包摂」する形式に終始した。こうして到達点を与えられた大政翼賛会への国民諸組織の統合は、かりにそれを「再出発」だと規定しようとしても、実質上は、大政翼賛会が既存、既成の実践運動の型に決定的に「傾注」(2)する契機となったにすぎなかったのであった。ここでとりあげる大政翼賛会の予算と大政翼賛会をふくむ諸国民組織への補助金配分の制度は、大政翼賛会のあり方にも大きな影響を与えたとみられる。以下にこの問題を追跡してみよう。

(1) 大政翼賛会宣伝部『大政翼賛会会報』第二〇号(昭和一六年五月七日)。

(2) 大政翼賛会宣伝部『大政翼賛』第七一号(昭和一七年五月二〇日)、安藤副総裁談(五月一五日)。安藤は、「国民の中にあって国民と共に進む態度」と説明し、主力を「実践運動に傾注」と規定している。

2 大政翼賛会の予算と国庫補助金

大政翼賛会発足後、その予算関係を示す第一次資料は見当たらない。だが、一五年一〇月一二日の発足後約二カ月を経て、翼賛会がその地方組織工作に着手する段階を迎えるとともに、ようやく、資金の調達が重大問題化することになった。

昭和一五年度末に予定された第七六帝国議会の開会を目前に、翌一六年度の予算編成作業の大詰めを迎え、内務省と法制局では、大政翼賛会の性格規定について、議会対策用の回答集を準備しつつあったが、この段階で、『読売新聞』は、翼賛会予算について、「内閣所管」という形で一応二月までやって行くことを報道している(1)。大政翼賛会をはじめとして、のちの翼賛壮年団、興亜同盟の予算作成にさいし、それぞれの予算「収入」の不足分は政府補助金の支出を予定するしくみがこのとき具体化しつつあったが、大政翼賛会を公事結社と定義する段階で、大政翼賛会への

補助金支給はほぼ明確な姿をとったと断定できようか。(2)

さて、大政翼賛会の『昭和十七年度収支予算綴』によって、大政翼賛会予算の概略を示すと、(3)昭和一六年度の実行予算の内容は、収入の部ならびに支出の部からなり、その概略は別表一の(一)の示すとおりである。これに対して、別表(二)は、一七年度の予算内訳である。その備考欄に「昭和十七年度予算ハ補助金交付ノ計算ノ根拠ニシテ其ノ交付ニ当リテハ翼賛会ヨリ実行計画ヲ提出セシメ政府ニ於テ之ヲ審査シ認可スル方針ナリ」とある。政府当局は、完全に予算統制力を行使する立場に立っていたのであった。別表二の「昭和十七年度大政翼賛会予算」を一瞥すれば、収入・支出にわたっての一六年度と一七年度の予算額とその比較増減を読みとることが出来るが、とくに、款項にわたる明細と比較増減、ならびに、その増減の理由を示した説明の記載内容とともに、一七年度には、大日本翼賛壮年団助成金、大日本興亜同盟助成金が助成費として新たにつけ加えられていることが、注目に値する。昭和一七年度大政翼賛会予算明細内訳によれば、一二〇一万七三〇〇円の予算収入の内訳が示されているが、このうち国庫補助金額は一二〇〇万円で、利子収入、寄附金、雑収入等は文字通り雑収入に止まっていることが分かる。

別表一

(十七年一月三十日午後内閣ヨリ交付)

衆議院予算委員会浜野委員要求

昭和十六年度昭和十七年度ニ於ケル大政翼賛会補助金ノ使途明細表

(一)　昭和十六年度大政翼賛会実行予算内訳

収入ノ部　　支出ノ部

国庫補助金	八、〇〇〇、〇〇〇
利子収入	一〇、〇〇〇
寄付金	二、〇〇〇
雑収入	五〇〇
計	八、〇一二、五〇〇

本部費	二、五九三、〇三一
給料	七四〇、九二八
事務費	八四九、〇七二
事業費	一、〇〇三、〇三一
支部費	四、八一九、四六八
給料	一、一五三、〇〇八
事務費	一、七四九、七五二
事業費	一、九一六、七〇八
予備費	六〇〇、〇〇〇
計	八、〇一二、五〇〇

（二）　昭和十七年度大政翼賛会予算内訳

収入ノ部

国庫補助金	一二、〇〇〇、〇〇〇
利子収入	一二、〇〇〇
寄付金	二、〇〇〇
雑収入	三、三〇〇
計	一二、〇一七、三〇〇

支出ノ部

本部費	四、一九四、三四〇
給料	八七二、五六〇
事務費	六七七、一五五
事業費	一、四四四、六二五
助成費	一、二〇〇、〇〇〇
大日本翼賛壮年団助成金	八〇〇、〇〇〇

大日本興亜同盟助成金	四〇〇、〇〇〇
支部費	六、九二三、九六〇
給料	一、八一八、〇〇〇
事務費	二、七〇二、二一〇
事業費	二、四〇二、七五〇
予備費	九〇〇、〇〇〇
計	一二、〇一七、三〇〇

備考

昭和十七年度予算ハ補助金交付ノ計算ノ根拠ニシテ其ノ交付ニ当リテハ翼賛会ヨリ実行計画ヲ提出セシメ政府ニ於テ之ヲ審査シ認可スル方針ナリ

別表二

昭和十七年度大政翼賛会予算

収入ノ部

款　項	昭和十七年度予算額	同十六年度実行予算額	比較増△減
国庫補助金	一二、〇〇〇、〇〇〇	八、〇〇〇、〇〇〇	四、〇〇〇、〇〇〇
国庫補助金	一二、〇〇〇、〇〇〇	一〇、〇〇〇	四、〇〇〇、〇〇〇
利子収入	一二、〇〇〇	一〇、〇〇〇	二、〇〇〇
利子収入	一二、〇〇〇	二、〇〇〇	二、〇〇〇

寄付金	二、〇〇〇	二、〇〇〇	〇	
寄付金	二、〇〇〇	二、〇〇〇	〇	
雑収入	三、三〇〇	五〇〇	二、八〇〇	
雑収入	三、三〇〇	五〇〇	二、八〇〇	
計	一二、〇一七、三〇〇	八、〇一二、五〇〇	四、〇〇四、八〇〇	

支出ノ部

款 項	昭和十七年度予算額	同十六年度実行予算額	比較増△減	増減ノ理由
本部費	四、一九四、三四〇	二、五九三、〇三二	一、六〇一、三〇八	
給料	八七二、五六〇	七四〇、九二八	一三一、六三二	宣伝部国民生活動員本部増員等ニ依ル
事務費	六七七、一五五	八四九、〇七二	△一七一、九一七	東京会館ヨリ移転ノ為借家料ヲ減シタル等ニ依ル
事業費	一、四四四、六二五	一、〇〇三、〇三二	四四一、五九三	
組織運動諸費	一三五、九八〇			
経済運動諸費	八八、〇〇〇	一四四、〇六五	一五三、〇六五	各種経費ノ増額ニ依ル
文化運動諸費	七三、一五〇			
宣伝費	五九六、八一五	三二六、五四一	二七〇、二七四	宣伝部事業ヲ活発ナラシムル必要アルニ依ル
東亜費	一〇五、一七〇	一九四、六一〇	△八九、四四〇	興亜同盟ニ事業ヲ移シタルニ依ル
訓練費	二四〇、八二〇	一五九、一一六	八一、七〇四	前年度ハ年度途中ヨリ事業ヲ開始シタルニ依ル
調査委員会費	一二三、三〇〇	一〇一、五〇〇	二一、八〇〇	調査委員会ノ活動活発ナルニ依ル
中央協力会議費	八一、三九〇	七七、二〇〇	四、一九〇	実際ノ所要額ニ依ル

助成費	一、二〇〇、〇〇〇	〇	一、二〇〇、〇〇〇	新規
大日本翼賛壮年団助成金	八〇〇、〇〇〇	〇	八〇〇、〇〇〇	
大日本興亜同盟助成金	四〇〇、〇〇〇	〇	四〇〇、〇〇〇	
支部費	六、九二二、九六〇	四、八一九、四六八	二、一〇三、四九二	地方ノ実情ニ依ル
給料	一、八一八、〇〇〇	一、一五三、〇〇八	六六四、九九二	五割七分
事務費	二、七〇二、二一〇	一、七四九、七五二	九五二、四五八	五割四分
事業費	二、四〇二、七五〇	一、九一六、七〇八	四八六、〇四二	二割五分
予備費	九〇〇、〇〇〇	六〇〇、〇〇〇	三〇〇、〇〇〇	本年度ノ事業中未確定ノモノアルニ依ル
計	一二、〇一七、三〇〇	八、〇一二、五〇〇	四、〇〇四、八〇〇	

昭和十七年度大政翼賛会予算明細内訳（収入ノ部）

区分	単価	員数	金額	
国庫補助金			一二、〇〇〇、〇〇〇	
国庫補助金			一二、〇〇〇、〇〇〇	
国庫補助金			一二、〇〇〇、〇〇〇	
利子収入			一二、〇〇〇	
利子収入			一二、〇〇〇	
預金利子			一二、〇〇〇	
寄附金			二、〇〇〇	
寄附金			二、〇〇〇	

寄附金			二、〇〇〇	
雑収入			三、三〇〇	
雑収入			三、三〇〇	
不用品売払代			三〇〇	
雑入			三、〇〇〇	
合計			一二、〇一七、三〇〇	

別表三

大政翼賛会昭和十七年度予算人員調

区分	十六年度実行予算人員	増加人員 調査委員会	増加人員 宣伝部	増加人員 動員本部	昭和十七年度予算計上人員
局所長	四				四
部長	一一		一		一二
秘書	四				四
副部長	二三			一	二三
部員	一二五		四	六	一三五
書記	一六三	二	一	九	一七五
嘱託	三〇				三〇
雇員	一三〇	四	二	四	一四〇

別表四

昭和十七年度給料使用計画調

書記以上ノ分

区別	現在人員	同上月額	同上年額	修正ノ分 一次 人員	一次 月額	一次 金額	二次 人員	二次 月額	二次 金額	累計 人員	累計 金額
局部長	四	二、〇〇〇	二四、〇〇〇	一	五〇〇	六、〇〇〇				五	三〇、〇〇〇
部長	一一	四、五八四	五三、〇〇八	一	四一六	五、〇〇〇	三	一、二五〇	一五、〇〇〇	一五	七五、〇〇八
秘書	四	一、二三五	一四、八二〇							四	一四、八二〇
副部長	二六	八、六二五	一〇三、五〇〇	四	一、二〇〇	一四、四〇〇	三	九〇〇	一〇、八〇〇	三三	一二八、七〇〇
部員	一二四	二二、四二七	二六九、一二四	一四	二、五二〇	三〇、二四〇	三二	五、七六〇	六九、一二〇	一七〇	三六八、四八四
書記	一六〇	一六、五九〇	一九九、〇八〇	三三	三、四六五	四一、五八〇	二七	二、八三五	三四、〇二〇	二二〇	二七四、六八〇
計	三三三	五五、四六一	六六五、五三二	五二	八、一〇一	九七、二二〇		一〇、七四五	一二八、九四〇	四四七	八九一、六九二
給与			二〇五、四〇〇			三〇、二八八			四〇、八三〇		二七六、五一八
副部長以上		一六、四四四	四九、三三二		二、一一六	六、三四八		二、一五〇	六、四五〇		六二、一三〇
部員以下		三九、〇一七	一五六、〇六八		五、九八五	二三、九四〇		八、五九五	三四、三八〇		二一四、三八八
累計			八七〇、九三二			一二七、五〇八			一六九、七七〇		一、一六八、二一〇

嘱託以下ノ分

区別	現在人員	同上月額	同上年額	修正ノ分 一次補充 人員	一次補充 月額	一次補充 金額	二次補充 人員	二次補充 月額	二次補充 金額	累計 人員	累計 金額
嘱託	二二	三、二五〇	三九、〇〇〇	一四	一、六八〇	二〇、一六〇	一五	一、八〇〇	二一、六〇〇	五〇	八四、三六〇

	無一八		三、六〇〇						一八	
事務員	一三六	七、一八九	八六、二六八	一二	七二〇	八、六四〇	一二	一、三二〇	一五、八四〇	一七〇	一一〇、七四八
守衛	一五	八七二	一〇、四六四	一	六〇	七二〇				二〇	一一、一八四
給仕	五一	一、一八二	一四、一八四	二	四八	五七六				五三	一四、七六〇
小使	一九	八一二	九、七四四	一	四三	五一六				二〇	一〇、二六〇
計	二四二	一三、三〇五	一六三、二六〇	三〇	二、五五一	三〇、六一二			三七、四四〇		二三一、三一二
慰労金			五三、二二〇			一〇、二〇四		三、一二〇	一二、四八〇		七五、九〇四
累計			二一六、四八〇			四〇、八一六			四九、九二〇		三〇七、二一六

別表五

昭和十七年度大政翼賛会予算明細内訳（支出ノ部）

区分	単価	員数	金額	備考
本部費			四、一九四、三四〇	
給料			八七二、五六〇	六七一、二〇〇　月額　月
局所長	六、〇〇〇	四	二四、〇〇〇	五一六、〇〇〇（四三、〇〇〇×一二）
部長	五、〇〇〇	一二	六〇、〇〇〇	一五四、六〇〇（四三、〇〇〇×二四ヶ月）－八六、〇〇〇
秘書	三、六〇〇	四	一四、四〇〇	＝六八、六〇〇
副部長	三、六〇〇	二三	八二、八〇〇	
部員	二、一〇〇	一三五	二八三、五〇〇	
書記	一、一八〇	一七五	二〇六、五〇〇	
給与			二〇一、三六〇	
事務費			六七七、一五五	
需品費			九三、七〇〇	

備品費			一八、〇〇〇	新調　月　五〇〇円　六、〇〇〇円 修繕　〃一、〇〇〇円　一二、〇〇〇円
図書及印刷費			一九、二〇〇	図書月三〇〇円　三、六〇〇円　新聞月三〇〇円　三、六〇〇円 印刷月一、〇〇〇円　一二、〇〇〇円
筆紙墨文具			二四、〇〇〇	タイプ用紙、印刷用紙、封筒、文具費其他月二、〇〇〇円 二四、〇〇〇円
消耗品			三二、五〇〇	石炭三〇〇屯三〇円九、〇〇〇円　電燈月八〇〇円九、六〇〇円 瓦斯水道月四〇〇円四、八〇〇円　自動車燃料月三〇〇円 三、六〇〇円　木炭一、〇〇〇俵二、五〇〇円　雑用品月二五〇円 三、〇〇〇円
通信運搬費			四八、〇〇〇	月四、〇〇〇円
旅費			一一八、一〇〇	内地一〇五、六〇〇部員以上一人六〇〇円一〇六人（定員六割） 六三、六〇〇 書記〃四〇〇円一〇五（〃） 四二、〇〇〇 外国　一二、五〇〇部員以上〃九〇〇　五　四、五〇〇 書記〃八〇〇　一〇　八、〇〇〇
各所修繕			一八、〇〇〇	
交通費			一五、〇〇〇	
借家料			三一、五〇〇	
諸給			三〇七、九五〇	
諸手当			一三三、六二〇	
役職員手当			三九、〇〇〇	総務、参与、副総裁、事務総長、議長
嘱託手当	一、三〇〇	三〇	三九、〇〇〇	
家族手当	九〇		五五、六二〇	副部長二三、部員一三五、書記一七五、嘱託　計六一八人
事務費	六〇〇	一四〇	八四、〇〇〇	
守衛	六〇〇	二〇	一二、〇〇〇	
給仕	二四〇	六〇	一四、四〇〇	

小使	四二〇	三五	一四、七〇〇	
給与			四九、二三〇	
接待費			二〇、〇〇〇	
雑費			二四、九〇五	
被服費			二、八二五	守衛二〇人四〇円八〇〇円、給仕六〇人二五円一、五〇〇円 小使三五人一五円五二五円
会議費			三、四八〇	総務会二四回二五円六〇〇円、参与会二四回一二〇円二、八八〇 円
速記料			一、二〇〇	
写字料			二、四〇〇	
賄費			一二、〇〇〇	
雑用費			三、〇〇〇	
事業費			一、四四四、六二五	
組織運動諸費			一三五、九八〇	
会議費			一、九〇〇	
地方連絡費			二三、五〇〇	旅費
推進員動員費			六三、三四〇	地区別協議会費一一、三四〇、大会費五二、〇〇〇
婦人団体指導費			一、四四〇	連絡会議、地区別会議費
地域組織指導費			一一、七五〇	二五〇円ノ四七回
調査諸費			二三、二四〇	調査費一二、二四〇、資料費一、〇〇〇、印刷費一〇、〇〇〇
地方協力会議指導費			一〇、八一〇	一府県二人一回六日間旅費
経済運動諸費			八八、〇〇〇	
経済機構整備強化費			一二、〇〇〇	一回二〇〇円三〇回六、〇〇〇円 一回五〇円一二〇回六、〇〇〇円
経済団体指導統制費			三、六〇〇	
食糧増産及農業機構			一五、九〇〇	回五〇円三六回、一回一〇〇円四七回六、五〇〇円 農村補助指導費二〇〇円四七府県九四〇〇円
農業行事費			一五、〇〇〇	新穀感謝祭　一〇、〇〇〇円　祈年祭五、〇〇〇円

中小企業対策及労務動員費			一六、八〇〇	会議費（中央五〇円四八回二、四〇〇円　地方五〇円四回四七府県九、四〇〇円）、対策諸費五、〇〇〇円
職域組織運動費			一一、八〇〇	中央五〇円四八回　二、四〇〇円 地方　〃　四回四七府県九、四〇〇
調査及資料費			一二、九〇〇	調査費五、〇〇〇、資料費三、〇〇〇、 速記料五〇円ノ五〇回二、五〇〇、印刷費二、四〇〇
文化運動諸費			七三、一五〇	
各種団体統合連絡費 各種団体組織設定準備費			六、〇〇〇	
地方文化振興全国協議会費			一〇、四〇〇	一〇〇円九四人九、四〇〇円、会議費一、〇〇〇
地方文化振興地区協議会費			一四、四五〇	二三五人五〇円一一、七〇〇、会議費二、七〇〇
科学思想普及費			五、〇〇〇	
文学指導費			八、五〇〇	国民文学作興三、〇〇〇、詩歌朗読二、五〇〇、 文芸銃後講演会後援三、〇〇〇
芸能文化指導費			一〇、〇〇〇	各種会合費
生活指導費			四、二〇〇	会合費一地区三〇〇円九地区二、七〇〇円中央五〇〇円 委託研究費一、〇〇〇
厚生事業指導費			一〇、七〇〇	医学生動員費五〇〇円一五回七、五〇〇 各種会合費｛一地区三〇〇円九地区二、七〇〇／中央　五〇〇｝　三、二〇〇
調査指導費			三、九〇〇	調査費一、〇〇〇、資料費一、二〇〇、速記料五〇〇、 印刷費一、二〇〇
宣　伝　費			五九六、八一五	
講演及大会費			八〇、四四〇	六大都市一八、〇〇〇円 巡回　　四〇、〇〇〇 講師派遣一〇、〇〇〇

				〃委嘱　二、〇〇〇 連絡費　三〇〇 録音費　一、一四〇 大会費　九、〇〇〇
映画諸費			七九、〇〇〇	脚本製作　四、〇〇〇 映画購入　四二、〇〇〇 映画会　三、〇〇〇 巡回映画会三〇、〇〇〇
演劇諸費			一七、五〇〇	脚本製作　二、五〇〇 脚本集　五、〇〇〇 巡回演劇派遣一〇、〇〇〇
翼賛歌普及費			八、六五〇	作詩作曲一、〇〇〇 楽譜製作七、五〇〇 雑　費　一五〇
紙芝居諸費			三〇、六六〇	脚本募集費　一、二五〇 作品製作　三、六〇〇 作品購入　三、六〇〇 舞台購入　一、五〇〇 脚本集製作　四、五〇〇 レコード　一、二五〇 実演コンクール　六〇〇 実演指導　一、二〇〇 紙芝居班派遣九、四〇〇 審　査　五二〇 手引書製作　三、〇〇〇 連　絡　二四〇
展覧会費			一八、〇〇〇	
広告諸費			六八、八二五	広　告　費　三、六〇〇 街頭宣伝費一七、二二五 ポスター　四八、〇〇〇
出版諸費			二五二、三〇〇	会報一四九、〇〇〇

		定期一回一五万五二回一部一銭五厘一一七、〇〇〇
		附録 二四、〇〇〇
		臨時附録 八、〇〇〇
		リーフレット一八、〇〇〇
		パンフレット三〇、〇〇〇 三〇万一〇銭
		単行本 二四、〇〇〇 四〇銭一万五千四回
		原稿料 七、五〇〇
		写真原稿料 一、五〇〇
		刊行物普及費 四、七〇〇
		発送費 一二、六〇〇 六六万六、六〇〇円、六万六、〇〇〇円
		雑費 五、〇〇〇
調査及連絡費	四一、四四〇	輿論調査費 七、九二〇
		弘道其他情報連絡一六、八〇〇
		同盟 一二、〇〇〇
		其他会合費二〇〇円月二回四、八〇〇
		講演料四、七二〇
		委嘱調査六、〇〇〇
		資料蒐集一、二〇〇
		資料費三、六〇〇
		協議会費一、二〇〇
東亜費	一〇五、一七〇	
興亜運動強化費	二、七五〇	連絡協議会｛中央一二回六〇〇円／九地区一回四五〇円 一、〇五〇円
		興亜学生指導費 一、七〇〇
		一二回 一、二〇〇
		講師 五〇〇
留日学生指導費	六〇〇	

外地連絡協議会費			五八〇	会議費　八〇 現地懇談会五〇〇
興亜理念普及費			六六、四〇〇	パンフレット三〇万二一、〇〇〇 ポスター　二四、〇〇〇 レコード　八、四〇〇 映画購入　二〇本一三、〇〇〇
講習会費			一一、四四〇	中等教員講習会　六、五二〇 国民学校教員　同四、九二〇
調査諸費			二三、四〇〇	資料費　二、四〇〇 調査委嘱費一〇、〇〇〇 翻訳　六、〇〇〇 印刷　五、〇〇〇
訓練費			二四〇、八二〇	
特別指導者養成			一二、七八〇	
中央錬成講習会費			三六、三六〇	
地区錬成講習会費			一〇三、三五〇	
特別修練費			二、九五〇	
中央錬成所費			七六、六二〇	地方特別指導費二六、五〇〇円一〇〇円五三ヶ所五人分
				謝礼　五、三〇〇　二〇円　〃　〃
				訓練用具費　二三、五〇〇
				特別旅費　二一、五〇〇
				諸会合費　八二〇
調査費			八、七六〇	研究費　九六〇
				調査委嘱費三、〇〇〇
				資料費二、四〇〇
				刊行費二、四〇〇
調査委員会費			一二三、三〇〇	
諸手当			四一、〇〇〇	

旅費			三八、三〇〇	調査委員会委員三七、五〇〇 書記 二人 八〇〇
印刷費			二〇、〇〇〇	
資料費			五、〇〇〇	
雑費			一九、〇〇〇	速記料八、四〇〇 賄費四、二〇〇 雑費六、〇〇〇 傭人被服 四〇〇
中央協力会議費			八一、三九〇	
議員旅費			四二、四〇〇	
速記料			三、〇〇〇	
印刷費			二六、〇〇〇	
会場費			三、九九〇	
雑費			六、〇〇〇	
助成費			一、二〇〇、〇〇〇	
大日本翼賛壮年団助成金			八〇〇、〇〇〇	
大日本興亜同盟助成金			四〇〇、〇〇〇	
支部費			六、九二二、九六〇	
給料			一、八一八、〇〇〇	
本給			一、四五四、四〇〇	
道府県支部			六五四、二四〇	
部長	二、四〇〇	九四	二二五、六〇〇	一支部二人
部員	九六〇	三二九	三一五、八四〇	〃 七人
書記	六〇〇	一八八	一一二、八〇〇	〃 四人
六大都市			五二、五六〇	
部長	三、〇〇〇	六	一八、〇〇〇	〃 一人
部員	一、二〇〇	一八	二一、六〇〇	〃 三人

書記	七二〇	一八	一二、九六〇	一支部三人
郡市庁支部書記	六〇〇	一二四六	七四七、六〇〇	〃 二人
給与			三六三、六〇〇	本給一、四五四、四〇〇円、二割五分
事務費			二、七〇二、二一〇	
旅費			四四〇、九〇〇	
道府県支部	三〇〇	六一一	一八三、三〇〇	四七支部　一支部一三人
六大都市支部	二〇〇	四二	八、四〇〇	六大都市支部 〃 七人
郡市庁支部	二〇〇	一二四六	二四九、二〇〇	六二三支部一支部二人
手当			二五二、三六〇	
市支部書記手当	三六〇	五三七	一九三、三二〇	一七九支部一支部三人
区支部同	三六〇	一六四	五九、〇四〇	八二支部　〃 二人
事務諸費			二、〇〇八、九五〇	
道府県支部	二、四〇〇	四七	一一二、八〇〇	
六大都市支部	一、五〇〇	六	九、〇〇〇	
郡市庁支部	三〇〇	六二三	一八六、九〇〇	
市支部	三六〇	一七九	六四、四四〇	
区支部	一八〇	八二	一四、七六〇	
町村支部	一五〇	一〇八〇七	一、六二一、〇五〇	
事業費			二、四〇二、七五〇	
会議費			五八七、六七八	
常務委員会費			六二、〇四〇	年一二回四七支部 旅費日当一支部一〇人一人一〇円五六、四〇〇円 雑費一支部一人一人一〇円五、六四〇円
顧問参与会議費			八二、七二〇	年四回四七支部 〃 一支部四〇人一人一〇円七五、二〇〇円 〃 一支部一人一人一円　七、五二〇円
官庁関係連絡会議費			一一、二八〇	

郡市区支部長会議費			五八、三四四	年六回八八四支部 〃　一支部一人一人一〇円五三、〇四〇円 〃　一支部一人一人一円　五、三〇四円
町村支部長会議費			二一一、六一四	
各種委員会費			六七、六八〇	年一二回四七支部 〃　一支部二〇人一人五円五六、四〇〇円 〃　一人一円　一一、二八〇円
推進員代表者会議費			一八、八〇〇	旅費四七回九、四〇〇円 雑費四七回九、四〇〇円
郡市区支部役員会議費			二一二、一六〇	年六回八八四支部 旅費日当一支部一〇人一人三円一五九、一二〇円 雑費一人一円五三、〇四〇円
各種団体代表者会議費			五三、〇四〇	
指導費			一、〇七〇、七六二	
講演会費			二八二、〇〇〇	
座談会			五八、七五〇	
刊行費			九八、七〇〇	印刷費四七支部（一部一銭一支部一五、〇〇〇部） 七〇、五〇〇円 雑費　〃　（一支部六〇〇円） 二八、二〇〇
指導者講習会費			三九九、五〇〇	郡市区町村役員講習会（一支部五〇〇人年二回二日一人六円） 一四一、〇〇〇円 推進員錬成講習会 四七府県一府県四、五〇〇円（一支部一、五〇〇人年一〇回 一八三円）　二一一、五〇〇円 雑　費　四七、〇〇〇円
推進員大会費			一四一、〇〇〇	

調査研究費			四七、〇〇〇	
雑費			四三、八一二	
地方協力会議費			七四四、三一〇	
道府県協力会議費			一六二、一五〇	年三回 会議費四二、三〇〇円、 旅費日当四七府県一府県二、四〇〇円　一一二、八〇〇円 雑費一回一支部五〇円七、〇五〇円
六大都市　同			九、〇〇〇	年三回 会議費五、四〇〇円、 旅費日当五〇人平均三〇〇人一人一回三円　二、七〇〇円 雑費一回一支部五〇円九〇〇円
郡市庁　同			五七三、一六〇	年四回 会議費六二三支部一支部一回一〇〇円二四九、二〇〇円 旅費日当一支部三五人一人一回三円二六一、六六〇円 雑費一回一支部二五〇円六二、三〇〇円
予備費			九〇〇、〇〇〇	
合計			一二、〇一七、三〇〇	

別表六

大政翼賛会昭和十七年度収入支出予算案説明

昭和十七年度大政翼賛会収入支出予算額ハ共ニ

一八、五二二、五〇〇円

トシ政府ヘ補助金ノ申請ヲ致シタイト存ジマス。

但シ大日本興亜同盟ニ対スル助成金ハ現在関係方面ニ於キマシテ折角折衝中デアリマスノデ決定次第追加申請ヲ

致スコトト相成リマシタ。又
大日本産業報国会
〃　商業報国会
〃　農業報国会
〃　海運報国会
〃　青少年団
コノ五団体ニ対シマシテハ従来政府ヨリ夫々ノ所管省ヲ通シテ補助金ヲ交付シテ居リマスガ十七年度ヨリハ本会ヲ通シ助成スルヲ適当ト認メマスノデ右各団体ニ対スル補助金ヲ政府ニ於テ決定ノ上ハ本会補助金中ニ加算ノ上下附セラレタキ旨政府ニ対シ要請致スコトト致シタイト存ジマス。従ヒマシテ之等ノ追加的ノモノヲ加フルコトト相成リマスレバ来年度ニ於キマスル本会ノ予算ハ相当多額ニ上ル見込デアリマスガ今茲ニ一応本部費、地方支部費トシテ積算致シマシタ、前述ノ　一八、五二二、五〇〇円
ニ付御説明申シ上ゲマス。
収入ニ付キマシテハ其ノ大部分タル　一八、五〇〇、〇〇〇円
ヲ政府補助金ニ仰ギ其ノ他利子収入、寄附金及雑収入ヲ　二二、五〇〇円
トシ合計致シマシテ　一八、五二二、五〇〇円
ト計上致シマシタ。

支出ニ付キマシテハ之ヲ大別シテ

本部費　七、七八六、七四四円

支部費　一〇、〇八五、七五六円

予備費　六五〇、〇〇〇円

デ合計致シマシテ　一八、五二二、五〇〇円

ト相成リマス。

先ヅ支出予算ヲ編成致シマシタ重点ニ付申述ベマスレバ十七年度ニ於テハ地方各級支部事務局ノ強化拡充、推進員ノ錬成指導及壮年団、婦人団体ノ結集並ニ之ガ動員形態ヘノ編成訓練ノ三点ニ重点ヲ置クコトト致シマシタ、従ヒマシテ十六年度ニ於ケル地方支部費四八〇万円ハ一道府県当リ僅ニ十万余円ニシテ少額ニ過ギ活潑ナル活動ヲ期待シ難キ実情ニアリマスノデ来年度ニ於キマシテハ倍額余ノ二一万余円トシ

総計　一〇、〇八五、七五六円

ヲ計上致シマシタ。

本部費ニ於キマシテハ時局下本運動ノ熾烈ナル展開ヲ要シマスルノデ事業ノ増進ヲ来ス訳デアリマスガ人件費ハ極力之ヲ抑制スルコトトシ壮年団関係等ニ於キマシテ多少ノ増員ヲ見込ミマシテ本年度ノ九四万余円ニ対シマシテ　一、一六八、五六〇円

ト増額致シマシタ。

事務費ニ付キマシテモ極力最少限度ノ本部維持費トシテ本年度ノ九七万余円ニ対シマシテ
一、一三三、五六四円
ト計上致シマシタ。
事業費ニ付キマシテハ本年度ノ一二七万余円ニ対シマシテ
四、九〇四、六二〇円
ト予定致シマシタ、増額致シマシタ主ナルモノハ
翼賛壮年団指導費
各種啓蒙宣伝費
生活動員ニ要スル経費
興亜理念普及費
長期国民錬成費
中央、地方ニ於ケル各種講習会費
等デアリマス。
尚地方翼賛壮年団助成費ト致シマシテ
五三〇、〇〇〇円
機密費ト致シマシテ
五〇、〇〇〇円
ヲ計上致シマシタノデ本部費ノ合計ハ
七、七八六、七四四円

ト相成リマシタ。
最後ニ本、支部ヲ通シマシテ予算ノ不足ヲ補充シ又ハ予算外ノ費途ニ充ツル為ノ予備費トシテ
六五〇、〇〇〇円
ヲ計上致シテアリマスノデ支出ノ総合計ハ
一八、五二二、五〇〇円
ト相成リマシタ次第デアリマス。

以上ガ十七年度本会収入支出予算案ノ大体デアリマス。

昭和十七年度本会収入支出予算ハ曩ニ御了解ヲ経マシテ政府ニ提出致シマシタ。

其ノ際大日本興亜同盟ニ対スル助成金ニ付テハ関係方面ノ交渉未決定ナリシ為之ヲ除キ別途追加提出ノコトト御説明申上ゲテ置キマシタガ其ノ後興亜院其ノ他関係方面トノ交渉ノ結果大日本興亜同盟ニ於テ施行スル事業ヲ道府県六大都市ニ於ケル興亜講演会、展覧会、国民大会及海外渡航者、留日学生等ノ指導並ニ興亜理念普及ニ関スル各種出版等ニ関スル事業ト決定致シマシタノデ之等ノ経費ヲ総額二百四十万円ト査定シ全額本会ヨリ助成スル方針ト致シマシタ従ヒマシテ曩ニ提出済ニ係ル予算ノ内東亜局ニ於テ施行スルモノトシテ計上シタル事業ノ一部ハ之ヲ大日本興亜同盟ニ移シ施行セシムルコトトナリタルモノアルヲ以テ之ニ相当スル経費四十五万円ヲ削減シ結局昭和十七年度本会収入支出予算ハ二千四十七万二千五百円トシテ更メテ政府ニ提出致シタ次第デアリマス、以上予メ御了解ヲ願ヒタイト存ジマス。

別表三、四はそれぞれ、一六・一七年度の予算人員調、昭和一七年度給料使用計画調であり、別表五は、昭和一七

年度大政翼賛会予算明細内訳一覧(支出ノ部)である。やや煩雑ではあるが、詳細な支出を辿れば、大政翼賛会の諸活動の明細の内容をつかむことができよう。これらの予算案を政府に向かって予算要求した別表六「大政翼賛会昭和十七年度収入支出予算案説明」は、一八五二万二五〇〇円の政府補助金の申請根拠を示した説明書である。そこに示された支出の部の、本部費、支部費、予備費の重点方針についての説明は別表六のとおりであるが、その中で大日本興亜同盟に対する助成金を大政翼賛会予算に含ましめる措置をとったため、昭和十七年度の収入支出予算は最終的には、総額二〇四七万二五〇〇円に達したのであった。なお、ここで特記すべきことは、大日本産業報国会、大日本商業報国会、大日本農業報国会、大日本海運報国会、大日本青少年団の五団体に対する政府補助金を大政翼賛会予算に包摂したいという意思表示がなされていることである。曰く、「コノ五団体ニ対シマシテハ従来政府ヨリ夫々ノ所管省ヲ通シテ補助金ヲ交付シテ居リマスガ十七年度ヨリハ本会ヲ通シ助成スルヲ適当ト認メマスノデ右各団体ニ対スル補助金ヲ政府ニ於テ決定ノ上ハ本会補助金中ニ加算ノ上下附セラレタキ旨政府ニ対シ要請致スコトト致シタイト存ジマス」と。なお、別表の七・八・九は、大日本翼賛壮年団ならびに大日本興亜同盟の予算明細内訳の収入・支出の部の一覧表であるが、二組織とも国庫補助金によって存続しうる団体であることが、この資料によって如実に証明されている。(4) 最終的には別表一〇「大政翼賛会収入支出予算案」が簡潔にかつ明確に翼賛会予算の構造特質を物語っている。この原資料には大政翼賛会とあり、(秘)として、表書きに、一一月五日　副総裁へ説明、六日　総務会へ説明、八日内閣へ説明とあり、同盟ノ分一一月一五日ニ説明？　とあり、さらに「本年ハ予算ノ内示ナク一二月五日閣議ニ於テ決定ノ由」と鉛筆で記されている。この収入の部、支出の部を一瞥しただけでも、大政翼賛会が如実にかつ圧倒的に国庫支出金にささえられた存在であることを見てとることができよう。(5)

なお、別表一一は、『日本翼賛壮年団中央本部資料　東京府翼賛壮年団関係資料、他』より別記した、東京府翼賛壮年団本部『東京府翼賛壮年団更生予算』(昭和一七年度)の歳入歳出の部の説明である。交付金、補助金、団費、寄附金のそれぞれが、歳入之部総計一二万七六二〇円中にどれだけの比重を占めるか。また人件費、事務費、事業費、予備費が歳出合計でどれだけの比重をもつかが明らかになるであろう。そしてこの歳入歳出の部の内訳は、そのまま府翼壮の活動とその財源の所在を示しているのである。

別表七

昭和十七年度大政翼賛会予算

款	当初提出予算額	大日本興亜同盟助成金ノ増加	東亜費ノ減	差引更生予算額	
収入ノ部					
国庫補助金	一八、五〇〇、〇〇〇円	二、四〇〇、〇〇〇円	△四五〇、〇〇〇円	二〇、四五〇、〇〇〇円	
利子収入	二〇、〇〇〇	〇	〇	二〇、〇〇〇	
寄附金	二、〇〇〇	〇	〇	二、〇〇〇	
雑収入	五〇〇	〇	〇	五〇〇	
計	一八、五二二、五〇〇	二、四〇〇、〇〇〇	△四五〇、〇〇〇	二〇、四七二、五〇〇	
支出ノ部					
本部費	七、七八六、七四四	二、四〇〇、〇〇〇	△四五〇、〇〇〇	九、七三六、七四四	
支部費	一〇、〇八五、七五六	〇	〇	一〇、〇八五、七五六	
予備費	六五〇、〇〇〇	〇	〇	六五〇、〇〇〇	
計	一八、五二二、五〇〇	二、四〇〇、〇〇〇	△四五〇、〇〇〇	二〇、四七二、五〇〇	

備考

一、東亜費ノ減ハ当初予算中予定セル東亜局ニ於ケル事業ノ一部ヲ大日本興亜同盟ニ移シ施行セシムルモノアルヲ以テ之カ経費ヲ減少セシモノナリ

別表八

昭和十七年度大日本翼賛壮年団予算明細内訳（収入ノ部）

区別	単価	員数	年額	備考
助成金			八〇〇、〇〇〇	
助成金			八〇〇、〇〇〇	
助成金			八〇〇、〇〇〇	
利子収入			八〇〇	
利子収入			八〇〇	
預金利子			八〇〇	
寄附金			一〇〇	
寄附金			一〇〇	
寄附金			一〇〇	
雑収入			一、一〇〇	
雑収入			一、一〇〇	
不要品売払代			一〇〇	
雑入			一、〇〇〇	
計			八〇二、〇〇〇	

昭和十七年度大日本翼賛壮年団予算明細内訳（支出ノ部）

区別	単価	員数	年額	備考
本部費			四八七、〇〇〇	
給料			一六七、七〇〇	
本部長		一	六、〇〇〇	
理事	五、〇〇〇	三	一五、〇〇〇	
幹事	三、〇〇〇	一二	三六、〇〇〇	
部員	一、八〇〇	四〇	七二、〇〇〇	
給与			三八、七〇〇	
事務費			一二五、六七〇	
需品費			二五、八〇〇	
備品費			六、〇〇〇	
図書及印刷費			一二、〇〇〇	
筆紙墨文具			七、二〇〇	
消耗品費			六〇〇	
通信運搬費			一二、〇〇〇	
旅費			一九、八〇〇	部員以上定員ノ六割三三人、一人六〇円
交通費			九、〇〇〇	
諸給			五三、二〇〇	
諸手当			三〇、五八〇	
役員手当			九、三〇〇	総務一五人三〇〇円四、五〇〇円
				参与一五人二〇〇円三、〇〇〇円
				参事一五人一二〇円一、八〇〇円
嘱託	一、三〇〇	一〇	一三、〇〇〇	
家族手当	九〇	九二	八、二八〇	

事務費	六〇〇	二〇	一二、〇〇〇	
給仕給	二四〇	一〇	二、四〇〇	
給与			八、二二〇	
雑費			五、八七〇	
被服費	二五	一〇	二五〇	給仕
会議費			一、二〇〇	
賄料			二、四〇〇	
雑用費			二、〇二〇	
事業費			一九三、六三〇	
組織運動諸費			三七、四五〇	
会議費			五、〇二〇	団長会議四〇〇円　審査会一八〇円　協力会三六〇円 地方別協議会一、〇八〇円　全国代表者会議三、〇〇〇円
指導費			三二、四三〇	
出版費			四八、〇〇〇	
興亜運動強化費			四七、〇〇〇	
講習会費			六一、一八〇	
幹部講習会費			四一、四三〇	中央講習会三回一三、九八〇円 地区　〃　　二七、四五〇円
興亜講習会			一九、七五〇	年二回
地方費			二六五、〇〇〇	
道府県六大都市翼賛壮年団交付金			二六五、〇〇〇	
予備費			五〇、〇〇〇	
計			八〇二、〇〇〇	

別表九

昭和十七年度大日本興亜同盟予算明細内訳（収入ノ部）

区分	単価	員数	年額	備考
助成金			四〇〇、〇〇〇	
助成金			四〇〇、〇〇〇	
助成金			四〇〇、〇〇〇	
利子収入			四〇〇	
利子収入			四〇〇	
預金利子			四〇〇	
寄附金			一〇〇	
寄附金			一〇〇	
寄附金			一〇〇	
雑収入			一、一〇〇	
雑収入			一、一〇〇	
不要品売払代			一〇〇	
雑入			一、〇〇〇	
計			四〇一、六〇〇	

昭和十七年度大日本興亜同盟予算明細内訳（支出ノ部）

区分	単価	員数	年額	備考
事務所費			一六一、七五〇	
給料			三二、五〇〇	
副理事長		一	六、〇〇〇	
主事		二	七、二〇〇	

書記	一、一八〇	一〇	一一、八〇〇	
給与			七、五〇〇	
事務費			一二九、二五〇	
需品費			七、三二〇	
備品費			一、二〇〇	
図書及印刷費			三、六〇〇	
筆紙墨文具			二、四〇〇	
消耗品費			一二〇	
通信運搬費			七、九二〇	
旅費			二五、六〇〇	内国旅費　一六、六〇〇円 一、副理事長一、主事二、常務理事一八、計二一人 一人年六〇〇円 二、書記一〇人一人年四〇〇円 外国旅費　九、〇〇〇円 一〇人一人年九〇〇円 計　二五、六〇〇円
交通費			六、〇〇〇	
諸給			六四、八〇四	
諸手当			五八、三三〇	
役員手当			四六、九八〇	総務委員一五人四、五〇〇円　理事八三人九、九六〇円 協議会議員六七人八、〇四〇円 委員会委員二〇四人二四、四八〇円
家族手当	九〇	二五	二、二五〇	
嘱託	一、三〇〇	七	九、一〇〇	
事務費	六〇〇	四	二、四〇〇	
給仕	二四〇	二	四八〇	
給与			三、五九四	
雑費			一七、六〇六	
被服費	二五	二	五〇	

会議費			一五、一二〇	総務委員会六〇〇、常務理事会一、二〇〇、理事会八四〇 協議会七八〇、調査会八、一六〇、特別委員会三、三六〇 参与会一八〇
賄費			六〇〇	
雑用費			一、八三六	
事業費			二一四、八五〇	
記念事業費			一〇、〇〇〇	国民政府承認記念大会
出版費			六〇、六〇〇	
雑誌興亜出版費	三〇	月一〇、〇〇〇	四二、〇〇〇	
興亜叢書	一一	年六〇、〇〇〇	六、六〇〇	
華語雑誌	四〇	年三〇、〇〇〇	一二、〇〇〇	
興亜理念普及費			七三、八〇〇	
興亜講演会			三六、八〇〇	六大都市一、五〇〇円　二回一八、〇〇〇円 道府県　四〇〇〃　四七回一八、八〇〇〃
興亜精神振作映画会費	一、〇〇〇	六	六、〇〇〇	
展覧会			六、〇〇〇	
移動展覧会			二五、〇〇〇	
留日学生及下宿経営者指導費			一六、六〇〇	
留日学生指導講演会	二五〇	一〇	二、五〇〇	
座談会			一、〇〇〇	
親善促進費			一〇、〇〇〇	交驩大運動会一会
下宿経営者懇談会	一〇〇	六	六〇〇	
優良下宿経営者表彰費	一〇〇	六	一、〇〇〇	
パンフレット費		五、〇〇〇	五〇〇	
皇国国民大会			一九、〇〇〇	

中央大会			一〇、〇〇〇	
地区別大会	一、〇〇〇	九	九、〇〇〇	
大東亜国民大会			三四、八五〇	
一般代表者大会			二五、九〇〇	会議費九〇〇円、参加者滞在費六、〇〇〇（一人一日一〇円一五〇人四日間） 内地見学費一八、〇〇〇（一日一人二〇円六日間） 準備費一、〇〇〇円
婦人代表者大会			八、九五〇	会議費四五〇円、参加者滞在費二、〇〇〇（一〇円五〇人四日間） 内地見学費六、〇〇〇（二〇円六日間）準備金五〇〇円
予備費			二五、〇〇〇	
計			四〇一、六〇〇	

別表一〇

昭和十七年度

大政翼賛会収入支出予算案

大政翼賛会

昭和十七年度大政翼賛会予算

収入ノ部

一、国庫補助金　二〇、四五〇、〇〇〇円

二、利子収入　二〇、〇〇〇

三、寄附金　二、〇〇〇

四、雑収入　　五〇〇
計　二〇、四七二、五〇〇

支出ノ部

一、本部費	九、七三六、七四四円
二、支部費	一〇、〇八五、七五六
三、予備費	六五〇、〇〇〇
計	二〇、四七二、五〇〇

別表　一一

昭和十七年度東京府翼賛壮年団更正予算

東京府翼賛壮年団本部

昭和十七年度更生予算編成方針（昭和十八年三月更正）

本予算ハ決戦態勢下ニ於ケル国家喫緊ノ要請並ニ大日本翼賛壮年団本部ノ方針ニ即応シ東京都制実施ヲ目睫ニ控エタル輦轂ノ下、府壮年団タルノ本質使命ト本年度ノ実施事項トニ鑑ミ本年度末ノ事業ヲ適切ナラシメ愈々府、市一体性ニ基ク実践組織ノ強化ヲ期スルコトヲ主眼トシ特ニ左ノ点ニ留意シテ之ヲ編成セリ。

一、軍需造船供木運動ノ活溌ナル展開ヲ図ルト共ニ各級団幹部及団員ノ錬成特ニ実践組織ノ整備充実

二、本年度努力事項ノ普及徹底、特ニ戦場精神昂揚生産増強ノ決行及戦争生活実践ニ適切ナル団常会ノ振作徹底

三、運営指定団ノ整備及活用、特ニ町会、部落会(世話役)及隣組(世話人)トノ連携活動

昭和十七年度東京府翼賛壮年団歳入歳出更生予算

歳入　一金拾弐万七千六百弐拾円也

歳出　一金拾弐万七千六百弐拾円也

歳入出差引高無シ

内訳

歳入之部

款	項	目	昭和一八年二月一二日更生予算額	昭和一七年一一月決定予算額	比較増△減	摘要
一、交付金			二四、九二〇円	二一、三〇〇円	三、六二〇円	
	一、交付金		二四、九二〇	二一、三〇〇	三、六二〇	
	(1) 本部交付金		二四、九二〇	二一、三〇〇	三、六二〇	翼賛壮年団本部ヨリ交付ノ見込額 二一、三〇〇円 大政翼賛会ヨリノ供木運動交付金 三、六二〇円
二、補助金			九〇、二〇〇	九〇、二〇〇		
	一、補助金		九〇、二〇〇	九〇、二〇〇		

款	項	目	昭和一八年二月一二日更生予算額	昭和一七年一一月決定予算額	比較増△減	摘要
		(1) 府費補助金	八〇、〇〇〇	八〇、〇〇〇		
		(2) 特別指定補助金	一〇、〇〇〇	一〇、〇〇〇		翼賛選挙貫徹運動ニ対スル府ヨリ補助金
		(3) 各種助成金	二〇〇	二〇〇		
三、団費			九、五〇〇	九、五〇〇		
	一、団費		九、五〇〇	九、五〇〇		
		(1) 団費収入	九、五〇〇	九、五〇〇		団員九五、〇〇〇人、一人拾銭ノ割
四、寄附金			三、〇〇〇	三、〇〇〇		
	一、寄附金		三、〇〇〇	三、〇〇〇		
		(1) 篤志家寄附金	三、〇〇〇	三、〇〇〇		篤志家寄附金ノ見込額
	歳入合計		一二七、六二〇	一二四、〇〇〇	三、六二〇	

歳出之部

款	項	目	昭和一八年二月一二日更生予算額	昭和一七年一一月決定予算額	比較増△減	摘要
一、人件費			六三、七五二 円	六三、七五二 円	円	本団及本部ノ事務上ノ所要経費
	一、給料		三四、四〇四	三四、四〇四		
		(1) 本部長給	四、〇〇〇	四、〇〇〇		本部長一人年俸四、〇〇〇円
		(2) 理事給	六、〇〇〇	六、〇〇〇		理事（部長）一人平均年俸三千円二人分　六、〇〇〇円
		(3) 幹事給	七、三三六	七、三三六		副部長幹事二人年俸平均二千円二人分

						四、〇〇〇円、指定区団配属幹事同右 四人五月分三、三三六円
		(4)部員給	五、六〇〇	五、六〇〇		本部執務部員一人平均一〇〇円三人分 三、六〇〇円、指定郡島団配属部員同右 四人五月分二、〇〇〇円
		(5)職員手当	一一、四六八	一一、四六八		当初予算俸給ノ五割八人分八、八〇〇円 増加俸給ノ五割八人分二、六六八円
	二、旅費		七、六〇〇	七、六〇〇		
		(1)職員旅費	七、六〇〇	七、六〇〇		職員一人平均年六〇〇円八人分 四、八〇〇円　職員一人平均三五〇円 八人分二、八〇〇円
	三、諸給		二一、七四八	二一、七四八		
		(1)諸手当	一〇、四〇〇	一〇、四〇〇		
			六、八〇〇	六、八〇〇		(イ)役員手当年平均一人四〇〇円 一七人分六、八〇〇円
			三、六〇〇	三、六〇〇		(ロ)嘱託手当年平均一人三〇〇円 一二人分三、六〇〇円
		(2)役員旅費	三、四〇〇	三、四〇〇		(イ)役員一人平均二〇〇円 一七人分三、四〇〇円
		(3)雇傭人給	七、九四八	七、九四八		
			三、六〇〇	三、六〇〇		(イ)雇員月六〇円五人分 三、六〇〇円
			八四〇	八四〇		(ロ)給仕月三五円二人分　八四〇円
			三、一〇八	三、一〇八		(ハ)諸手当平均給料ノ七割七人分

						三、一〇八円
			二〇〇	二〇〇		(ニ) 筆耕雇上一〇〇人一日二円 二〇〇円
			二〇〇	二〇〇		(ホ) 人夫賃五〇人一人一日四円 二〇〇円
二、事務費			五、八〇〇	八、二〇〇	△二、四〇〇	
	一、事務諸費		五、二〇〇	七、六〇〇	△二、四〇〇	
		(1) 需要費		二、四〇〇	△二、四〇〇	
				一、二〇〇	△一、二〇〇	(イ) 事務室借上料四月分不要トナル
				五〇〇	△五〇〇	(ロ) 暖房其他ノ経費不要トナル
				七〇〇	△七〇〇	(ハ) 諸設置費不要トナル
		(2) 需品費	四、〇〇〇	四、〇〇〇		事務用設備品、消耗品、図書及印刷費 四、〇〇〇円
		(3) 通信運搬費	一、二〇〇	一、二〇〇		電話、切手、葉書及運搬費 月平均一〇〇円 年一、二〇〇円
	二、雑費		六〇〇	六〇〇		月五〇円 年六〇〇円
三、事業費			五七、〇四五	五一、〇二五	六、〇二〇	
	一、会議費		五、〇二五	五、〇二五		連絡指導統制ニ関スル会議費
		(1) 総務会議費	二二五	二二五		一回一五人一人当五円計七五円 年三回 二二五円
		(2) 顧問参与参事会議費	七五〇	七五〇		一回五〇人一人当五円計二五〇円 年三回分 七五〇円
		(3) 指定団連絡	五〇〇	五〇〇		一回五〇人一人当五円計二五〇円

		協議費			二回分　五〇〇円
		(4) 官庁関係連絡会議費	三〇〇	三〇〇		一回三〇人一人当五円計一五〇円年二回分　三〇〇円
		(5) 市郡区市庁団長会議費	五〇〇	五〇〇		一回五〇人一人当五円計二五〇円年二回分　五〇〇円
		(6) 町村団長会議費	一、〇〇〇	一、〇〇〇		一回一〇〇人一人当五円計五〇〇円年二回分　一、〇〇〇円
		(7) 近県壮年団連絡会議費	三〇〇	三〇〇		一回三〇人一人当五円計一五〇円年二回分　三〇〇円
		(8) 関係団体連絡会議費	四五〇	四五〇		一回三〇人一人当五円計一五〇円年三回分　四五〇円
		(9) 諸会議費	一、〇〇〇	一、〇〇〇		
	二、指導費		五二、〇二〇	四六、〇〇〇	六、〇二〇	国策遂行大政翼賛運動指導費
		(1) 幹部錬成費	八、〇〇〇	八、〇〇〇		市部二回、区部八回、郡部八回島部二回、一回平均四〇〇円二〇回分　八、〇〇〇円
		(2) 指定団指導費	二、八〇〇	二、八〇〇		区団二、町団二、村団二、一区団平均八〇〇円一町村団平均三〇〇円計八団分　二、八〇〇円
		(3) 動員大会費	一、二二〇	一、五〇〇	△二八〇	府団一回分千円、市郡部動員大会一回分二二〇円　計一、二二〇円
		(4) 区団常会指導費	五〇〇	三、五〇〇	△三、〇〇〇	各区別指導費不要トナル
		(5) 時局対応協	二〇〇	二、〇〇〇	△一、八〇〇	各種時局対応ノ協議会費ハ会議費ヲ活

		議会費				用セシタメ二〇〇円ニテ経理シ得ラルニ至ル
		(6) 時局講演映画会費	一、〇〇〇	一、〇〇〇		会場費、講師謝礼、宣伝費其他ノ経費 一、〇〇〇円
		(7) 視察研究調査費	三、〇〇〇	三、〇〇〇		都市、農村、漁村、興亜ノ各部門ノ視察研究調査費 三、〇〇〇円
		(8) 事業場壮年班結成諸費	七〇〇	七〇〇		一事業場ニ付平均一〇〇円 七ヶ所分 七〇〇円
		(9) 刊行費	六、〇〇〇	六、〇〇〇		資料印刷費及其他ノ経費 六、〇〇〇円
		(10) 指導助成費	一四、〇〇〇	一四、〇〇〇		東京市翼賛選挙指導ノ為 (イ) 東京市団指導助成ヘ 一〇、〇〇〇円 (ロ) 三郡団 〃 二、七二〇円 (ハ) 三島団 〃 一、二八〇円
		(11) 供木運動指導費	一一、一〇〇		一一、一〇〇	供木運動ニ関スル各団指導ノ為 (イ) 東京市団、三郡団ノ指導費 一、二〇〇円 (ロ) 三五区、二市及六二町村団指導費 九、九〇〇円
		(12) 指導諸雑費	三、五〇〇	三、五〇〇		下級団振興ノ指導施設ニ関スル諸雑費 三、五〇〇円
四、予備費			一、〇二三	一、〇二三		
	一、予備費		一、〇二三	一、〇二三		
歳出合計			一二七、六二〇	一二四、〇〇〇	三、六二〇	

（1）『読売新聞』一五年一二月二一日。読売の記事には、翼賛会経費として、補助金の形式で九三万円が昭和一六年二月までの分として予備金から支出される、とある。

（2）この間の資料は乏しい。例えば『翼賛国民運動史』には予算関係の説明は全く欠落し、新聞でも散見する程度である。今井清一・伊藤隆編集『現代史資料　44　国家総動員㈡政治』みすず書房、一九七四年所収の一〇七、一〇八について、同書の「資料解説」は「いずれも改組前に大政翼賛会によって作成されたものである」とある（XCii）が、日付がない。改組前というより、第七六帝国議会での翼賛会論議のどこかの段階のものであろうが、確定できない。筆者の手許にある『大政翼賛会昭和一七年度収支予算関係書類』（仮題）によれば、「前年度配布方法ニ関シテハ種々議論アルモ遽カニ之ヲ改定スルハ実施後日浅キ等ノ為実績主義ニ依リ難キト一面前年度配布基準ハ相当苦心シ且内務省ト協議済ノモノナルヲ以テ一応前年度ヲ基準トセリ」（大政翼賛会　昭和一七年度収支予算書）とある。国庫補助金支給に依存する経緯の詳細はともかく、大政翼賛会が公事結社と規定される措置と、この国庫補助金支給制とは、無関係だとは考えられない。

後藤隆之助は内政史研究会メンバーとの談話会に臨んで、大政翼賛会がその予算要求を帝国議会に向けて提出したことが、「あやまりでした」と述懐している。「出発の時に財界で基金を作ってかかればよかったが」、「その事に気づかず」、「それで議会人に足をさらわれ袋叩きにされましたが、その為に翼賛会に対する空気一変、三菱銀行、住友銀行でも金は借さなくなり苦境に陥りましたが、永野君の言に従わなかったことはあやまりでした」というのである。これは後日のヒアリングの一コマでのこと、真相はいずれともわからない（内政史研究会『後藤隆之助氏談話速記録』第五回、九―一〇ページ。なお、この問題については、拙著、前掲書、五〇〇―五〇七ページ参照）。

（3）本文の別表一―一〇の資料は、前掲『昭和一七年度収支予算関係書類』からの引用による。

（4）この一典型として大日本翼賛壮年団本部長名で各翼壮団長殿あての「交付金内示ニ関スル件」にある「記」の注意書は、交付金の配分比率等をぴったりと規定している。

翼壮本第三三二号

昭和十七年五月四日

大日本翼賛壮年団本部長

翼賛壮年団長殿

昭和十七年度交付金内示ニ関スル件

昭和十七年度ニ於ケル貴団交付金額ハ差当リ金　　円程度ノ見込ニ付左記事項御含ミノ上右交付金ヲ基礎ニ実行予算ヲ編成シ来ル五月二十五日迄ニ事業計画ヲ添ヘ御提出相成度

追テ実行予算書ハ大蔵省ニ対スル説明資料トシテ必要ナルニ付特ニ右期限ヲ厳守相成度

記

一、昭和十七年度予算ハ交付金並団費収入ヲ基礎財源トシテ編成ノコト

二、交付金ハ先ツ道府県団人件費及事務費ニ充当スルコトトシ其ノ比率ハ概ネ人件費六事務費四ノ割合トス但シ大政翼賛会支部職員ヲ兼務セシムルコトニヨリ右ニ剰余ヲ生シタル場合ハ之ヲ事務費又ハ郡市団人件費其ノ他ニ充当スルコト

三、交付金ハ名称ノ如何ニ不拘機密費又ハ交際費等ニ使用セサルコト

四、団費ハ曩ニ示シタル「大日本翼賛壮年団ノ組織運営ノ細目ニ関スル事項」ニ拠リ一割ヲ道府県団収入トシ二分ハ本部納付金トシテ予算編成ノコト

五、事業費ハ団費ヲ以テ之ニ充当スルコト

六、事業計画ニ当リテハ大政翼賛会支部ト緊密ナル連絡ヲ為シ共同実施ヲ適当トスルモノハ成ル可共同ニテ之ヲ実施シ以テ団経費ノ効率的活用ヲ図ルコト（本件ニ関シテハ大政翼賛会ヨリ別途地方支部長宛通牒アリタルモノニ付為念）

七、下級団ヨリ団費徴収ノ時期並ニ手続等ハ其ノ実情ニ即シ得ル態勢ノ整ヒ次第各道府県団ニ於テ適宜決定スルコト但シ本年度ニ於ケル中央団ヘノ納入時期は九月末日迄トス（国立公文書館　2A　40　資16「総務部関係指示事項　昭和一七年度交付金内示ニ関スル件」昭和一七年五月四日）

右の文中の「大日本翼賛壮年団組織運営ノ細目ニ関スル事項」には、「団ノ経費ニ関スル事項」という項目があり、左のように規定されている。

一、団の経費は左の収入による

イ、団　費

ロ、補助金

ハ、寄附金

ニ、其の他
二、団費は基本団費と附加団費とす
基本団費は全国一様に年額一円二十銭とし、中央団本部に納入するものとす。本部は之を左の割合により各級団に交附す(但し納入手続としては各下級団は割当額を控除して漸次上級団に納入するものとす)
中央団　二分
道府県団　一割
郡　団　一割
市区町村団　七割八分
附加団費は、団活動上経費を必要とする場合適宜各級団に於いて追徴するものとす
三、補助金は中央団並に道府県市町村の補助金を含む
四、寄附金は浄財に限る(大政翼賛会総務局庶務部編『大政翼賛運動ニ関スル参考資料抄録』一〇一ページ以下)
(5)　この一覧表別表一〇は、別掲の別表七「大政翼賛会昭和一七年度収入支出予算案説明」の資料中の最末尾におさめられている、「昭和十七年度大政翼賛会予算」の一覧表の差引更正予算額の数値とみあっている。当初提出予算額がこの差引更正予算額へ到達したものと判定できよう。

第三章　内閣制度の脆弱性

一　はじめに

ナチス・ドイツでは、旧帝国憲法による宰相(Kanzlersystem)の地位にあるヒットラーが、同時に党の指導者(Führer)である。すなわち「指導者にして宰相」(Führer und Kanzlersystem)であり、一般閣僚は「指導者にして宰相」たるヒットラーに従属する臣僚なのである。(1) これに対してわが国の内閣制度は、憲法第五五条ならびに内閣官制の規定を背景として、国務大臣単独輔弼責任制と帝国議会に対する連帯責任制の否定をその特色とし、単独輔弼責任制の系として、国務大臣の平等制が支配する。これは、立法部たる帝国議会と行政部すなわち内閣との切断を規定したうえで、さらに、憲法にいう統治権の主体たる天皇に対して、国務大臣の単独輔弼責任したがって連帯責任制を否定し、首相の閣僚に対する指揮監督権を否定する構造だといえる。逆にいえば、天皇の統治は、国務大臣の単独輔弼責任制の総和があってはじめて具体化するしくみであったのである。右の内閣制度のしくみに関連して、すでに定説となっている解説は、わが国の内閣制度の分立制・割拠制に由来する「脆弱性」の指摘である。(2)

内閣制度の「脆弱性」は、何よりも立法部との連関を絶たれ、その「支援」を否定した構造に由来するが、いまひとつ統治権の総攬者たる天皇に帰属せしめらるべき官制大権の留保によって、内閣の脆弱性が逆に強化されていることは、見逃せない。すなわち、強力な官制大権の存在は、各省官制ならびに官制通則をふまえた行政官庁への権限の配分と分属を意味し、各省・各庁が行政官庁たる各省大臣をしてそれぞれの分掌・分課を定めうるしくみである。この組織規程の展開が、内閣の脆弱性と内閣内における行政官庁の相対的地位の強化につらなるという作用をもっていたのである。つまり、内閣の「脆弱性」こそは、各省割拠・分立、行政セクショナリズムの強化を伴ったのであった。[3]

閣僚が主任事務を分担するため、国務大臣がそれぞれ行政長官化する傾向をめぐって、国務大臣と行政長官との分離論が提唱される。そして分離論は、「分立あって綜合なく、各省の政策あって国策がないという状態」[4]、これに対する処方箋としてかねてから提起されていた。この分離論に対して、それを積極的に評価するメリット論[5]と、その逆にディメリット論とがあるが[6]、法制度上では、大日本帝国憲法第五五条の存在ならびに内閣官制が、分離論を寄せつけなかった。そこで、国務大臣としての内閣総理大臣によってではなく、行政大臣としての内閣総理大臣の資格において、首相が他の行政大臣に対して、「指示」し、ないし「協議」によって、内閣の「統轄」力を強化する方向が模索されたのであった。[7]そしてこの方向は、企画院設置後の狙い所となっていた。分離論がその実現を期待できない事態に対処すべく構想された、ほとんど唯一の具体案が、この「指示権」であった。[8]

しかし、一口に内閣総理大臣の「統轄」といっても、国務大臣平等性原則からすれば、「統轄」という概念は、せいぜい、「指示」・「協議」という概念内容によって表示される程度にとどめられた。まず、「協議」であるが、「協議」は、その性格からして、「指揮命令を受くるといふが如き性質のものではない、」「協議」によって協議の相手方が「下級官庁となるのではない。」とある。また、「指示」の効力であるが、これは、「監督的性質を示すものではない。」監督とか指揮とか命令とかが、「上級官庁」の「下級官庁」に対する支配、いわゆる力関係を示す用語であるが、「指示」・「協議」概念についていえば、それは、「指揮命令監督の関係を設定し、之に上級官庁と下級官庁との関係を認めることは、我が憲法の下に於ては多分に考慮を要する所のものと考えざるを得ない」[9]のだ。山崎丹照『内閣論』はこう結んでいる。同氏の『内閣制度の研究』は、それゆえ、「この問題は、明治憲法の下においては多分に考慮を要する所のものありとせられ、遂に其の実現を見なかったのである」と総括している。「指示」・「協議」は、かくて「頗る微温的」な措置であったが、明治憲法下では、これが考えられうる唯一の措置であったし、現にこの方向のみが追求された一線であった、というべきであろう。

「新体制」という用語は一見はっきりしているようであるが、解釈は無限である。「政治新体制」・「経済新体制」・「官界新体制」という場合もそうであった。ところで、新体制準備会を具体的起点とする政治新体制の構想がまとまって、大政翼賛会となり、その発会式後六カ月、第一次改組を迎えた段階で、大政翼賛会はどうなっていたのか。端的に言って、大政翼賛会は「半上落下」[10]の形に止まり、課題であった「国民組織」の形成には程遠い状態であった。このことは、地方組織の構築にさいして、既成国民組織と妥協し、それに接着する態度をとったことに由来するが、他面、準備会段階から曖昧のままにやり過ごして来た、政事結社可否の論をぬきにしたあり方に対して、公事結社たることを確認させられるにいたった、違憲論争での敗北も大きく影響していた。[11]その結果、「中核体」を中心とする「上意下達」・「下意上達」という組織の意思決定の構図は、この時点ですでに挫折していたといってよい。中核体構想それ自体が雲散霧消のなりゆきを辿ったばかりか、大政翼賛会なるものは、実体論的にみて、「半上落下」のまま、組織体としては自らの下半身を欠き、その意思形成の手順すらも見出しえない時点に立ち止まってしまったのであった。したがって、推進員制度も、その出発時点でただちに隘路にはばまれ、また大政翼賛会協力会議も、これまたその目的を求めて難航を重ねたのである。その背景には、第七六帝国議会が既存の選挙法規には指一本ふれずに、改正を見送ったことと、中央─地方の議会制、旧政党組織なり地盤にもふれないという譲歩が、大きく作用していたことは見逃せない。

大政翼賛会の組織が、「半上落下」の状態のままに事実上停止したことの反面において、かつての政事結社のうち、観念右翼系諸派は、公事結社の烙印を添付された大政翼賛会から離脱しつつあった。しかし、公事結社宣言をかちとった旧議会政党勢力は、議会局への拘束からはたしかに解放されたが、かといって、かつての力量をとり返したわけではなかった。「半上落下」の大政翼賛会にとってかわる新党構想はたしかに絶無ではなかったが、この段階以降は、大政翼賛会の解散直前まで、新党論議はもはや本格的な論議にはならなかったのであった。この点では改組大政翼賛会の成立の意義は、大きい。じじつ、議会勢力は、「衆議院議員倶楽部」―「翼賛議員同盟」(一六年九月二日)と模索の道程を辿るものの、一二月にかけて依然として「内訌」[12]をくり返し、太平洋戦争の勃発によって、一挙に非常事態へ突入したため、時局に対して積極的イニシアティブをとる機会を喪失してしまったのであった。

組織体がすべて停滞と試行錯誤の迷路にあったのに対して、閣議決定(昭和一六年一月二九日)をとりつけた改正国家総動員法案は、二月一日に上呈、二月八日衆議院本会議で一挙に可決された。五〇条の条文中半数の二五カ条が改正を経、五一件の勅令が発動されることとなった。その内訳は、労務関係一八件、価格関係一〇件、生産力拡充関係六件、企画院統制関係六件、物資関係五件、資金関係四件、電力関係四件、運輸交通関係三件、貿易関係一件、その他四件である。この改正措置によって、改正前に比して、主管官庁の権限は、一挙に強化されたのであった。経済新体制の最終案といい、大政翼賛会へと辿りつく政治新体制の経緯といい、新体制運動の起点から難航の途上にあって、いずれも隘路にはばまれ、挫折したのであったが、官界新体制論議はともあれ、当の行政官僚制が、新体制の展開にともない強固な地盤を培養していったことを見落としてはならない。しかし、昭和一六年八月三〇日の重要産業団体令、九月一日付の「重要産業団体令施行規則」の制定にもかかわらず、依然としてその後も統制会組織が停滞の状態にあったのはなぜか。それは、各個の統制法規の整備・進捗によって、主務官庁間の調整がかえって困難になるという問題があったからである。

産業の指定は重点主義に依り、又統制会の主管官庁は当該統制会の事業を所管する官庁となし、統制会々長の権限を拡大強化して待遇を与へ、原則として他の職務の兼任を認容せぬこととし、当該産業部門に関する一切の事項は統制会に一元化する。(13)

この文言のとおりなら、この閣議申合せ(昭和一六年一〇月一四日付)一本でものごとはまとまるはずである。しかし実態はどうか。内閣が強いのか、主管官庁が強いのか、統制会が強いのか、それとも各業界が強いのか、あるいはそれぞれが弱いのか、判別に迷うのが実情で、内閣が、重要産業団体協議会に尻をたたかれ、政府が督励されて、はじめて右の「申合せ」になったところに、わが国の内閣制度の脆弱性をみてとるべきであろう。

ところで、新体制準備会段階から登場した用語に、「衆議統裁」なる言葉がある。そしてこの「衆議統裁」が、この段階でも、漸次、その比重を増大しつつあったのである。例えば、中央・地方の協力会議における「衆議統裁」がその一例であるし、後述の大政翼賛会調査委員会での「衆議統裁」の場合なども、その典型であろうか。およそ大政翼賛会とりわけ改組後の大政翼賛「会」組織におけるものごとのとりしきり方は、すべて「衆議統裁」によったのである。それは、「議決」とか「決議」とか「多数決」ではなく、また、「独裁」という用語に示されるトップダウンのそれでもない。およそ意思決定のルールが「衆議統裁」によるということは、多数決決定を忌避しつつ、全員一致の疑似コンセンサスの形はとりたい、という要請から出たとりきめの形といえようか。「会」議体は、したがって、まさに、「会して議せず」、「議して決せず」に加えて、いまひとつ、「決して行はず」であって、大政翼賛会調査委員会の場合のごときは、調査委員会「報告」が提出され、それを政府に「上申」するさいに、大政翼賛会総裁が、「衆議統裁」の名のもとに、総務会の議を経て「報告」に加除修正を加えて「上申」する、といった事例すら生じたのであった。かりに「衆議統裁」の一語によって会議体を押え切ったとしても、政府と表裏一体を言明する以上、政府、政府機関、時には帝国議会に対しても、大政翼賛会はおっかなびっくりで、臆病者であったのだ。例えば、亀井貫一郎は、「上意下達・下意上達」を「下情上通」に改めたのは自分だと語り、それを右翼の反対を避けるための措置であったと回顧し[14]、また、清水重夫は、質問に答えて、道府県知事を大政翼賛会支部長にすえることにしたのは自分であると自認している[15]。そうであるとしても、しかし、ふしぶしでのこうした重大なとりきめがなされうることの背景には、「衆議統裁」があったのであり、とくに、「高度の政治性」をうたいつつも、「公事結社」だという自己規定が[16]、大政翼賛会は政府と表裏一体だという存在証明ともなり、それが逆に機能したことは、たしかである。発会式以来六カ月ももめつづけた大課題が決着し、内務省が、大政翼賛会の地方組織——支部長以下の系列——をとりこみ、ついに大政翼賛会とのせりあいにせり勝つ余裕を得ただけではなく、大政翼賛会地方支部、さらには協力会議の組織構成をも規制しえたことは、中核体—推進員制度—協力会議のルートが、その進発にさいして、骨抜きになってしまう事態を伴ったのであった。これこそ、大政翼賛会は「半上落下」なり、といわれる所以であり、また、内務省—地方長官の縦貫パイプの、そしてこの地方長官のパイプを通しての各省庁主管の事務が、主任の大臣の地方長官に対する指揮監督権の貫通の形で保障されたのであった。

「高度の政治性」の一枚看板は、近衛総裁としてはとり下げたくなかったのであるが、「公事結社」の宣言は、大政翼賛会の非政治性、ひいては、政府各省庁との「表裏一体」宣言となり、また逆に、この「表裏一体」宣言は、全翼賛会組織体が「衆議統裁」の下にあるべきことを要求するのだ。さらに、事実問題として、政府と大政翼賛会とが「表裏一体」であるならば、大政翼賛会なる存在は、そもそも存在する必要があるのかどうか。

「表裏二体」だからこそ、大政翼賛会の側からあえて「表裏一体」の名による自己防衛論議が提唱され、さらには人事面の相互乗り入れ、政策面での相互調整—すりあわせ、やがては、重要決定事項のとりきめにさいして、大政翼賛会総裁が内閣総理大臣に稟議するという稟議のしくみすらもが定着しようとしていたのであった。「公事結社」の宣告は、このように、大政翼賛会をして政府との「表裏一体」すなわち、政府の政策以外には一歩もはみ出すものではなく、逆に、補助金の支給を受けて存続するというか、大政翼賛会が政府補助機関の一つにすぎないことを意味するにとどまる。こうした岐路を見通して、ひとつの方向を選択したとはいえないとしても、結果はその一点へ向かって進んでいった。かくて大政翼賛会は地域・職域国民組織との関係では、いっそうそれらと密接に接近し、それらを形式上自らの傘下に包摂する方向——大政翼賛会の「機能刷新」——を模索する道を辿るのである。

近衛新体制—大政翼賛会といえば、昭和一〇年代史上最大のイベントであった。これが国務と統帥の二元主義という日本内閣制最大の脆弱性を克服しえたのかどうか。この問題はもはや改めて論議するまでもない。鳴物入りの宣伝を背景として出生したにもかかわらず、改組後の大政翼賛会は、結果論としては、ささやかな存在で、第一次改組以後は、イベントにもならぬパフォーマンスの遂行に専念し、それに身を委ねる存在に過ぎなかったと見るのが妥当かもしれない。それは、かつて、九〇余の有力団体を糾合して生まれた国民精神総動員中央連盟と似て非なる存在といえようか。かつて、昭和一四年一二月、国民精神総動員委員会が設置されたが、それは従来の二元的機構を単一化し、新たに内閣総理大臣を会長とする国民精神総動員本部の設置に辿りついたのであった。隘路に阻まれて難航を重ねた組織が、事態のなりゆきにつれて、官製化するパターンがここに示されているが、この先例と大政翼賛会とは酷似している。(17)

いわば内政における非常時態勢の整備は、現実問題としては、基本型の連続的拡大適用と若干の変容にとどまり、これに代るべき代案—処方箋が見出されないし、現に見出されなかったということは、忘れられてはならないであろう。[18]

つまり、国民精神総動員運動が辿った軌跡と同じ軌跡を、国民組織をめざしたはずの大政翼賛会もまた、辿ることになっていたようである。当時、協調会の『労働年鑑』が、「大政翼賛会は実に此の精神運動を引継ぎ、拡大強化したものであった」[19]と断定していたのは鋭く、示唆に富む診断だといえる。

治安警察法第二条にいう政事結社としては、発起人を定めてから出発すべきが組織の常道である。これに対して、「高度の政治性」の要求を、ずるずるべったりのままに放置して、全国民組織の提唱が平会員なしの会に帰結する半面では、政党をはじめ一切の政治集団の解体・解消に力を傾けた結果、仕上がった大政翼賛会には、指導者もプロモーターもサポーターもいない、つまり「無組織の組織」というか、「無体系の体系」―「半上落下」の機構だけが仕上がっていたのであった。このことは、第一次改組と相前後して、政事結社が復活するにつれて、かつて大政翼賛会を熱烈に支援した組織勢力が大政翼賛会の系列外に去ると同時に、他面、大政翼賛会が存在するにもかかわらず、統一的・一元的な政治力は、大政翼賛会の内外いずこにも成立しえない、という事態を招いたのだ。革新勢力が既成政党勢力の分裂なり解体化を推進する作用をもっていても、これらに代わる選択肢――新党構想は、もはやどこにもなかったのである。さらに、準戦時体制の到来とともに、国内思想対策は苛烈をきわめ、国防保安法の制定、治安維持法の大改正のほか、第七八臨時帝国議会ではさらに、「言論・出版・集会・結社等臨時措置法」[20]がつけ加わる等々の条件が、そこに加わっていった。政府とこれと一体化した大政翼賛会への批判的勢力は、こうして一面では極度に制圧せられたが、同時にまた、この事態をどうすべきかの起動力も、一切これまた制圧されていったのであった。その結果、大政翼賛会は、表裏一体論と公事結社論議の威圧に萎縮して、せいぜい、法制化によって自らの存在を防衛しよう、独立法によってその存在証明の根拠としよう、という方向へと傾斜していったのであった。[21]

昭和一九年九月、小磯首相は地方長官会議の訓示にさいして、「特に決戦は既に迫ってゐる、徒に権限の争議に走り、或は法規の末節に拘はり、又は過去の行掛り等に因はれて時を浪費するが如きは、今や仮借すべからざる行為である」と断定した。しかし、だからといって対案はあるのか、ありうるのか。

しかしこの種の宿弊たるその根ざす所元来極めて深いものであって、一々その原因を分析的に追究して組織的に急所を衝く措置をとるにあらざれば容易に改善の目的は達し難い。[22]

まさに絶望的であったというべきか。これに関して、前首相東条英機が「組織より人」だと規定した発言を捉えて、『法律時報』は、「吾々の考へる所これでは到底宿弊の一掃は不可能である。根本的に考へると、事の原因は現行政機構の根幹をなす法律行政そのものにある」として、結語のところで、

要するに万事を下僚任せにして置きながら公平を期する為めに法規慣例を以て彼等を縛って置く積りの仕組みが聽ては反って法規慣例の前には長官も亦頭が上らないと言ふやうな結果を生み出してゐるのであって、此点を改めない限り「権限の争議に走り」「法規の末節に拘はり」「過去の行掛り等に囚は」る、弊は何時までたっても除去される見込みがないと吾々は考へてゐる。

と述べていた。[23]印象的な結びといえよう。

ところで、昭和一七年代にあっては、大政翼賛会はその「機能刷新」をめざして、一連の対策をとっていた。たとえば、「大政翼賛会ノ機能刷新ニ関スル件」(昭和一七年五月一五日閣議決定)、「国民運動団体ノ統制ニ関スル件」(昭和一七年六月二三日閣議決定)、「大政翼賛会及関係諸団体ノ地方機構ノ調整ニ関スル件」(昭和一七年七月二八日閣議決定)等のほか、「部落会町内会等ノ指導ニ関スル件」(昭和一七年八月一四日閣議決定)をふくむ一連の措置によって、

大政翼賛会のいわゆる「機能刷新」にかかわる対策が手がけられていたが、その後、昭和一八年度に入って、突如同年一〇月八日、「大政翼賛会ノ簡素強力化方策」の閣議決定をみた。これは、大政翼賛会の終末期の接近を示唆する一大変革であった。これをうけて、「大政翼賛会簡素強力化方策実施要綱」(一〇月一二日)が発表されている。後藤文夫副総裁が、一二日、新聞発表の「談話」で、改革の主旨を説明したのであった。

大政翼賛会ノ簡素強力化方策(昭和十八年十月八日閣議決定)

「現情勢下ニ於ケル国政運営要綱」ニ基キ政府ハ国民ノ総力ヲ最高度ニ結集発揮センガ為メ、万民翼賛臣道実践ノ各種国民運動ノ綜合統一ヲ強化シ、之ガ活潑ナル展開ニ依リ其ノ徹底ヲ期セントス。

之ガ為、政府ト大政翼賛会トノ関係ヲ更ニ緊密化シ且、大政翼賛会ノ各種国民運動団体ニ対スル指導統制ノ任ヲ一層強化スルト共ニ、左記方針ニ依リ機構ヲ簡素化シテ強力ナル国民運動ヲ実施セントス。

(イ) 大政翼賛会本部事務局並ニ興亜総本部ノ機構ヲ徹底的ニ簡素強力化シ人員ノ大幅縮減ヲ行フコト。

(ロ) 翼賛壮年団ニ就テハ中央事務機構ヲ徹底的ニ刷新シ其ノ簡素強力化ヲ図ルト共ニ、之ニ対スル大政翼賛会ノ指導ヲ愈々強化スルコト。

(ハ) 傘下諸団体ハ(イ)ニ準ジ極力機構ノ整備人員ノ縮減ヲ行ヒ其ノ簡素強力化ヲ図ルト共ニ之ニ対スル大政翼賛会ノ指導ヲ愈々強化スルコト。

(ニ) 大政翼賛会並ニ所属各団体ハ其ノ使命ニ鑑ミ愈々厳粛ナル規律ヲ確立スルコト。

大政翼賛会簡素強力化方策実施要綱(昭和十八年十月十二日)

大政翼賛会

一、目　標

政府ノ「現情勢下ニ於ケル国政運営要綱ニ基ク大政翼賛会ノ簡素強力化方策」ニ基キ、本会中央本部ノ機構ヲ簡素強力化シ、本会ノ下ニ各種国民運動ノ綜合統一ヲ強化シ、愈々強力活潑ナル大政翼賛運動ヲ展開シテ、一億国民ノ総力ヲ最高度ニ結集発揮シ、以テ決戦下本会ニ負荷サレタル任務ヲ達成センコトヲ期ス

二、基本方針

(一)　機構ノ簡素化及人員ノ縮減ハ機能ノ刷新強化ヲ眼目トシテ行フ

(二)　(イ)　新機構ニ付テハ政府トノ関係ヲ更ニ緊密化スルト共ニ、各種国民運動ノ綜合企画並指導統制ニ重点ヲ置キ、司令部的役割ヲ更ニ強化明瞭ナラシムル如ク措置スルト共ニ他面

(ロ)　大政翼賛会ノ機動力ヲ敏活強力ニ発揮セシムル如ク措置ス

三、実施方策

(一)　事務機構ノ簡素化

(イ)　現行四局十七部ヲ左ノ如ク、三局十一部ニ改メ事務ノ合理的簡素強力化ヲ行フ

(ロ)　機構ノ簡素化ニ関連シ、現在職員ノ中、四割ヲ縮減ス

尚男子職員中、就業ヲ禁止サレタル業務ニ従事スル者、及右ノ外、女子職員ヲ以テ代替シ得ル業務ニ従事スル者ニ付テハ、此ノ際急速ニ女子ニ代替ス

(二)　調査会ハ之ヲ廃止ス

(三)　中央統制委員会ハ之ヲ廃止ス

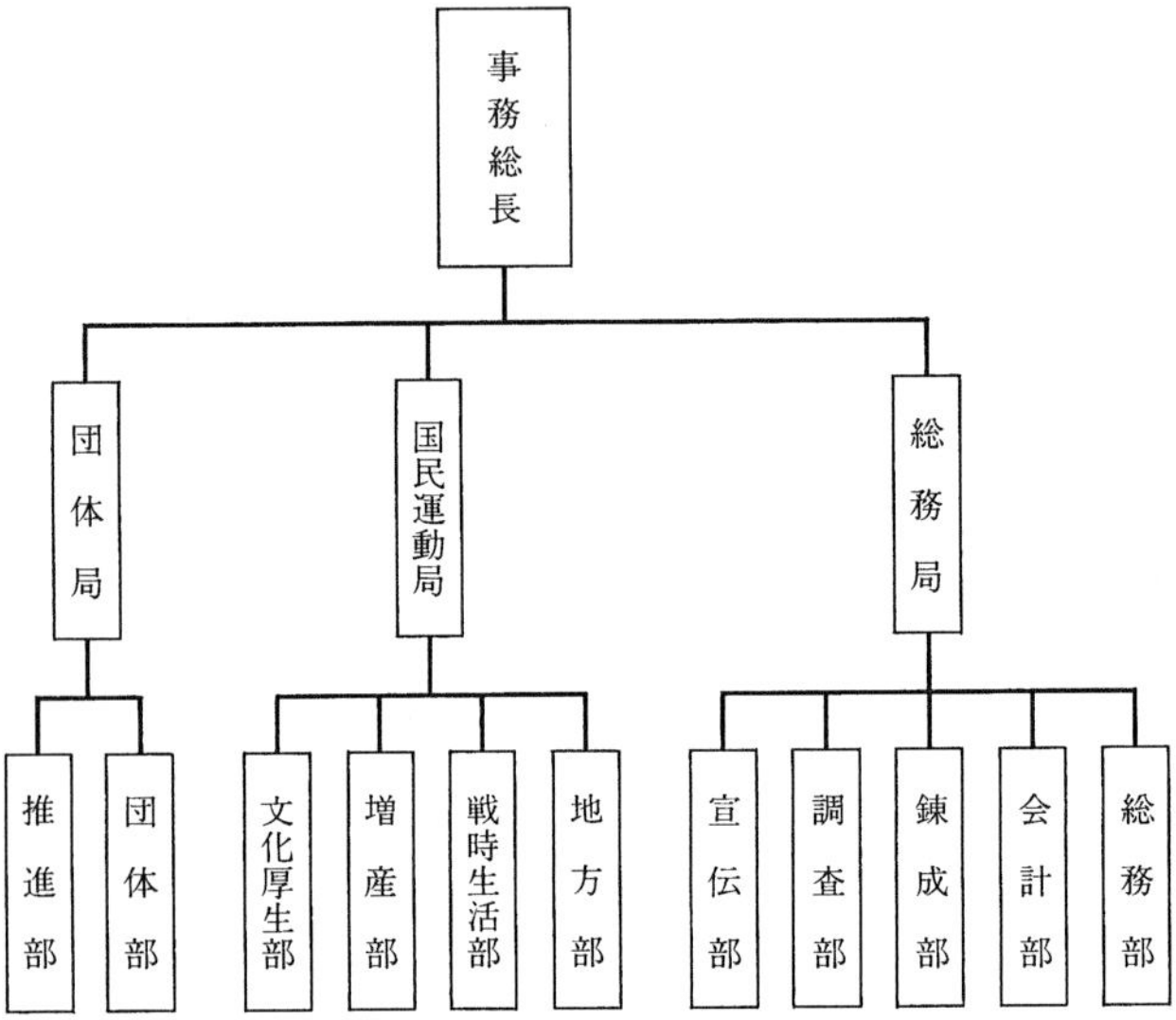

(四) 機構ノ刷新強化

機構ノ簡素化ニ対応シ機能ヲ刷新シ、所属団体トノ有機的関連ヲ一層緊密ニシ、本会ノ指導統制力ヲ強化シ機ニ臨ミ強力敏速ナル機動性ヲ発揮セシムル如キ措置ヲ講ス

(イ) 事務局ニ団体局ヲ設ケ団体局ニ団体部、推進部ノ二部ヲ置キ所属団体並各種国民運動ニ対スル連絡統制指導ニ当ラシム

(ロ) 必要ニ応シ適宜各種国民運動本部ヲ設ケ官民ノ参画協力ヲ求ム

(ハ) 現行所属団体理事長会議ノ運営ヲ強化スルト共ニ之ニ準ジ所属団体幹部及本会職員ヲ以テ企画委員会(仮称)ヲ設ケ、本会並所属団体ノ行フ運動ノ企画運営並連絡統制ニ常時参画セシム

(ニ) 各方面ノ衆智ヲ蒐メ運動ノ実施上必要ナル重要事項ノ調査ノ為委員会ヲ設ク

(五) 興亜総本部機構ノ簡素強力化

中央本部事務局ニ準ジ、現行四局十部ヲ二局七部

ニ改メ人員ノ大幅縮減ヲ行フ
(六)　所属団体ノ簡素強力化
(イ)　大日本翼賛壮年団ニ付テハ、此ノ際急速ニ中央事務局機構ノ刷新ヲ行ヒ、其ノ簡素化ヲ図リ本会トノ有機的関係ヲ益々強化スルト共ニ、其ノ実践団体タルノ実ヲ挙ゲシムル為事務総長ヲ副団長ノ一人ニ充テ、団体局長ト団本部長トヲ事実上同一人タラシムル如ク措置スルコトトス
(ロ)　其ノ他ノ諸団体ニ付テハ、本会ニ準ジ夫々其ノ実情ニ応ジ極力機構ノ整備、人員ノ縮減ヲ行ヒ、其ノ簡素化ヲ図ルト共ニ本会トノ関係ヲ一層緊密ナラシムル如ク措置ス
(七)　共同事務所ノ設置
本会及所属団体ノ事務所ヲ可及的速カニ同一建物内ニ集収シ、相互連絡ノ緊密且敏速化ヲ図ル
(八)　地方支部ノ簡素強力化方策
(イ)　地方支部ノ機構並人事ニ付テハ地方ノ実情ニ応ジ適当ニ措置スルモノトス
(ロ)　道府県支部ト五大都市支部トノ関係ニ付テ適当ナル措置ヲ講ズ
(ハ)　特ニ定ムル処ニヨリ附置サレタル市(五大都市ヲ除ク)ノ協力会議及区ノ協力会議ハ之ヲ廃止ス
(ニ)　都道府県支部常務委員及参与ニ常任制ヲ設ケ常時其ノ任ニ当ラシム
(ホ)　都道府県支部ニ企画委員会ヲ設ケ、所属団体ノ幹部及支部役職員ヲ以テ委員ニ充テ、各団体ノ連絡緊密化ヲ図ル
(ヘ)　地方統制委員会ハ之ヲ廃止ス
(ト)　郡支部ノ区域ト地方事務所ノ管轄区域トガ一致セザル場合ハ、地方ノ実情ニ依リ、地方事務所ノ管轄

区域ヲ以テ郡支部区域トナシ得ルコトトス

新聞発表

後藤副総裁談（昭和十八年十月十二日）

大政翼賛会ニ於テハ、政府ノ「大政翼賛会ノ簡素強力化方策」ニ基キ実施具体案ヲ作成中ノ処結成第三周年ノ記念スベキ本日ノ臨時総務会ニ諮リ、別紙実施要綱ヲ決定シ更ニ新タナル発足ヲ成スコトトナッタ。大政翼賛運動現下ノ目標ハ万民翼賛、臣道実践ニ徹シ一億国民ノ忠誠心ヲ愈々振起シ、以テ其ノ総力ヲ最高度ニ発揮セントスルニアル。

今次ノ簡素強力化ニ当リテハ、此ノ目標ノ下ニ、政府トノ関係ヲ更ニ緊密化シ、各種国民運動ノ綜合企画及指導統制ニ重点ヲ置キ、所属団体並諸組織トノ有機的関連ヲ一層緊密ニシ、本会ノ司令部的役割ヲ更ニ強化明瞭ナラシメ、本会ヲ中心ニ全所属団体渾然一体トナリ一糸乱レザル統制ノ下ニ、強力ナル機動性ヲ発揮シ、情勢ニ応ジテ容易且迅速ニ運動ノ展開ヲ期シ得ル如ク工夫ヲ払ッタ次第デアル。

従ッテ事務局機構ニ付テモ、現在ノ四局十七部ヲ三局十一部ニ圧縮シ、人員モ四割ノ縮減ヲ断行シ、又調査会及統制委員会ヲ廃スル等徹底的簡素化ヲ行フコトヽナッタ。新機構三局中ノ一局（団体局）ハ各種国民運動団体ニ対スル指導統制ノ任ヲ一層強化スルノ政府ノ方針ニ基キ、特ニ設ケルモノデアル。

機能ノ刷新強化ノ措置トシテハ、急速ニ進展スル現下ノ情勢ニ即応シテ迅速活潑ナル運動ノ展開ヲ期スル為、官民ノ参画協力ヲ求メ、適宜必要ニ応ジ各種国民運動本部ヲ設ケ、又本会綜合企画ノ実力ヲ増強スル為、本会及所属団体幹部職員ヲ以テ、企画ニ関スル委員会ヲ設ケ、或ハ各方面ノ衆智ヲ集メテ、大政翼賛運動ノ実施上必要ナル調査ニ当ラシムル為、委員会ヲ設クル等適切ナル対策ヲ講ズル積リデアル。

興亜総本部ニ付テハ現行四局十部ヲ二局七部ニ改メ、人員ノ大幅縮減ヲ断行スル。

大日本翼賛壮年団ニ付テハ、此ノ際急速ニ中央事務機構ノ刷新ヲ行フト共ニ団ノ本質ニ鑑ミ、本会トノ関係ヲ益々緊密ニシ、且本会ノ指導ヲ強化スル為事務総長ヲ副団長ノ一人ニ充テ、団体局長ト本部長トヲ事実上同一人タラシムルコトヽシタ。

其ノ他所属団体ニ於テモ、本会ノ方針ニ基キ、各々其ノ実情ニ即シテ極力機構ノ簡素化並人員ノ縮減ヲ行フベク目下準備中デアル。

之ヲ要スルニ、本会並所属団体ハ、之ニ依リ、其ノ機構陣容ヲ一新シテ、国民運動ノ組織的総動員態勢ヲ確立シ、各々其ノ部署ヲ守ツテ、運動ヲ強力且重点的ニ進展シ、以テ決戦下ノ任務達成ニ邁進セントスルモノデアル。


ところで、「実施要綱」の三、「実施方策」は、八項目あるが、その第一に、「事務機構ノ簡素化」とある。別掲附図で一覧すれば明らかなように、三局中二局は、国民運動局と団体局で、これをあらたに設立し、改組大政翼賛会以来の懸案事項であった、調査委員会ないしは、調査会と、中央統制委員会とを廃止してしまっている。これは英断である。この措置に先立って、五月八日に、大政翼賛会推進員制度がすでに廃止になっているから、かねてからの中核体・推進制度、推進員をめぐるすべての構想・図式は一切合切ここで廃棄されてしまったのであった。それのみか、「機能刷新」対策が講ぜられた時に生まれた中央統制委員会という新設の機構すら、廃止となった。かくて、「所属団体並各種国民運動」の存在が大政翼賛会の前面におどり出て、これらを「連絡統制指導」するものとして団体局が設けられた。

しかし、「必要ニ応ジ適宜各種国民運動本部」を随時設けるということは、何を意味するのか。それは、これといった体系だった運動の種目が見当たらないこと、成り立たないことを意味する。国民運動局傘下の四部をみれば、その点一目瞭然であろうか。たしかに、新たに「企画委員会」(仮称)が設置されることになっているが[24]、その構成のみならず、その機能について注意してみてみるとどうなのか。「本会所属団体ノ行フ運動ノ企画運営並連絡統制ニ常時参画セシム」とある。何々するとか、統括するというのではなくて、何々に「参画セシム」にとどまるのだ。つまり、主体は、「本会並所属団体ノ行フ運動」すなわち諸運動であり、これへの「参画」が、役割なのである。しかも、企画委員会を大政翼賛会が掌握するかといえば、そうではない。「所属団体幹部及本会職員ヲ以テ」とあるとおり、所属団体の職員が先に書いてある。都道府県レベルでの企画委員会でもそうであって、「所属団体ノ幹部及支部役員ヲ以テ委員ニ充テ、各団体ノ連絡緊密化ヲ図ル」となっている。さらに、興亜総本部の場合にはどうか。機構の簡素強力化の名の下に、徹底した縮小化が講ぜられている。地方支部でも、協力会議、地方統制委員会の廃止に伴い、中央レベルと同質の企画委員会を設置するという同じパターンが貫徹している。とくに八の(イ)、(ロ)の如きは、半ばなげやりともとれる表現ではなかろうか。例えば、(イ)には、「地方支部ノ機構並人事ニ付テハ地方ノ実情ニ応ジ適当ニ措置スルモノトス」とあり、また(ロ)には、「道府県支部ト五大都市支部トノ関係ニ付テ適当ナル措置ヲ講ズ」とある。適当に措置するとか、適当なる措置を講ずとあるきりで、そのツメは見出されない。のみならず、「適当」という言葉では、具体的内容を透視するわけにはいかないのである。

大日本翼賛壮年団についてはどうか。「其ノ実践団体タルノ実ヲ挙ゲシムル」こと、これを冒頭の改革目的に掲げ、とくに、大政翼賛会の事務総長を副団長にし、さらに、大政翼賛会の団体局長と壮年団本部長とを「事実上同一人タラシムル」こと、とある。翼賛会―翼壮関係はこの時点でもって否応なしにがっちりとつなぎとめられ、双方は固く結びつけられ、翼壮は組み敷かれたのであった。このことは、とくに、翼壮側にとって、衝撃的であったといえよう。後藤文夫の「談話」を一瞥すれば、団体局の新設、翼賛―翼壮関係の相互拘束の強調をはっきりと読み取ることができよう。

以下、「大政翼賛会運動規約」(昭和一八年一一月三日改正)、「大政翼賛会事務局職制」、「大政翼賛会興亜総本部規程」(昭和一八年五月二六日)、「大政翼賛会興亜総本部職制」、「大政翼賛会新支部規程」(昭和一八年一一月三〇日より実施)、ならびに「大日本翼賛壮年団中央本部職制」(昭和一八年一〇月二一日実施)のうち、この段階での現行規程中重要なものを掲げておこう。

大政翼賛会簡素強力化の実施に当たる、大政翼賛会支部規程、大政翼賛会事務局職制、大日本翼賛壮年団中央本部職制の大要は左の如くであった。

大政翼賛会支部規程(十八年十一月三十日ヨリ実施)

第一条　都道府県樺太、郡(支庁長管轄区域ニ在リテハ其ノ区域以下同ジ)又ハ地方事務所管轄区域、市町村並郡及五大都市ノ区(以下単ニ区ト称ス)ニ大政翼賛会支部ヲ置ク但町村数寡少ナル郡ニ在リテハ二郡以上ノ区域ニ支部ヲ置クコトヲ得

第二条　支部ニ左ノ役員ヲ置ク但シ郡(地方事務所管轄区域ヲ含ム以下同ジ)市(五大都市ヲ除ク)区、町村ノ支部ニ顧問、参与ヲ置ク場合ハ都道府県樺太支部長ノ承認ヲ得ルヲ要ス

市部長　　一名

常務委員　　若干名

顧　問　若干名
参　与　若干名
都道府県樺太及五大都市ノ支部ニ在リテハ常務委員、参与中夫々若干名ヲ常任ト為スコトヲ得
第三条　支部ノ役員ハ都道府県樺太支部長ニ在リテハ総裁之ヲ委嘱シ其他ノ役員ニ在リテハ都道府県樺太支部長ノ推薦ニ依リ総裁之ヲ指名又ハ委嘱ス
役員ノ任期ハ一年トス但シ再指名又ハ再委嘱ヲ妨ゲズ
第四条　支部長ハ総裁及上級支部長ノ指揮ヲ受ケ支部ヲ統理ス
常務委員ハ支部長ヲ輔ケ支部ノ運営ニ参画ス
顧問ハ支部長ノ諮問ニ応ズ
参与ハ支部ノ企画及活動ニ参与ス
第五条　町内会、町内会連合会、部落会及隣保班並隣保班連合組織ニ世話役及世話人ヲ置キ本会ノ行フ指導ノ徹底ニ当ラシム
世話役ハ町内会長、町内会連合会長、部落会長ヲ、世話人ハ隣保班ノ代表者、隣保班連合組織ノ長ヲ以テ之ニ充ツ
本条ニ定ムルモノノ外町内会、町内会連合会、部落会及隣保班ノ指導ニ関シ必要ナル事項ハ別ニ之ヲ定ム
第六条　都道府県樺太支部ニ協力委員ヲ置ク
協力委員ニ関シ必要ナル事項ハ別ニ之ヲ定ム
第七条　支部ニ其ノ事務ヲ処理スル為メ事務局ヲ置ク

第八条　都道府県樺太支部ノ事務局ニ庶務部及実践部ヲ置ク
庶務部ハ庶務、錬成、協力会議、宣伝其ノ他他部ニ属セザル事項ヲ掌ル
実践部ハ町内会部落会等ノ育成指導、戦時生活ノ指導及勤労増産、文化厚生等ニ関スル運動並各種国民運動団体ノ連絡統制ニ関スル事項ヲ掌ル
支部長必要アリト認ムルトキハ錬成部ヲ置クコトヲ得
錬成部ハ錬成ニ関スル事項ヲ掌ル
事務分掌ニ付テハ地方ノ実情ニ依リ支部長ニ於テ適宜按配スルコトヲ得
第九条　都道府県樺太支部事務局ニ事務局長、部長、主事、部員及書記ヲ置ク
事務局長ハ支部長ノ命ヲ承ケ支部ノ事務ヲ掌理ス
部長ハ上長ノ命ヲ承ケ部務ヲ管掌ス
事務局長及部長ハ支部長ノ推薦ニ依リ総裁之ヲ指名ス
主事ハ上長ノ命ヲ承ケ部務ヲ分掌ス
部員及書記ハ上長ノ指揮ヲ受ケ事務ニ従事ス
主事、部員及書記ハ支部長之ヲ命ズ
第十条　前二条ノ規定ハ五大都市ノ支部事務局ニ之ヲ準用ス
第十一条　都市(五大都市ヲ除ク)区支部事務局ニ事務長、部員及書記ヲ置ク
事務長ハ都市(五大都市ヲ除ク)区支部長ノ命ヲ承ケ支部ノ事務ヲ掌理ス
部員及書記ハ上長ノ指揮ヲ受ケ事務ニ従事ス

事務長、部員及書記ハ都市（五大都市ヲ除ク）区支部長ノ推薦ニ依リ都道府県樺太支部長（五大都市ニ在リテハ市支部長）之ヲ命ズ

町村支部事務局ニ必要ナル職員ヲ置ク

第十二条　支部ニ協力会議ヲ附置ス但シ市（五大都市ヲ除ク）区町村ノ協力会議ハ市区町村常会ヲ以テ之ニ充ツ

第十三条　協力会議ノ議員ハ其ノ区分ニ従ヒ左ニ掲グル者ノ中ヨリ都道府県樺太支部長ノ推薦ニ依リ総裁之ヲ指名又ハ委嘱ス

一、都道府県樺太協力会議ニ在リテハ

イ、郡市区（都ノ区）協力会議員但シ各郡市区（都ノ区）ヨリ少クトモ一名ヲ指名スルコトヲ要ス

ロ、各種団体代表者

ハ、都議会議員又ハ道府県会議員

ニ、其ノ他適当ナル者

一、五大都市ノ市協力会議ニ在リテハ

イ、区協力会議員但シ各区ヨリ少クトモ一名ヲ指名スルコトヲ要ス

ロ、各種団体代表者

ハ、市会議員

ニ、其ノ他適当ナル者

一、郡協力会議ニ在リテハ

イ、町村協力会議員但シ各町村ヨリ少クトモ一名ヲ指名スルコトヲ要ス

ロ、各種団体代表者
ハ、其ノ他適当ナル者
第十四条　協力会議員ノ定数ハ都道府県樺太及五大都市ニ在リテハ三十名乃至八十名トシ郡ニ在リテハ二十名乃至六十名トス但シ町村数五十以上ノ郡ニ在リテハ七十名迄之ヲ増スコトヲ得
第十五条　協力会議ノ議長ハ都道府県樺太支部長ノ推薦ニ依リ総裁之ヲ指名ス
第十六条　協力会議ハ支部長之ヲ招集ス
協力会議ハ年二回以上之ヲ開会ス
協力会議ノ会期ハ都道府県樺太協力会議ニ在リテハ三日以内トシ其ノ他ノ協力会議ニ在リテハ二日以内トス但シ必要ニ応ジ延長スルコトヲ妨ゲズ
第十七条　支部ノ経費ハ本部補助金其ノ他ノ収入ヲ以テ之ニ充ツ
第十八条　樺太ニ於ケル支部ニ付テハ本規程ニ拘ラズ別段ノ規定ヲ設クルコトヲ得

附　則

本規程ハ昭和十八年十一月三十日ヨリ之ヲ実施ス
現行大政翼賛会支部規程ハ之ヲ廃止ス

大政翼賛会事務局職制

第一条　事務総長ハ総裁及副総裁ノ監督下ニ於テ中央本部ノ事務ヲ統理ス
第二条　事務局ニ左ノ三局ヲ置ク

総務局
国民運動局
団体局
第三条　総務局ニ於テハ左ノ事務ヲ掌ル
一、庶務、文書、人事及会計経理ニ関スル事項
二、各局所管事務ノ綜合企画並連絡調整ニ関スル事項
三、国民錬成ニ関スル事項
四、諸調査ニ関スル事項
五、翼賛運動ノ周知並宣伝ニ関スル事項
第四条　国民運動局ニ於テハ左ノ事務ヲ掌ル
一、各級支部ノ指導監督ニ関スル事項
二、町内会、部落会等ノ育成指導ニ関スル事項
三、協力会議ニ関スル事項
四、国民生活ノ指導刷新ニ関スル事項
五、勤労運動ニ関スル事項
六、増産運動ニ関スル事項
七、文化及厚生ニ関スル事項
第五条　団体局ニ於テハ左ノ事務ヲ掌ル

一、所属団体ノ統制ニ関スル事項
二、各種国民運動団体ノ連絡調整ニ関スル事項
三、各種国民運動ノ推進ニ関スル事項
第六条　局長ハ総裁、副総裁及事務総長ノ命ヲ承ケ所掌事項ヲ掌理ス
第七条　参与ハ事務総長ノ要請ニ応ジ重要局務ニ参画ス
第八条　総務局ニ左ノ五部ヲ置ク
総　務　部
会　計　部
錬　成　部
調　査　部
宣　伝　部
第九条　総務部ニ於テハ左ノ事務ヲ掌ル
一、庶務、文書、人事ニ関スル事項
二、各局部所管事務ノ連絡調整ニ関スル事項
三、他局部ニ属セザル事項
第十条　会計部ニ於テハ会計経理ニ関スル事務ヲ掌ル
第十一条　錬成部ニ於テハ左ノ事務ヲ掌ル
一、国民精神ノ昂揚ニ関スル事項

二、国民思想ノ統一ニ関スル事項
三、国民ノ一般的錬成ニ関スル事項
四、国防技術ノ錬成ニ関スル事項
第十二条　調査部ニ於テハ諸調査ニ関スル事務ヲ掌ル
第十三条　宣伝部ニ於テハ左ノ事務ヲ掌ル
一、翼賛運動ノ周知並宣伝ニ関スル事項
二、内外ノ情報蒐集ニ関スル事項
第十四条　国民運動局ニ左ノ四部ヲ置ク
地方部
戦時生活部
増産部
文化厚生部
第十五条　地方部ニ於テハ左ノ事務ヲ掌ル
一、各級支部ノ指導監督ニ関スル事項
二、町内会、部落会等ノ育成指導ニ関スル事項
三、協力会議ニ関スル事項
四、上意浸透状況並民情査察ニ関スル事項
五、選挙刷新ニ関スル事項

六、局ノ庶務ニ関スル事項
第十六条　戦時生活部ニ於テハ左ノ事務ヲ掌ル
一、国民生活ノ指導刷新ニ関スル事項
二、国民生活相談所ニ関スル事項
三、貯蓄奨励運動ニ関スル事項
第十七条　増産部ニ於テハ左ノ事務ヲ掌ル
一、農林水産等ノ増産運動ニ関スル事項
二、重要産業ノ生産増強運動ニ関スル事項
三、勤労運動ニ関スル事項
第十八条　文化厚生部ニ於テハ左ノ事務ヲ掌ル
一、文化運動ニ関スル事項
二、健民運動ニ関スル事項
第十九条　団体局ニ左ノ二局ヲ置ク
　団体部
　推進部
第二十条　団体部ニ於テハ左ノ事務ヲ掌ル
一、所属団体ノ統制ニ関スル事項
二、各種国民運動団体ノ連絡調整ニ関スル事項

三、局ノ庶務ニ関スル事項

第二十一条　推進部ニ於テハ国民運動ノ推進ニ関スル事務ヲ掌ル

第二十二条　部ニ部長、副部長及主事ヲ置ク

部長ハ上長ノ命ヲ承ケ部務ヲ掌理ス

副部長ハ部長ヲ佐ケ部務ヲ処理ス

主事ハ上長ノ命ヲ承ケ部務ヲ分掌ス

部長、副部長及主事ハ総裁之ヲ命ズ

第二十三条　部ニ部員及書記ヲ置ク

部員及書記ハ上長ノ指揮ヲ受ケ事務ニ従事ス

部員及書記ハ事務総長之ヲ命ズ

第二十四条　局又ハ部ニ嘱託ヲ置クコトヲ得

嘱託ハ特定ノ事務ニ従事ス

嘱託ハ事務総長之ヲ委嘱ス

第二十五条　部ニ班ヲ置クコトヲ得

班ノ各所掌事項其ノ他班ニ関シ必要ナル事項ハ事務総長ノ定ムル所ニ依ル

附　則

本規程ハ昭和十八年十月十五日ヨリ施行ス

現行大政翼賛会事務局職制ハ之ヲ廃止ス

大日本翼賛壮年団中央本部職制（一八年一〇月二十一日ヨリ之ヲ実施）

第一条　中央本部ニ本部長ヲ置ク
本部長ハ団長之ヲ命ズ
本部長ハ団長ノ統督ノ下ニ団務ヲ総理ス
第二条　中央本部ニ左ノ三部ヲ置ク
統務部
指導部
報道部
第三条　統務部ニ於テハ左ノ事務ヲ掌ル
一、庶務、人事及文書ニ関スル事項
二、会計、経理ニ関スル事項
三、部員ノ訓練ニ関スル事項
四、各部所属事務ノ連絡、調整ニ関スル事項
五、大政翼賛会並ニ其ノ所属団体トノ連絡ニ関スル事項
六、他部ノ所管ニ属セザル事項
第四条　指導部ニ於テハ左ノ事務ヲ掌ル
一、団ノ組織ニ関スル事項

二、団活動ノ企画ニ関スル事項
三、地方各級団ノ連絡指導ニ関スル事項
第五条　報道部ニ於テハ左ノ事務ヲ掌ル
一、調査ニ関スル事項
二、周知、宣伝ニ関スル事項
第六条　部ニ部長、次長、部員及書記ヲ置ク
部長ハ上長ノ命ヲ承ケ部務ヲ掌理ス
次長ハ部長ヲ佐ケ部務ヲ分掌ス
部員ハ上長ノ命ヲ承ケ部務ヲ処理ス
書記ハ上長ノ指揮ヲ受ケ事務ニ従事ス
部長、次長及部員ハ団長之ヲ命ズ
書記ハ本部長之ヲ命ズ
第七条　団長ニ秘書ヲ置ク
第八条　中央本部ニ参与ヲ置ク
参与ハ団長之ヲ委嘱ス
参与ハ本部長ノ要請ニ応ジ重要ナル団務ニ参画ス
第九条　中央本部ニ嘱託ヲ置クコトヲ得
嘱託ハ団長之ヲ委嘱ス

嘱託ハ特定ノ事務ニ従事ス
第十条　部ニ班ヲ置ク
班ニ関スル事項ハ別ニ之ヲ定ム
第十一条　中央本部ニ中央道場ヲ置ク
中央道場ニ関スル事項ハ別ニ之ヲ定ム
第十二条　中央本部ニ審議室ヲ置ク
審議室ニ関スル事項ハ別ニ之ヲ定ム
第十三条　必要ニ応ジ中央本部ニ各種委員会又ハ臨時機関ヲ設クルヲ得

附　則

本職制ハ昭和十八年十月二十一日ヨリ之ヲ施行ス
従来ノ本部職制ハ之ヲ廃止ス

事務局職制を一瞥すれば、総務局はかつての当初の大政翼賛会のそれと比較すれば、見る陰もないほどに凋落した形で、代わって国民運動局、団体局が新たに表面に出ている。たとえば、国民運動局四部の筆頭に置かれた地方部の「事務」の六項目は、

一、各級支部ノ指導監督ニ関スル事項
二、町内会、部落会等ノ育成指導ニ関スル事項
三、協力会議ニ関スル事項

四、上意浸透状況並民情視察ニ関スル事項
五、選挙刷新ニ関スル事項
六、局ノ庶務ニ関スル事項

とあり、統一された体系は、もとよりここには、見出せない。団体局の二部、すなわち、団体部、推進部のうち団体部についていえば、左の事務を掌るとあるが、それは、一つは、所属団体の統制に関する事項、その二は、各種国民運動団体の連絡調整に関する事項、そしてその三は、局の庶務に関する事項である。所属団体の統制について、それを担保する機構があるのかないのか、また第二の各種の国民運動団体の連絡調整の場合にも、連絡と調整以外の機能にはふれられてはいない。これも担保力はない。また推進部については「国民運動ノ推進ニ関スル事務ヲ掌ル」とあるだけで、団体局がどのような職務・権限を持つかは分からない。ふれられていないからである。

「大政翼賛会支部規程」においても支部役員は第三条により、「委嘱」によるか、ないしは「指名又ハ委嘱」であって、特定の党的性格をもつものではもとよりない。「支部長ハ総裁及上級支部長ノ指揮ヲ受ケ支部ヲ統理ス」(第四条)とあるが、例えば都道府県支部長は文字どおり官選知事がこれに当たるのであるから、支部長に対する「総裁及上級支部長ノ指揮」が、何を意味するのか。また、事務局長、部長、主事、部員及書記に関する第九条の規定についていえば、「事務局長ハ支部長ノ命ヲ承ケ支部ノ事務ヲ掌理ス」、「事務局長及部長ハ支部長ノ推薦ニ依リ総裁之ヲ指名ス」とある。これについていえば、都道府県支部レベルに関しては官選知事が事実上の「推薦」権をもち、事務を掌理するにさいして事務局長に命令するしくみである。また、第五条の世話役、世話人に関して言及すべき問題点は、これらは大政翼賛会の世話役、世話人であるにもかかわらず、「世話役ハ町内会長、町内会連合会長、部落会長ヲ、世話人ハ隣保班ノ代表者、隣保班連合組織ノ長ヲ以テ之ニ充ツ」と規定され、地域国民組織の組織オルグに向かって、大政翼賛会の名のもとにさらに「世話役」、「世話人」の名称を添付しただけである。第五条の第一項には、「世話役及世話人ヲ置キ本会ノ行フ指導ノ徹底ニ当ラシム」とあるが、およそ指導が独自の組織なくして可能であるのか。これは、論議するまでもない。これはまた、第八条の支部に設けられる庶務部、とくに実践部の役割規定をみても明らかである。すなわち、「実践部ハ町内会部落会等ノ育成指導、戦時生活ノ指導及勤労増産、文化厚生等ニ関スル運動並各種国民運動団体ノ連絡統制ニ関スル事項ヲ掌ル」。一見多彩で、多目的であるが、どれひとつとっても、これが大政翼賛会独自の職能に属するものだといえるものはない。これは、支部長・支部役員の「委嘱」、「指名又ハ委嘱」のパターンと密接にかかわりあっており、いわば、官製の組織・機構のしくみの貫徹を物語っている。それ以外のなにものでもない。第一に、一三条の協力会議ないし協力会議の構成に関していえば、そこでは、区町村の協力会議は市町村常会を以て之に充つという形をとったことが、第一の問題点であろう。すなわち、市区町村の常会が協力会議である以上、この基底組織の集積体が、一体なにを、誰を代表するのか。さらに、協力会議の議員の定数配分、協力会議の議長の選定の手続(第一五条)、とくにその選出の手続(第一三条)、例えば協力会議の構成における、イ、ロ、ハ、ニからなる合成のしくみは、協力会議をして地区・地域の代表、各種団体の代表者、其の他適当なる者の三者構成の混合組織体たらしめたのである。明らかにここでは、地方中核体組織、推進力組織、推進員といったかつての発想は、もはやどこを探しても、ひとかけらも見当たらないし、見出せないのである。

なお第一七条には、「支部ノ経費ハ本部補助金其ノ他ノ収入ヲ以テ之ニ充ツ」と簡単に規定してある。大政翼賛会支部予算は、給料、事務費、事業費の三者合計で成り立っているが、支部予算の総額中の、これら三つの費目費が中央から支給される分量の比重、その重要性についての詳細を示す資料は見当たらないが、別表「昭和十八年度支部費予算配付総表」によって、政府補助金依存の実態はほぼ推察しうるであろう。

昭和一八年秋の大政翼賛会の改組は、かつての「機能刷新」措置をくつがえす側面が強かったためか、徹底しなかった。「一部ニハ尚徹底ヲ欠ク向モ有之ヤニ聞キ及ビ候ニ付此際念ノ為申添候」[25]という通牒が、それを裏書きしている。じじつ、地方統制委員会を廃止して地方企画委員会を設ける措置についても、それは「仮称」の段階に止まっており、「之ガ構成運営等ニ関シテハ追テ通牒ス」[26]とあり、また市(五大都市を除く)、区の協力会議を廃止したが、「今後ハ市・区ノ常会ヲ更ニ一層活用シ以テ市・区協力会議ノ機能ヲ十分発揮セシムルヤウ努ムルコト」[27]を要望するに止まり、積極的な方針は打ち出されなかったのであった。すでに大政翼賛会推進員制度が廃止になっているなどの条件を考えると、大政翼賛会をめぐる疑念や動揺は、やむをえないものであったというべきであろうか。

大政翼賛会副総裁　後　藤　文　夫

翼組第二四六号
昭和十八年五月八日

大政翼賛会
道府県支部長殿

大政翼賛会推進員制度廃止ニ関スル件

昭和十六年七月推進員制度設置セラレテ以来、ソノ運用ニ付キ各位ノ格段ノ御配慮ヲ賜ハリ、運動ノ進展ニ多大ノ成果ヲ収メ来リタル処、昭和十七年一月、本会総裁統理ノ下ニ大政翼賛運動ニ率先挺身スル同志結合体タル大日本翼賛壮年団ノ結成セラルルニ及ビ、推進員ハ団組織ノ事実上ノ中心トナリ、殆ンド全員加入シ現ニ団活動ノ指導的役割ヲ演ジツツアル実情ニ有之推進員制度ハ其ノ過渡的役割ヲ完全ニ果シ得タルモノト見ルベク、依ツテ今後益々本会ト大日本翼賛壮年団トノ不離一体ノ関係ヲ確立シ以テ大政翼賛運動ノ一層ノ進展ヲ期スル為メ本制度ヲ廃止スルコトニ決定致候条右廃止ニ伴フ諸般ノ影響等ヲ考慮シ概ネ左記ニ依リ万遺憾ナキ措置ヲ講ゼラレ度此段及通牒候也

追而推進員制度廃止ニ伴ヒ爾今

昭和十六年六月二十五日組地第一〇五号

「大政翼賛会推進員規程」

昭和十六年十月十日組地第一八二号

「推進員ニヨル組織的報道網確立要綱」

ヲ廃棄可致候条御諒承相成度

記

一、下級各支部ニ対シ推進員制度廃止ノ趣旨ノ徹底ヲ図ルト共ニ下級各支部ト下級各翼賛壮年団トノ関係ヲ愈々緊密ナラシムル如ク措置スルコト

二、推進員ニ対シ推進員制度廃止ノ趣旨ヲ徹底シ今日迄ノ労苦ニ対スル感謝ノ意ヲ表スルト共ニ将来益々大政翼賛運動ニ率先挺身セラレ度キ旨ヲ要望スルタメ道府県支部長談ヲ発表スル等適当ナル措置ヲ講ズルコト

三、推進員ト壮年団組織トノ関係円滑ナラザル地方ニ於テハ特ニ前項ノ趣旨徹底ニ関シテ可然措置ヲ講ズルコト

翼組第六八四号

昭和十八年九月十五日

大政翼賛会事務総長

都道府県支部長殿

町内会部落会指導委員設置ニ関スル件

町内会部落会等ノ指導ニ関シテハ予テ屢々通牒致置候処今回大政翼賛実践ノ徹底ヲ図ル為別紙ノ通リ町内会部落会指導委員規程、中央本部町内会部落会指導委員服務規程、都道府県支部町内会部落会指導委員服務規程準則ヲ設定シ来ル十月一日ヲ以テ実施ノコトニ相成候ニ就テハ左記ニ依リテ運用シ以テ之ガ目的ノ達成ニ遺憾ナキヲ期セラレ度此段及通牒候也

一、都道府県支部ハ別紙準則ニ準拠シ支部町内会部落会指導委員服務規程ヲ設定スルコト

二、貴支部ニ於ケル指導委員定員ハ（ママ）　名トス

三、指導委員ノ人選ハ特ニ慎重ニシ最適任者ヲ委嘱スルコト

　十月一日迄ニ適任者ヲ得難キ場合ハ強テ定員通リ委嘱スルニ及バズ、追ツテ之ガ充足ヲ図ルコト

四、指導委員ノ委嘱ハ一般行政官吏ハ之ヲ避クル方針ナルモ学校職員及市町村長等ハ差支ナキコト

五、中央本部指導委員トノ兼任ハ差支ナキコト

六、指導委員ハ都市区別等ニ依リ地区ヲ担当セシムルモ差支ナキコト

　但シ運営ノ方針ハ統一ヲ要スルヲ以テ此ノ場合ハ特ニ此ノ点ニ留意スルコト

七、指導委員ヲ委嘱シタルトキハ別記様式ニ依リ速ニ報告スルコト

八、指導常会ハ町内会部落会等指導ニ関係アル支部職員、指導委員ノ外関係官吏ノ参加ヲ求メテ開催スルコト
九、指導常会ハ支部長之ヲ統裁スルコト、但シ支部長差支アルトキハ其ノ指名ニ依ル者之ヲ統裁スルコト
十、指導常会ニ於テ行フ事項概ネ左ノ如シ
（一）指導方法ノ研究協議
（二）指導調査ノ情況報告
（三）其ノ他指導上必要ナル事項
十一、支部長ハ毎月十日迄ニ前月分ノ指導状況、指導常会ノ概要等ヲ報告スルコト
十二、指導委員ノ手当ハ本年度ニ限リ予算ノ範囲内ニ於テ適宜毎月又ハ年末、年度末等ニ於テ支給スルコト
十三、本件ノ実施ハ都道府県庁ノ町内会部落会等ノ指導方針ト一致セシムル必要アルヲ以テ指導委員ノ人選、運用等ニ付テハ都道府県庁ト緊密ナル連絡ヲ保持スルコト

こうして、一連の改革措置が二年ないし二年有半にして廃止ないしは廃絶されるなりゆきになったのであるが、大政翼賛会側としても、手を拱いていたのではなかった。

ここで、昭和一七年度支部費配付額一覧表を添えた、一八年度支部費予算配付総表を添付しておこう。総予算の約三分の一が給料であり、それをさしひいた残余が事務費と事業費である。事業費が、事務費と比較してみて、それをわずかに上廻る府県が多いが、総じていえば、給料と事務費を合算した額が、大政翼賛会支部費中大半を占め、したがって、実際の事業費は予想以上に僅少である。

昭和十八年度支部費予算配付総表

支部名	十八年度配付額 給料	事務費	事業費	計	昭和十七年度配付額
北海道	八三、三〇四	六六、〇〇〇	九六、五七八	二四五、八八二	二六三、四三〇
青森	四九、〇六二	三八、六五〇	三五、八九一	一二三、六〇三	一〇一、五三〇
岩手	五五、八四八	五一、二五〇	三七、一〇五	一四四、二〇三	一一四、三三〇
宮城	五五、八四八	四六、三〇〇	四〇、四〇〇	一四二、五四八	一一九、三三〇
秋田	四六、八〇〇	四七、一〇〇	三六、四九九	一三〇、三九九	一〇九、〇三〇
山形	五一、三二四	四八、三五〇	三六、八四五	一三六、五一九	一一三、四三〇
福島	六八、〇一六	八〇、一〇〇	五〇、八〇三	一九八、九一九	一五七、四三〇
茨城	六二、六三四	七四、八〇〇	四三、七八一	一八一、二一五	一四四、〇三〇
栃木	五一、三二四	四〇、四〇〇	三七、六二五	一二九、三四九	一〇七、二三〇
群馬	五五、八四八	四六、一〇〇	三八、四〇五	一四〇、三五三	一一四、四三〇
埼玉	五一、三二四	六二、八五〇	四一、〇〇六	一五五、一八〇	一三四、三三〇
千葉	六四、八九六	六六、二〇〇	四二、六五四	一七三、七五〇	一三六、五三〇
東京	六三、六三〇	三八、二〇〇	五九、三〇〇	一六一、一三〇	一六一、一三〇
神奈川	五二、五八六	三二、五五〇	四三、八六八	一二一、〇〇四	一二一、七三〇
東京市	一六、六三〇	二八、九〇〇	七〇、〇〇〇	一一五、五三〇	一一五、五三〇
横浜市	三一、九〇二	八、一〇〇	一七、八五九	五七、八六一	四五、一三〇
新潟	六八、〇一六	八〇、五〇〇	五〇、六三〇	一九九、一四六	一六三、一三〇
富山	四四、五三八	四四、七〇〇	三一、二一〇	一二〇、四四八	九九、五三〇
石川	四八、五一六	四一、五〇〇	三一、二九七	一二一、三一三	九五、三三〇
福井	四六、二五四	三九、〇〇〇	三一、五五七	一一六、八一一	九五、一三〇

山梨	四四、五三八	四三、一〇〇	三二、八五七	一二〇、四九五	九八、六三〇
長野	七四、八〇二	八〇、六〇〇	五一、四九六	二〇六、八九八	一五八、一三〇
岐阜	五八、九六八	六五、七〇〇	四二、九一四	一六七、五八二	一三七、二三〇
静岡	六七、一五八	六五、〇〇〇	四七、七六九	一七九、九二七	一四七、三三〇
愛知	六四、八九六	五五、七〇〇	五八、六〇六	一七七、二〇二	一六六、〇三〇
三重	六四、八九六	六三、五〇〇	四一、一八〇	一六九、五七六	一三一、九三〇
名古屋市	三八、六八八	一〇、二〇〇	二二、七一四	七一、六〇二	五二、九三〇
滋賀	四八、五一六	三九、四〇〇	三二、九四四	一二〇、八六〇	九九、七三〇
京都	五五、八四八	四八、八五〇	四二、六九四	一四八、三九二	一二九、二三〇
大阪	五八、一一〇	四〇、九五〇	六〇、六八七	一五九、七四七	一六五、九三〇
兵庫	八五、八五〇	八三、六〇〇	六五、九七四	二三二、四二四	一九八、七三〇
奈良	三九、四六八	三三、〇五〇	三〇、一七〇	一〇〇、六八八	八八、九三〇
和歌山	四九、〇六二	四四、四二〇	三一、八一七	一二五、三二九	九九、五三〇
京都市	三一、九〇二	八、一〇〇	一七、一六六	五七、一六八	四四、三三〇
大阪市	六五、八三二	一八、六〇〇	三四、〇七一	一一八、五〇三	六九、八三〇
神戸市	三四、一六二	八、八〇〇	一五、六〇五	五八、五六七	四二、二三〇
鳥取	三七、二〇六	三六、〇〇〇	二八、二四九	一〇一、五五五	八六、八三〇
島根	五二、五八六	五二、二〇〇	三五、〇二五	一四一、八一一	一一一、二三〇
岡山	六九、四二〇	七七、四五〇	四四、九九五	一九一、八六五	一四七、一三〇
広島	六二、四九二	七三、一五〇	四九、一五六	一八五、七九八	一五七、五三〇
山口	六七、一五八	四七、一五〇	四一、二六七	一五五、五七五	一二〇、一三〇
徳島	四一、七三〇	三二、一五〇	三一、〇三七	一〇四、九一七	九〇、〇三〇
香川	三九、四六八	三五、八〇〇	二九、九一〇	一〇五、一七八	九〇、四三〇
愛媛	六〇、三七二	五四、五五〇	四二、〇八七	一五八、〇〇九	一二四、九二〇
高知	四〇、〇一四	三六、六五〇	三二、三三七	一〇九、〇〇一	九四、二三〇

福岡	八一、五八八	六七、九五〇	六五、八七五	二二五、四一三	一九一、四三〇
佐賀	四三、一三四	三一、三〇〇	三〇、二五七	一〇四、六九一	八七、〇三〇
長崎	五一、三二四	三八、二五〇	三八、一四六	一一七、七二〇	一一〇、三三〇
熊本	五八、一一〇	六六、〇五〇	三九、〇一三	一六三、一七三	一二八、一三〇
大分	六二、八三四	五二、〇五〇	三六、二三九	一五〇、九二三	一一一、四三〇
宮崎	三九、四六八	二四、二五〇	三一、九九〇	九五、七〇八	八七、七三〇
鹿児島	五八、一一〇	三八、三五〇	四二、八二七	一三九、二八七	一一六、二三〇
沖縄	三四、九四四	一八、一五〇	二七、九一六	八一、〇一〇	七五、二三〇
計	二、八五一、七五六	二、四七二、六〇〇	二、一五〇、四〇三	七、四七四、七五九	六、二七四、一九〇

昭和一〇年代になってから、行政機構の改革論議は、たんに中央レベルの行政機構の改革論議としてではなく、地方レベルでの機構改革をも展望する、中央・地方の機構改革論としてとらえられていた。その兆しは、すでに、昭和初頭に擡頭していた。例えば、船田中編『国政一新の綱領と政策』第四章の問題提起がそれである。これは、「行政機構及自治制度の改革」をと要望して、内閣レベルには、法制局、予算局、調査局、人事局、総務局の五局を新たに設置すべきことを提唱している。さらに、これと並んで、無任所大臣のポストの新設も要請している。(28) 昭和初頭での問題提起だけに、この提言はのちの行政機構改革論議のはしりとして注目されよう。

昭和一七年九月五日、第一次改組後約一年五カ月を経た段階で、東条内閣は行政簡素化運動を提唱した。そのさい、翼壮機関誌『翼賛壮年運動』は、左の見解を吐露していた。「臣民一体」であらねばならず、「官民一体」であるべき筈のものであるが、「それにも拘はらず、特に官民一体化が叫ばれたのは何によるのであらうか」。問題の設定はこうである。それに答えて曰く、「恐らくそれは、臣民としての生活に於いて自づから生じた仕事の分担が、無意識の間に本来の一体観念を稀薄ならしめて来たのによるのであらう、そのことは又他面から云へば、われわれの間に分担といふことの本来の性質が失はれたことを意味してゐるのでもある。即ち、本来分担といふことがいへる不可欠の条件であるところの統一が、著しく失はれてゐたことを意味するのである」と。そしてこの分担による統一の破壊、その喪失と欠如が、いまや「国民生活の凡ゆる方面に見られる病弊」となったのである、と翼壮機関誌は確認している。職域国民組織でのおのおの「分担」が統一をそこなうという体験は、「行政」翼賛会化した大政翼賛会においても、翼壮においても、いや推進員組織においてすらも、避けられぬところに、国民「組織」を場とする国民「運動」につきまとう「病弊」、つまりは、行政セクショナリズムの分立性・割拠性とパラレルな「病弊」が、影の形に随う如く、つきまとって離れないのである。

「病弊」の根源が行政セクショナリズムに由来する以上、行政簡素化が要求されるのは当然の結論といえよう。だが、それが国民「組織」を場とする国民「運動」の所産であるとすれば、それはまた、きわめて厄介な、しかもなんとも解決困難な課題だといわなければならない。けだし、もともと要請されていたはずの官界新体制がその構想すらもまとまらずに崩壊し去った後に、たまたま国家総動員法の改正をみ、それにつづく統制会の成立によって、行政官僚制はますます強固に構築されていたからである。しかも、肝心の大政翼賛会が「表裏一体」、「官民一体」をとなえ、その実態が「行政」翼賛会であるとするならば、改組大政翼賛会の発足後一年五カ月、行政改革は著しく困難となったという現実が、実態である。それゆえに行政簡素化がとりあげられなければならないとすれば、行政簡素化の叫びは、たんなるスローガンに終わるにしても、掛け声の一つも出さなければならないというのが実情であった。

（1）「国家が我々に命令するのではなく、我々が国家に命令するのだ」という一九三四年のニュルンベルクの党大会後は、「党と国家との一体の保障のための一九三三年一二月一日の法律」の規定をふまえて、国家ではなくてフューラーその人のみが法規を決定するしくみが仕上がった。ナチス革命の勝利の結果、ナチス党は、ドイツ国家の思想的担い手であり、党と国家とが不可分的に結合した結果、ナチス国家の法源は、一 指導者国家の国会による法律(一九三三年三月二四日、国民および国家の艱難除去のための法律第一条)、二 政府による法律(一九三三年二月二四日の法律第三条)、三 国民による法律の三つの形をその法源とするが、とくに二の形は重要で、これによって、「政府による法律」の、総統による作成および公布の要件が明記された。国家外の党が、こうして国家内の党へと国法上の位置を占めることは、例えばドイツ市町村制(一九三五年一月三〇日)がその一一八条において、「フューラーの代理者が、何人が本法の意味におけるナチス党の受任者であるかを決める」とある規定ひとつとっても、ナチス党の強烈な貫徹力と指揮系統の一貫性を認めなければならない。党と国家の関係は、党と国家の一体化とともに、党の組織力と構成力も一挙に確立した。突撃隊、親衛隊、自動車隊、ヒットラー青年団、ナチス・ドイツ大学教師団、ナチス・ドイツ学生団、ナチス婦人団が党の「枝隊」となり、ナチス党付属団体には、ナチス・ドイツ医師団、ナチス弁護士団、ナチス教師団、ナチス国民厚生会、ナチス戦争犠牲者保護会、ドイツ官吏団、ナチス・ドイツ技術協会、ドイツ労働戦線等が含まれていた。付属団体所属員の多数が党員ではないが、党の指導は一九三五年三月二九日の「党と国家の一体の保障のための法律」の施行令第二条によって保障されていた。ケルロイターは、枝隊、および付属団体は地域的に区分されていると述べつつ、

郷《ガウ》 ── 郡《クライス》 ── 小区《オルツグルッペ＝シュツットプンクト》 ── 細胞《ツェレ》 ── 群《ブロック》

という組織の系統を紹介した後、

これらの地域的単位の先端には、政治的指導者(郷指導者、郡指導者、小区指導者、細胞指導者、群指導者)がゐる。彼らは、その区域に対して党の高権を代表し、従って党の高権の担ひ手と呼ばれる。

と述べている(オットー・ケルロイター、矢部貞治・田川博三訳『ナチス・ドイツ憲法論』昭和一四年、岩波書店、参照)。

(2) 山崎丹照『内閣制度の研究』昭和一七年、高山書院、山崎丹照『内閣論』昭和二八年、学陽書房、辻清明『日本官僚制の研究』昭和四四年、東大出版会、参照。

(3) 国家総動員法の全面的発動問題を躊躇する政府に対して、軍部は、五相会議でその発動を要請していたが、昭和一三年一一月八日の閣議において、「今後総動員法の発動に関しては、企画院と関係各省事務当局との個別的折衝によって、妥当案

を作成順次発動すること」になった。このことは内閣がその主体性において統一的な措置をとるか否か、企画院か各省庁か、内閣か法制局かのツメを行なわずに妥協が成立したことを示す適例である。こうして国家総動員法の制定・適用によって、各省庁セクショナリズムは一挙に強化・促進されたのである(『法律時報』一〇巻一二号、昭和一三年、七六ページ参照)。「国家総動員法の施行に関する首相権限の拡張」『法律時報』一一巻一一号、八三ページ。なおこの問題にかんしては、辻清明「戦時行政の性格」『法律時報』一五巻一号、一三―一八ページ、辻「戦時体制の内閣制度」前掲雑誌、一六巻五号、二二―二六ページ。柳瀬良幹「戦時行政運用の諸問題」前掲雑誌、一五巻一号、一〇―一一ページ、同「地方行政機構の動向」前掲雑誌、一六巻五号、二六―二九ページ、田中二郎「戦時行政の新構想と統制方式の転換」前掲雑誌、一五巻五号、二ページ、同「戦時行政の決戦態勢と統制方式の再転換」前掲雑誌、一五巻一二号、五―一三ページ参照。

(4) 山崎丹照『内閣制度の研究』四一七ページ。同『内閣論』二七七ページ。

(5) 山崎『内閣制度の研究』四一六ページ、同『内閣論』二七六ページ。

(6) 山崎『内閣制度の研究』四一八―四一九ページ、同『内閣論』二七九ページ。

(7) 「国家総動員法等ノ施行ノ統轄ニ関スル件」(昭和一四年九月二九日勅令第六七二号)、山崎『内閣論』三八五―三八七ページ参照。

(8) 山崎『内閣論』三八七ページ。拙著『近衛新体制と大政翼賛会』一四、三四二ページ。

(9) 山崎『内閣論』三八九―三九一ページ。

(10) 協調会『労働年鑑』昭和一七年版、二三九ページ。

(11) 治安警察法第五条は、「左ニ掲クル者ハ政事上ノ結社ニ加入スルコトヲ得ス」として、一 現役及召集中ノ予備後備ノ陸海軍軍人、二 警察官、三 神官神職僧侶其ノ他諸宗教師、四 官立公立私立学校ノ教員学生生徒、五 女子、六 未成年者、七 公権剥奪及停止中ノ者、とある。したがって、政事結社だと規定すれば、この第一項から第七項までの国民は、参加できないことになろう。「国民」組織、国民「運動」たらんとして、深く立ち入った討議を回避して、政事結社か否かのツメを回避したのも、一つの現実論ではあったろうが、この姿勢ではもう「組織」論も「運動」論も成り立たない。会員のない全国民の組織は、実質無組織と同じであって、綱領、宣言すらない姿が、それを象徴している。協調会『労働年鑑』(昭和一七年版)、二三六ページには、「結社、集会、多衆運動、出版、造言飛語等に関する取締規定と共に、従来の届出制が許可制となり、又罰則も加重されたのであって、政党は勿論所謂思想団体も均しく許可申請の必要がある。政事又は思想に関して公衆を合同する集会は総べて所轄警察署長の許可が必要となった。又悪質な出版物に対してはその後の出版物の発行まで禁止され、デマを飛ばしたものには罰則が規定されたのである」とある。

(12) 協調会『労働年鑑』昭和一七年版、二三九ページ。
(13) 前掲書、二四四ページ。
(14) 亀井貫一郎『五十年「ゴム風船」を追って』二〇四ページ。
(15) 内政史研究会『清水重夫氏談話速記録』一〇〇―一〇一ページ。後藤隆之助は、支部長問題で内務省と「せり合ひましたが」、「死活問題」と判断した内務省の「必死」のまきかえしで逆転されたといい、これに関連して組織局人事に内務省出身の清水、加藤を起用したことは、「失敗でした」と述べている(『後藤隆之助談話速記録』第五回、一〇―一一、一三ページ)。
(16) 菅場軍蔵は、官選知事支部長問題の最終決着は、公事結社に決定した時点で、そこできまったとし、これについては、この時点では、政党方面の反対もなかったと述べている(『菅場軍蔵談話速記録』八三ページ)。
(17) 拙著『東京都政の研究』四〇四―四〇五、四一七―四三〇ページ。
(18) 前掲書、四〇五ページ。
(19) 協調会『労働年鑑』昭和一七年版、二七八ページ。
(20) 同右、二二六―二三一ページ参照。
(21) 前掲書、二八三ページ。
(22)(23)『法律時報』一六巻九号巻頭言。
(24) 企画委員会は「所属団体幹部及本部職員ヲ以テ」構成するとある(「実施要綱四の八」参照)。
(25) 翼運地第四二号　大政翼賛会事務総長名「本会改組ノ趣旨徹底ニ関スル件」(昭和一八年一一月五日)、都道府県五大都市支部事務局長殿宛。
(26) 翼運地第三一号「支部規程改正ニ関スル件」(昭和一八年一一月三日)、大政翼賛会事務総長より都道府県樺太五大都市支部長殿宛。

（27）　前掲通牒「の八」参照。
（28）　船田中編『国政一新の綱領と政策』国政一新論叢特輯号第一三輯、昭和一一年、第四章、九四ページ。

二　統制会と官界新体制

（一）　統制経済体制

近衛新体制の胎動するはるか以前に、「経済参謀本部」の設置が必要だという構想は浮かんでいた。これを提唱したのは松井春生である。松井は、日本は「実際上主として行政府立法の国」であるから、各省庁間の政策的「紛議」を統一し、統合するメドがたたない。これを調整する組織体がどうしても必要かつ不可欠だと主張したのであった。(1)しかし、政党政治の擡頭後、短期日のうちに、いわゆる政党内閣は凋落し、挙国体制へ切り変えられるや、政党政策による立法部からの改革のルートはなくなり、また、行政官の身分保障制が確立するとともに、各省庁分立割拠がいっそう強化される結果となったのは、(2)なんとも皮肉というほかはない。松井の提言は、この事態にかかわる提言としてみると、重要である。またそのころ新日本同盟が、地方財政の赤字化とともに自治行政も官治的行政も、ともに、行き詰まりとなる傾向を指摘しつつ、「地方分権主義乃至国税の地方委譲論」なるものは、もはや「其の跡を絶った観」があると断定していた。(3)この判定は鋭い。すなわち、政党勢力の力量の凋落とともに、中央・地方を通じての大義名分のたたかいは成り立たず、事態の糊塗策に終始する挙国体制のありようがここに示されている。しかも、日支事変の勃発後、国家総動員法が議会側の抵抗を排除して制定されたが、この国家総動員法制のしくみは、その主体者を法制局にするのでもなく、また、企画院でもないというしくみに仕上げられていた。つまり各庁「総掛り」の体制である。[4] 各庁「総掛り」ということは、なによりも、主務庁の欠落を意味する。[5]

このことを、ナチス・ドイツの経済統制権限一元化とその機構に比較すると、両者が隔絶していることは説明を要しない。すなわち、企画権限がすべて各省庁にある以上、国家総動員法制の発動とともに、わが国の側では各省庁の権限が国家総動員法制の適用につれて拡大・強大化し、逆に、内閣はその構造につきまとう伝統的病弊―内閣の脆弱性をかこつことになる。[6] ドイツの場合には、「指導者兼宰相の地位にナチス党首が君臨」しただけではなくて、有名な「四カ年計画庁」が政府の外部に存在し、「四カ年計画」の主、ゲーリングは、各省庁に対して、命令する立場にあった。[7]

近衛新体制構想が大政翼賛会としてとりまとめられる政治過程において、「経済新体制」構想も、その模索から具象を求めて理論モデルを追求したことは、国際情勢の逼迫というのっぴきならぬ時局の重圧がその背景にあった。[8] しかし問題の経済新体制は、試行錯誤の結果、近衛内閣の閣議決定案(昭和一五年一二月七日)に到達する段階で、当初の構想は大幅に変更されて、財界主力の要求に妥協して、かろうじてとりまとめたというのが実情であった。[9][10] その大政翼賛会は、成立直後においてすら、「事業なくして、組織のみ存在する」と酷評される状況にあったが、しかし内外緊急対策への取り組みは不可避であったから、なんらかの対策はとらなければならなかった。[11]「経済新体制確立要綱」にみあう「重要産業団体法」は、一連の重要法案の議会上程断念の措置によって葬り去られ、これに代わって、「重要産業団体令」が、国家総動員法の適用をうけて、制定されることになったのであった。そしてこの「重要産業団体」の登場とともに、かつての「経済新体制」構想なるものは、その跡を絶った。[12]

こうして「重要産業団体令」が「統制経済」のパターンを形作ることになったが、この「重要産業団体令」の特質は以下の点であった。(13)第一は、商工省と企画院とで統制会方式の案文化を担当したが、このさい、一本化の統制方式は採択できなかった。かりに採択しようとしたとしても、それができたかどうか。ここで、既成国民運動団体がそれぞれ独自の立場を「固守」する姿勢に妥協し、それに歩み寄った大政翼賛会が、「事業なくして、組織のみ存在する」形で仕上がっていたことを想起しなければならない。すなわち、官庁側ではもともとバラバラだという事実認識があり、これをふまえて、火急の必要に備えるべき寄木細工的な統制機構は財政金融政策の裏付けをもたないしくみで仕上がっていた。これは、商工省―企画院系列中心の統制会方式の限界であろう。したがって、第二に、国家総動員体制以来のこの在来型の類型は基本的には打破されず、そのまま継承・温存され、むしろ強化されていったことを認識しなければならない。重要法案提出取り止めの閣議決定前に、次官会議が召集され、そこで総動員法改正の措置が検討されたのであるが、これが、各省庁強化につらなる措置であったことは見落とせない。明らかにこの措置は、「経済新体制確立要綱」が、財政金融政策の裏付けを欠くこととも関連している。しかもこれは、昭和一六年度予算編成方針の改革と称して、重要国策の先議のこころみが次官会議の席上できめられた先例とも関連している。(14)すなわち、次官会議が閣議に先立つ実質上の先議権をもつことは、閣議決定の形骸化以外のなにものでもないからである。

企画庁から企画院へという展開過程は、一元的な企画官庁の出現を意味するものではない。その理由のひとつは、既成の各省官制が、各省それぞれに、その分課、分掌を定める権限を定めているため、「行政割拠」と国費膨張の傾向は、基本線となっていたからである。(15)反面において、このことが、企画官庁、統括官庁の出現を切実な課題とし、不可欠な要件としていたことはたしかである。だが、既成政党の「凋落」といわれた現象に象徴される政党政治の衰退と内政の危機をひかえて、政党は、もはや国政の進路を策定する勢力ではなかった。むしろ政党ないし政党勢力の衰退と平行して、官僚勢力が擡頭し、しかも、官僚勢力の擡頭とともに、その統合のメドがない事態がここに出現したというべきであろうか。この事態のさし示すように、政党に代わる行政官僚制の擡頭は、相互のセクショナリズムによる割拠性のために、かえって、統合への限界を確認せざるをえない。したがって、一義的に政党の凋落とか、一方的な官僚制の擡頭という図式も成り立たないのである。この状況にあって、国家総動員法の制定、とくにその全面的な改正による発動をみた後では、総動員法の主務官庁が特定されずに、企画院で「目下研究中」[16]という形で作動したために、各省の執行命令・省令制定権が国家総動員法によって個別に各省庁に授権されていった。とりわけ、近衛新体制が大政翼賛会という形でとりまとめられてからは、この傾向は加速された。すなわち、いわゆる「国民組織」の提唱以来、中央省庁をそのスポンサーとし、中央省庁セクショナリズムの防衛、維持、拡大を目的として、それぞれがその拡大の道を辿ることになったからである。すなわち、「国民組織」といった名称が特定できぬものである以上、「国民組織」すなわち各省庁外廓団体は、いまや新体制の名のもとに、いや新体制の名を語ることによって、一躍、その展開の条件を摑みとったわけである。つまり、「無数」の国民「組織」、国民「運動」が、国民「一人」、「一人」を奪い合うというすさまじい事態[17]に突入したといってもよい。このさい、行政官僚制のもつ補助金行政とその配分のルールとルートは、絶好の組織条件を見出したといわなければならない[18]。「大政翼賛会は何をしているのか」、「これは今のところ国民組織じゃない[19]」といった呟きは、大政翼賛会と既存・新生の国民組織との競合・共存の事態におけるぼやきといってもよい。大政翼賛会の中核体問題、その推進員制度なりが、その発想をふくめて衰退し消滅する所以はここにある。また大日本翼賛壮年団の運動でいえば、その「同志精鋭」の組織論に象徴される「特定主義」・「帰属主義」が、その展開のさなかで壁に対面するのも、この「国民」の名による国民組織なる「団体個人主義」の反撃に直面してのことであった。「団体個人主義」こそは、政治新体制運動とともに「絶滅」さるべくして、強靱かつ旺盛な生命力をもっていたというべきか。そしてまた、この団体主義は、それを支える団体網羅主義を支柱としていた。こうして、団体「網羅主義」にしてかつ団体「個人主義」の組織が無数に氾濫するかぎり[20]、「同志精鋭」の「特定主義」がこれに取り組むことは容易ではなかった。すなわち、大政翼賛会に公事結社の烙印を添付されて以降、大政翼賛会は、政府との関係では表裏一体を提唱することによって、自己の存在理由を見出したが、一方では公事結社であることを承認することによって翼政会と拮抗し、他方では、新しく擡頭した翼壮を翼賛会の外廓団体とすることによって、かろうじて、翼壮運動を統括し、規制しえたのであった。

さて、経済新体制が、その当初の急進的色彩を喪失して、漸く最終形態を整えた直後、第七六帝国議会に提出を予定されていた重要法案は、閣議決定によって上程を取り止め、見送りとなった。朝日新聞記事を辿っていくと、内閣閣議前日に次官会議を召集する記事は、これに先立って、昭和一五年の九月六日にあらわれている[21]。だが、近衛内閣が、重要法案上程を見送って、その善後処置について、各省次官会議を開催し、そこで、国家総動員法改正とその全面的発動が「協議」されたことの意義は重大である。「協議」の名によるこの次官会議の先議が翌日の閣議決定の先行形態となったのではなかろうか。読売新聞も、昭和一六年一月二四日、二五日、二七日と次官会議開催を報道している。問題点は、近衛内閣の閣議決定が次官会議の「協議」を前提としていることであるが、両者の関係は、甲か乙かではない。重要国策の先議というとりまとめの形が、次官会議開催であり、事前審議の先行であって、甲と乙とは二者択一ではなく、共存・併行の関係にある、ということである。重要国策の先議決定という表現は一見して、トップ・ダウン型の導入であるかの如くであるが、そうではない。むしろボトム・アップ型決定過程のしあげというべきであろう。すなわち、企画院の企画力のもつ企画官庁としての力量の限界が、こうして各省庁行政セクショナリズムのまえに明らかになっていった点は、見落とすわけにはいかないであろう。

この点について、企画院研究会の『国防国家の綱領』が、「今後は、既定費の整理検討は、行政各部に責任をもって行はしめんとするものである」[22]との認識を示している。これは、内閣制度の「脆弱性」を裏づけるとともに、「経済新体制要綱」も、しょせんは予算編成過程には及ばないのみか、各省既定費の「整理検討」が各省それぞれに分属するという形で、重要国策の先議も、各省庁側の力量を尊重する措置に止まったと判定すべきであろうか。第七六帝国議会の重要課題は、昭和一五年末から昭和一六年初頭にかけてのあわただしい展開を経て「高度の政治性」否定すなわち精動化への方向が確定したが[23]、それはまた各省庁セクショナリズムの強化につらなる動きと対応していたのである。要するに、大政翼賛会の性格規定が不鮮明で、漠然とした形でとりまとめられようとすることは、各省庁側―行政官僚制にとっては、むしろ歓迎さるべき事柄であったといってよい。政府と大政翼賛会との「表裏一体論」は、真の表裏の一体化へ向けて動くというのではなく、大政翼賛会をして「行政」翼賛会たらしめることだと認識すべきであると断定せざるをえない。この素地のうえに、統制会方式への踏み切りがこころみられたとみるべきである[24]。

ここで、統制会の構造と機能についてそのあらましをみておこう。統制会の基本構想は、その二面性にある。まず第一に、統制会は業界単位であるから、横レベルでの連絡の機能はもとより見当たらず、まして、縦レベルでの統制つまり統合の組織は見当たらない。第二に、統制会は、他面では、行政機関である。行政機関としての統制会は、業界単位ごとに行政官庁と縦割りにつらなる同質の組織系列として存在する[25]。統制会に関する第三の特色は、陸海軍の規制力の範囲内にある工場は、統制会の範囲外であるという点である。つまり、軍の直接支配下にある監理工場群は統制会組織外の存在なのである。第四に、中央省庁に関していえば、工場敷地関係では農林省が、建物は内務省が、設備は商工省、労務関係は厚生省、とくに経理関係では大蔵省といった具合に、各省庁の干与・介入の契機は、そのままに温存されていることがあげられよう。

このようにして、統制会は、統制会そのものが「業者機関」と「行政機関」という二面性をもつばかりでなく、この双面構造がそれぞれ縦レベルで連結され、複数の単位主義から構成されているために、統制会の全体の統制母胎はどこにも存在しない。それがなければならないという要請が理論的に認識されることはありえても、統制会には統制母胎は存在しないのだ。そのために、縦レベルでの生産省ないしは生産監督庁がまずなければならないという要求となり、あるいは総合官庁待望論となり、あるいは指導者原理の導入論が事あるごとにくりかえされる。いまひとつ、横レベルに関していえば、果たして各種統制会を横断的に統制する組織があるのか。それが必要なことは統制経済論のイロハであるが、かつての経済新体制論議のはなやかなりし時代の革新的機構改革案と重要産業団体令を比較すると、そのへだたりには「隔世の感」ありといわれるほどの距離があり、相違があった(26)。

統制会の発足が、日本戦時経済統制の確立段階だとみることは、表面的な認識である。例えば統制会の成立直後、大政翼賛会経済部が主催した「中央経済協議会(27)」で、財界代表がこもごも発言している。その一人、畠山一清は、冒頭に発言して、「統制会あって統制なし」だと断定し(28)、各省庁間の無統制がその原因だと説明している。すなわち、商工省は工務官を、陸軍省・海軍省はそれぞれの監督官、監査官をもっており、労働部門に関していえば、まず産報あり、また大日本青少年団あり、陸軍には精神指導班、警視庁の能率指導班あり、さらに厚生省の労務官、陸軍の兵器工業会、海軍の造器工業会、商工省の経理統制委員会あり、それに各種統制会が加わり、それに協議会がのっかっていたのである。この結果、各官庁間の関係は「無統制」で、統制会は「屋上屋」となっていたのである。

したがって、発足の直後に、統制会の運営には危険信号が点火された。例えば、国策研究会の機関紙がいち早く、「現段階に於ては肯綮に値する実践方式」だが、「早晩行詰って行くだらう(29)」との予測を下していたのがその一例である。しかも大政翼賛会の第一回改組後間もなく、昭和一六年六月二二日の独ソ開戦というニュースは、それまでドイツ軍の電撃作戦に「眩惑」された近衛内閣にとっては、前途の展望のないまま、窮境にある自らを認識する契機となったのであった。例えば、独ソの開戦が、日独間、日ソ間の「二筋の経済通路」をズバリと「切断」する重大結果をもたらしたと開戦の「影響」を評価し、「二筋の経済通路」が「もののみごとに切断された」と断定したのは、じつに企画院研究会の『国防国家の綱領』であった。[30]「早晩行詰って来るだらう」というさきに引用した重要産業団体令の前途はまさに多難となった。しかも、問題の企画院自体は、昭和一六年五月一日に企画院事務分掌規程の改正をうけて圧縮され、その後、重要産業団体令による物価対策審議会も改組され、物価対策の原案は企画院が、物価対策の具体的方針は各省庁が立案する妥協的措置がとられることとなった。[31]つまりは、企画院原案の具体化は、関係各省次官を幹事とする組織がその具体案をねりあげるということである。一見、分業体制の確立であるかの如くであるが、これは明らかに現業各省庁側の、そして次官会議の重みとその比重を誇示するものといえよう。となると、問題は、筋論としては再び官界新体制——行政機構の改革——が問題となってくるのであるが、[32]これを手がけようとした大政翼賛会自体、すでに第一回改組により大きく変容していた。「改組」というよりは、それはむしろ性格一変[33]の大手術を受けて生き延びた形である。また、選挙法の改正を一年延期したことは、既成議会勢力の力量の容認であり、この点でも大政翼賛会の革新的展望の前途を予知することは、全く困難となった。他方、性格一変した大政翼賛会をどう運営するか。その運営の前途を憂えて、大政翼賛会に法的根拠を与えようという声が、一部の大政翼賛会支持勢力からは強く出てきた。性格一変に対処する措置ともいえよう。

それのみではなく、独ソ開戦前後における複雑な国際政局にどう対処すべきかという課題をめぐって、大政翼賛会は国内急進派の分裂に悩まされていた。[34]その対策が「興亜同盟」の結成となるのである。だが、総数で六一団体が加盟した「興亜同盟」ではあるが、その外部には大日本生産党の如く公然と不参加を表明する組織もあり、かといってすでに公事結社として認定された大政翼賛会が、主体的に政事結社としてのしめつけを他に及ぼすことはもはや許されない。したがって、興亜同盟外の団体に対してはもとより、同盟内の諸団体をどう統合するかのメドも立たなかった。[35] すなわち、興亜同盟は、いわば「団体個人主義」[36]の集合名詞であっても、それ以上の組織化の力も契機も見出せなかったのである。「国防国家」の実現——それは、この時点においては、もっとも希求された到達目標であったはずであるが、肝心の「政治力」なるものは、新体制準備会で使用された「高度の政治性」という用語用例に止まって、政党組織の解体・解消後は、もはや政治力は見当たらないという状況にあった。

かつて企画院第一部長職にあった秋永月三[37]が、「人でなくて組織」が問題だ、と慨嘆したということである。彼は、「誰が総理になってもダメ」という認識から、「人ではなく『組織』の力」、つまり国民組織の創造に期待を寄せたのであろう。しかし、この方向は、その後、「組織より人」という立場に立った、東条英機首相の発言とは、逆である。両者が、それぞれの状況で行なった状況規定もさることながら、なによりも「組織」が肝心だという問題関心のあり方は、この段階において一転し、政治新体制の到達点で「人でなくて組織」の発言となっただけに深刻だといってよい。統制経済の体制は、こうした国際情勢の圧力の下に、統制会としてしたて上げられたのであるが、統制会体制は、その「二重性格」のもたらす矛盾に加えて、国民経済的見地からする国策統合司令部としての機能を果したしえないところに、最大の難点があったのである。

（1）松井春生『経済参謀本部論』昭和九年、日本評論社、九—七〇ページ。拙著『近衛新体制と大政翼賛会』三五一—三五二ページ、三六四、四〇二ページ参照。
（2）拙著、前掲書、三四四、三五〇ページ。
（3）時務研究会『本邦行政機構改革に就て』新日本同盟内、昭和一〇年、五七ページ。
（4）拙著、前掲書、第一章　二節、三節参照。
（5）拙著、前掲書、一四ページ。中野登美雄「高度国防国家体制論」『現代日本政治講座　第三巻』昭和書房、三三〇ページ。

（6） 前掲書、第一章　二節、三節参照。角田藤三郎「国民再組織の方法論」『現代政治体制の再組織論』『現代日本政治講座第五巻』昭和書房、昭和一六年、七〇―七一ページ。帆足計「経済体制再組織論」(前掲書所収)、九六―九七、一一五ページ。

（7） 飯島正美「独逸の統制経済機構とその運営」『国策研究会週報』一五巻二号所収、一―一五ページ。

（8） 「半恐慌状態」になってはじめて「経済新体制確立要綱」がかろうじてまとまったこと自体、戦時体制への準備期間がほとんどないまま、統制経済体制へと移行し新段階に突入することを意味する。帆足計「経済体制再組織論」(前掲書所収)、一一四ページ。

（9） 当初の構想案は、近衛新体制準備会段階に準備され、その直後に発表された「経済新体制確立要綱」(昭和一五年九月二八日)である。

（10） 拙著、前掲書、四五五―四五六ページ。『朝日新聞　東亜年報』は、閣議決定案を批評して、「両政治勢力の拮抗の縮図」といい、しかも、この決定が、「今後の出発点でもある事」に言及している。

（11） 企画院研究会『国防国家の綱領』新紀元社、昭和一六年、四七―四八ページ。

（12） 神田暹・大政翼賛会『重要産業団体令解説』昭和一六年、四―八ページ。統制会年鑑刊行会『統制会年鑑』昭和一八年、一〇、四七、八二―九〇ページ。

（13） 重要産業団体令の特色については、前掲神田著、五五―六八ページ。「統制会設立促進に関する閣議申合せ」については、前掲『統制会年鑑』九四―九五ページ。「経済中枢機関設置論の再燃」『戦時政治経済資料　3』二一九―二二三ページ参照。

（14） 企画院研究会『国防国家の綱領』九七ページ。なお、拙著、前掲書、三四七―三四八、三五二、三五三ページ参照。

（15） 時務研究会『本邦行政機構改革に就て』昭和一〇年、三―六八ページ。

（16） 中野登美雄「高度国防国家体制論」『現代日本政治講座第三巻　行政機構論』昭和一六年、昭和書房、三三〇ページ。

（17） 安達巌「大政翼賛運動当面の問題」『解剖時代』一〇巻一二号、五五―五六ページ。河野密『新体制　その後に来るもの』昭和一六年、万里閣、二〇―八六ページ。

（18） 石渡壮太郎述「大政翼賛会の志業に附いて」昭和一六年、日本外交協会、一二ページ。例えば、厚生省主管の「産業報国隊」がその青年部を組織するさい、厚生省、文部省、陸軍省が大日本青少年団と協議して決定し、産報がその「産報青年隊準則」を決定したのである(一六年四月二三日)。『資料　日本現代史　7　産業報国運動』一九八一年、大月書店、二四四ページ。また大日本婦人会の結成については、『資料　日本現代史　4　太平洋戦争下の国民生活』一九八五年、大月書店、四三四ページ。

(19)『戦時政治経済資料　8』一九八三年、原書房「新段階に立つ国民運動」第六巻第三五号、三四四―一〇―三四七―一五ページ。

(20)少数精鋭主義を呼称することはそれとして、経費面・予算面では、組織が網羅型でなくては、運動も組織も成り立たない。とくに政事結社を潰滅状態にしてしまった段階以降は、補助金すなわち中央政府資金の配分ルートこそ、現実的には団体―組織の存在、活動のエネルギー源となったのである。ここに「団体個人主義」、「団体網羅主義」という集団主義の氾濫が体制によって支えられる所以があったといえようか。

(21)『読売新聞』昭和一五年九月六日。

(22)企画院研究会、前掲書、九八ページ。

(23)拙著、前掲書、第五章参照。

(24)統制会は、同時に、いわゆる国民組織が「暗礁」に乗り上げる段階と対応していたのである。基本国策綱領―大政翼賛会の発足、それにつぐ「経済新体制確立要綱の策定」(一五年一二月七日閣議決定)、「予算編成方針の改革」といった主要なメルクマールに、「日満支経済建設要綱」(一五年一〇月二日閣議決定)、「国土計画設定要綱」(一五年九月二四日の閣議決定)、「勤労新体制確立要綱」(一一月八日閣議決定)、一六年に入ると「人口政策確立要綱」(一月二二日閣議決定)、「交通政策要綱」(二月一四日閣議決定)等々、各省庁が閣議決定を経て自省中心主義を打ち出したことに示されているごとく、統制会方式が出現すべき条件は、自らが半強制的に招いたところでもあった。昭和一六年一一月に出版された『国防国家の綱領』は、そこで、「経済の部面においては文字どほり今われわれは最後の関頭に立ってゐる」のであるとの認識を示し、つづいて、「逼迫せる今日の事態は、すでに織込済みのことでなければならぬ。今日はもはや出来る出来ぬが問題ではなく、『出来るやうにせねばならぬ』ことが問題なのである。英米に離れ、またドイツに別れても、なおかつ日・満・支三国の経済再編成を行ふ、行はねばならぬ、それが現実の要求である。民族の血路はこの一本にかかってゐる。これが国家の至上命令なのだ」といいきっていた(『国防国家の綱領』一三五ページ)。

(25) ドイツの場合、統制経済の運営責任は、「ライヒ集団および工業主要集団の指導者は、ライヒ経済大臣これを任命す」という形で、上命下服の形式がとられ、また「所属者総会は指導者が信頼を受くるや否やにつき決議する」とはっきりさせていたのに対し、統制会方式のもとでは、「業者ノ推薦ニヨリコレヲ認可ス」となっていて、企業担当責任者を誰が任命するかも、ぼかされていたのである。朝日新聞政経部編『総動員態勢の前進』昭和一六年、一六〇―一六一ページ。

(26) 『戦時政治経済資料 2』原書房、一九八二年、所収『国策研究会週報』三巻一五号、三八〇ページ。

(27) 『大日本翼賛壮年団中央本部資料、東京府翼賛壮年団関係資料他』(仮題)所収。

(28) 大政翼賛会経済部「中央経済協議会速記録」(昭和一六年一一月二二日)、一三―一六ページ。前掲書所収。

(29) 同右、三八一ページ。

(30) 企画院研究会『国防国家の綱領』一三四―一三五ページ参照。

(31) 昭和一六年五月一日付の改正企画院事務分掌規程は、国家総動員審議会の改組要綱とみあっており、物価対策審議会の改組にさいしては、物価対策の原案は企画院で作ることをはっきりと規定しながら、審議会に設けられた幹事は、関係各省高等官の内より選任すると定めた。これは、実際には関係各省の次官が幹事役をつとめることを意味した。かくて物価問題はこの審議会の幹事グループが、直接、綜合調整の役割を果たすこととなり、原案作成者たる企画院の立場は尊重されつつも、反面、各省庁からの関与は、一層強められたのである。『戦時政治経済資料 2』『国策研究会週報』第三巻一七・一八号、四三一、四三七、四四六、四五四ページ参照。

(32) 大政翼賛会の第一次改組については、拙著、前掲書、第五章第三節参照。大政翼賛会は、その事務局のうち総務局、組織局に官僚OBを採用し、新たに設けられた調査委員会のメンバーは、「全国的なる分散方式」をとったばかりか、この調査会の運用に関しては、政治性を付与してはならぬという申し入れが、次官会議の席上、陸軍次官から行なわれたといわれる。

(33) 「本来の性格に変りなしと口を酸っぱくして言はなければ、恐らく何人もがその本質迄変ってしまったと観ずる危険性は否めなくなった」(『戦時政治経済資料 2』『国策研究会週報』第三巻二四号、五五二ページ)。

(34) 興亜同盟の成立にいたる複雑な動きとその成立の経緯については、拙著、前掲書、四五九、四七八―四八〇、四九一ページ参照。

(35) 『戦時政治経済資料 2』『国策研究会週報』第三巻二二号、五一四―五一五ページ、同、五五三ページ参照。

(36) 興亜諸団体の統合の実現が、六月一〇日の閣議決定「大日本興亜同盟」(仮称)にいたるまで延引した根拠は、第一次改組によって大政翼賛会自体の推進力が大きく制約されてしまったことにある。逆にいえば、国際政局の成り行きは見通しがつけられなかっただけに、それだけに興亜団体の統合は必要であったが、肝心の推進主体は、経済新体制構想の破産、大政翼賛会は改組とあっては、官界新体制どころか、軌跡を求めるべき推進力すらもほぼ喪失し去っていたのである。興亜団体の統合問題が、「難事中の難事」(前掲書、三巻二二号、五一四ページ)といわれたゆえんである。橋本文雄「興亜同盟を繞る愛国諸団体」『国策研究会週報』第三巻四七号『戦時政治経済資料　3』所収、一二三〇ページ。

(37) 秋永月三(企画院第一部長)「基本国策に就て」『国策研究会週報』第三巻四〇号『戦時政治経済資料　3』所収、二八三―二八六ページ。秋永が「人」ではなく「組織」の力と述べた背景には、「誰が総理になってもダメ」という自己の体験認識があったが、それで「組織」に注目したのであろうか。彼は、「ヒットラーのヒットラーたりうるのは、指導しうるだけの組織のある事」、つまり、ナチス党組織の存在が「組織」の原点だとみたのであった(二八六ページ)。

(二)　統制会

昭和一六年四月一八日の『朝日新聞』「有題無題」欄が、「各部門の勢力に対して按分比例的の満足を与へる、寄木細工的の仕組は、結局何人にも十分の支持を得難い嫌ひがある」と批評しているが、この批評は、大政翼賛会の大改組と内閣の改組で再出発を期待した近衛内閣にはぴたりの表現であった。すなわち、第二次近衛内閣が、その脆弱性を改造人事で補強しようとしても、挙国体制それ自体が寄木細工的仕組みであり、しかも大政翼賛会が国民組織のトルソをうち出すことに成功しなかった反面において、近衛内閣をとりまく国際環境は、隘路を打開し、ひらかれた展望をもちうる内閣運営の視野を許す状況ではなかった。例えば、日ソ中立条約の成立や、これに呼応するかの如きドイツのバルカン侵入という反応につづいて、独ソの開戦という決定的事態を迎えたとき、ドイツ軍圧倒的優位の予測と信奉が存在する一方では、この信奉感にも微妙な陰影が影を落としはじめていた。(1)しかも、従来どおりの中立・静観的態度を堅持する立場は、かえって、困難になりつつあった。とりわけ、三国同盟の締結のために、松岡外交の前途には危惧をいだかせる事態がまちうけていたからである。

とくに、経済界における「恐慌的事態」は、潜在的事態としてではなく、すでになし崩し的に進行しつつあり、その事態の深刻さは「正に想像以上」[2]のところまできていたのであった。改組をおえた第二次近衛内閣は、すでに経験したとおり再度国民運動を基礎として新政治指導力を調達する手だてはなく、かといって政党——新党——による政党の自力更生を期待することは、より一層困難であった。例えば、社説、「本末顚倒の政党運動」において、『朝日新聞』記事[3]は、

大政翼賛会に政治力がないと断じて、政党を作って見ても、解党以前の政党だけの政治力を集めることすら不可能なことは、衆目の一致するところであって、そこから日本の政治をよくする新しい政治力が発生することは、決して期待出来ない。

と指摘している。

ところがこの記事が掲載された直後に、「恃むは唯一つ自力　敢然〝日本の道〟を貫徹」と述べたのが、大政翼賛会総裁としての首相近衛の放送演説であった。だが、その近衛内閣は突如、三ヵ月後の七月一六日夜総辞職し、一八日、再度組閣することになった。しかし、この第三次近衛内閣に残された選択肢は、もはや政治新体制でも経済新体制への方向を探ることでもなく、ただ上からの、官僚機構の整備を唯一の手がかりとする対応策を検討することしか残されていなかった。当時の一財政雑誌が、これを評して、

今や英米の積極的経済攻勢に遭って、石油、鉄道の資材に就て略半年乃至一年の後に例へ現状を維持するとするも完全に手を挙げざるを得なくなってゐるのである。

これは確実に物動の数字の物語るところである。

と説明し、ついで、「満洲事変以来叫ばれつづけた『非常時』乃至は『危機』の正体は今や始めて明瞭な全貌を現はすに至ったのである」(4)と指摘した。この事態の認識は、とりわけても軍部のいらだちとなってあらわれた。例えば、軍統帥部の左記の要求のごときは、周知の七月二日の御前会議の決定をその背景にもっていることはいうまでもないとしても、軍の要求を直接内閣につきつけたものとして注目に値する。

新内閣下ノ初連絡会議ニ於テ統帥部ヨリ要望事項

昭和一六年七月二一日

大本営陸軍部

大本営海軍部

内外ノ情勢緊迫シ帝国ノ諸施策進行途上ニ於テ内閣ノ更迭ヲ見タルハ其ノ影響極メテ重大ナリト認メタリ然レトモ新内閣カ速カニ成立シタルコトハ寔ニ欣快トスルトコロニシテ大本営陸、海軍部ハ新内閣ニ対シ強力且誠意アル推進援助ヲ惜シマサルモノナリ

既ニ政府ノ声明其他ニ依リ政府ノ庶幾スル所ヲ明カニセラレアリト雖モ此ノ機会ニ於テ統帥部トシテ若干ノ要望ヲ述ヘントス

一、現下帝国ノ採ルヘキ国策ノ根幹ニ関シテハ七月二日御前会議決定ノ「情勢ノ推移ニ伴フ帝国国策要綱」ニ明カナル所ニシテ右ニ基ク内外ニ対スル諸施策ハ速カニ之ヲ完遂スルヲ要ス特ニ目下進行中ノ対仏印軍事的措置ニ関シテハ統帥部トシテ既定通リ適確ニ(内容及期日共ニ)之ヲ実行スルヲ要スルニ付政府ノ諸施策モ緊密ニ之

ニ同調セシメラレ度

二、現下ノ緊急事態ニ対応スヘク既ニ発足進行中ノ対南方及北方戦備ニ関シテハ之カ渋滞遅延ヲ許サス右ニ関シ政府ハ固ヨリ既定方針ヲ恪守セラルルコトト確信スルモ此ノ際重ネテ之カ強力且確実ナル実行ヲ要望致シ度

三、日米国交調整ニ関シテハ飽ク迄既定ノ方針ヲ堅持シ特ニ三国枢軸精神ニ背馳セサル如ク其施策ニ遺憾ナキヲ期セラレ度(5)

かくて昭和一六年八月三〇日、重要産業団体令が公布され、九月一日から施行されることになったのは、まさに、この時点での処理であった。

しかし、重要産業団体令が施行されたにもかかわらず、個別の重要産業を指定する閣令の公布は、なかなか行なわれなかった。その理由のひとつは、商工省側が統制会会長の専任制を強硬に主張したのに対し、会長たるべき民間人材は、現職を離れて統制会会長に専任することは難しいと財界が反対したことと、もうひとつ、統制会への監督権をめぐって、各省間の所管争いがきわめて激しかったことがあげられよう。(6)たしかに財界自体も、在米日本資産凍結令(七月二五日)を契機に、八月一日には対日航空機用ガソリン禁輸措置がとられ、もはや好むと好まざるとにかかわらず、臨戦態勢の接近という事態を認識せざるをえなかった。九月六日の御前会議が、一〇月下旬をメドとして、「帝国国策遂行要領」の完成という重要決定をとりきめたのはこの時点であった。

しかし、右の経緯からも明らかなように、重要産業団体に関する勅令案要綱の発布は難航を重ねた。それは、直接物を生産する当事者たる産業資本家側が、その「捨身の攻勢」に出たからである。しかもこの時点では、革新勢力の

敗退にもとづく「軍財の抱合」とか、「官財の妥協」といわれる事態から見るかぎり、官僚が財界を完全支配下に置くことが出来なかったように、財界も官僚を完全に屈伏させることもできなかったのである。そして、このことが、やがてでき上がる統制会をして二重機能の持主たらしめたのである。すなわち統制会は、一面では、業者の自発的・企業共同体であった。だがそれと同時に、統制会の存在は国民全体の立場に立った国策代行機関として、経済統制の中枢機能をも果たさなければならなかった。しかしながら、公益と私益という形で相互に矛盾する指向を統合する統制会の運営面では、官僚と財界とがそれぞれ自己に都合のよいように統制会を使い分けようとする傾向性がひそめられていた。それだけではなく、第一次指定と第二次指定によってつくり出された二一の統制会は、それぞれがその「主務官庁」との「結びつき」をもっていた。このために、重要産業統制団体協議会の存在にもかかわらず、経済新体制が当初に予定した経済参謀本部ないしは最高経済会議の機能をもつことは、依然としてというよりは、もはや不可能ともいうべく、この課題との取り組みは掛け声に終わろうとしていた。すなわち、経済新体制確立要綱がかつて、「全産業を統括する最高経済諸団体は必要ありと認めたるときに於て之を設置す」との規定を設けたが、当の企画院も、商工省も、また各省庁側も、この点では極めて消極的であった。もし予定された経済参謀本部の設置が、当初の期待に反して民間側の発言力を強化するおそれがあるとすれば、官庁側にとっては不都合であった。したがって、最高経済会議の存在を民間側が推進し、要請しても、官庁側はこれに対して消極的態度に出ることになろう。逆に、民間側としても、中央に強力な経済参謀本部ができ上がるとすれば、中央の統制力の拡大強化のまえにはそれぞれのセクションごとの自己利益の拡大・追求は困難となろう。したがって、中央行政官僚制の側も、また財界側も、相互に利益を守るべく団結することはあっても、それまでであり、また個別利益を追及する個別の統制会単位の側からは、中央の統制力の強化には反対であった。かくて、経済新体制問題のツメを統制会方式に見出しつつも、第三次近衛内閣としては、かつての経済新体制における課題の遂行を統制会に期待することができなかったのである。しかも、さきに引用したように、統帥部よりの「要望事項」が日限をかぎって注文され、国務への圧力は一層強化されつつあった。例えば九月六日の御前会議では、「帝国国策遂行要領」の三にいう「我要求ヲ貫徹シ得ル目途ナキ」場合の認定をめぐって、東条英機陸軍大臣からの要求にそれは端的にあらわれた。一〇月一六日の近衛首相の「総辞職上奏文」には、国務の統帥への屈服の経緯が次のように記されている。(8)

臣ハ衷情ヲ披瀝シテ東条陸軍大臣ヲ説得スベク努力シタリ之ニ対シ陸軍大臣ハ総理大臣ノ苦心ト衷情トハ深ク諒トスル所ナルモ撤兵ハ軍ノ士気維持ノ上ヨリ到底同意シ難ク又一度米国ニ屈スルトキハ彼ハ益々驕横ノ措置ニ出デ殆ンド底止スル処ヲ知ラザルベク仮令一応支那事変ノ解決ヲ見タリトスルモ日支ノ関係ハ両三年ヲ出デズシテ再ビ破綻スルニ至ルコトモ亦予想セラル且国内ノ弱点ハ彼我共ニ存スルヲ以テ時期ヲ失セズ此ノ際開戦ヲ決意スベキコトヲ主張シテ已マズ懇談四度ニ及ビタルモ終ニ同意セシムルニ至ラズ是ニ於テ臣ハ遂ニ所信ヲ貫徹シテ輔弼ノ重責ヲ完ウスルコト能ハザルニ至レリ是偏ニ臣ガ非才ノ致ス所ニシテ洵ニ恐懼ノ至ニ堪ヘズ仰ギ願ハクハ聖監ヲ垂レ給ヒ臣ガ重責ヲ解キ給ハンコトヲ臣文麿誠惶誠恐謹ミテ奏ス。

かつて近衛首相が新体制準備会での冒頭の挨拶の中で提起した、「統帥と国務」の「調和」という「二重政府」(9)の基本矛盾は、こうして大政翼賛会発会式後満一カ年の時点において、御前会議の決定を背景とした統帥部の威力のまえに、国務の譲歩・屈服という形で決着がついた。統帥と国務、国務と統帥という二元主義は、ここに近衛第三次内閣の総辞職という形をとってあらわれた。しかも、統制経済体制を中心とする国内体制の整備は、それが未整備の段階にあるがゆえに、事態打開の契機を見出せなかったのであるが、太平洋戦争へ突入することによって、否応なしの対応に迫られることとなったのである。

（1）『朝日新聞』昭和一六年四月一四日。

（2）『第二次第三次近衛内閣政治経済報告』（仮題）下「独ソ開戦と岐路に立つ国内政治」。

（3）『朝日新聞』五月二九日社説。

（4）この雑誌は、打開策の第一は「外交転換の途」であるが、これはほとんど実現の可能性なきものと判定し、残る第二の道は南方への道を採択する道であるが、これはイギリスとの衝突のみならず、おそらくアメリカとの衝突を伴うであろうと推測し、かといって、第三の道すなわち「何事もなさずして『ただ支那事変処理をはかる』といふが如き道は、最早存在しないのである」とみていた。そして、一〇月以降冬期にかけて、これらの問題が「日本政治の中心課題」となるだろうと予測していた（八月二九日付記事）。

（5）この統帥部よりの要望事項の末尾にある、日米国交調整のための「既定方針」とは、引用した要望事項の註に、昭和一六年五月三日、七月一四日付の「野村大使ニ与ヘタル訓令ノ精神トス」とわざわざ釘をさしている。同年六月五日付の「現情勢下ニ於テ帝国海軍ノ執ルベキ態度」によれば、「帝国海陸軍備ガ資材的ニ英米ノ手中ニ掌握セラレアリタル悲境」にあったという認識が示されている。企画院の「戦争遂行ニ関スル物資動員上ヨリノ要望」（昭和一六年七月二九日）によれば、事態は「今ヤ帝国ノ経済事情ハ極メテ不利ナル状態ニアリ」と認定している。「英米トノ間ニ本質的且全面的ナル経済断交招来スルニ於テハ其結果ハ極メテ重大ナルヲ覚悟セザルベカラス」、「帝国軍ノ作戦成果ト新生産態勢整備トノ調和ニ関シ確乎タル目算立ツ迄ハ努メテ長ク英米トノ本格的断交ノ到来ヲ回避」しなければならない、という判断は、右の経済事情に由来する側面をもつことは明らかである。他方においては、それゆえに、「徒ニ国際政局ノ局部的波動ヲ逐ヒテ武力戦ヲ展開スルハ戒ムヘキモノナリトス」という状況判断が成立する。しかしながら、それゆえに逆に、「反面現状ヲ以テ英米等ニ依存シ資源ヲ獲得シテ国力ヲ培養セントスルモ今ヤ極メテ困難トスル所ニシテ現状ヲ以テ推移センカ帝国ハ遠カラズ痩衰起ツ能ハザルベシ」という見通しも、成り立つ。そこで、企画院の「戦争遂行ニ関スル物資動員上ヨリノ要望ハ、即チ帝国ハ方ニ遅疑スルコトナク最後ノ決心ヲ為スベキ竿頭ニ立テリ」と結んだのである。これを、六月五日付の、「現情勢下ニ於テ帝国海軍ノ執ルベキ態度」の結びにある「今ヤ帝国ハ和戦孰レカノ決意ヲ明定スベキ立場ニ在リ」と比較すれば、両者は一致している。ここで、昭和一六年九月六日の御前会議で決定された、「帝国国策遂行要領」の三原則にいたる方向線が決定されたといえよう。「『帝国国策遂行要領』ニ関スル御前会議ニ於ケル質疑応答資料」は、「是ニ於テ日米ノ政策ハ根本的ニ背馳シ両者ノ衝突ハ一張一弛ヲ経テ遂ニ戦争ニ迄発展スヘキハ歴史的必然性ヲ持ット云フヘキナリ」「現実ノ事態ハ米国カ其ノ対日政策ヲ変更セサル限リ帝国ハ自存自衛ノ為最後ノ手段タル戦争ニ訴ヘサルヲ得サル絶体絶命ノ境地ニ立到レルコト茲ニ再言ヲ要セス」という判断を示している。しかもこの断定は、じつは、内閣書記官長富田健治、陸軍軍務局長武藤章、海軍軍務局長岡敬純の三者が、御前会議の質疑に備えて、予め作成したものであったといわれる。この方向に沿った御前会議の決定が、やがて第三次近衛内閣総辞職の引き金になったことは周知のところであるが、統帥と国務の中枢責任者とのあいだでこの資料が作成されていたことを見落としてはならない。

(6)『第二次第三次近衛内閣政治経済報告』下。

(7) 重要産業統制団体協議会については、経済団体連合会『経済団体連合会前史』昭和三七年第二編、重要産業協議会編『統制会必携』昭和一九年版、帝国出版参照。

(8) 国立国会図書館憲政史料室『近衛文麿公関係資料目録』F.「第二次及び第三次内閣」17所収「第三次近衛内閣総辞職上奏文」。

(9) 拙著、前掲書、五七、二三五、二四五ページ参照。

(三) 官界新体制

「統帥と国務」の調和という課題にかんし、山積する緊急事態に取り組むべくして、容易にその糸口を見出しえない状況にあって、新体制準備会の挨拶で近衛首相が提唱した「統帥と国務」の「調和」という課題における官界新体制構想は、その後どう展開し、どのような展望のもとにあったのか。統帥に対してはもとより、国務レベルでの行政セクショナリズムが、内閣の脆弱性をもたらす決定因であっただけに、この問題点への追跡は、大政翼賛会構想の基石の分析としてのみならず、より具体的には、内閣制度そのものの構造矛盾を解析する手だてと推定しうるであろう。

大政翼賛会が独自にこの問題に取り組もうとしたのは、昭和一五年末から一六年初頭にかけてであったが、この段階に、民間側にあってユニークな構想力を示したものとしては、例の国策研究会の試案がある。それは、「行政新体制要綱試案」(一六年三月)と称されるもので、その主題に行政新体制をうたい、またその基本方針として左記の五方針が掲げられていた。

行政新体制確立の基本方針

一、現下内外の重大変局に対処して国運の飛躍発展を期せんが為には、国内体制を最高度の国防国家体制に整備し、国力を綜合・一元的に発揮せしむるを要す。

二、官界新体制の整備を斯る国防国家体制整備の一環として捉へ、特に民間新体制の整備と相照応せしむることに留意すると共に、最高の機構と運用の上に於て所謂統帥と国務の一体的調整を実現するを以て眼目となす。

三、行政新体制整備に関する指導方針を特に左記の点に置く。

1、行政の一元的綜合性と統率力の確立強化を期すること。

2、行政企画機関を整備拡充すると共に執行監査機構を確立すること。

3、官吏の責任制度を樹立すると同時に行政執行事務の敏速処理を適切ならしむる機構を確立すること。

4、時務の要請に適応する国策の重点主義的遂行を容易ならしむる機構を確立すること。

四、行政機構の改革は各省の廃置分合等根本的改革を理想とするも、現下内外の情勢に鑑み之を他日に譲ることゝし、本研究に於ては当面行政体制改革の力点を左記各項に置き、其の実施に当つては諸般の関係を考察しつゝ緩急の序に順はしむるものとす。

1、内閣制度

2、各省機構
3、地方行政機構
4、其の他
五、機構改革に附随して機構運用及び官吏制度並に其の運用の改革をも併行的に行ふものとす。(1)

右の行政新体制確立の基本方針のうち、三の1、2、3、4の基本課題の指摘がなされ、それとともに、四では、行政機構の改革は「根本的改革を理想とするも、現下内外の情勢に鑑み之を他日に譲ることとし」と述べて、「本研究に於ては当面行政体制改革の力点を左記各項に置き云々」とし、四の1、2、3、4の四項目が羅列されている。四項目とはすなわち、「内閣制度」、「各省機構」、「地方行政機構」、「其の他」の四項目である。「試案」は、「行政機構の改革」(2)と、「行政機構運用の改革」(3)とはそれぞれ別箇の存在で、相反するものだと認識している。また、「官吏制度並に其の運用の改革」は、機構改革に「附随」した問題として掲げられているにすぎない。したがって、この第四、第五の柱は、行政機構の「根本的改革」の中心課題であるが、それは「他日に譲る」形において項目が羅列されているに止まり、むしろ、行政機構の改革ではなく、「行政機構運用の改革」、すなわち現状肯定論が前提になっている、と指摘せざるをえない。しかも、この国策研究会の「行政新体制要綱試案」をさいごに、この種の構想すらも、跡を絶つにいたったことに、注目すべきではなかろうか。

右に述べたように、国策研究会の試案以後は、事態に積極的に取り組もうとする動きはもうみられなかったのであるが、改組された大政翼賛会の運営にあって注目すべき点は、「官界新体制官民懇談会」が設けられ、そこで「官界新体制官民懇談会」における「民間側綜合意見要旨」(一六年五月一日)なるものが発表されていた。要旨は左記のと

おりである。(4)

官界新体制官民懇談会に於ける民間側綜合意見要旨

大東亜共栄圏の確立を目標とする高度国防国家建設の為には、政治、経済及文化の各部面に亘る新体制の実現を不可欠の要件とするも、特に経済部面に於ける再編成の確立と相俟つて官界に於ける新体制の断行を図るは、夙に全国民より切実に要望せられたる所である。

政府に於ては曩に行政機構並に官吏制度の両方面に亘り刷新に着手せるものあるも何れも単なる部分的修正にして不徹底なるを免れざる結果、尚未だ行政事務遂行上甚だしき不統一ありて且重複競合を来せるもの尠からざるを以て、之が徹底的改革を断行して有機的統合を実施するの要極めて緊切なるものがある。而して此事たるや既に論議の時期に非ずして即時断行を必要とするの秋に直面せるものと謂ふべきである。

然るに今日まで幾多の改革を行はんとして遂に之が実現を見ざる所以のものは実に政治力の薄弱なるに基因するものと謂ふべく、仍て政府は此の際強大なる政治力を発揚し左記に依り官庁事務の能率増進、行政事務の民間団体への委譲、官吏制度の改善及行政機構の整備を即時実行し以て官界新体制を確立し国内各方面に於ける新体制確立の推進力たらしめ、併せて民間人の政府への協力に対し明確なる方向を示されんことを要望するものである。

次に、右の総論につづいて、以下に、一「官庁事務の能率増進」、二「行政事務の民間団体への委譲」、三「民間の知識経験の活用」、四「官吏制度の改善」、五「行政機構の改革」の五項目をとりあげている。

1　官庁事務の能率増進

一、官庁事務の一元化と緊密なる連絡保持
行政機構の整理統合に依り官庁事務の綜合一元化を図りて之が減少を期すると共に関係各省間、関係各部局間の連絡を緊密ならしめ其の進行上の渋滞を避くべきこと(第五行政機構の改革参照)

二、官吏の素質の向上
官吏の質的向上に努むると共に転任を少くして担当事務に就ての知識経験を豊富ならしめ以て能率の低下を防ぐこと(第四官吏制度の改善参照)

三、命令の徹底
官界に於ても指導者原理を確立して下克上の弊風を除去し上司の命令の透徹を図り以て属僚中心の行政に陥り易き弊を改むること

四、許可認可事項等の整理と手続の簡易化
許可認可事項及報告届出事項は之を最少必要限度に整理し且必要止むを得ざるものに在りても其の手続の簡易化を図ること(第二行政事務の民間団体への委譲参照)

五、許可認可事務の能率化
許可認可関係事務は大要左の如き方法に依り之が能率化を図ること

(一)　特定事項の許可認可に関する事務は民間団体をして之を代行せしむること(第二行政事務の民間団体への委譲参照)

(二)　許可認可申請の経由官庁は成るべく之を省略し其の事務の縮少を期すると共に其の通達を迅速ならしむること

(三)　許可認可に関しては特殊事項を除き原則として関係官庁は申請書受理後一定期間内に決定を為すを要することとし、此の期間内に決定なきときは許可認可ありたるものと見做すこととすること(賃金統制令施行規則第四十一条にも此の種の実例あり)

六、統制法規の平易化

経済統制に関する法規の多くは極めて難解にして一般の不便甚だしきものあるを以て之が平易化を図りて其の普及周知に資すると共に其の解釈を統一して官庁を異にするに依り之が区々に分るるが如きことなきを期すること

2　行政事務の民間団体への委譲

一、委譲すべき民間団体

政府は現に産業団体統制令の制定を準備しつつあるが、同令に基く統制会に対しては成文的に一定範囲の行政事務の委譲を規定すると共に更に進んで同令に基かざる民間経済団体と雖も之に準じ其の機構機能共に整備せるものに対しては行政事務を委譲すべきこと

二、委譲事務の範囲と政府の監督

民間団体に委譲すべき行政事務は可及的広範囲に亘らしめ、特に統制の経済的部面に属する実務は之を民間団体に一任し、且政府の指導監督は大綱にのみ止むること

三、委譲事務の例示

民間団体へ委譲するを適当と認めらるる行政事務は生産割当、配給等に関するものの中に之を見出し得べく或は(一)会社経理統制令に関する事項(二)賃金統制令に関する事項(三)価格等統制令に関する事項等現に実施しつつある法令中にも多くを挙げ得べきも、尚今後実施することの予期せらるる小売業免許制度等に就きては之が成文化に当り努めて其の事務を民間団体に委譲することを趣旨とすること

3　民間の知識経験の活用

一、民間人の登用

官吏の特殊なる知識経験の不足に因る能率低下を防ぐために此の種知識経験ある民間人を広く官吏に登用すること

二、委員会制度の活用

政府の各種委員会には多数の民間人をして之に参加せしむる外之等民間委員をして其の中に在りて直接企画立案の衝に当らしむるが如く之を改善すること

三、顧問及参与制度の活用

顧問及参与は各省の外其の部、局等に就ても之を設置することとし、常に其の意見を企画立案に資し真にブレーン・トラストたるの実を挙げしむること

4　官吏制度の改善

一、責任観念の徹底

官吏の責任観念を高め、且其の地位転換に依り責任を免るるが如き従来の弊を改め以て信賞必罰の確立を期すること

二、官吏の採用及訓練
官吏の登用に当りては法律万能、知識偏重を排し広く有為の人材を採用し適材を適所に配置することに努むること
初任者に就きては之を試補として一定の期間勤務せしめ其の人物の長短を具さに吟味したる後初めて責任ある地位に就かしむること
官吏再教育に就きては会社、工場等に於ける実務に従事せしむるが如き適当なる方策に依り実効を挙ぐるを期すること
三、頻繁なる更迭の防止
産業経済関係の行政に鞅掌する官吏には頻繁なる更迭を避け永く同一職務に従事せしむる方法を講ずること、即ち位階勲等昇進及昇給等は同一職務に永く勤務するの故を以て停滞せしむることなく、豊富なる経験と熟練せる手腕とを同一職務に在りて永く十分に発揮せしめて産業経済の実情に即したる行政を行はしむること、例へば一部局の課長、技師と雖も其の地位に止りて勅任官迄昇進し得る途を講ずること
四、官吏の減員
現行官吏制度は其の時々の要求に従ひ累積的に設置せられたる為時勢の変転に伴ひ全く其の機能を失へるもの或は其の必要を認めざるもの尠しとせず。依って此の際時局下比較的重要ならざる官吏は其の数を減じ重点主義に依る再配置を断行すること
五、待遇の改善
官吏の待遇は此の際改善を加ふる要あるを以て事務の簡捷、機構の単純化に依る官吏の減員を断行すると共に

其の待遇の改善を図り特に下級官吏に対しては一層優遇の途を講ずること

5　行政機構の改革

一、経済計画中枢機関の設置
内閣に経済計画の中枢機関を設け之に民間人を参画せしめて、重要政策案の審査、各省間の摩擦の調整及政策の統合に膺らしめ以て経済新体制に即応する官民一体の綜合一元的行政を樹立遂行せしむること
二、監査機関の設置
内閣に監査の機関を設け之をして統制経済運行が所期の如き効果を挙げ居るや或は政府の施設に対し広く国民は如何なる要望を懐けるや等国政諸般に亘りて監査督励を為さしむると共に官規の振粛、能率の増進及事務の統一を掌らしむること
三、各省の統合
国策の完全なる遂行と行政の円滑なる運用とを期せんがためには、現在の各省を適当数に統合して其の有機的一体性を確保するにあるを以て、之が実現に関し十分なる攻究をなすこと
四、地方行政機構の改革
中央集権的画一的行政の弊害を除去し高度国防国家の体制を整備し経済統制運用の円滑化を期するため地方行政機構に関し再検討を加へ之が統合刷新を断行すること

右の第一回官民懇談会のあとをうけ、「官界新体制に関する当面の具体的改革案」が提示されたのは、一六年五月二〇日であった。ここではしかし、正面から官界新体制がとりあげられる空気ではなく、問題を「官庁事務能率の増

進」に限定して、行政事務の簡易化、許可認可に関する期限設定、陳情処理の適正化、民間団体の活用、民間の知識経験の活用、の五項目がとりあげられるにとどまった。五月二四日付の「政府に対する要望」をふくめ、「官界新体制に関する当面の具体的改革案」の具体策は左のとおりである。

官界新体制に関する当面の具体的改革案

官界新体制確立の緊切なることは曩に第一回官民懇談会に於て詳細陳述したる所であるが、差当り問題の焦点を『官庁事務能率の増進』に置き、左の数項に分ち之に関する具体的対策を掲記するを以て、政府は速かに之が実現に付善処せられんことを望む

１　行政事務の簡易化

一、権限の整理統一

各官庁の各種法令に基く権限は重複競合せるもの尠からざるを以て之が整理統一を図ること

実　例

イ、港湾に関する行政事務は内務省、大蔵省、農林省、商工省、逓信省、鉄道省及厚生省の七省に分属するのみならず内外地官庁間に亘るものもあり、之が為手続複雑多岐を極め、労力の空費、船舶能率の減退を来す

ロ、海運会社の従業員に対する給与に付ては次の如く其の所管が分属する為手続煩雑なるのみならず、従業員相互間の均衡を期すること困難なり

（Ａ）　陸上職員　　会社経理統制令に依り大蔵省所管

（B） 陸上労務者　賃金統制令に依り地方長官所管
（C） 船　　員　船員給与統制令に依り逓信省所管

ハ、内地港湾に入港する船舶の検疫に関しては其の取扱最近漸次改善せられつつあるも尚未だ内地一港に於て検疫済の船舶にして所定の条件を具備せる場合に於ても第二次以後の入港に際し自由入港を認められず同様の検診を数次に亘りて受くることあり

二、連絡の緊密化

（1） 官庁相互間及官庁内の各部局間の連絡の緊密化を図り事務の処理を迅速ならしむること

（2） 一事項に関連して二以上の官庁に提出する申請に付ては当該官庁間に於て緊密なる連絡を採りつつ並行的に進捗するやう努むること

（3） 内容全く同一なるに拘らず各官庁毎に又は各部局毎に異る書式に依る報告を時々提出することを求めらるることあるも之等の形式は可及的に之を統一すること

実　例

イ、統制物資の配給に関する横断的連絡なき為例へば機械製作に際し発註承認書の下付ありて主材料の配給あるも副材料の配給が数ケ月も遅延することあり、又ゴムベルト、電線類に付ゴム及銅の主材料の配給あるも副材料たる綿布、綿糸の配給著しく遅延することあり

ロ、外国在留邦人の寄贈に係る米穀の輸入に付農林省の輸入許可ありたるも、農林、大蔵両省間の連絡を欠きたる為大蔵省の無為替輸入許可が著しく遅延し為に犠牲的に斡旋せる貿易業者が不測の損害を蒙りたり

ハ、自家用火力発電所に関し電気庁の異る部局より各別に同一調査を要求せられたる事実あり、右は技術課

よりの自家発電所の発受電関係に関する調査並に企画課よりの自家用火力発電所調査に関する照会にして形式異るも其の内容は全く同一なるものなり

三、手続の簡易化

（１）許可、認可及届出等に付ては、経由機関は成るべく之を省略すると共に、各種手続に伴ふ添附書類の如きも之を最少限度に止むること

実　例

イ、第三国向輸出に当り、工業組合、市場別輸出組合、商品別輸出組合、日本貿易振興株式会社及商工省貿易局に対し生産者直輸出の場合に於ては合計二十余通の書類の提出を要し、貿易業者の輸出の場合に於ては合計数十通の書類の提出を要す

ロ、円ブロック向輸出に当り商品別統制会社、東亜必需品輸出組合、日本東亜輸出入組合連合会及商工省貿易局に対し生産者直輸出の場合に於ても合計三十余通の書類の提出を要す

（２）同種の営業を営むものが同種の許可認可の申請を為すに当りては之を統制団体をして一括申請せしむる方法に依ること（包括許可制の活用）

実　例

価格等統制令に依る輸出品（綿織物、人絹糸、毛糸等）の国内取引に関する許可申請は全く同種なるに拘らず多数の各個人より個々に地方長官経由商工大臣に提出するを要す

四、許可認可及届出事項の整理

（１）許可、認可及届出を規定せる法令が時勢の進展に依り実情に適合せざるに至りたるものに付ては、之を

整理すると共に許可及認可事項とすることの必要比較的尠きものは之を届出事項に改むること

（２）　地方長官の許可事項にして右許可に関し主務大臣の認可を必要とする場合極めて多きも斯くの如き許可に付ては単に地方長官又は主務大臣の何れか一方の許可に止め必要ある場合に於ては同時に他の一方の官庁に対しては同一書類の複写を届出づることに改むること（複写制活用）

（３）　同一官庁内の各部局が同一書類の提出を命ずる事例多きも斯の如きは部局間の連絡の緊密化に依り一通を以て事足るやう改むること

実　例

イ、パルプ生産実績届出は商工大臣、繊維局長及官房調査課長宛夫々提出を要す

ロ、満洲、支那向重工業製品の輸出に関しては対満事務局又は興亜院の発註許可書、統制団体の製造認定書及商工省の輸出許可書、大蔵省の無為替輸出許可書（前受金に対し）を要し、而も夫々の許可に複雑なる手続と多くの日子とを要する為輸出許可期限が工事工程の実情に適応せざる等種々なる支障を生ず

2　許可認可に関する期限設定

一、統制に関する許可認可にして、之が決定の遅延により生産の能率を阻害し又は営業若は経済生活の維持に支障を生ぜしむる虞れあるものは勿論其他統制関係以外の事案の許可認可にして軽微なるものに関しては、原則として所管官庁をして申請書受理後一定期間内に之を決定せしむるやう明文を以て規定すること

二、右期間は例へば之を左案の如き期間内に於て関係官庁は可及的速かに之を処理すること

（１）　直接主務官庁に対し申請の場合にありては之を十日以内とすること

（２）　申請が経由官庁を通じて為さるる場合にありては之を十五日以内とすること。但し経由官庁は此の場合

五日以内に主務官庁に之を申達するを要すること

（3）　前各号の期間内に之が決定を困難とする事由ある場合は主務官庁は更に十五日の範囲内に於て之が期間を延長すること、但し期間の延長を行ふ場合は主務官庁は前各号の期間内に申請者に対し之を通達するを要すること

三、所定の期間内に主務官庁之が決定をなし申請者に対し通達せざるときは許可又は認可ありたるものと見做すこと

3　陳情処理の適正化

一、各省に対する民間の陳情に関しては之が受理斡旋の為必要なる部局には当該部長附又は局長附として特に担当者を置くこと

二、統制経済強化に伴ひ近時激増しつつある民間側各種の陳情に関しては、之を整理して官庁事務の停頓を防止すると共に、十分実情を聴取せしむるため、可及的に民間団体をして之を取扱はしめ、之等団体に於て陳情の趣旨を認めたるものに付ては関係官庁に於て之が適切なる措置を攻究実施すること

4　民間団体の活用

一、民間団体職能範囲の拡大

（1）　政府は国家総動員法第十八条の規定に基き重要産業団体令の制定を準備せられつつあるも同令に基く統制会に対しては相当範囲の行政事務を取扱はしむることを明瞭に規定すること

（2）　他の法令に基く民間経済団体及法令に基かざる民間経済団体と雖も其の機構整備せるものに付ては可及的広範囲の事務を取扱はしむること

（3）　猶今後の産業経済関係の立法に当りては民間団体活用の趣旨に基き之等団体の職能範囲を拡大し官庁事務簡捷の一助たらしむること

二、民間団体の運用

（1）　民間団体をして取扱はしむべき事務の範囲は前述の如く之を可及的広範囲に亙らしむを必要とするも、特に重要産業団体令に基く統制会に対しては、『経済新体制確立要綱』の趣旨に基き又最近結成せられたる鉄鋼統制会の例に倣ひ自由的経営の実現を期せしむるため政府の指導監督は之を大綱に止め且経営の実務に介入せざること

（2）　重要産業団体令に基く統制会の理事者の選任に関しても名実共に『経済新体制確立要綱』の趣旨に基き民間経済界の第一線に活動しつつある有能の士をして之に膺らしむること

三、民間団体をして取扱はしむべき行政事務の例示

（1）　国家総動員法関係

国家総動員法関係法規の運用は事国家の機密に属すべきも、其の発動に基きて行はるべき許可及認可は之を重要産業団体令に基く統制会又は之に準ずべき民間団体等をして取扱はしむるも支障なきものと思惟せらるるものに付左に其の数例を掲記す

イ、会社経理統制令に関する事項

会社経理統制令の運用に関しては政府は其の大綱を統ぶるに止め他の細目に亘りては之を実情に即せしむる為一般準則を定め之に拠らしむること

ロ、賃金統制令に関する事項

同令第十四条乃至第十七条に規定する雇傭賃金に関する地方長官の認可は予め主務大臣の許可を経たる準則に拠り民間経済団体をして之を行はしむること

ハ、価格統制令に関する事項

同令第三条に規定する協定価格に関する主務大臣の認可に付ては商工会議所の承認ありたる場合は主務大臣の認可ありたるものと見做すこと

ニ、地代家賃統制令に関する事項

同令第四条第一項、第七条第一項及第八条に規定する地代家賃の変更に関する地方長官の許可認可に付ては予め定められたる準則に基き民間経済団体(例へば商工会議所)の承認ありたる場合は地方長官の許可ありたるものと見做すこと

（2）製造関係

イ、鉱産法に関する事項

同法第七十五条に規定する採掘権者が鉱夫の雇傭及労役に関する規則を定めたる場合の鉱山監督局長の許可に付ては、民間経済団体の承認ありたる場合は鉱山監督局長の許可ありたるものと見做すこと

ロ、製鉄事業法に関する事項

同法施行令第二十一条及第二十二条に規定する輸入税の免除を受けたる物品を輸入税の免除を受くることを得べき他の用途に供せんとする場合並に輸入税の免除をうけたる物品を目的の用途に供するに付輸入の日より三年の期間を超ゆる場合の商工大臣の認可に付ては鉄鋼統制会の承認ありたる場合は商工大臣の認可ありたるものと見做すこと

ハ、軽金属製造事業法に関する事項
同法施行令第七条及第八条に規定する前（ロ）号と同一の場合の商工大臣の認可に付ては民間統制団体の承認ありたる場合は商工大臣の認可ありたるものと見做すこと

（3）配給関係

イ、臨時肥料配給統制法に関する事項
同法第二条及第三条の規定に依る肥料配給規則第三条に規定する肥料製造業者より其の製造に係る臨時配給肥料を売却の目的を以て買入れんとする場合の地方長官の認可に付ては民間統制団体の承認ありたる場合は地方長官の認可ありたるものと見做すこと

ロ、商店法に関する事項
同法第七条第三項及第四項に規定する繁忙時に於ける六十日以内の営業時間の延長及臨時必要時に於ける営業時間の延長に関する地方長官の許可並に第八条第二項に規定する繁忙時に於ける店員の休日減少に関する地方長官の許可に付ては商工会議所の承認ありたる場合は地方長官の認可ありたるものと見做すこと

ハ、百貨店法に関する事項
同法第四条第二号及第三号に規定する売場面積の拡張、出張販売等に関する商工大臣の許可並に同法施行規則第九条第二項に規定する繁忙時に於ける閉店時間の繰延に関する商工大臣の許可に付ては民間団体（例へば商工会議所）の承認ありたる場合は商工大臣の許可ありたるものと見做すこと

ニ、小売業免許制度に関する事項
今後実施せらるることあるべき小売業免許制度に付ては之が立法に当り其の許可事務を商工会議所に取扱

はしむるやう規定すること

（4）　貿易関係

イ、輸出入品等臨時措置法に関する事項

同法に基く臨時輸出入許可規則第六条第二項に規定する輸入許可を受けたる商品の輸入期限延長に関する商工大臣の許可に付ては民間統制団体の承認ありたる場合は商工大臣の許可ありたるものと見做すこと

更に同規則第一条の輸出に関する商工大臣の許可並に同規則第三条の輸入に関する商工大臣の許可に付ても予め政府に於て定めたる輸出入計画に基き其の定むる範囲内に於て輸出又は輸入を実施すべき特定商品の業者及其の業者に割当つる数量又は其の実施時期等に付之を民間統制団体をして行はしむること

（5）　保険関係

生命保険会社外務員の登録事務は商工省に於て取扱へるも之を民間統制団体（例へば生命保険会社協会）をして行はしむること

5　民間の知識経験の活用

一、委員会制度の活用

政府の各種委員会に付ては、出来得る限り多数の民間人を之に参加せしめ之等民間委員をして其の中にありて直接企画立案の衝に当らしむるが如く之が制度を改善すると共に、委員会に於て審議すべき事項を明瞭に規定する等適当なる方策を講じ、以て委員会をして有名無実ならしめざるやう努むること

二、顧問及参与制度の活用

民間の知識経験を活用するため、経済行政関係官庁は民間人を顧問及参与に任用すること、而して顧問及参与

は啻に各省のみならず其の部、局等にも之を設置することとし、成文を以て明瞭に其の権限を定め、関係省、部、局等の重要経済政策に関する企画立案に付ては必ず之に参与せしむること

三、委員、顧問及参与の選任

民間人を委員、顧問及参与等に選任するに当りては現に経済界にありて其の第一線の実務を担当し、実際の知識経験に富む有能の士を之に充つるやうに特に留意すること

「官界新体制に関する当面の具体的改革案」を提起した側の代表として、藤山愛一郎が左のように「挨拶」している。これは、当面の具体策を簡潔にとりまとめたものである。

挨拶要旨(一六・五・二四)

行政機構の改革及び官吏制度の改革等の事柄を始めとして、官界新体制の全面的実現が生やさしい問題であるとは考へてゐない、然し困難だからと言つて今日之が解決を放任しては置けない、固より官界新体制確立に関する各種の改善方策はその間自ら軽重の差もあらうから、その実施に付ては緩急宜しきを得ねばならぬが、明瞭な目標だけは樹立しておかねばならぬ、そして同時に此の目標に向って進んで行くといふ固い信念と誠意とがなくては、恐らく官界新体制の実現も困難である、斯様に考へ、私共は茲に官界再編成断行対策に付ての最後のお願ひとして、二つの提案を申し上げたい、その一は「経済新体制確立要綱」の例に倣ひ、速に「官界新体制確立要綱」ともいふべき政府の一の根本的指標を決定発表して欲しいことである、「経済新体制確立要綱」の指示に従ひ財界は兎に角協力一致邁進してゐる、同要綱が之程の重大意義を有つものであつたに鑑み私は「官界新体制確

立要綱」の決定が一日も早く実現することを希望するものである。

第二は、決定した「官界新体制確立要綱」の嚮導に従ひ、且私共の具申した各項目の実現を促進する為、速に官民の委員を以て構成する官界新体制確立に関する有力なる委員会を設けて戴きたい事である、而して委員会の委員は、必ず之を官民双方より選任して貰はねばならぬ、又財界のみならず特に農村代表、学識経験者をも包含した委員会とされたい、政府は先づ以て以上二項の提要を実現して、一面政府自らその政治力を強化し、この強化した政治力の上にしつかりと腰を据ゑて官界新体制の実現に邁進するの決意を闡明すると同時に、他面民間の之に対する協心戮力を確保し、官界新体制を一刻も早く確立せられんことを希望する。

政府に対する要望

一、政府は曩に決定発表せる「経済新体制確立要綱」の例に倣ひ、速に「官界新体制確立要綱」を決定発表せられたきこと

二、政府は官民委員を以て構成する官界新体制確立に関する委員会の設置に付考慮せられたきこと

藤山の挨拶は右のとおりであって、それは、さきに決定・発表された「経済新体制確立要綱」の例にならって、すみやかに「官界新体制確立要綱」を決定することが必要であり、それを「一日も早く実現することを希望する」という主旨である。しかし、「経済新体制確立要綱」それ自体、昭和一五年九月以来の経緯によって示されているように、(5)妥協と譲歩の連続であり、その産物にすぎなかった。政治新体制という用語が、曖昧となり朦朧となっていくにつれて、これと平行して、経済新体制もまた曖昧・朦朧となっており、そのために、官界新体制構想は、なお一層曖昧・茫漠とした形でしかとりあげられなかったことには注意すべきであろう。(6)すなわち新体制準備会でいち早く棚上げに

された「日本的ヘゲモニー」確立の要請は、それ以来、政治新体制・経済新体制の論議を通して、潜在的には一貫してつらぬかれた課題であった。だが、行政改革を要とする官界新体制への契機が見出されず、まして、政治新体制が、国民再組織による国民組織の構築へという方向へ向かっていったために、大政翼賛会の組織それ自体、既成の地域・職域国民組織と組織的に癒着して、定着したのであった。その結果、国民組織の名によるこの国民再組織の模索という方向線からは、政治新体制はもとより、経済新体制、官界新体制をふくめて、新体制という用語が氾濫しただけであって、実態には手をつける動きはなんら出てこなかったのである。けだし、地域・職域国民組織こそ、日本官僚制組織の下部―末端機構であったからだ。

しかし、官界新体制論を提唱する主体が、帝国議会にも、大政翼賛会にも、見出されないという実態にもかかわらず、官界新体制論議が、当初の経済新体制構想の改組ないしは縮小につれて、あらためて浮上する契機を与えられたことは、また、たしかなところであった。それが、行政改革論議としてではなく、かろうじて、行政機構の運用という形であったとしても、「官界新体制」は、となえられねばならなかったのである。

官界新体制官民懇談会における「民間側綜合意見要旨」ならびに、「官界新体制に関する当面の具体的改革案」の提出を契機として、経済新体制の運営過程に生まれた統制会組織の整備にともない、鉄鋼統制会、石炭統制会、セメント統制会、産業機械統制会、精密機械統制会、電気機械統制会、自動車統制会、造船統制会、貿易統制会、船舶統制会、日本発送電株式会社、石油懇談会等も、それぞれの見解を表明するにいたった。(7) 一・二の事例を示そう。例えば、鉄鋼統制会の主張は、左のとおりである。

行政簡素化に関する統制諸機関の意見

鉄鋼統制会

一、行政事務の能率的運用を図る為に機構の改編整備を断行すると共に特に事務の煩瑣、渋滞の著しき各省共管事項の徹底的一元化を行ふこと
二、権限委譲法に基く統制会に対する権限委譲は各省一斉に早急に行ふこと
三、経由行政庁の整理を為すと共に中央政庁の方針は常に地方庁へ通知徹底を図ること
四、内地行政庁と外地行政庁の行政上の措置に付緊密なる連絡保持を図らしめ方針の齟齬を生ぜしめざること
五、許可認可等行政事務処理簡捷令の適用範囲を拡大し趣旨の徹底を期すること
六、行政庁申請書類の簡易化を図り特に訴訟及登記関係書類の簡略化を期すること
七、事務執行上の階段《ママ》を可及的に簡素ならしめ、処理の迅速を図ること、之が為本省に付ては局長（地方庁に於ては部所長）―課長―主任者等の三階梯に於て立案者は主任者が常例なるも之を局長―主任者の二階梯にすること
八、事務の処理は原則として局長中心とし局長自らの意思を基調とすること、即ち主任者の立案を局長が決裁するに非ずして局長の判決を主任者が具現するものにして局員は名実共に局長の補助機関として活動すること
九、局課長は担任の事象に精通せる経験者たること、主脳者（局課長）の更迭が現在の如く頻繁なるに於ては到底事務に精通し書類を一見して自ら措置を即決し得る底の人物を得ること困難にして自然属僚政治となり事務の渋滞を来すを以て濫に局課長の更迭を行ふことを避くること
一〇、局長の事故ある場合主席課長をして代理決裁を為し得る如くし処理の迅速を図ること
一一、局課長の人選方法は原則として局員中より選任すること現在の如き広範囲の人選を行ひては練達者を得る

こと困難なるを以て事務に精通せる局員中より選任し一方行政事務に対する経験を広くする為には局員時代に交流を行ふこと

一二、統制会に対する閣議申合に基き官庁事務処理に関し可及的に統制会を活用すること厚生省所管の労務配置等の事務処理に付ては特に統制会を活用し此の場合厚生省と統制会との連絡は統制会主務官庁経由とせず直接連絡に改めること

一三、労務及職業行政機構の一元化を図ること、就職後に於ける職業輔導と賃金統制事務に於て其の例を見るが如く労務配置に関する行政と労務管理の監督指導に関する行政とを二元的に分離せず而も之が一元化は中央より地方庁に至る迄徹底すること

一四、賃金に関する手続の簡易化を図ること、賃金統制令に基く認可許可事項中其の運用方針に於て認可許可することの確定せるものは其の範囲内の場合は事後届出すること

一五、労務者の割当を改善すること、現在労務者割当は重点的生産増強計画と一致せざる憾深し、生産計画の責任者たる統制会の意見を尊重すること

一六、工場管理の一元化を図ること、工場管理の手続は各管理官庁に於て密接に連絡の上一元化し特に労務管理に関しては労務監理官の一元的処理の徹底を図り尚同一会社所属工場間に於て労務監理官の取扱区々なるを是正すること

一七、就業時間の延長は事後届出程度にすること、深夜業残業等は概して工程の都合上俄に其の必要を生ずるものにして就業時間制限令に依る許可申請の暇なき場合多きに付事後届出程度とすること

右は、鉄鋼統制会の「意見」を統制を受ける側の代表意見として紹介したのであるが、この一七項目にわたる意見を一瞥するまでもなく、もはやこの段階にあっては、経済新体制はもとより、官界新体制が問題になったのではない。官吏制度の改革というよりは、民間統制団体として、自らの立場からみた行政官庁側の行政事務簡素化に要求がしぼられていたのにすぎない。(8) 例えば、重要産業協議会が約一カ年後の一七年七月に提出した「行政事務簡素化に関する要望事項」も、その主題を行政事務の簡素化に限定している点では、さきの官民懇談会の「意見要旨」と比較してみても、一貫した態度といえる。(9) 政治新体制、経済新体制、官界新体制といった巨大ビジョンの到達点がなんであったのか。政治新体制構想が大政翼賛会組織として定着し、しかも、その存在に公事結社というお墨付が与えられた以上、これに規定された内政の動向は、国務と統帥の調和とか調整に向かうのではなく、また経済新体制の構造が具体化するのでもない。まして、官界新体制構想をめぐって行政改革が展開する方向へと向かうのではなかった。大政翼賛会、翼壮、翼政の三者も相互に対立と緊張、矛盾・葛藤の関係からのがれられず、三者の三位一体は三位三体となり、国務レベル・内政レベルでは、主体的作為の主体すら見出せないままに推移したのであった。具体的には、中央・地方を通じて、大政翼賛会なる国民組織ができ上がったにもかかわらず、この国民「組織」とその「運動」は、既成国民組織と癒着したために、これら既成組織を抑えていた行政官僚制組織の「行政」翼賛団体へと転化・転落していったのであった。したがって、国務レベルに視点を限定していくと、内閣の「脆弱性」は、太平洋戦争の展開につれて、その「脆弱性」を決定的に暴露することとなったのである。(10)

（1）『翼賛国民運動史』・『第一原稿』一二、八九二ページ。とくに「(附)要綱成案に至る迄の審議経過の概要」一二、八九七―一二、九〇三ページ参照。
（2）右同、一二、八九二―九五ページ。

(3) 右同、一二、八九五―九六ページ。
(4) 右同、一二、九一一―一八ページ。『第一原稿　資料』。
(5) 拙著『近衛新体制と大政翼賛会』四四九―四六八ページ。
(6) 官界新体制については、前掲拙著三四一―四四八ページ、とくに四〇一―四〇七ページ参照。
(7) 『第一原稿　資料第二』一二、九三三―五三ページ。
(8) 鉄鋼統制会については『第一原稿』の一二、九三二―三三、石炭統制会については、一二、九三五―一二、九四一ページ参照。
(9) 『第一原稿　資料第二』一二、九五九―一二、九六一ページ参照。
(10) 『昭和二一年朝日年鑑』一六八ページ参照。

三　内閣制度の脆弱性

(一)「人よりも組織」

「ドイツ労働戦線の指導は、独逸国民社会主義労働党に属す」。これは、ナチス・ドイツにおいて、ナチス党が労働組織を一手に掌握したさいの、「党・国家一体保障法」(Gesetz zur Sicherung der Einheit von Partei und Staat, 1933, 十二月一日)の第四条の規定である。労働戦線の指導権が国家になくて、ナチス党が一手に掌握することは、ナチス党の絶対優位、政党国家としての権威を示す規定である。ナチス・ドイツにおける国家総動員に関する法制も、同じく、党主導によって推進されるたてまえが貫徹していた。それが「授権法」(一九三三年三月二四日)である。当時、企画官僚であった内田源兵衛は、ナチス・ドイツの戦時体制形成の経緯にふれたのち、これを評価して「殆ど完璧」

だと認定している。[1] ドイツにおけるナチス党と国家の関係についてはその経緯は省略せざるをえないが、政党国家つまりナチス党による国家支配は、なによりも、一九三三年の「政党禁止法」の出生にまつとみなければならない。この法律によって、ナチス党以外の政党の存在は禁止され、ナチス党は、国家とならぶ「党法」(Parteirecht)を発布するのだと規定されたのであった(第八条)。さらに、アドルフ・ヒットラーは、党の「指導者」(Führer)にして「国家宰相」(Staatskanzler)の地位にあった。[2]

ところでドイツ統制経済の体制はどうであったか。ドイツ統制経済の企画体制は四カ年計画庁の指令下に各省庁が服従し、この四カ年計画庁をゲーリングが統率するというしくみであった。

ちなみにドイツ労働戦線の性格と産報を比較してみよう。ドイツ労働戦線すなわちＤＡＦ(Deutsche Arbeitsfront)[3]は、一九三四年一〇月二四日、ヒットラー総統の「ドイツ労働戦線ニ関スル命令」九カ条を背景とし、ナチス党の完全な指導体制をととのえた。例えば、第三条に、「ＤＡＦハ国家社会主義労働党ノ一分肢トス」とあり、第四条には、「ドイツ労働戦線ハ国民社会主義ドイツ労働党ノ指導ヲ受ク」との規定がある。ドイツ労働戦線の指導者Ｒ・ライは、〈Der Führer deutsche Arbeitsfront〉つまり「ドイツ労働戦線の『指導者』」であるが、彼はまた、ナチス党中央組織部長の地位にあった。そもそもナチス党の指導体制がどういう根拠規定によって裏付けられていたのであるのか。周知のように、それは、「授権法」〈Gesetz zur Behelfung der Not vor Volk und Reich〉に規定されている。そこでは、ナチス党独裁についてその法源を明記して、ナチスが法律に代わるべき命令を発布しうる根拠をもつとして、次のように述べられている。

第一条　ドイツ国ノ法律ハ、憲法ニ於テ予定シタル手続ニ依ルノ外、ドイツ政府ニ依リテモ亦議決セラルルコトヲ得。ドイツ国憲法第八五条第二項(予算協賛権)及第八七条(国債募集)ニ特定セラレタル法律ニ付テモ亦同ジ。

第二条　ドイツ政府ニ依リテ議決セラレタル法律ハ、ドイツ国議会及ドイツ国参議院ノ制度其レ自体ヲ其ノ対象ト為サザル限リ、ドイツ国憲法ニ牴触スル定メヲ為スコトヲ得。ドイツ大統領ノ権利ハ之ガ為ニ妨ゲラルルコトナシ。

第三条　ドイツ国政府ニ依リテ議決セラレタルドイツ国法律ハ、ドイツ国宰相之ヲ編成シ、官報ヲ以テ之ヲ公布ス。右法律ハ別段ノ定メナキ限リ、公布ノ翌日ヨリ之ヲ施行ス。ドイツ国憲法第六八条乃至第七七条(立法手続)ノ規定ハドイツ政府ノ議決スル法律ニ対シテハ其ノ適用ナシ。

第四条　ドイツ国ノ立法事項ニ関スルドイツ国ノ外国トノ条約ハ立法ニ参与スル機関ノ同意ヲ必要トセズ。ドイツ国政府ハ之等ノ条約ノ執行ニ必要ナル規定ヲ制定ス。

宰相ヒットラーは、一九三四年八月一日の元首法によって、ワイマール憲法の定める共和国元首たる大統領に対して

第一条　ドイツ国大統領ノ官職ハドイツ国宰相ノ官職ニ結合セラル。従ッテ従来ノドイツ国大統領ノ権限ハ「総統兼ドイツ国宰相」タル　アドルフ・ヒットラーニ移行ス。彼ハ其ノ代理ヲ定ム。

第二条　本法ハドイツ国大統領フォン・ヒンデンブルグノ薨去ノ瞬間ヨリ其ノ効力ヲ有ス。

と規定して、ドイツ国大統領の地位・権限が総統兼宰相たるヒットラーの地位に結合することになると定められた。かつ他方では、「均制法」〈Gleichschaltungsgesetz〉(一九三三年三月三一日)ならびにこれをうけた「国家改造法」〈Gesetz über den Neubau des Reichs〉により、一八七一年以来の連邦制度を廃止して「単一国家の制度」つまり中央集権体制を完全にしたて上げたのであった。それは、

一、各邦ノ国民代表機関ハ之ヲ廃止ス

二、各邦ノ高権ハドイツ国ニ移譲ス。各邦政府ハドイツ国政府ニ隷属ス。
三、ドイツ国代官ハドイツ国内務大臣ノ職務上ノ監督ニ服ス。(4)
四、ドイツ国政府ハ新憲法ヲ制定スルコトヲ得。
五、ドイツ国内務大臣ハ此ノ法律ノ執行ニ必要ナル法規命令及行政規則ヲ発ス。
六、本法ハ公布ノ日ヨリ其ノ効力ヲ生ズ。

かつてヒットラーは、一九三四年の党大会で、「国家がわれわれに命令するのではない。われわれが国家に命令する。国家はわれわれを作らなかった。われわれが国家を作った」と宣言していた。まさに、〈一指導者—一国民—一帝国・〈ein Führer, ein Nation, ein Reich〉〉の形で、三〇〇年余にわたるドイツ国家組織とそれにまつわる組織理論が、ヒットラーの出現によって、完膚なきまでに克服されたのであった。ドイツ労働戦線の場合もその例外ではなく、典型であった。ＤＡＦにかんするさきの「ドイツ労働戦線ニ関スル命令」の第三、四条を再度引用する必要はあるまい。(5)

昭和一六年四月、大政翼賛会は改組され、「公事結社」として再出発し、政府と表裏一体の下にその道程を歩むことになったのであった。したがって、政府を中心として、政府と大政翼賛会があり、やがて翼政会が出生して、三者の関係を「三位一体」になぞらえ、あるいは、政府を除いて、大政翼賛会・大日本翼賛壮年団・翼賛政治会の「三位一体」を力説する表記は、広く用いられていた。だが、その実態はどうであろうか。例えば、ナチス・ドイツの場合、さきに引用した、「ドイツ国ノ法律ハ、憲法ニ於テ予定シタル手続ニ依ルノ外、ドイツ政府ニ依リテモ亦議決セラルルコトヲ得」とは、憲法規定外の政府立法という法源の所在を明示しているが、これはいうまでもなく、ナチス党独裁の根拠規定であった。

これに対してわが国の大政翼賛会の場合はどうであったか。大日本帝国憲法ならびに帝国議会は儼然と現存し、政府との「表裏一体」すなわち「公事結社」たることを認証されてはじめて大政翼賛会は存在しうるのである。また、大政翼賛会法制化論のごときは、法制化すなわち政府の既成の法体系のぬいぐるみにつつまれたら、大政翼賛会の機能と組織を防衛できるという立場である。したがって、法制化論はこの論理的要請からして防衛論であって、それ以上のものではない。また、後者の三位一体論は三位一体というよりは三位三体の三つ巴関係ともいうべき間柄であって、まことに複雑・厄介であった。ナチスの場合は、「各邦政府ハドイツ国政府ニ隷属ス」、「ドイツ国代官ハドイツ国内務大臣ノ職務上ノ監督ニ服ス」とあり、さらに、「ドイツ国内務大臣ハ此ノ法律ノ執行ニ必要ナル法規命令及行政規則ヲ発ス」とある。内務大臣を頂点とする党の中央集権体制はみごとに貫徹している。ところが、大政翼賛会の展開過程においては、憲法第一〇条の官制大権はもとより、憲法第九条、さらに内閣官制、各省官制ならびに各省官制通則、地方官官制等、各省庁主任の大臣担当の事務は、各省大臣から官選知事を通して縦に貫徹するしくみのままであって、これらは、大政翼賛会の成立にもかかわらず健在であった。とくに、組織政党をはじめとする諸組織を新体制の名によって解体・解消に導いて以来、各省庁主導の分立性・割拠性は、国民精神総動員、さらに国家総動員法体系、統制経済体制の推進とともに、克服しがたい力をもつにいたった。そして戦時下に入って統制会の進展がこの傾向をさらに促進したことを、付記しなければならない。つまり、ナチス・ドイツ流の「一指導者・一国民・一帝国」を仕立て上げるべくして、「大政翼賛・臣道実践」の組織と運動は、所与の組織、所与の運動のすべてがそれぞれ「国民組織」の名において自己を主張することに帰結したのである。三位一体が三位三体の三つ巴の緊張関係を形作り、各省庁セクショナリズムは、大政翼賛会の展開とともに、最終的に仕立て上げられたのだといわなければならない。改組後の大政翼賛会は、大政翼賛会傘下に包摂された地域・職域国民組織体ともども、それぞれのセクショナリズムを維持・発展する組織体として機能するにとどまった。あたかも、戦時統制経済のしくみが統制会方式として成立して以来、統制会を統制する組織と総合企画官庁は存在しえないのと相似形であったのである。

しかも、政府と表裏一体性をうたい、高度の政治性を力説して自らの存在理由を確定しようとした大政翼賛会ではあったが、第七六帝国議会の審議を通して公事結社と認定され、政府予算支出つまり国庫からの補助金支給の対象体にほかならないこととなったのである。例えば、大政翼賛会岡山県支部の『大政翼賛運動一年史』によれば、岡山県は大政翼賛農業報国挺身隊を組織したとあるが、その目的は「挺身実践」と定められているが、その使命については、「特殊ノ事業ヲ計画スルニ及バズ」と述べられている。つまり、「側面的」、「内面的」活動が狙いで、大政翼賛会の活動は、要するに「所与・適合・帰一」につきる、とうたわれているのである。「所与・適合・帰一」とは、大政翼賛会が固有の、特殊の事業を目的として、その使命を遂行する主体ではない。まさに所与に適合し、適合して帰一するという意味で、発会式に近衛総裁が下した、「大政翼賛・臣道実践」の八文字に見合うものであったといえばそれまでであるが、大政翼賛会は何をやるのか、何をするのかをめぐって、かろうじてとりまとめられた大政翼賛会の作用面でのむなしさを物語る適例であろうか。(6) こうした事態を鋭く感知した革新系のある論者が、大政翼賛会は「行政」翼賛会になってしまったと述べたことをここで想起することも無意味ではあるまい。(7) そこにはナチス・ドイツが授権法を基本にふまえて第一次・第二次四カ年計画を完遂し、そのまま戦時体制へ直結する総動員体制を準備していったのに対し、わが国の大政翼賛会の場合には、大政翼賛会中心の翼賛・翼壮・翼政の三位一体は、具体的状況においては、三位三体化し、したがって三位一体の組織体に支えらるべき政府の地位も、安定を欠く存在とならざるをえなかった。秋永月三が、「人でなく組織」(8) といった国防国家の「組織」づくりは、それが仕上がった段階でかえって欠陥を暴露した。かくて、組織が出来上がったにもかかわらず、肝心の組織理論は「混乱」(9) し、組織の実態は、「無組織の組織」となり、「無体系の体系」を生む。三すくみの組織の矛盾は、政府レベルに集約してあらわれたのであった。

右の問題状況の解決のメドはどこにあるのか。それはなによりも政府レベル、より具体的にいえば、官界新体制への根強い要請のなかに看取しうる。すなわち企画院が総合官庁たるべくしてそうではなく、政府各省庁と企画院とが「二重組織」・「二律背反」[10]の関係にあることがそもそも問題点であったが、これに拍車をかけたのが、国家総動員法であり、とくにこの国家総動員法改正法案の成立であった。すなわち、「国家総動員法の施行の統轄に関する件」(昭和一四年九月一〇日勅令六七二号)は、内閣総理大臣の指示権の強化策を三点にわたって指示しているが、しかしそれは、前掲勅令六七二号第二条にいう「指示」権を認めたものとは解されなかった。また、企画院と法制局の関係をどう秩序づけるか。企画院官制には、「調整統一」とある文言を避けて「統轄」と規定されたので、矛盾は、一応は回避されたようではあったが、かえって深まったのであった。[11]それのみならず、こうした内閣制度にかかわる争点を放置したまま、統制経済へと移行すればどうなるのか。田中二郎教授は、『経済統制機構概観』のなかで、「全産業の一元的統制運営を可能ならしめる体制が必要」であると判定しつつ、「ただし具体案には至っていない」[12]と述べたが、いまひとり統制会の権威は、統制会の「無力」について言及し、それが「精動運動以上に出で得ないもの」だと認定し、状況が「半恐慌状態」を現出しているにもかかわらず出来上がったものは「寄木細工的な統制機構」[13]であったと批判した。批判者は帆足計であった。他方、議会側ないし旧政党勢力の態度はどうか。かれらは、こうした各省庁総掛かりの統制経済体系をつくり出す改正国家総動員法の通過には、両手を挙げて賛成していたのであった。しかもこの改正によって、例えばその第五条に「其他の団体」の一句が入れられているが、これは、「法人格を有たざる人の集合体、例えば警防団、青年団、処女会等を謂ふ」とされ、これらを「隣組の事業に協力させよう」とする措置がとられていた。[14]大政翼賛会の地方支部を市町村単位までと限定した内務省も、改正国家総動員法令の勢力拡張には反対ではなく、むしろ賛成であったのではなかろうか。ましてやこうした地域組織を押えられてしまうのでは、旧政党政派の側としては手出しができない。官僚制の勝利というべきであろう。

こうしたなかにあってこそ、官界新体制こそは、行政改革をめざす最大の課題であった。だが、第一次近衛内閣以来、この課題はたんに官吏制度の改革としてのみ取り上げられてきたにすぎない。[15] すなわち、第一次近衛内閣における「官吏制度改革案要綱」につづく平沼内閣における「文官制度改革案要綱」は、ともに事務次官会議の反対で挫折し、国家総動員法の施行に関する首相権限の拡張問題も、主旨貫徹をみず、貿易省設置構想の破綻の後、米内内閣になって官吏制度改革案もようやく成案をみたが総辞職となり、これを破棄して新たに手がけられた近衛内閣の「官界新体制確立に関する件」も、あたかも官界新体制の呼び声が極めて高い時勢であったにもかかわらず、ささやかなものであった。「春のさざ波は巨巌を撫でたに過ぎないのである」とは、金森徳次郎の所感である。[16]「人よりも組織」といった課題への接近は、具体案・具体論としては全く見るべきものはなかったといってよい。

（1）内田源兵衛「戦時体制形成強化の基本法一」『法律時報』一三巻六号、一七―一八ページ。

（2）五十嵐豊作「ドイツにおける党と国家の関係」『法律時報』一二巻七号、六―一〇ページ。

（3）労働戦線の会員は、一九三七年、個人加盟員一八〇〇万名、団体加盟員をふくめると二四〇〇万名に達し、ドイツ総人口の約半数を組織していた。これはナチス党と並んでＤＡＦがナチス・ドイツにおいていかに強力な組織であったかを示すものであろう。

（4）代官は総統兼宰相の代理として地方管轄区における行政を執行する。ただしプロイセンは、宰相ヒットラー直属とされ、他の地区には一一名の代官が任命された。

（5）以上の記述に関しては、拙著、前掲書、五四七―五四八ページ参照。本文に引用した条文は、溜島武雄『国民組織と労働組織』昭和一六年、昭和書房によった。

（6）大政翼賛会調査局『錬成要綱集粋』昭和一八年、大政翼賛会『国民運動要覧』昭和一八年、参照。一方ではしかし、雑誌

『新指導者』五巻七号の時言(一七年七月)は、「しかし、現代に対する弾劾も現代に対する悲哭も全くないではないか。現状を仮借なく批判することができぬ時、どうして現状を打開し真実の創造を期待しうるのであらうか。今日こそは実に精神的に最も非生産的な文化的不毛時代であると私は敢て断言して憚らない。何となれば民族がその深層に於て悲劇を感得しえなくなった時、その民族は既に内面的には壊滅してをるといはなければならぬからである」という危機感を吐露していた。まさに「日本精神の黄金時代」(五巻九号、五〇ページ)の「実感の喪失」をなげいた別の論者は、この「概念理論の氾濫」と裏腹にある「実感の喪失」を訴えて次のように述べている。「要するに、三度繰返して云ふが、生命の奥底から溢れ出づる真実の情感、実感が尊重せられず顧みられず、国民生活に於てその意義と力とが喪失せしめられたこと今日の如きは曾つてなかったであらう。一切が概念と理論と、また機構と組織とによって動かされむとしてゐる」(高橋鴻助「実感の喪失」一五巻一〇号、九ページ)と。「日本精神の黄金時代」なるがゆえに、既成の、そして新しい団体が、行政官庁の系列に沿って簇生するため、大政翼賛会と大政翼賛運動そのものがなんであるか、それが問われなくてはならなくなる。例えば、前掲の『国民運動要覧』には、「町村に於ける翼賛体制は飽迄之(町内会・部落会の拡充強化)を中心に邁進すべきに各団体の設立増加し之が画一的運営は徒らに相互摩擦を起すのみならず有名無実の弊を生じ翼賛会中心に邁進せんとする国民の赤誠を阻害するの憂なしとせざるに付諸団体の設立運営には其の適正を期せられたし」(二九四ページ)とあり、また北海道の大政翼賛会のプロモーターは「国民道徳の振興に関する件」を提起して、「国民道徳の低下せる今日の現状に於ては国策遂行し難しと思料す。依て之が振興策を樹立徹底せし(め)られん事を望む」と要旨を述べつつ、その理由を、

「統制経済政策を実施せられつゝあるも国民の道徳心は之に伴はず、国家総動員法の違反続出せるのみならず、自由経済思想を捨て切れず、利潤の追求に日も足らざる現在の世相は之を速かに匡救するにあらざれば、国策の遂行不能なるのみならず対外的の威信を失墜するの虞ありて遺憾の極みなり」(前掲書、二九五ページ)、

と述べている。観念右翼の歯ぎしりを「日本精神の黄金時代」にみるとすれば、後者は、大政翼賛会出版物にみられる、翼賛運動推進者の危機意識といえようか。

(7) 和田珍頼(寄)「地方から見た大政翼賛会の改組」(『戦時政治経済資料 2』国策研究会、一九八二年、原書房『国策研究週報』第三巻五四号)、三九五ページ。第一次改組直後、大政翼賛会が「『行政翼賛』的行き方」をとることが「明瞭」になったとみた和田は、「行政補助機構としての第二翼賛会は全く第二義的存在と化すであらうことを惧れる」とし、また、「地

方の新勢力は再びバラバラとなるか、又は退潮期に分散するであらうと思ふ」と予言し、その理由を述べて、大政翼賛会の「背景たる行政権の強大なる現状下に於ては」、「新体制推進力の綜合一元化は」不可能だからと断定していた。和田は国策研究会会員、島根県県会議員、大政翼賛会島根県常務委員であったが、精動化に反対する地方の活動家の眼によってこう描かれたのは、地方支部常務委員の列席する中央協力会議で私服警察官が「臨席」し、「速記」をとるという、監視体制に向けられた抗議の発言でもあった。

(8)　国策研究会編『戦時政治経済資料　3』原書房、一九八二年、第三巻四〇号、二八三—二八六ページ。

(9)　矢次一夫は、従来の国民運動のあり方は、大政翼賛会の成立過程においても同じであって、それぞれ「独自の立場を固守」している以上、とるべき対策は「政府部内の歩調の統一」以外にありえない、と断定していた。しかし現実面では、官も民間団体も、それぞれ「八頭八足の如く」である以上は、官・民「組織の過剰」は「無組織の混乱」以外の何物でもない(前掲、五巻四四号)。従来の団体が各省所属の「セクショナリズム」に貫通され、またその母胎たる官庁が「前古未曾有」の規模に強化されれば、——例えば企画院の新設が、企画院と政府(官庁)がダブることを意味し、その結果、——「二重組織」は「二重支配」となり、「二律背反」を生む(矢次一夫「所謂行政簡素化に期待す(三)」『国策研究会週報』第四巻三五号、二三ページ)。そこに登場する大政翼賛会と政府機構との表裏一体論は、党的なものを排除した漠然とした政治性をもつ限度においてのみ大政翼賛会の存続を認め、表裏一体論を超える線以上のものは認められない——一つには違憲論からの制約と二つには精動化なら歓迎——とする実態があり、その限度において、軍も、大政翼賛会組織を推進し後援する最有力の組織体であった。かくて、大政翼賛会運動は、しょせん、「成り行きと行政の便宜のままに動いてゐる」、「行政の便宜に支配される存在」、つまり政府・各外郭団体の動きを加速すべき「二重運動・三重運動」の範囲を出ることはない。

「このままの形で進めば、それは上意下達のビラ、ポスター、講演、訓示と運動、予算の取次などが主となって、本部と県庁支部機構を持つも、活動力乏しき無組織体に変質せねばなるまい」(第五巻第一四号、一八ページ)。

新「組織」が旧組織すなわち「国民組織」を名乗る諸組織を肯定し、国民「運動」は既成の国民運動体の運動を加速する。「大会」、「宣言」、「誓ひ」と「禊」、という方向線が、「セキショナリズムのセキショナリストとしての人間ではなくして、全体性を把握した所のセキショナリストという意味で」、「全部が歩調を揃へて進み出し得るといふ所に行くやうな気がする」という方向感覚は感覚としては分かっていたが、その手前に立ち止まっていたのである。大政翼賛会の組織と運動の

堂々めぐりについて、

「何れにしても翼賛会の構成員が従来からの同志としての間柄でもなく又主義、政策に依って自から結合した人々でもなく、『任命』といふ他動的な機縁に依って其の席に在り、そして任期なり辞令なりによって又離散してゆくかもしれぬ立場の人々の集りであるのみならず、『平会員』を持たぬ組織であるに稽へるならば中堅壮年層を新体制の建設へ如何に組織するかといふことは翼賛運動の将来を支配する最重大問題であると思ふ」(『国策研究会週報』第二巻一一号、一ページ)。かくて、大政翼賛会が翼壮を生み出すとしても、ほぼ同一の構造体原理をもつ軌道を走るであろうことは、翼壮が外廓団体と規定された以上、推定しうるはずであった。

(10) 矢次一夫「所謂行政簡素化に期待す(三)」『国策研究会週報』第四巻三五号、一三ページ。

(11) 法律時報編集部編『逐条解説　国家総動員法(増補)』日本評論社、昭和一四年、補遺、一―七ページ。国家総動員法の施行の統轄に関する件(一四年九月三〇日勅令第六七二号)にいう、省令等の協議(第一条)の効力は、省令等の効力発生要件を規定したものではない。したがって、企画院官制第一条、「企画院ハ内閣総理大臣ノ管理ニ属シ左ノ事務ヲ掌ル」とある規定には、限界がある。また、第二条、内閣総理大臣の「指示権」は、認められたのではなく、「本条に謂ふ『指示』の性質は統轄上の必要に基く行為の要求であって、上下の関係を予定する指揮命令の性質を有せざるものと解すべきことは用語上も明かであらう。即ち国家総動員法の施行に付いては内閣総理大臣は各省大臣と異なり、その全般の統轄に任ずる職分よりして上下の関係ではなく横の関係に於いてその統轄上必要ある限度に於いて各省大臣等に対して行為の要求をなし得ることとしたものである。従って本条に依って内閣官制に於ける各省大臣の地位に何等の変更を加へんとするものではない」(同補遺、四―五ページ)のである。したがって指示を不当と判断すれば、官制第三条によって内閣閣議に提出して各省大臣の議を求めることができる。「指示」の内容は、「業務方針の設定、事務主管の調整、勅令案、省令案等の内容の『調整』、各庁に於ける重要なる処分の調整等が考へられる」(同、六ページ)が、こうなると企画院と法制局とがここでどういう存在になりうるのか、各庁間関係に加えて、「統轄」の問題があらたに加わり、事態はさらに複雑化する。内田源兵衛は、前引の「補遺」で、その機能の限定性について次のように解説している。

「この点について重塁の関係に在るものと認められるから、かかる事項に付ては企画院及び法制局の協議によって適当に処理せしむべきである。本令に於いて企画院官制に謂ふ『調整統一』なる文字を避け『統轄』なる文字を用ひたるも右の点を参酌したものと解せらる」(七ページ)、と推定している。国家総動員法案の審議にさいし、企画院からの立案の回付をうけた法制局がこれに反対し、四ヵ条の削除と一ヵ条の追加をみたが、それにもかかわらず、次官会議は企画院案には「猛反対」で、中枢部分は「抹消」されたという経緯があって、各省、法制局、企画院ともどもに共存するしくみが残ったというべきであろうか。
(12)　田中二郎「経済統制機構概観」中央物価統制協力会議編『経済統制法年報　第一巻』第二輯、日本評論社、昭和一七年。
(13)　帆足計「経済新体制再組織論」『現代日本政治講座　第五巻』『現代政治体制の再組織論』昭和書房、昭和一六年、九三、一一五ページ。
(14)　国策研究会『改正国家総動員法・国防保安法・解説』研究資料第一四号、昭和一六年、一一、三九—四〇ページ。
(15)　拙著、前掲書、第四章参照。
(16)　金森徳次郎「民間精英要素の国政参与」『戦時政治経済資料　8』国策研究会、一九八三年、原書房、一一六—一一八ページ。

(二)「組織よりも人」

「組織より人」といった人は、誰か。内閣総理大臣東条英機その人である。東条英機をして、「組織」・「機構」より「人」といわせたものはなんであったか。このテーマがここでの課題となるのである。

大政翼賛会・翼賛政治会・翼壮団の諸組織が一斉に出揃って、三位一体を形作るべき段階において、その三位一体の内容がじつは三位三体で、えてして、三者三すくみとなろうとし、政府はこれらの組織によって決定的に強化されたかといえば、そうではなく、その逆であった。とりわけ、「人より組織」という要望にこたえた新体制運動が、ともかく制度として定着して大政翼賛会となり、そして衆議院議員総選挙によって翼政会も唯一の政事結社として安定した。反面においては、太平洋戦争の成り行きに関しては、漸次に悲観的見通しのもとに事態を認識させられるようになるにつれて、組織を定着したはずの国民組織は、改めてその存在意義を問われようとしていた。開戦一ヵ年を過ぎた段階から、この問題はジリジリと顕著となった。

昭和一八年初頭、官界新体制の一端につらなる行政改革に対して、政府の態度は著しく消極的となり、省の改廃新設は問題外で、三月一七日、内閣顧問制の設置、行政査察制の設置が本決まりとなった。既成の官制群のあり方を問う主体は、意外にも、どこにもなかったのである。すなわち、翼賛選挙によって生まれた翼賛政治会は唯一の政事結社ではあったが、その組織それ自体が寄合世帯であり、とくに、地方支部組織をもてない規制が加えられて生まれたため、立法部として国民世論を背景とする強力な政治力を産み出すエネルギーはなく、まさに翼賛議会を前提とした翼政会として存在していたのである。(1) それのみか、改正国家総動員法令は、各省庁総掛かりのしくみを定着させており、統制経済の要請は、この「行政府立法」——個別立法——の手続を極度に推進することとなった。けだし、企画院が企画官庁として出生して以来、企画院官制のしくみは変わらず、また、変えられなかったのであって、企画院と法制局、企画院と大蔵省の関係はもとより、主計局の予算編成権の所在をどうするかは手つかずのままに、昭和一八年の決戦段階へと突入しようとしていたのであった。(2) ナチス・ドイツの場合は、党が各省庁、官吏法制をその統制下に置いたのに対比すれば、わが国の場合には、「高度の政治性」の呼号とは裏腹に、個別行政——各省庁——が政治を支配する形の行政府立法の体制にあった。このことは、統制経済の代表的推進者であった帆足計が、行政が主導するのではなく、政治が行政を主導する主体性を回復しなければならず、それを「切望する」(3) と述べたことに端的にあらわれている。帆足が「切望」した体制は何であったか。帆足はそれを「内閣制度の改革以外になし」と断定していた。

内閣制度の改革といえば、わが国の統治機構においては古くて新しい課題である。このことはことわるまでもないが、その課題が昭和一八年の初頭に、太平洋戦線の情勢が一気に悪化するにつれて、まず、「戦時行政職権特例」、「戦時行政特例法案」、「許可認可等臨時措置法」の検討として開始され(4)（一月八日）、やがて三月一七日、具体策として、内閣顧問制の設置、行政査察制の設置をみた。「決戦行政」の一斉進発の形ではあるが、しかし、内容的には、行政改革断行というしろものではなく、むしろ、極めて消極的であった。省の新設改廃もこのさいは考えられてもいなかったのである。(5)その後、企画院が廃止されるに伴い、内閣制度の強化は絶対的要請となった。その方向は、一、内閣における首相指示権の強化、二、地方協議会の強化、三、内閣参与官の設置である。(6)この傾向は、微温的ではあるが、それでも第一次近衛内閣以来歴代内閣が考え及ばなかった方向線へ向けての、最初にして最後の、合理的対策といえるであろう。

東条英機首相の態度は、「機構そのものより人と運用(7)」というのが基本であった。これは、第八一帝国議会においてなされた戦時行政職権特例法案の審議にさいして、(8)主旨を説明したさいの発言である。独裁ないしは独裁者になる意思はないという発言には、明らかに自らに対して向けられた批判と非難をはねかえす意図がこめられていたことは否定できない。

　東条といふ者は、一個の草莽の臣である。あなた方と一つも変りはない。たゞ私は総理大臣といふ職責を与へられてゐる。こゝが違ふ。これは、陛下の御光をうけて始めて光る。陛下の御光がなかったら石っころにも等しいものだ。

これは、国家管理、強権発動はやらぬが、戦時行政特例法だけはという主旨の発言をおこなったさいの論旨である。しかしこの発想には、天皇陛下の御光をうけその信任を得ている以上は、戦争指導にかかわる自己の責任を問う一切の攻撃や非難は許さるべきではないという反撃の姿勢がうかがえる。それのみか、もはや確保・獲得した「組織」と

「地位」の変更は許さないとして、「組織よりも人」とか「機構よりも人」と言いきったのであった。すなわち、経済新体制はすでに過去の用語となり、現実の統制経済の進展は、同時に国家総動員法に基づく勅令の適用とその発動の集積の歴史であったから、[9]こうした「機構」・「組織」が、近衛新体制構想以来の歴史の所産である以上は、それにのっかろうとする居直りは、ある意味では当然であろう。

こうした態度は、二つの方向線を指向する。第一は、内閣制度にまつわる宿命ともいうべき、内閣の「脆弱性」をどういう形で補強すべきか。[10]この方向に向けられたものとしては、[11]

昭和一八年度重要事項予算統制大綱(昭和一七年七月一七日)

昭和一八年度予算上ノ重要政策先議画定ノ件(昭和一七年一〇月二二日)

昭和一八年度重要政策予算先議各庁要求案(企画院第一部第一課)

が東条内閣の閣議決定にかかわる重要政策の内容を示唆しているが、各庁要求案の提示といい、重要政策先議画定といい、予算統制という以上、内閣制度とともに共生の関係にある法制局の存在、そして企画院の再検討、とくにこれらと各省官制ならびに各省官制通則との関係をどう整序するのか。もはや官界新体制も経済新体制もましてや政治新体制も構想としては存在しえない以上、そしてまた、総力戦体制の推進が国家総動員法令に全面的に依拠して出発している以上、行政改革は言うべくしてこれを行なうことは至難となっていたのである。

それでは、第一の方策にかかわる代案は何か。それが、さきに言及した「戦時行政職権特例」、「戦時行政特例法」、「許可認可等臨時措置法」等の措置を講ずることという現実的対処であった。この方向は、法制上も可能であり、また現に可能な方向線として発動をみたのである。[12]またこれらの措置と見合う措置として注目すべきは、ほぼ同時期に設定された「地方行政協議会制度」[13]の創設である。

戦時行政職権特例(昭和一八年三月一八日　勅令第一三三号)は、各省庁セクショナリズムを克服するために、戦時の緊急措置として採択されたものである。この勅令は、内閣総理大臣の各省庁行政長官に対する「指示」権を規定したもので、著名である。その第一条には、「大東亜戦争ニ際シ鉄鋼、石炭、軽金属、船舶、航空機等重要軍需物資ノ生産拡充上特ニ必要アルトキハ内閣総理大臣ハ関係大臣ニ対シ必要ナル指示ヲナスコトヲ得」とある。以下、第二条には、

大東亜戦争ニ際シ前条ノ物資ノ生産拡充上特ニ必要アルトキハ労務、資材、動力及資金ニ関スル各省大臣ノ職権ノ一部ヲ命ヲ承ケ内閣総理大臣自ラ行ヒ又ハ他ノ行政大臣ヲシテ行ハシムルコトヲ得

とあり、そして第三条は、

大東亜戦争ニ際シ第一条ノ物資ノ生産拡充上特ニ必要アルトキハ前条ノ場合ヲ除クノ外内閣総理大臣ハ労務、資材、動力及資金ニ関スル行政官庁若ハ官吏ノ職権ヲ自ラ行ヒ又ハ他ノ行政官庁若ハ官吏ヲシテ行ハシムルコトヲ得

と規定している。第六条には、地方行政協議会をバックアップする目的のもとに、

地方行政協議会ノ附置セラレタル郡庁府県ノ長官ハ関係地方ニ於ケル各般ノ行政ノ綜合連絡調整ニ任ジ必要アルトキハ庁府県長官ノ所掌事項ニ関シテハ当該長官ニ対シ必要ナル指示ヲ為シ地方行政協議会第四条ニ規定スル其ノ他ノ官衙ノ長ノ所掌事務ニ関シテハ当該所管大臣ニ対シ其ノ官衙ノ長ニ必要ナル指示ヲ為スベキコトヲ求ムルコトヲ得

とある。

ところで、ここに登場する「指示」であるが、「指示」は、法律上の「指揮」ないし「監督」権ではない。したが

って、「指示」がどの程度有効なのかについては、当時の論議をふくめ検討する必要があろう。[14] 例えば、第五条の、閣議を経べき事項第一項から第一〇項に関していえば、第一条、第三条、第四条の事項は、内閣閣議の決定に留保された各省庁の権限であるから、指示権がどの程度及ぶのか。さらに統帥事項は、もとより、論外である。とくに国家総動員法第一六条の起用とともに、それが各省庁に授権した範囲は広汎で、とりわけ戦時統制経済の進展とともに「重要産業団体令」による各種統制会組織のネットワーク、つまり、部門別に縦割り型に出来上がった各種部門は、金融界の一一統制会を含めると、総計三三にも達していたのである。行政官僚制勢力の増強・拡張ぶりからすれば、国家総動員法体系の適用とともに、法制の論理としては、「指示」権の発動があったとしても、それに呼応し、それに拘束されなければならないのか。指示には、「協議」権ともいうべき所管官庁相互間のOKがなければならないのではなかったろうか。[15]

例えば、昭和一六年五月一日の企画院官制の改正による企画院事務分掌規程によって、各省次官をもって幹事会が結成されていた。[16] 重要産業団体令も、企画院がその構想の策定に当たったが、[17] そのさい、各省庁との「協議」のうえでとりまとめられて閣議決定を見、また「統制会の運用について」も「閣議申合せ」という各省庁のコンセンサスのルールによって意思の調達がなされた。[18] このように国家総動員法、重要産業団体令、統制会方式という一連の手順の展開過程にあって、企画院先議—内閣閣議決定というのは、企画官庁の一元的優先順位を示す体制ではなく、むしろ、その逆であったのである。企画院も、そしてまた法制局も、かりに官制の上で優先的地位に類するところに位置せしめられていたからといって、それがそのまま優越的地位・機能を保障しえたものとはいえず、企画官庁の優越的地位は、むしろ各省庁側からのコンセンサスがあってのことなのである。さらに附記すべきことは、各省庁側の力が強大になることは、これら各省庁からの圧力を受けて立つ大蔵省主計局の地位にも影響力を与えたということである。すなわち主計局の役割も、この力関係に影響されて、同時に、増大したのであった。すなわち、主計局が、各省庁からの新規経費増大要求にそなえて、法規課を新設するに及んで、大蔵省主計局の立場は、受け身ながらも、これまた各省の圧力と支援に依拠しつつ、自らの立場を強固にすることが出来たのである。[19] しかしこうして辿りついた到達点は、しょせん「意思決定における総合調整が均衡を求める相互調整に終わる手続がここに完成したといってよい」のではなかろうか。[20] とくに、戦時下、統制経済体制が支配的となるにつれて、この統制会方式こそ、各個別官庁―個別統制会組織をたばねる組織の束であった。したがって、名称は、たしかに統制会ではあっても、もはや、これらの統制会体制の下では、「統制会の統制会」の存在が絶対的に要請された。逆にいえば、わが国の統制経済体制下では、「統制会」という用語を使うことすらも「無意味」[21] になっていたのであった。戦時行政職権特例は、こうした到達点での窮余の一策といった印象が強いのである。

これらの新法令は翌昭和一九年になるとさらに手を加えられた。すなわち、「戦時行政職権特例中改正」(一一月一日　勅令第八四二号)等の措置がそれで、[22] また地方レベルの改革意図をもりこんだ「地方行政協議会制度」も、頂点における内閣レベルとほとんどパラレルの発想を地方レベルに適用したのも注目されるべきである。

昭和一八年七月一日付の内閣達によって制定された、地方行政協議会規程の主要条文は、左の通りである。

第四条　協議会ノ議案ハ会長ノ指揮ヲ承ケ主幹及幹事ニ於テ之ヲ作成スルモノトス

第七条　委員ハ議事ニ際シテハ大局的見地ニ立チ協調ノ精神ヲ以テ之ニ当ルベキモノトス

第八条　協議会ハ決議ヲ以テ意思決定ヲ行ハザルヲ例トス

第九条　特ニ決議ヲ要スル場合ニ於ケル議事方法ハ会議ニ諮リ会長之ヲ定ム

決議ヲ行フ場合ニ於テハ地方行政協議会令第六条ノ規定ニ依ル委員ノ代理者ハ之ヲ出席委員ト看做シ決議ニ加ハラシムルモノトス

第七、八条を一読すれば明らかなように、地方行政協議会組織は、中央省庁の地方組織・機能に対して、それらを統合することを断念したしくみと見るべきであって、それ以上のものではない。例えば第四条に関して、「議案」の「作成」者は誰かといえば、「主幹」および「幹事」とあるが、第一〇条には、関係官衙の高等官が「幹事」となって「議案」を「作成」するさいに、各行政官庁がそれぞれの企画権限を固執すれば、いかなる企画であろうとも、その議案の「作成」は容易ではない。歩み寄りが見られる事例に限って協議が成立するとみるのが妥当であろう。

このことを裏付けるのが、昭和一八年六月二八日の「地方協議会刷新強化ニ関スル件」(閣議決定)ならびに同年七月三〇日の「地方協議会刷新強化方策活用ニ関スル措置要綱」(閣議決定)である。とくに前者は、「各種施策ノ綜合的運営ヲ具現シ以テ各種地方長官ヲ挙ゲテ渾然一体ト為」るために、地方行政協議会が設けられたことを明記している。地方行政協議会は、内閣総理大臣の指定する地方長官を会長とし、委員には、当該地方内の地方長官、財務局長、税関長、地方専売局長、営林局長、鉱山監督局長、工務官事務所長、地方燃料局長、海務局長、逓信局長、鉄道局長および労務官事務所長を以て構成するとある。ただし運営は、「各種行政ノ綜合連絡調整」であるから、会長は「必要アルトキハ関係地方長官ニ対シ必要ナル指示ヲ為シ又特別地方行政官庁ノ行政ニ関シテ所管大臣ニ対シ当該特別地方官庁ニ対シ必要ナル指示ヲ為スベキコトヲ求ムルコトヲ得」とある。しかし、ほぼ同時に出された、「地方制度改正ニ関スル件」(昭和一八年六月一日閣議決定)によれば、

市町村及市町村長其ノ他ノ市町村吏員ニ対スル事務ノ委任ハ広ク命令ヲ以テモ之ヲ為シ得ルコトト為リタルモ右ノ命令中ニハ庁府県令ハ之ヲ包含セシメザル方針ニ付留意スルコト

とある。市町村、および市町村長、その他の市町村員に向けられた、中央各省庁の委任命令の力は、まさに行政セクショナリズムの貫徹の極致を示すものである。したがって、市町村には、市町村内各種施策の綜合的運営の確保のために、「参与」の制度が設けられねばならなかった。

一、町村ノ参与ハ法律上必置ノ機関ナルヲ以テ、管下全町村ニ亘リ速ニ之ガ設置ヲ為サシムルコト

二、参与ノ員数ニ付テハ特別ノ事情アル場合ハ格別通常之ヲ五人乃至八人程度トスルコト

三、参与ノ構成ニ付テハ町村ノ実情ニ応ジ概ネ(イ)町村会議員、(ロ)産業経済団体ノ代表者及、(ハ)其他学識経験アル者(国民学校長、篤農家、自治功労者等)ノ中ヨリ真ニ適材ヲ選ンデ之ニ充ツルコト

四、参与制ノ運用ニ付テハ各種団体等ノ活動ニ俟ツベキ町村綜合計画、町村内各種団体等ノ重要計画ニシテ全体的考慮調整ヲ要スルモノ等凡ソ町村内各種施策ニ関スル重要事項ハ之ヲ参与ノ審議ニ附シ以テ町村内各種団体等ヲシテ真ニ協力一致各其ノ職分ニ従ヒ十全ノ機能ヲ発揮セシムルヤウ本制度ノ活用ニ遺憾ナキヲ期スルコト

五、参与制ト町村常会トノ関係ニ付テハ両者ヲ緊密ニ連繋セシメ参与ヲシテ町村常会ノ幹部会タルノ機能ヲ営マシムル如ク運営シ参与ニ諮リテ決定セル事項ハ町村常会ヲ通ジ遍ク町村住民ニ徹底セシムル等適切ナル方途ヲ講ゼシムルコト

市町村長・市町村に対する各省庁の命令による事務委任が、参与制の構想を要請する。そうだとしても、その反面では、市町村長の「団体等」に対する「指示権」は、あくまで慎重でなければならなかった。これについては、

市町村長自ラ之ヲ強制スル権能アル当該団体等ノ監督官庁(通例地方長官)ノ措置ヲ申請シ得ルモノナルモ斯ノ如キ申請アリタルトキハ監督官庁ハ夫々ノ法規ニ基キ団体等ニ対シテ有スル監督権ニ基キ適切ナル措置ヲ講ズルコト

に止まる、とある。縦割り行政が、委任命令の形で、各省庁から文字通り行政機構の頂点から底辺まで貫通するしくみである以上、内閣レベルではもとより、都道府県レベルにおける地方行政協議会でも、また末端の市町村レベルにおいても、首長の「指示権」は、縦割り行政に対しては無力とはいえなくても、有効ではないのだ。

他方では、昭和一八年九月七日付の閣議決定によると、「米穀供出方法改訂要綱」にかかわる重大決定が行なわれた。

政府ハ概ネ作況ノ見透シ付キタル時期ニ於テ綜合戦力ノ強化ヲ中心トスル国家ノ所要量ヲ基礎トシ来米穀年度ノ食糧事情及農家ノ自家米ヲ勘案シテ買入予定数量ヲ定メテ之ヲ都道府県ニ割当テ都道府県ハ其ノ割当テラレタル数量ヲ管内諸般ノ実情ヲ参酌シテ市町村単位ニ割当テ、更ニ部落単位ニ割当ヲ為サシメ之ヲ部落供出予定数量トス

一方、「家庭用蔬菜配給要綱ニ関スル件」(昭和一七年一〇月三日食品局長通牒)は、

一、家庭用蔬菜ノ配給ノ確保ヲ図ル為隣組単位ニ依ル登録制ヲ実施スルモノトス

二、現物ノ配給ニ付テハ当該隣組ノ実情ニ依リ隣組単位ノ配分又ハ世帯単位ノ配分ニ依ルモノトス

三、略

と規定した。これが「方針」であるが、「配給方法」にかんしては、さらに具体的に提示されている。すなわち、「隣組単位ノ配分ヲ為ス場合ニ於テハ隣組員ノ合意ノ下ニ例ヘバ左ノ如キ方法ヲ採ルモノトス」として、

(イ) 隣組ニ於テ配分品ニ付一括購入ノ上持帰リ組員ノ希望ニ応ジ分配スル方法

(ロ) 隣組配分品ニ付小売業者ノ店先ニテ隣組代表立会ノ上組内世帯別ニ分割購入シ代表者ガ組内ニ持帰エル方法

(ハ) 隣組員ガ各自所定ノ時間ニ小売店舗ニ至リ其ノ隣組配分品ニ付各個ニ購入スル方法

（二）　其他隣組ノ実情ニ即スル方法

当時、柳瀬良幹教授は「地方行政機構の動向」[23]という論文において、政府の構想する地方行政機構の改革論議の限界を指摘し、官選首長型の道州制論議へすらも到達しえない地方協議会制度なるものは、道州制と比較して「遥に徹底を欠くもの」だと断定し、つづいて、「何故手がつけられないか」という論点を設定したのち、「在来の官庁組織の力」による強力強大な抵抗力の存在を指摘している。かつて国家総動員法の発動による内閣総理大臣の「統轄」に関する規定が設けられたさい（昭和一四年九月　勅令第六七二号）、「統轄」という用語が使用されている。この「統轄」を使用して、企画院官制にある「調整統一」という明確な表現を回避したのであるが、これは、内閣総理大臣の指示権（第二条）を承認したものではない、と解釈されていた。[24]地方行政協議会制度の場合にも、道州制へは到達しえず、行政大臣としての首相を含む各省庁からの各省庁ごとの指揮監督権には、当然に、統御の力は波及しなかったのである。つまり内閣官制第一条、第四条と各省官制通則第二、第三条とこれに見あう憲法第五五条、ならびに地方官官制第二条と各省官制通則第二条をつらぬく官制大権の先行が、かえって官制大権の適用をうける官制組織の統一性、整序性の創造の契機を否定し去っていたのであった。

それでは、緊急の課題と目すべき総力戦体制の構想はどうすればよいか。国策研究会の矢次一夫は、「総力戦体制の確立に関する一試論」[25]のなかで、「戦時総力庁」構想を提起している。戦時総力戦体制が絶対に必要であるとすれば、甲案・乙案の両案が考えられるが、そのうち甲案は、国務大臣と行政大臣を分断し、国務大臣レベルで政策決定を行なわしめようとする案であり、乙案はこれに代わる第二案で、代案である。つまり甲案が内閣制度の「脆弱性」を克服しうべき理想案だとしても、意外にも、軍務大臣の存置が不可欠で、「軍務大臣を存置しろという軍部の要求が、この案の実現を阻止するから、甲案はなりたたない」。したがって、甲案を見送って、乙案をとると、それは、一、企画院の強化、二、内閣総理大臣の指揮権の確立、三、戦時総力庁の設置という三案から組み立てられている。乙案の一は、すでに実験済みで失敗しており、第二の指揮権の確立も実効性に乏しい以上、第三案すなわち、戦時総力庁の設置が望ましいというのである。第一・第二方式の否定とこれに代わる選択肢の提起は了解しうるとしても、戦時総力庁をどういうしくみでつくり上げるかについての言及はない。

ここで、国民運動レベルの問題に視点を移すとどうであったか。三位一体であるべき大政翼賛会、大日本翼賛政治会、政府の三者間で、それぞれに、一三、一三、四の割合で三者構成の国民運動連絡本部を創設する案がもくろまれていた。だが、国策研究会によれば、その背景には、翼賛会と翼政会の間に微妙な緊張関係があり、両者が合併できないので、これに代わる「第二次的解決策」として連絡本部方式が浮かび出た、と紹介されている。翼政会側からの支部設置要求に対しては、「某有力方面の反対によって」それが潰されたとあり、それに代わって今回の翼政会と翼賛会との「人事交流案」が出たとある。したがってこの案は基本的にいえば、「妥協的性格」をもって登場したのである。人事の交流はある程度実現するが、基本的にいえば組織は組織であって、交流は交流に止まる。[26]じじつ、『朝日東亜年報』[27]は、一連の国内態勢強化のこころみをふりかえって、それらは、すべて「掛声ばかり、竜頭蛇尾がまた定石」だったと診断していた。そこで、統制経済の不調を克服する代案として、あらためて軍需省構想が提唱され、また運輸通信省、農商省の新設、企画院廃止に備える内閣強化策としての内閣参事官制、地方への権限委譲が企画されていると報じている。だが、いち早く具体化した戦時行政特例法、戦時行政職権特例の措置は、行政における「企画と運営の一元化」の構想であるが、これについて、「これによって機構の改変を避けんとしたもの」と述べているのは鋭い。敗戦によって政局が危機に追いつめられるという形での外圧が強ければ強いほど、かえって、現状の組織と機構の手直しへとすすみ、組織―機構の根幹は手つかずのままになり、まさに、「組織よりも人」という対策が生まれる。大政翼賛会、翼賛政治会、翼壮団の間にみられる交流は、この意味では注目に値する。それは、事態打開策をもてぬ体制構造の限界を示しているからである。しかし統制会による統制方式の再転換が、新たに軍需会社法（一九年一〇月二六日）の第一条にうたわれたが、難局に対処してこれを乗り切るには、もはや事態はあまりにも切迫しており、またこの統制経済が各省庁の既成の縄張りの拡大・拡張とぴったりと符合していただけに、戦時行政の決戦態勢を模索するには、すべての制度化した組織と機構を解体しなければならないであろう。それは、なによりも、大政翼賛会という国民「組織」と国民「運動」の集積の否定でなければならない。事態は、不可避的措置として国民「組織」の一元化、すなわち国民義勇隊の結成と国民組織としての大政翼賛会の解散へと進んでいった。「国民総蹶起運動」はこうした試行錯誤の最終過程に登場する主体となるが、それはじつに、敗戦前夜のことであった。

（1）翼賛政治会『第八一回帝国議会　衆議院報告書』昭和一八年所収「翼賛政治要覧」参照。翼政は貴族院議員の大半、衆議院議員のほとんど全部をメンバーとしていたが、その他に各界代表を含み、その人数はそれぞれ、三五三、四六一、二二〇の合計一〇三四人が網羅されていた（前掲書、一五九ページ）。
（2）日本近代史料叢書Ｂ―一　木戸日記研究会・日本近代史料研究会『西浦進氏談話速記録　上』二〇一ページ。
（3）帆足計「民間経済中枢機関設置問題に就て」『国策研究会週報』第五巻一六号所収、二一一―二一二ページ。
（4）朝日新聞社中央調査会編『朝日東亜年報』昭和一八年第一輯、二〇〇ページ。
（5）同右、二〇三―二〇四ページ。
（6）国策研究会『戦時政治経済資料　七』所収、第五巻四七号「時録　決戦行政の一斉進発」三一六、三一八―三一九ページ。
（7）朝日新聞社中央調査会編『朝日東亜年報』昭和一三―一六年版、五八八ページ。
（8）東条首相、戦時行政特例法案委員会の審議（二月五日）にさいしての発言。『翼賛政治』第二巻三号より引用。
（9）経済再編成の促進にかかわる総動員法にもとづく勅令は一三年四月から一六年二月までは五一件であったが、改正後一ヵ年にして四〇件が追加された。そのなかには、重要産業団体令、企業許可令、企業整備令（要綱）、物資統制令、配電統制令、労務調整令、金融統制団体令、金融事業整備令等が含まれている(前掲『朝日東亜年報』一三年―一六年版、五八八ページ)。

(10) 国務と統帥に関しては、陽明文庫蔵『近衛文麿公関係資料目録』(国立国会図書館憲政史料室)、B 手記類、一六「統帥と国務」、一七「支那事変について」参照。大本営連絡会議の設置にもかかわらず、これとて官制にもとづくものではなく、国務と統帥の分立という兵権独立主義の由来と伝統は根深く、その実態が、統帥部の「両頭」の「分立」すなわち「海陸分権主義」という形に集約される以上、統帥の集権的輔佐機構が必要であった。また、国務レベルに視点を限定すると、国家総動員法それ自体、主務庁については直接に「指定」していない。いわば国家総動員体制が官僚政治の基礎を拡大構築し、政党勢力がそれを追認してきた以上、日本官僚制の地盤それ自体の再編成―統合は、行政官僚制の「否定」につらなる。とくに統制経済に視野を絞れば、統制会方式とは、上からの、公式的な、セクショナルな「寄木細工的な統制機構」の集合―集積体である以上、統制会の存在を背景としていては、新政治勢力は生まれ出ない。また社会的機能団体が氾濫したとしても、これらの職能団体をもって、国民的政治力を代行せしめることは「絶対に不可であり、また不可能である」のである(帆足計「経済新体制再組織論」『現代日本政治講座　第五巻』『現代政治体制の再組織論』九三―一〇〇ページ。なお、中野登美雄「高度国防国家体制論」二八九―三六〇ページ参照)。

(11) 石川準吉『国家総動員史　資料篇　第四』国家総動員刊行史、一四五―一四七ページ。一、一三七―八、一、一四五。

(12) 柳瀬良幹「戦時行政運用の諸問題――その原理と我国の現状――」『法律時報』一五巻三号、一〇―一一ページ。辻清明「戦時行政の性格」前掲雑誌、一三―一八ページ。田中二郎「戦時行政の決戦態勢と統制方式の再転換――第八三臨時議会の概観――」前掲雑誌、一五巻一二号、五―一三ページ。

(13) 柳瀬良幹「地方行政協議会制度の意義」前掲雑誌、一五巻八号、二六―二九ページ。柳瀬が協議会制度の意義にふれて、「道州制との比較よりも更に強く念頭に浮ぶのは、それと中央に於ける内閣の制度との極めて著しい類似である」とし、「茲に中央地方を通じての現下の行政機構改革の指導原理を見ることが出来る」と述べ、さらに、「故にそれは制度としては現在の内閣のそれが有すると同一の長所と短所とをもつものと言ひ得るので、――中略――少くとも行政の集中統一といふ観点から見て、恰も現在の中央の制度が制度として徹底を欠いてゐると同様に徹底を欠いてゐるものである……」と評価したのは鋭い。

(14) 柳瀬良幹「戦時行政運用の諸問題」、辻清明「戦時行政の性格」、ともに『法律時報』第一五巻三号所収。なお、田中二郎

「戦時行政の新構想と統制方式の転換」前掲雑誌五号、柳瀬良幹「地方行政協議会制度の意義」同八号所収、参照。

(15)「戦時行政職権特例中改正」(昭和一九年一一月一〇日　勅令八四一号)ならびに同日付の勅令八四二号は、それぞれ中央、地方における改正措置を講じたものである。しかし柳瀬教授は、「地方行政機構の動向」のなかで、官庁機構が手つかずのままに放置されていることを論証している。『法律時報』編集部の解説記事は、この事態を解説している。

(16)国策研究会『戦時政治経済資料　2』一九八二年、原書房所収、「改正企画院事務分掌規程」(四三一ページ)。「国家総動員審議会の改組要綱」、「物価対策審議会改組要綱」(前掲書、四三七―四五四ページ)、参照。

(17)同右、三七九―三八一ページ。

(18)統制会方式が「横」の連絡を欠いた個別産業ごとの縦系列統制会であり、現存すなわち既成既存の有力団体の「テリトリー」にはふれていない。その「テリトリー」に触れようとしない限界でしたて上げられていた。したがって、「デリケートな問題」に対処するしくみにはなっていない。国策研究会はこれを「現段階に於て肯綮に値する実践方式」だと認定しつつ、この方式は、必ず「早晩行詰って来るだらう」と診断していたのであった(前掲書、三八一ページ)。重要産業団体令は、企画院のイニシアティブによって各省「協議」を経て策定され、「統制会の運用」に関しては、閣議申合せが先行していた。閣議決定、閣議申合せ、閣議了解といったしくみは、トップ・ダウンのルールとしてではなく各庁協議のしめくくりの手順、すなわちボトム・アップの型のしあげを意味する。

ナチス・ドイツにあっては、党が官吏法を抑え切ったのに対して、わが国の実態はその逆であった。帆足計が「われわれは行政ではなく、政治がわれわれの魂を動かし、われわれの使命感を触発し、われわれを親しく指導してくれることを切望する」と述べ、また彼が、その「政治指導力が極めて微弱である」と慨嘆せざるをえなかったのは、内閣制度の改革以外に対策がないにもかかわらず、挙国体制によって政党勢力をはじめ本来内閣制度を支える諸力すべてが沈黙せしめられてしまっていたからである。大政翼賛会の運動が行政翼賛化する一方、この国民組織が本来の組織と運動を制圧してしまった事態は、戦局絶対不利の体制下にあってはじめて認識されたのであった(前掲書、三九〇―三九一ページ、三八八―四一六ページ、三九一―四二〇ページ)。

(19)この間の経緯については、拙著『近衛新体制と大政翼賛会』五七三―五七六ページ。

(20)同右、五七六ページ。

(21) 帆足計「統制会を繞る最近の諸問題」の言葉である。帆足はこの時、重産協書記長の地位にあった。統制会を縦系列で「統制」することが不可能であるという認識は、現実論としては統制会の「核」となる連絡機関の設置論に落ち着く。統制会組織の肝心のスポンサーの軍・官が現状維持で、「現在その形を最も利用しないのは官である」と小日山は「指導者原理」の欠落をなげき、内閣制度が各省の「反映」に過ぎないようなものである以上、「新政治力が出来て、本当に国民翼賛の力が議会を通し、或は国民運動を通して強力に盛り上って来るならば」と期待しなければならなかったのであった(『戦時政治経済資料　第四巻』四三八―四四六ページ)。拙著、前掲書、四〇五―四六五ページ。

(22) 「新法令」『法律時報』一六巻四号　なお、田中二郎「戦時行政の組織と運営」『法律時報』一六巻五号、五―八ページ。辻清明「戦時体制の内閣制度」同、二二―二六ページ。

(23) 柳瀬良幹「地方行政機構の動向――地方行政協議会の設置とその後」『法律時報』一六巻五号、二八―二九ページ。

(24) 法律時報編輯部編(著作者代表内田源兵衛)『逐条解説　国家総動員法(増補)』日本評論社、昭和一四年　補遺、一―七ページ参照。

(25) 矢次一夫『総力戦体制の確立に関する一試論』国策研究会『戦時政治経済資料　8』原書房、一九八三年、第六巻二九号、二九二―二九七ページ。

(26) 週間要録「国民運動連絡本部創設」国策研究会『戦時政治経済資料　8』原書房、第六巻一三号、一五六の一二―一五八の一五ページ。なお右論文によると、その前年秋に国民運動連絡懇談会がつくられたことが、この国民運動連絡本部の設置の前段階であった。そのさい、東条首相と阿部総裁との間で「現存の各組織には触れずに国民運動強化の連絡機関を設置しよう」という原則論が話し合われた、といわれる(一八五の一五ページ)。

(27) 朝日新聞社中央調査会編『朝日東亜年報』昭和一八年第三輯、昭和一九年、九七ページ。

(三)　「組織も人も」

国策研究会は、かねてから総力戦体制確立のための図式を探索していたが、調査課が独自に「決戦生産態勢確立の緊急課題」をとりまとめた。(1) その内容は、一、経済参謀本部を設置して最高戦争指導会議の下におくこと、二、現行の内閣制度の脆弱性を補う内閣参事官制度は、その手足となるべき事務組織がなく、また軍需省の総動員局も、官制上、各省部局の上に立って命令しうる地位にないので、戦争遂行体制にはもはや不適当であること、三、したがって戦時生産参謀本部以外の対策はありえないこと、この三点を指摘したのであった。「決戦生産体制の確立」が急務であることは、すでに「輿論」となっており、もはや内閣制度の脆弱性をどうのこうのと論ずることではなく、企画院―軍需省構想とか、内閣を強化すべき内閣顧問の制度とか、綜合計画局の可否を論ずる段階ではなかったのである。「経済参謀本部」の必要性は、かつて、松井春生が強く提案したことは周知のことであったが、一切の試行錯誤の結果が出たこの段階で、再び提起されたことに注目しなければならない。わが国が行政府立法の国であるから「経済参謀本部」が必要だ、と提唱された段階から、約一〇年の歳月が流れていたのである。

それだけではなく、昭和一九年のこの時点では、太平洋戦争における決定的敗北がすでに与件となっていたときだけに、事態は深刻であった。民間団体も官庁も、ともどもに「組織の過剰」症候につきまとわれ、しかも両者は相互に呼応して、組織は相互に「バラバラ」となっていたとすれば、「人よりも組織」の組織化が「組織の過剰」へ、そして行きつくところ「無組織の混乱」(2)に終わることを誰が予期しえただろうか。かつて産報に、そして大政翼賛会に本腰を入れた小畑忠良は、国民運動の「無力さ」を慨嘆して、国民運動の綜合一元的指導機関の欠落を指摘せざるをえなかった。(3)しかし、こうした原体験を経た識者の批判が、それぞれの原体験への個別の批判論として、あからさまに提起されたのではない。国民運動の結節点に位置するはずの大政翼賛会統制委員会組織の自己矛盾、大政翼賛会協力会議体における自己矛盾、大政翼賛会推進員制度の自己矛盾等々は、個別には論及されていたのであり、翼賛会が組織として解散されるはるか以前に、統制委員会も協力会議も、そして推進委員会も、内部からの批判を蒙って解体ないしは解消されていたのである。このことは、大政翼賛会が、国民組織としてまた国民運動の主体として、自律性を身につけるにはいたらなかったことを証明する事実といえよう。[4] 逆にいえば、統制委員会組織をもち、推進員制度を運営し、協力会議を運営しようとしても、大政翼賛会組織とそれに組みこまれた組織体の一元的統制は容易ではなく、とくに、それらが各組織とも、各省庁セクショナリズムに連動するがために、ついには、表裏一体論どころか、あえて大政翼賛会に法的根拠を与えよという要望が出るわけである。そこに、自律性と自発性の対極としての他律化と法制化が叫ばれ、進退両難の国民組織の行き詰まりの姿が浮かぶ。大政翼賛会はかくて自らの手足をもぎとられて、「エンコした赤ん坊」[5]の形となって、その出発点に舞い戻ったのである。一切の政治団体の解消・解体のうえに成り立つはずの大政翼賛会は、かえって既成の国民組織群におぶさり、ゆすぶられる形となった。「大政翼賛会とは何だらうか？」、「これは今のところ国民組織じゃない」と小畑はつぶやく。[6]「国民組織じゃないもの」をどうするか。有志代議士会が国民運動一元化の申し合わせを行なう昭和一九年二月三日の時点では、[7] もはや翼賛・翼政・翼壮の関係をどうするかではなく、「国民運動とは何か」「国民組織とは何か」が真剣に問い正されようとしていた。[8] それは「国民総蹶起」運動へ向けての取り組みのなかで解体が一挙に表面化する前夜のことである。「この道はいつかきた道」、いや、終着駅の手前で、出発点の原点に立ち戻ったというべきであろうか。もはや「人よりも組織」ではなく、「組織よりも人」でもなく、「組織も人も」ともども、否定されなければならなかったのである。

（1） 国策研究会『戦時政治経済資料 8』原書房、一九八三年、第六巻三二号所収、三一六‐二一—三一九‐七ページ。矢次は、この「決戦生産体制確立の緊急課題」に先立ってすでに「総力戦体制確立に関する一試論」(第六巻二九号)を、またそれに先立って、「決戦行政の一斉進発」(第五巻四六号時録)で、一、軍需省総動員局の限界、二、内閣参事官制度の限界を指摘し、すすんで、三、経済参謀本部機能の確立、四、生産行政一元化の徹底を要望していた。金森徳次郎「内閣顧問と綜合計画局との適時性」国策研究会『戦時政治経済資料 8』第六巻四六号、四二八‐二一—四二九‐三ページ。

（2） 例えば愛国団体の事例をあげれば、六一団体が加盟した興亜同盟の場合、愛国諸団体の氾濫にタガをはめる措置であったものが、結果的には生誕した興亜同盟それ自体が、「団体個人主義」の形をとった団体横ならびにとどまった。割拠的存在を一つに「統合」すべくして、大政翼賛会自体が公事結社とあっては、その「統合」のタガもメドもなかったのである。橋本文雄「興亜同盟を繞る愛国諸団体」『戦時政治経済資料　3』二三一ページ参照。矢次一夫「生産現場を廻って　㈠」『国策研究会週報』昭和一八年、第五巻四五号、一五―一六ページ。矢次一夫も「周知の如く蛸は八足なれども一頭に纏り、八頭の大蛇も一胴に統一されて居るが、官庁と民間団体とは所謂八頭八足の如くなるは如何」と述べ、官庁も民間団体もともどもに「八頭八足」の傾向を辿ることを認めざるをえなかった(「生産現場を廻って　㈠」『国策研究会週報』第五巻四五号、一五ページ)。

(3)『国策研究会週報』昭和一九年、第六巻三五号、昭和一九年八月二六日「新段階に立つ国民運動――小畑翼賛会事務総長との一問一答」一四ページ。

(4)船田中「各団体に法的根拠を与へよ」『戦時政治経済資料　3』第三巻三五号、一八五ページ。「経済中枢機関設置論の再燃」前掲書、第三巻三七号、二二二―二二三ページ。

(5)(6)小畑忠良、前掲(注3引用)論文、『戦時政治経済資料　8』第六巻三五号、三四四－一〇―三四七－一五ページ。

(7)朝日新聞社中央調査会編『朝日東亜年報』昭和一九年第一輯、二三二ページ。

(8)同右、一三三ページ。『朝日東亜年報』はここで国民運動に三つの見解があったことを回顧しつつ、

一、翼賛会・翼政会・翼壮をこのままにして国民組織はありうるか?

二、政治的指導力をもつ政治団体の指導なしに実現しうるとは考えられない。

三、政府の政治力を強化するには強力な政治的推進体がなくてはならない。

と論点をしぼっている。しかし、たとえこの時点で三つの見解つまり、一、政党、二、職能ないし職域組織、三、国民精神総動員体制の強化策といった対策がありうるとしても、もはや、いずれも、再生ないし新生の可能性はなかった。「決戦非常措置要綱」(二月二五日)、「国民総蹶起」の要綱策定が一挙に煮詰まったのはこの段階であった。

(四) 三位三体

1 内閣改造と大政翼賛会

「機能刷新」にともなう大政翼賛会の再出発が、大政翼賛会が実践運動体へとふみきる転機であり、同時にそれは、大政翼賛会の精動化をも意味していた。しかも、大政翼賛会のみならず、それに統括されるすべての国民組織がそれぞれに「精動化」することは、近衛新体制以来大政翼賛会成立前後にかけての「国民的」課題、すなわち政治新体制はもとより、経済新体制と官界新体制の構想も挫折していくことを意味することは指摘するまでもない。いいかえれば、一億国民全体を頂点の一点に集合すべきはずの新体制運動が、一億国民全体を縦方向に組織した諸国民組織との癒着という枠組に帰着した以上、もはや、大政翼賛会・大日本翼賛政治会・大日本翼賛壮年団という三組織を統合する契機はなく、唯一の政事結社である翼政会とても、それが、地方組織を欠落した政治団体で、かつ寄合世帯であったから、大政翼賛会をふくむ国民「組織」・国民「運動」との相剋摩擦は避けられず、この問題をめぐってかわされる論議は、一、新党論か、二、それとも、翼賛会組織が寄生する職能的職域組織および地域的組織という国民組織論か、三、それとも、かつての国民精神総動員体制の強化―精動化か、といった三方向へと分裂し、その具体策の指向の点では、古くて新しい枠組を脱却できなかったのであった。

東条内閣の決戦体制強化をめざす措置は、これらのうちいずれをとるかという問題としてではなく、それはまさに、「組織よりも人」という形で運営面でとりあげられ、内閣改造にその手がかりが求められたのである。それは、まず内務大臣に大政翼賛会副総裁の安藤紀三郎中将を起用して、「内務行政の運用と国民運動の融合調和」をはかり、安藤の後釜の副総裁には、事務総長の後藤文夫を起用し、さらに後藤をして国務大臣を兼任せしめ、さらに、翼賛壮年団長のポストは、翼賛会副総裁に就任した後藤文夫に兼摂せしめ、後藤団長の補佐役として、新事務総長には後藤の盟友の丸山鶴吉を起用し、本部長に山田龍雄を配置したのであった。政府と大政翼賛会、翼賛壮年団との三者は、かくて三位一体の関係において再建された形となった。

しかしながら、その実態はどうであったろうか。この後藤副総裁の国務大臣就任を評して、[1]朝日新聞社の『朝日東亜年報』が、「名実共に翼賛会の実権を掌握してから、国務大臣に就任した」と解説しているのは鋭い。しかも、これは、旧内務官僚が大政翼賛会のみならず翼賛壮年団組織においてすらも、その中枢ポストを占拠したことを意味する。つまり、内務官僚でもいわゆる新官僚の頭目が、結局、大政翼賛会と翼壮とをそれぞれの支配下に置いたことを物語るものであって、他方、その内相の地位に陸軍を代弁する安藤紀三郎中将がすわったことと関連せしめていくと、この人事が内閣を強化したかどうかはいちがいには断定しがたいといえよう。[2]しかし、内閣の改造人事がこの方向を目指して行なわれたことは象徴的であるといわねばなるまい。東条内閣の決戦陣容が、旧内務官僚が掌握した翼賛・翼壮勢力をふまえて、内閣の改造を断行して仕上げられようとしていたのであったが、その効率はどうであったろうか。

(1)　朝日新聞社中央調査会編『朝日東亜年報』昭和一八年、第二輯、八九ページ。
(2)　『朝日新聞』昭和一八年四月一五日、同一一月二六日社説。

2　三位三体(1)

翼賛政治会は、唯一の政事結社でありながら、政党政派でもなく、ましてや一国一党のような独裁政治を実現しようとするものではない。それは、「他国に比類をみないわが国独特の、独自の政治団体」[1]であった。すなわち、翼政会は、政事結社であるがゆえに、対立的組織の存在を許さない政治組織体であった。これに対し、大政翼賛の臣道実践を目的とする公事結社であって、各種国民組織をその傘下に包摂した国民組織であった。しかも、翼賛会と翼政会とは二元的であって、それぞれの基本体質の相異からしても、一元化はできないたてまえにあった。すなわち公事結社には政治活動とくに政事結社をつくることは許されず、また政事結社としての翼政会は、その地方組織ないし支部をもつことはできないのである。翼賛会と翼政会との関係は、二元的でなければならず[2]、第七六帝国議会後の第一次改組以後は、一元化は決定的に困難であった。

もとよりそこには問題がないわけではない。たとえば、第三回中央協力会議では、次の発言があった。「現在の翼政会は頭ばかりで胴体がない、一種の不具者だ」といわなければならない。かといってこの翼政会が地方組織をもつということになれば、「翼賛会の力はそれだけ弱くなります」。しかし、かといって「この儘荏苒日を延ばすことは国家の為に断じて許すべきことではない[3]」。しかも、大政翼賛会がその傘下に国民運動諸団体を収めたのは、国レベル・中央レベルにおいてではなく、日本的「国民組織」の基礎単位すなわち町内会・部落会そして隣組次元においてであり、各職域組織を統合するしくみもこのグラスルーツにおいてであった。しかし、この組織すなわち全国民網羅型組織は、穂積五一の表現をかりれば、「無組織の組織[4]」であった。「無組織の組織」による組織化は、当然のことながら、それに依拠する組織、すなわち、大政翼賛会が「無性格」であることを意味し、この「無性格」は、ひいてはその「無力」さを裏付けるものであった[5]。それゆえ、五月一七日の閣議決定にもかかわらず、内閣の統合力の限界を指摘することは容易であろう[6]。すなわち、公事結社の「烙印[7]」をおされた大政翼賛会は、国民組織をめざして新旧の国民組織と接合した段階においては、その国民組織体の「主体性[8]」—主体者を見出すことはできない。例えば、第一次改組直後、政治「『新体制』を口にするものさへもなくなったやうである」という室伏の診断はそれであり[9]、また、

「一つの矛盾が次の矛盾を生む」として、そこに大政翼賛会運動の限界をみとった末、その「落寞たるに一驚[10]」すと述べたのは、津久井龍雄であった。その津久井は、別な論文で、新体制が「官僚万能を生むもの[11]」だと指摘していたのであった。また、中村哲は、何故官僚の力が日本で強いかを改めて問わねばならなかった[12]。かれらがそこに見出したのは、「部門別国民組織[13]」の先行と、その部門別国民組織への各省補助金の強力な支配力であった。そして翼賛会がこの「部門別国民組織」と提携し、全国大国民組織を掌握する大内務省行政組織末端を国民組織と認識して、新体制運動に終結を与えたことを銘記すべきであろう。大政翼賛会とその運動は、結果的には、いわば、「官庁の別働隊[14]」にすぎなかったのだ。換言すれば、中央レベルでの行政機構の次元にとどまらず、日本行政官僚制が中央―地方を通じてその外廓団体をつくり上げ[15]、さらに、準戦時経済・戦時統制の下に、「国民の生殺与奪の権」を握るという反面では、この官吏制度の改革・官界新体制は、「無類の多難さ[16]」を示したのであった。このしたたかさは、新体制運動によって、かえって、補完されたのであって、そこに新体制運動の課題であった政治力強化、すなわち「失われし政治」の復権が、「堂々めぐり[17]」に終わる理由が求められよう。官界新体制が「内実は一歩も前進せぬ[18]」といわれる所以である。国民組織と行政とが「二者一体[19]」であってみれば、まわりまわって、この官界新体制[20]こそが、アルファでありオメガであったのだ。だが、行政と国民組織とが一体であってみれば、国民組織も国民組織の運動も、行政の補完体ではあっても、その変革者ではありえないのだ。そこに、当初の経済新体制の構想が挫折していく原因があり[21]、逆に、財界が、経済新体制を手がかりとして、政治新体制を規制しえた根拠があった。もはやこうなっては「革新」は「何となく不穏な陰影をもってくまどられ」、「新体制」も「今では何となく時代にそぐはぬ響をもつ語彙[22]」となった。一方において、右翼とくに観念右翼の激派の中から、平沼狙撃事件、近衛暗殺未遂事件といった激しい抗議の動きが表面化した。近衛新体制が到達した時点は、結局のところ、あたらしい形の公武合体とも称すべく、この段階からは一歩も進めなかったのであった。もはや強力な政治の指導力を求める方向は「五里霧中」[23]で、「一人の国民的な信望をつなぐに足るべきエースを見出し得ない」し、万事が「泥縄式」[24]で末端の地方の状態は「陰惨混沌」となる。それゆえに『解剖時代』において、杉原正己が、「欽定」の必要なのは国民組織の運動だとの認識を示し[25]、しかも個々の国民組織運動の先行・突出が、新体制の名による「官民合同の組織化」、行政セクショナリズムの防衛、さらにはそこからの攻勢につらなる以上、産報・農報・青年団等の外廓団体に向けて、あえて、大政「翼賛会に門戸をひらけ」と叫ばなければならなかったのであった[26]。

新体制は政治新体制、経済新体制、文化新体制に限られず、じつは、「恰も雨後の筍の如くに叢出」した各方面からの新体制試案中、いちはやく所管官庁とその予算措置の手配をおえた組織が「先行」したのであった[27]。この「個別的新体制の突出」について安達巌は、

翼賛会の成立する時には各方面の独自的諸団体統合整理が一応すでに形を与へられる結果を招来し、更に新体制即官僚政治の合理化なりとの観念を各方面に浸透せしむることとなり、因は果となり果は因となり、逆に中心的組織体による一切の統合を困難とする結果に到達するの虞なしとしないのである。

と展望した。この課題の重要性は、一、大政翼賛会の組織確立の遅延とあいまって、各省所管下の民間団体統合の前提として官庁の総合―一元的新体制が「絶対必要」であり、二、大政翼賛会が、これらの諸組織とどう有機的関連をとりつけるか。問題はここにかかっていた。ところが、「各省所管下の民間団体統合の関係予算案及関係法案の議会提出不可能となるであらうことが判明するに至ったので、急遽各省別に当面糊塗的最後案を決定せざるを得なくなったものゝ如くである」と、安達は推定している。各種国民組織の「突出」・「先行」に対する「各省別に当面糊塗的最後案を決定」するという決着が、大政翼賛会の「前進」の「障害」となっただけではなく、まさに一元的新体制を

「困難」ならしめたのであった。例えば文部省の青少年団体の統合の手法がその一例である。安達は次のように述べている。「文部省は大政翼賛会の態度決定を俟たずして、急遽自省の縄張り内の男女青少年団を打って一丸とする大日本青少年団を組織して、文部大臣をその団長に据え、これによって青年組織の再編成れりと呼号するに至ったのである」と。他省がこれに対応して、例えば、厚生省は産報青年部、農林省は農業増産報国挺身隊、商工省は商報という具合に、「新体制の名によるセクショナリズム防衛」努力を激発したのであった。

その結果、(一)、所管団体を傘下に統合した各省ごとの発言権、監督権、指導権の温存・強化、(二)、他方、所管団体の整理統合によって、他省との関連事項における対抗力・抵抗力・発言権の強化、それにともない、懸案事項、重要事項の調整努力は放置・放任され、(三)、とくに、大政翼賛会との関係では、官庁側からはなるべく形式的・精神的範囲での対応に限定して、翼賛会からの政治指導と働きかけを阻止し、直接的・間接的に監督官庁独自の体系を整えたこと、等を指摘できる。日本戦時統制経済体制においても、個別的・突出的国民統制組織の先行が、総括的・統一的指導体制を拒否したため、統制経済の一元化はついに達成できなかったのであった。[28]

このことは翼賛政治会をとってみてもいえそうである。翼政会が常任総務制体制をとっていることはすでに述べたところであるが、問題は、この翼政会では、筆頭総務制を採用できぬところにある。[29]すなわち、翼賛選挙の実施にもかかわらず、政事結社であればあるほど、翼政会には解党以前からの、そして、依然として持ちこしの、体質がつきまとっていた。そのことは、翼政会が議会人を中心として組織された組織でありながら、その構成には議会人以外のメンバーをも取りこんだことひとつとってみても、いえるであろう。[30]唯一の政事結社でありながらも、いやそれなるがゆえにその構成上、筆頭・代表総務制を放棄した常任総務制という連合・寄合世帯だということと、この翼政会には地方支部組織が欠落していることとは密接に関係している。つまり、地方組織の欠落からみても、みずからとるべき「方法論がない」[31]翼政会は、政事結社であればあるほど、無方向性のなかにただよう存在だといえようか。他方、大政翼賛会が地方組織をもつことによって、既成の国民組織の母胎ともいうべき官僚制に束縛されたのとは逆に、翼政会は、地方組織をもたないがゆえに、政事結社であるにもかかわらず、「政治力」をもてない存在であったことは、皮肉であった。そしてこの両者はそれゆえにまた、地方組織をめぐって対立する。大政翼賛会と翼賛政治会、そして翼賛壮年団の三者は、それぞれに体系を整序した段階で、予期に反して三位一体ではなく、いわば三位三体の緊張関係にがんじがらめになっていたのであった。この点にかんして、以下に、翼壮を事例としてとりあげてみよう。

翼賛壮年団の機関雑誌『翼賛壮年運動』は、一七年八月八日、大政翼賛会がその国民運動統一に向けて統制委員会という方式を採択したさい、「国民運動の真の統一強化は決してさうした機構の整備だけからは期待出来ない」とし、国民運動の「筋がね」、または、「主体」こそ、翼賛壮年団に求められねばならないとの判断を下していた。[32]たとえば、衆議院議員の総選挙、それに引き続いた市町村会議員の改選にさいし、翼賛壮年団は翼賛選挙貫徹運動によって、「相当な成果」を挙げたのであって、そのことは、第一回翼賛壮年団運営研究懇談会本部長挨拶(一七年七月七日)の内容から「確認」できるのである。総選挙後の右の懇談会で、本部長はこの成果を確認したうえ、今後の展望を与えて、「国家の要請にこたへ政治的な問題に正しく挺身し得るためには、『翼賛壮年団組織方針の活動に関する事項』にもある如く、『地域的職域的翼賛体制の推進強化』、或は、『戦時生活体制の建設』に邁進し」なければならない、と述べたのであった。すなわち、翼壮がこの「最も謙譲にして真摯なる態度で、最も身近かな日常生活問題を採りあげて建設せんとする地に着いた縁の下の力持ちの運動を積むこと」によって、大政翼賛運動の「中核的実践部隊となる」ことができよう、というのである。右の本部長挨拶をうけて、七月一一日には、「翼賛壮年団運営指定団設定要項」が定められた。それは、一、農村責任協力態勢の確立、二、配給消費の翼賛体制の確立、三、生活文化の確立及び厚生施設の整備、四、地域職域団体の綜合調整、五、地方自治機構の刷新強化の五つの項目を選び、これが「現段階に於ける運動課題」だと例示している。そしてこの五項目の運動課題の内容は、左のように具体化されている。

(1)、農村責任協力態勢の確立[33]

例　共同作業、農村共同施設、経営規模の適正化、農業の機械化及畜力化、農地、小作料及び水利問題の調整斡旋、農村団体の綜合調整、農産物増産対策

(2)、配給消費の翼賛体制の確立[34]

例　配給機構の整備、消費者組織の整備、地域生活協同態勢の確立等

(3)、生活文化の確立及び厚生施設の整備

例　戦時生活刷新の徹底、地方文化運動の振興、保健娯楽諸施設の建設等

(4)、地域職域団体の綜合調整

例　部落会、町内会の整備強化、各種団体間(産報、商報、農報、海報、青少年団、婦人会及び其の他の団体等)の連絡調整等

(5)、地方自治機構の刷新強化

例　翼賛市町村会の建設強化、自治行政機関の刷新強化等

約一カ月後、八月一五日、翼賛壮年団の本部から「翼壮本第七〇三号通牒」によって「生活翼賛体制確立要綱」が発表された。[35]この通牒はさきの、「地域的職域的翼賛体制の推進強化」を狙う、「身近かな日常生活問題」に焦点をおく「中核的実践部隊」としての翼賛壮年団の運動をさらに一般化したものといえよう。さきの「翼賛壮年団運営指定団設定要項」が特定の五項目に指定団運動の目的をしぼったものであったとすれば、「生活翼賛体制確立要綱」は、

これを一般化したもので、例えば、一、趣旨のところをみると、そこでは、「国民ノ日常生活ニ根本的刷新ヲ加ヘ質実剛健ニシテ合理的且ッ善美ナル新生活体制ヲ確立セントスルモノデアル」と規定されている。このように、翼壮は、もはや政治運動から完全に脱却して、国民の日常生活に一切の関心と精力を傾注しようとしていたのであった。そしてこの「生活翼賛体制確立要綱」は、そのために翼壮の組織・運営の方向を典型化して示そうとした通牒である。すなわち、この運動の目標は、

一、綜合国力の発揮、能率の増進
二、皇国民族の量的及質的の飛躍的増強
三、世界に於ける指導国家としての資質の強化

の三点であって、この「趣旨」と「目標」をめざす「根本精神」は、以下の六点とされている。

一、日本的世界観の確立
二、生活の合理化科学化
三、生活の簡易化素朴化
四、生活の協同化
五、社会生活の潤化
六、道義の確立

まず、この第一の「日本的世界観の確立」についてその解説をみてみよう。

本運動ノ根本ヲ為スモノハ矢張リ思想問題デアル。即チ従来ノ個人主義自由主義ヲ基調トスル利己主義、唯物主義、享楽主義的人生観ヲ払拭シテ、団体ノ本義ヲ弁ヘ、皇国民タルノ自覚ニ徹シ一切ヲ捧ゲテ天皇ニ帰一シ奉リ、

天皇ノ為ニ生キ、天皇ノ為ニ死スルトイフ人生観ニ立還ラネバナラヌ。此ノ事ニ依ツテ吾々ハ御奉公ヲ励マンガ為ニ自己ノ心身ヲ愛護鍛練シ、勤労ヲ愛好シ、物ソノモノヲ尊ビ、物恩《(ママ)》ニ感謝スルニ至ルノデアル。即チ健康ノ増進モ物資ノ節約モ、時間ノ尊重モ個人ノ幸福、個人ノ利益、個人ノ便利ノ為ニ為サルベキモノデナクテ、一ニ御奉公ヲ励マンガ為デアルコトヲ明瞭ナラシメネバナラヌ。

この運動を推進する翼壮「団員の心構」を説示したさいに、「生活翼賛体制確立要綱」は、ある側面では、例えば、「ロ、壮年団ハ組織的実践部隊タル本質ニ鑑ミ単ナル啓蒙運動ニ終ルコトナク、各地ノ実情ニ即応シテ随時適当ナル課題ヲ取上ゲテ之ガ具体的実行方法ヲ協議決定シ之ガ実行ヲ期スルコト」と指示するが、同時に、ただちに、「ハ」において、

（ハ）、団員自ラ率先躬行スルハ素ヨリナルモ、壮年団トシテハ常ニ本運動ノ中核的推進力トシテ、隣組、町内会、部落会、医師会、社会事業団体、農会、産業組合等各地域、職域ノ各種団体ヲ連絡斡旋シ、本運動ノ目的達成ニ動員セシムルコト、但シ其ノ際各団体ヲ表ニ立テルベキトコロハ之ヲ立テル謙虚サヲ失ハヌコト

と指示し、自らを「中核的推進力」と規定しつつも、各地域・職域の各種団体を「連絡斡旋」し、「本運動ノ目的達成ニ動員セシムルコト」が重要だと規定したのである。しかし、これには但書があって、「但シ其ノ際各団体ヲ表ニ立テルベキトコロハ之ヲ立テル謙虚サヲ失ハヌコト」と釘を打っている。すなわち、自らを「中核的推進力」、「組織的実践部隊」と規定しつつも、地域・職域の国民組織との関係については、この段階にいたってもなお、みずからの努力を「連絡斡旋」に限定していた。これが、「組織ヲ持テル実践部隊」——翼壮のあり方であったのである。したがって、「実施要項」を紹介すると、左のとおりであって、翼壮独自の運動が、かなりの程度、「従来行ハレタ個人本位ノ生活改善ノ運動ト同ジモノ」になろうとしていたのは、奇妙であった。(36)

生活翼賛体制実施要項

(1)、健民健兵運動ノ実施
イ、保健衛生ノ改善
(一)、団員ヲシテ各自ノ市区町村ニ於ケル左ノ諸統計ヲ作成セシメ、死亡原因ヲ探究シ、之ガ原因除去ニ努力セシムルコト
一般死亡率
右死亡原因調
乳児早死亡率
乳幼児死亡原因調
(二)、乳児、妊産婦等ヘ牛乳ノ優先的配給(農山村等ニ於ケル山羊育成ノ奨励)
(三)、産婆、保健婦ノ設置
(四)、妊産婦衛生指導
(五)、国民学校児童ノ寄生虫駆除
(六)、学校給食ノ実施
(七)、共同炊事ノ奮励
(八)、托児所、農繁期托児所ノ設置奨励
(九)、所謂万年床ノ廃止、衣服寝具ノ日光浴ノ奨励

(十)、採光換気ノ改善及外気生活ノ奨励
(十一)、性病撲滅知識ノ普及
ロ、衣食住ノ合理化
(一)、食生活ノ合理化
(二)、衣服ノ改善
(三)、住宅ノ合理化
ハ、結婚慣習ノ改善
(一)、結婚報国思想ノ啓発
(二)、適齢結婚及健康結婚ノ奨励
(三)、結婚行事ノ改善
ニ、体育運動ノ奨励
(一)、冷水浴、冷水摩擦ノ奨励
(二)、ラヂオ体操、日本更生体操ノ励行
(三)、徒歩ノ奨励
(四)、武道ノ奨励
(五)、集団勤労作業ノ実施
(六)、行軍、登山ノ奨励
ホ、健全ナル慰安娯楽ノ奨励

ヘ、国民健康保険組合ノ設立奨励
(2)、社会生活ノ合理化
イ、社交儀礼ノ改善
ロ、時間ノ励行
ハ、貯蓄ノ奨励
(3)、道義ノ確立
(4)、社会生活ノ潤化
イ、環境ノ整頓美化
ロ、芸術ノ大衆化
ハ、公共的施設ノ愛護、風致ノ保存
ニ、「有難う」「御苦労さん」「勿体ない」トイフ思想感情ノ普及

この方向は、「『健民運動』国民健康保険組合設立ニ関スル件」の通牒に、もっともよくあらわれた。

『健民運動』国民健康保険組合設立ニ関スル件

別ニ指示セラレタル生活新体制確立要綱ニ依リ夫々地方ノ事情ニ即応セル具体的実践方策ヲ御決定相成ル事ト存ジ候処皇国民族ノ量的質的ノ飛躍的増強ヲ図ル健民健兵運動ノ一トシ国民健康保険組合ヲ設立スル事ハ最モ適切ナル事業ト存ゼラルヽノミナラズ、政府ニ於テモ積極的ニ之ガ普及ヲ企図シ、之ガ実現ヲ我ガ翼賛壮年団ノ組織

的実践力ニ期待スルトコロ最モ大ナルモノ有之候ニ付テハ左記事項御留意ノ上此ノ際各地ニ於テ之ガ普及設立ニ関シ徹底的ニ御尽力相煩度此段及通牒候

記

一、国民健康保険組合ノ趣旨、設立方法等ニ関シ団役職員ニ於テ研究会ヲ開催スルコト、此ノ際道府県当局ヨリ係官ノ派遣ヲ乞フコト（参考資料トシテ本部ヨリ一、二、三ノ小冊子ヲ送付ス）

二、道府県当局ト連絡シ、県下ニ於ケル普及計画ヲ承知シ之ニ即応シテ団トシテノ具体的実施計画ヲ樹立スルコト

なおこの通牒には、参考資料として、「国民健康保険組合全県普及運動実施要綱」という、長野県大政翼賛会長野支部と長野県翼賛壮年団連名の資料が添付されていた。長野方式は、全国一の成績を示す健康保険設立の実績を背景にもち、その実施要綱は、次のように解説されている。

国民健康保険組合全県普及運動実施要綱

(一)、懇談会開催

大政翼賛会市町村支部若は翼賛壮年団に於ては市町村当局と連絡の上懇談会を開催し関係印刷物を資料として健康保険組合設立に関する研究懇談を行ふ。

(二)、市町村常会提案

懇談会で充分研究の上は之を市町村常会に提案する。

(三)、発起人選定

常会に於て設置することに決つたならば直ちに国民健康保険組合設立発起人を挙げて設立に関する諸般の準備を進める。

(四)、団員常会開催

翼賛壮年団は各支部、班毎に団員常会を開き国民健康保険組合に関する認識徹底を図る。

(五)、婦人推進員総会開催

大政翼賛会支部に於ては市町村内婦人推進員の総会を開き国民健康保険組合に関する認識の徹底を図る。

(六)、市町村下部組織常会開催

部落、町内会、隣組等の常会を開いて一般市町村民に対し徹底を図る。

(七)、同意書取纏

翼賛壮年団は各支部若は班毎に団員が手分して各戸を訪問の上同意書を集めて之を設立事務所(役場)へ提出する。

(六)の常会で同意書で取纏めが出来れば尚結構。

(八)、其の他

こゝ迄推進すれば後は設立委員会で準備を進めることゝ思ふが、こゝ迄来る迄には相当色々な障害や難関を突破するの役割を果さねばならぬ。従来の例に徴し第一の障害は比較的資産の有る人々の反対である。これは保険料の負担が多くなるからであるが、これに対しては相扶協力による一村(市、町)一家翼賛体制確立の必要を理解して貰ふことが大切である。

次に最近設置を見た組合で赤字を出してゐるものがあるのを見て乗気にならぬものがあるが、これは設立当初は今迄持越の病気を治療したり、保険料を出してあるのだから医者にかゝらねば損だと云ふ様なことを考へて盛に利用すること、其の他設立当初医療費の見積が過少の為保険料が低額過ぎる所もあるが為であるが、これは二、三年も経てば大概常態に復して収支償へる様になるからこの点もよく説明する必要がある。

尚その他設立の障害になる様なものや官庁その他関係方面への要望等があれば大政翼賛会県支部に上通されたい。

やがて『翼賛壮年運動』八月一五日号は、「新方針近く決定」と題して、分団、班の設置決定と報道し[37]、ほぼこの時期と相前後して、「大日本翼賛壮年団本部事務分掌規程」を整備し、「本部企画委員会規程」を策定した。新機構の一覧表以下、本部事務分掌規程ならびに翼壮本第八二七号、八二八号の分団および班の設置に関する通牒は、左のとおりである。

大日本翼賛壮年団本部事務分掌規程（昭和一七年八月）

大日本翼賛壮年団本部職制第七条ノ規定ニヨリ大日本翼賛壮年団本部事務分掌ヲ左ノ如ク定ム

第一条　左ノ十班ヲ設ケ夫々規定セル事項ニ付キ団活動ノ企画及事務処理ニ当ラシム。但シ地方団トノ連絡及之ニ対スル指導ハ指導部ニ於テ之ヲ行ハシム

各班長ハ上司ノ命ヲ承ケテ班員ヲ統率シ創意ト工夫ヲ凝シテ班務ノ遂行ニ任ズ

一、庶　務　班

改組大日本翼賛壮年団本部組織図

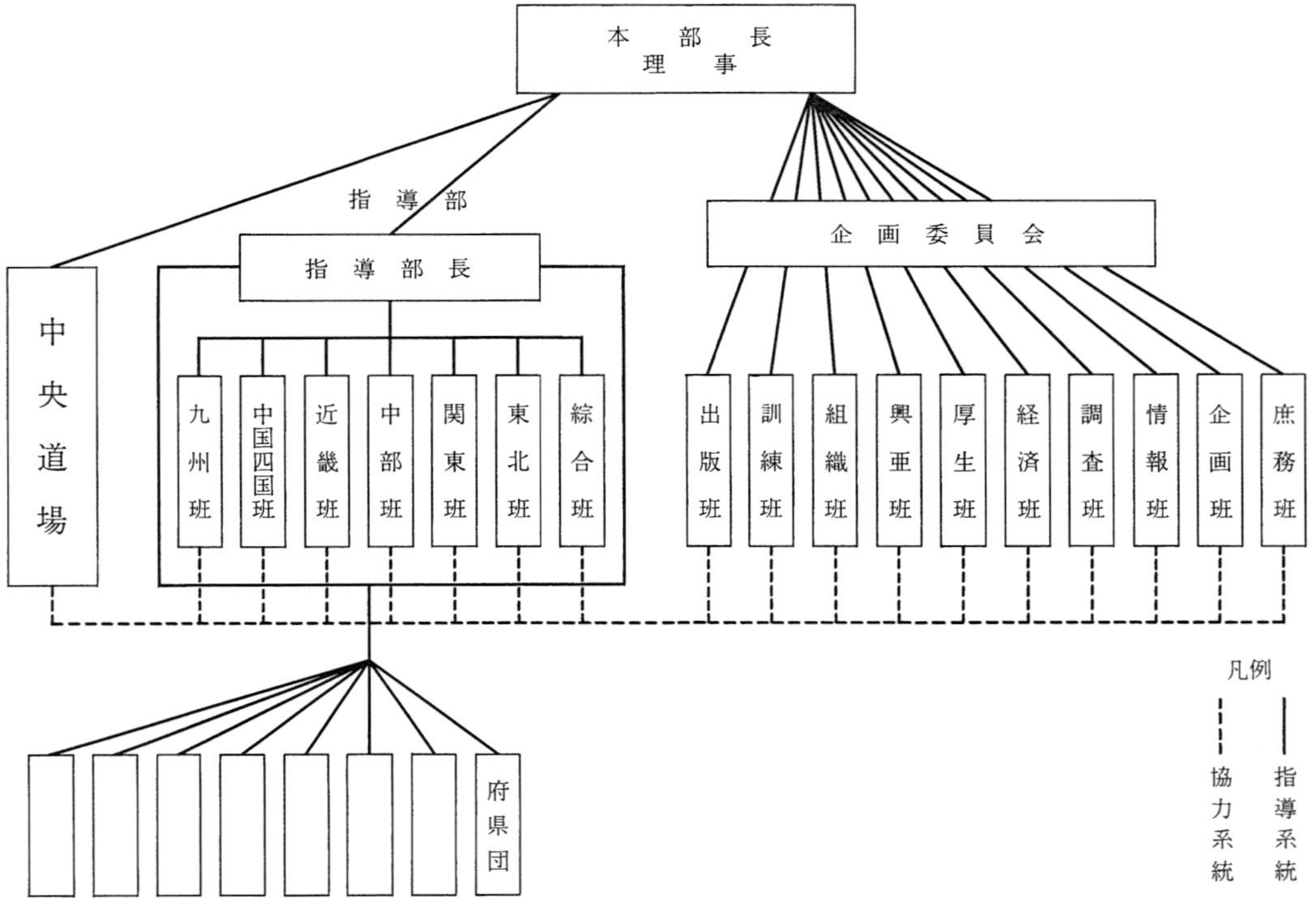

（1）、庶務ニ関スル事項
（2）、人事（地方団ニ関スルモノヲ除ク）ニ関スル事項
（3）、会計経理ニ関スル事項
（4）、各部班ノ連絡ニ関スル事項
（5）、他部班ノ所管ニ属セザル事項

二、企　画　班

（1）、文書ニ関スル事項
（2）、団運動ニ必要ナル調査ニ関スル事項
（3）、右ニ関スル翼賛会調査会及調査局トノ連絡ニ関スル事項
（4）、資料ニ関スル事項
（5）、各部班企画ノ連絡調査ニ関スル事項
（6）、企画委員会ノ庶務ニ関スル事項
（7）、企画ニ関スル翼賛会トノ連絡ニ関スル事項
（8）、各班所掌以外ノ関係団体トノ連絡ニ関スル事項

三、情　報　班

（1）、団運営ノ周知、宣伝ニ関スル事項
（2）、国策ノ浸透徹底其ノ他上意ノ下達ニ関スル事項
（3）、生活相談、陳情ノ処理其ノ他民情査察及下情上通ニ関スル事項

(4)、情報ノ蒐集ニ関スル事項

四、調　査　班

(1)、一般政策調査ニ関スル事項

(2)、右ニ関スル翼賛会調査会調査局及翼賛政治会政務調査会トノ連絡ニ関スル事項

(3)、政治ニ関係アル団活動ニ関スル事項

(4)、選挙刷新ニ関スル事項

(5)、議会及翼賛政治会トノ連絡ニ関スル事項

(6)、政治的勢力トノ交渉ニ関スル事項

五、経　済　班

(1)、生産ノ増強、配給ノ合理化、消費ノ規整等経済ニ関スル団活動ニ関スル事項

(2)、経済、職域組織トノ連絡ニ関スル事項

(3)、貯蓄奨励、物資節約及回収ニ関スル事項

(4)、経済政策調査ニ関スル事項

六、厚　生　班

(1)、厚生ニ関スル団活動ニ関スル事項

(4)、厚生及文化職域組織トノ連絡ニ関スル事項

(5)、厚生及文化政策調査ニ関スル事項

七、興　亜　班

（1）、興亜運動及之ニ関スル内外ノ連絡ニ関スル事項
（2）、興亜同盟トノ連絡ニ関スル事項
（3）、外地及大東亜諸域内ノ青壮年運動トノ連絡ニ関スル事項
（4）、興亜政策調査ニ関スル事項
八、組　織　班
（1）、団ノ組織ニ関スル事項
（2）、翼賛会及関係団体トノ連絡ニ関スル事項
（3）、地域及職域組織ノ育成強化及之トノ組織上連絡ニ関スル事項
九、訓　練　班
（1）、思想対策ニ関スル事項
（2）、団員ノ訓練ニ関スル事項
（3）、国民訓練特ニ青少年及学生訓練ニ対スル連絡協力ニ関スル事項
十、出　版　班
（1）、出版ニ関スル事項
（2）、文書活動ニ関スル事項
第二条　各班ノ企画ヲ統一調整スル為企画委員会ヲ設ク
　企画委員会ニ関スル規程ハ別ニ之ヲ定ム
第三条　指導部ヲ設ケ左ノ事項ヲ掌ラシム

(1)、地方団ノ指導ニ関スル事項
(2)、地方団トノ連絡ニ関スル事項
(3)、地方団ノ人事ニ関スル事項
部長ハ上司ノ命ヲ承ケテ部員ヲ統率シ一糸乱レザル統制ノ下ニ部務ノ遂行ニ任ズ
指導部ニ左ノ各班ヲ設ケテ夫々部務ヲ分掌セシム
一、綜　合　班
(1)、部ノ庶務ニ関スル事項
(2)、各地域班ノ綜合統制ニ関スル事項
二、東　北　班
北海道及東北諸県団ノ指導及連絡ニ関スル事項
三、関　東　班
関東諸府県及山梨県団ノ指導及連絡ニ関スル事項
四、中　部　班
中部諸県団ノ指導及連絡ニ関スル事項
五、近　畿　班
近畿諸府県団ノ指導及連絡ニ関スル事項
六、中国四国班
中国及四国諸県団ノ指導及連絡ニ関スル事項

七、九　州　団

九州諸県及沖縄県団ノ指導及連絡ニ関スル事項

指導班ノ行フ地方団トノ連絡及之ニ対スル指導ニシテ其ノ内容第一条ニ規定セル各班ノ所掌ニ属スルモノニ付テハ其ノ企画及事務処理ハ夫々当該班ニ於テ之ニ当ラシム

第四条　中央道場ヲ設ケ中央本部ニ於テ実施スベキ訓練ニ当ラシム

道場長ハ上司ノ命ヲ承ケテ道場員ヲ統率シ団ノ訓練方針及訓練計画ニ則リ身ヲ以テ訓練ニ任ズ

大日本翼賛壮年団本部企画委員会規程

大日本翼賛壮年団本部事務分掌規程第二条ニ基キ企画委員会規程ヲ左ノ如ク定ム

一、大日本翼賛壮年団本部各班ノ企画ヲ審議シ、之ヲ全体ノ立場ヨリ調整統一シテ団ノ活潑ナル運営並ニ活動ノ指導ニ資スル為メ本部ニ企画委員会ヲ設置ス

二、本委員会ハ幹事以上ノ本部職員ヲ以テ之ヲ構成ス

三、本委員会ニハ委員長、幹事長各一名、幹事、書記各若干名ヲ置ク

四、委員長ハ本部長之ニ当リ、委員会ヲ統裁ス

五、幹事長ハ本部長ノ指名スル理事ヲ以テ之ニ充ツ、幹事長ハ委員長ノ命ヲ承ケ幹事及書記ヲ指揮シテ委員会ノ事務一切ヲ統轄シ委員長不在ノ時ハ之ヲ代理ス

六、幹事及書記ハ本部長之ヲ指名ス

幹事ハ幹事長ノ命ヲ承ケ本委員会ノ運営ニ関スル各班ノ連絡、議案ノ整理ニ当ル

書記ハ本委員会運営ニ必要ナル事務ニ当ル

七、本委員会ハ毎週金曜日定期的ニ開催スルノ他必要ニ応ジ委員長随時之ヲ召集ス

八、必要ニ応ジ委員長ハ小委員会ヲ設置シテ専門事項ヲ審議セシム

分団及班ノ設置

翼壮本第八二七号

昭和十七年九月十日

大日本翼賛壮年団本部長

道府県翼賛壮年団長殿

市区町村団ニ分団、班ヲ設置スルノ件

曩ニ本団ハソノ組織方針トシテ「市区町村団ヲ単位トシソレ以下ハ分団、班ハ設ケザルコト但シ大都市ソノ他特殊ノ事由アルモノニ付テハ特例ヲ設クルコトヲ得」(昭和十六年九月二十日付組地第一六九号)ナル旨及通牒候処其後全国各地ニ於ケル団活動ノ伸張ニ伴ヒソノ活動上ノ観点ヨリ市区町村団ニ分団、班等ヲ設置致度希望漸次繁キヲ加フルニ至リ中ニハ分団、班類似ノ内部組織ヲ持チテ活動中ノ市区町村団モ有之状態ニシテ本団ニ於テモ団活動ノ実情ヲ察知シコレガ取扱ニ付慎重審議中ナリシガ今般市区町村団ノ運営上別紙要領ニ依リ市区町村団ノ分団、班ノ設置ヲ認ムルコトト相成候間通牒候也

市区町村団ノ分団、班設置要領

一、大日本翼賛壮年団ノ系統組織ハ従来通リ市区町村団ヲ以テ最下部組織トスルモ、市区町村団ハ団運営上ノ内

部組織トシテ必要ニ応ジ分団、班ヲ設クルコトヲ得
二、分団、班ニハ正副分団長、班長各一名ヲ置キ、ソノ任免ハ市区町村団長之ヲ行フ
三、分団、班ノ設置区域ハ市区町村団運営ノ実情ニ即スルヤウ市区町村団長ニ於テ適宜之ヲ決定スベキモ、大体左ノ基準ニ従フコト
イ、市区団ノ場合
分団――連合町内会又ハ学区ノ区域
班――町内会ノ区域
ロ、町村団ノ場合
分団――数個ノ町内会又ハ部落会ノ区域
必要ニ応ジテハ班ヲ設クルコトヲ得
四、従来市区町村団ニ於テ、ソノ内部組織トシテ分団、班等ニ類似ノ組織ヲ持テル団ニシテ、名称ノ異ルモノハ此際名称ヲ分団、班ニ統一スルコト
五、分団旗、班旗ヲ設クル場合ハ左ノ規格ニ依ル事
大サ――小幅、長サ六尺(班旗ハ長サ五尺)
其他ハ市区町村団旗ニ準ズ
註　分団、班ノ運営ニツイテハ部落会、町内会、隣保班ノ世話役、世話人ト充分連絡ヲトリ、運営ノ妙ヲ発揮サレタシ

翼壮本第八二八号

昭和十七年九月十日

大日本翼賛壮年団本部長

六大都市所在府県翼賛壮年団長殿

六大都市区団ニ分団、班ヲ設置スル件

翼壮本第八二八号通牒ニヨリ分団、班ノ設置ヲ認ムルコトト相成候処六大都市区団ハ他ノ市町村団ニ比シ特殊ノ性格ヲ有スルヲ以テ、内部組織トシテハ分団、班ヲ更ニ一段ト強化スルノ必要アルニ鑑ミ、此際左記要領ニ従ヒ、分団、班ヲ設置シ団活動ノ活潑化ヲ期セラレタシ

六大都市分団、班設置要領

一、分団、班ニハ左ノ役員ヲ置ク

分団長	一名	班長	一名
副分団長	一名	副班長	若干名
総務	若干名		

一、正副分団長ハ当該区団長ノ申請ニ基キ、本団員中ヨリ市団長之ヲ指名ス

総務ハ分団長ノ申請ニ基キ、区団長之ヲ指名ス。其ノ数ハ成ル可ク少数ニ止メ精鋭主義ヲ取ルコト。正副班長ハ団長ノ申請ニ基キ、区団長之ヲ指名ス

一、分団、班ノ設置区域ハ、翼壮本第八二七号「市区町村団ノ分団、班設置要領」ニ拠ルモ、配給組織其他ヲ考慮シ充分団運営ノ実情ニ即スルヤウ注意スルコト

一、分団ノ経費ハ区団ヨリノ交付金及寄附金ヲ以テ之ニアツ

交付金ノ割当ニツイテハ市団長之ヲ定ム
寄附金ノ受理ニツイテハ区団長ノ許可ヲ得ルコト
一、分団ニハ分団本部ヲ設置シ、団員名簿ヲ常置ス
分団本部長ハ分団長ヲ以テ之ニアツ
註　分団ノ経費ニ充テラルベキ区団ヨリノ交付金ノ割当ニツイテハ区団ノ運営ニ支障ヲ来サザルヤウ充分留意スルコト

新しく設けられる大政翼賛会側の世話役・世話人に対して、翼壮がどういう態度をとるべきか、それは大きな課題であった。さきの翼壮本第八二七号通牒が、「分団及班ノ設置」にかんする「要領」において、とくに「分団、班ノ運営ニツイテハ部落会、町内会、隣保班ノ世話役、世話人ト充分連絡ヲトリ、運営ノ妙ヲ発揮サレタシ」と要望していたが、問題は簡単ではなく、まことに複雑であった。例えば、翼壮のパイオニアともいうべき長野県翼壮は、県内本部の陣容を一新し、新たに組織を変更し、「不言実行」をたてまえとし、「錬成事業」、「拓務事業」、「文化事業」、「農村対策」、「商工対策」という事業計画を策定することとなった(38)。これは、八月二九日の『翼賛壮年運動』の報道であるが、「理論型」から「不言実行」・「事業計画」型への転進が、翼賛会側の「世話役」、「世話人」重視の動きと併行し、かつそれと競合する。「運営ノ妙」とはいいえて妙ではあるが、容易ではない。けだし「同志精鋭」志向と網羅型国民組織とは背反関係にあるからである。また、大政翼賛会側としても、「世話人」「世話役」運動と大政翼賛会推進員制度とをどう調整すべきか。この問題も厄介である。例えば、その後、大政翼賛会の推進員制度のあり方をめぐって、翼賛会への翼壮の「編入」構想が放送され(39)、これに反撥して、『翼賛壮年運動』は、逆に、推進員制度

の改廃が日程にのぼりつつあるのだと反論して、「分団、班運営細則」が出来たことを紹介している。こうした組織化をめぐっての、地域組織での対応に加えて、さらに、職域推進組織レベルでも、翼壮問題は、職域組織の内外での二重組織の形成にかかわる是非問題、つまり、二元化問題となって、複雑な課題となったのである。[40] しかし、関係団体とくにその本部では、当然のことながら、一元化には反対で、とくに推進員の翼壮への一元化には翼壮側が強く反対し、翼壮本部は、地方の混迷打開の要望にもかかわらず、すっきりした回答を出すことができなかったのである。[41]

さて、一〇月二日の『朝日新聞』は、「推進員を翼壮に吸収」という見出しで、一、「商報推進隊、農業増産報国隊(両者合して約二五万人)など関係諸団体の推進員は廃止して翼賛壮年団(一五〇万)に吸収せしめ、一元的統制のもとに活潑なる運動を展開せしめる」こと、しかし、二、「産報青少年(約一〇〇万)については、産報が職域団体たるに鑑み青少年隊として残し、職場より優秀な分子を翼壮に加入せしめるのみに止め、緊密なる連絡を保たしめることとする」と報道し、さらに、「関係諸団体の運用に関する統制委員会は現状のまゝとするが、これが円滑なる遂行を期して月二度ぐらゐ定例的な関係団体協議会を今後ひらくこととする」等々の話し合いの模様をつたえている。[42] 一方、翼壮側の動きはどうであったのだろうか。翼壮の白根孝之は、翼賛会の統制委員会には十分な活動を期待しえない現段階では、推進組織のあり方をつめることが純組織論としても最も大きな課題であると見ていた。とくに、地域組織が全員網羅型である限り、そこにはどうしても、内部の推進組織の存在が必要であり、その点では、国民的職域組織の存在は必要不可欠だと見ていたが、[43] 同じ『翼壮評論』に所載された宮田論文によれば、職域組織の典型である産報すらも「無力」であり、それに対して、新しく提起された産報五人組制度も、「しかしこれも成果なし」といわねばならなかったのである。[44] すなわち、さきに示した如く、「推進員を翼壮に吸収」という方向設定はありうるし、あらねばならぬとしても、しかし、産報青年隊には手をつけぬという認識では不十分で、他方、その産報が「無力」で、産報五人組制という網羅的新組織も「これも成果なし」とあっては、どう打って出たらよいのであろうか。矛盾は深刻といえようか。翌月、一一月七日の『翼賛壮年運動』は、突如として、翼壮の栗原美能留総務の辞任、さらに是松本部長の辞任を報じたが、[45]これは問題の深刻さを示すものともいえようか。

一方、大政翼賛会の動きはどうであったのか。大政翼賛会としては、あくまでも自らの主体性のもとに、国民運動を推進しなければならず、現にその方向へ動こうとしていた。例えば、一一月五日、「新国民運動実施要綱」が立案され、一六日には、「国民皆働、烈士の顕彰」の運動細目が発表され、その実践が指令されたのであった。[46]後者は、「運動」と「行事」に分たれ、左のとおりであった。

運　動

一、勤皇護国の烈士、先覚者顕彰運動
二、国民皆働運動
三、重点輸送協力運動
四、配給適正化運動
五、必勝貯蓄運動

行　事

一、滞貨一掃協力
二、船員感謝援護
三、軍人援護
四、必勝貯蓄増強

五、産業戦士感謝援護
六、大東亜戦争一周年記念国民大会開催

他方、翼賛壮年団も、ちょうどそのころ「団の方針近く指示」、「同志精鋭百三〇万　国民運動の先頭」と宣言し[47]、ついで第二回道府県団長会議で、「大東亜戦争一周年　壮年団実施要綱」を発表した[48]。その正式決定が、「第一次国民運動要綱」となるのであるが、そのさい、翼壮内部では、国民運動のあり方について、注目すべき見解が表明されていたのであった。例えば宮崎新一は、本部幹事、企画室附のポストにいたが、『翼壮論壇』欄に「何が国民運動なのか」との質問を提起した。彼は、まず「従来、国民運動の名によって展開せられて来た運動」は、「多くの場合行政に対する補助運動としての面が甚だ強いのである」と回顧した。したがって、「所謂国策の浸透徹底といふことが、国民運動を通じて行はれて来たといふことが出来る」が、結果的には、「官僚統制」が「国民運動の名によって行はれて来たのである」と反省した。そしてこの批判をふまえて、宮崎の問いが発せられている。曰く、「国民運動の本質とは何か」。それに対してみずから答えて、「端的にこれを云ふならば、それは行政の一歩先の運動である」との断定を下したのであった[49]。

国民運動が官僚統制の露払い、つまり、官僚統制の「一歩先の運動である」のだと言いきる認識は、決戦段階における国民組織と国民運動の本質をみぬいた、冷厳な現実認識であろう。現実にそうであり、それ以上の国民運動なるものはありえない、ということからすれば、しかりであろう。このことは、団運動回顧の本部座談会席上で穂積七郎が、その発言のなかで、「厳密に言へば翼壮は必要な時期に生れて来たと云ふ点を除いては本格的な何物をも果して居ないといふ風にも反省されるのではないか」と述懐していることと符合している。穂積は改めて、はっきりした「思想目標」を持つべきことを要求したが[50]、この点では、官僚統制の露払いとしての国民運動といった、官僚統制・

官僚支配の「露払い」はごめんだという現実認識とは裏腹関係になろう。そこに翼壮の深刻な苦悶をみいだすことは容易である。「配給をよくしよう　翼壮　業者の監視に起つ」と題し、「戦力増強へ一億の突進　第一次国民運動実施要綱きまる」、「翼壮も密接に協力　一八日の全国壮年団長会議で六項目」[51]と報じた『朝日新聞』の記事は、その翌日、二〇日には、「翼政会、全政治力を動員　戦力増強臨時協議会設置」と報道し、翼賛政治会もまた、「戦力増強方策要綱」を打ち出したことを伝えている。要綱は、

一、国民精神の昂揚

二、戦時生産力の強化

三、戦時下国民生活の確立

の三つであった。

一方、帝国議会の召集をひかえて、「戦時立法態勢着々成る」と報道され、それが東京都制案、市制・町村制等改正法律案として提出される見通しとなり、翼政会からは、「行政事務簡素化案六七件」が、政府に提出された[52]。一七年も押しせまった一二月二一日の『朝日新聞』は、「予算　必勝の重点効率主義」を掲げて、そのあとに、「各団体補助金を一括、翼賛会二四〇〇万」と小さく掲載したのであった。翼賛会の予算は、一七年度一二〇〇万円であって、それが一八年度分として二四〇〇万円へと増額されるのは、「倍増の形」だが、「しかし、新たに傘下に入った各団体の補助金合計五〇〇万円が入ってくるから、結局七〇〇万円増に止まる」、「実質的には案外増加してゐないといへよう」と評価している[53]。大政翼賛会が国家予算中に占める比重の微少なことは改めて指摘するまでもないが、それにしても、大政翼賛会関係予算の国家予算・補助金への全面依存は、決定的だといえよう。あたかも、そのころ、「常会にも『海ゆかば』唱へよ一億〝国民の歌〟を」という記事があり[54]、これと相前後して、「翼政の強化を要請　有志代

議士会で申合」という解説記事が掲載された。(55)これは翼政会所属有志代議士が発起人以下約一〇〇名参加し、うち二〇名の実行委員をたて、その座長に津雲尚武をおして、

一、国民の政治的熱意を昂揚するため、一元的国民政治組織を確立すること

二、本会機構の各部局の活動の責任を、内外に対し明瞭ならしむべき改善を行ふこと

三、本会の機構をして、真価実力に基き、適材を適所に配属せる良心的にしてかつ効率的なるものたらしむべき改善を行ふこと

を申し合わせた。この申し合わせの「理由」には、「我々の要望は、いふまでもなく、今日の政治が、一に戦争に勝つための、しかして戦争に勝ち得る政治でなければならぬとする端的な動機より出でたるもので、それ以外に何等の私心を挿むものではない、我々は、今日の国家の危局に処して、政治を最も遅鈍なる速度を以て歩む者に、我々の歩調を合せてゐなければならぬやうな状態を、もはや堪へきれぬものとなす」とある。(56)一方、昭和一八年一月一日の本部幹部筆頭の叫びを特輯した『翼賛壮年団運動』誌には、翼壮理事の菅太郎が「七生報国の大義貫徹に挺身せん」と発言し、また、理事市川清敏が、二年有余の「紆余曲折」を経て生まれいでた壮年団が「新体制確立のための唯一にして最後の切札」(57)だとの信念を吐露していた。ところがその直後、一月の一六日に、大政翼賛会と翼賛政治会双方の人事交流方針なるものの発表をみた。これは、翼賛壮年団にとっては、大きなショックであった。『翼賛壮年団運動』は「従来の経緯に鑑みて翼政会の下部組織設置の問題をもこれにより併せて解決する意思をもったものとみられてゐる。……政府並に首脳部としては支部を設置せずとの当初からの方針もあり、支部設置の形によらず、翼賛会支部との人事交流の形でこの問題の解決を図るに至ったものと見られてゐる訳である」と解説した。(58)翼政会有志の年来の申し合わせの主旨が、こうした妥協により、実施に移されようとしたものとも見られようか。それは、

一、翼賛会地方支部の役員の一部にその県出身の衆議院議員中より適宜委嘱する
一、大政翼賛会道府県支部の役員中より適当なる人物を翼政会会員として入会せしめる。

という内容であった。[59]

ふりかえってみると、第一回改組前の議会勢力は、大政翼賛会議会局に押しこめられていたのであったが、その勢力が、やがて、「議員倶楽部」、「翼賛議員同盟」、そして「翼賛政治体制協議会」という会組織へ辿りつき、ついに、一七年五月には「翼賛政治会」の発足となった。クラブから同盟、そして翼政会を経て、唯一の政事結社にまで成長していた。それゆえに、この翼政会と大政翼賛会の人事交流問題反対の立場を明らかにしていた翼壮の市川清敏は、翼政会側の圧力を、「翼賛の法衣の下に旧套的鎧の袖を陰顕せしめつつ、いまや往年の脱出者は、政治季節を奇貨として公然表門を叩いて翼賛会に入り来らんとするかの感を禁じえざるものがあるのである」、「それは実質的には公武合体的方式への逆転を意味するものである」[60]と、成り行きを深く憂えたのであった。けだし、翼壮組織の母胎は、いうまでもなく大政翼賛会であったので、この組織が、翼壮組織ならぬ翼政組織と提携することは見逃すわけにはいかないからである。それは三位一体という三者間のバランスの崩壊というよりは、翼壮左派の孤立を意味する。とくに翼壮側としては、分団、班組織をつくりえた矢先のこのタイミングだっただけに、左派のみか翼壮自体が批判的立場に立ったとしても不思議ではあるまい。その経緯はともかくも、ここで、市川清敏は個人的意見だがと断わりながら、「反対」を声高に叫び、これでは事態が公武合体方式へ逆転するとみた理由としては、翼壮関係者の間には翼賛会支部の役員を兼ねるものがあり、もし相乗りとなると、そのメンバーが翼政会へも加入させられることになることを憂慮したからである。曰く、「こんにち翼政と翼賛会と翼壮とが、あたかも、障子や襖を外すかのごとく、ただ雑然と相交錯するが如きは、新体制提唱以前の姿に立帰ることを意味するものでなくて何であらうか」と。本部理事の肩書

をもつ市川は、公武合体への「逆転」をきつく警戒した。同日付の『翼賛壮年運動』も、「団の性格は一貫」と強調、団創設一周年のこの事態をとらえて、「而して団本部に於いては、団運動の性格が未だ確立の途上にあるばかりでなく、団と翼政会との間には明確な性格の区分がたてられてゐる現在の情勢に鑑み、今回の人事交流により、団と翼政会の性格に万一にも混淆を来さしめる様な事があってはならないとの慎重且つ厳然たる態度を堅持してゐる」と、みずからの方向を示唆したのであった。(61)

いずれにしても昭和一八年一月に再開される帝国議会では、この翼政・翼賛・翼壮の三者と、これに関連して、介在する政府の動きが複雑にからんでいて、一見安定的にみえる東条政権も、議会対策面では何らかの妥協に出ることを必要とみたのであった。すなわち、政府は、政府施策の内示、各種法案の事前審査、とくに議会勢力と摩擦の惧れある選挙法改正法案の提出見合わせ等の重要措置をとる一方において、(62)翼政会自体も、それ自体の弱点を認識せざるをえなかった。ひとつは、貴衆両院議員に加えて各界代表をふくめた千三十余名を網羅する翼賛政治会は、それが網羅的・横断的大世帯であることの半面において、個々の具体的な政治活動の方法の選択・選定においては、当然ながら各派必ずしも一致せず、とくに、二九名をかぞえる常任総務会の連帯性は、その指導と責任不在という点でいちじるしい難点をふくみ、政治組織と政治運動の中枢機能の喪失・不在を伴わざるをえなかった。

中枢神経の麻痺する事態にはどうすればよいのか。地方支部の組織ありせば中枢機能の麻痺状態にも刺激なり活力がかけられよう。となると、大政翼賛会との関係でいえば、政治結社である翼政会が地方支部をもたないことからして、既成の翼賛会支部組織への秋波・羨望、ないしは、自らの翼政下部組織の結成は、その地盤の維持培養の点からいっても、不可欠の課題であった。しかし、現実問題としては大政翼賛会の「組織」が先行していた。それが先行・優先していたのみか、翼政会はかつて横断・網羅型組織たるためには、自己の支部組織はもたぬと宣言した政治結社として出発したのではなかったか。しかし、翼壮が地方の分団・班の組織化へとふみ切る以上は、それを座視するわけにはいかない。翼賛壮年団側としては、翼賛・翼政との接近、提携には反対で、それは、さきの市川の見解に典型化された明白な交流反対論か、さもなくば、さしあたり、翼政・翼賛両組織間の地方人事交流は時期尚早だ、という態度をとらねばならぬ。(63) しかし一歩立ち入ってみてみると、翼壮にとって、「既定方針一貫堅持」という方針を貫ぬくことは容易ではなかった。例えば、京都、大阪、名古屋市の壮年団の共通要望事項として、大阪市団では四月の全国団の役員改選に対し、壮年団だけではなく、「各界各域より役員を銓衡する件」という形で、職場組織の問題を積極的にとりあげるべきことが六大都市共通の対策であるとし、また、翼政会、翼賛会に対する翼壮の立場と理念の明確化、翼壮が単なる精動的動員団体、行動団体に安易に固定せんとしつつあることに対する批判もあった。(64)

二月六日の『朝日新聞』記事によれば、「御信任で光る重責　独裁は許されず」と題して、帝国議会で「戦時行政特例法案」を説明したさい、みずからの所懐を述べて、首相は次のように発言した。

独裁政治といふことがよく言はれるがこれを明確にして置きたい、ヒットラーとかムッソリーニとかスターリンとかルーズヴェルトとかチャーチルとかゐるが、これに対して日本では私は陛下の御命令で内閣総理大臣といふ重職に任命されてゐる、現在において私は全国の指導者である、前者とこれとは本質が全然違ふ、東条といふものは一個の草莽の臣である、あなた方と一つも変りはない、たゞ私は総理大臣といふ職責を与へられてゐる、ここが違ふ、これは陛下の御光を受けてはじめて光る、陛下の御光がなかったら石っころにも等しいものだ、陛下の御信任があり、この位置についてゐるが故に光ってゐる、そこが全然所謂独裁者と称するヨーロッパの諸公とは趣きを異にしてゐる。独裁とか何とかいふ前に本質的に非常に違ふ、日本の国体はどうしてもさうでなければならぬ、どこまでも私は、陛下の御光の下においてはじめて存在意義があるその陛下の御光をうけて光ってゐるだけなのである、それだけを劈頭に申し上げておきたい。[65]

この発言が、「戦時行政特例法案委員会」における発言であり、また戦局漸く不振という事態で批判をかわす意図をこめたものといえるが、見方によっては、国政レベルでの直接的・積極的対策を模索することに消極的な、責任回避ともとれる。すなわち、首相の発言の直後に、翼賛会と翼政会について、金光予算委員長から総括的質疑があったのである。ところが、両者双方の複雑な関係について、東条首相は、両者の本質が相異するのでそれぞれその分に「恪遵」すべきことを希望しつつ、金光議員の「両者の緊密連関の方途につき適当なる処置に出られたい」という要請に答えて、「御希望の点は篤と諒承しました」と回答した。[66] しかし、反面では首相が、秋の府県会議員選挙のみならず、一切の地方選挙にも、推薦制を採用せずと言明したことは、[67] 内外の事態を傍観視しえずとする翼壮にとっては、強烈な衝撃となった。

翼壮の主張は次のとおりであった。すなわち、三つ巴の国民諸組織の一元化なくしては、議会の改革とか刷新はありえない。議会改革の前提条件が国民諸組織の一元化である以上、翼壮もそして翼賛会もこの国民組織の整序にかけるべきであって、この努力なくしては、「議会は本質的には何時まで経つても旧態依然」で、これでは「座して百年河清を俟つの類」というほかはない。[68] げんに、『翼賛壮年運動』は、東条内閣の「推薦制は行はず」にふれて、さきの翼賛選挙が現行法プラス推薦制導入であったのに比較して大きく後退した措置であり、これが翼壮とその運動に「大きな衝動を与へて居る」[69]と報道した。大政翼賛会も翼賛壮年団も、ともに公事結社である以上、その運動は「啓蒙運動」に止められなければならない。この点については、翼壮機関誌に掲げられた「主張」には、苦悶の跡が偲ばれる。一方では、「非立憲なる推薦制を排撃」しつつ、他方では、「純正推薦選挙の擁護」が「議会刷新のための唯一の方途たること」として、「強力にして全面的な啓蒙運動の成果が澎湃として怒濤のごとく合法的第三者運動として純正推薦に向って奔騰し旧党的勢力を徹底的に打破せずんば止まないであらうことも亦吾人の信じて疑はないところである」と断定した。そして推薦制度問題にかんする「対策近く決定」、「先づ真相究明」と述べて、「大きな衝動」に強く対処しようとしたのであった。しかし、政府言明が翼壮に与えた打撃は、大きく、そして、決定的であった。三月一日の『朝日新聞』記事には、「独自の実践作働へ　翼壮新分野拓く　政治動向革新に一転機」とあり、三日にも「安藤副総裁言明」として「翼壮繞る諸問題闡明」とあるが、翼壮自体は、三月一三日、機関誌に「世上の論議に迷はず、一路直往且邁進せよ」と述べ、二七日には、「団独自の方針を貫き　同志精鋭を顕現せよ」と、再建策を提案しようとしたのであった。(70)

同志精鋭化を貫くには、自由選挙制はもとより、その手続としての推薦方式でも、「所謂民主主義的方法」に属する方向は「払拭」されねばならない。かといって、「所謂民主主義的方法」はもとより、「上級団の思ひつきや独断による天降り的、官僚的選出に出づることも、之は許されない」。すでに、東条首相の議会発言が、これを否定していたからである。進退両難とあっては、どこに進路があるのか。それはなんであるのか?

即ち民主主義的の弊に陥らず、専制主義の弊に倣はず、飽く迄指導者の責任態勢を堅持しつつ、而も団員の総意を反映するが如き独自の人事方針が、茲に創造されねばならぬ。(71)

役員改選を控えた翼壮は、かつての発足時を回顧して、それは「当局の当てがひ扶持の人事であった」と告白し、今回はじめて、四七道府県団の連合体としてではなく、全国唯一の統一的団体であるという基本原則に立って、翼壮として「初めて団の人事らしい人事」をやろうと訴えた。名称はともあれ、翼壮は四七道府県団の「連合体」ではなく、全国唯一の「統一的団体」であらねばならぬ。その訴えは「全国一体化を強化せよ」であり、その「大原則」は、曰く、「名誉団長の申請を必ずしも鵜呑にせず、一つの色彩で塗りつぶした渾然一体たる人選を行はねばならぬ次第である。四七箇の寸断された人事がバラバラに行はれるやうな結果にならないやうに、必要な調整を加へることは、中央団の当然の責任と云はねばならぬ」というのである[72]。

すなわち、かつては、銓衡・人選にさいして「明確な基準がなかった」ために、「中央本部が出来る前に官庁が組織指導に当る」という形で発足したのであった。これに比較すれば、今回はすくなくとも、「外部拘束」を受けずに改選を実施しようというのである。そのことは、『翼賛壮年団運動』所収の「郡市区町村団長副団長並に分団、班役員改任に関する件[73]」からも、うかがえる。翼壮団の活動が、行政の「所謂人足部隊[74]」となっていることに対して、翼賛会に対する翼壮の存在をここで明確にすることは、「団の特質」を生かす基本目標であらねばならない。大政翼賛会が会員組織を否定した組織―国民組織―である以上、これを推進する推進員構想は、国民組織の特性ともいうべき地域網羅型組織とはしっくりはせず、またでき上がっている職域型国民組織の側にとっても、推進員制度は、国民的組織としての職域組織を喰い破る細胞運動とうけとめられていた。そのため、推進員制度が、「明確なる組織と強固なる団結と行動の規律を与へざる現状」にあって跼蹐・難航することは否定すべくもなく、この「欠陥[75]」を根本的に補塡することは、大政翼賛会としてはできない。けだし、その組織論が運動論と背反関係にあるからである。そこにそもそも翼壮組織が組織として要請される所以があった。しかし、翼壮が、政党とも革新団体とも異なる、新しい「翼賛運動の中核体」としてみずからを位置づけるためには、まさに、翼壮独自の積極的な規定が与えられなければならない。とくに、地域的国民組織と職域的国民組織と翼壮がどう異なるのか。その差異がどこに求められるべきか。機関誌『翼賛壮年運動』は昭和一八年度の「活動基本目標（一）」のなかで、大政翼賛会が地域組織・職域組織を「上から」指導・統括する立場をとったのに対して、翼壮団は「壮年団員を通じて背後からこれら各種の国民運動を内面的に推進するといふ方法」を求めて進んでおり、また大政翼賛会組織のように、「全員を網羅する大衆組織にあらずしてあくまで国民中の精鋭中堅を職域地域を通して選抜し、これを集結したる中核体たることとするは言をまたぬ[76]」

と、みずからの主体性を誇示している。したがって、具体的には、

一、府県団役員の改選に際しては各団長たる地方長官の内申を尊重するが必ずしもこれを鵜呑みにせざること

二、郡市団役員の改選に当っては名誉団長を必要とせず、外部に拘束されることなく団独自の改選を行ふこと

という指示となってあらわれた[77]。

しかし、翼壮郡市団役員改選にさいして、制度として定着している名誉団長すなわち道府県知事の推薦制をどう処理するかは、まことに複雑な問題であった。同じ『朝日』の記事が、「帝都の町会　戦時体制替へ」と題して、町会会長は市長の承認を要するという新しい町会規程の成立をつたえており[78]、このことひとつとっても、上からの首長制の強化の傾向と、これをうけとめる網羅型組織という受皿の存在に対して、「同志精鋭」主義の提唱はおのずから対抗的にならざるをえなかった。いわば、翼賛会組織とその運動が、「総親和」主義であり、「妥協的」、「呉越同舟」であるのに対して、他方、壮年団の組織はそうではない。この「二本建」を、かりに、「正に日本的な妙味ある行き方」だと表現してみても、しょせん二本建は二本建で、二元主義は翼壮にとっても、翼賛会にとっても、命題矛盾であった。これを、『翼賛壮年団運動』は、

壮年団によつて圧伏せられ排除せられたる旧体制と雖も、翼賛会の手によつて温かく抱擁せられる、（中略）これを要するに、壮年団は突進し旧体制と戦ひ、翼賛会は抱擁し、旧体制をも傘下に収容する[79]。

と表現した。

しかし、大政翼賛会との関係では、その「従属的組織」であることを否定し、その「外廓組織」であるとの批難を排除して、翼壮がその組織上の独自性を要求することは、理論的には可能ではあっても、現実化する保証があるかと

いうとそうではない。「諸外国の運動組織模倣せず」[80]、「団こそ日本的同志組織」とうたいあげる反面において、「真に同志精鋭組織体たるに至るまでには、猶前途遼遠なるものがある」[81]というのが、真実に近い自己認識であった。「まず形を造って、然る後に魂を入れるといふ行き方」[82]が、翼壮全国団組織の出発にさいしてとられた措置であったが、発足後も終始この形式と内容、たてまえとほんねという二本建は改められなかった。じじつ、それ以外に方法がなかったことは、機関誌の『翼賛壮年運動』も認めるところである。だが、このままでよいか。組織ができ上がってからも、「外国的、闘争的な行き方」を排し、「徒らに外国の事例を讃美するが如き欧米かぶれの考へ方に対しては、断乎一撃を加へねばならぬ」[83]と言っていてよいのかどうか。みずからの組織原理の要であった「同志精鋭」原理そのものが、死文にすぎず、運動はまさに前途遼遠、その目的は未来永劫の将来においてのことだと認識すれば、俄然現実の「隘路」に面している自己を発見し、それを切り開く妙法がないことに驚かざるをえない。四月一〇日の「本年度活動基本目標其二」はその末尾で、ついに、

徒らに外国の事例を讃美するが如き欧米かぶれの考へ方に対しても、断乎一撃を加へねばならぬ、更に又国運を賭しての総力戦態勢下に於ける同志精鋭組織結成強化には、独自の方式があるべきことを何ら眼中に置かぬ如き、軽薄なる立論を強く戒めることも必要である、(中略)我等はただ事実をもって実践してこれに答へよう。

と結んでいる。

本部の新機構・一室九部一道場の決定と、人事一新[84]の事態の直後、『朝日新聞』社説は「壮年団内には三つの流れがあり、その第一は、選挙運動に興味をもつ、いはゆる政治的傾向であり、第二は官庁との融和、連絡、専らその末梢組織として働く方向であり、第三が職場を中心として生産、流通、節約等に地味に堅実に地の塩として精進する生き方である。この三方針のうちどれを選ぶか」。『朝日新聞』の選択は右の三つの「流れ」、三つの「道」のうち、第

三コースが望ましいと述べている。すなわち、第一が「選挙派」・「議会派」の「流れ」であるのに対し、第二が「行政の末流」を追う方向であり、第三は、そのいずれでもない。しかし、そこにもまた制約の条件が待ちかまえているのである。すなわち、第三コースをとるとしても、それには、「等しく職域と地域とに根を下ろす産報、農報、商報等と壮年団との融和、統合」という大課題が控えており、この側面で「一段の工夫を要する」と判断せざるをえなかったからである。(85)

すなわち、第一の道が、翼政という政事結社との提携・結合・合体ないしは共存の「道」である。そうだとすれば、かりにも同志精鋭を掲げつづける以上は、自滅の危機に陥るのでなければ、この「道」にふみ切ることは、翼壮としてはありえない。しかし、かりに第二のコースが正当な「道」だと判定しても、この第二コースと第三コースとは必ずしも截然と区別できるコースであるのかどうか。第二コースが行政官庁との融和・連絡の「道」で、まさに「行政の末流」を追う方向を辿るものであるとして、第三コースはどうか。このコースもまた、いや第三コースこそ、行政官庁を頂点とした職域別・職能別組織へのすり合わせを余儀なくされる道行きになるのではないか。そうだとすれば、第二コースをとればもとよりのこと、第三コースでも、縦割りの「部門別国民組織」(86)の枠組に押えこまれた職域組織があり、とくに、地域的国民組織の場合には、行政官僚制の外廓団体というよりも、相手は、より直接的・具体的に行政制度の末端の下部組織そのものである。これらの既成の組織体はその性格上、自ら「無組織の組織」(87)であり、「無体系の体系」(88)ともいうべき国民組織なのである。とすれば、産報・農報・商報等の諸組織と翼壮との「融和・統合」がどのような関係なり展望をもちうるのであろうか。この視点に立てば、壮年団のその後の運命を予測することは、もはや不可能ではないであろう。一七日の『翼賛壮年運動』は大政翼賛会が「戦争生活実践徹底運動要綱」を策定し、翼賛壮年団が本部の新機構を制定し、「我等の組織は一つ　機動力を発揮せよ　本年度活動目標其の三」を掲げたが、この日の「主張」欄が、「何れにしてもわれわれに於いては機構が運動を制約するのではなく、運動が機構を駆使するのである」との強い希望を述べていたのは、印象的である。

「本年度活動目標其の三」を掲載した『翼賛壮年運動』[89]が、「致命傷とも云ふべき弊害」という用語を用いて、自らの欠点を反省して、「地方団の活動を左右するものは中央団の方針であるよりは寧ろ当該行政当局の意図であり、翼賛会支部の思惑である」。この「弊害」が昨年度の「実績」であったと告白した。そしてこの「弊害」に対して、あくまでも「一体化強化の具体策」が提示されなければならない、と要請した。

一、まづ第一に、中央団の方針は、飽くまで団の命令系統を一貫して現地の単位団に滲透徹底し、分団、班の組織を通じて、団員一人々々の言動にまで具現されねばならぬ。第二、地方の単位団に於て、如何なる局地的な問題を取り上げても、必ずこれを全国団の基本方針と結びつけ、全壮年団運動の一環としてこれを展開してゆくといふ態度を堅持せねばならぬ。

第三に、団活動の貴重なる経験及び団の擁する智能は活用されねばならぬといふことである。

第四に、団の実践力乃至は闘争力は、全国的規模に於て、団運動の重点に集中され、団の最も必要とするところに最大の実力が発揮せられるやうに、団活動の重点主義乃至は機動性が確保せられねばならぬ。

ところで、四項目の「一体化強化の具体策」が「渾然一体の同志愛」へと結晶する具体的内容をもつかどうかは、疑わしい。それを端的に証明する事実は、翼賛会副総裁に旧内務官僚の後藤文夫が就任し、その後藤が翼賛壮年団長を兼ねたことにある。例えば『朝日』は「翼賛会副総裁に後藤文夫就任」と題して、「同氏の翼壮団長就任によって翼壮の局部的行き過ぎを是正することありとするも、翼壮の本然の性格とその役割に今後も強く期待されることとならう」と述べた[90]。この新人事は、翼賛会副総裁兼翼壮団長安藤紀三郎の入閣（内務大臣）と翼政会の山崎達之輔が農林大臣へ、大麻唯男が国務大臣に就任した一連の人事と関係している。すなわち、山崎、大麻の入閣が、事実上、翼政会代表の入閣と見られ(91)、これに対抗する措置が安藤副総裁の内相就任だとすれば、さらに、その安藤の後任に後藤文夫が据えられるといった手のこんだ人事であった。明らかにここでは、交流と均衡の人事方針が貫徹し、相互介入、相互依存、そして均衡に重点が置かれたかのようである。他方、また団の組織強化の過程にある翼壮としては、「郡団本部の確立の具体的方針は目下本部に於て検討中(92)」という段階だけに、新人事の影響力は注目すべきものがあったろうか。新団長後藤は次のごとく挨拶している。

翼賛会と翼賛壮年団との関係については、私から申上げることはない、これこそ真に緊密一体の関係をもって国内に張り廻された行政の網との密接不可分なる関係の下に全国民をして盛り上らしむる国民運動の両面であり、この両者は恰も二つの拍子木の如く、相呼応して響を発するものでなければならぬ、そこに官民の渾然一体たる国内総進軍の最も大事な要が出来上るのであると思ふ、(中略)官民一体と申しても、翼賛会と地方に張り廻された行政の網とが、本当にぴつたりと融合された時に於てこそ、はじめてそこに官民一体の実が挙がるものと信ずる(93)。

同日の『翼賛壮年運動』が、「行政との調和期待　団の使命愈々重し」と記述し、「新団長の横顔」にふれて、「今回の内閣改造による、行政—国民運動の内面的連繋強化といふ事はこゝらあたりにも見られるであらう」、「聡明さといふ事も、新団長の場合、時代或ひは次代に対する聡明さであり翼賛運動の発足以来、いふ所の『新しき政治』が終局の所『政治の生活化』乃至『生活の政治化』といふ事を意味するものならば、正しく、氏こそ『新しき政治』の最も早い提唱者であり深い理解者であるといふ事には何人も異存がないであらう」と紹介した。新団長の「横顔欄」は、さらに、後藤が世間から「練れた官界人」と呼ばれているとも紹介し、「この言葉は『そつがなく、手堅くて、円満だ』といふ事を意味するとともに、『石橋をたゝいても渡らない』といふ様な風評をも生んでゐるのであるが、要するに新団長の事態の移り行きに対する見透しの正確さと運びの堅実さを指してゐるのであらう」と述べた。[94]この横顔の評価と、さきの後藤新団長の挨拶とをみくらべてみると興味深い。そしてこの新人事の直前に「一体化強化の具体策」が検討され、団の地方活動を左右するものが壮年団中央団組織ではなく、「寧ろ当該行政当局の意図であり、翼賛会支部の思惑である」とした「弊害」の指摘があったことを想起すべきであろうか。しかも、強化具体策の第一項目が、「中央団の方針は、飽くまで団の命令系統を一貫して現地の単位団に滲透徹底し、分団、班の組織を通じて、団員一人々々の言動にまで具現されねばならぬ」と述べていたのである。四月一二日から一五日にわたって開かれた地方長官会議の第二日、大政翼賛会関係の会議の席上で、安藤副総裁は、会と団の関係について、「組織上別個の存在―実質上不可分の関係を保存」と説明した。

「二つの拍子木の如く」といったのは後藤であるが、安藤新内相も、「組織上別個の存在―実質上不可分の関係を保存」という表現を使っている点をあらためて再確認すべきであろう。

かくて、五月八日、大政翼賛会はついに、その推進員制度を廃止したのであった。

なぜ推進員制度が廃止されねばならなかったのか。

推進員は団組織の事実上の中心となり、殆んど全員が加入し現に団活動の指導的役割を演じつつある事情に有之、推進員制度は其の過渡的役割を完全に果し得たるものと見るべく依つて今後益々本会と大日本翼賛壮年団との不離一体の関係を確立して以て大政翼賛運動の一層の進展を期する為本制度を廃止することに決定致候。[95]

一六年一月から三月にかけて、一町村五名を目途に全国から五万名を選抜した推進員制度の組織化は、同年六月の「大政翼賛会推進規程」の整備により、すでに全国三〇万名の組織化を完成していた。だが、同年七月以降、翼壮の組織化が問題となって以降は、翼賛会構成員としての推進員制度と全国的組織体として生まれ出ようとする翼壮との差異ないし相違点が、明確化せざるをえない。とくに、一七年五月一〇日の閣議決定によって、大政翼賛会が国民運動諸団体を網羅・統合する統制方針を採択してからは、推進員制度はそれが先発先行の組織であっただけに、大政翼賛会組織内の存在としても、国民組織との関係でも、まことに微妙な存在となった。すなわち、推進員制度は、それを翼賛会内に位置づけるとしても、それを翼壮団に一体化するとしても、尻の落ち着かぬ存在になっていた。『翼賛壮年運動』も、「爾来、今日迄いはゞ盲腸的存在として、全く有名無実乃至其のあることさへも全く忘れ去られた存在として紙の上にのみ存在(96)」してきた、と述べていたのであった。大政翼賛会と翼賛壮年団との間柄については、この推進員制度をめぐる確執は、懸案としては解決した(97)が、他方翼賛会傘下に入った国民運動諸団体の統合の問題となると、中核的推進組織体確立問題は、依然として未解決というよりは、推進員制の解消により、大政翼賛会側も翼壮団側からも、対処すべき手がかりの喪失・放棄という新事態をあらためて認識させられたといわなければならない(98)。

さて、翼壮運動はその後どのような状況に直面したか。大政翼賛会と翼賛壮年団間の会・団関係が果たして円滑に運営されたのであろうか。ここで、大日本翼賛壮年団本部編『翼壮運動理論の建設』を手がかりとして(99)、若干の論点を摘記してみよう。

第一の論点は、推進員制度の廃止によって、大政翼賛会になお幾分かの期待をかけられていた、その実践力・推進力はますます希薄化し、ここで、翼賛会は「統制機構(100)」としての本質を明らかにしたことである。しかし、第二に、「統制機構」として大政翼賛会の統制力・統制機能は、強化されず、むしろ実際面では弱体化する方向を辿ったということである。すなわち、地域国民組織に対する迫力をもった内面的・実践的推進力は、内務省を中心とする中央行政機構が末端を押えている組織体との調整なくしては不可能であり、他方職域国民組織ないしは言論報国会とか文学報国会のような組織は、厳密には翼賛会組織外の存在であったから、監督官庁がこれらの組織化を奨励し、結成後にそれを牛耳ることを批判することはともかく、この現実を、「誤謬」[101]だときめつけるわけにはいかない。その縦断的な全国各職域・地域系統組織を傘下に形式的に組み入れた現状においては、大政翼賛会の統制力の強化確立を図るべくして、そのための統制の手がかりがないことを直視しなければならないのだ。[102]『翼壮運動理論の建設後(一)』という小冊子の巻頭論文の執筆者、壮年団総務兼本部理事の肩書をもっていた菅太郎は、「兎も角その縦断的な全国系統組織をそのままとしてこれを傘下に入れた現状にもとづいて考へても、否それなればこそなほさら、会の統制力はこれを強化確立せねばならぬ」と提言する。それは、「統制委員会を通ずる協議連絡乃至懇談といふやうな微温的な形式的な統制ではなく、会中央本部及び各級支部が直接もつと明確強力な指導統制を加へ、要すれば傘下団体にたいし統制命令ともいふべき指令をどしどし発してこれを所期の方向に動かして行かねばならぬ」。そのためには、大政翼賛会の組織改正と中央本部事務局局部制の根本的改編を行なうべきである、というのである。[103]第三点は、国民組織の性格についてみてみなければならない。完全に整備された国民組織としては、地域国民組織と職域国民組織とがあり、このほかに、比較的さいきんになって組織された文学報国会、言論報国会等もあげられよう。これらは、網羅主義組織であり、もとより同志精鋭型の組織ではない。また、共同利益擁護を目的とする組織でもない。しかし、これら各種の国民組織体は官庁セクショナリズムに規制される存在であって、翼壮をその中堅・精鋭分子とする組織体ではない。[104]それだけではなく、各種国民組織が翼賛会の統制下に立つ組織であるとしても、これらは、翼賛会の組織ではない。町内会・部落会の法制化是非論議が示すように、それらは、翼賛会の組織でもなく、行政機構でもない。そのいずれとも関係があって、しかも、そのいずれでもないといってもよい存在であった。

この三点との関係で、あらためて、この時点で、翼賛壮年団を中核的実践推進部隊として位置づけ、壮年団運動の必要性を説くことは、論理的には当然なさるべき論議だとしても、容易には、結論は出せないであろう。現に、この盲点をついた菅太郎も、大政翼賛会、翼賛壮年団および各種国民組織の機能的相互関係についての「根本問題に解答を与へねばならぬのであるが、その詳論は他日に譲りたい」と述べている。[105]つまり、政府と翼賛会・翼壮・翼政の三者関係をとりあげるにしても、そこに国民組織という存在を与件として介在せしめると、大政翼賛会と翼賛壮年団とは、論理的には共存しつつ対立する。会が各種国民組織の全員を網羅する組織である以上、「各種国民組織は必然に総親和的、新旧両体制妥協的色彩を帯び」、翼賛会は「現実には新旧両体制を総親和的に抱擁綜合し、革新と守旧とを調整合体せしむることに主力を奪はれて、概ね一種の緩衝地帯の役割を果すに止らざるを得ざる」[106]状態にあった。

しかし、この大政翼賛会の推進員制度は事実上解体しており、かといって、翼賛壮年団運動に期待するとしても、翼賛会傘下の地域・職域国民組織をまえにして、これに代わるべき翼壮の「同志精鋭」型組織論も、国民組織の普遍性、一般性の前には雌伏し屈折せざるをえない。しかも、この国民運動戦線が「分立的低迷」[107]の状態にあればあるほど、総力戦体制結成のための至上命令が、戦争協力態勢の推進を強く強要する。例えば、宴会廃止運動とか、決戦服装を要求する翼壮の「行き過ぎ」[108]について、「憂国の赤誠はかうして、事実に先行し、行政にも先行する。団はこの方向をこそとるべきであり、この意味の行き過ぎは、むしろ結構とされねばならぬ」[109]という個別突出は許されねばならぬ。

こうして、翼壮運動は、五月七日、副団長兼本部長に山田龍雄を迎えて以降、右の「下請的運動」[110]に専念し、「事実への先行」[111]、さらには「行政にも先行」[112]する突出型の運動形態に自らの進むべき方向を選択したのであった。「翼壮運動の新方向」と題して、後藤団長が「即時実践へ突進」とその機能強化を訴えた翼賛壮年団長会議の内容が六月四日の『朝日新聞』に掲載されたが、この時点から、翼壮は、

農村活動

生産増強援護運動及び勤労奉国《ママ》活動強化
決戦生活確立に関する件

の三大運動を目標として、翼壮全員が挺身することとなったのであった。[113]

しかし、国民組織を通じての国民運動という方向を採択する場合には、大政翼賛会と翼賛壮年団とは、運動方向においては「合作」[114]推進であっても、団の独自性と、会への組織的従属性の強調との緊張は、強まりこそすれ弱まることはなかった。[115]

この関係を両組織の頂点レベルでみてみよう。総理「統裁」の制度をとった翼賛会を「総理」する立場に立つ総理大臣は、翼賛会を「統率」するが、これと、翼賛壮年団を「統理」する総理大臣の地位とは、異なっている。翼壮には、別に、団長がいるからである。しかし、大政翼賛会総裁たる総理大臣は、副総裁によって補佐されるしくみになっており、その副総裁が翼壮団長を兼ねるしくみで、両組織の調整がはかられているのである。[116]

また第一点との関係でいうべきことは、翼賛壮年団の組織にかかわる組織の問題がある。それは、名誉団長の制度である。すなわち道府県名誉団長、郡市団以下の名誉団長制設置は、若干の相異点をふくむものの、これが内務省の行政系列との間の微妙な力関係を反映した妥協線を示していることは、すでに指摘したとおりである。道府県長官が道府県名誉団長を兼任し、名誉団長の資格において、一、重要団務を指示し、二、道府県団長および副団長の「指名」に関して申請を行なう権限をもっている。この機構からの介入ないしは機構への癒着を、菅太郎が、「これを要するに名誉団長の指示は本筋の運動系統における指揮命令ではなくて道府県団長に対する傍系的乃至調節的意思表示であって、その目的とするところは、会及び団活動の連絡協調を図り、道府県内翼賛運動全般の統一調和を保持せんとするにある」[117]と消極的に解釈したが、しかしこの点については、内務行政系統の側には、それなりの判断があった。

それは、名誉団長の指示権を道府県政上の必要から賦与されたものであるとして、行政長官の立場から独自の判断をもって指示を行なうのだという見解である。菅は、それを「誤断」[118]だときめつけて、「かくのごときは国民運動に対する行政の干渉を結果するもの」で、「余りに明白に全国団長の旨に反する所為と断ぜねばならぬ」[119]と反撃した。このことはまた、道府県団長や副団長の人事面でも現れる「過誤」・「錯覚」という形で、翼壮からの批判と攻撃の的となっていたのである。また、郡市団以下の名誉団長は、重要団務の諮問に応ずる顧問的存在であって、六大都市を除きその設置は任意であるが、翼壮団設置の経緯から市町村長が自ら団長を兼ねるという事例が少なからずあったため、この実績に対する譲歩案がこの名誉団長制になっていたのであった。このように、翼賛会と翼壮の「合作」関係、従属性と独自性をめぐる提携ないしは緊張から来る対立状況は、両者間にぬきがたい潜在的対立を生むとともに、行政系統の側からすれば、その傘下の系列組織は国民組織として措定されているために、行政レベルからの解決手段の提起は不可能というほかなかった。

ところで、一八年三月二四日の『週報』三三六号が、「大型焼夷弾の防護心得」で「何よりも水」と訴え、「少くとも一分以内に隣組内から五、六名以上の防空従事者が速かに駈けつけ、力を協せて延焼の防止に当らなければなりません」、「また、大型焼夷弾の効力から、いままで各家庭で用意してゐた水の量では、とても足りないことが明らかとなりました」と注意した。以来、激戦半年余、戦局激化に伴う内政をめぐる事態は、急速度に悪化していった。昭和一八年一〇月八日、発足以来満三カ年の一二日の到来を目前にして、ついに東条内閣は、さきにふれた「大政翼賛会ノ簡素強力化方策」を打ち出したのであった。これをうけて、同月一二日、大政翼賛会は、「大政翼賛会簡素強力化方策実施要項」[120]を決定した。それは、

一、事務機構の簡素化

二、調査会の廃止
三、中央統制委員会の廃止
四、機構の刷新強化
五、興亜総本部機構の簡素強力化
六、所属団体の簡素強力化
七、共同事務所の設置
八、地方支部の簡素強力化

この八項目をその眼目としていた。しかし、この簡素強力化の内容は、ある側面では、二の調査会の廃止、三の中央統制委員会の廃止など、第一次大政翼賛会改組後の新しい試みがこの時点で廃止された点で注目を集めた。この反面において、四の機構の刷新強化、六の所属団体の簡素強力化、七の共同事務所の設置、八の地方支部の簡素強力化方策では、目的とされている「簡素化強力化」とは逆な方向を指向するものだと指摘せざるをえない。たとえば、四の課題では、

(イ)、事務局に団体局を設け団体局に団体本部、推進部の二部を置き所属団体並各種国民運動に対する連絡統制指導に当らしむ
(ロ)、必要に応じ適宜各種国民運動本部を設け官民の参画協力を求む
(ハ)、現行所属団体理事長会議の運営を強化すると共に之に準じ所属団体幹部及本会職員を以て企画委員会(仮称)を設け、本会並所属団員の行ふ運動の企画運営並連絡統制に常時参画せしむ
(ニ)、各方面の衆智を蒐め運動の実施上必要なる重要事項の調査の為委員会を設く

の四項目が掲げられている。しかし、団体局を設けるとしても、それが所属団体ならびに各種国民運動に対し、「連絡」「統制」「指導」する手段・方法があるのかどうか。またこれと関連して、(ロ)の各種国民運動本部の設置と官民の参画協力の課題にこたえる指導態勢があるのかどうか。また、(ハ)の企画委員会の創設は、中央統制委員会の廃止に代わるものだとしても、その構成が所属団体幹部と大政翼賛会職員をもって構成する連合体であれば、この企画委員会に企画力があるのかどうか。「統制」委員会を廃止してつくられるこの「企画」委員会が、「運動の企画運営並連絡統制に常時参画」とあるが、「企画」委員会の大政翼賛会やその所属団の行なう運動への「参画」は、「統制」よりはるかに劣るのではないか。すくなくとも「参画」の力量の実態は、不明である。(ニ)の「運動の実施上必要なる重要事項の調査」のための「委員会」設置は、(ハ)の企画委員会とどう関係するのか。むしろ委員会設置によって運動の多元化、その弱体化は避けられないであろう。

六の所属団体の簡素強力化の狙いの第一は、その(イ)として、「大日本翼賛壮年団に付ては此の際急速に中央事務局機構の刷新を行ひ、其の簡素化を図り本会との有機的関係を益々強化すると共に、其の実践団体たるの実を挙げしむる為事務総長を副団長の一人に充て、団体局長と団体部長とを事実上同一人たらしむる如く措置することとす」とある。しかしこの対策が大政翼賛会の強化につらなる措置であるのかどうか。また翼賛壮年団がこの対策をどう受けとめているのか。これは別個に検討しなければならない[121]。

七の共同事務所の設置という提案は、「本会及所属団体の事務所を可及的速かに同一建物内に集収し相互連絡の緊密且敏速化を図る」というもので、大政翼賛会の国民組織が一種の百貨店ないしは小売商業の連合体化する傾向をもっともよく示している。四の機構の刷新強化策にみられる団体局設置、各種国民運動本部の設置構想、企画委員会、さらには委員会の設置という提唱等と関連せしめるとき、大政翼賛会の組織と運動のもっとも集約された特色がこの共同事務所構想にあらわれているとみることができる。なお、最後の八、地方支部の簡素強力化方策であるが、大政翼賛会が地方組織をぬきにしては考えられぬ存在であるという以上[122]、この問題はきわめて重要であった。まずここで提起された方策をみてみよう。

(イ)、地方支部の機構並人事に付ては地方の実情に応じ適当に措置するものとす
(ロ)、道府県支部と五大都市支部との関係に付て適当なる措置を講ず
(ハ)、特に規定する処により附置されたる市(五大都市を除く)の協力会議及区の協力会議は之を廃止す
(ニ)、都道府県支部常務委員及参与に常任制を設け常時其の任に当らしむ
(ホ)、都道府県支部に企画委員会を設け所属団体の幹部及支部役職員を以て委員に充て各団体の連絡緊密化を図る
(ヘ)、地方統制委員会は之を廃止す
(ト)、郡支部の区域と地方事務所の管轄区域とが一致せざる場合は、地方の実情に依り地方事務所の管轄を以て郡支部区域となし得ることとす

ここで特に関心を寄せて注目すべき点は、なによりも(イ)(ロ)の二点であろう。(イ)が地方支部の機構ならびに人事について、「地方の実情に応じ適当に措置するものとす」るという形で、積極的な規程を設けなかったことは、今回の改正の著しい特色である。どうみてもこの方針は、地方支部の人事と機構にかんして一種の地方自治というか、中央からの指導方針を放棄したものとも判定され、まことに重要な措置だと断定せざるをえない。そしてこうした衰弱した大政翼賛会の指導力体質は、(ロ)と(ハ)の都市部における翼賛会指導力の衰弱として現われる。市・区の協力会議廃止はその典型といえよう。この傾向は、さらに、(ヘ)の地方統制委員会の廃止と、これにともなう企画委員会

の新設は、中央のそれに準ずる措置であるが、中央の企画委員会が「本会並所属団体の行ふ運動の企画運営並連絡統制に常時参画せしむ」とあるのに対し、地方の企画委員会は、「参画」ではなく、たんに「所属団体の幹部及支部役職員を以て委員に充て各団体の連絡緊密化を図る」と「連絡緊密化」にとどめられた存在であったのである。各団体間の「連絡緊密化」を図るだけであるから、ここでは「企画運営並連絡統制」の機能は見出すことができないし、「連絡緊密化」のために存在するのが、地方企画委員会であった。

この改革のひとつの狙いは、大政翼賛会に企画委員会を設けることにあった。すなわち、企画委員会こそ、一〇月八日の閣議決定、これをうけた一二日の大政翼賛会の簡素強力化方策の眼目であったのだ。ところが以上八項目にわたる簡素強力化方策実施要綱のうち、一一月二五日に提起された大政翼賛会企画委員会規程をみると、五カ条の規程がもられているが、その内容は、きわめて抽象的で、いちじるしく具体性を欠いている。

大政翼賛会企画委員会規程

第一条　大政翼賛会並に別記直属団体の行ふ国民運動の企画運営並に連絡統制に関する事項に常時参画するため大政翼賛会中央本部事務局に企画委員会を設く
第二条　企画委員会の委員は大政翼賛会及び所属団体の職員中より事務総長之を委嘱又は命ず
第三条　企画委員会は必要に応じ小委員会を設くることを得
第四条　企画委員会の庶務は団体局団体部之に当る
第五条　本規程に定むるものの外企画委員会に関し必要なる事項は別に之を定む

この規程の別記直属団体とは、大日本翼賛壮年団、大日本婦人会、大日本産業報国会、大日本労務報国会、農業報国連盟、商業報国会、日本海運報国団、大日本青少年団の八団体である。この八団体と大政翼賛会とが行なう国民運動に対する企画委員会は、設置が決定したものの、委員は事務総長の「委嘱又は命ず」で任命される。委嘱という場合は、所属団体に「まかせたのむこと」であり、「命ず」は職務命令で会のメンバーを指名することであろうが、第二条によって企画委員会の性格が推定できよう。小委員会の設置も可能とあるが、企画委員会の庶務部門が団体局団体部の所掌事項であることを除けば、第五条に記されたとおり、企画委員会にかんする「必要なる事項」は「別に之を定む」(123)とある以上、曖昧というほかはない。

大政翼賛会本部編輯の『連絡月報』によれば、この企画委員会の顔触れは左のとおりである。

大政翼賛会企画委員会委員氏名

大政翼賛会		総務局長兼会計部長事務取扱	小林光政
同		国民運動局長兼団体局長	藤井崇治
同	総務局	総務部長	猪俣敬次郎
同	同	錬成部長	寺前伸
同	同	調査部長	西川貞一
同	同	宣伝部長	八並漣一
同	国民運動局	地方部長	野村儀平
同	同	戦時生活部長	岩松五良

同	増産部長	須田　立
同	文化厚生部長	高橋健二
大日本翼賛壮年団	指導部長兼総務部長	安田誠三
大日本婦人会	総務局長	倉橋　定
大日本産業報国会	企画局長	三輪寿壮
大日本労務報国会	常任理事総務部長	伊藤久松
農業報国連盟	常任幹事	川村和嘉治
商業報国会	総務局長	山地　寿
日本海運報国団	常務理事	中筋義一
大日本青少年団	総務局長	宮本金七

第一回企画委員会は一二月二四日に開催され、昭和一九年一月の『連絡月報』には、「企画委員会運営要領」四項目と、「大政翼賛会地方企画委員会規定(案)」が掲載されている。地方企画委員会規定(案)の内容は、大政翼賛会企画委員会規程とほぼパラレルである。

地方企画委員会規定(案)

第一条　大政翼賛会都道府県樺太支部及別記所属団体支部ノ行フ国民運動ノ企画運営ニ関スル事項ノ連絡調整ヲ図ル為メ大政翼賛会都道府県樺太支部事務局ニ地方企画委員会ヲ置ク

第二条　企画委員会ノ委員ハ大政翼賛会支部役職員並ニ所属団体支部役員中ヨリ大政翼賛会都道府県樺太支部長之ヲ委嘱又ハ命ズ

第三条　大政翼賛会都道府県樺太支部長必要アルトキハ委員ニ非ザル大政翼賛会支部役職員並ニ所属団体ノ役職員等ヲ出席セシムルコトヲ得

第四条　本規程ニ定ムルモノノ外企画委員会ニ関シ必要ナル事項ハ別ニ之ヲ定ムルコトヲ得

なお、団体局の団体部は新設の機構である。その機能の第一は、所属団体の統制、第二は、各種国民運動団体の連絡調整であって、団体連絡員氏名は、産報　北村氏、商報　三輪氏、農報　吉田氏、労報　尾形氏、海報　前山、宮間両氏、婦人会　八田氏、青年団　鈴木氏、翼壮　一木氏とあり、この顔触れで、主要協議事項としては、当初、

一、所属団体の機構刷新実施に関する件

一、戦力増強徴用援護強化運動に関する件

一、大東亜結集国民大会に関する件

一、船員援護感謝運動に関する件

がとりあげられている。ちなみに企画委員会の運営要領は左のとおりであった。

一、企画委員会に附議すべき事項は概ね左の通りとす。

(一)大政翼賛会の行ふ国民運動に関する事項

(二)所属団体の行ふ国民(運動)にして他の所属団体に関係ある事項及び直接関係なきも重要なる事項

(三)大政翼賛会並に所属団体の行ふ国民運動の連絡統制に関する事項

（四）其他委員に於て必要ありと認めたる事項
二、必要あるときは委員に非ざる大政翼賛会及所属団体の職員を出席せしむることを得
三、委員会の開催は毎週金曜日を定例会とす（開会時刻午後一時半）但し必要に依り随時開催することを得
四、各委員に補佐（一名—二名）を置くことを得
五、新聞発表に関しては審議の都度之を定む

大政翼賛会本部が編輯した『連絡月報』によれば、月報は、総務局、国民運動局、団体局、興亜総本部という目次で編輯されている。総務局は、総務部、錬成部、宣伝部、国民運動局は地方部、戦時生活部、増産部、文化厚生部、そして団体局は団体部の下に、大日本産業報国会、大日本婦人会、大日本労務報国会、農業報国連盟、商業報国会、日本海運報国団、大日本青少年団、国民総力朝鮮連盟、台湾皇民奉公会を包括している。新方式のもとにあって地方企画委員会の組織化、その顔触れがどうであったか。

地方企画委員会に関する件

昨年十月十二日決定の大政翼賛会簡素強力化方策実施要綱に基き都道府県並樺太支部に企画委員会を設くることと相成別紙（一）の通り大政翼賛会地方企画委員会規程制定相成候に付ては左記事項留意の上速に設置之が運用上万遺憾なきを期せられ度候也尚委員決定次第団体局団体部宛御通知相煩度

記

一、地方企画委員会の人選に関しては概ね左によること
（イ）　委員の数は所属団体は各一名とし総数十五名を超えざること但し都及五大府県に於ては二十五名を超え

ざること
（ロ）　委員の人選は左記のものに付行ふこと
翼賛会　事務局長、庶務部長、実践部長、錬成部長
翼　壮　本部長（但し翼賛会支部の事務局部長を兼ねる場合はこれを兼ねざる幹部職員を委員とすることを得）
日　婦　事務局長（専任事務局長なき場合は之に準ずる者）
産　報　事務局長（専任事務局長なき場合は之に準ずる者）
労　報　事務局長（専任事務局長なき場合は之に準ずる者）
商　報　事務局長（専任事務局長なき場合は之に準ずる者）
農　報　常任幹事又は増産報国推進隊幹部の内一名
海　報　支団にありては事務局長（専任事務局長なき場合は之に準ずる者）支部にありては支部次長
青少年団　総務部長
其の他
可成翼賛会支部常任参与一名を加ふること
五大府県にありては五大都市の翼賛会並所属団体関係役職員中より右に準ずるものを加ふることを得
二、地方企画委員会の座長は翼賛会支部事務局長之に当ること
三、地方企画委員の運営に関しては別紙（二）本部の「企画委員会運営要領」に準ずること
四、委員補佐は委員会に附議すべき事項等に関する準備に当るものとす

地方企画委員の任命手続の進行をみると、必ずしも順調だったとはいえない。熊本県、長崎県、北海道、香川県、岐阜県、山梨県、福岡県、鳥取県、和歌山県、滋賀県が、当初に委員会を設置したが、『連絡月報』三月号では、群馬、山口、福井、大阪、東京、神奈川、埼玉、徳島、茨城、新潟が、四月号には、佐賀、高知、愛知、石川、兵庫、神戸市、富山県の顔触れ決定が報道され、山形、広島、長野、栃木、静岡、島根、三重、奈良、沖縄のそれは五月号で、そして六月になっても組織されない県は、青森、秋田、千葉、京都、愛媛、大分、鹿児島県であって、宮崎、岩手の二県が六月号の月報で整備されたとある。当初から七ヵ月経過しても、地方企画委員会の全国的整備体制は、順調には仕上がらなかったのであった。

他のもうひとつの大政翼賛会の機関であって、その上意下達、下情上通の組織である、協力会議はどうなっていたのであろうか。注目すべき点は、中央協力会議議員の人選にさいして、新たな視点から「更新委嘱」の刷新措置がとられたことであった。これは一八年一二月二三日の中央協力会議員の発表によって明らかになったが、合計二三九名の新協力会議員の内訳は左のとおりである。

一、貴衆両院関係　二九名
二、産業関係　七〇名
三、文化関係　六二名
四、地方協力会議関係　五三名
五、地域基盤関係　二五名

このうち、前回の協力会議員にして再度委嘱されたものは、わずかに四二名(一割八分)に過ぎず、残り一九七名

（八割二分）は新顔であった。なにより注目すべきは、協力会議員の委嘱の基準を国民各階層一般に広く求めたことであろう。大政翼賛会の機構改組にともなって、その重心は国民運動局と団体局に移行したが、協力会議の「更新委嘱」もまた、メンバーを広く国民各層一般から委嘱するのであるから、国民組織が、国民運動局、団体局へその重心を移行したことと同じ意味をもっていた。しかし逆にいえば、そうであればあるほど、国民運動の基盤組織は、整備された町内会・部落会（二一万）と隣組（一三五万）に依存せざるをえない。『連絡月報』は、「国民運動の徹底は焦眉の急にして、之が基盤組織たる二十一万の町内会部落会、百三十五万の隣組を指導育成し重点的に戦力増強に結集するは現下緊要の要事なり、而して其の運営の要諦は人を得るにあり」と述べている。しかし右の地域の国民組織の場合、末端における「世話役」・「世話人」委嘱という制度はすでに廃止され、「推進員」制度も同じく廃止された以上、組織のうえからはこの一手という手がかりはない。また、職域の国民組織の場合、さきに引用した「企画委員会運営要領」によってその附議事項を一瞥すると、その内容はきわめて抽象的であって、企画委員会なる組織体は、しょせん、大政翼賛会ならびに所属団体の行なう国民運動の「連絡統制」機関にすぎないことが了解できる。そしてこの点は、企画委員会それ自体の構成メンバーの顔触れが端的にそれを示している。これらの国民組織群に国民運動の分担とその展開を求めるには、政府、大政翼賛会、翼賛政治会との間に「連絡本部」を設け、「協力一致」の態勢をとることが絶対的に要請された。「国民総蹶起運動連絡本部設置に際し事務総長談話」は、頂点レベルにおける中央三者間の三位一体化と、地方レベルで、地方庁、大政翼賛会、翼賛政治会の関係者が「適宜連絡を計る」ことが必要だと発言し、政府・翼賛政治会・大政翼賛会の「申合せ」が行なわれた。昭和一九年四月五日決定の、「国民総蹶起運動実施要綱」は、左のとおりである。

国民総蹶起運動実施要領

本運動が、戦意の昂揚、生産の増強、食糧の確保及び国土防衛の四項を目標とし、一大決戦の関頭に立てる、戦争の現段階に即応して一億国民の総蹶起を促すに在ること、並に此の目的のために中央に政府、大政翼賛会並に翼賛政治会の連絡本部を設くることは、曩に本年三月十一日決定発表せられたる所の如し、之が実施につき、更に要綱を定むること左の如し

第一　地方に於ける連絡方式

（一）　本運動の都、道、府、県に於ける連絡方式は、概ね中央に於ける連絡本部の構成に準じ、地方庁、大政翼賛会、翼賛政治会の各関係者並に地方の状況に依り他の団体関係者を以て構成したる連絡会議に依るものとす

（二）　前項の連絡会議は概ね四月中旬迄に初会を開会するものとす

第二　本運動指導上の諸原則

（一）　本運動の根柢は、畏くも、宣戦の大詔に昭示し給へる聖旨を、一億国民の心奥に徹底し、以て其の総力を決勝の一点に結集するに在り、本運動の目標たる戦意の昂揚も、軍需生産の増強も、乃至、食糧の確保も国土の防衛も、其の前提として、全国民をして、真に自ら戦争に参加従軍しつゝあるの切実なる感覚を湧起し敵愾敢闘の熱情を更に振起せしむるを要す、之れが為には、深刻なる今次戦争の本質、苛烈なる戦争の現段階、軍需生産並に食糧事情、陰険なる敵国の意図並に陋劣なる彼等の謀略等につき事実に基き一層透徹したる認識を得せしめ以て戦時国策の滲透徹底を期すべし

（二）　本運動に伴ひ国民の希望を聴取し又は生産配給等の隘路を発見したる場合は速に夫等疎通の方途を講ず

ると共に、国民戦時生活の徹底を期するものとす

「附記」本運動着手前に本運動に従事すべき者の間に充分なる打合を為すを要す、運動従事者の国民に対する態度につきても慎重周到の用意を必要とす

第三　本運動遂行の方法

（一）本運動遂行の方法として考え得べきことは(1)演説、講演、(2)座談会、民情聴取、(3)ラヂオ及映画等の利用、(4)ポスター、パンフレット等の発行頒布、(5)現場の視察、感謝、激励、(6)新聞其の他言論機関との連絡等なるべし

（二）本運動は全国的に遍く之を行ふも各地の実情に応じ最も有効なる方法に依り施行す

（三）本運動に就ては中央地方敏速に報告連絡し以て其の成果を挙ぐるに努むるものとす

「附記」本運動は可成市、町、村常会其の他の会合の機会を利用して之を実施し、本運動の為めに却って生産を妨ぐるやうの結果に陥ることなきやう注意すべし

第四　本運動実施の段階

本運動の第一期は本年五月始めより六月末に至るものとす。

右の引用にある、第三　本運動遂行の方法と、そして第三の「附記」が、「可成市、町、村常会その他の会合の機会」を利用する運動・方法を掲げていることは、注目に値する。

かつて東条英機内閣総理大臣が大政翼賛会を「国民各種運動の統制会」[124]だと断定したが、統制委員会も企画委員会も「関係諸団体の地方機構との調整」[125]を狙うものだったところに、その「統制会」の「統制」効果を推定しうるので

はなかろうか。しかも、産報ひとつとっても、それが穂積七郎のいう「無組織の組織」[126]であって摑まえどころがなく、また地域的国民組織についてみれば、挟間茂の規定する「地域的に普遍的なる細胞組織」[127]であってみれば、それらは普遍的存在たる以上、外部からの統制力行使を受け付けぬ体質をもっていた。げんに東条内閣の一七年五月一五日の閣議決定以来約二カ月を経て策定された機構改革が、ほぼ一ヵ年半後、同じ東条内閣の一〇月八日の閣議決定によって、「世話役」・「世話人」制はじめ、翼賛会の推進員制度の構想すらも全面的に廃棄されたことは、印象的である。職域的・地域的組織の先行を所与とするとき、それらが自らの存在を国民組織だとしつつ、あえて網羅型国民組織すなわち、地域・職域国民細胞と銘打つとき、この国民組織に代わる国民組織が組織としてありうるのかどうか。情勢が深刻化し状況が切迫すればするほど、対応は制度に依存し、制度の状況適応力は喪失する。状況が制度化を昂進する以上、制度の基盤は家族国家のユニットたる家族制度、部落制度という網羅型の国民組織の強化に向かう。そして、その極限は、組織それ自体の法制化是非論にまで到達するであろう。もはやここでは網羅型対同志精鋭主義の是非善悪は存在しない。それは衰退する翼壮内部での「同志精鋭」論議に限られよう。大政翼賛会総裁東条英機をもってしても、大政翼賛会は「国民各種運動の統制会」にとどまって、それ以上のものではなかった。かつて近衛新体制の発足時点での「一国一党政治」論議が、新政治体制の策定過程に「普遍性・一般性・全体性」イメージをもちつつも容易には結晶しえぬ政治像であったのと同様に、国民組織なる名称と、その先行する所与の国民組織に内在する普遍性――「無体系の体系」[128]は、ついに作為の契機をうけつけない存在であった。「国民再組織」論は、「何人にもはっきりとは摑めてゐない」といったのは、たしか笠信太郎であるが[129]、第一次近衛内閣末期の「国民再組織」論が「国体を冒瀆するもの」として内閣の命とりになったと同様に[130]、東条内閣においてもまた、すべての論議はとどのつまり「国民組織」[131]の先行に座を明け渡し、それに帰着した。「権力的全体主義」が心情的な所与の「一体主義」によって支えられている以上、かつて自らを「推進力[132]」と規定した軍すらも、この一体主義の拘束力に規制された。その推進力は「推す力」であって「牽く力」ではない。[133]一君万民体制における推進力不在は、この反面で、所与の既成諸組織間にみられる「党派的の感情で身動きもならぬ[134]」態勢へとゆきつく。かつて大政翼賛会の「政治性」にふれて、小畑忠良がその体験からにじみ出た印象を記録して、この概念を「朦朧[135]」だと評したが、大政翼賛会をして「国民各種運動の統制会」と規定した当の東条首相が、その行政簡素化の経緯をふりかえって、行政改革を強行すれば「内閣顚覆のおそれ」があるがゆえに、「官僚勢力との調和点を発見し」云々と述べたことがある。「蟹は強そうでも、いつも穴のそばにいる[136]」のであった。

昭和一八年一〇月一三日『朝日』記事は、「国民運動を綜合指導　翼賛会簡素強力化、翼壮の動向を規正」と題して、翼賛会の調査会の廃止と中央統制委員会の廃止を報道し、同月二二日には、「翼賛会職員を整理　退職者一三四名」と伝え、二一日の記事には「沸る滅敵の血潮　けふ出陣学徒壮行大会」と報じた。二日後の二三日には、「翼壮本部一新　副団長に牛島実常中将」と掲げ、二六日には久しぶりに社説で「翼壮新発足に期待す」の記事が出た。それには、次のように述べられている。[137]

いはゞ団発生当初からの根本命題は、ありていにいって、旧態依然解決されぬまゝに今日なお引きつがれてゐるといっても過言ではあるまい。かくの如き借財つきの遺産は、よほどの主体的用意と客観的条件にめぐまれた場合の外、正面から押し切り一挙に決済することは極めて至難であらう。

すなわち、翼賛壮年団の組織・運動について、この段階で再検討する条件はもはや存在しないこと、それゆえ、翼壮がいま、「旧態依然」たる状態にあったとしてもやむをえない、という判断を示しつつ、地方団長を総務にする新構想を歓迎して、翼壮のあるべき姿を『朝日新聞』は次のように描き出している。

一口にいって、努めて内輪でありたい。間口をひろげずにゆきたい。(中略)自分らのみが選ばれた特別の指導者で、一般国民はその対象たる被指導者だといふ分析的差別観をも改めなければならぬ。御手伝ひをする、邪魔をせぬ、相携へ相共に必謹、翼賛の唯一筋の途を修業する。かういふ心境であってほしい、また実際にさうなりつゝある徴候頗る顕著なのを衷心の悦びとしたい。(中略)いずれにせよ、地方団長は総務にするとの今回の構想は、一寸見ればなんでもないやうで、まさに急所中の急所にてこを入れたものと見られ、苦き度々の変転が決して無益でなかったことが知られるのである。

翼賛壮年団の構造改革の第一点は、従来の人選方針を一掃し去って、翼壮総務の過半数を道府県団長から任命すること、第二点は、翼壮中央の常任総務に対して新総務陣側に決定的比重をおくこと、そして第三点には、中央本部長が総務を自己の常時補佐機関とし、総務会や常任総務会以外にも各個別的に諮問する場をつくったこと、の三点である。この制度改正を解説して、『朝日新聞』が、地方団の意思を中心として今後の翼賛運動が運営される展望を得て、「いはゆる革新とか、維新とかを叫ぶまへにまづ地道な供木供米運動等に挺身するものと見られる」[138]と推測したが、まことに注目すべき記述だといわなければならない。

大政翼賛会はもとより、肝心の翼賛壮年団すらもがその団中央中心の指導態勢、とくに、「同志精鋭」方針を貫徹しえずに、地方団中心の寄合世帯化することは、まさに、革命的であった。地道な運動に「挺身する」とはいうものの、明らかにこれは、一義的な指令を排除し、それを返上しようとした点ではまさしく、革命的な転換というより、退歩というべきではなかろうか。

昭和一八年が終了しようとする一二月三一日、『朝日新聞』記事の「翼賛運動の新動向」は、それを、(一)「改革前の翼壮的な方向と、(二)国民運動停止論、極言すれば翼賛会不要論、(三)両者の中間論と三論に区別していた。

(一)が「依然として国民運動の根強い底流をなしてゐる」としても、現実論の(二)は、「戦局がかくの如く苛烈となり今や嵐に立つ日本に純正国民運動を育成せよといふのは、余りに迂遠である、下から盛上った国民的政治力がない以上、是非は別として官僚政治の徹底的強化拡大のみが必要である、翼賛会が内務省の外郭団体的仕事をしてゐるにすぎないならばもっと直截簡明に翼賛会を解消し内務省の外局的存在とすればよいといふのである」。改組後の翼賛会は、もはや(一)ではなく、かといって、もとより(二)でもない。(三)の方向をとっていたのであった。すなわち、改組後の翼賛会は、まず町内会・部落会の拡充強化と地域団体と職域団体との連絡協調に主力を注ぐ立場であったからである。その背景には前年一七年、閣議にまでもちこまれ、首相の裁定で東条内閣が処理した方針があった。それは、町内会・部落会は、内務省の行政機関でもなし、翼賛会の下部組織でもなし、「自然発生的に生まれた隣保共助体」という規定である。この決着をつけたのちは、これをこのさい動かすことは不可能である、というのが現実論であった。

一〇月八日閣議決定をみ、大政翼賛会創立満三周年の一二日に断行された画期的改組は、「翼賛会簡素強力化方策実施要領」と、これに対応する「既存諸組織を推進　翼壮の自戒と新任務」という方針の確定で、これと同時に、翼壮発足以来の中堅であった菅、市川の両総務の退陣が報道されていた[139]。

恰も、この記事が報道された翌月の一一月二七日、『朝日』は閣議決定によって新規に重要政策が画定されたことを報道していたが、一二月に入った段階で、「東京都勤労報国隊指導部」・「同指導協議会」の設立計画が示されていたのであった。その狙いは各地域、各職域、各団体ごとに設立されている報国団は「相当の役割」を果たしているが、各報国隊間には「連絡」がなく、「分散併立」の形であるから、

一、「東京都勤労報国隊指導部」を新設して、翼壮、産報、商報、農報、海運報国隊、青少年団、日婦、労務報

国会、官公衙及び常時百人以上の従業員を使用する会社、商店、工場、事業場、同業組合等で組織する勤労報国隊ならびに町内会部落会など地域単位の勤労報国隊をその「傘下団体」とする、なお、警視庁職業課が斡旋している女子勤労挺身隊と学校報国隊とは除外するが、学校報国隊とは密接な連繋をとる。

二、これら傘下団体に対する「指導本部」を設置すること。指導本部の統監には翼賛会支部長の大達部長をあて、指導官本部長には並川同支部事務局長が就任し、各部・市・区にそれぞれ支部を置き、支部長には翼賛会郡支区支部長が就任し、指導本部は傘下報国隊の結成、指導、訓練、動員その他の企画を担当する。

三、「指導協議会」の設置。「指導協議会」には傘下団体の首脳部および都庁、警視庁、国民職業指導所、その他関係庁の係官を以て構成し、労務配置の調整、その他動員企画の主体となることが予定された。とくに「動員」、「計画動員」、「緊急動員」、「臨時動員」にさいしては、それぞれ指導本部ないし協議会が担当することとなり、例えば、「動員」関係では、労務供出の要請は指導本部の「一手引受」とし、また「計画動員」にさいしては、協議会が案をねり指導本部の名を以て傘下勤労報国隊を動員する。

このしくみをつくろうとするものであった。(140)

翌昭和一九年二月六日、第八一帝国議会は国民運動の一元化をとりあげ、翼賛会、翼政会、そして翼壮団の三者間の連絡・調整が改めて問題となった。その背景には、クェゼリン、ルオットに「敵上陸」という報道があり、東条首相の発言に応えて、帝国議会が「必勝の決議」を行なったという事実があった。しかし問題点は、依然として国民運動の一元化にあった。すなわち、国民運動の一元化はこのままでは困難であるが、法的根拠を与えて臨めば不可能ではないという意見に対して、政府側の態度は定まらず、翼賛会発足当時の「陣痛の苦悶を再び繰返すことのないやうにしなくてはならない」という消極説が支配的であった。これに反発し、有志代議士の申し合わせが行なわれた。(141)

この段階にあっての国民運動一元化は、最大緊急課題であった。だが、問題はこれに止まらなかった。決戦突入のこの段階にあっては、産報組織の根本的検討を求める勤労管理体制の問題があり[142]、さらには「国務・統帥の緊密」と題した統帥と国務の懸案事項については、東条大将が参謀総長、嶋田大将が軍令部総長に就任し、二六日には「決戦生活へ非常措置要領の決定」、三月七日に「国民総蹶起大会の開催」、同二〇日の『朝日』記事には、「国民総蹶起へ、政府、翼政、翼賛の連携を強化」と題して、国民運動連絡本部の設置が決定したとある[143]。

国民総蹶起運動の実施要領については、次節に紹介するが、その中央連絡本部の組織をみると、中央の本部委員は、翼政、翼賛各一四名計二八名に、政府側五名で、合計三三名の多数にのぼった。当初には政府、翼政、翼賛の少数代表から構成されるはずであったが、合計三三名にもなっており、しかも、この中央本部には本部長ないしは議長に該当するものは設けられず、「全委員の協議、懇談による合議制をとる」ことになったのであった。また、翼賛政治会、翼賛会両者の緊密な「連絡」の下に国民運動を推進するたてまえをとり、政府はこの国民運動の「後楯的立場」に立つこととなっていた。『朝日新聞』によれば[144]、「戦意昂揚に重点」と題した国民総蹶起運動の展開の主要目的は、戦意昂揚、戦力増強、食糧確保、国土防衛の四項目であって、この目標に向けた小委員会と地方連絡委員が任命されたといわれる。小委員会の人選は、政府から安藤内相、大麻・後藤両国務相、星野書記官長、天羽情報局総裁、唐沢内務次官、村田情報局次長、それと翼政側、翼賛会側それぞれ四名、合計、一五名であった。他方では、産業報国会運動をめぐって新職階制採用可否問題[145]とか「日本的給与確立の要[146]」が叫ばれ、岸国務相の議会答弁でも、「事業一家」を標榜して活動してきた産報と勤労組織としての職階制を「一体どう関係せしむべきか」、という発想のとりまとめにとまどっていたのに対し[147]、いまや、「従来やゝもすれば有名無実の譏りをさへ免れなかった産報の運動がこの際徹底的に反省せられて然るべきであらう」。五人組制度を採用したピラミッド型の組織は「立派であり」、組織率も驚くべき好成績を示したが、「率直にいってそれだけでは力強い国民運動は盛り上ってこなかった」という痛烈な反省の声が出された。[148] 新職階制の実施と産報運動とは「唇歯輔車の関係」であるとの認識に立って、両者の「調整」[149]に新しい期待が寄せられたのである。

（1）『週報』第二九四号、昭和一七年五月二七日。
（2）昭和一七年九月二六日から二九日にかけておこなわれたいわゆる「国民総常会」の席上でも、狭間第二委員会委員長のとりまとめは、双方が支部をもつことはできないから、「当分現在の儘」という方向が「異議なく諒承された」といわれる（『朝日新聞』一七年九月二九日）。なお大政翼賛会『国民総常会誌』二二三―二二四、三四九ページ参照。
（3）『国民総常会誌』三四五―三四六ページの西方利馬の発言。
（4）『改造』昭和一六年五月時局版、五八ページ。
（5）室戸健造「最近の政治と翼賛会強化策」『中央公論』一六年三月号、一六八ページ。
（6）広瀬健一「新生翼賛会と国民運動――東条総理の断行を望む」『中央公論』一七年七月号、五七―六二ページ。広瀬論文が、大政翼賛会の「官哺育的傾向」をついて、東条内閣がこれを「本然の姿に還すことを企画するに至った」としつつ、「いさゝかの未到を未だ否定しえないと思ふ」と反省し、「国民運動に於ける官哺育的傾向は極めて強靱な政治的基礎をもつもの」なのだと指摘している。
（7）黒田覚「政治力結集の理論」『日本評論』一七年七月号、一九ページ。
（8）同右、一七ページ。
（9）室伏高信「新体制の再出発」『日本評論』時評、一六年五月号所収、一七ページ。室伏はこの時評で、「近衛内閣の変異」を論じて、近衛が地方長官会議の席上、「今日最大の急務は、革新であるとか、現状維持であるとかの論議を一日も早く切りあげ」ることと述べたのに対し、室伏は次のように批評している。曰く、「彼は自由主義の打倒を叫んで軽井沢の山荘を降り、一時は現状維持的な勢力を戦慄させ、既成政党が将棋倒しに自己解散し、所謂革新官僚の全盛時代を導くに至ったのであったが、いまや革新にもあらず、現状維持にもあらずといひ、一方では、革新派の小児病に失望を与へたにしても、他方では戦慄した現状維持派に慰安を与へてゐる。このやうな変異性が政治道徳的に見て望ましいことであるかどうか、もしくはこれを一個の性格破産者と見るべきかどうかは別であるが、われわれは却ってこゝに近衛の政治的□□性の天才を見るのであって、こゝにダア井ン《ママ》的適者生存の法則さへも発見するのである」と(一一ページ)。

(10) 津久井龍雄「総選挙を前にして」『日本評論』昭和一七年三月号、一二四ページ。

(11) 津久井龍雄「在野精神論」『改造』昭和一六年五月時局版、一四ページ。

(12) 中村哲は「近衛内閣と国民政治力」を論じた『改造』一六年五月時局版で、「本来、官僚とは一つの機構・組織の勢力であって、一つの封鎖的な存在である。国民の政治力が組織化されてゐない国では国民そのものが力をもちえず、機構そのものが力をもつに至るのである。(中略)かやうに組織そのものに力のある日本の政治においては革新はやはり組織そのものについて考へねばならぬ点であって、国民の政治力が組織化され、政治の方向が自らにして定るところでは組織の役割は少いが、政治力の分散し、国民全体の政治力の結集されてゐないところでは、組織の力は大なのである」と述べている(九二―九三ページ)。

(13) 田畑厳穂「翼賛政治体制の地盤としての国民組織」『中央公論』一七年四月、三七ページ。

(14) 清水伸「日本国民運動の新段階」同右、一八年一一月、一七ページ。

(15) 蠟山政道「国家行政の総力的構造」同右、一七年八月、一七ページ。近衛新体制に始まる政治力結集が、「やがて行政力の拡充と強化として帰着する」(六四ページ)以上、戦時総力戦体制下にあっては「行政力の問題は現在の国家的諸問題の中最も重要なる問題の一つ」であった(六四ページ)。しかも、法律より行政命令への移行が事実上の権力分立体制を崩壊せしめ、かつ行政機構が「外郭団体の組成利用」によって補完されていたから、総力戦体制の終末に立ったとき、官界は絶対であり、かつ官界は「一番立遅れた旧体制として残ったと云ふ奇現象を呈し」たのであった(六八ページ)。

(16) 津久井龍雄「官民融和の前進」同右、一七年九月、六四ページ。国民に対する「生殺与奪の権」は、すべての組織が「半官性」をもつがゆえに、かえって万能化するのである。

(17) 島田晋作「重大危局と金融新体制」『文芸春秋』一六年九月、九六ページ。ここで「経済新体制確立要綱」(一五年一二月七日閣議決定)の成立後の半年余を回顧して、問題の官界新体制が日程に上るべくして事実は一歩も「前進」しない事態を島田は次のように叙述している。「この問題は例によって例の如く、政治力強化の問題に深くつながってゐる。そして結局は、政治力を強化するためには、政治力を強化せねばならぬといった堂々巡りに陥ちいりかねないのである。どんなに新体制案を発表しても、肝心の政治力が強化せず、従って所要の行政機構改革が不可能では、新体制案は実現しっこない」(九六―九七ページ)。

(18)　同右、九六ページ。

(19)　杉原正己『国民組織の政治力』昭和一五年、モダン日本社、一八ページ。杉原は、「官庁が法律や行政命令を発する主体組織であるならば国民組織はそれを受ける客体の組織体であり、それを組織的に実践するものであって、行政とは二者一体である筈である。(中略)その意味では国民組織と行政とは少しも対立しない……」と規定している(一八―一九ページ)。

(20)　帆足計『統制会の理論と実際』昭和一六年九月、新経済社、七二―七五ページ。

(21)　同右、八一―八七ページ、前掲の島田論文、九四―九六ページ。ここで官界新体制が「政治といふ最も強大な、そして同時に、最も深刻な闘争部面において、その組織的な精力結集機関たる政党の存在を否定したのでは、いはゆる政治性も政治力も、絶対に生れ出でやう道理がないのである」(矢部周「翼賛政党の性格」『文芸春秋』一六年九月号、六〇ページ)。

(22)　森戸辰男「革新の推進と知識層の任務」『改造』一六年七月特大号、一一ページ。

(23)　河野密『国防政治学』昭和一六年、万里閣、二五一ページ。

(24)　同右、二五四、二九五ページ。

(25)　『解剖時代』一〇巻四号、昭和一五年、七六ページ。

(26)(27)　杉原正己「国家の絶対性と国民の自発性」同右、一一巻一二号、三九ページ。

(28)　安達厳「大政翼賛運動当面の問題」『解剖』第一〇巻一二月号参照。中原謹司文書「翼賛政治会」三六五、「戦争経済体制確立要綱」(昭和一七年一二月)、ならびに同文書「翼賛政治会」三七四、「重要産業対策要綱」(昭和一八年一〇月)の基本方針ならびに要領参照。

(29)　川田秀穂「政治評論　総力体制の躍進」『日本評論』昭和一七年七月号、九八ページ。なお、朝日新聞社中央調査会編『朝日東亜年報』昭和一八年、によれば、翼政会は「その内部の勢力関係は、頗る複雑な寄合世帯である」と診断し、したがって「強力な自主的統制力をもち得ない」と判定している(一八〇ページ)。

(30)　高橋亀吉「官界新体制の重点とその性格」『中央公論』一六年三月号、

(31)　日本国民運動研究所編『日本国民運動年誌』第一輯、昭和一八年、研文書院、一四〇ページ。

(32)　大日本翼賛壮年団本部『翼賛壮年運動』団報縮刷版、一七年八月八日号「国民運動統一への筋がねを確立せよ」、「主張奮起一番を要す」。翼賛壮年団は、従来、『大政翼賛』すなわち大政翼賛会の会報の号外として『翼賛壮年運動号』を無料配布してきたが、一七年五月一六日の「翼壮本第三五一号通牒」によって、今後は団報を独立せしめ、あわせて翼賛壮年団叢書を発行することとなった。『翼賛壮年団運動』は団報として毎土曜発行し、道府県団三〇部、郡団一五部、市区団三〇部が配布部数と定められた。

(33)　一七年四月二八日に開催された、全国道府県団事務連絡者会議の席上で説明された「農村責任協力態勢確立運動実施要領」、「配給機構整備並地域生活協力態勢建設方針」は、翼賛壮年団活動の今後の二方向を示唆している。その第一の「農村責任協力体制確立運動要綱(案)」は、農業増産の方途を「耕地の拡張」と「反当収量増加」に求めるとともに、この責任態勢を築く過程を説明して、「かゝる農村の責任協力態勢は部落を基礎として、部落から築かれて行かなければならぬ」と述べ、翼壮としてなすべきことはなんであろうかと問うて、それに答えて曰く、「然るにかゝる部落協力態勢確立の必要は、政府並に農業団体の既に痛感して居る所であり、部落農業団体の整備強化を通じてこれが確立に努力されて居る所である」。「依ってわれわれの任務は、団としては農業団体並に部落農業団体のかゝる運動に積極的に協力することであり、団員としては最も活動的な部落農業団体の一員として、団体の活潑な活動を促がし、その活動を推進することである」と規定している。それでは団ならびに団員の本運動においてなすべき具体的「事項」はなんであろうか。それは以下のとおりであった。

(A)、町村団員

(イ)、有志座談会、常会等に於いて常に政策の徹底に努力すること

(ロ)、共同作業等実施の気運を作ることに努力すること

(ハ)、部落農業団体長を補佐し、団体の活潑な活動展開に努力すること

(ニ)、常に部落活動に率先すること

(B)、町村団

(イ)、協力態勢の障害除去に努力すること

(ロ)、各部落の歩調を揃へ、全村一体の態勢確立に努力すること

(ハ)、村内各団体の連絡協力に努力すること

（C）、郡団並県団
（イ）、町村団による運動の指導促進
（ロ）、官庁並団体との連絡
（ハ）、本部との連絡
本運動は団並に団員の日常の活動に生かされなければならないが、団は適宜機会と題目を選んで特別な団の全国運動として展開し、全国的な気運の醸成と運動の徹底具体化を図る。而してこれが第一回の運動として、田植労働、除草、病虫害防除の共同作業の普及徹底を目標とする運動を展開せんとするものである。その計画左の如し。
（A）、中央に於ける地区別協議会
（別紙道府県幹部協議会日程により東京に於いて行ふ）
（B）、道府県団主催郡別協議会
（1）、協議事項
（イ）、運動の趣旨
（ロ）、政府並農業団体の方針説明
（ハ）、運動展開の方法
（ニ）、町村団農村活動委員会の設置
（2）、出席者
（イ）、地区別協議会出席者
（ロ）、町村団幹部
（3）、期　間　一日乃至一泊二日
（注意）協議会開催に当つては、予め各農業団体、官庁との連絡協議会を開くこと
（C）、文書による宣伝、指導
（1）団報の利用
（2）手引書、解説書の刊行

(34) 第二の「配給消費の翼賛体制の確立」に関する壮年団の活動要領(案)も、一七年四月二八日に指示されている。その「基本方針」の第三に、「本問題に付ては、政府は夙に重要国策として採り上げ、関係官公署及商業組合、商報、産業組合等の関係団体に於て、又町内会、部落会以下の隣保組織に於て、夫々対策を講じつつあるが、未だ所望の成果を挙げるには至らず、又今後の着手に残された重要且困難な問題も少からず、配給消費の全面的な且徹底した戦時態勢化は容易の業ではない」と事態を認識し、そのうえで壮年団が果たすべき役割は何かと自問して、回答を出している。

壮年団は此の重要にして困難な国策の完遂に全面的に協力し、且之を強力に推進することを根本方針とし、団活動の重要部門とし、之を重視する。

こう規定したあとで、団中央の「活動要領(案)」はただちに、

但し本問題に付ては関係官公署、関係団体乃至組織にして直接責任の衝に当るべきものが多いが故に、団は之等と緊密な連絡提携を保ち、なるべく之等を表面に立てゝ、その活動を蔭で援助推進するの立場に立つを原則とし、唯之等団体の活動で補ひ得る分野があり、又之等相互の間に連絡斡旋乃至調停を要すべき問題があれば、例外として之を引受ける程度に止める。

と限定した。総選挙直後に二つの重要方策を提起しつつ、そのいずれにおいても、翼壮が既成の組織、手続を尊重する慎重論を採択したことはまことに重要である。いわば、翼壮自体の創造的な積極的な独自の活動領域がないこと、あってはならないことを自己確認した点は見落とせないであろう。

(35) 『翼賛壮年運動』一七年八月二二日、第一二号参照。

(36) 大政翼賛会自体の運動としては、大政翼賛会文化部編『実践局厚生部　資料』「保健教本」昭和一七年六月—九月を参照。

(37) 『翼賛壮年運動』一七年八月一五日。

(38) 同右、八月二九日。この記事によれば長野県翼壮の新方向とともに県団本部の人事も一新された。「要領」については同右、九月五日号参照。

(39) 同右、「主張　団の独自性に就いて」九月一九日。

(40) 同右。

(41) 同右、一〇月一〇日。推進員問題は、翼賛会と翼壮との問題であるから、摩擦があったとしても、近い将来に解決可能が

予想されたが、各種職域の諸団体の問題は、それよりも「さらに複雑な内容」を含んでおり、それが縦割りの組織に由来する構造に規定された存在である以上、翼壮組織とは本質的に競合し、対立し、それと敵対する関係にあったのである。
(42)『朝日新聞』一七年一〇月二日。
(43)白根は翼壮幹事、企画班長として、「翼壮評論」で、推進組織の確立が国民運動当面の「中心課題」とみて、この提言を行なったのである(『翼賛壮年運動』一七年一〇月一七日)。
(44)宮田新吾「産報と推進組織」『翼賛壮年運動』一七年一〇月三一日。
(45)『翼賛壮年運動』はこの辞任について、「団として注目すべき人事」とし、「両氏の辞任が何れも止むを得ぬ理由に基くものであったことは既報の通りであるが……」と論評した(『翼賛壮年運動』一一月一四日「主張欄」)が、『朝日新聞』記事は、その一〇月二五日号で、「一部に問題となってゐる壮年団本部の翼賛会事務局の一部局化、翼賛政治会との一体化」が問題だと、真相をにおわせている。「翼政の立場微妙」、「包蔵する内部苦悶」と題して、翼政会もまた「具体的な政綱、政策というふ点になると余りハッキリしない」と報じている。けだし二九名の総務合議制という翼政組織の当然の結果だといえよう。
(46)『朝日新聞』一七年一一月五日、一六日。
(47)『翼賛壮年運動』一七年一一月一四日。
(48)同右、一一月二一日。
(49)同右、一一月二八日。
(50)同右、一二月一九日、「団運動回顧　本部座談会」。
(51)『朝日新聞』一七年一一月一九日。
(52)同右、一一月二〇日。
(53)同右、一二月二日。
(54)同右、一二月二一日。
(55)信時潔作曲、「海ゆかば」は、国歌につぐ「国民の歌」として大政翼賛会から指定され、一二月一五日に、後藤文夫事務総長名をもってその旨各方面に通達された。一七年一二月二六日『朝日新聞』記事。
(56)(57)『朝日新聞』一二月二〇日。

(58)『翼賛壮年運動』一八年一月一日。

(59)同右、一月一六日。

(60)同右、一月一六日記事。

(61)同右、「翼壮論壇」

(62)同右、「再開議会の諸問題」、一八年一月二三日。地方人事の交流は、翼政会側の下部組織設置要求に対する、翼賛会の妥協措置であったのである(同紙一月二三日)。

(63)同右、一月一六、二三日記事。

(64)同右、一月二三日記事。

(65)『朝日新聞』一八年二月六日。同日付の社説は、「首相輔弼の真諦を披瀝」と題して、首相の答弁は「実に明快晴朗といはなければならぬ」とし、「東条首相が、折にふれて皇国振りのあるべき姿を謹みて冀はるゝ誠心をこゝに衷心より諒とし、益々斯の道に精励、深沈されんことを切望してやまざるものである」とし、「さすれば、いかに艱難な事態襲来するとも覇道的、独裁的支配は普天のもとにおいては絶対に許され難いといはなければならぬ」と述べた。この東条発言は、五日の衆議院における「戦時行政特例法案委員会」でなされたのであった。

(66)『朝日新聞』二月九日、『翼賛壮年運動』二月一三日。

(67)『朝日新聞』二月一九日記事。

(68)『翼賛壮年運動』、主張「議会と国民組織」二月一三日。

(69)同右、主張「『推薦制』について」二月二七日。

(70)同右、三月一七日、二七日記事。

(71)同右、三月二七日。

(72)同右、三月二七日。

(73)同右、三月二七日号所収の三月二四日付「道府県団長宛通牒」。

(74)同右、二月二〇日。「主張　団運動の地位」。この主張は「絶対の要請」としての「戦力の増強」を確認しつつ、「聖戦完遂　米穀供出報国運動　壮年団実施要領」、「軍需造船供木運動壮年団実施要領」の信奉・実践とともに、他面、「然しながら、われらは決して所謂人足部隊を以て能事終れりとするものであっては断じてならない。われらの目標は、国内体制の維新にあり、真にあるべき皇国本然の真姿の顕揚にあるのである」と述べている。三月二七日の『翼賛壮年運動』には高村光太郎の「供木のことば」が所載されている。

(75)　同右、四月三日。

(76)　同右、四月三日。しかし肝心の県団本部については、同日付と四月一〇日付の団報が「役員改任後直ちに県団本部強化せよ」の欄で指摘しているとおり、道府県本部機構にかんする準則はなかったのである。「あるべき県団本部の構図を描く」のが右の「県団本部強化せよ」の記事であった。

(77)　『朝日新聞』三月三一日。これは三〇日の第二回六大都市翼壮団長会議での指示であった。

(78)　同右、四月六日。

(79)　『翼賛壮年運動』四月一〇日。

(80)(81)(82)(83)　同右、四月一〇日。

(84)　同右、四月一七日。

(85)　『朝日新聞』社説「壮年団のゆくべき道」、一八年四月一五日。

(86)　田畑厳穂「翼賛政治体制の地盤としての国民組織」『中央公論』昭和一七年四月号、三七ページ。

(87)　穂積七郎「来るべき国民的政治力は」『改造』一六年五月時局版、五八ページ。

(88)　日本学生協会『教育はかくして改革せらるべし』昭和一六年、日本学生協会発行、一〇五ページ。この言葉は同書の「小田村寅二郎君の第五信」(一三年四月六日矢部貞治教授宛て)に出てくる表現である。

(89)　『翼賛壮年運動』四月一七日。

(90)　『朝日新聞』四月一五日。

(91)(92)　『翼賛壮年運動』四月二四日。

(93)(94)　同右、五月一日。

(95)(96)　同右、五月八日。なお、『朝日新聞』五月九日記事参照。

(97)　翼壮としては一七年六月に国民運動諸団体の統一が呼びかけられた段階で、すでに推進員制度の廃止を要求していた。

「主張　翼賛推進員と壮年団」(『翼賛壮年運動』一七年六月二〇日)、同旨「主張　推進員制度廃止に当りて」一八年五月八日)。

(98) 推進員制度の実態を、『翼賛壮年運動』五月八日の「主張」は、「時に多少のもつれをさへ生ずる地方もあり、その急速なる廃止は関係者一同の熱望するところであった」と回顧している。しかし反面において、推進員制度の廃止にもかかわらず、大政翼賛会傘下に入ることになった国民運動諸団体をも含め、翼賛運動の全面的躍進のための新推進組織の確立は、再度、新たに解決されるべき宿題となったのであった。

(99) 大日本翼賛壮年団本部編『翼壮運動理論の建設(一)』翼賛壮年叢書　二三、昭和一八年五月。

(100) 同右、一〇ページ。

(101)(102) 同右、一一ページ。

(103) 同右、一二―一三ページ。

(104) 同右、一八ページ。

(105) 同右、二七ページ。菅はその論文の末尾で、「本論に述べた如き性格的機能的相互関係に立つ翼賛会、壮年団及各種国民組織が組織上如何なる結合連携に立つか、またこの点に関する将来の方策如何を明確に論定するのでなければ、翼賛運動における三者の相互関係を全局的に判断することが不可能であり、又本論そのものすら十分の裏付けが出来ないのであるが、この組織論は本論においてはこれを割愛」する、と結んでいる(二八ページ)。

(106) 同右、二七ページ。

(107) 清水伸『国民運動と日本政治』大日本翼賛壮年団本部編、翼賛壮年叢書　二四、昭和一八年、九ページ。

(108)(109) 大日本翼賛壮年団報道部編、翼賛壮年叢書　四二『翼壮運動の現段階』昭和一九年、二六ページ。

(110) 同右、二四ページ。

(111) 同右、二五ページ。

(112) 同右、二六ページ。

(113) 『朝日新聞』六月四日。

(114) 大日本翼賛壮年団本部編『翼壮運動理論の建設(二)』翼賛壮年叢書　二八、昭和一八年八月、執筆者、菅太郎、七ページ。

(115) 菅論文は「組織における独自性」と「活動における統一性」の重視が会と団の双方を律する「根本精神」であったと述べている。したがって団の「独自性」の要求が、「従属性」を「拒否」することを強調している(一一、一二―一三、一三―一三ページ)。

(116) しかし菅論文によれば、これは、制度上のたてまえでもなく、運動上の要請でもなく、現状における諸情勢判断に基づく便宜的措置にすぎない「便法」である、といいきっている(二六ページ)。

(117) 菅論文、三〇ページ。

(118)(119) 菅論文、三一ページ。

(120) 『翼賛国民運動史　二』九一二―二五一ページ。

(121) 大政翼賛会『大日本翼賛壮年団地方別懇談会』(昭和一八年)によれば、例えば、丸山事務総長兼副団長の指示の要旨が、次のように掲載されている。一七年五月一五日の閣議決定をもって、大政翼賛会の傘下に産報以下六団体を包摂したのであるが、「何分各種国民運動団体は夫々の個性があり、又歴史もありますので、本会が中心となり足並を揃へることには不十分の点が少くなかった」。そこで新に団体局を設け、また従来の統制委員会では「十分その運営の効果を挙げ得なかった憾みがあり」、これを廃止し、新たに企画委員会を設置したのであった。さらに、大政翼賛会と翼壮との関係を一層緊密化し、「真に有機的不離一体の関係」をつくりあげるために、本部機構での人事の兼任制をとり、とくに本部機構では団長が副総裁であるほか、逆に、事務総長に副団長を兼ねしめ、団本部長と翼賛会の団体局長とを事実上同一人とし、さらに、団体局の推進部長、副部長には団の総務部長、次長を以てあてたのである。また、支部規程についても、同時に改正を加えた経緯にふれて、丸山は、「地方支部の活動如何は大政翼賛運動を左右するものと言ふても過言ではない」ので、世話役世話人委嘱手続の廃止、市区協力会議の廃止、常務委員、参与に常任制の採用、地方事務所と郡支部との調整、支部事務局職制の制定、地方統制委員会の廃止、協力委員制の新設と地方企画委員会の設置という措置にふみ切ったのであったと述べている(前掲パンフレット、一四、一五、一六ページ)。

(122) 『中央公論』昭和一六年四月号、巻頭言、三ページ。

(123) 大政翼賛会企画委員会規程第五条参照。

(124) 企画院研究会著『行政機構改革と大東亜省』同盟通信社、昭和一八年、二六ページ。推進員制度も統制委員会も廃止され、これに代わって、中央・地方の企画委員会が発足した。これが、「大政翼賛会並に別記直属団体の行ふ国民運動」の「企画運営」と「連絡調整」に当たると予定されたのだが、その実態はどうなのか。例えば、国民運動の核心ともいうべき「国民皆働運動」について、当の大政翼賛会は次のように説明している。

すなわち、中原謹司文書「大政翼賛会」七四、「国民皆働運動資料第二——勤労報国隊整備に関する——」（昭和一八年）には、「勤労報国隊ハ左記各団体等ニ於テ之ヲ組織ス」とあり、それには、「(イ)、大政翼賛壮年団、(ロ)、大日本産業報国会、(ハ)、商業報国会、(ニ)、農業報国連盟、(ホ)、日本海運報国団、(ヘ)、大日本青少年団、(ト)、大日本婦人会、(チ)、労務報国会、(リ)、官公衙及常時百人以上ノ従業員ヲ使用スル会社、商店、工場、事業場、(ヌ)、同業者組合、(ル)、其ノ他ノ団体、(ヲ)、右団体ニ属セザルモノニツイテハ都市ニアリテハ町内会単位ニ、町村ニアリテハ町村単位ニ之ヲ組織ス、(ワ)、学校報国隊ハ勤労報国隊ニ準ジテ之ト密接ナル連携ヲトルコト」と規定している。大政翼賛会自体が勤労報国隊を組織するという発想は、皆目みあたらない。「国民各種運動の統制会」という表現にもかかわらず、その実態は、まさしく大政翼賛会をのぞく「国民組織」の「国民運動」として、組織と運動があるのである。

(125) 広瀬健一『過渡期政治論』昭和一八年、昭和刊行会、二二四ページ。
(126) 穂積七郎「来るべき国民的政治力は」『改造』昭和一六年五月時局版、五八ページ。
(127) 挟間茂「翼賛自治の大道」大日本翼賛壮年団本部、翼賛壮年叢書　五、昭和一七年、三四ページ。
(128) 日本学生協会『教育はかくして改革せらるべし——東大政治学教授矢部貞治氏と学生小田村君の往復文書公表——』昭和一六年、小田村寅次郎君の第五信、一〇五ページ。
(129) 笠信太郎『日本経済の再編成』昭和一五年八月、中央公論社、四ページ。
(130) 小山貞知『第三文化時代』昭和一五年、満州評論社、三一六ページ。
(131) 例えば、「新旧政治体制の比較」大日本翼賛壮年団本部『大政翼賛の理念に基く衆議院議員選挙法改正』所収、四九—五〇ページ参照。
(132) 「推進力」という用語は、陸相畑俊六が陸軍省高級職員に対して行なった省内訓示に由来するといわれる（『朝日新聞』昭和一五年六月二六日記事）。
(133) 正木ひろし『近きより』昭和三九年、弘文堂、一三九ページ。

(134) 右同、一三九ページ。
(135) 小畑忠良「『政治』といふこと」『中央公論』昭和一六年五月号、二〇一ページ。小畑はこの論文で、「「政治学といふこと」「政治といふこと」ぐらゐまでは、何となくわかっていたやうだったが、『政治性』といふことにいたっては概念自体が朦朧として来る」「八ヶ月間、政治に最も縁の近い官界に住んで、二六時中、といふほどでもないが、折にふれて、『政治とは何ぞや』と考へて、遂に適切な回答を得ずに終った。浪人になって勉強すればわかるかも知れない」と述べている。
(136) 正木ひろし、前掲書、一六〇ページ。
(137) 『朝日新聞』昭和一八年一一月二六日。この動きの背景にあるのはいうまでもなく戦局の緊迫であった。企画院、商工省を廃止して軍需省設置が決定し(一一月一日発足)、マキン、タラワ両島守備隊全滅(一一月二五日)、第一回学徒兵入隊(一二月一日)と急転しつつあった。『朝日新聞』によれば、一〇月一日、「決戦即応の〝国民座右銘〟」の発表があり、その直後の一三日、「国民運動を綜合指導　翼賛会簡素強力化、翼壮の動向を規正」との措置がとられたのであった。一一月一日の「決戦中央行政機構けふ発足」という『朝日新聞』の一面記事は、一〇月一三日の措置、二三日の発表の「翼壮本部一新」をうけたものといわねばならない。同日付で『朝日新聞』は「総務に地方団長　翼壮、地道な運動に挺身」と題し、それを
(一)、従前の人選方法を一掃し、道府県団団長をもって総務陣容の過半数を満たすこと
(二)、常任総務に対する総務の比重を増大せしめること
(三)、中央本部長は総務陣容を自己の常時補佐機関として総務会、常任総務会以外にも各個別的に諮問すること
の三点に要約している。政局戦局の緊迫化、重大化にともない、翼賛運動には三つの流れがあり、調整は困難であった。
(138) 『朝日新聞』一一月二六日。
(139) 同右、一〇月一三日。
(140) 同右、一二月四日。
(141) 同右、二月六日。昭和一八年一〇月一二日の第二次改組にもかかわらず、国民運動に対する批判はますます強まりつつあった。バラバラの国民組織の無統制状態に対して、後藤文夫国務相が、「各団体がそれぞれの特色をもって動いてゐるのであるからこれをとくに統制して活潑な運動を整理するといふよりも他の傘下団体とお互に援け合ってその機能を十分に発揮させるといふところに主眼を置いてゐる、……」としたのに対し(『朝日新聞』二月九日)、清瀬一郎は必勝決議案の趣旨弁

明に立って、「吾々は首相の示された右戦争遂行要諦および国内施策の重点には異存がない、独り異存がないのみならず、大いに支持したいと思ふ、しかし如何にしてこれを実現するか、……法令と予算と行政とだけでは魂がない」(同二月六日)と述べた。国民運動が国民諸組織の諸運動である以上、国民運動の一元化は、大政翼賛会成立時の「陣痛の苦悶を再び繰返すこと」になろう。有志代議士会の申し合わせは、「重大なる戦局に即応し、強力なる国民運動を展開するため翼賛政治会、大政翼賛会を改組更新して一元的中核組織を確立すべし」(同二月六日)というのである。

(142) 二月一日帝国議会で椎名軍需省総動員局長が水谷長三郎代議士の質問に答えて、「職階制」について答弁し、つづいて岸国務相は二日、従来の勤労管理が生産と「隔絶したもの」であったと反省し、賃金制度、生産者教育にふれて、問題は現在の産報との関係をどうするかであると発言した(『朝日新聞』一九年二月三日)。なお、二月一日の記事には小泉厚相が「日本式」給与制度採択の必要を力説していた。

(143) 『朝日新聞』三月二〇日。

(144) 同右、三月一八日。

(145) 同右、三月二九日。

(146) 同右、社説「新職階制と産報運動」一九年五月七日。

(147) 同右、三月二〇日。

(148) 同右、二月三日。

(149) 同右、五月七日、社説「新職階制と産報運動」。この社説はその結びで、「新職階制の実施は産報自体にとっても浮沈の決する時機であるが、新職階制も産報運動なくしては能くその機能を発揮し得ない」と述べている。

3　三位三体(2)

昭和一九年における大政翼賛会の活動は、低調で、「其ノ将来性ニ就テハ一般ニ期待シ得ザルノ状勢ナリ」という状況であった。他方、翼壮では、多数の赤誠会系人物が幹部として中央団に登用されたことにともない、これを不満とする地方組織の側に相当の動揺があった。九月一四・一五日の橋本新本部長の訓示ならびに指示に対し、佐賀県団（横尾団長）が「離脱」した。「離脱ノ理由」は、第一に、団長会議における団長訓示の内容に対して「承服シ難キ点アリ」というもので、もうひとつは、「本部方針タル全国一体化組織ヲ強化スルコトハ都道府県団ノ独立性ヲ喪失シ我ガ国体ノ本義ニ反ス」、「都道府県翼賛会事務局長ト翼壮団長兼務ハ特ニ事情アルモノ以外ハ認メヌトスル本部方針ニハ承服シ難シ」という反論であった。佐賀県団「離脱」事件は、地方団とくに九州方面の地方組織にはかなりの動揺を与えたが、事態は、二〇年一月に、「無条件復帰」で一応の落着をみたのであった。佐賀県団「離脱」事件とほぼ相前後したのが、建川・橋本らと対立した、幹事で副団長の小林順一郎、総務部長堀内一雄、理事三上卓、同大森一声らの、本部内抗争であった。「之等幹部ノ不統一ハ表面化シ地方団ニ対スル中央本部ノ威信ハ著シク失墜シソノ信頼ヲ失フニ至レリ」、「建川団長ハ斯ル派生的諸問題ノ処理ニノミ没頭当初企図セルカ如キ団ノ更生ノ如キハ到底望ミ得ザル情勢下ニ在リタリ」という状況にあった。その結果、建川団長は、年末の一二月に発病し、翌二〇年一月に至って、さらに帝都翼壮団の「反中央本部的策動」という事件が起こり、辞職のやむなきにいたったのである。この間の事情と経緯は、小磯首相の意をうけた本間雅晴中将が、「国民組織問題ニ関連翼壮首脳部ノ更迭ヲ行ハザレバ翼政会ノ圧迫ニ依リ政府ハ尠カラズ苦境ニ陥ルヲ以テ退職セラレタキ旨要請シタル結果ナリト云々シ居レリ」(1)と判定されているが、真相はなお不明な点があるものの、新翼壮人事が裏目に出た点は注目に値しよう。

緒方大政翼賛会総裁下の翼賛会とくに翼壮は、うちつづく組織内の動揺と分裂にさいなまれていた。すなわち、翼壮団の組織の動揺と組織内の対立・葛藤は、必然的に大政翼賛会へ波及するものであるが、それだけに、翼壮団はいかにあるべきかが深刻な問題となっていった。かくて、「翼壮ハ小磯内閣末期ニ於テ決定セル国民義勇隊組織ト共ニ義勇隊ニ吸収発展的解消ヲナスヘキ運命ニ在リ目下同団ニ於ケル大勢ハ解消支障ナシト称シ居ルモ三上卓等ヲ主トスル一部ニ在リテハ飽ク迄テ翼壮ヲ存続セシムヘク現在相当各方面ニ暗躍シッツアル状況ニ在リ」[2]。これが警視庁の診断であった。一九年秋の改組後、翼壮は、佐賀県団「離脱」事件以来、ついに、再起の機会をつかむことができなかったといえよう。

翼賛壮年団の組織が「同志・精鋭」組織でなければならないことは、つとに認識されていた組織目的であった。しかし、後発の翼賛壮年団が、職域組織としてもまた地域組織としても、特定・一元化されえない存在であった点にこそ、大政翼賛会の外廓団体に止めおかれた翼壮の限界を露呈する事態と認識せざるをえない。

例えば、橋本欣五郎の「翼壮は憤激挺身する」[3]によれば、職域組織としての翼壮について、次のように述べられている。

産報の存在、軍需工場等には、軍隊式組織体をつくるという計画もあって、翼壮の決死隊的組織を作るといふことについては、組織中に二重組織を作るといふ意味で、産報及び陸海軍の希望しないところであり、（中略）工場内に組織を作らずして、増産を唱へるのは、恰も垣の外からメガホンで、増産、増産と叫ぶにも等しい愚かなことといはねばならない。[4]

産報という最大の職域的国民組織が翼壮に先行した存在であり、また産報には厚生・内務両省の統制力が加わるほか、陸海軍側の工場管理体制もでき上がっていたので、後発の翼壮は、垣の外から増産を唱える存在に過ぎなかったのであった。また、地域組織として翼賛壮年団をみてみると、その出発にさいして、すでに、市町村団以下の分団・班の組織を禁止されていた。このことが象徴的に物語っているように、かりに翼壮がその「主力を戦闘単位たる市町村レベルに置く」姿勢をとることになったと言いはったとしても、町内会・部落会—隣組組織という内務省系列の国民的組織細胞と翼壮組織とは、接着すべきではなく、地域組織とは、距離を保ち切り離された存在でなければならなかったのである。橋本が、「同志的結合の必要性」を唱え、同志的結合は、「戦ひを通して」たたかいとられるべきものので、「戦ひなくして、真の同志はありえない」(5)という自己認識を持つ所以である。同時に橋本は、みずからの体験を通じての組織指導のジレンマにふれて、政府と大政翼賛会・翼壮の関係を指して「表裏一体」だと叫ぶことに反発して、「私はこの意味をよくは知らない」と端的に述べていた。このことは、印象的である。「表裏一体」がじつは「行政の補助機関」化に止まるかぎり、翼壮組織の「同志・精鋭」のたてまえは死文であって、この組織が、網羅型組織すなわち地域国民組織はもとよりのこと、縦割りの網羅型の職域国民組織の枠組をうち破ることは、容易ではない。それのみならず、政事結社としては、翼賛政治会が設立されている以上は、「同志・精鋭」を目的とする翼壮は、翼政とも対峙しなければならなかった。したがって、翼壮は大政翼賛会との提携関係をより一層強化することとなったのである。

大政翼賛会側の動向はどうであったか。翼賛会もまたその運動においてはむしろ低調であった。その傘下の翼壮が、「近時政治的行過ギニ依リ漸次世ノ指弾ヲ受ケツ、アリタルニ鑑ミ団機構ヲ改革ソノ指揮統制力ノ強化ヲ計リ且職域運動団体タル商報、産報等及地域活動団体タル町内会部落会等ノ統制強化ヲ計リ以テ翼賛会本来ノ使命達成ニ多大ノ効果ヲ齎スベク努力セルモ、翼政ノ結成ニ依リソノ政治力ヲ剝奪セラレ且機構改革等ノ為部局ノ縮少等モアリタル関係上、中央指導部ノ気魄乏シク具体的運動ニ至リテハ何等見ルベキモノナク、為ニ巷間翼賛会無用論サヘ擡頭スルニ至ル状況下ニ在リタリ」(6)。こう述べられている。この情勢は、当然ながら、翼壮にもただちに波及していった。すなわち、昭和一八年一〇月の翼壮機構改革がそれである。この機構改革の背景には、「団発足以来地方団等ニ於ケル派閥抗争アリテ翼賛会ノ傘下団体ナルニ拘ラズ事毎ニ翼賛会ノ方針其ノ他ニ対シ批判的、対立的傾向ヲ生ジ且独善的行動ヲ取ルニ至リ」、と評された翼壮のあり方が問題となっていた。この改革によって、翼壮は、「翼賛会ト有機的一体化ヲ具現各々ソノ活動分野画然シ翼賛会ノ指導下ニ置カル、外廓団体トシテノ翼壮結成ノ目的タル本然ノ姿ニ復シタルガ、本機構改革ニ伴ヒ団首脳部ノ一部ヲ辞職セシメタル等ノ事アリタル為部内派閥抗争ハ表面化シ一時相当混乱状態ヲ呈シタリ」とある事態に追い込まれた。大政翼賛会との「有機的一体化」が、逆に、翼壮地方組織にも「相当動揺」を与えたのである。(7) その結果、翼壮の中央組織も地方組織もともどもに、その活動は著しく衰退し、消極化する。

十月改組ニ依リ性格的ニ弱体化サレタル中央本部ノ活動ハ全ク停頓状態トナリ団ノ実践活動亦何等成果ヲ期シ得サリシ為又々翼壮幹部ニ対スル地方団ノ不信頼ヲ醸成サル、ニ至リタリ。

その後の大政翼賛会の動きは、大日本政治会結成にみられる議会勢力ないしは旧政党勢力の復調にひきくらべて、沈滞し、消極化の一途を辿った。曰く、「依然トシテ其ノ活動ニ見ルベキモノナキ状況ニシテ其ノ将来性ニ就テハ一般ニ期待シ得ザルノ状勢ナリ」と。これが、警視庁情報課「主要非政社団体ノ活動状況」(8) の診断であり、とくにあるべき「国民運動実施要綱」についての上申書の提出にさいしては、大政翼賛会内では一部総務の反対があった。(9) 警視庁「通牒諸情勢」には、次のように記述されている。「更ニ之(国民運動実施要綱)ガ内容タル行政下部単位並ニ職域各級単位内ニ翼壮団員ヲ置クニ於テハ職域団体ト徒ラニ重複ヲ来タシ、指令ノ混乱、誤解ノ惹起等ヲ予想セラルトノ強硬ナル反対意見ヲ認メラレ之ガ実施ヲ見ルニ於テハ相当問題化サル、虞アルヲ以テ動向注意中ナリ」(10) と。つまり、国民運動には、国民組織との接点を求むべくして、その接点を求められえないという、制度上、機構上の限界があり、それが、職域各団体・地方団体と翼賛会傘下の翼壮運動との関係に集約されるのだという指摘は、翼壮はもとより、大政翼賛会組織それ自体の否定に通ずる、という重大事態が指摘されているのだ。それが、戦局の極度の悪化という最終的段階にたちいたって、明らかにされたのであった。職域・地域国民組織がもつ国民「組織」としての性格が、運動としての国民「運動」の展開の場と条件を阻止したのである。政事結社としての翼政会にはこの背反関係を整序する力なく、公事結社としての翼賛会、その外廓団体と規定された翼壮団にも、「高度の政治性」はついに許容されなかったのである。つまり三位一体は、終始、三位三体の相互矛盾につきまとわれていたのであった。

以下に、産報、翼壮をめぐる問題点と状況を指摘し、それらと大政翼賛会との関係にふれておこう。

産報組織における「縦ノ組織」と「横ノ組織」との併存、すなわち、職階制と五人組―懇談会方式の共存にかかわる問題は、たとえば「表裏一体」とか「融合一体」とか、「厳父の組織」と「慈母の組織」という比喩で説明されてきた。このたとえは巧妙である。だが、太平洋戦争末期、苛烈な戦場が本土に接近する事態に直面するにつれて、「表裏一体」、「融合一体化」の体制は、その矛盾点を一挙に暴露したのであった。それは、「国民運動」としての産報のありかたが、最終的にこの段階で問い直されたことによって示されている。

例えば、大日本産業報国会首脳部の「産業報国会の組織機構に関する意見(11)」によれば、「一、国民運動ヲ推進スル者トシテ行政官庁殊ニ警察官ガ直接表面ニ立ツ事ハ策ノ得タルモノニ非ズ」とあり、「民間人」主導が要請され、また、「三、国民運動ハ全国各地方ニ提携協力シ一貫シタル方針ノ下ニ全関係者一丸トナリテ之ニ当ルニヨリテ力ヲ生ズ」るにもかかわらず、「五、現在ノ産報ノ組織殊ニ地方ノ組織ニハ考慮ヲ要スルモノ尠シトセズ」という実態で、それらは、「一、先ヅ各都府県産報(以下単ニ府県ト略称ス)、産報ノ事務局ガ労務行政庁ノ組織ト全ク同一ナルモノ多ク国民運動ト行政トガ全ク混淆セラレ」、「二、支部ノ組織モ警察署ノ組織ト全ク同一ナルモノ多ク警察官ガ産報運動ヲ担当セル如キモノ多ク」、さらに、「三、現在府県産報支部ハ概ネ人事経理ノ点ニ於テ府県産報ヨリ独立セル形ノモノ多シ、……人事経理共ニ府県産報ニ統一スルコト肝要ナリ」、「四、各府県産報モ亦現在産報中央本部トハ独立セル形ヲ為セルガ之亦産報運動ノ全国的連携ヲ計ル上ニ於テ不適当」という諸点にあらわれている、と指摘した。国民組織、国民運動につきまとうこれらの矛盾にふれると同時に、大日本産業報国会は、その「答申意見(12)」において、な

により も、生産組織としての職階制を積極的に肯定して、「職階制ヲ決定スルハ最モ喫緊ノ要事ニシテ本会ハ之ニ賛意ヲ表シ之ガ適正妥当ナル実施ヲ希望スルモノナリ」と断定した。国民組織・国民組織運動としてではなく、いまやただちに生産効率を問題としなければならなかったのである。こうして上からの「部隊組織」・「職階制」をふまえた「勤労統率組織」の「確立」が、「戦局苛烈ノ現況ニ即応シテ工場事業場ノ決戦勤労態勢ヲ整備スルタメ」には不可欠の要件だと認めざるをえなかったのであった。[13]「決戦勤労態勢確立要項」の確定は、昭和二〇年三月二〇日のことであるが、これは、新しい形をとった「表裏一体」、「融合一体化」体制の要請となったが、縦の重複機構をさらにもう一本増幅するに止まった。

決戦体制の深刻化が、「産報挺身隊の誓」[14]の制定となり、「産報強化」がますます強く要求される段階にいたって、皮肉にも、急激に「産報無用論」が高まり、「自己反省」のみか「再検討」が必要だといい出されたことは、産報関係者にとっては、ショックであった。[15]

この点を説明する産報自体の資料として、「資料一七六　産報強化会合摘要」[16]は刮目に価する。それには、左のような発言とやりとりがある。まず渡辺委員長が、「日本ニ於ケル国民運動ハ組織ノ作リ方モ徹底シナイシ、組織ノ運営モ見当外レバカリ繰返シテヰル傾ガアル。殊ニ一番大切ナ末端組織ヲ掌握シテヰナイコトガ目立ツ」と述べたのに対し、松代委員が、産報それ自体の組織を批判して「中央本部、府県産報支部、コレラ相互ノ間ノ組立方ニ欠陥ガアルト思フ。……マタ単位産報同志ガ横ニ連絡シ得ル道ガ拓ケテヰナイ」と述べた。これは縦・横の両方向での組織の矛盾点を指摘したものである。すなわち、産報組織が懇談会―五人組方式に収斂される組織整備をみた段階で、これとは逆に、上部組織から下部組織を規制する「部隊制」組織の採用が提唱され出したことは、深刻な組織上の矛盾といえよう。これを、「二重組織」だと規定した渡辺は、「二重組織ハ絶対ニ排撃スベキデアル。産報ガ部隊制五人組制ヲ提唱シタノハ組織論カラ言ヘバ極メテ妥当ナコトデアッタガ同時ニ工場ノ中ガ従来ノ生産組織ニ産報組織ガ加ッタノデ測ラズモ二重組織ニ陥ルノ已ムナキニ至ッタ事実ヲ見落シテハナラナイ。此ノ点ハ表裏一体ノ組織デナクテハナラヌトイフコトデアッタガ実際ニハナカナカ表裏一体ニナラズ結局二重組織トナリ組織ノ二人三脚ガ始マルコトニナッタ」と述べている。厚生省主導の産報固有組織の底辺部での五人組制の導入に加えて、あらたに、軍需省の「バックヲ持ツ職階制組織」[17]系列をしたてることは、軍需省が産報生みの親ともいうべき厚生省を圧倒し、産報組織を牛耳る可能性もなしとはしない。そこで、産報の一元化ではなく二元化が、したがって、「縦ノ組織ハ軍需省ノ職階制的運用」によって、「横ノ組織ハ産報ノ五人組及懇談会的運用ニ俟ッテ」「初メテ完キヲ得ルトイフコトデアル」[18]という、苦心の要約が引き出されていったのであった。この点を、南岩男委員は、「父ノ役目」と「母ノ役目」という表現によって説明して、「職階制組織デハ労務者ハドコマデモ被指導者デアリ、被治者デアル以外ニハ出テラレナイ、常ニ圧迫感ニ追ハレ通シデアル。ソコニ別ナ産報組織ガアッテ、其ノ組織ニ於テハ彼等ハ指導者トモナリ責任者トモナリ得ルト云フ点ニ妙味ガアルノデアル」から、「生産組織トシテハ職階制組織ヲ基本トスベキデアルガ、産報組織トシテハ別ナ組織ガアッテ然ルベキデアル」と結論づけたのであった。

こうした論議をふまえて、「答申」・「産報強化」は、職階制の導入に賛成し、それが自らの「産業報国会組織整備要綱」の要旨にも合致するのだと肯定し、一方、従来の産報組織の核というべき五人組組織については、その存在理由をあらたに左のように基礎づけている。

五人組は組織細胞としての機能を受持ち組織活動の死活を左右するものであって統率組織に於ける基盤たると共に産報組織に於ける母体たるべきである。随って五人組はそのまま厳父の組織たる職階制に繋がり、又慈母の組織たる産報組織に通ずる愛児の地位に在るものといふべく、之が育成強化には最も意を注ぐべきである。

かくすることに依り職階制組織と産報組織とは表裏の関係に立ちながらも完全に融合一体化することが可能となり、厳父、慈母相互間に於けるが如き肉親的交流を活潑ならしめ依って以って事業一家の顕現を所期し得るに至るであらう。[19]

比喩のかたちで、「厳父の組織」と「慈母の組織」とを結びつけることが可能だとしても、産報独自の組織と職階制組織とは、しょせん内部組織と外部組織との関係以上のものではない。「その姿は恰も行政機関と大政翼賛会の関係の如くすべきである」と規定するとき、両者の関係をどう調整すべきかのツメはともかく、事態は、説明されたようでも、じつは、そうではないのだ。「表裏一体」の関係が、二元主義の共存にすぎず、「表裏一体」論は、二元主義の隠れみのにすぎないことを産報の組織理論においても認識すべきであろう。

戦局苛烈を加えるにいたって、大日本産業報国会は、その「昭和一八年度運動方針決定上の課題」をとりまとめた。[20]この段階以降に、大日本産業報国会の組織矛盾は、明瞭にはっきりと認識されるようになった。例えば、「産報会を自分のものと考へる意識極めて薄し」[21]、と経営者を批判し、「上意下達の役割は果しつゝあるも」、「下からの意向を結集し之を政府其他に通ずる下情上通の機構なし」[22]との断定がそれである。これは、予期した成果をあげえない現実を、関係者が自認したものといえよう。一八年九月二三日付、産報の小畑理事長名の「国内態勢強化ニ関シ大日本産業報国会中央本部事務局人事刷新方策案」が、「政府ニ対スル要望」として、「危急状態中ハ特別ナル国民運動ヲナサシムル為又ハ政府ノ行政事務ヲ補助セシムル為如何ナル種類ト雖モ政府外廓団体ヲ構成セシメザルコト」を要望し、また、「大政翼賛会ニ対スル希望」としては、「実践局的性格ノ局部ヲ廃シ翼賛壮年団ノ性格ヲ変ジテ地方生活基本組織(隣組・町内会等)ノ指導団体タラシムルコト」[23]と述べている点に注目しよう。これは、産報側からみて政府外廓団体の存在に疑惑の眼を向けたばかりではなく、大政翼賛会という国民組織のあり方に対しても、正面からその「実践的性格」の放擲を求めたものとして、重大な批判だといわなければならない。すなわち小畑発言は、大政翼賛会をはじめとする国民「組織」と国民「運動」の矛盾点を確認したものとして、注目さるべき発言であった。

国民「組織」も国民「運動」も、それらが、地域・職域の国民組織と接合する以上は、これらを押えている縦系列の行政組織と「表裏一体」の関係に立つ。しかも、「表裏一体」の関係が強調されればされるほど「表裏一体」は「表裏二体」とならざるをえないのだ。したがって国民「組織」も国民「運動」も、それぞれに相手側の存在を自己の機能を障害せしめるものだと認識せざるをえなかった。それは、産業報国会がすぐれて戦時生産の中枢に位置せしめられていたからである。

（1）『資料　日本現代史　6　国家主義運動』一九八一年、大月書店、資料　一一三、五二一―五二二ページ。
（2）前掲書、資料　一一三、五二二ページ。
（3）前掲書、資料　一一〇、五〇五―五一三ページ。
（4）前掲書、五〇九ページ。
（5）前掲書、五〇六ページ。
（6）前掲書、資料　一一二ページ。
（7）前掲書、資料　一一七ページ。
（8）前掲書、資料　一一三ページ。
（9）（10）前掲書、資料　一一五、五二五ページ。
（11）『資料　日本現代史　7　産業報国運動』赤沢史朗・北河賢三・由井正臣編、一九八四年、大月書店、資料　一七九、五〇三―五〇四ページ。
（12）前掲書、資料　一八一ページ、五〇七ページ。
（13）前掲書、資料　一八二ページ、厚生省「決戦勤労態勢確立要綱」。
（14）前掲書、資料　一七四、四七五ページ。

(15) 前掲書、四九一ページ。
(16) 前掲書、資料一七六、四八三—四八九ページ。
(17) 前掲書、四八七ページ。
(18) 前掲書、四八八ページ、渡辺委員長発言。
(19) 前掲書、四九〇—四九二ページ参照。
(20) 前掲書、資料 一六〇、三九二—三九四ページ。
(21) 前掲書、三九四ページ。
(22) 同右。
(23) 前掲書、資料 一六一、四四〇—四四一ページ。

(五) 官民偕和の総蹶起

昭和一九年五月一四日、三五〇〇名が防空服装に身を固めて、日比谷公会堂の国民総蹶起運動中央総会に参集した。一五日付の『朝日新聞』の社説は、悲壮な調子で、「官民偕和の総蹶起」を力説して、次のように述べている。

神によりて創造された被造物として、超越の一神と截然差別されるといふ信仰は日本のものではない。神より流れ出で生れ出で、本来神人合一なりとの事実の神話を信ずる日本人なのである。万民は生れながら赤子として大御親に仕へまつり、また兄弟として互に「裸になり、許し合ひ、信じ合ひ、助け合ふ」に外ならぬ。(中略)忍苦の冬去り、準備の春深くしていま万物生成薫風爽涼の五月。妄想を切って壮快、武断まさに驕米を粉砕し去るべきのときである。総蹶起運動の任たるやかくも重くかつ遠いのである。

国民総蹶起運動中央総会の宣誓には、

戦ひは愈々深刻を極め、皇国の興廃正に岐るゝの秋なり、神兵の勇武は天地を震撼し、壮烈鬼神を哭かしむ、今

や必勝の道は、前線に対応する国民総蹶起あるのみ
茲にわれ等は、身を一つにし、誠を尽し、身を砕き、骨を粉にし、以て戦力増強に驀進し米英を撃摧して、誓って聖慮に応へ奉らん

とある。翌日の一六日『朝日新聞』記事は、「〃総蹶起〃地方に滲透」と述べ、要綱・実施細目と四大課題に目標をしぼっている。(1) 大政翼賛会側がこれに備えた準備資料によれば、「国民総蹶起運動指導要綱」(昭和一九年五月六日)の目次と、「国民総蹶起運動実施方法細目(案)」とは、左記のとおりである。(2)

国民総蹶起運動指導要綱

目　次

第九　大東亜の政治情勢
第十　欧洲の戦局政情
第十一　反枢軸国の動勢
（附　録）一、我国及諸交戦国の財政金融並国民負担の現況　二、職域美談集

国民総蹶起運動実施方法細目（案）

国民総蹶起運動ハ曩ニ発表サレタル其ノ実施要綱ニ基キ、地方連絡会議ニ於テ各地ノ実情ヲ勘案シ、之ガ目的達成ニ最モ緊要ナル方法ヲ具体的ニ決定シテ、時所ノ機宜ヲ制シ速ニ実施セラルベキモノナルモ、概ネ左ノ要項ニ準拠スベキモノトス

一、運動実施上ノ心得

1、本運動ハ緊迫セル戦局ノ現段階下、宣戦ノ大詔ヲ奉体《ママ》シ戦時重点国策ノ滲透徹底ヲ図リテ、速ニ人ト物ノ総力ヲ最高度ニ発揮シ之ヲ決勝ノ一点ニ結集スルニ在ルガ故ニ、単ナル説法ヤ形式ノ運動ニ陥ラズ、真ニ一億国民総奮起ノ実ヲ挙ゲ相携ヘテ時艱ノ突破ニ挺身シ、飽クマデモ其ノ成果ヲ期スル運動タラシムルコト

2、本運動ノ企図スル目的ヲ完遂スル為政府、大政翼賛会並ニ翼賛政治会ハ渾然一体トナリテ緊密且強力ニ之ガ実施ニ一路邁進スルコト

3、運動従事者ハ国民ニ戦局ノ推移並ニ内外情勢ノ真相ト、之ニ対処スル決戦国策ノ実態ヲ的確ニ認識徹底セシムル為、十全ノ用意ヲ有スルハ勿論先ヅ自ラ全身ヲ打込ミ全力ヲ傾倒シテ本運動ノ透徹ニ精進スルノ

熱意ヲ有スルト共ニ、国民ニ臨ムニ終始真摯謙虚ニシテ且ツ毅然タル態度ヲ持スルコト
4、講演会座談会等ニ於テハ、只管熾烈ナル敵愾心ヲ喚起シ国民ノ奮起ヲ促スニ努メ、苟クモ官民ノ摩擦ヲ惹起シ又ハ戦局、国民生活等ニ対シ疑惑不安ヲ抱カシムルガ如キ言辞ハ厳ニ之ヲ戒ムルコト
5、民情並ニ時務ニ関スル建設的意見ニ対シテハ必ズ胸襟ヲ開イテ最モ慎重周密ニ之ヲ聴取シ、徒ニ附和雷同シ又ハ軽率ニ之ニ応酬シテ後ニ国民ノ誤解ヲ招クガ如キコトナキ様特ニ留意スルコト
6、本運動ノ展開ニ伴ヒ国民ノ総蹶起ヲ妨グルガ如キ事業又ハ戦力増強ノ隘路ヲ発見シタル場合ハ官民協力速ニ之ガ疎通ノ方途ヲ講ズルタメ、中央又ハ地方ニ於テ適切ナル処理方法ヲ講ジ之ガ措置ニ万全ヲ期スルコト
7、本運動ノ実施ニ当リテハ、増産増送等ノ遂行ニ支障トナラザル様時所ノ決定、方法ノ選択等ニ付特段ノ配慮ヲナスコト

二、運動実施ノ具体的方法
1、演説会講習会ノ開催
(イ)　一般ヲ対象トスル演説会講習会及ビ各種団体ノ主催ニカカル演説会講習会ハ地方ノ事情ニ応ジ適宜コレヲ開催スルコト
(ロ)　講師ハ中央ニ於テモ斡旋派遣シ又ハ随時隣県間ニ於テ之ガ交流ヲ図ル等機宜ノ措置ヲ講ズルコト
2、座談会懇談会ノ開催
座談会懇談会ハ本運動ノ趣旨闡明、時局認識ノ徹底、生産配給等ニ於ケル隘路ノ発見疎通、戦時国民生活ノ改善、民情ノ聴取等ニ対シテ最モ適当ナル機会ナルガ故ニ、都道府県単位、郡単位、市区町村単位、町

内会、部落会、教育者関係団体、神職宗教団体等各種団体、工場、鑛山、事業場等各種職域地域単位毎ニ幹部、指導者又ハ責任者ニ対シ膝ツキ合セ最モ懇切丁寧ニ説明解説協議等ヲ行ヒ其ノ認識ノ徹底ヲ期シテ之ヲ国民総蹶起ノ軸心タラシムルコト

3、言論機関ノ活用

連絡ヲ緊密ニシテ社説ニ記事ノ掲載ニ紙上座談会ノ開催等ニ万全ヲ期スルコト

4、慰問激励

現場ノ慰問激励ハ形式ニ流レズ真ニ人心ヲ把握シテ感奮蹶起以テ職域奉公ニ邁進セシムルガ如キ方法ニ依ルコト

(イ) 現場ノ慰問激励

(ロ) 慰安会開催等ニ依ルモノ

(ハ) 学童ヲ通シテナス激励

(ニ) 隣組町内会等環境ヲ介シテナス慰問激励

5、ポスター、パンフレット等ノ携行頒布

中央ニ於テ地域職域ニ妥当スルモノヲ構想工夫シテ之ヲ発行頒布スルコト

6、其ノ他

左記ニ例示スルガ如キ各種方法ノ実施ハ各地ノ実情ニ即応スルハ勿論特ニ戦局ノ推移戦果又ハ決戦施策ノ発表等ニ呼応シテ人心ノ機微ヲ把握スル如ク之ヲ行フコト

(イ) 朝礼時間ノ利用

（ロ）　隣組回覧板ノ利用
（ハ）　ラヂオノ利用
（ニ）　雑誌、小説、戯曲等ノ利用
（ホ）　標語ノ利用
（ヘ）　音曲民謡、映画、劇、浪花節、紙芝居等ノ利用

昭和一九年五月末から一カ月にわたって実施された第一期の国民総蹶起運動の実態に関する資料はすくない。たまたま同運動京都府連絡会議がとりまとめた資料が新居善太郎文書(3)に収拾されている。この「国民総蹶起運動京都府実施要綱」には、「重大ナル戦局ノ現段階ニ即応シ強力活潑ナル国民運動ヲ展開シ一億国民ノ総蹶起ヲ促スハ刻下ノ急務ナルニ鑑ミ今般政府大政翼賛会翼賛政治会ニ於テハ連絡本部ヲ設ケ戦意ノ昂揚生産ノ増強食糧ノ確保並ニ国土ノ防衛ヲ目標トシ全国的ニ本運動ヲ展開セラル、コトトナリタルヲ以テ本府ニ於テモ右ニ準シ府大政翼賛会京都府支部翼賛政治会ノ連絡会議ヲ設ケ左記ニ依リ相互ノ緊密ナル連絡提携ヲ図リ強力且ツ一元的ナル運動ヲ実施シ以テ所期ノ目的ヲ達成セントス」とある。実施要綱は、この運動のために、京都府、大政翼賛会京都府支部、翼政会ならびに関係団体関係者を以て構成される「連絡会議」の設置をうたい、「国民総蹶起運動京都府実施事項細目」を決定した。「実施事項細目」は京都市と郡部とに分たれているが、京都市のそれは、左記のとおりである。

国民総蹶起運動実施事項細目（京都市）

一、工場ノ訪問激励懇談

二、空荒地利用状況視察
三、学校給食状況視察
四、食糧配給状況視察並ニ業者トノ懇談会
五、学徒勤労動員ノ活動状況視察激励
六、女子勤労挺身隊ノ活動状況視察激励
七、各区常会ニ出席懇談
八、各種国民運動協議会ヘノ出席激励

一方、郡部での「実施事項細目」は、

一、食糧増産状況視察
二、工場ノ訪問激励懇談
三、薪炭増産状況視察激励
四、原野開墾状況並ニ耕地改良事業視察
五、学徒勤労動員ノ活動状況視察激励
六、青少年農兵隊ノ訓練状況視察激励
七、女子勤労挺身隊ノ活動状況視察激励
八、町村常会及町内会部落常会等ニ出席懇談
九、各種国民運動協議会ヘノ出席激励

とある。京都市でも郡部でも、一カ所に二名ないし三名程度で受持部署を定めて視察訪問するしくみであって、「国民総

蹶起運動京都府連絡会議名簿」、「国民総蹶起運動京都府地方協議会員名簿」が作成され、このほか、「町村常会、部落、町内会常会等視察激励」の一覧表があって、これによって誰それが何処そこへ行くのかの分担が分かる。「空荒地利用状況視察」、「学校給食状況視察」、「工場訪問」班のリストも、同様に役割分担で運動を推進するしくみになっていた。この国民総蹶起運動京都府連絡会議の名簿、同地方協議会名簿一覧をみると、京都府庁、大政翼賛会、翼賛政治会、翼壮団のほかにも、京都府商工経済会会頭、京都府労務報国会副会長、京都府産業報国会副会長、大日本婦人会京都府支部事務局長、それに京都市助役、京都新聞社編集局長すらもが網羅されている。

「実施事項細目」の引用からもうかがえるように、「激励懇談」、「状況視察」、「視察激励」、「出席懇談」、「出席激励」等、総蹶起運動とは称するものの、その内実は、懇談、視察、激励等、およそこの京都府に関するかぎりでは、京都府総蹶起運動それ自体のイニシアティブで、それ自体の運動として、そしてまたそれ自体の力で手がけられた運動は、一件も見当たらない。この点にとくに注目すべきであろう。この総蹶起運動の推進体が府・大政翼賛会・翼政会の三者からなる組織体であることとも関連しているのであろうが、「実施事項細目」にうたわれた、「左記ニ依リ相互ノ緊密ナル連絡提携ヲ図リ強力且ツ一元的ナル運動ヲ実施シ以テ所期ノ目的ヲ達成セントス」という目的が、結局、こういう連合形式の連絡会を勧進元にすることと、「強力且ツ一元的ナル運動」が、実質上、「出席」、「視察」、「懇談」、「激励」という「総蹶起」の訴えにとどまるという、この運動の到達点というか、限界を見届けるべきであろう。たしかにこれら三者構成をとる連絡会議が、事態にもっとも適合的な組織である。しかし、「総蹶起」というすさまじい掛け声にもかかわらず、実態は、行政各セクションによって掌握された組織なり運動の方向線にそって、それに向かって唱和するにとどまるのであった。「本運動ハ地方ノ実情ニ即シ最モ有効ナル方途ヲ選ビ実施スベキモ主トシテ市町村常会其ノ他ノ会合ノ機会ヲ利用シ本運動ノ為却ツテ生産ヲ妨グル如キ結果ニ陥ラザル様充分ナル注意ヲ以テ実施スルモノトス」[4]という注意書を読むとき、「国民総蹶起運動」それ自体の存在意義がどこにあるのか。国民総蹶起運動を推進する政府、大政翼賛会、翼政の三位一体の運動の実際が全くの掛け声に終わったといっても、いいすぎではあるまい。

だがしかし、七月一九日には「サイパンの我部隊　全員壮烈戦死　在留邦人も概ね運命を共に」の記事が報道され、東条内閣はその前日一八日、ついに総辞職した。二一日の記事は「小磯、米内両大将組閣の大命を拝す」と報道、新内閣の成立をみた。これに先立って七月四日には、「帝都ニ於ケル空襲其ノ他非常災害」にさいし、これに対処するために、「大政翼賛会非常対策本部規程」[5]がとりまとめられ、新内閣発足の直後、八月一日になって、ついに『朝日』は「組織を論ずるを止めよ」[6]という社説を掲載したのであった。

その論旨は、「翼政を中心に翼賛を呑む、といふ主張が勢を得てゐる」が、「併立論もまた決して弱くない」と分析し、しかし大政翼賛会は、

成立三箇月後鼻を壁にぶっつけてをり、それ以来改組また改組、混沌また混沌の道程を辿り来ったのである。この際いひたいのは、近年流行の組織論、縄張争ひをやめられたいことである。そして、ひとまづ大体現状のまゝで唯一筋の途に、前進、前進また、前進して、全国民をして帰趨に迷はしめないことである。

と要望した。しかし組織をめぐる改廃の動きは、いわゆる本土決戦を目前にしたこの段階にあっても、いっこうに停止する状態ではなかった。

大政翼賛会を中心とする国民組織の統制機構の改組に限ってみると、一九年四月の事務局職制の改正は、新たに常任参与制を新設した。訓令第四・五号(一九年四月五日)ならびに「規約並職制改正理由」に示されている理由は、以下のとおりである。[7]第一点は、従来の参与は常任ではないこと、第二点は、事務局の各局長は「各々其ノ局ノ所掌事

項ヲ掌理スル」にとどまり、事務局全般の「企画及活動」に参画する体制ではないこと、第三、したがって事務総長を補佐する常任参与制を新設し、常時事務局全般の企画と活動に参与し、事務局を通じての「一体体制」と「連絡」をととのえる必要があること、第四点としては、第三の目的を達成するために、外部すなわち大日本翼賛壮年団本部長の職にある者を常任参与に任命すること、であった。従来は、団体局長の地位に限ってそれと翼壮本部長とを兼任させていたが、壮年団本部長をして、このさい一挙に大政翼賛会事務総長直属の総務秘書の地位に据えつけよう、というのである。「規約並職制改正理由」の末尾には、「大日本翼賛壮年団本部長ヲ常任参与タラシムルハ従来団体局長ト本部長トヲ同一人タラシメ居タルヲ今回之ニ改メタルモノニシテ、之ニヨリ会団ノ有機的一体関係ヲ益々緊密強化スルト共ニ併セテ団体局長ニ専任ヲ置キ得ルコトトシ事務局ノ人的強化ヲモ図ラントスルニアリ」とある。団体局の設置にともない、この団体局長と翼壮団本部長との一本化にもかかわらず、この改正では、新たに翼賛会外部の大日本翼賛壮年団本部長を翼賛会の常任参与に任命し、会団間の「有機的一体関係」の樹立を企図し、あわせて団体局長による傘下団体間の連絡調整をはかろうとしたものといえよう。

しかしながら、「改組また改組、混沌また混沌の道程」と『朝日新聞』社説が表現したとおり、この最終的改革の措置もまた、五カ月後に、再び改組を迫られたのであった。すなわち、小磯内閣の成立にともない翼賛会副総裁が緒方情報局総裁の兼任となり、翼賛壮年団長に建川中将、産報理事長も小畑忠良から柏原兵太郎へという一連の人事の反映もあってか、九月二一日、大政翼賛会がまた改組された[8]。それは、総務局の廃止にともなう事務総長室設置、宣伝本部の新設、国民運動局内に防空部を設けたほか、従来の三局一二部を一室一本部二局の一二部制に編成替えしたものであった。ただし、前回の改組で設けられた常任参与制はそのまま存置された。新旧両事務局の機構図を示せば、次のとおりである[9]。

旧職制ニ於ケル事務局機構図

- 総裁
  - 副総裁
    - 事務総長
      - 総務局
      - 国民運動局
      - 団体局
        - 総務部
        - 会計部
        - 調査部
        - 宣伝部
        - 戦時生活部
        - 増産部
        - 文化厚生部
        - 勤労部
        - 地方部
        - 錬成部
        - 団体部
        - 推進部

改正職制ニ於ケル事務局機構図

- 事務総長室
  - 総務部
  - 会計部

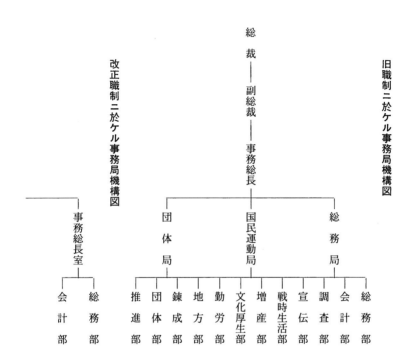

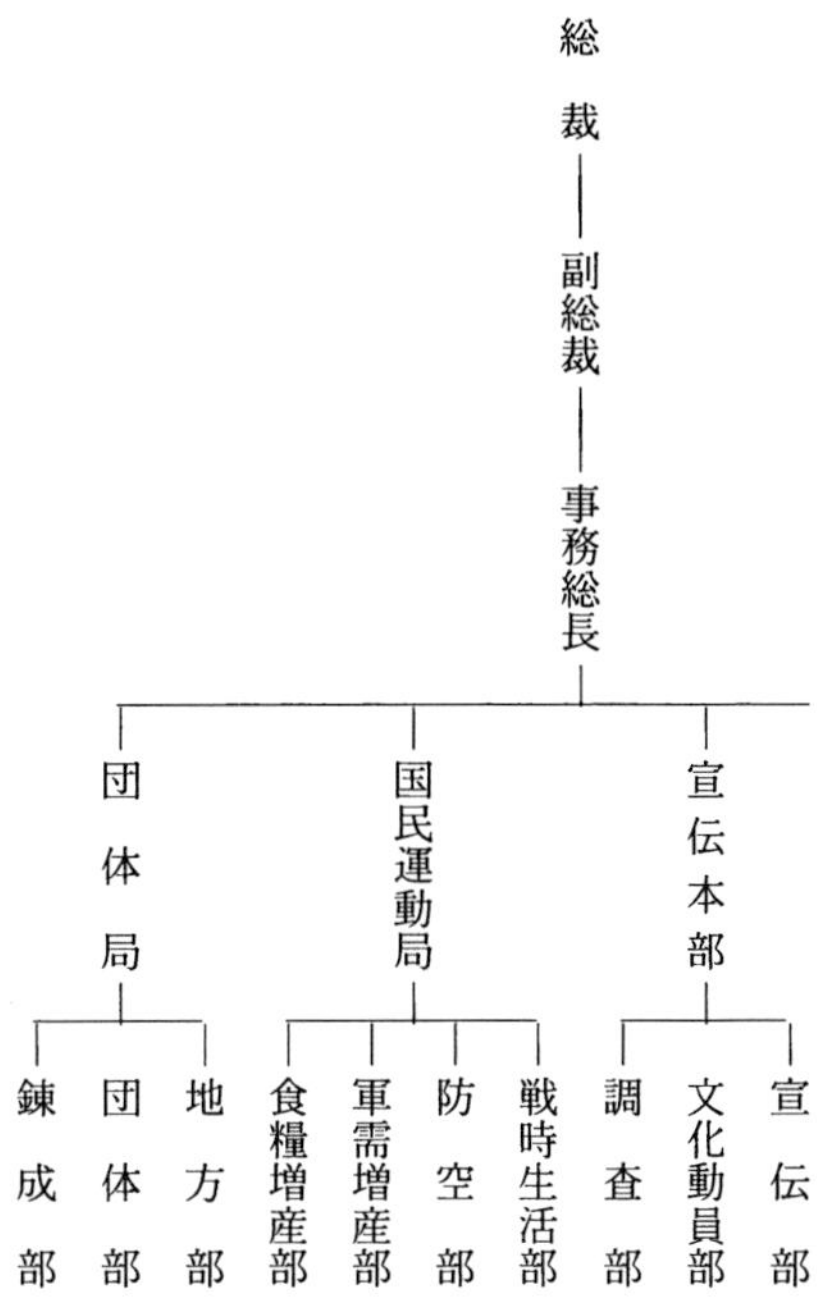

今回の改正にともなう機構改正要旨ならびに事務局職制の大要は、左のとおりである。

大政翼賛会事務局機構改正要旨　十九、九、十九

一、機構改正ノ趣旨

現下ノ戦局並ニ国内情勢ノ実相ニ鑑ミ、速カニ国内決戦体制ヲ強化シ、一億国民ノ忠誠心ヲ益々振起シテ、如何ナル戦局ノ推移ニモ動ズルコトナク、大和一致、最後ノ勝利ニ邁進スル必勝思想体制ヲ確立スルコトハ、刻下国民運動ニ課セラレタル喫緊ノ要務ナリト信ズ而シテ右運動ノ方法トシテハ、国民士気ノ昂揚、輿論指導、情報宣伝、鼓舞激励等ノ宣伝諸活動ト軍需及食糧ノ増産運動並ニ国土防衛ヘノ国民ノ決戦的錬成等ニ其ノ重点

ヲ置クベキモノナリトス
即チ大政翼賛会ノ行フ国民運動ノ目標ヲ右ノ如キ重点ニ集中シテ国内決戦体制ノ急速ナル確立ニ資スルタメ事務局ノ機構ヲ改正セントス

二、機構改正ノ要項

(一) 現総務局ハ之ヲ廃止シテ事務総長室トシ総務及会計ノ二部ヲ置ク
事務総長室ハ事務総長ニ直属シテ本会ノ行フ諸活動及国民運動ノ綜合企画並ニ本会ノ庶務、人事、会計経理等ヲ行フモノトス

(二) 現総務局宣伝部ヲ拡大強化シテ新ニ宣伝本部ヲ設ケ、宣伝、文化動員及調査ノ三部ヲ置キ、国民運動ノ重点目標タル国民士気ノ昂揚、輿論指導及情報宣伝等ノ強力ナル活動ノ徹底ヲ期セントス
現総務局調査部及国民運動局文化厚生部ノ一部ハ宣伝本部ニ吸収ス

(イ) 宣　伝　部
国民士気ノ昂揚、輿論指導、情報蒐集並ニ宣伝及各種出版等ニ関スル事項

(ロ) 文化動員部
各種文化機能ノ動員、国民ノ慰安激励其ノ他文化活動ニ関スル事項

(ハ) 調　査　部
輿論及民情調査、其ノ他調査及資料ノ蒐集編纂等ニ関スル事項

(三) 国民運動局内ニ新ニ防空部ヲ設ケ民防空及疎開促進等ノコトヲ所掌セシメ、現増産部ハ食糧増産部ニ、現勤労部ハ軍需増産部ニ改称シテ夫々所管事務ヲ整理充実セシメ、現文化厚生部ハ之ヲ廃止シテ其ノ所管事

務中文化活動ニ関スル事項ハ宣伝本部文化動員部ニ、健民運動ニ関スル事項ハ現戦時生活部ニ移管ス
（イ）　戦時生活部
決戦生活ノ確立、健民厚生運動、貯蓄奨励、輸送協力等ニ関スル事項
（ロ）　防　空　部
疎開、防空施設其ノ他民防空ニ関スル事項
（ハ）　軍需増産部
軍需増産運動、勤労動員促進等ニ関スル事項
（ニ）　食糧増産部
食糧増産運動、食糧ノ配給、確保等ニ関スル事項
（四）　団体局ハ国民ノ決戦ヘノ錬成、町内会部落会等ノ指導ヲ強化シ又所属団体ノ連絡統制並ニ協力関係トノ協調連絡等ヲ愈々緊密ナラシムルコトトシ、各部ノ内容ヲ充実セシムルト共ニ、現推進部ハ之ヲ廃止ス

昭和十九年九月十九日承認
閣甲第二三一号

訓令第十二号
大政翼賛会事務局職制左ノ通改正ス
昭和十九年九月十九日
大政翼賛会総裁　小　磯　国　昭

大政翼賛会事務局職制

第一条　事務総長ハ総裁及副総裁ノ監督ノ下ニ於テ中央本部ノ事務ヲ統理ス
第二条　事務局ニ左ノ一室一本部二局ヲ置ク
　事務総長室
　宣伝本部
　国民運動局
　団体局
第三条　事務総長室ニ於テハ左ノ事務ヲ掌ル
一、庶務、文書、人事及会計経理ニ関スル事項
二、総務会議ノ運営ニ関スル事項
三、各局部所管事務ノ綜合企画並ニ連絡調整ニ関スル事項
第四条　宣伝本部ニ於テハ左ノ事務ヲ掌ル
一、国民士気ノ昂揚並ニ輿論指導ニ関スル事項
二、宣伝情報ニ関スル事項
三、文化動員ニ関スル事項
四、各種出版ニ関スル事項
五、諸調査ニ関スル事項
第五条　国民運動局ニ於テハ左ノ事務ヲ掌ル
一、決戦生活ノ確立ニ関スル事項

二、健民厚生運動ニ関スル事項
三、民防空ニ関スル事項
四、軍需増産ニ関スル事項
五、食糧増産ニ関スル事項
六、勤労動員促進ニ関スル事項
第六条　団体局ニ於テハ左ノ事務ヲ掌ル
一、各級支部ノ指導監督ニ関スル事項
二、町内会部落会等ノ指導ニ関スル事項
三、協力会議ニ関スル事項
四、下情上通ニ関スル事項
五、国民錬成ニ関スル事項
六、所属団体ノ連絡統制ニ関スル事項
七、各種国民運動団体ノ連絡調整ニ関スル事項
第七条　常任参与ハ事務総長ヲ輔ケ常時局務ノ企画及活動ニ参与ス　翼壮本部長参与ハ事務総長ノ要請ニ応ジ重要局務ニ参与ス
第八条　局長及本部長ハ総裁、副総裁及事務総長ノ命ヲ承ケ所掌事項ヲ掌理ス
第九条　事務総長室ニ左ノ二部ヲ置ク
総　務　部

会　計　部

第十条　総務部ニ於テハ左ノ事務ヲ掌ル

一、庶務、文書、人事ニ関スル事項

二、総務会ノ運営ニ関スル事項

三、各局部所管事務ノ綜合企画並ニ連絡調整ニ関スル事項

四、他局部ニ属セザル事項

第十一条　会計部ニ於テハ会計経理ニ関スル事項ヲ掌ル

第十二条　宣伝本部ニ左ノ三部ヲ置ク

宣　伝　部

文化動員部

調　査　部

第十三条　宣伝部ニ於テハ左ノ事務ヲ掌ル

一、国民士気昂揚並ニ輿論指導ニ関スル事項

二、各種情報ノ蒐集並ニ宣伝ニ関スル事項

三、各種出版ニ関スル事項

四、本部ノ庶務ニ関スル事項

第十四条　文化動員部ニ於テハ左ノ事務ヲ掌ル

一、文化動員ニ関スル事項

二、国民ノ慰安激励ニ関スル事項
三、其ノ他各種文化運動ニ関スル事項
第十五条　調査部ニ於テハ左ノ事務ヲ掌ル
一、輿論及民情調査ニ関スル事項
二、其ノ他諸調査並ニ資料ノ編纂ニ関スル事項
第十六条　国民運動局ニ左ノ四部ヲ置ク
戦時生活部
防　空　部
軍需増産部
食糧増産部
第十七条　戦時生活部ニ於テハ左ノ事務ヲ掌ル
一、決戦生活ノ確立ニ関スル事項
二、戦時生活相談所ニ関スル事項
三、健民厚生運動ニ関スル事項
四、貯蓄奨励運動ニ関スル事項
五、輸送協力ニ関スル事項
六、局ノ庶務ニ関スル事項
第十八条　防空部ニ於テハ左ノ事務ヲ掌ル

一、疎開ニ関スル事項
二、防空施設ニ関スル事項
三、其ノ他民防空ニ関スル事項
第十九条　軍需増産部ニ於テハ左ノ事務ヲ掌ル
一、軍需増産運動ニ関スル事項
二、勤労動員促進ニ関スル事項
三、勤労能率ノ向上ニ関スル事項
第二十条　食糧増産部ニ於テハ左ノ事務ヲ掌ル
一、食糧増産運動ニ関スル事項
二、食糧ノ配給等確保ニ関スル事項
第二十一条　団体局ニ左ノ三部ヲ置ク
　地　方　部
　団　体　部
　錬　成　部
第二十二条　地方部ニ於テハ左ノ事務ヲ掌ル
一、各級支部ノ指導監督ニ関スル事項
二、町内会、部落会等ノ指導ニ関スル事項
三、協力会議ニ関スル事項

四、下情上通ニ関スル事項
五、選挙刷新ニ関スル事項
六、局ノ庶務ニ関スル事項
第二十三条　団体部ニ於テハ左ノ事務ヲ掌ル
一、所属団体ノ連絡統制ニ関スル事項
二、各種国民運動団体ノ連絡調整ニ関スル事項
第二十四条　錬成部ニ於テハ左ノ事務ヲ掌ル
一、国体観念ノ明徴透徹ニ関スル事項
二、国民思想ノ統一ニ関スル事項
三、国民ノ一般的錬成ニ関スル事項
四、国防技術ノ錬成ニ関スル事項
五、大政翼賛会錬成道場ニ関スル事項
第二十五条　部ニ部長、副部長及主事ヲ置ク
部長ハ上長ノ命ヲ承ケ部務ヲ掌理ス
副部長ハ部長ヲ佐ケ部務ヲ処理ス
主事ハ上長ノ命ヲ承ケ部務ヲ分掌ス
部長、副部長及主事ハ総裁之ヲ命ズ
第二十六条　部ニ部員及書記ヲ置ク

部員及書記ハ上長ノ指揮ヲ受ケ事務ニ従事ス
部員及書記ハ事務総長之ヲ命ズ
第二十七条　局、本部又ハ部ニ嘱託ヲ置クコトヲ得
嘱託ハ特定ノ事務ニ従事ス
嘱託ハ事務総長之ヲ委嘱ス
第二十八条　部ニ班ヲ置クコトヲ得

昭和十九年九月十九日承認
閣甲第二三一号

訓令第十一号

大政翼賛運動規約中左ノ通改正ス
昭和十九年九月十九日

大政翼賛会総裁　小磯国昭

大政翼賛運動規約

第十五条ヲ左ノ通改ム
事務局ノ局務ヲ分掌セシムル為局、本部及室ヲ置ク
局ニ局長、本部ニ本部長ヲ置キ常任参与中ヨリ総裁之ヲ指名ス

だが、右の翼賛会改組の記事があらわれたその直後、九月二三日に、『朝日新聞』は「決戦政治」と題して主催座

談会を開催した。(10) 記事によってその内容を追うと、席上、翼賛政治会関係の代表的メンバーから痛烈な批判と問題提起がなされている。すなわち、戦局まことに容易ならぬ事態に直面して、国内体制に関してもようやく、深刻な問題提起がなされたことを知ることができる。まず、翼賛会政務調査会長の松村謙三は、「国民政治組織」の問題をとりあげ、

これは静かに考へて見ると実際説明の出来ない姿が今日現れてゐる、そしてそれは何人も期待しなかった、何人もさういふことになると思はなかった形が自然に出来てゐる、それはどういふことかといふと、今日の姿は国民といふものは政治に関与することは出来ない、そしてたゞ一部の特権階級だけが政治力のある団体に加はってゐることだ、国民はどこに繋がってゐるか、これは誰も想像せぬ形で出来てゐる。（中略）これが現在の姿ではないか、かうした政治の姿がいいのかどうか、乗るか反るかの非常時局にこんな変な結びのない政治力でやって行くことが出来るか、問はずして明かである。

と断定し、さらに松村は、「決戦が眼の前に迫ってゐる今日、このままで行くことを許さない状態が今日の政治機構ではあるまいかと思ふ」と反省して、いわゆる「三位一体」の体制を鋭く批判して、「さういふ形になってゐて、所謂政府と三位一体と称する、三位一体といふのはどういふことか説明がつかない」。翼政自体も、同志的結合でありえないので、「同志的結合ができて、それが国民と結びつく『結社』を許す」ことが必要だと発言した。この松村発言を支持したのは岡田忠彦、安藤正純、真崎勝次ら、この座談会出席者全員で、かれらは、異口同音に同意同感を表明し、例えば、真崎勝次は、「全体主義を日本精神と思ったことが誤りで、全体主義は愛国主義ではあるけれども忠君愛国ではない」と発言したのであった。

しかも、他方では、翼賛壮年団内部でも、大変動の兆候があらわれた。それは、佐賀県翼壮団が九月二一日全国団

から脱退するという大事件である。[11] これはまことに手いたい打撃であったと推定される。小磯内閣は、決戦下、国民運動中央本部を設置し、国民運動要綱を決定、一〇月三日には、この国民運動の名称は「一億憤激米英撃摧運動」と定められた。だが、一〇月一〇日米機動部隊が沖縄を攻撃し、二〇日には米軍のレイテ島上陸、二四日、フィリピン沖海戦、一一月二四日東京初空襲という緊迫する決戦段階にあって、翼賛会、翼賛壮年団、翼政会等の諸組織は、さまざまな「改組」を重ね、試行錯誤の道程を辿ったものの、もはやその限界は明らかであった。すなわち、一一月二九日の『朝日新聞』社説が、「内閣強化の一試案」を提唱したが、[12] それは、翼賛会・翼壮等の国民組織は、その「政府援助の効用」は「重視」すべきであるが、これらが「政治の中枢に参画する機構とは到底認め難い」と断定し、かといって、もうひとつの翼賛政治会についても、これは、「主として戦時議会運用の便宜手段であり、政党内閣の基礎となった大政党とは全くその性質を異にする」ものである、と断定した。さきの、最高戦争指導会議の設置以降、翼賛・翼壮等の国民組織のあり方如何の問題に加えて、内閣内部の行政機関のどれをとっても、問題は随所に山積の状態であって、とくに内閣制度の「強化」が喫緊の要請となった。『朝日新聞』社説が、具体案はないが、「ここに何らかの新機軸が工夫される必要が生ずる」と告白せざるをえなかったのである。かくて、戦時内閣の内部関係のセクショナリズムを統合する目的をもって、軍需省が設置され、重要国策の企画権限をとりまとめるために、首相直属の綜合計画局を設置して補佐機関とし、さらに軍需省の総務部長制を廃して軍需省総動員局構想が結実する段階には、[13] 戦局は急速度に激化し、終熄へ向かって進行しつつあった。「政戦両略の吻合調整に最高戦争指導会議」[14] が設けられたのが八月六日であったが、事態は政戦両略の「吻合調整」を許すほど緩慢ではなかった。翌年二〇年一月一八日、この最高戦争指導会議が、本土決戦にそなえてようやく戦争指導大綱を策定したのである。

一二月五日の『朝日新聞』社説が、あえて政治責任が結果責任であることを明らかにしつつ、現下の状況では、まさに、「行政を指導する政治」が求められているのだと断定し、戦に勝ち抜くためには、「旧套を脱した内閣補強の新機軸を断乎として試すべきではないか」と訴えた。一方、翼政会は、総務会長制の重視を要望し、「現在の不透明な過渡的国民組織を血の通った簡明直截なものに切換ふべく」、「政府の決断を要請」しており[15]、また大政翼賛会は、傘下団体の「統制会的存在に移行」してしまっている自己を認識して、一月七日翼賛会として、緒方竹虎副総裁以下傘下団体長が連名して首相あてに「強力な政治の断行」を要請するにいたった。他方で、この記事をのせた同じ一月七日、『朝日新聞』記事は「建川団長辞任表明、翼壮幹部一斉退陣か」と伝えて、「国民運動の一元化による強化を繞って翼政会を始め各関係団体の動きが積極化し政府も何等かの形でこの問題に断案を下さゞるを得ない立場に置かれてゐる」と、事態の切迫を報道したのであった。これが、翼政会と翼壮の「相互反撥」[16]の「緩和又はその徹底的解決に一歩を進める」措置だという観測も流れたが[17]、ただちに、翼壮側からの反撥があった。社説「大衆的改編を望む」[18]は、「簡単に結論すれば、三団体とも現存の姿をもってしては、決戦下の国民的機関たり得ない」、「今日の姿から改装することが困難とあらば、宜しく、一度解散して、新たなるものを結成するがいい」と説いたのであった。翼政会はただちにこの機会をとらえて「真の国民政党樹立」をとなえて[19]、翼賛会、翼政会の解消、翼政会の解体による強力新党の結成を主張し、一月二一日には、その臨時総務会で、政務調査会から提出された答申案を全員異議なく承認し、正式決定をみた。それは、

普く同志を糾合し大東亜戦争完遂を指標とする挙国的政治結社を結成すべし

というのである[20]。三位一体は、この段階においてついにその終局を迎えようとしていたのである。しかも三月一七日、「小磯首相、特旨により大本営の議に列す、統帥・国務の一体的運営[21]」という最高戦争指導会議による統帥と国務の「吻合調整」を越える措置が講ぜられ、この段階で、首相は、全国一貫の国民義勇隊「総司令」となる、という閣議

決定をみた。[22]しかも、新生の大日本政治会は発足以来二旬を経たにもかかわらず、「いはば失速状態に近い有様」であった。『朝日新聞』は、

日政といひ、翼賛会、翼壮団といひ、各々政事、公事の分業はあっても、挙国的な大まかな意味での輔弼行為の補助組織に過ぎず、特定内閣の直接の手足となって、実践に一路邁進せしめるには間尺に合はぬところである。[23]

と述べたが、その一日前の記事には、「具体的施策の立案、次官会議　閣議に準じて運営」との診断がみられる。[24]他方、「国民各階層を網羅した一大国民組織が国民義勇隊の名において確立せられる」[25]こととなった。「翼賛会並に関係諸団体が五月中をもって解散されることが決定」されたのに対しては、『朝日新聞』は「この発展的解消は」、「頗る妥当な措置」だと断じたのであった。この期に及んでの「新国民組織」の組織は、「解体再編」とはいえ、「冒険といえばこれ以上の冒険はあるまい[26]」とも見られていたのであったが、これに代わる措置はなかったのである。内閣閣議に準じる次官会議の「運営」が確立する一方で、政治新体制―国民組織―国民運動の系列での一切の総体験は、敗戦直前に御破算となり、「発展的解消」の道を辿ることとなったのであった。

昭和二〇年になって、一月末の三〇日、大日本産業報国会本部が職階制を決定した直後、ヤルタ会談(二月四日)、硫黄島守備隊玉砕発表(三月一日)、米軍、沖縄島に上陸(四月一日)と悲報相つぎ、小磯内閣は三月、国民義勇隊を結成する方針をとりきめた直後に、総辞職した。この国民義勇隊結成方針のとりきめを見た直後、翼賛政治会が解散し、大日本政治会の結成をみた。翌五月に入るや、新たに誕生した鈴木貫太郎内閣は、ついに、大政翼賛会解散処理要項を決定した。すなわち、五月二二日、国民義勇隊の結成開始とともに、大日本翼賛壮年団が解散(五月二〇日)、六月一三日は、大政翼賛会をはじめとして大日本婦人会、大日本産業報国会が解散、つづいて一六日、大日本青少年団、三〇日には農業報国会と商業報国会が解散し、諸国民組織の解体後、やがて八月一五日、いわゆる終戦の詔勅が下っ

たのである。ややおくれて、さいごに、大日本政治会が解散したが、これは、八月一九日のことであった。

最後に、大政翼賛会以下の諸国民組織の解体にともなう国民義勇隊の編成過程を辿ることにしよう。それは、左のような過程を経たのである。すなわち、昭和二〇年三月二三日付の閣議決定の「国民義勇隊ノ組織ニ関スル件」(27)は、「現下ノ事態ニ即シ本土防衛態勢ノ完備ヲ目標トシ当面喫緊ノ防衛及生産ノ一体的飛躍強化ニ資スルト共ニ状勢緊迫セル場合ハ武器ヲ執ツテ蹶起スルノ態勢ヘ移行セシメンガ為左記ニ依リ全国民ヲ挙ゲテ国民義勇隊ヲ組織セシメ其ノ挺身隊出動ヲ強力ニ指導実施スルモノトス」と述べ、さらに、「尚之ガ円滑適正ナル実行ヲ期スル為地方行政協議会長ヲシテ関係軍管区司令官及鎮守府司令長官、警備府司令長官等ト緊密ニ連繋シ夫々事態ノ推移ト管内ノ実情ニ即スル如ク措置セシムルモノトス」と規定した。この閣議決定をうけた四月一三日付の閣議決定では、「状勢急迫セル場合ニ応ズル国民戦闘組織ニ関スル件」がとりまとめられた。

国民義勇隊ノ組織ニ関スル件

一、昭和二〇年三月二三日閣議決定国民義勇隊組織ニ関スル件ハ状勢急迫セル場合ニ応ズル国民戦闘組織ニ照応セシメツツ急速之ヲ実施ニ移スモノトス
二、国民義勇隊ノ中央機関ハ特別ニ之ヲ設ケズ
三、国民義勇隊ノ組織及運用ニ当ツテハ国民ノ盛リ上ル熱意ヲ原動力トスルト共ニ統率ノ妙ヲ発揮シ国民ノ闘魂ヲ振起セシムル如ク地方ノ実情ニ即シ格段ノ配意ヲ致スモノトス
四、国民義勇隊ノ組織ナルト同時ニ大政翼賛会、翼賛壮年団ヲ解体スルモノトス

状勢急迫セル場合ニ応ズル国民戦闘組織ニ関スル件

一億皆兵ニ徹シ其ノ総力ヲ結集シテ敵撃滅ニ邁進スル為状勢急迫セル場合国民義勇隊ハ左ニ準拠シ之ヲ戦闘組織ニ転移セシム

一、状勢急迫セバ戦争トナルベキ地域ノ国民義勇隊ハ軍ノ指揮下ニ入リ夫々郷土ヲ核心トシ防衛、戦闘等ニ任ズル戦闘隊(仮称)ニ転移スルモノトシ之ガ発動ハ軍管区司令官、鎮守府司令長官、警備府司令長官ノ命令ニ依ル

右ノ為兵役法ニ規定スル者以外ノ帝国臣民(概ネ年齢十五歳以上五十五歳以下ノ男子及年齢十七歳以上四十歳以下ノ女子ト予定シ学齢以下ノ子女ヲ有スル母親等不適格者ヲ除ク)モ新タナル兵役義務ニ依リ一「兵」トシテ動員シ統帥権下ニ服役セシメ得ル如ク必要ナル法的措置ヲ講ズ

二、戦闘隊組織ト国民義勇隊組織トハ表裏一体タルモノトス

地方長官ハ軍管区司令官、鎮守府司令長官、警備府司令長官ノ指示スル所ニ基キ義勇隊組織ニ付戦闘隊転移ヘノ準備態勢ヲ整備スルモノトシ、右軍事訓練ハ、軍管区司令官、鎮守府司令長官、警備府司令長官ノ担任トス

備　考

(一)　在郷軍人防衛隊ハ之ヲ発展解消スルモ在郷軍人ハ戦闘隊訓練指導ニ当ラシムルモノトス

(二)　国民義勇隊ノ幹部タル在郷軍人ノ一部ハ戦闘隊トナリタル場合ニ於テモ軍ニ於テ個別ニ召集スルコトナク依然戦闘隊幹部トシテ残ス如ク別途措置スルモノトス

(三)　国民義勇隊員中戦闘組織ニ編入セラレザル者ノ本場合ニ於ケル組織等ニ付テハ各地方長官ニ於テ別途定ムルモノトス

この国民義勇隊組織を検討した資料によれば、国民義勇隊の性格規定、国民義勇隊の組織化にさいしては、「既成各種団体、機関等トノ関係」について、

一、大政翼賛会、翼賛壮年団ソノ他ノ翼賛会所属団体ハ国民義勇隊中央及地方機構ノ設置ヲ俟チ悉ク之ヲ発展的ニ解消ス

二、農業会、水産業会ソノ他各種統制団体中必要アルモノハ夫々行政機能ト義勇隊トニ分解シテ発展的解消ヲ行フ

三、郷軍、警防団ヲ発展的ニ国民義勇隊ニ包摂セシメ、防空防火指導並ニ戦闘指導ハ義勇隊ニ特別指導本部ヲ設ケテ之ニ当ラシム

という三点にわたる重大な組織方針案が、とりきめられようとしていた。この資料には日付がない。だが、三月二九日付の理事長会の記録によれば、[28]その討議の要旨を辿ることができる。これには産報、商報、日婦、農報、機械化国防、青少年、海報の代表のほか、大政翼賛会副総裁、事務総長、国民運動局長、宣伝本部長、地方宣伝・総務各部長等が出席しており、席上、次のようなやりとりがあった。これは、国民運動諸組織すなわち国民組織を解体・解散したとしても、各省庁縄張り主義を統御するシステムが欠落していることを指摘した反論であって、例えば、

三島　次ニ各省関係ハドウナルカ、義勇隊ニ一切任セルカ、内閣ダケデ各省ハ何モ云ハヌカ、縄張リヲ持ツテヰテハ動ケナイ、全ク各団体ガバラバラニ在ルノモ各省縄張リノ弊、之ヲ何トカセネバナラヌ。

副総裁　中央ハ簡素強力ナモノデ大体ノ方向ヲ示セ得レバヨイ、総理大臣ニ任セルベキデアラウ。[29]

論点の中心は、国民組織を解体し、すべてを義勇隊にとりまとめたさい、この義勇隊を中央で統括する指導機関をどうとりまとめるか。各省関係団体が各省縄張りあらそいの相剋を止揚しえない以上、これを総合統括すべき中央組

織の統合に成功するか否か、それが問題であった。この問題は、また、地方組織のあり方とも密接に関係している。日本内閣制度の構造論理が、この段階でも改めて問い直されなければならなかったのである。

土井　義勇隊ニ国民生活全部ヲ包括サスカ、ソレナラ判ル、然シソレハ可能カ、全部ヲ包括シタ指導機関ハ難カシイ。

三島　中央ハ団体ガ一ツニナル、各省カラハクチバシヲ入レサセヌ、閣議ヲ通シテ内閣カラ命令サス、中央団体ハ解消セネバ結局ハ駄目、但シ府県単位ノモノハ残ス要ナキヤ。(30)

こうして、論点は大政翼賛会の傘下に包摂された中央―地方諸国民組織そのものはもとよりのこと、これらに決定的に依拠している組織の統括体ともいうべき大政翼賛会や、翼賛壮年団組織の存在すらも、批判され、攻撃され、否定の対象とならざるをえない。そのためには、どうすればよいのか。例えば、「勅令団体トシテ法的基礎並権限ヲ賦与シ、実践、服従、規律ヲ誓約セル自律的行動隊トスルコト」が必要である、すなわち、「自覚セル服従団体」を生み出すためには、そこに「中核体組織」があって、「同志組織」が生まれなければならない。「同志組織」としての国民義勇隊が設置される必要がある、というのである。曰く、「国民義勇隊ハ全国民ヲ隊員トスルモノナルヲ以テ、コレガ組織運用等ニツイテハ当然ソノ中核体組織ヲ必要トス」という要請がそれである。全国民組織であることと、同志組織をつくること、中核体組織を肯定しようとすれば、かつての「国民組織」と「国民運動」にまつわる大課題に、再び直面せざるをえない。(31)そこで現実的な具体策の策定にさいしては、二つの方向が残されていることを確認するほかはなかったのである。すなわち、

その一つは、「権力的ニ之ヲ行フ」ことであり

その二は、「全国的組織ハ之ヲ地域、職域性別並年齢別組織トス」

という二方向がそれである。こうして「国民義勇隊組織方針[32]」案と「国民義勇隊組織要領[33]」という答案が考案されたといえようか。前者は、まず「一、国民義勇隊ノ性格」と題して、

国民義勇隊ハ勅令団体トス
国民義勇隊ハ内閣ニ直属セシム
国民義勇隊ハ一億国民ヲ隊員トスル軍官民一体ノ国民動員組織トス
国民義勇隊ハ生産ト防衛トヲ目的トスル国民軍的組織トス

と述べ、つづいて、「二、国民義勇隊ノ組織」について、「国民義勇隊ハ全国各地域職域ヲ通ズル組織体ナルモ、ソノ組織ノ発展ト動員トノ適正ヲ期スルタメ、中央地方ヲ通ズル指導組織ヲ設ク」と規定し、そして、これにいたる道程を示して、「国民義勇隊ノ組織運用ニ関スル方針(案)[34]」を提示した。

国民義勇隊ノ組織運用ニ関スル方針(案)

一、組織ニ関スル事項
国民義勇隊ヲシテ国家総力戦完遂上ノ最モ適切且高度ナル国民組織タラシムルタメ其ノ組織ニ関シテハ左ノ方針ニ依ルモノトス
(一)　一億国民ノ総力ヲ最高度ニ凝集発揮セシムルタメ官製的ナル組織形態ヲ避ケ飽クマデ国民ノ盛リ上ル忠誠心ノ迸ルトコロ蹶然起ツテ之ニ応ズルノ態勢ヲ以テスルコト
(二)　各種国民組織ノ紛淆ヲ来シ其ノ機能ノ低下スル等ノコトナキヲ期スルタメ現ニ育成強化ニ努メッヽアル既存地域職域ノ国民組織ヲ採長補短シ之ガ活用ヲ図ル如ク十分ナル考慮ヲ払フコト

この「国民義勇隊ノ組織運用ニ関スル方針(案)」から分かるように、再度この時点で、あらためてまた「既存地域職域ノ国民組織」へと還流する方向がとられたのであった。そして、その直後大日本翼賛壮年団は、その「国民義勇隊ノ設置並ニ運営ニ関スル要望事項」(二〇年四月一九日)九項目のなかで、あえて、「国民的動員ニ関係アル各種団体ヲ解消スルコト」、「中央機構ヲ設クルコト」を要望したのであった[35]。すなわち、各種団体の「解消」については、国民義勇隊の組織に一元化するためには「之ニ牴触スル団体ハ国民義勇隊成立ト同時ニ解消セシムルカ或ハ国民動員ニ関係ナキ事務ノミヲ管掌セシムルコト」が必要であり、またこれと対応して、「中央機構ヲ設クルコト」を提唱し、同時に他方では、「推進組織ヲ設クルコト」、「幕僚組織ヲ設クルコト」をも提案した。また、「翼賛会、翼壮ノ組織並ニ人材ヲ活用スルコト」と「府県当局、市町村当局ノ国民運動ニ対スル理解ヲ深カラシムルコト」をも要望していたのであった。これをうけた「国民義勇隊組織要領」の具体化形態は、左のとおりである[36]。

国民義勇隊組織要領

一、政治団体、国民運動団体其ノ他コレニ類似スル一切ノ団体ヲ解消スルコト

二、国民義勇隊ノ組織

国民義勇隊員ハ

イ、国民学校終了者(十三歳以下、六十歳以上ノ老幼者ヲ除ク)

男　子　　六十歳

女　子　　四十五歳

ロ、病人、不具者又ハ家庭根軸タル婦人等ヲ除ク

全国民ヲ包含スルモノニシテ其ノ組織モ国民全部ヲ防衛、生産ニ結集スベク指導スルモノナリ

三、従而、地域的重要性ハ勿論ノ事乍ラコノ全国的組織ヲ運営スルニハ必然的ニ中央機関ヲ設クル事ヲ要ス

名　称　国民義勇隊　総本部

〃　総司令部

四、構　成

従来国民運動ニ経験ヲ有スルモノ翼賛、翼壮、衆議院議員、各種団体等ヲ活用シ、ソノ優秀ナル人及ビ軍人等ヲ以テ中央機関ノ構成分子トスルコト

（理由）ソレハ大至急ニ国民ノ燃エ上ル忠誠心ヲ結集スルノ必要アルニヨル

五、第一案

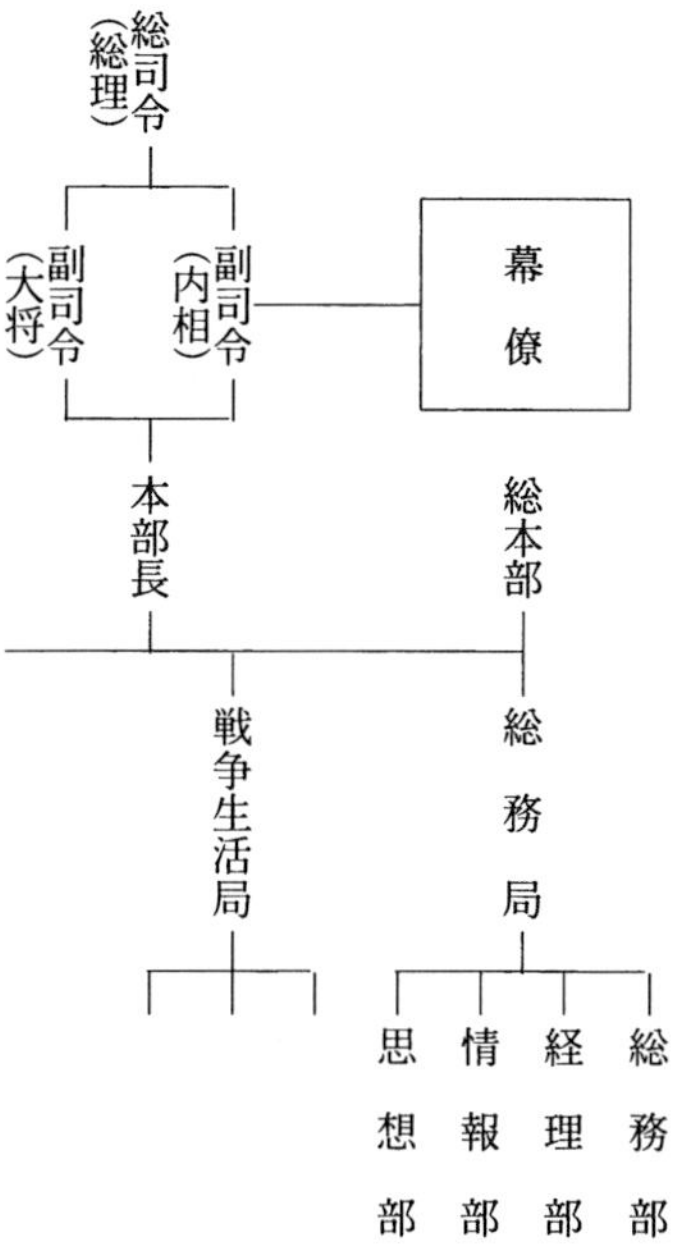

六、第二案

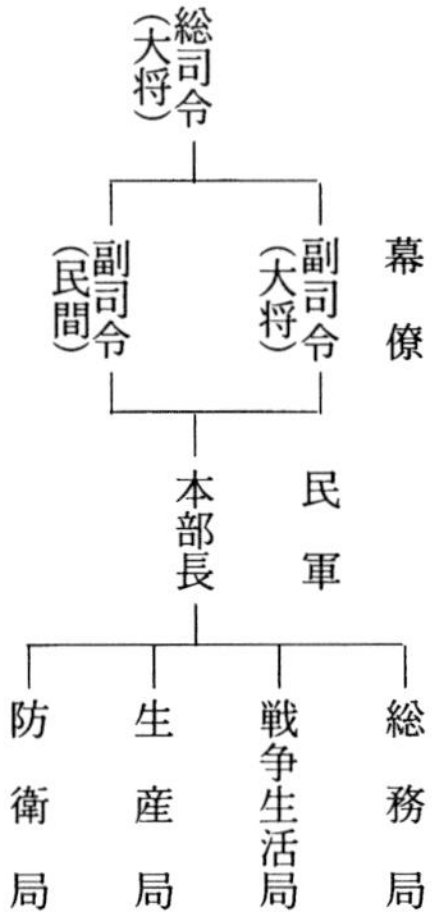

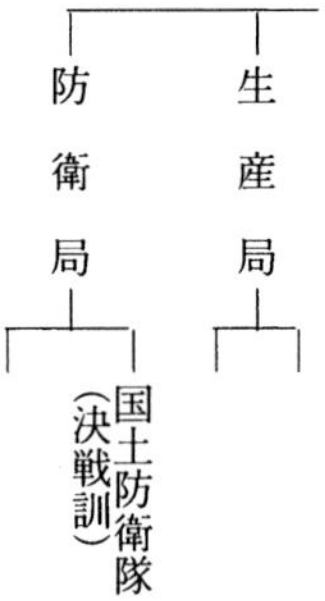

七、地方組織

（一）都道府県本部

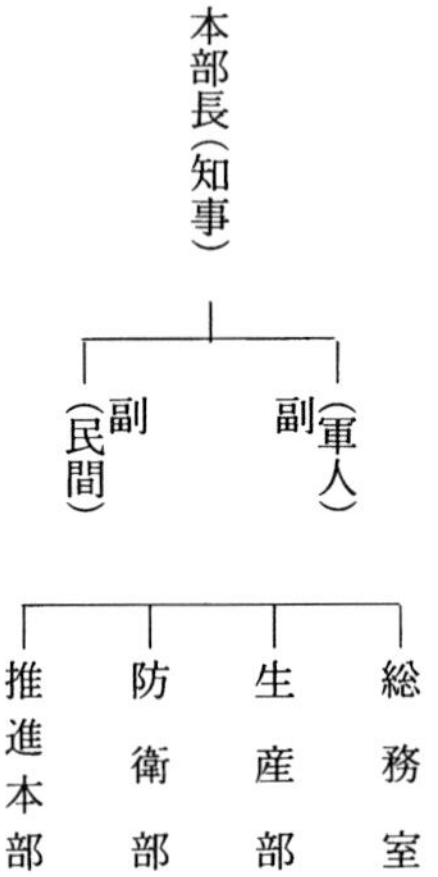

（二）　地方事務所単位

地方本部（郡）——地方本部長
- 総務室
- 生産部
- 防衛部
- 推進部

（三）　市区町村隊

隊長——副隊長（町内会・部落会）
- 婦人隊
  - 少女隊
  - 婦人隊
- 少年隊
- 壮年隊

八、職域隊

イ、工場—何人以上　隊長—

ロ、事業場（銀行、会社、官庁）　隊長—

ハ、職能隊　（大工、鍛冶、文化隊）

九、市区町村ニ於ケル義勇隊結成

（三）ノ方途

（イ）翼賛壮年団

（ロ）　在郷軍人団—（国土防衛隊）

（ハ）　大日本婦人会、青少年団

（ニ）　産報、農業会、商工経済会

以上ヲ結成ニツキ活用スルコト

十、国民義勇隊組織ヲ簡明ニナシ活動体本位トスルコト

総司令
- 婦人局
- 壮年局—防衛隊
- 少年局

企画幕僚
- 情報
- 軍需
- 食糧
- 国民生活

十一、

—婦人隊

—少年隊

—壮年隊

中央、地方、職域ヲ通ジテ此ノ構想ニテ一貫シ、敏速果敢ニ義勇隊ヲ結成ス

やがて情報局発表の「国民義勇隊協議会ノ設置ニ関スル件」が、中央機構にかんする構想を急遽とりまとめたのに対し、同じく閣議決定をもって、「国民義勇隊ノ組織運営指導ニ関スル件」も、発表をみた。それは左のとおりであった。(37)

情報局発表

国民義勇隊協議会ノ設置ニ関スル件（昭和二〇、四、二七　閣議決定）

一、内閣ニ国民義勇隊協議会ヲ置キ国民義勇隊ノ運営ニ関スル基本事項ヲ協議ス
二、協議会座長ハ内務大臣之ニ当ル
協議会員ハ関係官及各界ノ国民運動ニ関シ見識アル者凡ソ二十名ヲ内閣総理大臣ヨリ委嘱ス
三、関係大臣ハ本協議会ニ出席スルコトヲ得

翌五月八日、閣議了解が発表され、大政翼賛会の所属団体の「解散」を要求した。(38)

国民義勇隊ノ組織ニ伴ヒ大政翼賛会、翼賛壮年団及大政翼賛会ノ所属団体ノ措置ニ関スル件（二〇、五、八、閣議了解）

国民義勇隊ノ組織ニ伴ヒ大政翼賛会、翼賛壮年団及大政翼賛会ノ所属団体ニ関シテハ左記措置ヲ執ルモノトス
一、大政翼賛会及翼賛壮年団ニ付テハ大体ノ時期ヲ内示（概ネ五月末日ヲ目途トス）シ解散ノ手続ヲ執ラシム
二、大政翼賛会及翼賛壮年団ニ対シテハ昭和二十年四月十三日閣議決定「国民義勇隊ノ組織ニ関スル件」第二

項ノ趣旨ニ基キ国民義勇隊ノ組織ニ関シ其ノ機能ヲ挙ゲテ協力スベキ旨ヲ通達ス
三、大政翼賛会所属団体ニ付テハ国民義勇隊ト一体化スルヲ目途トシ事情ノ許ス限リ成ル可ク速ニ解体統合スル様指導シ大日本婦人会、大日本青少年団、大日本商業報国会及農業報国会ニ付テハ概ネ大政翼賛会ト同時ニ解散手続ヲ執ル如ク指導シ其ノ他ノ所属団体ノ解体統合ノ時期方法等ニ付テハ別途措置スルモノトス
四、各団体解散ニ当リテハ職員ノ退職手当其ノ他解散ニ要スル経費ニ付必要ナル国庫支出ヲ予定ス
備　考
大政翼賛会ノ所属団体ノ解体ニ伴フ之等団体ノ事業及資産ノ整理並国民義勇隊ト既存各種団体トノ事業調整ニ付テハ別途処理スルモノトス

閣議了解は、ついに昭和一五年大政翼賛会の結成以来の大政翼賛会、大日本翼賛壮年団ならびに大政翼賛会所属団体の一斉解散を命令することとなった。二〇年五月八日のことである。他方、昭和二〇年六月二二日の法律第三九号は「義勇兵役法」について九カ条の規定を与え、これに対応して同月二三日、軍令第二号をもって「国民義勇戦闘隊統率令」が制定された。前者「義勇兵役法」はその第一条に、

第一条　大東亜戦争ニ際シ帝国臣民ハ兵役法ノ定ムル所ニ依ルノ外本法ノ定ムル所ニ依リ兵役ニ服ス

と定め、第五条に、

第五条　義勇兵ハ必要ニ応ジ勅令ノ定ムル所ニ依リ之ヲ召集シ国民義勇戦闘隊ニ編入ス本法ニ依ル召集ハ之ヲ義勇召集ト称ス

と規定した。この義勇兵役の適用される国民は、男子では一五歳から六〇歳まで、女子にあっては一七歳から四〇歳

と定められた(第二条)。後者すなわち「国民義勇戦闘隊統率令」は、「軍令第二号」の形式によって、国民義勇戦闘隊の編制、隷属、職責、懲罰、礼式等の統率に関する必要事項を定めたものであるが、とくに第七条には「国民義勇戦闘隊ヲ編成スルニ方リテハ国民義勇隊ノ組織ヲ以テ之ニ充ツルヲ本則トシ其ノ要領ハ当該国民義勇戦闘隊所管ノ軍管区司令官、船舶司令官、鎮守(警備)府司令長官又ハ之ト同等以上ノ権アル其ノ隷属スル其ノ他ノ長官ノ定ムル所ニ依ル」とある。本土決戦を目前に控えた、この段階における勅令による国民義勇戦闘隊編入の措置が、近衛新体制をはじめとする新体制構想の展開によって示された、国民組織との妥協による道を排除し、それらとの共存を否定し、この国民組織による国民再組織の構図すらをも否定したところに発足する戦闘体系であった点に注目すべきであろう。国民組織が国民再組織運動として煮詰められて、その究極段階にいたって、すべての組織、すべての組織体の運動を否定する否定形を生み落として敗戦に臨もうとしていたのである。ほぼ同時点に制定された「戦時緊急措置法(昭和二〇年六月二一日)」が、その第一案に、「大東亜戦争ニ際シ国家ノ危急ヲ克服スル為緊急ノ必要アルトキハ政府ハ他ノ法令ノ規定ニ拘ラズ左ノ各別ニ掲グル事項ニ関シ応機ノ措置ヲ講ズル為必要ナル命令ヲ発シ又ハ処分ヲ為スコトヲ得」として、七項目について緊急措置をとったが、それは敗北の前夜のことであった。別掲の第一条の七項目の成果を得るために、第三条には、第一条の規定に基づいて発する「命令」または「処分」の効力を保証する「懲役」または「罰金ニ処ス」という強行規定を与えていた。国民組織と国民再組織運動が到達したこの時点は、その解体、解消の時点であって、それが近衛新体制と大政翼賛会の到達点であったのである。五月一一日発の閣甲第一五九号が大政翼賛会にあてて「左記ニ依リ必要ナル措置ヲ執ラル、様致度依命得貴意候」と強圧した三箇条の第一と第三は、歴史的文書ともいうべきであろうか。第一は、所属団体をふくむ大政翼賛会・翼壮団は国民義勇隊に「協力」しろといっており、第三はその「協力」のありようを示して、大政翼賛会ならびにその所属団体に「解散」と「解体」の手続をとれと強制したものであった。国務と統帥をめぐる五カ年有余の歴史は、国民再組織運動と国民組織の否定形をもって幕を閉じることとなったのであった。しかし、国民義勇隊は、市町村単位に組織され、地方長官をその都道府県の本部長としたのであるが、中央では、その機構を設けるところまではつめられなかった。この中央協議会長に南日政会総裁を推す動きに対し、安倍内相は強硬に反対し、ついに白紙還元のままに終戦を迎えることとなったのであった。(39)

朕ハ曠古ノ難局ニ際会シ忠良ナル臣民ガ勇奮挺身皇土ヲ防衛シテ国威ヲ発揚セムトスルヲ嘉シ帝国議会ノ協賛ヲ経タル義勇兵役法ヲ裁可シ茲ニ之ヲ公布セシム

御名御璽

昭和二十年六月二十二日

内閣総理大臣男爵　鈴木貫太郎
海軍大臣　米内光政
陸軍大臣　阿南惟幾

法律第三十九号(官報　六月二十三日)

義勇兵役法

第一条　大東亜戦争ニ際シ帝国臣民ハ兵役法ノ定ムル所ニ依ルノ外本法ノ定ムル所ニ依リ兵役ニ服ス
本法ニ依ル兵役ハ之ヲ義勇兵役ト称ス
本法ハ兵役法ノ適用ヲ妨グルコトナシ
第二条　義勇兵役ハ男子ニ在リテハ年齢十五年ニ達スル年ノ一月一日ヨリ年齢六十年ニ達スル年ノ十二月三十一

日迄ノ者(勅令ヲ以テ定ムル者ヲ除ク)、女子ニ在リテハ年齢十七年ニ達スル年ノ一月一日ヨリ年齢四十年ニ達スル年ノ十二月三十一日迄ノ者之ニ服ス

前項ニ規定スル服役ノ期間ハ勅令ノ定ムル所ニ依リ必要ニ応ジ之ヲ変更スルコトヲ得

第三条　前条ニ掲グル者ヲ除クノ外義勇兵役ニ服スルコトヲ志願スル者ハ勅令ノ定ムル所ニ依リ之ヲ義勇兵ニ採用スルコトヲ得

前項ノ規定ニ依ル義勇兵ノ服役ニ関シテハ勅令ノ定ムル所ニ依ル

第四条　六年ノ懲役又ハ禁錮以上ノ刑ニ処セラレタル者ハ義勇兵役ニ服スルコトヲ得ズ但シ刑ノ執行ヲ終リ又ハ執行ヲ受クルコトナキニ至リタル者ニシテ勅令ヲ以テ定ムルモノハ此ノ限ニ在ラズ

第五条　義勇兵ハ必要ニ応ジ勅令ノ定ムル所ニ依リ之ヲ召集シ国民義勇戦闘隊ニ編入ス本法ニ依ル召集ハ之ヲ義勇召集ト称ス

第六条　義勇兵役ニ関シ必要ナル調査及届出ニ付テハ命令ノ定ムル所ニ依ル

第七条　義勇召集ヲ免ルル為逃亡シ若ハ潜匿シ又ハ身体ヲ毀傷シ若ハ疾病ヲ作為シ其ノ他詐偽ノ行為ヲ為シタル者ハ二年以下ノ懲役ニ処ス

故ナク義勇召集ノ期限ニ後レタル者ハ一年以下ノ禁錮ニ処ス

第八条　前条ノ規定ハ何人ヲ問ハズ帝国外ニ於テ其ノ罪ヲ犯シタル者ニモ亦之ヲ適用ス

第九条　国家総動員法第四条但書中兵役法トアルハ義勇兵役法ヲ含ムモノトス

附　則

本法ハ公布ノ日ヨリ之ヲ施行ス

朕枢密顧問ノ諮詢ヲ経テ帝国議会ノ協賛ヲ経タル戦時緊急措置法ヲ裁可シ茲ニ之ヲ公布セシム

御名御璽

昭和二十年六月二十一日

内閣総理大臣男爵　鈴木貫太郎
海軍大臣　米内光政
司法大臣　松坂広政
陸軍大臣　阿南惟幾
軍需大臣　豊田貞次郎
厚生大臣　岡田忠彦
国務大臣　桜井兵五郎
国務大臣　左近司政三
国務大臣　下村宏
大蔵大臣　広瀬豊作
文部大臣　太田耕造
農商大臣　石黒忠篤
内務大臣　安倍源基
外務大臣兼

大東亜大臣　東郷茂徳
国務大臣　安井藤治
運輸大臣　小日山直登

法律第三十八号(官報　六月二十二日)

戦時緊急措置法

第一条　大東亜戦争ニ際シ国家ノ危急ヲ克服スル為緊急ノ必要アルトキハ政府ハ他ノ法令ノ規定ニ拘ラズ左ノ各号ニ掲グル事項ニ関シ応機ノ措置ヲ講ズル為必要ナル命令ヲ発シ又ハ処分ヲ為スコトヲ得
一　軍需生産ノ維持及増強
二　食糧其ノ他生活必需物資ノ確保
三　運輸通信ノ維持及増強
四　防衛ノ強化及秩序ノ維持
五　税制ノ適正化
六　戦災ノ善後措置
七　其ノ他戦力ノ集中発揮ニ必要ナル事項ニシテ勅令ヲ以テ指定スルモノ
第二条　政府ハ勅令ノ定ムル所ニ依リ前条ノ規定ニ基キテ発スル命令ニ依リ為ス処分又ハ同条ノ規定ニ依リ為ス処分ニ因リ生ジタル損失ヲ補償スルコトヲ得
第三条　第一条ノ規定ニ基キテ発スル命令若ハ之ニ依リ為ス処分又ハ同条ノ規定ニ依リ為ス処分ニ違反シタル者ハ十年以下ノ懲役又ハ十万円以下ノ罰金ニ処ス

第一条ノ規定ニ基キテ発スル命令ニ依リ為ス処分又ハ同条ノ規定ニ依リ為ス処分ヲ拒ミ、妨ゲ又ハ忌避シタル者ハ三年以下ノ懲役、五千円以下ノ罰金又ハ拘留若ハ科料ニ処ス
国家総動員法第三十五条、第四十八条及第四十九条ノ規定ハ前二項ノ場合ニ之ヲ準用ス
第四条　第一条ノ規定ニ基ク措置ニシテ重要ナルモノニ付テハ政府ハ勅令ノ定ムル所ニ依リ之ヲ戦時緊急措置委員会ニ諮問スベシ但シ已ムコトヲ得ザル場合ニ於テハ事後ニ之ヲ報告スベシ
戦時緊急措置委員会ニ関スル規程ハ勅令ヲ以テ之ヲ定ム
第五条　本法施行ニ関シ必要ナル事項ハ勅令ヲ以テ之ヲ定ム
附　則
本法施行ノ期日ハ勅令ヲ以テ之ヲ定ム

朕帝国議会ノ協賛ヲ経タル国民義勇戦闘隊員ニ関スル陸軍刑法、海軍刑法、陸軍軍法会議法及海軍軍法会議法ノ適用ニ関スル法律ヲ裁可シ茲ニ之ヲ公布セシム

御名御璽

昭和二十年六月二十二日

内閣総理大臣男爵　鈴木貫太郎
海軍大臣　米内光政
陸軍大臣　阿南惟幾

法律第四十号(官報　六月二十三日)

第一条　国民義勇戦闘隊員ハ其ノ属スル国民義勇戦闘隊ノ所属区分ニ従ヒ陸軍刑法第八条第二号又ハ海軍刑法第八条第二号ニ掲グル者ト見做ス
第二条　前条ニ規定スル者ニ関シ陸軍刑法及陸軍軍法会議法又ハ海軍刑法及海軍軍法会議法ヲ適用スル場合ニ於ケル特例ハ第三条乃至第十条ノ定ムル所ニ依ル
第三条　陸軍刑法第十六条第二項又ハ海軍刑法第十二条第二項ノ規定ハ国民義勇戦闘隊員ニ付テハ之ヲ適用セス
第四条　国民義勇戦闘隊員ニシテ陸軍刑法ノ司令官又ハ海軍刑法ノ指揮官タルハ国民義勇戦闘隊ノ職員ニシテ国民義勇戦闘隊ノ司令ニ任ジ又ハ之ヲ指揮スルモノニ限ル
第五条　陸軍刑法ノ罪（同法第二条ニ掲グル罪ヲ除ク）又ハ海軍刑法ノ罪（同法第二条ニ掲グル罪ヲ除ク）ヲ犯シタル国民義勇戦闘隊員ニ対シテハ其ノ刑ヲ減軽スルコトヲ得

朕国民義勇戦闘隊統率令ヲ制定シ之ガ施行ヲ命ズ

御名御璽

昭和二十年六月二十三日

海軍大臣　米内光政

陸軍大臣　阿南惟幾

軍令第二号（官報　六月二十六日）

国民義勇戦闘隊統率令

第一条　義勇兵役法ノ適用ヲ受クル者ヲ以テ編成スル部隊ノ編制、隷属、職責、懲罰、礼式等其ノ他ノ統率ニ関

シ必要ナル事項ハ別ニ定ムルモノノ外本令ノ定ムル所ニ依ル本令ニ於テハ以下前項ノ部隊ヲ総称スル場合国民義勇戦闘隊ト称ス

第二条　義勇兵役法ノ適用ヲ受クル者ヲ以テ各地方ニ連合義勇戦闘隊ヲ編成ス

連合義勇戦闘隊ハ本部及若干ノ義勇戦闘隊、義勇戦闘隊ハ本部及若干ノ義勇戦闘戦隊、義勇戦闘戦隊ハ若干ノ義勇戦闘区隊、義勇戦闘区隊ハ若干ノ義勇戦闘分隊ヨリ成ル

第三条　前条ノ外特ニ各鉄道局(各逓信局)及之ニ準ズル機関並ニ特ニ其ノ規模ノ大ナル軍需品生産会社其ノ他陸軍大臣又ハ海軍大臣ノ定ムル職域等ニ前条ノ要領ヲ準用シ国民義勇戦闘隊ヲ編成ス

前項ノ外運輸省鉄道総局(逓信院)ニ鉄道(通信)義勇戦闘司令部ヲ編成ス

第四条　国民義勇戦闘隊ハ各区分毎ニ所在地名又ハ職域名等ヲ冠称スルモノトス

第五条　国民義勇戦闘隊ニ左ノ職員ヲ置ク

鉄道義勇戦闘司令部

鉄道義勇戦闘司令	一
鉄道義勇戦闘副司令	一
鉄道義勇戦闘司令補	若干

通信義勇戦闘司令部

通信義勇戦闘司令	一
通信義勇戦闘副司令	一
通信義勇戦闘司令補	若干

連合義勇戦闘隊
連合義勇戦闘隊本部
連合義勇戦闘隊長　一
連合義勇戦闘副隊長　一
連合義勇戦闘隊長補　若干
義勇戦闘隊本部
義勇戦闘隊長　一
義勇戦闘副隊長　一
義勇戦闘隊長補　若干
義勇戦闘戦隊長　若干
義勇戦闘副戦隊長　若干（一戦隊ニハ一名トス）
義勇戦闘戦隊長補　若干
義勇戦闘区隊長　若干
義勇戦闘副区隊長　若干（一区隊ニハ一名トス）
義勇戦闘区隊長補　若干
義勇戦闘分隊長　若干
義勇戦闘副分隊長　若干（一分隊ニハ一名トス）
義勇戦闘分隊長補　若干

第六条　第二条及第三条ノ編制並ニ前条職名及職員数ハ必要ニ応ジ陸軍大臣及海軍大臣協議ノ上之ヲ変更、省略又ハ新設スルコトヲ得此ノ場合ニ在リテハ陸軍大臣又ハ海軍大臣之ヲ上聞ニ達スルモノトス

第七条　国民義勇戦闘隊ヲ編成スルニ方リテハ国民義勇隊ノ組織ヲ以テ之ニ充ツルヲ本則トシ其ノ要領ハ当該国民義勇戦闘隊所管ノ軍管区司令官、船舶司令官、鎮守(警備)府司令長官又ハ之ト同等以上ノ権アル其ノ隷属スル其ノ他ノ長官ノ定ムル所ニ依ル編成下令ノ時機ハ前項ノ長官陸軍大臣又ハ海軍大臣ノ認可ヲ承ケ之ヲ定ム但シ事急ヲ要スル場合ハ当該長官又ハ其ノ定ムル者ニ於テ之ヲ下令スルコトヲ得其ノ場合ニ在リテハ直ニ之ヲ陸軍大臣又ハ海軍大臣ニ報告スルモノトス

第八条　鉄道(通信)義勇戦闘司令ハ参謀総長ニ隷シ部下部隊ヲ統率ス

第九条　鉄道(通信)義勇戦闘副司令ハ鉄道(通信)義勇戦闘司令ヲ補佐シ且必要ニ応ジ其ノ命ヲ承ケ鉄道(通信)義勇戦闘司令ノ隷下部隊ヲ指揮ス

第十条　鉄道(通信)義勇戦闘司令補ハ鉄道(通信)義勇戦闘司令ノ命ヲ承ケ各分担ノ業務ニ従事ス

第十一条　第二条第一項ノ連合義勇戦闘隊長ハ当該所在地所管ノ地区司令官ニ、第三条第一項ノ各鉄道局(各逓信局)及之ニ準ズル機関ニ設クル連合義勇戦闘隊長ハ鉄道(通信)義勇戦闘司令ニ、上記以外ノ第三条第一項ノ連合義勇戦闘隊長ハ所在地所管ノ地区司令官若ハ鎮守(警備)府司令長官又ハ陸軍大臣若ハ海軍大臣ノ定ムル長官ニ隷シ職域業務遂行上ノ所要ノ事項ニ関シテハ陸軍大臣又ハ海軍大臣ノ定ムル所ニ依リ各関係ノ長官ノ区処ヲ承ケ連合義勇戦闘隊ヲ統率ス

第十二条　義勇戦闘隊長ハ義勇戦闘隊ヲ統率ス

第十三条　連合義勇戦闘(義勇戦闘)副隊長ハ連合義勇戦闘(義勇戦闘)隊長ヲ補佐シ且必要ニ応ジ夫々各隊長ノ命

ヲ承ケ連合義勇戦闘(義勇戦闘)隊ヲ指揮ス
第十四条　連合義勇戦闘(義勇戦闘)隊長補ハ各隊長ノ命ヲ承ケ各分担ノ業務ニ従事ス
第十五条　義勇戦闘戦隊(区隊)(分隊)長ハ義勇戦闘戦隊(区隊)(分隊)ヲ指揮ス
第十六条　義勇戦闘副戦隊(区隊)(分隊)長ハ義勇戦闘戦隊(区隊)(分隊)長ヲ補佐シ且必要ニ応ジ夫々各隊長ノ命ヲ承ケ義勇戦闘戦(区)(分)隊ヲ指揮ス
第十七条　義勇戦闘戦隊(区隊)(分隊)長補ハ夫々各隊長ノ命ヲ承ケ各分担ノ業務ニ従事ス
第十八条　義勇戦闘隊長以下ノ各隊長ノ指揮隷属区分ハ第二条又ハ第三条ニ定ムル国民義勇戦闘隊ノ編制ニ従フモ第六条ニ依リ其ノ編制ヲ変更セラレタル場合ハ夫々其ノ区分ニ応ジ変更セラルルモノトス
第十九条　一般軍隊ト国民義勇戦闘隊トノ指揮隷属区分ハ作戦ノ必要ニ応ジ之ガ所属ノ長官ニ於テ適宜命令ヲ以テ之ヲ律スルコトヲ得
第二十条　国民義勇戦闘隊ノ敬礼ハ本条ニ定ムルモノノ外其ノ隷属又ハ指揮区分ニ従ヒ陸軍礼式令又ハ海軍礼式令ヲ準用ス
一　国民義勇戦闘隊員ハ夫々隷属又ハ指揮関係ニ在ル一般軍人並ニ国民義勇戦闘隊ノ各長ニ対シ夫々敬礼ヲ行フ
二　国民義勇戦闘隊員ト指揮又ハ隷属関係ニ在ラザル一般軍人トノ間及国民義勇戦闘隊員相互ノ間ニ在リテハ適宜敬礼ヲ行フヲ礼トス
三　国民義勇戦闘隊員ハ単独及部隊ノ敬礼ヲ行フモ刀、小銃、槍等兵器ノ操作ニ依ル敬礼ヲ行ハザルヲ例トス
四　国民義勇戦闘隊ハ通常喇叭ヲ吹奏セズ

五　国民義勇戦闘隊ハ儀式ヲ行ハザルコトヲ得

第二十一条　国民義勇戦闘隊員ノ懲罰ハ本条ニ定ムルモノノ外其ノ隷属又ハ指揮区分ニ従ヒ陸軍懲罰令又ハ海軍懲罰令ヲ準用ス

一　罰　目

職員ニ対スルモノ　　　　　　　免職、謹慎、譴責

職員以外ノ国民義勇戦闘隊員ニ対スルモノ　謹慎、譴責、苦役

免職ハ国民義勇戦闘隊ノ職員タル地位ヲ免ズルモノトス

謹慎ハ三十日以内トシ場所ヲ指定シテ屏居謹慎セシムルモ必要アルトキハ勤務ニ服セシムルモノトス

譴責ハ犯行ヲ糺シ将来ヲ戒飭スルモノトス

苦役ハ三十日以内トシ所要ノ苦役ニ服セシムルモノトス

二　罰　権

地区司令官及之ト同等以上ノ権アル陸軍又ハ海軍ノ長官並ニ鉄道（通信）義勇戦闘司令及其ノ隷下ノ連合義勇戦闘隊長ハ其ノ部下ニ属スル国民義勇戦闘隊員ニ対シ前号ニ規定スル一切ノ罰目ヲ科スルノ権ヲ有ス

前項ノ外中隊長及之ト同等以上ノ権ヲ有スル部隊長並ニ連合義勇戦闘隊長及義勇戦闘隊長（鉄道（通信）義勇戦闘司令隷下部隊ニ在リテハ義勇戦闘戦（区）隊長）ハ其ノ部下ニ属スル国民義勇戦闘隊員ニ対シ謹慎、譴責及苦役ヲ科スルノ権ヲ有ス

第二十二条　国民義勇戦闘隊員ノ勤務ハ陸軍大臣又ハ海軍大臣特ニ之ヲ示ス場合ノ外軍隊トシテノ勤務ニ服スルト共ニ従前ノ職域ニ於ケル勤務ヲ継続スルモノトス

第二十三条　前各条ノ外陸軍大臣又ハ海軍大臣相互協議ノ上国民義勇戦闘隊統率ノ為所要ノ規定ヲ定ムルコトヲ得

朕国民義勇戦闘隊員服装及給与令ヲ裁可シ茲ニ之ヲ公布セシム

御名御璽

昭和二十年六月二十二日

内閣総理大臣男爵　鈴木貫太郎

海軍大臣　米内光政

陸軍大臣　阿南惟幾

勅令第三百八十六号(官報　六月二十三日)

国民義勇戦闘隊員服装及給与令

第一条　国民義勇戦闘隊員(以下戦闘隊員ト略称ス)ノ服装ハ行動ニ容易ナル適宜ノ服装(陸軍服制、海軍服制其ノ他ノ勅令ニ依ル軍人軍属ノ官等等級職階等ヲ示ス肩章、襟章、袖章ノ類ヲ附シタルモノヲ除ク)ニ隊員徽章ヲ附スルモノトス

戦闘隊員ニシテ職員タルモノハ前項ノ規定ニ依ルノ外職員腕章ヲ装著スルモノトス

隊員徽章及職員腕章ノ製式等ハ第一表ニ依ル

第二条　戦闘隊員ニ対シテハ対敵行動ヲ取ル間其ノ他主務大臣(当該国民義勇戦闘隊ノ所属区分ニ従ヒ陸軍大臣又ハ海軍大臣トス以下之ニ同ジ)特ニ必要アリト認ムルトキハ其ノ定ムル所ニ依リ糧食等ヲ給スルコトヲ得

第三条　主務大臣特ニ必要アリト認ムルトキハ其ノ定ムル所ニ依リ戦闘隊員ニ対シ第二表ノ前項ノ手当金ハ本人ノ希望アルトキ其ノ他主務大臣必要アリト認ムルトキハ家族（之ニ準ズル者ヲ含ム）ニ対シ其ノ全部又ハ一部ノ払渡ヲ為スコトヲ得

第四条　公務ニ起因シ傷痍ヲ受ケ又ハ疾病ニ罹リタル戦闘隊員ノ治療ニ要スル諸費ハ官費ト為スコトヲ得

第五条　戦闘隊員公務ニ起因シ死亡シタル場合ニ於テハ官ニ於テ埋葬シ又ハ其ノ遺骸、遺骨、遺物等ヲ遺族ニ引渡ス為必要ナル諸費ハ官費ト為スコトヲ得

第六条　戦闘隊員公務ニ起因シ死亡シタルトキハ第二表ノ弔慰金ヲ其ノ遺族等ニ給スルコトヲ得

第七条　本令施行ニ関シ必要ナル事項ハ主務大臣之ヲ定ム

附　則

本令ハ公布ノ日ヨリ之ヲ施行ス

第一表

隊員徽章		
地質		白色布
製式	寸法	縦六糎、横七糎
	中央上部ニ「戦」ノ文字ヲ標示ス	
	形状	図ノ如シ
装著法		右胸部ニ縫著ス
備考		中央下部ニ氏名ヲ記スルコトヲ得

職員腕章

地質		白色布
製式	寸法	幅十糎
		中央ニ聯合隊長其ノ他職名ヲ略記ス
	形状	図ノ如シ
装著法		左腕ニ装著ス

隊員徽章　職員腕章図

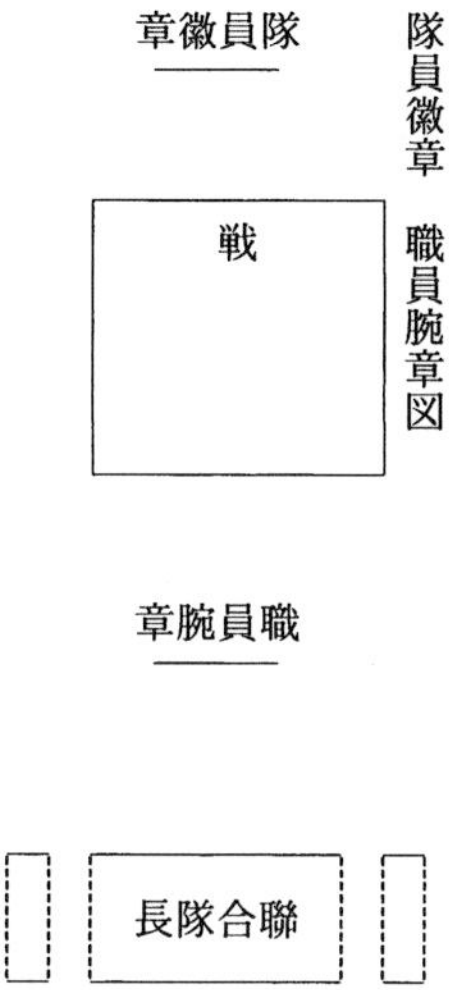

第二表

区分	金額
手当金	月額百円
弔慰金	百五拾円

朕義勇兵役法施行令ヲ裁可シ茲ニ之ヲ公布セシム

御名御璽

昭和二十年六月二十二日

内閣総理大臣男爵　鈴木貫太郎
海軍大臣　米内光政
陸軍大臣　阿南惟幾
内務大臣　安倍源基

勅令第三百八十五号(官報　六月二十三日)

義勇兵役法施行令

第一章　総則

第一条　義勇兵役法第二条第一項ノ規定ニ依リ義勇兵役ニ服スル男子ヨリ除外スル者ヲ定ムルコト左ノ如シ

一　現役ニ在ル者(待命、休職又ハ停職中ノ武官、帰休中ノ海軍下士官並ニ未入営兵及帰休兵ヲ除ク)

二　補充兵役、予備役又ハ国民兵役ニ在リテ召集中ノ者又ハ志願ニ依リ部隊ニ編入セラレ召集中ノ者ト同一ノ身分取扱ヲ受ケ居ル者

三　陸海軍ノ学生生徒トシテ兵籍ニ編入中ノ者(陸海軍ノ依託学生生徒、陸軍予備生徒及海軍予備員候補者ニ在リテハ陸海軍部内ニ於テ教育中ノ者ニ限ル)

第二条　義勇兵役法第四条但書ノ規定ニ依リ義勇兵役ニ服スルノ資格ヲ取得スル者ハ六年以上ノ懲役又ハ禁錮ノ刑ニ処セラレ刑ノ執行ヲ終リ又ハ其ノ執行ヲ受クルコトナキニ至リタル者ニ就キ陸軍大臣又ハ海軍大臣ノ定ムル所ニ依リ銓衡ヲ経テ之ヲ指定ス

第三条　義勇兵役法第三条第一項ノ規定ニ依ル義勇兵ノ採用ニ関シテハ陸軍大臣又ハ海軍大臣之ヲ定ム

第二章　服　　役

第四条　義勇召集ヲ令セラレタル者召集ノ期日ニ於テ義勇兵役法第二条第一項ニ規定スル服役期間ヲ過グルニ至ルベキトキハ義勇召集解除ノ命アル迄其ノ服役期間ヲ延長ス国民義勇戦闘隊員義勇召集中ニ於テ服役期間ヲ過グルニ至ルベキトキ亦同ジ

第五条　前条ニ定ムルモノヲ除クノ外義勇兵役法第二条第二項ノ規定ニ依ル服役期間ノ変更ニ関シテハ主務大臣之ヲ定ム

第六条　義勇兵役法第三条第一項ノ規定ニ依リ義勇兵ニ採用セラレタル者ノ服役期間ハ採用ノ日ヨリ起算シ一年トス但シ引続キ服役ヲ志願スル者ニ対シテハ主務大臣ノ定ムル所ニ依リ一年ヲ一期トシ数次再服役ヲ許可スルコトヲ得

第三章

第七条　義勇召集ハ本人ノ在留地所管ノ連隊区司令官又ハ陸軍兵事部長之ヲ掌ル但シ工場、事業場、学校、官衙其ノ他ノ施設ニ属スル者ニ付陸軍大臣、船舶ノ乗組員ニ付海軍大臣特ニ義勇召集ヲ掌ルベキ軍官憲ヲ指定シタルトキハ此ノ限ニ在ラズ

第八条　義勇兵ニ対シテハ編入セラルベキ国民義勇戦闘隊名、国民義勇戦闘隊ノ職員ニ充テラルベキ者ニ在リテハ其ノ職名其ノ他必要ナル事項ヲ予メ通知ス

第九条　義勇召集ニ関スル事務ニ付テハ主務大臣ノ定ムル所ニ依リ地方長官及市町村長並ニ第七条但書ニ規定スル施設ノ長其ノ他必要ト認ムル者ニ対シ之ガ補助ヲ命ジ又ハ之ヲ委嘱スルコトヲ得

第十条　義勇召集ハ国民義勇戦闘隊編成下令ヲ以テ之ヲ実施シ義勇召集ノ解除ハ国民義勇戦闘隊編成解除ヲ以テ

之ヲ実施ス但シ必要アルトキハ之ニ依ラザルコトヲ得
第十一条　義勇召集ハ主務大臣ノ定ムル方法ヲ以テ之ヲ本人ニ通達ス
第十二条　義勇兵疾病其ノ他身体若ハ精神ノ異常ニ因リ義勇召集ニ堪ヘザルトキ又ハ避クベカラザル事故ニ因リ義勇召集ニ応ジ難キトキハ主務大臣ノ定ムル所ニ依リ義勇召集ヲ免除又ハ猶予ス
第十三条　地方長官又ハ市町村長ハ義勇召集ノ準備又ハ実施ニ関シ主務大臣ノ定ムル所ニ依リ必要ナル協力ヲ為シ且連隊区司令官、陸軍兵事部長又ハ第七条但書ニ規定スル軍官憲ヨリ臨時要求ヲ受ケタルトキハ之ニ応ジ又ハ自ラ義勇召集ヲ容易ナラシムルノ措置ヲ為スベシ
第十四条　主務大臣ハ朝鮮、台湾、関東州、南洋群島、満洲国、支那、香港、澳門、印度支那、「タイ」、「ビルマ」、「フィリピン」、「マライ」、「スマトラ」、「ジャワ」、「ボルネオ」又ハ主務大臣ノ指定スル占領地ニ在留スル義勇兵ニ付行フベキ義勇召集ニ関シ特別ノ規定ヲ設クルコトヲ得
第十五条　兵役法施行令第百三十三条並ニ第百四十三条第一項及第二項ノ規定ハ義勇召集事務ニ付之ヲ準用ス
第十六条　本令ニ定ムルモノヲ除クノ外義勇召集ニ関シ必要ナル事項ハ主務大臣之ヲ定ム

第四章

第十七条　本令中主務大臣トアルハ義勇召集ヲ令セラルル場合ニ於テ本人ノ属スル国民義勇戦闘隊ノ所属区分ニ従ヒ陸軍大臣又ハ海軍大臣トス

附　則

本令ハ公布ノ日ヨリ之ヲ施行ス

（1）『朝日新聞』昭和一九年五月一五、一六日記事参照。
（2）国立公文書館『大政翼賛会関係書類綴』２A　40　資13　八四の一。
（3）国立国会図書館憲政史料室『新居善太郎文書』。
（4）『新居善太郎文書』「国民総蹶起運動京都府実施要綱」所収。
（5）同右、八六の一「大政翼賛会非常対策本部設置ニ関スル件稟請」（七月三日）ならびにこれに属する「大政翼賛会非常対策本部規程」参照。
（6）『朝日新聞』八月一日社説。
（7）国立公文書館『大政翼賛会関係書類綴』２A　40　資13　八五の一。この規約と職制の改正理由は左のとおりであった。

規約並職制改正理由

一、現行制度ニ於テハ参与ハ事務総長ノ要請ニ応ジ重要局務ニ参画スルコトトナリ居ルモ之ヲ必要ノ都度急速ニ而モ屢々頻繁ニ召集シ且ツ又日常ノ局務ニ迄参画ヲ求ムルコトハ困難ナル実情ニアリ

一、現行制度ニ於テハ事務局ノ局長ハ事務総長ノ命ヲ承ケ各々其ノ局ノ所掌事項ヲ掌理スルニ止マリ事務局全般ノ企画及活動ニ直接参画スルガ如クナリ居ラズ

一、依而茲ニ常任参与制ヲ設ケ事務局ノ局長及大日本翼賛壮年団本部長ノ職ニ在ル者ヲ常任参与トナシ其ノ所掌職務ノ外更ニ進ンデ事務総長ヲ輔ケ常時事務局全般ノ局務ノ企画及活動ニ参与セシメ事務局首脳者ノ一体々制ヲ強化スルト共ニ各局間ノ連絡関係ヲ益々緊密ナラシメ以テ事務局機能ノ強化ヲ図ラントス

一、大日本翼賛壮年団本部長ヲ常任参与タラシムルハ従来団体局長ト本部長トヲ同一人タラシメ居タルヲ今回之ニ改メタルモノニシテ、之ニヨリ会団有機的一体関係ヲ益々緊密強化スルト共ニ併セテ団体局長ニ専任ヲ置キ得ルコトトシ事務局ノ人的強化ヲモ図ラントスルニアリ

（8）『朝日新聞』九月二一日記事。
（9）国立公文書館、前掲綴　２A　40　資13　八七の一「大政翼賛会事務局機構改正要旨」（九月一九日）ならびに旧制・新制の事務局機構図より引用。
（10）『朝日新聞』九月二三日。

(11)『翼賛国民運動史』九二五ページ。
(12)『朝日新聞』社説「内閣強化の一試案」一一月二九日。
(13)『朝日新聞』一一月一日。
(14)『朝日新聞』八月六日。
(15)『朝日新聞』一二月二一日。
(16)(17) 同右、昭和二〇年一月七日。
(18) 帝都翼壮団は、前総務菅太郎、市川清敏両氏の指導下にあったが、一、荻須中将の擁立と、二、既成の政党的意図による国民運動の一元化は絶対に排撃と決議し、他方、これに対して翼政会側は翼壮を頼まずと強く反撥した。『朝日新聞』一月九日記事参照。
(19)『朝日新聞』一月一七日。
(20) 同右、一月二一日記事。『昭和二一年朝日年鑑』一〇七ページ参照。もちろん翼政側の主張に対し、翼賛会、翼壮ともに、解散には絶対反対であった。
(21)『朝日新聞』三月一七日。
(22) 同右、四月三日。
(23) 同右、四月二八日社説「内閣強化を希求す」。
(24) 同右、四月一七日。
(25) 同右、四月一五日。
(26) 同右、五月一八日社説「翼賛の極致　義勇奉公」。
(27)『大政翼賛会史・第一原稿』大政翼賛会解散関係文書・国民義勇隊発足関係文書、一二六七七―八〇ページ所収「国民義勇隊組織方針(案)」。それは、「一、国民義勇隊ノ性格、二、国民義勇隊ノ組織、三、国民義勇隊指導組織構成員並一般幹部ノ資格条件、四、予算、五、既成各種団体、機関等トノ関係」の五項目にわたって、組織方針の素案を展開したものである。なお、「国民義勇隊組織要領」(前掲第一原稿、一二六八一―八三ページ)には国民義勇隊の中央指導機関として第一案、第二案の二案が記載されていたが、他方、これに対して、地方組織は一本化されていた。

(28)　前掲『第一原稿』一二六五七―六三ページ。
(29)　同右、一二六五九ページ。
(30)　同右、一二六六二ページ。
(31)　同右、一二六六六―七六ページ所収の「国民義勇隊組織ノ参考案」(昭和二〇年四月)。
(32)　同右、一二六七七ページ。
(33)　同右、一二六八一ページ。
(34)　同右、一二六四四ページ。
(35)　同右、一二六八四―八五ページ。
(36)　同右、一二六八一―八三ページ。
(37)　同右、一二五八〇ページ。
(38)　同右、一二五八一ページ。これをうけて、内閣書記官長より大政翼賛会副総裁殿宛閣甲第一五九号(五月一一日)は、「今般国民義勇隊ノ組織セラルルニ伴ヒ貴会ニ於カレテハ左記ニ依リ必要ナル措置ヲ執ラルヽ様致度依命得貴意候」として、
一、貴会(所属団体ヲ含ム)及翼賛壮年団ハ国民義勇隊ノ組織ニ関シ其ノ機能ヲ挙ゲテ協力セラルベキコト
二、貴会及翼賛壮年団ハ概ネ五月末ヲ目途トシ解散手続ヲ執ラルベキコト
三、貴会所属団体中大日本婦人会、大日本青少年団、大日本商業報国会及農業報国会ハ、概ネ貴会ノ解散ト同時ニ国民義勇隊ニ統合解散スル様手続ヲ進メラルベキコト
の三点を指示している。
(39)　『昭和二一年朝日年鑑』一九四六年、一〇八ページ。

あとがき

新体制運動の展開を辿ると、発足後僅か六カ月にして、大政翼賛会はその決定的転機を迎えた。昭和一六年四月初旬の、第一次大政翼賛会の改組がそれである。この第一回改組後も、大政翼賛会自体は数回の機構改革を経験するが、第一次改組は、それ以後の改組と比較してみると、その意義はまことに重要であった。

すなわち、この第一次改組は、大政翼賛会を治安警察法にいう公事結社という軌道に据えつけたのである。それは、当初の大政翼賛会の性格を根本的に変革することを意味しただけではなく、近衛新体制運動以来、大政翼賛会に期待されていた、「高度の政治性」を根本的に抹消してしまったのであった。この段階から以降二〇年六月の解散時にいたるまで、大政翼賛会はたしかに存続したが、それはいわば、「精動」的団体として存続したといってよい。

このことと関連して、第二に指摘すべきことは、大政翼賛会は公事結社であったから、近衛新体制が大政翼賛会へと収斂される過程にみられた大政翼賛会以外の政治団体の解体・解消の動きは、翼政会が出現するまで、政界から消失していたことを確認しなければならない。たしかに、第七六帝国議会が大政翼賛会に公事結社の烙印をうつやいなや、政界における政事結社をめざす動きは、論理的にも、また現実的にも、部分的には復活した。しかし、大政翼賛会に代わって旧政党勢力が復活するとか、大政翼賛会という国民組織に代わって政治「新党」を構築するといった、まとまった勢力があったのかどうか。その発想も、その動きもあったのではあるが、それらはいずれも、大政翼賛会「議会局」という地位に封じこめられた自らの肩書を返上するだけの動きに止まった。すなわち、既成政党の力はもとよりのこと、革新勢力にあっても、なんらかの積極的構想をもつまでの意欲も実績も、ついに見られなかったのである。そのことは、この大政翼賛会改組案が、軍部の調停のもとでかろうじてまとまったことを想起するだけでも十分であろう。第一次改組は、その後の大政翼賛会の方向を見定めるさいに、問題を大きく限定したのであった。

軍部の力をどう評価すべきか。それが「推進力」といわれたことはたしかとしても、軍部といえども、もはや「機関車」ではなかった。第七六帝国議会が大政翼賛会をたたきのめしたことはたしかではあっても、反面においては、旧政党勢力内では親軍派の力がきわめて強く、第七六帝国議会では、国家総動員法の大改正が成立しており、また、国防保安法、改正治安維持法の通過等々、重要法案も、一気に可決・成立していたのであった。他方、衆議院、府県会・市町村会の議員の任期を一ヵ年延長するという措置は、新体制構想の発足にさいして近衛内閣がもっとも重要視した衆議院議員選挙法改正法が改正のタイミングを逸して見送りになったことを意味する。これは、中央・地方の政党勢力の地盤には当面なんらの変化もなく、現状維持ということを意味する。それゆえ、この体制に翼賛する議会の存在は、大政翼賛会の改組後も、推進力としての軍にとっては必要な存在となっていたのであった。その意味では、「翼賛議会」の存在は事態になんの変化も影響力も行使しえなかったといっても、いいすぎではない。

第三の論点は、それでは事態が膠着して、安定したのかどうかである。この点は、はっきりとそうではない。すでに、大政翼賛会改組前にもその胎動を示していた全国大の壮年団運動結成の動きは、大政翼賛会の消極的性格規定と反比例して漸次に活発となり、この動きは、昭和一六年九月以降の、最大の政治争点となったのであった。しかも、他方では、翌一七年の、総選挙を目標とする翼賛政治協議会の動きもまた、刮目に値する結果を生み落とそうとしていた。この二つの動きに牽制されつつ、翼賛会が、それ独自の路線を採りえたのであろうか。改組後の大政翼賛会では、議会局という枠組に議会勢力を固定することは、もはや不可能であった。それは、政事結社としての御墨付を与えられた翼政会と、他方、同志精鋭組織の組織化をめざした翼壮にどう対応すべきか、きわめて複雑な状況におかれていたのである。とくに、翼壮との関係で大政翼賛会の立場を一言で要約すれば、問題は、国民組織なる「組織」とはなんであるのか。大政翼賛会はその正当性を主張しうるのかどうか。この問題は翼賛・翼壮・翼政の三者関係としてのみか、例の「地域的」・「職域的」国民組織をどう扱うべきか。この組織論に再度帰着する課題であったのである。そしてまた、この問題は、翼賛会と翼壮との関係にとどまらず、いまひとつ、唯一の政事結社として発足した翼賛政治会にとっても、まことに重要な課題とならざるをえない。なぜなら、翼賛政治会は、大政翼賛会、翼賛壮年団とは異なって、まさに、唯一の政事結社として登場すべく予定されていたからである。事情は、翼壮を中心点とする場合にも、同じである。

こうして、翼賛・翼壮・翼政の三者関係は、一見、三位一体であるかの如くでありながら、三者は三位三体であり、したがって、国民組織のあり方をめぐって、くりかえしくりかえし、三者は、とめどもない対立と緊張と相剋の関係にみまわれたというべきであろう。

第四に、右の三位三体の関係の展開を辿るときに、この関係をより一層複雑にする政府の立場を指摘しなければならない。三位一体の三者関係が三位三体化する原因としては、行政組織の末端としての「国民組織」をめぐる問題と、政府側の対応があげられよう。厄介なのは、三者と政府との関係である。

すなわち、第七六帝国議会の審議過程を通して端的に明らかになったことは、大政翼賛会の性格の審議と検討を通して、一挙に、大日本帝国憲法の存在意義が強調されたことを指摘しなければならない。大政翼賛会を批判する声は、発足当初は各所に分散していたにすぎないが、批判の声は、やがて、翼賛会の抗弁はもとより、これを支援していた政府当局側の弁明をも強く押し切った。批判から批難が、疑惑から猜疑心が昂揚するとき、その動きが欽定憲法の存在意義を再確認するだけではなく、大政翼賛会を弁証しようとした政府側の最後の努力をも押し流してしまったのである。第七六帝国議会は、言葉の正しい意味での「翼賛議会」であり、またもうひとつの側面においては「翼賛議会」でもあったのだ。その結果、政府と翼賛会、政府と翼壮、政府と翼政会との諸関係も、三位三体の複合関係・重層関係という厄介な関係をさらに複雑化していったのである。

すなわち第一次改組後、大政翼賛会の基本的体質は、「精動化」の方向へと傾斜していった。したがって、翼賛会と翼壮の関係は、一面では相互依存、相互補完の傾向を示しつつも、反面においては背反関係をともない、また大政翼賛会と翼政会との関係も、一面では分業化し、固定化しつつ、反面では相反発するしくみに仕上がっていたのであった。したがって、第一次改組後の政治状況は、多元化する。その三位三体の政治状況は、三者間の三つ巴の相互関係のほかに、政府を中心とする翼賛会と翼壮、そしてそれらと翼政会との関係が複雑にからまって、別の三位三体の関係を生み出し、苛烈な太平洋戦争を戦いぬく国内体制の再編の役割のみか、その機能の解析すらもおあずけとなったのであった。たしかに、大政翼賛会の「機能刷新」は、この政治過程における大政翼賛会側からの唯一の処方箋であったと評価しなければなるまい。しかし、大政翼賛会の「機能刷新」の成果は、かえって、その主体の欠落を明らかにし、その展開とともに、あるべき国民組織と国民運動を展望する視野をもつことはできなかった。大政翼賛会による国民の組織的統合のしくみの完成が、同時に、その組織的解体にいたる経緯を辿ったことは、国民的悲劇であったといわざるをえない。ひとつの作為は、必ず、他の崩壊と崩落の動きをともなったからである。統帥に対して国務を担当する政府それ自体の努力は、官界新体制構想の挫折の後には、もはや作為のメドを見出すことができなかった。

けだし、大政「翼賛」会が、国民「組織」と国民「運動」のパターンを増幅する、行政「翼賛」会化の道程を辿る以上、統帥と国務との調整という課題は、国務レベルにおいて決定的に破綻を示し、敗戦前夜にいたって、統帥の指揮下に国務は組みしかれたのであった。しかも、政治新体制の辿ったこの体験は、大政「翼賛」会の行政「翼賛」会化にほかならず、じつに、行住坐臥のすみずみにいたるまで、国民をとらえきった天皇制行政官僚制の機能を極度に補強したのであった。その結果、内閣制度の脆弱性を補整するメドはついに見当たらないという逆機能をともなった。国民組織の組織的統合のしくみは、国民「組織」と国民「運動」の名による、国民の組織的解体と太平洋戦争での敗北に帰結したのである。

■岩波オンデマンドブックス■

翼賛・翼壮・翼政――続 近衛新体制と大政翼賛会

1990年10月24日　第1刷発行
2017年11月10日　オンデマンド版発行

著　者　赤木須留喜《あかぎするき》

発行者　岡本　厚

発行所　株式会社　岩波書店
〒101-8002　東京都千代田区一ツ橋2-5-5
電話案内　03-5210-4000
http://www.iwanami.co.jp/

印刷／製本・法令印刷

ISBN 978-4-00-730687-7　　Printed in Japan

事 項 索 引

サ 行

タ 行

ハ 行

マ 行

ヤ 行

ラ 行

人 名 索 引